丹金溧漕河(金坛段)航道整治工程竣工验收资料

丹金溧漕河(金坛段)航道整治工程建设论文集

常州市三级航道网整治工程建设指挥部办公室　主编

人民交通出版社股份有限公司
China Communications Press Co.,Ltd.

内 容 提 要

本论文集以国家长三角高等级航道网和江苏省干线航道网“两纵四横”的重要项目——丹金溧漕河(金坛段)航道整治工程建设成果为依托,分别从项目管理、质量管理、安全管理、信息化建设、节能减排等多方面出发,详细介绍了丹金溧漕河(金坛段)航道整治工程通过理念创新、科技创新、管理创新所取得的丰硕成果和经验总结,可为其他高等级航道的建设提供借鉴。

本论文集可供从事航道(船闸)设计、科研、管理、施工等水运建设人员参考使用。

图书在版编目(CIP)数据

丹金溧漕河(金坛段)航道整治工程建设论文集/常州市三级航道网整治工程建设指挥部办公室主编. —北京:人民交通出版社股份有限公司, 2017.12

ISBN 978-7-114-14387-8

Ⅰ. ①丹… Ⅱ. ①常… Ⅲ. ①航道整治—常州—文集 Ⅳ. ①U617-53

中国版本图书馆 CIP 数据核字(2017)第 304785 号

Danjin Licaohe (Jintanduan) Hangdao Zhengzhi Gongcheng Jianshe Lunwenji

书　　名:**丹金溧漕河(金坛段)航道整治工程建设论文集**
著 作 者:常州市三级航道网整治工程建设指挥部办公室
责任编辑:赵瑞琴
出版发行:人民交通出版社股份有限公司
地　　址:(100011)北京市朝阳区安定门外外馆斜街 3 号
网　　址:http://www.ccpress.com.cn
销售电话:(010)59757973
总 经 销:人民交通出版社股份有限公司发行部
经　　销:各地新华书店
印　　刷:北京鑫正大印刷有限公司
开　　本:880×1230　1/16
印　　张:21.75
字　　数:641 千
版　　次:2017 年 12 月　第 1 版
印　　次:2017 年 12 月　第 1 次印刷
书　　号:ISBN 978-7-114-14387-8
定　　价:68.00 元

丹金溧漕河(金坛段)航道整治工程建设论文集

序　言

江南常州，泽国水乡，河湖相连，纵横成网，连江通海，辐射四方。河道，是常州的灵动血脉；水运，是龙城的天然禀赋。京杭运河、丹金溧漕河、锡溧漕河、芜太运河、德胜河……一条条干线航道，在这方钟灵毓秀的热土交织汇流，形成了四通八达的高等级水运网络，与快速发展的公路、铁路、航空等一起，构建成我市立体高效的现代综合交通运输体系，为常州经济社会发展提供了强大的交通支撑与保障。

运能大、占地少、能耗低，是内河水运的突出优势。大力发展内河水运，对改善生态环境、推进节能减排、建设“美丽中国”具有十分重要的战略意义。“十二五”期间，常州在基本实现以三级航道为骨干的“水上高速”环通成网的基础上，近年来又全力推进了德胜河通江航道整治，迈出了更高水平融入长江、走向海洋的坚实一步。

在常州高等级航道网中，丹金溧漕河无疑是浓墨重彩的一笔！她上接苏南运河，下连芜申运河，常州段全长47.15公里，是太湖西部地区一条重要的联络线干线航道，据史载已有800多年的漕运历史，其漕运地位十分突出。历代政府高度重视丹金溧漕河的航道疏浚治理，新世纪以来更是根据国家交通运输部《长三角高等级航道网规划》和《江苏省干线航道网规划》，按三级航道标准，对丹金溧漕河进行了全线高等级整治提升，于2010年10月开工建设，2013年11月建成通航。整治后的丹金溧漕河标准高，河口宽不小于70米，底宽不小于45米，最小水深3.2米，航道最小弯曲半径480米，设计最大船舶等级达1000吨级，同步新建、改建桥梁13座，通航净高7米，净宽不小于60米，总投资达12亿元，航运功能更加完善，防洪能力更加强大，生态环境更加优美，碧波荡漾，水清岸绿，沿线城乡面貌焕然一新，是我市水运基础设施建设取得的又一重要成果。

在工程建设过程中，广大建设者披星戴月、风餐露宿、呕心沥血，在工程进度、质量安全、廉政建设等方面，积累了大量的管理经验和理论成果。对丹金溧漕河建设管理经验进行全面挖掘和总结，将极大丰富和深化我市水运建设的管理经验和理论实践，为我市水运事业的蓬勃发展提供新的借鉴，促进我市交通基础设施建设管理水平不断提高。

习近平总书记在党的十九大报告中作出了交通强国的战略部署，勾画了“两个一百年”的宏伟蓝图，确立了中华民族伟大复兴中国梦的发展目标。沐风栉雨启征程，壮心不已砥砺行，让我们紧扣交通强国战略，发扬丹金溧漕河建设的经验成果，进一步加快水运基础设施建设步伐，提升绿色水运水平，做好航道与港口规划深度融合，加强港区物流园区和疏港公路建设，让各行各业共享水运发展成果，助推常州扬子江城市群中轴崛起，为“强富美高”新常州建设作出新的更大贡献！

李林

前　言

漕运之制，是历代王朝通过水路运往京师的赋粮，以供皇属及官兵受用而实行的制度。丹金溧漕河作为京杭大运河在江南的重要支流，于宋朝在自然河流的基础上拓凿而成，至今已有800多年的辉煌漕运史。新中国成立后，曾多次疏浚。改革开放后，为适应水运大发展之要求，丹金溧漕河迎来了焕发青春的大好时机。

2005年，丹金溧漕河作为连接苏南运河和芜申运河的干线航道，被列为国家长三角高等级航道网和江苏省干线航道网“两纵四横”的重要项目。该项目航道整治工程北起京杭运河丹阳七里桥口，经金坛市至溧阳芜申运河交汇口，常州市境内全长47.15km，其中金坛境内全长31.884km，由丹金船闸工程和金坛段航道整治工程两部分组成。

其中，丹金溧漕河金坛段整治里程长26.795km，航道口宽70m；新（改）建桥梁13座，采用一跨过河方式，通航净宽不小于60m、净高不小于7m。丹金溧漕河金坛段航道整治工程概算12.331512亿元。

丹金船闸工程全长5.089km。丹金船闸建设等级为Ⅲ级，设计船型为1000t级船舶，有效尺度为23m×180m×4m。船闸配套建设有23m宽的通航孔并配有节制闸。丹金船闸工程总概算36773.73万元。

丹金溧漕河航道工程和丹金船闸工程于2010年10月开工，在江苏省交通运输厅、常州市委市政府、江苏省交通运输厅航道局、常州市交通运输局、金坛区人民政府、金坛区交通运输局及沿线地方政府的大力支持下，2013年11月顺利建成交工，进入试运行。

工程由中设设计集团有限公司（原江苏省交通规划设计院有限公司）、中交水运规划设计院有限公司、中交第二航务工程勘察设计院有限公司等3家设计单位承担设计工作，由江苏省交通工程集团有限公司等16家单位承担施工工作，由常州市交通建设监理咨询有限公司等3家单位承担监理工作。另外还有检测、监控、审计等单位提供服务。

工程建设单位为常州市三级航道网整治工程建设指挥部办公室，接受江苏省交通运输厅建设管理办公室和江苏省航道局的行业监管，接受江苏省交通运输厅工程质量监督局的质量安全监管。

丹金溧漕河航道工程实行“两级指挥部”的管理模式：常州市三级航道网建设指挥部办公室与金坛市丹金溧漕河航道整治工程建设指挥部办公室签订建设协议，由前者直接设立的项目办公室负责丹金船闸工程的建设管理任务，由后者负责航道、桥梁工程现场建设管理任务。

工程在开工伊始就开展“平安工地”创建活动，并多次获得“平安工地”创建工作省级“示范工地”称号。

工程积极推进施工标准化，打造优质精品工程。各施工标段临建设施符合要求，生产技术装备向规范化、大型化、标准化方向发展，施工工艺流程进一步清晰、简化，施工人员素质有所提高。如：航道施工标段采用检查船进行日常巡检；采用混凝土灌装船＋整体模板的形式进行驳岸混凝土浇筑施工；船闸标段在总结施工工艺的基础上，形成了一个省级“工法”——“船闸闸室墙整体施工工法”、一个交通运输部一级“工法”——“大模板小龙门移动模架施工工法”。

工程广泛开展科研工作和QC等大众创新活动：水上运泵一体船、桥梁整体吊装技术、FPR复合板桩、工业化装配式护岸等新技术、新材料、新工艺通过省厅验收（鉴定）；驳岸墙施工移动模架和混凝土运泵一体船获国家实用新型专利；《研制混凝土驳岸墙移动模架》获2014年全国交通运输行业优秀QC成果、《内河航道新型混凝土运泵一体船研制》获2014年江苏省优秀QC成果。

本书的出版，是丹金溧漕河金坛段建设者的心血和智慧的结晶，本书汇编了施工、监理、科研、信息化等方面论文72篇。从文章中可以看出，建设者们在项目建设管理、设计创新、施工创新和科技创新方面付出了大量辛劳和汗水。

由于时间仓促，加之篇幅有限，还有许多优秀论文未及收录，是为憾！对于书中的不足和疏漏之处敬请广大读者批评指正！

在本书出版过程中，参建各方、社会各界以及各级领导给予的大力支持一并致谢。

目　　录

抢抓历史机遇　深化创新创优 打造一条新的黄金水道

马　恒

（常州市航道管理处）

摘　要　丹金溧漕河有800多年的漕运史，它与京杭运河、锡溧漕河、芜申运河共同组成了“口”字形的内河航道，环通了常州经济水运血脉。可正是这条曾经繁忙的“黄金水道”，由于长期的超负荷运营，逐渐开始出现种种“病态”：河面宽窄不一、深浅无常。两侧河堤护坡常年被冲刷坍塌、水土流失、淤泥堵塞，看上去水面宽阔，实际有效通航净宽有限，船舶时常交汇搁浅、碰擦常而有之；而至于桥梁被撞、船舶堵挡，水上交通事故屡见不鲜。而且每到汛期，沿岸政府、村组、老百姓日夜坚守岸堤，随之准备防汛抢险，着实令人头疼。常州航道人抓住历史机遇，启动三级航道网整治工程，对丹金溧漕河的进行提档升级，航道等级从原来的五级航道提升改造成三级航道。

关键词　丹金溧漕河　创新　标准化　提档升级

1　概况

丹金溧漕河位于江苏省的西南部，为南北走向，是太湖西部地区的主要干线航道，它北接京杭运河，下通芜申线，全长近65.5km，在常州境内主要途经金坛和溧阳，共46.14km，丹金溧漕河是长江三角地区高等级航道网“两纵六横”和江苏省干线航道网“两纵四横”的重要组成部分。

丹金溧漕河有800多年的漕运史，它与京杭运河、锡溧漕河、芜申运河共同组成了“口”字形的内河航道，环通了常州经济水运血脉。

可正是这条曾经繁忙的“黄金水道”，由于长期的超负荷运营，逐渐开始出现种种“病态”：河面宽窄不一、深浅无常。两侧河堤护坡常年被冲刷而坍塌、水土流失、淤泥堵塞，看上去水面宽阔，实际有效通航净宽有限，船舶时常交汇搁浅、碰擦常而有之，以至于桥梁被撞、船舶堵挡、水上交通事故屡见不鲜。而且每到汛期，沿岸政府、村组日夜坚守岸堤，随时准备防汛抢险，着实令人头疼。

2009年起，常州启动三级航道网整治工程，丹金溧漕河和京杭运河、锡溧漕河、芜申运河一起，被纳入整治范围。其中，丹金溧漕河的改造目标，是从原来的五级航道提升改造成三级航道。由于丹金溧漕河在常州境内的整治里程较长，常州市决定分步实施，2010年下半年起，丹金溧漕河金坛段率先施工，整治里长达31.884km（含丹金船闸段），于2013年整治完毕。

丹金溧漕河金坛段航道整治工程北起京杭运河丹阳七里桥口，经金坛市至溧阳芜申运河交汇口，常州市境内全长47.15km。其中，丹金溧漕河金坛段整治里程长26.795km，航道口宽70m；新（改）建桥梁13座，采用一跨过河方式，通航净宽不小于60m、净高不小于7m。丹金溧漕河金坛段航道整治工程概算12.331512亿元。

丹金船闸是丹金溧漕河航道整治工程的一个组成部分，工程全长5.089km。丹金船闸建设等级为Ⅲ级，设计船型为1000t级船舶，有效尺度为23m×180m×4m。船闸配套建设有23m宽的通航孔并配有节制闸。丹金船闸工程总概算36773.73万元。

丹金溧漕河航道工程和丹金船闸工程于2010年10月开工，在江苏省交通运输厅、常州市委市政府、江苏省航道局、常州市交通运输局、金坛区人民政府、金坛区交通运输局及沿线地方政府的大力支持下,2013 年 11 月顺利建成交工,进入试运行。

2 明确目标,积极开展质量创优

2.1 明确工程质量创优的指导思想

以质量和效益为核心,严格市场准入,严格过程控制,规范管理行为;以建设单位、施工单位、监理单位、设计单位为质量创优主体,建立质保体系,落实质量责任;以质量培训、专家咨询、考核评比、总结回顾为突出载体,掀起工程质量创优高潮。

2.2 确立工程质量创优的总体目标

按照内在质量优良、外在形象美观、人文景观协调、体现科技进步的总体要求,建成高标准、高质量精品工程,确保江苏省实现“交通建设优质工程”和江苏省“扬子杯”,力争国家级优质工程。

2.3 采取有效的质量创优保障措施

(1)建立质保体系和完善管理制度。按照“政府监督、法人管理、社会监理、企业自检”的四级质量保证体系要求,及时向江苏省交通运输厅质量监督局申请质量监督,积极建立、完善工程建设的质量保证体系。

(2)完善建设管理组织框架。常州市政府、市交通运输局高度重视丹金溧漕河的建设工作,结合金坛市地方实际,丹金溧漕河金坛段实行“二级指挥部”的管理模式:常州市三级航道网建设指挥部办公室与金坛市丹金溧漕河航道整治工程建设指挥部办公室签订建设协议,由后者负责航道、桥梁工程现场建设管理任务,充分调动地方积极性,由常州市三级网指挥部办公室设立项目现场办负责工程建设现场的行业监管及技术协调管理。

(3)全过程开展质量创优劳动竞赛活动。项目自开工以来先后组织召开了四次“质量创优劳动竞赛”活动。通过活动的开展,充分发挥全体参建人员在工程建设中的主力军作用,激发参建人员奋发赶超的进取精神。

(4)加强施工现场管理。一是成立现场管理网络,确保对航道工程质量进行全过程、全方位控制。二是完善现场管理制度,以制度来确保现场工作正常开展。

(5)把好“三关”,确保工程施工质量。“三关”,即原材料控制关、工序报验关、分项工程技术交底关。

(6)加强质量通病防治工作。指挥部以文件形式要求各项目部,监理部做好丹金溧漕河金坛段施工质量通病的防治工作。指挥部会同监理部也多次以各种形式进行质量通病防治成果的核查。

3 严防死守,积极创建平安工地

根据江苏省交通运输厅的统一要求,丹金溧漕河金坛段航道整治工程在开工伊始就开展“平安工地”创建活动,围绕“平安工地”创建标准,采用制度建设与现场督查相结合的方式,认真排查安全隐患,对存在的问题严格落实整改,工程开工至今未发生一起安全责任事故。丹金溧金坛段桥梁 1 标段获得 2011 年度“平安工地”省级示范工地称号,丹金溧金坛段航道 3 标段获得 2011 年度“平安工地”省级示范工地称号,整个丹金溧漕河金坛段省级“平安工地”达标(图 1)。

4 完善组织,积极开展标准化施工

为推进丹金溧漕河航道工程施工标准化,打造优质精品工程,指挥部组织召开了丹金溧漕河航道整治工程“标准化施工”动员会,同时下发《丹金溧漕河航道整治工程标准化工地建设指南(试行稿)》。重点在两个方面践行施工标准化:

(1)场地建设与原材料加工。根据工程标段特点,结合施工实际需要,对施工、监理单位的场地建设进行规范,特别对混凝土拌和场和钢筋等原材料的加工场地,从质量、安全、环保、高效等方面入手,既提高了施工效率,也提升了企业形象。

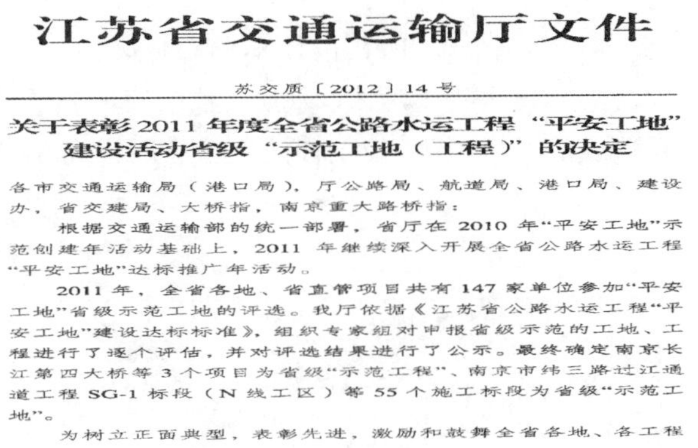

江苏省交通运输厅文件

苏交质〔2012〕14号

关于表彰2011年度全省公路水运工程“平安工地”建设活动省级“示范工地（工程）”的决定

各市交通运输局（港口局），厅公路局、航道局、港口局、建设办，省交建局、大桥指，南京重大路桥指：

根据交通运输部的统一部署，省厅在2010年“平安工地”示范创建年活动基础上，2011年继续深入开展全省公路水运工程“平安工地”达标推广年活动。

2011年，全省各地、省直管项目共有147家单位参加“平安工地”省级示范工地的评选。我厅依据《江苏省公路水运工程“平安工地”建设达标标准》，组织专家组对申报省级示范的工地、工程进行了逐个评估，并对评选结果进行了公示。最终确定南京长江第四大桥等3个项目为省级“示范工程”、南京市纬三路过江通道工程SG-1标段（N线工区）等55个施工标段为省级“示范工地”。

为树立正面典型，表彰先进，激励和鼓舞全省各地、各工程

图1　2011年江苏省交通运输厅平安工地文件

(2)施工组织工艺、工法。要求各施工标段生产技术装备向规范化、大型化、标准化方向发展，施工工艺流程进一步清晰、简化，施工人员素质有所提高。

标准化项目部、搅拌站分别如图2、图3所示。

图2　标准化项目部建设

图3　标准化搅拌站

5　科学施工，加强“新技术、新工艺、新材料、新装备”的应用

5.1　水上混凝土“运泵一体”船

丹金溧金坛段航道驳岸混凝土浇筑施工采用混凝土灌装船+整体模板的形式，并最终形成了水上混凝土施工“运泵一体化”的生产模式。水上混凝土施工“运泵一体化”工程船主要由一艘混凝土施工船和两艘辅助船混编而成，三艘专用船总造价350万元。水上混凝土施工“运泵一体化”打破了以前混凝土成品需在岸上进行生产，岸上运输，岸上浇筑作业的惯例，实现了混凝土岸上生产、水上运输、水上浇筑作业。

实践中的混凝土运输船、正式建成的混凝土运泵一体船分别如图4、图5所示。

图4　实践中的混凝土运输船

图5　正式建成的混凝土运泵一体船

5.2 微型井点降排水技术

根据现场渗水量相对较小，不宜采用喷射井点，即使采用轻型井点，大多时间井点泵会出现空抽不连续出水的情况。本项目采用微型井点降排水技术，实现了基础干地施工，达到了预定的目标，既避免了发生基坑开挖后出现渗水而造成的经济损失，使工程的质量有所提高，又确保了在规定工期内完成施工任务。

井点管布置如图6所示。

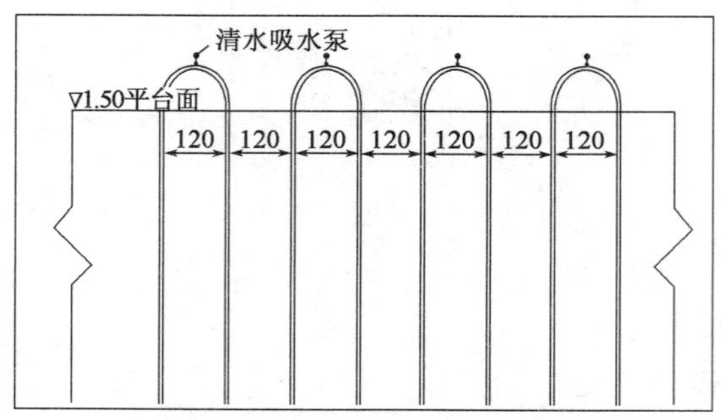

图6 井点管布置图(尺寸单位:cm)

5.3 桥梁整体拼装吊装工艺

采用桥梁整体拼装吊装工艺，在主桥附近利用陆地将钢管拱（或钢桁梁）拼装成整体，再利用大型浮吊安装到设计位置。金溧河桥、金塔大桥、王母观大桥实施整体拼装吊装工程比传统施工工法节约投资600多万元。桥梁整体吊装如图7、图8所示。

图7 桥梁整体吊装（现场一）

图8 桥梁整体吊装（现场二）

5.4 老驳岸加固工艺

部分航段内存在多年前建设保留下来的浆砌块石挡墙，这些块石挡墙总体结构牢固，但由于长期受船行波、浪损等外在因素的影响，不能满足使用，如果对其全部拆除重建，不但浪费材料，且产生大量的拆除和新建能耗。采用老挡墙加固，即利用现有的浆砌块石挡墙进行迎水面加固贴面，浇筑压顶，可形成与传统混凝土重力式挡墙一样的使用效果，且节约能源与资源。

6 综合利用，加强环境保护和节能减排

（1）土方综合利用。丹金溧漕河金坛段土方综合利用从五个方面实施：一是结合航道沿线绿化带综合利用土方，二是结合土地复耕综合利用土方，三是结合交通工程项目综合利用土方，四是结合园区建设综合利用土方，五是结合砖窑生产综合利用土方。经统计。丹金溧金坛段共综合利用土方200多万 m^3。

（2）利用老桥组织交通。金坛非改线段桥梁建设中充分考虑了利用原老桥组织交通的功能。新桥

设计在原老桥外侧，在施工过程中，待新桥建成通车后拆除老桥，取消了原搭设临时便桥组织交通的方案。有效消除了由临时便桥引起的通航安全与车辆通行安全等各种安全隐患，减少了封航时间。

(3)废渣和毛石综合利用。将混凝土废渣经过破碎加工后，用作防护工程及施工便道的填筑等，将老路基护坡毛石及老驳岸拆除毛石用于新桥路基砌筑工程，这些废弃材料的利用既可减少开山取石，又可以节约购买填方材料筑路费用，同时还可以节省大量土地资源和石料资源。

(4)老桥桩基利用。金塔大桥对42根老桥桩基础进行利用，节省了老桥桩基础拆除、回填及新桥桩基建设过程，节约投资290万元。

(5)节约用地。经统一规划，项目临时设施用地布设在永久红线内(或废料场或闲置场地)，既可减少对农田的占用，还可以节省大量复耕费用，达到经济效益、社会效益和环境效益的协调统一。

7　提高效率，推广工程建设信息化管理

积极推广应用“江苏省航道工程建设项目管理信息系统”。该系统包括通知公告、工程动态、技术标准、项目前期、合同管理、计划进度、质量管理、计量支付、安全管理、廉政管理、竣工资料等模块。通过信息化管理手段，进一步规范工程建设管理程序，增加工程建设管理过程中信息的透明度，提高工作效率。

航道整治护岸工程压顶施工质量控制

李俊恒　陆雨东

（无锡市航道工程有限公司）

摘　要　随着我国经济的发展，对航道整治的要求进一步提升，不仅增加了航道的宽度，而且对两岸的绿化也做出了要求。本文对航道整治护岸工程压顶质量控制进行了探讨。

关键词　压顶　施工　质量控制

随着经济的发展，我国对水运设施的建设和改造给予了高度的关注，对通航能力的要求也进一步提高。丹金溧漕河常州金坛段现状长 30.9km，施工设计整治里程为 19.709km，按三级航道标准整治。但由于各种原因，在航道的整治工程质量上，还存在着许多问题，这些问题严重制约了我国水上航道的运输能力。因此必须及时的处理，以预防为主，防治结合，彻底解决工程的质量问题，保证航道的安全顺畅，提高水上航运的能力。在诸多工序的质量控制中，护岸墙身压顶施工的质量控制是关键。压顶浇筑是航道护岸施工的最后一道工序，是护岸工程的外表工程，显示护岸整体工程线形美观、内实外光的形象工程，是护岸工程的必检项目。压顶为 C25 素混凝土，尺寸为 62cm（宽）× 50cm（厚）。

1　施工条件

（1）前期回填土至少到墙顶且密实稳定；

（2）挡墙沉降满足设计要求时方可进行压顶混凝土浇筑；

（3）必要的人员和机械设备；

（4）对施工队工人进行压顶浇筑的专项技术交底。

2　测量控制

（1）前沿线位置控制。直线段利用 GPS 放样好驳岸前沿线轴线点后用全站仪进行定线放样，迎水面线形采用上下双线控制，轴线在墙顶上面弹上墨线，圆弧段采用每 2m 进行定线放样。放样要确保线形顺畅。

（2）高程联测控制。用水准仪先测出此时整个段落的墙顶高程，本段压顶设计高程 3.0m，墙顶设计高程 2.5m。对墙顶出现的沉降误差进行记录，方便模板制作调整。考虑到以后墙身的沉降，压顶混凝土浇筑预留 2cm，在立模板时，比 3.0m 高程高出 2cm。

（3）设沉降观测点。在浇筑完压顶埋设沉降观测点，原则上 200m 为观测段，地基处理观察段为 50～100m。绝不可遗漏。

3　模板控制

（1）模板采用光洁、平顺、刚性强的竹胶板，厚度不小于 1.8cm。

（2）立模前先剔除墙身顶层表面浮层，并进行凿毛处理。严格按压顶前沿线立模，压顶顶面高程可高出原设计高程 1cm，作为预留沉降量。模板拼缝采用胶带等材料粘贴密封防止漏浆。

（3）模板按结构断面尺寸整体架立。前后模板之间用对拉螺杆相连，迎水面侧模底部钉上 2cm 线

条，模板整体架立在墙身上，保证压顶突出贴面2cm。模板与墙身顶接触的间缝用砂浆或者小木板封住，防止浇筑过程中出现漏浆，影响外观质量。

(4)顶面高程控制和宽度控制高程控制：用水准仪把高程引至调好线形的模板上，做好记号，确保压顶厚度。

(5)宽度控制：现场压顶宽度为62cm，用钢卷尺检查已调好线形的模板宽度，根据所浇压顶长度，加大检查密度，及时调整模板宽度，严格控制在合格范围内。

(6)线形控制：以轴线为准，在模板前口两端，沿模板的前缘线拉条直线，用水平尺控制模板垂直于水平。

(7)脱模剂控制：模板内侧必须涂油(柴油或者机油)，禁止使用地沟油和废机油，防止压顶表面出现黑斑以及脱模时出现混凝土掉落。每次脱模后，对模板表面进行一次清理，用小铲子在模板表面铲掉污垢，再次涂油。

4 混凝土质量控制

(1)原材料的要求：水泥采用PO42.5级普通硅酸盐水泥，黄砂采用中粗砂，石子采用5～31.5mm连续级配的碎石，含泥量控制在合格范围内。水采用河水。材料到场时，检查材料规格与质量，拌和过程中，严格按照规范设计要求实行。坍落度要严格控制。

(2)混凝土浇筑时，混凝土入模后，使用插入式振捣棒振捣，振捣顺序从近模板处开始，先外后内，移动间距不大于振捣棒有效半径的1.5倍，振捣棒至模板的距离不大于振捣棒有效半径的0.5倍，尽量避免碰撞模板。振捣棒插入混凝土时，要快插慢拔，上下抽动，以利于均匀振捣。

(3)压顶表面收光，压顶面光滑与平整是外观质量的重要体现，首先在浇筑时混凝土表面用木抹子揉抹1边，在每半小时后用铁板抹3遍收光。

(4)现场混凝土浇筑时按规定频率制作留样试块，试块随机从搅拌机中取料，由专人制作，制作后送项目部标准养护室做好标识进行养护。压顶单元分段以200m左右一段控制为宜，桩号与墙身分段桩号一致。

(5)质量要求：前沿线顺直≤10mm，顶面宽度误差≤+10mm，顶面高程≤+10mm，平整度≤8mm，相邻段表面高差≤5mm。

5 伸缩缝控制

(1)为防止由于不均匀沉降导致压顶出现裂缝，压顶每5m设一假缝，缝宽5mm，现场采用镶嵌玻璃条，必须确保垂直前缘线法线方向。

(2)伸缩缝根据现有墙身已有伸缩缝上下对齐设置，缝宽2cm，与墙身沉降缝上下一致，垂直顺直。现场一次报验浇筑模板大概在100m，10m一段就有一个伸缩缝，若连续浇筑，伸缩缝很难控制到与墙身伸缩缝对齐以及伸缩缝垂直。所以本次现场对伸缩缝控制采用隔仓浇筑，先浇筑1、3、5仓，然后浇2、4、6仓。从而避免了混凝土连续浇筑时伸缩缝受到挤压，保持了伸缩缝的垂直与对齐。

6 后期控制

(1)拆模及缺陷修补：混凝土浇筑完毕后，24h拆模，首先拧松对拉螺栓螺丝，待模板与混凝土表面分离后，方可拆除模板。拆除模板时要注意避免碰撞混凝土表面，造成人为缺陷。拆模后如发现有蜂窝、砂斑、砂线，一般要及时修补。压顶施工观感质量尤为重要，施工中注意确保强度、外表、线形的质量优良。

(2)混凝土养护：拆模后，压顶及时覆盖土工布，定期洒水养生，每2h浇一次水。每段需要覆盖浇水养护7d。

依照此控制方法，在丹金溧漕河段航道整治工程的施工过程中，压顶施工已经过半，对已经完成的压顶质量检查中，混凝土的强度、线形都没有出现严重的问题，符合规范设计要求。

7 结语

综上所述，水运建设工程护岸压顶工程的质量控制是一项复杂且又系统的工作，作为施工单位的现场管理者要与时俱进，不断探索，科学安排，周密组织，实现工程项目快速、优质、低耗、按时保质地完成施工任务。

滑模工艺在丹金溧漕河金坛段航道整治工程中的应用

倪茂爱

（无锡市航道工程有限公司）

摘　要　通过整体式钢滑模在本次丹金溧漕河金坛段航道整治工程中的运用，总结推广滑模在护岸墙身浇筑施工时的优点，优化水运工程混凝土浇筑工艺，提高工效，并对工艺的推广总结施工经验，探索工法研究。

关键词　滑模工艺　水运工程　混凝土　浇筑应用

1　工程概况

本次丹金溧漕河金坛段航道整治范围为18K＋440～20K＋208和32K＋383～50K＋625，两段整治里程共计20.010km。18K＋440～20K＋208航道具体位置从丹金溧漕河丹阳、金坛交界处起至丹金船闸上游终点止，32K＋383～50K＋625航道则位于丹金溧漕河金坛市河改线段终点至丹金溧漕河金坛、溧阳交界处止。本标段整治里程为：18K＋440～20K＋208，32K＋383～37K＋469，主体墙身采用滑模施工的工程为现浇混凝土挡墙，其中：N1型护岸1575m，N2型护岸5673m，N3型护岸446m，N4型护岸2978m。

水运工程的混凝土浇筑，不同于公路与桥梁工程，主要存在：①临水作业基坑透水性大；②无合适的施工场地（水上）；③施工环境复杂（防洪堤、圩堤、河浜、码头开挖）；④工期紧、任务重（设计受沿河防汛、水利灌溉等外在因素影响）等；⑤土质变化大（淤质黏土、粉质黏土），有些地段100m内有3～4种土质，对开挖影响较大。所以，对护岸的基槽开挖与混凝土浇筑质量提出了更高的要求。通过滑模工艺在本次丹金溧漕河航道整治工程中的运用，解决了传统水运工程的混凝土立模控制的难点，取得非常好的推广效果。

2　滑模的设计

2.1　滑模的结构

滑移式组合钢模板用墙身模板采用Q235，$\delta=5$mm钢板拼装焊接成整体，用10号槽钢作为横向背楞，间距为350mm，用10号槽钢作为横背楞，间距为950mm，侧模用上中下3道$\phi16$的螺栓对拉固定，螺栓横向间距为70cm，螺栓穿孔采用内径为20mm的PVC管，整体模板长度为1030cm。在整体模板的下部两侧分别安装定向滑轮。墙身模板一次立模墙身采用移动式整体钢模能在线形上保持顺直，墙面光洁，平整度保持一致（图1）。

2.2　钢模板强度稳定验算

1）模板计算执行规范和工作条件参数

（1）混凝土结构工程按《水运工程质量检验规范》（JST 257—2008）执行。

（2）按一次浇筑到墙顶高度控制。

（3）混凝土坍落度12～16cm。

（4）浇筑速度：按2h浇筑完成，$V=2.7/2=1.35$m。

（5）新浇混凝土的密度：24kN/m^3。

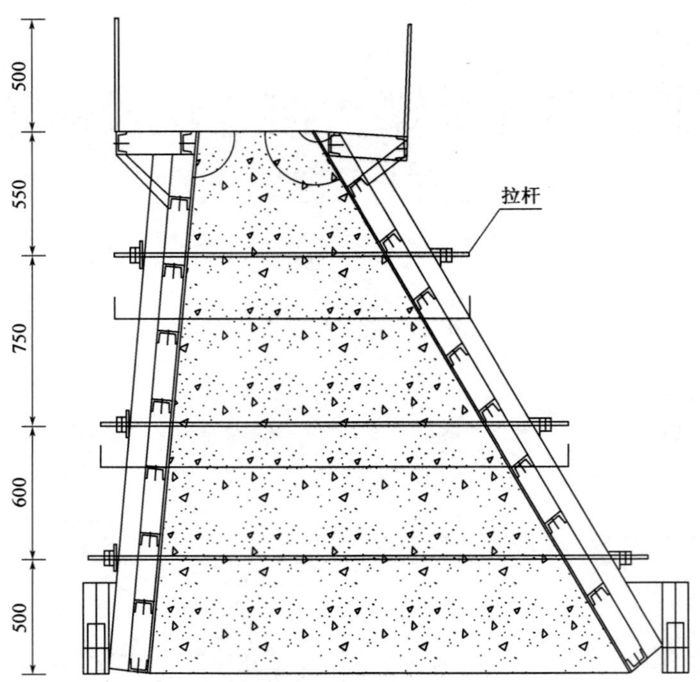

图1　墙身模板立面示意图(尺寸单位:mm)

2)模板上最大侧压力计算

各项侧压力值根据《混凝土结构工程施工质量验收规范》(GB 50204—2002)相关条文得:

振捣时产生的侧压力:$F_1 = 4\text{kN/m}^2$(较大值);

混凝土倾倒时产生的侧压力:$F_2 = 2\text{kN/m}^2$(较大值);

根据规范 GB 50204—2002,采用内部振捣器时,新浇混凝土作用于模板的最大侧压力,可按 F_3、F_4 两个公式计算,并取两者的较大值选用:

$$F_3 = \gamma H = 24 \times 2.4 = 57.6\text{kN/m}^2$$

$$F_4 = 0.22\gamma_0 t_0 \beta_1 \beta_2 V/2 = 89.1\text{kN/m}^2$$

2.3　最不利的模板侧压力组合

$$F = F_1 + F_2 + F_4 = 4 + 2 + 89.1 = 95.1\text{kN/m}^2$$

2.4　模板的强度、刚度复核

板面的复核验算:

(1)刚度复核

模板面的线荷载(图2):

$q = 95.1\text{kN/m}^2$

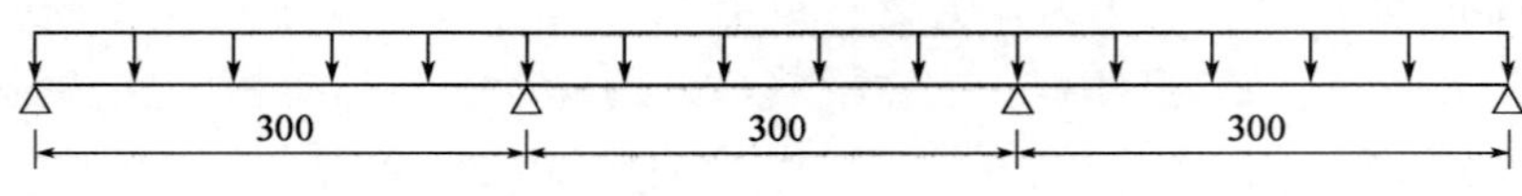

图2　模板表面受力示意图(尺寸单位:mm)

板面取5mm厚:

$I_x = 1/12bh^3 = 18000\text{mm}^4$

$W_x = I_x/(h/2) = 6000\text{mm}^3$

$L = 300\text{mm}, E = 2.1 \times 10^5\text{N/mm}^2$

板面刚度 $f_1 = 0.00677qL^4/E \quad I_x = 0.00677 \times 95.1 \times 300^4/(2.1 \times 10^5 \times 18000) = 1.38(\text{mm}) < [2\text{mm}]$

结论:板面刚度满足要求。

(2)板面强度复核

$\delta = M/W$

$M = 0.1qL^2 = 0.1 \times 95.1 \times 300^2 = 855900\text{N} \cdot \text{mm}$

$\delta = 855900/6000 = 143\text{N/mm}^2 < [188\text{N/mm}^2]$

结论:强度满足要求。

2.5 模板肋的复核验算

(1)竖肋的挠度复核

竖肋最大间距0.35m。

肋的线荷载:

$q = 33.28\text{N/mm}$

选用10号槽钢的特性参数:

$L = 100\text{mm}, I_x = 198.3 \times 10^4\text{mm}^4, W_x = 39.7 \times 10^3\text{mm}^3$

$f_1 = 0.00677qL^4/EI_x = 0.53\text{mm} < [2\text{mm}]$

1000mm节间内板和肋的组合挠度。

$f_{\max} = f_1 + f_2 = 1.35 + 0.53 = 1.88\text{mm} < [2\text{mm}]$

组合挠度满足控制值要求。

(2)肋的强度复核

$\delta = M/W$

$M = 0.1qL^2 = 0.1 \times 28.53 \times 1000^2 = 2853000\text{N} \cdot \text{mm}$

$\delta = 2853000/39700 = 71.9\text{N/mm}^2 < [188\text{N/mm}^2]$

肋强度满足要求。

2.6 模板背肋的刚度强度验算

(1)背肋的线荷载:

$q = 1 \times 95.1 = 95.1\text{kN/m} = 95.1\text{N/mm}$

围檩选用2[10a,顺向对称设3根拉杆,间距1m。

$I_x = 2 \times 563.7 \times 10^4\text{mm}^4, W_x = 3 \times 83.5 \times 10^3\text{mm}^3$

$f_1 = 5qL^4/384EI_x = 5\text{mm}$

满足要求。

(2)背肋的强度复核:

$\delta = M/W$

$M_{短} = qL^2/8 = 30432000\text{N} \cdot \text{mm}$

$\delta = 30432000/(3 \times 83.5 \times 10^3) = 121.5\text{N/mm}^2 < [188\text{N/mm}^2]$

满足要求。

2.7 模板拉杆螺栓的选择

对拉螺杆:

$p = 1.1 \times qL = 183\text{kN}$

选用直径16拉杆即可满足要求。

结论:面板采用5mm,竖肋采用10号槽钢间距30cm,背肋采用双拼10a槽钢满足规范要求。

3 滑模的施工工艺

3.1 推广的目的

为提高墙身外观质量、减少模板的周转次数、减少模板拆除安装时间,本项目直线段墙身模板采用滑移式整体钢模板。

3.2 滑模使用的优点

移动式整体模板的应用可减少作业人员、减少起重吊机等配套设备，仅需一次整体拼装，缩短立模周期，降低工人的劳动强度，加快施工进度，提高模板在架设过程中的安全系数，提高效率。滑模安装如图3所示。

图3　滑模安装时的现场照片

3.3 滑模的制作与安装

1）模板的制作

（1）目前，我标段直线段护岸全部使用的是整体滑模，模板厚度为5mm，由模板厂家设计制作运至施工现场进行安装。根据要求浇筑墙身每段长度为10m，考虑模板架设时与前一块已浇筑完成墙身的搭接长度，因此滑模的长度定为10.3m，保证了墙身浇筑时的衔接，便于施工。

（2）模板拼装。由于墙身整体钢模板长度为10.3m，纵向长度较长，在制作时，一般分为7块，每块长度为1.5m左右。待每块钢模板进行槽钢加固工作完成后再进行焊接拼装，形成整体模板。焊接时保证模板内表面光滑、平整，满足设计等要求。

（3）顶部操作平台设计。滑模在定做时，考虑浇筑混凝土时的施工方法及安全，在模板顶部两侧沿纵向设置了工人操作平台，宽度约为60cm，并在平台外侧设置了高度不低于1.2m的护栏，保证施工时人员的安全。

（4）模板纵横槽钢加固。由于墙身整体表面积较大，钢模板容易变形，根据受力分析和施工经验总结，在制作墙身模板时，采用12号槽钢设置横向加强龙骨，上下间距40cm，增加其受力强度；竖向，加设焊接槽钢加强龙骨，增大模板的受力，每块墙身模板共设置竖向12道18号槽钢，间距一般不大于1m，避免在浇筑时因混凝土自身重力及振捣等外在因素使墙身模板产生变形，影响外观质量。

（5）对拉螺杆、对拉螺栓。由于墙身浇筑时，混凝土对模板的侧压力和上浮压力较大，为防止模板胀模变形，在墙身模板高差1.2～1.5m左右设置一排$\phi16$的对拉螺杆，共三排，对拉螺杆横向间距为90cm。在墙身模板顶部等间距设置6个$\phi36$的对拉螺栓，固定墙身模板顶部不因混凝土浇筑产生胀模现象，满足墙身顶外观尺寸等要求。

（6）导轮。根据施工工艺，墙身整体钢模板在移模时由于整体较重，采用滑移方法移动模板。在墙身模板底端距离模板两端2.5m处设置导轮骨架，底端安装导轮，前后共4个，以供移模使用。导轮可上下伸缩，使用时，由千斤顶顶出。

（7）固定支架。在模板前后底端各设置一排固定支架，以供墙身模板固定使用。用18号槽钢焊接在模板底端呈三角形状固定，高度距离模板底约50cm。根据其受力分析，一般固定支架顶与墙身模板水平距离为60～70cm，用对拉花篮将墙身模板与地锚钩连接固定（图4）。

2）安装准备

滑模架设前，在已浇筑基础底板表面进行设计航道护岸轴线测量放线。在基础底板表面放出轴线

位置用墨线弹出,根据墙身结构物设计尺寸,准确计算出墙身底口前后距设计轴线的垂直距离,用钢卷尺量出并弹墨线标明位置,即墙身模板架设位置;然后精确测量墙身模板前后口架设位置的高程(由于墙身模板是定做,只有在基础高程准确的前提下才能使墙身浇筑后符合设计要求),根据测量结果进行基础顶面高凿底垫处理,这样才能使墙身模板架设空间位置符合设计要求。

图4　滑模与基础底板之间连接用花篮螺栓

3)模板架设

根据测量墙身模板位置进行调整,使墙身模板内口与墙身底口前后已弹墨线位置重合;然后在墙身模板顶进行轴线测量,调整模板使其位置准确无误,符合设计要求。根据设计规范及施工经验,考虑墙身之后的位移,在控制墙身模板轴线时,使其位置向墙后偏移 1 ~2cm(墙身施工一段时间后,对墙身模板轴线控制时采用的是:基础顶轴线放线时,墙前坡度 10∶1,墙顶距设计护岸线 2cm,考虑墙身位移按 1 ~2cm 计算,直接弹出垂直轴线偏向墙后 3 ~4cm 的墙身模板顶控制线,在架设模板后,从墙身模板顶口吊锤,移动墙身模板直至吊锤与其控制线重合)。上紧模板与底板上锚固挂钩紧张器,固定墙身模板。整体钢模使用时,为防止模板跑模,浇筑在混凝土中的拉杆用对拉螺栓固定,纵向与底板预埋钢筋固定(图 5、图 6)。模板安装完毕后,对其平面位置、顶部高程、节点联系及纵横向稳定性进行检查,合格后方可浇筑混凝土。在浇筑混凝土时,模板可能发生挠曲,在安装模板时预留其修正量。所有模板在垂直和水平连接处固定,使模板连接紧密。拉筋孔、排水孔处采用胶带封堵,防止水泥浆流失,以避免造成接缝处的混凝土表面跑砂等现象发生,影响外观质量。

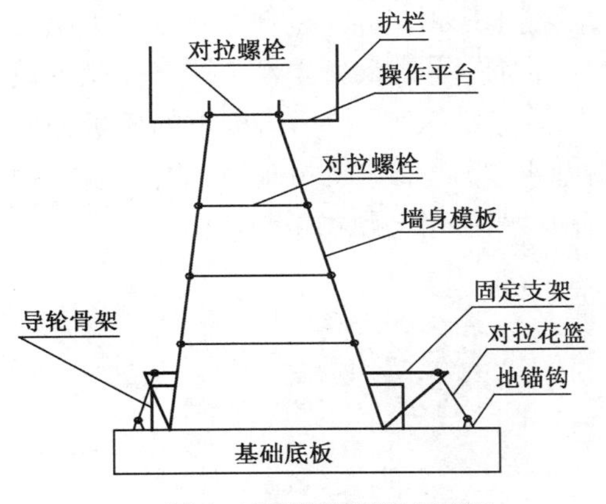

图5　墙身模板横截面示意图

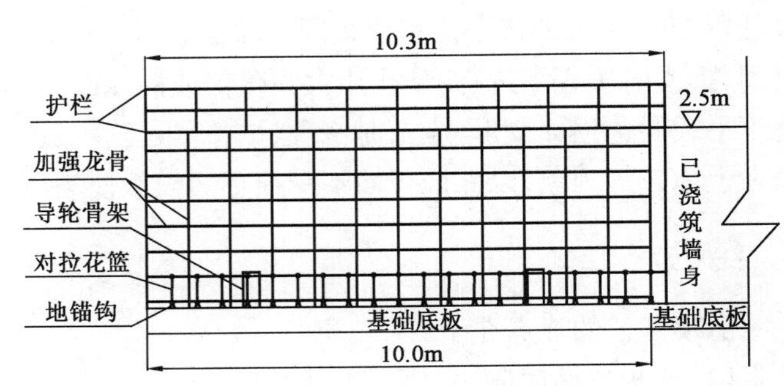

图6　墙身模板纵断面示意图

4)安装要点

(1)钢模板与基础底板的连接,使用花篮螺栓收紧,之前在底板浇筑时设置的地锚拉筋与墙身模板的连接。在收紧螺栓时,必须由一个人操作完成,以防前后螺栓松紧程度不一、受力不均造成浇筑时模板崩模等事故的发生。

(2)模板对拉螺栓的设置。由于浇筑时混凝土整体侧压力和上浮压力较大,模板中间设置的对拉螺栓很重要,螺栓未牢固易引发崩模事故。对拉螺栓的螺母要求使用厚度大于3cm的大螺母,以增加螺母与螺杆的接触面积,同时也便于扳手操作。对拉螺杆前后两侧各设置2只螺母,确保浇筑安全。

3.4 滑模浇筑控制

浇筑过程中控制要点:工人要站在滑模上部人行通道防护栏内,混凝土尽量倒在靠近要浇筑的部位,不得再次移动其位置以免发生离析现象。浇筑过程中用滑槽将混凝土送入仓内,由于浇筑墙身高度较高,采用串筒溜管下料,出料管口至浇筑层倾落高度不大于1m,且尽量避免浇筑过程中混凝土飞溅到墙身模板上影响拆模后外观质量。使用插入式振捣器振捣,快插慢拔,防止发生分层、离析现象。振捣时,插入点呈梅花形布置,按顺序进行,插点间距不得大于50cm,直至混凝土表面出现浮浆及不出现气泡、下沉为止,连续性振捣符合初凝时间要求。

3.5 模板拆除

混凝土浇筑完进行收浆后,及时洒水养护。在混凝土强度达到能保证其表面棱角不因拆除模板而受损后方可拆除模板。模板拼装前,在底部四周加装4台千斤顶,每台千斤顶下面焊接滚动轮。先拆除与施工方向背向的封头模板,拧松两侧模板之间连接的螺栓,然后采用千斤顶均匀将模板轻轻顶起,模板与墙身自然脱离后,用卷扬机和滑车葫芦将钢模整体牵引至下一段墙身立模位置放松千斤顶,然后继续下一道工序的施工(图7)。

图7　滑模移动时采用定向卷扬机+滑车葫芦

3.6 模板移动

滑模拆除移至下一施工位置后,要及时检查模板变形程度,检查模板尺寸是否准确,表面平整度及锚固模板的螺栓是否紧固并及时调整。根据经验,当拆模板时,后侧千斤顶略高于前侧千斤顶可大幅度降低“拉角”出现的概率。将模板脱离墙面,再用卷扬机带动滚轮,向前平移,重新立模。严格控制拆模时间,拆模时按程序进行,禁止用大锤敲击或撬棒硬撬,以免损伤混凝土表面和棱角。拆下的模板如发现不平或肋边损坏变形,应及时修理、平整。运输堆放应防止雨淋水浸,严禁与硬物碰撞、撬棒敲打、钢筋在上拖拉等现象,以保证板面不受损坏。模板使用后应及时清理,严禁用坚硬物敲刮板面。

4 结论

滑模工艺的优点在于:

(1)模板安装时间短,模板周转率高;

(2)一次性支出投入少,花费在脚手架的费用几乎为零;

(3)整体模板形成较为精确的外形尺寸和光滑表面;

(4)对木材和木工的需要较少;

(5)结构完整,没有水平或垂直的施工缝,容易控制线形。

通过滑模工艺在丹金溧漕河金坛段航道整治工程的全面运用,取得非常好的推广效果,为今后探索水运工程混凝土质量控制措施和工法研究提供了宝贵的实践经验。

参考文献

[1] 中华人民共和国行业标准. JTJ 257—2008 水运工程质量检验标准[S]. 北京:人民交通出版社,2008.

[2] 中华人民共和国国家标准. GB 50214—2001 组合钢模板技术规范[S]. 北京:中国计划出版社,2001.

[3] 中华人民共和国行业标准. JTJ 268—1996 水运工程混凝土施工规范[S]. 北京:人民交通出版社,1996.

[4] 中华人民共和国行业标准. JTJ 300—2000 港口与航道护岸工程设计与施工规范[S]. 北京:人民交通出版社,2000.

[5] 中华人民共和国行业标准. JTJ 312—2000 航道整治工程技术规范[S]. 北京:人民交通出版社,2003.

[6] 中华人民共和国国家标准. GB 50204—2002 混凝土结构工程施工质量验收规范[S]. 北京:中国建筑工业出版社,2002.

浅谈水泥搅拌桩施工工艺在丹金溧漕河航道整治工程中的应用

蒋　俊　姜　超

（无锡市航道工程有限公司）

摘　要　介绍搅拌桩施工工艺在丹金溧漕河 HD-3 标中的应用。

关键词　搅拌桩　施工工艺　质量控制

1　工程概况

本次丹金溧漕河金坛段航道整治范围为 K18 +440 ~ K20 +208 和 K32 +383 ~ K50 +625，两段整治里程共计 20.010km。K18 +440 ~ K20 +208 航道具体位置从丹金溧漕河丹阳、金坛交界处起至丹金船闸上游终点止，K32 +383 ~ K50 +625 航道则位于丹金溧漕河金坛市河改线段终点至丹金溧漕河金坛、溧阳交界处止。

本标段整治范围为 K18 +440 ~ K20 +208 和 K32 +383 ~ K37 +469，全长 6.854km。工程主要内容为：土方工程、疏浚工程、护岸工程、地基处理、踏步施工、防撞墩和拆除工程。

整治结构物分为 N1 型、N2 型、N3 型、N4 型，4 种全部为 C25 混凝土重力式结构，以及老驳岸加固。基础处理方式：①钢筋混凝土方桩；②小木桩；③水泥搅拌桩；④块石换填。

本工程水泥搅拌桩分为 9m、10m、11m、12m 和 13m 搅拌桩，总计水泥搅拌桩 311521 延米。根据不同地形条件 N1、N2、N3 和 N4 4 种结构形式的搅拌桩，拟将自然地面整平，在原地面高程施工，成桩至设计桩顶高程后停喷，设计高程以上不喷浆。

2　本工程内容

本工程水泥搅拌桩（4 种形式）工程数量见表 1。

水泥搅拌桩工程数量表　　表 1

护岸形式	N1	N2	N3	N4
桩数（根/m）	4.5	5.5	4.5	5.0
桩顶高程（m）	-1.50	-1.50	-1.10	-1.10

搅拌桩底高程由不同长度搅拌桩及不同形式的搅拌桩的桩顶高程共同确定。

3　施工工艺

3.1　施工工艺流程

水泥搅桩施工工艺流程见图 1。

3.2　施工机械选择

本工程采用水泥浆搅拌法，采用专门用于湿法施工的单轴（SJB-1）深层搅拌桩机。SJB-系列的设备施工深度可达 20m，常用钻头设计为多片桨叶搅拌形式。施工时除了使用深层搅拌桩机以外，还配有灰浆拌制机、集料斗、灰浆泵等配套设备。拟用于本工程的施工机械见表 2。

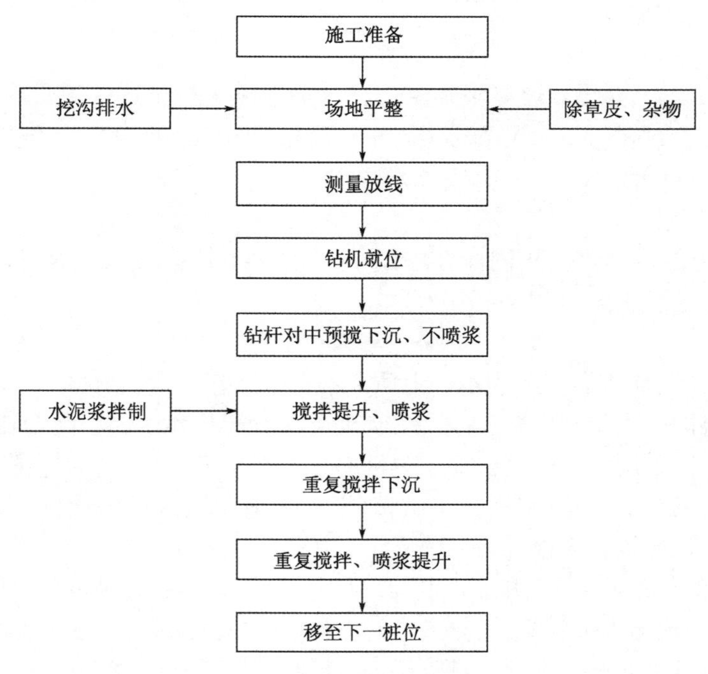

图1　搅拌桩施工流程

主要工程机械表　　表2

名　称	规　格	数　量	备　注
深层搅拌桩机	SJB-1	12	运行正常
灰浆搅拌机		12	运行正常
灰浆泵		12	运行正常

3.3　施工准备

在施工前完成如下准备工作：

(1)搞好场地的四通(通路、通水、通电、通信)一平(清除施工现场的障碍物),查清地下管线的位置。

(2)放线:由项目部测量组按设计图纸放线,准确定出各搅拌桩的位置;搅拌桩桩位处洒上石灰,并插上竹签进行现场定位。

(3)作好包括供水供电线路、机械设备施工线路、机械设备放置位置、运输通道等施工准备。

(4)所需材料提前进场,水泥有出厂合格证,水泥向总监办报验并经试验室检验合格后方能使用。

(5)施工前测量人员先复核施工图纸,按图纸确定桩基工程的位置和高程。施工放样记录以书面形式上报监理工程师,待监理工程师检查认可后方进行下一道工序施工。

3.4　主要施工工序

1)钻机就位

深层搅拌桩机自行就位、对中。桩机安装用水平尺检测是否水平、稳固,机底用枕木垫平、垫实,在桩机上用白漆画出高程控制线,并用红漆在机架上画出深度标志,机架正、侧面和搅拌管垂直,搅拌头对准桩位,并用线锤测设桩架垂直度,经检查符合要求后方可开钻。

2)搅拌下沉、制浆

借助深层搅拌机的自重,以1000mm/min的速度,且钻头每转一圈控制在10~20mm之间进行下沉,沿导向架边旋转、边切土、下沉直至加固深度。下沉的速度可由电机的电流监测表控制,工作电流不大于40A。

按照试桩确定的配合比拌制水泥浆,并定期检测水泥浆比重。搅拌机预搅下沉同时,后台拌制固化浆液，拌好待用的浆液倒入集料池中。

3）搅拌提升

预搅下沉至设计深度后，开动灰浆泵坐浆30s，把水泥浆压入软土层中，以500～1000mm/min的均匀速度，边提升、边搅拌、边喷浆，使水泥浆与土体充分拌和。为保证水泥搅拌桩桩端、桩顶及桩身质量，第一次提钻时应在桩底部停留30s。

4）重复上下搅拌、喷浆

为使软土层与水泥浆搅拌均匀，用同样方法，进行二次搅拌下沉、提升喷浆，即将深层搅拌机重复搅拌下沉、提升喷浆，施工的要求同第一次。

3.5 试桩

（1）项目部成桩施工前根据各施工现场的地质勘察报告，选取有代表性的土层位置，钻孔取出一定数量的试样土进行必要的软土物理性质、含水率、有机质含量试验和水泥土配合比强度试验，以验证软土的性质和设计的水泥土强度能否达到要求。项目部分为三个施工班组，为保证水泥搅拌桩后期的成品质量，对于每个班组的施工作业点都进行了试桩，以掌握适用该区段的成桩经验及各种操作技术参数。最终选定成桩工艺试验桩取5根。

（2）试桩前，项目部书面通知甲方和监理参加，分别对现场的施工作业环境、机械设备的工作性能、后台水泥浆的拌制、施工现场桩位放样、操作人员的准备情况、孔径、孔深、刀片数量等进行检查，待验收都满足施工条件后进行试桩并全程进行质量监控。试桩结束后，项目部提交试桩成果报告，并由甲方和监理工程师审查批准后，作为该区段搅拌桩施工的依据。

（3）获取包括搅拌桩水泥掺量、钻机钻进与提升速度、钻进持力层时孔底电流值、搅拌的叶片旋转速度、喷停浆时间等操作参数。

3.6 成桩施工注意事项和具体措施

（1）对将要进行深层搅拌桩施工的场地事先加以平整，彻底清除施工现场地面、地下及空中的障碍物。项目部在老丹金溧漕河船右岸，由于新建护岸在河里，没有良好的施工平台，只能到其他地方取土填筑施工平台。对于填筑段落土质较差的用大型横木进行枕垫，已保证桩身的垂直度。

（2）泵送浆液必须连续进行，如因故停浆，要立即通知前台操作工，以防止断桩。因施工中水泥浆密度为1.73g/cm^3，稠度较大，为保证泵送浆液的顺利输送，输送管长度不超过50m，输送压力泵压力控制0.6～0.8MPa，电机功率不超过37kW。根据建设单位要求，水泥搅拌桩施工作业时间早上6点到晚上8点，每个水泥搅拌桩施工点在当天施工结束后，进行清管，防止堵管、爆管。

（3）深层搅拌机的入土切削和提升搅拌。当负荷太大及电机工作电流超过额定值时，应减慢提升速度或补给清水，一旦发生卡钻或停钻现象，应切断电源，将搅拌机强制提起之后，才能重启动电机。

（4）施工时应使用定位卡以确保桩位的准确度和桩机的水平、垂直精度。各类管线接头必须接好扎牢。各种电器设备要有防雨措施，严防漏电事故发生。考虑到本标段水泥搅拌桩施工高峰期恰好为雷雨季节，每台装机顶上安装了小型避雷针，并在雷雨天气停止作业，保证安全。

（5）水泥浆要严格按照设计的配合比配置，水泥要过筛。为防止水泥浆离析，可在灰浆机中不断搅动，待压浆前才将水泥将倒入料斗中。

（6）在成桩过程中，凡是由于电压过低或其他原因造成停机，使成桩工艺中断时，为防止断桩，在搅拌机重新启动后，将深层搅拌叶下沉0.5m后再继续成桩。

（7）考虑到搅拌桩与上部结构的基础或承台接触部分受力较大，因此通常还可以对桩顶－1.5m范围内再增加一次输浆，以提高其强度。

（8）深层搅拌施工中采用少量多次喷浆的方法，保证4次搅拌，2次喷浆。搅拌过程中均喷水泥浆，边搅拌边喷浆。

（9）施工中，如地下障碍物等原因无法钻进时，项目部应及时通知监理、设计人员，以便采取补桩措施，以保证施工质量。

(10)严格按照设计的水灰比配制浆液,配制好的浆液必须过滤。集料池中的浆液保持搅匀状态,避免水泥浆分层。

制备好的浆液不得离析,泵送必须连续,拌制浆液的用量以及泵送浆液时间等应有专人记录。

(11)主要安全技术措施:

①深层搅拌机冷却循环水在整个施工过程中不能中断,应经常检查进水和回水温度,回水温度不应过高。

②深层搅拌机电网电压低于380V应暂停施工,以保护电机。

③泵送水泥浆前管路应保持湿润,以利输浆。水泥浆内不得有硬结块,以免吸入泵内损坏缸体,每日完工后,需彻底清洗一次。喷浆搅拌施工过程中,如果发生故障停机超过半小时宜拆卸管路,排除灰浆,妥为清洗。灰浆泵应定期拆开清洗,注意保持齿轮减速器内润滑油清洁。

④深层搅拌机械及起重设备在地面土质松软环境下施工时,场地要铺填石块、碎石,平整压实,根据土层情况,铺垫枕木、钢板或特制路轨箱。

3.7 质量控制手段

项目部对于每个水泥搅拌桩施工作业点安排一个质检员进行全程旁站,进行水泥浆比重、桩长、桩径、桩距、成桩时间等进行现场检测,并在成桩记录表上真实填写数据。工程科由科长带队每日对各个施工点进行抽查。在施工中发现有质量问题时,要求停止作业并现场立即整改。如拒不整改的,上报项目部,经现场查看确认后,根据项目部水泥搅拌桩施工质量管理相关规定进行处罚。主要从以下方面进行质量控制:

(1)对湿喷桩施工作业参数控制:

桩位偏差:≤5cm;

桩身偏斜:≤1.5%;

浆液密度:≥1.73g/cm^3;

水泥掺量:55.00kg/延米;

水灰比:0.5∶1(水∶灰);

提升速度:0.8~1.0m/min;

水泥土90天无侧限抗压强度:≥1.0MPa。

(2)判定和控制湿喷桩打入深度标准。

(3)检查保证每米桩长水泥喷入量。

(4)监督是否按设计要求连续均匀地喷浆作业;严格控制喷浆高程和停浆高程,不得中断喷浆,严禁在未喷浆的情况下进行钻杆的提升作业。

(5)施工作业中若发现喷浆量不足,必须实行整桩复打,复打的喷浆量不得小于设计用量。

(6)检查水泥浆搅拌各种外加剂加入情况及搅拌质量是否符合设计要求。同时为了保证湿喷桩水泥的同一性,水泥调配原则上依据各水泥厂供货量定点分配到施工队钻机,严禁不同厂家产品混乱供料。严禁使用过期、受潮、结块、变性的劣质水泥。

(7)桩长控制:处理深度以打穿软土进入相对硬层50cm为原则,现场采用双控,即以地勘资料和图纸文件中的处理长度为基础,结合施工机械的电流变化,确定是否打穿软土层,当电流变化达到60~70A,可以认为进入相对硬层。

(8)施工人员及质检人员认真熟悉设计图纸及技术规范。

(9)在检查钻杆的实际长度符合要求后,方可安装,机架上做好每延米的标记符号,每隔2m注明其数值。

(10)垂直度采用井架双向进行悬挂线锤的办法,用撑杆进行调整;机台平整度采用水平尺配合千斤顶加垫木块的方法进行。

(11)水泥进场后需自检、复检并经监理抽检合格后方可使用。

(12)拌浆液需检测水泥浆比重,及时调整、严格控制,并做好相应记录。质检人员全程旁站,工程科人员进行抽检,严格过滤水泥浆,并随配随用。气温在10℃以下超过5h,气温在10℃以上超过3h的浆液作废浆处理。

(13)严格按照试桩确定的施工技术参数进行施工,并挂牌、注明参数,检查人员根据挂牌参数进行检查。

(14)水泥用量的误差不得大于1%。

(15)质检人员对施工资料及时归档整理。

3.8 质量控制及检查

施工参数检查频率及方法如表3所列。

施工参数检查频率及方法 表3

检查项目	检查频率	检查时间及方法
桩位偏差	每桩1次	第1次下沉前用钢卷尺测量
桩身偏斜	每桩2次	第1次下沉前和第2次下沉后用水平尺测量搅拌轴
浆液密度	每桩1次	注浆至中间深度±5m范围内,用波美密度计测量
水泥掺量	每桩1次	注浆至桩体上部±5m范围内,检查制浆记录
水灰比	每桩1次	注浆前,检查制浆记录
喷浆流量	每桩1次	注浆过程中,抽查用浆记录结果
提升速度	每桩1次	注浆过程中,计算单位时间的提升高度

4 结语

本文结合搅拌桩施工工艺在丹金溧漕河航道整治工程中的成功应用及质量控制进行了介绍,为类似工程的搅拌桩施工提供了良好的借鉴实例。

参考文献

[1] 中华人民共和国行业标准.JTS 257—2008 水运工程质量检验标准[S].北京:人民交通出版社,2008.

[2] 中华人民共和国国家标准.GB 50204—2002 混凝土结构工程施工质量验收规范[S].北京:中国建筑工业出版社,2002.

谈水运工程混凝土集中拌和与水上运泵一体化施工

刘 斌

(江苏省无锡市航道工程有限公司)

摘 要 水运工程混凝土集中拌和与运泵一体化是社会科技发展和客观现实的需要。

关键词 混凝土 集中拌和 标准化施工 运泵一体化

1 实施混凝土集中拌和与运泵一体化的时代背景

随着社会进步和经济发展,我国交通运输从20世纪80年代中期开始快速发展,进入21世纪随着货物流通需要,国家对交通运输格局进行了调整规划——将民航、邮政、铁路划归交通,达到"空地一体、联铁达港、陆水联运"交通运输新格局。在多种交通运输相互补充与运输资源优化配置中,内河水运具有低运价、大运量、能耗排放小等优势。怎样建设好内河航道(水运工程)更好地服务于国民经济发展,我们在江苏省常州市丹金溧漕河航道整治工程金坛段DJLC-HD-SG3标段工程施工中进行了尝试与探索。

丹金溧漕河航道整治工程金坛段DJLC-HD-SG3标段起讫桩号K18+440~K20+208、K32+383~K37+469,整治里程6854m。由于工程分两段,中间相隔12km的金坛市区,实际长度约18.854km,结构物分为N1型、N2型、N3型、N4型,护岸全部为C25混凝土重力式结构98954.97m^3,航道疏浚土方38.7万m^3、结构施工运输长度1.0672万延米,航道沿线河汊、鱼塘、滩涂密布,无陆上运输通道,作为业主常州航道管理处要求18个月内完成所有施工内容并在施工过程实施标准化施工。如何满足业主标准化施工与施工中大体积混凝土搅拌与运输,我们做了如下调查分析与方案对比。

2 混凝土集中拌和与标准化施工是科技进步的需要

现在水运工程实行大标制,工程量一般混凝土方量为10万m^3,工程造价在1亿元左右,如按以往0.35m^{3}混凝土拌和机加小翻斗车施工,无法保障混凝土供应、工程质量和工期,不便于混凝土拌和自动化控制和质量集中管理,也不符合省航道局与常州航道处提出标准化施工要求。

如:使用的0.35m^{3}型混凝土搅拌机,人工配料精度低、1台搅拌机需要操作手1人、水泥搬运工2人、砂石上料工人4人、现场质检员1人,合计需要工人8人,理论上最大生产能力10~14m^3/h。一天按8h施工时间,有效工期按0.8计。

(1)JZC350混凝土拌和机日生产能力$(10+14)\div 2\times 8\times 0.8=76.8$m^3/d。

(2)完成10万m^{3}混凝土,一台JZC350混凝土拌和机所需工期:$100000\div 76.8=1302\text{d}>18\times 30=540\text{d}$,无法满足工期需要。

为了满足质量管理和工期要求。本标段采用JS1000混凝土拌和站集中拌和,实现了从配料到操作自动化控制,整个拌和站须装载机驾驶员1人、混凝土拌和操作员1人,合计2人。

(3)JS1000混凝土拌和楼日生产能力:$60\times 8\times 0.8=384$m^3/d。

(4)完成10万m^{3}混凝土,一台JS1000混凝土拌和楼所需工期:$100000\div 384=260\text{d}<18\times 30=540\text{d}$,满足工期需要。

（5）采用JS1000混凝土拌和楼集中拌和的产能是传统JZC350混凝土拌和机的500%，而人工消耗只有传统施工的25%，使用0.35m^3混凝土搅拌机与JS1000混凝土拌和楼性能对比见表1、表2。

JZC250～500混凝土拌和机性能 表1

项目		JZC250	JZC350	JZC500
工作性能	出料容量（L）	250	350	500
	进料容量（L）	320	560	800
	生产率（m^3/h）	6～8	10～14	18～20
	搅拌筒转速（r/min）	17	14	13
	集料最大粒径（mm）	60	60	60～80
	供水精度误差（%）	≤2	≤2	≤2
电动机	搅拌电机（kW）	4	5.5	11
	提升电机（kW）	4	5.5	5.5
	水泵电机（kW）	0.55	0.55	0.75
最大拖行速度（km/h）		20	20	20
轮胎规格		6.50-16	6.50-16	7.50-16
外形尺寸（长×宽×高）（mm）		2260×1990×2750	2766×2140×3000	5226×2200×5460
整机重量（kg）		1300	1950	3100

JS1000～JS2000混凝土拌和设备性能指标 表2

型号		JS1000	JS1500	JS2000
出料容量（L）		1000	1500	2000
进料容量（L）		1500	2400	3200
生产率（m^3/h）		60	75	100
集料最大粒径（卵石、碎石）（mm）		80	80	80
搅拌叶片	转速（r/min）	25.5	25.5	25.5
	数量	2×8	2×10	2×9
搅拌电机	型号	Y225S-4	Y225M-4	Y280S-4
	功率（kW）	37	45	75
卷扬电机	型号	YEZ160S-4	YEZ180L-4	YEJ180L-4
	功率（kW）	11	18.5	22
水泵电机	型号	KQM65-100I	KQM65-100I	CK65/20L
	功率（kW）	3	3	4
料斗提升速度（m/min）		21.9	23	26.8
外形尺寸（mm）		4640×2250×2250	5068×2250×2440	5068×2250×2735

3 实施混凝土水上运泵一体化是客观现实的需要

水运发达的中国东部长三角、珠三角省份河流纵横，水系发达，进入21世纪内河运输船舶吨位达到400～1000t。为了满足内河运输的需要，水运工程进入全面等级提升与改扩建，工程设计标准高加之国家的环境保护以及高等级航道使用年限的要求，浆砌块石结构逐渐退出水运工程市场，取而代之的是钢

筋混凝土、混凝土结构，传统施工能力已无法满足大方量混凝土施工要求，加上水运工程现场都处于原生态地貌(除市区与城镇段)，河道两岸密布着支河、滩涂、鱼塘、蟹塘……混凝土运输成为施工中的突出环节，如图1所示。

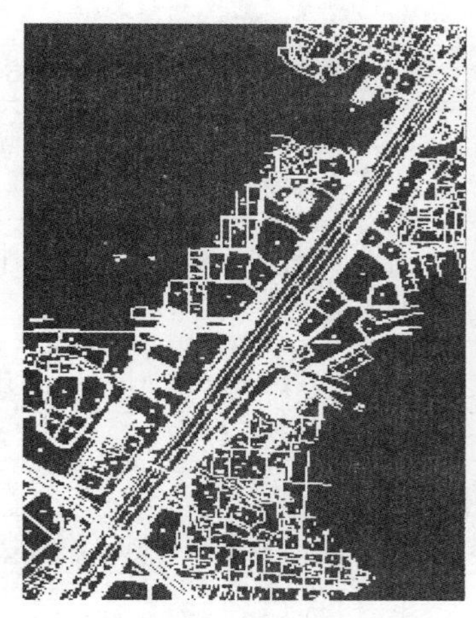

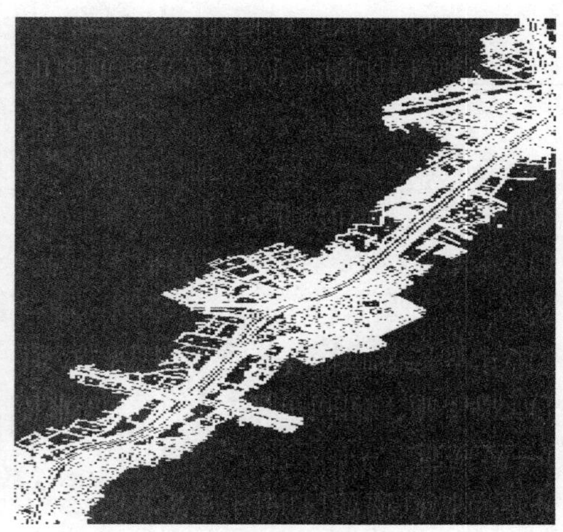

图1　丹金溧漕河航道整治工程金坛段 DJLC-HD-SG3 标现场平面示意图

怎样解决，我们在丹金溧漕河航道整治工程金坛段 DJLC-HD-SG3 标施工中考虑两种运输方案，一是传统的自卸车陆上运输，另一种是水上运泵一体化运输，并进行了两种方案的比选。

3.1　方案一——传统混凝土运输方式施工

(1)按高峰期每天完成混凝土 350 ~ 450m^3，三个施工区六个作业班组计算。

(2)考虑到施工便道及环境限制，混凝土运输车辆采用 3m^3 混凝土罐车，每个班组 3 辆共需 18 辆。

(3)根据现场情况需架设便桥 4 座、铺筑 4.5m 宽运输通道 1.0672 × 2 = 21.344km，每座便桥按 5 万元/座，需 20 万元，施工便道按 150 元/延米需 320.16 万元，合计需 340.16 万元。

(4)陆上混凝土运输按 0.8 元 · t/km，拌和点 6 处(不符合省航道局、常州市航道处提出的混凝土集中拌和，标准化施工要求)，平均运距按 1779m，计 10 万 m^3 混凝土运费约需 14.232 万元。

(5)便道租用土地临时征用宽度按 4.5m 加路肩 1m，一年按两季补助，每季每亩 1200 元，两年需 4800 元/亩，临时征地费用(4.5 + 1) × 21344 ÷ 667 × 4800 = 84.48 万元。

(6)便道复垦按 3500 元/km 计算，约 3500 × 21.344 = 7.4704 万元。合计混凝土陆上运输成本为：446.3424 万元。

3.2　方案二——采用水上混凝土运输(即运泵一体化)施工

采用混凝土集中拌和，运泵一体化，主要考虑内河航道整治工程长期以来受到沿岸运输条件限制、混凝土运输事故隐患多、运输方量少、运输时间长、工程施工周期长，一节 10m 混凝土墙身混凝土量在 60 ~ 90m^3，一般需要 10 ~ 16h 才能完成，功效极为低下，工程成本大。为了大规模施工和有效降低施工成本，考虑混凝土采用水上运输，该方案得到业主常州市航道处的肯定。具体做法是——投入标准化混凝土运输船(200t)6 艘，每艘船配备混凝土储存、混凝土布料系统，并按国家标准进行混凝土运输储存，每艘船一次可运输混凝土 30 ~ 40m^3，即每艘船安装 15m^3 或 18m^3 混凝土罐 2 个，一节墙身混凝土用量 2 ~ 3船就可以满足，施工时间 3h 左右，实现了混凝土岸边标准化拌和后，进入水上标准化混凝土运输，到安全快速布料至模仓的流水作业。其经济指标如下：

(1)按高峰期每天完成混凝土 350 ~ 450m^3，三个施工区六个作业班组计算。

(2)采取水上运输不需便桥、便道。

(3)采用 6 条 200t 混凝土运输船运输混凝土按 0.4 元 · t/km，设置 JS1000 两处，布置于工程中间位置，平均运距 5.33km(21344 ÷ 4)，10 万 m^3 混凝土运输费用为 21.32 万元，见方案一与方案二技术指标对比表 3。

方案一与方案二技术指标对比 表3

传统施工与混凝土集中拌和运泵一体化施工指标对比			
项　目	传统混凝土拌和施工	混凝土集中拌和与运泵一体化施工	结　论
一、混凝土生产能力（m^3/h）	10～14	75	集中拌和功效是传统拌和的5～8倍
二、拌和设备（台）	6～12	2	传统拌和要6～12处拌和场地，投入巨大，产能低下，不符合标准建设需要
三、拌和站场地附属设施建设（万元）	20×6＝120	35×2＝70	传统拌和站场地、料场、电、排水、安全等设施投入大
四、混凝土生产方式	人工配料、人工操作	电脑配料、程序化操作	集中拌和引入先进的施工工艺、便于工程质量控制、总体投入合理
五、混凝土运输	陆上传统车辆运输	水上运泵一体化运输	
1. 便桥、便道	需架设便桥、便道	水上运输，无道路需求	运泵一体化无需便道节约工期30～45d
2. 便桥、便道、维护、复垦……（万元）	432.11	0	运泵一体化无需便道节约临时交通投入
3. 混凝土运输（万元）	14.232	21.32	传统混凝土生产分散、运距短、运输费用低，但是施工周期较长
4. 小计混凝土运输成本（万元）	446.342	21.33	10万m^3运输，传统方式需便道，费用是运泵一体化的20.92倍
六、混凝土综合运输成本（元/m^3）	44.63	2.133	实施运泵一体化，有效降低工程成本

水上混凝土运泵工程船如图2所示。

图2　水上混凝土运泵工程船

4　结论

从以上指标可以看出，实施混凝土集中拌和和混凝土运泵一体化施工，克服了多年来内河水运工程混凝土施工效率低、施工作业机械化程度低、混凝土拌和自动化程度低、混凝土质量不稳定、临时工程费用投入过高的现状，实施混凝土集中标准化厂拌与水上运泵一体化运输，引入了现代科技，减少工程辅助与临时设施费用的投入，提高施工效率，也符合江苏省航道管理局、常州市航道管理处提出的标准化施工要求，实施混凝土集中拌和与运泵一体化是社会科技进步与水运工程客观现实的必然，促进了水运工程施工、管理现代化步伐。

GPS-RTK 配合电子经纬仪在航道测量中的应用探讨

白 圣

（江苏金堰交通工程有限公司）

摘 要 在内河航道测量中，亟须实时准确地反映航道水深变化的航道水深地形图。而 GPS 定位技术的准确性和 GPS－RTK 测量的实用性，非常适合现代航道测量，它保证了航道测量的精度和测量时间。

关键词 航道测量 GPS-RTK 电子经纬仪

1 引言

GPS 测绘定位技术在航道工程测量中的应用，开辟了现代航道测量的新时代。以往的内河航道测量经历了三角导线测量、全站仪测距导线测量和交会法水深测量等时代，工作进度慢、效率低，且得花费大量的人力物力。而 GPS 测绘定位技术在航道工程测量中的应用，大大地节省了测量时间，提高了测量精度。江苏金堰交通工程有限公司测量队在丹金溧漕河 6.531km 的航道测量中，使用电子经纬仪配置 GPS-RTK 定位仪的组合，提高了野外测量效率，在花费极少的情况下快速地完成了所需的航道数字化水深地形图。

2 GPS 定位技术和电子经纬仪

2.1 GPS 技术概况

全球定位系统 GPS（Global Positioning System）是美国陆海空三军联合研制的卫星导航系统，具有全球性、全天候、连续性、实时性导航定位和定时功能，能为各类用户提供精密的三维坐标。GPS 主要由空间卫星星座、地面监控站及用户设备三部分构成。GPS 空间卫星星座由 21 颗工作卫星和 3 颗在轨备用卫星组成。24 颗卫星均匀分布在 6 个轨道平面内，轨道平面的倾角为 55°，卫星的平均高度为 20200km，运行周期为 11h58min。卫星用 L 波段的两个无线电载波向广大用户连续不断地发送导航定位信号，导航定位信号中含有卫星的位置信息，使卫星成为一个动态的已知点。在地球的任何地点、任何时刻在高度 150m 以上，平均可同时观测到 6 颗卫星，最多可达到 9 颗。GPS 地面监控站主要由分布在全球的 1 个主控站、3 个注入站和 5 个监测站组成。主控站根据各监测站对 GPS 卫星的观测数据，计算各卫星的轨道参数、钟差参数等，并将这些数据编制成导航电文，传送到注入站，再由注入站将主控站发来的导航电文注入相应卫星的存储器中。GPS 用户设备由 GPS 接收机、数据处理软件及其终端设备（如计算机）等组成。GPS 接收机可捕获到按一定卫星高度截止角所选择的待测卫星的信号，跟踪卫星的运行，并对信号进行交换、放大和处理，再通过计算机和相应软件，经基线解算、网平差，求出 GPS 接收机中心（测站点）的三维坐标。利用 GPS 静态技术可以进行高级导线点控制测量。

2.2 实时动态（RTK）

技术实时动态（RTK）定位技术是以载波相位观测值为根据的实时差分 GPS（RTDGPS）技术，它是 GPS 测量技术发展的一个新突破。实时动态定位（RTK）系统由基准站、流动站和手提电脑组成，建立无线数据通信是实时动态测量的保证。其原理是取点位精度较高的首级控制点作为基准点，安置一台接收机作为参考站，对卫星进行连续观测，流动站上的接收机在接收卫星信号的同时，通过无线电传输设备接收基准站上的观测数据，通过蓝牙装置连接流动站和计算机手簿，随机根据相对定位的原理实时计算显示出流动站的三维坐标和测量精度。利用实时动态（RTK）技术可以进行碎部地形点的测量。

2.3 电子经纬仪

普通经纬仪是通过其内置的度盘测量角度，并通过读数显微镜观测角度值，仪器笨重且读数时容易出现较大误差。电子经纬仪是一种光学电子仪器，其通过电子度盘测角，数据通过屏幕显示，仪器显得轻便简单，观测时可在显示屏幕上直接读数，既快又准确。它的工作原理是在测站上架设仪器，通过测角、测距离确定测量点的平面位置和高程，是常规的三维极坐标测量方法。通过电子经纬仪配合花杆和图版可进行地形点的碎部测量。

3 两种测量仪器在丹金溧漕河航道测量中的实际应用

3.1 工程概况

丹金溧漕河航道工程将在2013年10月建成通航，整治按五级航道标准进行。本次航道测量内容是对该河段进行全程6.531km的平面控制、高程控制、地形测量、水深测量及水位观测等，测量比例尺为1∶2000，并以CAD数字化建模成图。测量技术标准主要以交通部《水运工程测量规范》（JTJ 203—2001）为依据。测量以GPS-C级网作为测区首级平面控制，沿河道走向布设E级GPS导线点和加密图根点的测量方式，两岸陆域地形从河道水边线测至陡坎线两边200m。

3.2 平面控制测量中的应用

本测区已知沿河道每隔200m布设2个E级GPS点，共10个。测量时1台静态GPS架设在一已知点上，另2台架设在未知点上，以此类推联测至所有已知点。每次同步观测时间大于45min，满足E级控制点GPS测量要求。经GPS基线解算软件计算，平差结果满足规范要求。

3.3 地形测量中的应用

由于地形测量范围是从河道水边线测至陡坎线两边200m的长距离带状地形，地形点较多，结合涂河两边树林密布的状况，决定采用RTK配合电子经纬仪进行地形测量的生产模式。测量时将基准站架设于附近高点，移动站在已知控制点上校正，获得校正参数。在移动站固定解状态下测得测站点和后视点的三维坐标，电子经纬仪架设在测站点，经后视，测读各碎部点上的花杆，获得角度、距离、高程等数据，记录人员将数据记录在手提电脑上，经计算获得各碎部点的坐标，同时绘图人员用量角器将各点展绘到薄膜图纸上，并标注高程，现场参照实际情况，在图上勾绘地物轮廓线与等高线。外业结束后，内业人员将测得的地形点坐标展绘到绘图软件里，并根据现场测图在计算机里勾绘地形，最终形成电子航道地形图。

3.4 航道水深测量中的应用

水深测量采用南方SED-28型测深仪配合动态RTK水上定位技术。RTK校点同步地形测量，获得校正参数。然后将GPS移动站置于测深杆上方（设计已配套），连接好测深仪线路，同时进行测深仪性能稳定校准。数据采集利用HYPACK软件，采集记录同步的GPS实时坐标、水深数据及对应测深时间。GPS接收定位卫星的信号和差分站的信号，计算出天线的位置。并将位置的数据信号传送到计算机。同时，测深仪测量出水深，将水深信号传送到计算机。HYPACK将GPS定位信号和测深信号进行处理，一方面记录入硬盘储存，另一方面通过计算机显示器显示测量船位置，指导测量船行驶。

4 利用GPS进行施工控制的优点

利用GPS进行施工定位主要有以下几个优点：

（1）精度高。DSNP双频GPS的实时动态三维定位精度为1cm，这是其他测量手段所无法比拟的。

（2）作用距离远。在保证厘米级的精度要求情况下，一般的双频GPS均能够达到十几公里，DSNP双频GPS在40km时仍然能够正常初始化。

（3）受自然条件的影响小。由于GPS依靠卫星信号来定位，GPS测量不要求通视，因此工作时不受

风、雨、雾及昼夜的影响,只要能够正常初始化,就可以全天候工作。

(4)自动化程度高、劳动强度小。GPS 的应用使艰苦、复杂的测量外业工作变为室内操作,大大降低了劳动强度。铺排定位监控,仅需打开手提电脑,输入坐标,按显示的定位图形操作即可完成就位工作;铺排开始,敲一下数据记录键,就会自动记录铺排数据。

(5)经济效益高。GPS 的应用,使工程施工实现了全天候、24h 施工,大大提高了施工工日利用率和工作效率。

内河航道疏浚工程施工工艺

柳扣荣

（江苏金堰交通工程有限公司）

摘　要　内河航道是国家经济运行中的命脉之一，加强内河航道管理，改善通航条件，保证航道畅通和航行安全，充分发挥内河航运在国民经济建设中的作用，必须确保交通的通畅。本文将对内河航道疏浚工程在施工前的准备、施工的方法等方面的施工工艺进行探讨研究。

关键词　内河航道　疏浚工程　施工工艺

1　内河航道概述

在内陆水域中用于船舶航行的通道称为内河航道。内陆水域包括江、河、湖、水库、人工运河和渠道等。内河航道可分为天然航道和人工航道。天然航道系利用天然水域提供的航道尺度行驶相应尺度的船舶。如果局部河段尺度不足，则通过整治与疏浚的手段使之达到要求的尺度。人工航道包括渠化河流航道和人工开挖的运河、渠道。渠化河流是在天然河流上分段筑坝，壅高水位，以提高航道水深，并在坝址处兴建过船建筑物（通航建筑物）。按航道对船行阻力的大小，内河航道可分为限制性航道和非限制性航道。人工运河和渠道属于限制性航道，天然航道大多为非限制性航道。

2　内河航道疏浚施工前的准备工作

（1）施工布置阶段。在该阶段的施工过程中，施工方在施工的过程中必须遵守以下原则：畅通运输、经济合理、安全可靠。此外，在施工的过程中还必须以招标文件上的要求为基础，在对施工进行布置的过程中，一定要把文明施工的要求作为准则。同时，施工方还必须根据当地的实际经济发展方向来对内河航道进行科学合理的规划，对河道的布局进行适当的调整。在对河道进行疏浚施工的过程中，尽量不要破坏原有的水系，确保当地的生态平衡不会遭到破坏。

（2）施工准备阶段。该阶段主要是依靠挖泥船及其附属船舶，来对内河航道进行疏浚施工的，这是一项特殊的施工工程，因此，设备的优劣直接决定了工程最终的施工效果。所以，在对施工设备进行选择的过程中，务必要遵循以下原则：适用于生产、技术先进、经济合理，同时还必须对设备的维修费、运输费、采购费等方面的费用进行综合考虑。

（3）工程的测量与放样阶段。该阶段的实施难度相对较大，在测量、放样的过程中必须借助于先进的技术才能完成。目前，许多先进的技术在使用的过程中都对外部环境有较高的要求，这就在一定程度上提升了施工的难度。

3　内河航道疏浚工程的施工方法

（1）开工前的试挖。在对内河进行疏浚前，必须让有挖泥经验的工作人员进行试挖，同时还要合理的选择各种项目中的挖泥技术参数。试挖是决定工程施工以及挖泥工作能否达到预期效果的关键因素。此外，还必须对施工的组合进行合理的选择，以保证工程的施工过程可以顺利进行。

（2）挖槽施工。在对内河航道疏浚工程进行挖槽的过程中，必须以试挖的数据为基础，对抓斗以及绞刀的下放深度进行设置，以便于对挖槽的深度进行控制，确保施工的效果达到最佳状态。内航河道在进行疏浚的过程中，必须要根据其泄露以及回淤的实际情况来确定其开挖深度。在挖槽的过程中，为了

避免出现漏挖的情况，每条挖槽都会有5m是与其他挖槽重叠在一起的。

(3)开挖过程中的泥浆输送。在对内航河道进行疏浚的过程中，为了保证航道的畅通，避免来往船只对施工过程的干扰，只有在铺设水下潜管时，才可以经过老航道。为了适应水下的沉浮状况和地形，在安装水下潜管时，最好采用柔性连接，在安装水下潜管前最好先将其连接为一个整体，然后再分段下放。此外，在铺设水下潜管前，务必要对老航道的地形地貌进行勘探，确保铺设潜管后的航道水深不会低于2.5m。如果水深不足就必须对其进行重新挖槽。在挖槽的过程中，一定要确保输泥管的水面上的浮筒是密闭的，防止它在受到风浪冲击时出现下沉的状况。疏浚过程中的泥浆输送工作可以由泥泵来独立完成。泥泵主要是由吸泥以及排泥两部分功能组成，这两个方面联系在一起才能进行泥浆输送工作。

(4)疏浚泥土的处理。内航河道疏浚泥土处理的方法主要有三种，即水下吹填法、边抛法、抛泥法。

第一，吹填法。该方法主要是利用泥泵将挖出的泥土运送到填土区域，使泥土得到合理的利用。此外，利用吹填法来对内河的航道进行疏浚还可以避免疏浚泥土的回流。

第二，边抛法。在内河航道进行疏浚的过程中，泥浆的动能以及位能都相对较大，因此，泥浆从旁通口出来后就会马上潜入水底，当泥浆在与水体进行接触摩擦的过程中，泥浆的能量就会逐渐消失，泥浆中的土块就会沉积下来，最终成为河床的一部分。那些较为细小的泥沙就会扩散到河水中，随着水流的不断增大，泥沙的数量也会变得越来越多，沉积后的泥沙会与潜入点的距离变长，这就说明该处理方法的效果较好。

第三，抛泥法。当泥土的利用情况受到河道两岸的地形、挖掘设备以及土质等因素的影响时，就必须对其抛泥的地点进行合理的选择，最好选择那些流速较小、容积较大、不容易产生淤积的水域。此外，还必须选择靠近挖泥点的水域，以便于减小抛泥的距离。该方法就是将疏浚河道所产生的泥土运送到河道以外。

内河航道整治工程混凝土护岸施工工艺及质量控制

柳扣荣

（江苏金堰交通工程有限公司）

摘　要　航运工程是我国内陆经济发展的重要基础设施，是内陆航道沿岸地区经济发展的重要运输渠道之一，应加强混凝土护岸施工工艺及质量控制，保证航道的安全顺畅，提高水上航运的能力。

关键词　内河航道　混凝土护岸施工工艺　质量控制

航运工程是我国内陆经济发展的重要基础设施，是内陆航道沿岸地区经济发展的重要运输渠道之一，因此对航道的治理成了当前航运系统的重要工作之一。但是由于各种原因，航道整治工程的质量还存在着许多问题，而这些问题也就成了航道整治工程质量的通病。在航道整治工程施工中，必须坚持以预防为主，防治结合，彻底地解决工程的质量问题，保证航道的安全顺畅，提高水上航运的能力。

1　围堰施工

根据实际情况，合理选择围堰类别。工程开工前，集中有关技术人员进一步熟悉该工程的施工条件、设计技术要求、工程质量标准、施工进度计划等，并及时对弃土地点进行平面和高程测量，确定弃土总量满足要求。并重点做好抛泥区的围堰及出水口。

1.1　围堰施工的一般规定

（1）围堰高度应高出施工期间可能出现的最高水位（包括浪高）0.5～1.0m。

（2）围堰外形尺寸直接影响堰体的受力情况，必须考虑堰体结构的承载力和稳定性。围堰外形还应考虑水域的水深。

（3）堰内平面尺寸应满足基础施工的需要。

（4）围堰要求防水严密，减少渗漏。

1.2　围堰实施方案

1）土质围堰

利用水下土方填筑施工围堰时，应按照分层填筑的原则，先填至常水位，间隔1～2d，待水下土方沉降、堰体稳定后继续填筑水上部分，最后用彩条布或土工布在迎水面围裹，防止水流及船行波对围堰的冲刷。施工过程中加强对围堰的看护和维护，发现沉降、塌陷、冲刷时及时修补，确保围堰安全和堰内施工安全。

2）木桩（钢板桩）围堰施工

（1）木桩（钢板桩）围堰施工工艺流程：

施工准备→测量定位→打入围堰两侧木桩→围堰顶部平整→围堰两侧木桩采用铁丝对拉。

（2）木桩（钢板桩）打设注意事项。将挖土机（或船载挖土机）开至围堰施工点位，对准木桩，采用挖土机斗慢慢下压。开始打设的一、二块木桩的位置和方向应保持精确，以便起到样板导向作用。施打顺序按施工组织设计进行，一般由上游分两头向下游合龙。施打时宜先将木桩逐根或逐组施打到稳定深度，然后依次施打至设计深度。在垂直度有保证的条件下，也可一次打到设计深度。围堰完工后，派专人对堰体随时进行观察、测量，发现问题及时采取加固措施。

2　土方工程

2.1　水上方土方开挖

平地开河段采用干地施工,采用挖掘机挖掘及推土机配合堆放,局部采用人工开挖,部分用作围堰填筑。对于墙后的土方宜分段就近集中堆放。

2.2　水下土方疏浚

水下土方开挖拟采用抓斗式挖泥船疏浚为主。水下土方堆土区应结合水上开挖,先期形成堆土区的围堰,做好排水设施,防止污水对附近地区的污染。

(1)每施工段正式开挖前应进行试挖,选用经验丰富的操作能手上台操作,选择挖泥船最佳切削厚度,进档距离、主机转速等挖泥技术参数,以达到最好的施工效果和挖泥工效。

(2)水下土方开挖从航槽中线向两侧按分段长度、分条宽度逐步进行,在条块接头处留有 1 ~2m 的重叠,防止漏挖,留下浅埂。

2.3　土方填筑

(1)回填土必须选择土质较好的粉土和粉质黏土,不允许用含水率高的土直接回填。回填土应分层压实,每层层厚不大于 30cm。回填土时应注意控制回填速率并进行护岸变形观测,如发现有较大沉降或位移量时应立即停止回填,及时分析原因,并根据变形程度采取适当措施后再继续进行回填。驳岸回填土的干密度应符合设计图纸要求,压实度也应符合设计要求,并应注意边角处土的夯实。

(2)墙后回填。基础部分的基坑,在基础施工完成后应及时回填夯实,以免影响墙身的稳定。回填土待驳岸强度达到设计强度的 80% 以上后,分层回填土方。回填施工采用机械回填与人工回填相结合的方法。回填土料不得含有游泥、石块、草木、腐殖物、杂物等,禁止采用水下湿土回填。回填时采用分层铺土,分层压实,每层铺土厚度不超过 30cm,上下层接缝相互错开,用小型压实机械分层碾压。当土料含水率大时,应翻开晾晒,含水率小时,洒水并及时压实,确保回填土压实后土的干密度符合设计要求。每层经检验合格后再进行下一层的铺筑。回填土应严格控制含水率,并及时压实。建筑物墙后 1m 范围内采用小型机械回填,分层夯实,不得有大型机械作业,防止碰坏墙体。压实后的土层无剪切、弹簧土和光面现象,否则自行返工处理,直至达到标准。

2.4　土方的挖填平衡调配方案

为节省工程投资,减少土方运距,合理利用开挖土方,应做好土方平衡与调配。在护岸工程开工前应充分利用护岸工程开挖方进行施工场地平整、施工道路的铺设;护岸工程的墙后回填方,应尽量结合护岸工程土方开挖;施工多余土方就近选择临时堆土区进行堆放。

3　地基处理施工

3.1　小木桩施工

小木桩先准备就绪,用打桩机械施打桩到位,然后在桩顶铺设级配碎石垫层。小木桩宜采用马尾松、水杉及质地坚硬、耐水性好的杂材。

小木桩施工的工作内容包括:小木桩的安装,基础底板垫层软土开挖、清运,夯实回填碎石垫层。

(1)小木桩选用梢径≥ϕ12mm 的优质杉木,桩位布置根据施工设计图纸。

(2)打桩采用液压柴油打桩机。

(3)打桩前,先清理整好基坑,做好基坑降排水,根据设计图纸将桩位准确放样,将打桩机安装校正到位,进行试打。木桩先用人工扶正放到桩基位置,调整好桩的垂直度,刚开始先短距离轻打,待桩入土 1m 后再重打。试桩主要是看土质情况及打桩的速度和最佳施打方法。若桩在施打时迅速下移,说明地质情况与设计不符,应及时与设计单位联系。

(4)桩基呈梅花桩布置,打桩顺序按横向间隔施打。

(5)打桩完毕后,为使桩顶符合设计高程要求,应将桩头或无法打入的桩身截去。

3.2　方桩施工

1)桩位定位

(1)根据测设的控制点(轴线测量基准点),用经纬仪、水准仪建立基准点和临时水准点,并建立明显保护标志。

(2)测出桩位轴线及桩位点、高程,并执行测量复核、检验制度,经总承包方、监理复检验收后方可施工。

(3)在正式压桩前对桩位进行再次复验。对测量基线要定期复核,并及时修正,保存记录。

2)桩机就位

压机就位时,应对准桩位中心,启动平台支腿油缸,校正平台处于水平状态。

3)起吊方桩

工程施工前,卸桩由起重机采用两点起吊,平移至桩架前,然后再由卷扬机单点起吊。单点吊宜用钢丝绳绑在桩上部约0.295L(L为桩长)处。

4)压桩和稳压

压桩时,启动压桩油缸,当桩入土至50cm时,再次校正桩的垂直度和平台的水平度,保证桩的纵横双向垂直偏差不超过0.5%,然后启动压桩油缸,把桩徐徐压下;控制施压速度,一般不宜超过3m/min。压桩应连续,同一根桩中间间歇时间不宜超过30min。

5)送桩

把送桩杆的中心线与桩身吻合一致,并通过预先调整到与设计高程一致的(S3型)水准仪控制每一根桩的高程。

3.3　水泥搅拌桩施工

水泥搅拌桩操作平台整平后施工水泥搅拌桩,水泥掺入量先根据室内试验室配合比强度试验后,得出掺入量方能施工。然后依据水泥搅拌桩的90d龄期桩身强度不应小于1.0MPa,7d、28d参考强度不小于设计强度的30%和70%进行检测,如试验桩达不到强度要求,需提高水泥掺入比,直至符合强度要求。

水泥搅拌桩施工时应严格按照有关规范进行,特别注意需重复搅拌(至少两次),确保搅拌均匀。具体施工方法如下:

(1)进行水泥搅拌桩施工的场地事先应整平,必须清除地面以下的一切障碍物(包括石块、树根和垃圾等),准确进行桩位放样,场地低洼及河塘地段应先排水清淤后再回填素土(黏性土,不得回填杂填土)至整平高程,压实度要求≥85%。

(2)水泥搅拌桩施工机械应配有电脑记录并打印喷浆量设备。

(3)搅拌桩施工操作步骤如下:

①桩机械就位;

②预搅下钻,速度≤1.0m/min;

③到达硬层后提前喷浆,间歇一定时间再提升钻具,速度≤0.8m/min,确保底部有足够的灰量(也可在预搅下钻时同时喷浆);

④喷浆搅拌提升至离地面0.3m(或规定高程)处停喷;

⑤重复搅拌下沉;

⑥重复搅拌提升,直至离地面0.3m;

⑦当复搅发生空洞或意外事故(如停电、灰管堵塞等)影响桩身质量,钻具提升后应立即回填素土,在12h内进行重新喷浆复搅,搭接长度不小于1.0m;

⑧关闭搅拌机械;

⑨移位。

(4)施工时注意事项:

①桩机必须配置喷入计量装置并打印出喷浆量，严禁无喷入计量装置的桩机投入使用，并记录水泥浆液的瞬时喷入量和累计喷入量；浆液罐容量应不小于一根桩的用浆量加50kg，当重量不足时，不得开始下一根桩的施工。

②严格控制喷浆高程和停浆高程，不得中断喷浆，确保桩体长度；严禁在尚未喷浆的情况下进行钻杆提升作业。

③施工中发现喷浆量不足，应实行整桩复打，复打的喷浆量仍应不小于设计用量。

④制备浆液时应配备比重仪，以随时检测浆液的质量。

⑤普通硅酸盐水泥应确保质量，严禁使用过期、受潮、结块、变性的劣质水泥。

⑥桩身施工时，应采用中～低速挡钻进（或提升），切勿采用高速挡快速钻进（或快速提升）。

水泥搅拌桩施工完成并达到设计强度后方可进行护岸基坑开挖，开挖至需铺设碎石垫层的设计高程后铺设碎石垫层，找平并压实。墙前超挖部分需采用碎石回填到位。

4 护岸施工

施工前基坑应开挖完成，并清除一切障碍物，施工时应注意作业对基坑边坡的影响，采取确保边坡稳定的措施。

4.1 混凝土重力式护岸施工

对混凝土重力式护岸段，基槽开挖时上边坡按坡比1∶2（平均）开挖土方至底板顶高程处（施工中可采取上部2m范围开挖边坡陡、下部开挖边坡缓的开挖方式），留1.0m宽作为施工便道，并布置明沟排水。基槽底部以上预留0.3m厚的保护基土，在浇筑底板前或置换块石或铺碎石垫层前采用人工突击挖除，以防地基长期暴露在外而受到干扰，基槽经验收合格后立即施工垫层（土质较差段）、浇筑底板混凝土。墙前土超挖部分，可用碎石回填。

护岸底板浇筑后混凝土强度达到80%的设计强度时，将底板凿毛、冲刷干净（按有关施工规范规定执行）再进行墙身施工立模，墙身高度宜采用一次立模成型浇筑混凝土。当墙身混凝土强度达到设计值的80%时，进行墙后回填土，回填应分期分批进行，逐层压实，分层厚度应≤30cm。

护岸底板基础预留空洞每延米2块，每个空洞尺寸在0.15m×0.15m×0.15m，空洞应均匀分布，嵌入深度不小于15cm，以增加底板与墙身结合面的抗剪能力。

对于新建护岸与上、下段已建护岸（包括老护岸和起终点处连接护岸）的连接，护岸施工开挖时应注意不扰动原护岸基础，并在连接处设10m长过渡段，实现彼此间的平顺衔接。

4.2 底板

保护层土清除后，立模浇筑护岸底板混凝土。模板采用组合竹胶板，支撑采用钢管支架，钉接斜支撑进行加固。基础浇筑时采用强制式拌和机拌料，输送泵送料或采用3～4m^{3}混凝土罐车运料，利用滑槽下料。浇筑采用滚坯浇筑法，控制坯厚不超过30cm，人工平仓，插入式振捣器振捣。浇筑时首先将前趾浇平，然后再分层浇筑。混凝土的施工符合水工混凝土及钢筋混凝土施工的有关规范要求。

4.3 护岸墙身

在混凝土底板达80%设计强度后，在底板上测放出墙身的前后边线，然后人工剁斧或用空压机将底板墙身范围内的混凝土表面凿毛并清理干净，立模浇筑墙身混凝土。模板采用定制钢模板，墙身一次浇筑成型。

1）原材料质量要求

（1）选用水泥时，应注意其特性对混凝土结构强度、耐久性和使用条件是否有不利影响。

（2）选用水泥时，应以能使所配制的混凝土强度达到要求、收缩小、和易性好和节约水泥为原则。

（3）水泥应符合现行国家标准，并附有制造厂的水泥品质试验报告等合格证明文件。水泥进场后，应按其品种、强度、证明文件以及出厂时间等情况分批进行检查验收。对所用水泥应进行复查试验。

（4）散装水泥的储存，采用水泥罐。水泥如受潮或存放时间超过3个月，应重新取样检验，并按其复验结果使用。

(5)砂中杂质的含量应通过试验测定,其最大含量不超过规范的规定。

(6)集料在生产、采集、运输与储存过程中,严禁混入影响混凝土性能的有害物质。集料应按品种规格分别堆放,不得混杂。在装卸及存储时,应采取措施,使集料颗粒级配均匀,并保持洁净。

2)混凝土拌和、运输

严格按监理工程师批准的配合比拌和混凝土,每盘称量应准确,其容许偏差为:水泥 ±1%;砂、石 ±2%;水 ±1%。每天应测定粗、细集料的含水率 2 次,及时调整混凝土施工配合比,并实行挂牌施工。

混凝土拌和应均匀,出料时无离析现象,当有离析现象时,需在浇筑前进行二次搅拌。拌和量应按立即使用的需要量拌和,不允许用加水或其他方法重新改变混凝土的稠度。混凝土的拌和速度按拌和机生产厂家的说明牌标定的速度拌和。从所有材料进搅拌筒到混凝土从搅拌筒排出,其最少拌和时间应不小于 90s。

3)混凝土墙身浇筑

在模板验收合格后,立即组织墙体混凝土的浇筑施工。

(1)墙体混凝土采用拌和楼集中拌和,水路或陆路运输至施工现场。

(2)按照一层 30cm 分层浇筑的施工方法组织施工,每层混凝土浇筑面需保持大致水平,混凝土随浇随平,但不得使用振捣器平仓。有粗集料堆叠时必须将其均匀地分撒于砂浆较多处,严禁用砂浆覆盖。

(3)在浇筑混凝土的时候,严格控制浇筑速率,防止浇筑速度过快,引起模板上浮或胀模的现象。混凝土振捣采用 2.2kW 插入式振捣棒,振捣棒操作手需入模内振捣,插点均匀、有序,不得过振或漏振。快插慢拔、以混凝土面不下沉、有浆面出现、无气泡出现为准。

(4)混凝土浇筑完毕后,覆盖土工布 12h 后浇水养护。冬季不要洒水,其余季节均要洒水养护,以保证混凝土强度增长所需的水分。

5 沉降观测和水平位移观测

为了加强水平位移和沉降的观测,参照《水运工程建筑物原型观测技术规范》。水平位移和沉降观测点设在同一点上。在背水面墙身,伸缩缝两侧距伸缩缝 50cm 处埋置沉陷观测钉。

在护岸结构工程和墙后回填到顶之前每天的同一时间进行观测。在墙后土回填到顶之后每周观测 2 次,并且将观测数据绘制成沉降速率表。在施工期间水平位移在 1cm 左右、竖向沉降在 0.4mm/d 视为稳定,可以进入下道工序。

6 结束语

航道整治工程质量通病及其防治工作的好坏,直接影响到航道的安全运行,决定着航道的实际运输能力。近年来航道整治工程技术水平已经取得了很大的进步,尤其是近年来对各条河流的整治工程,不断进行科技攻关,取得了丰硕的成果。

浅谈港口、航道工程混凝土配合比设计

白　圣

（江苏金堰交通工程有限公司）

摘　要　本文主要介绍港口、航道工程混凝土配合比的设计。从混凝土设计强度、耐久性、经济性及施工要求等方面阐述了混凝土的配合比设计的原则和步骤。

关键词　航道工程　混凝土配合比设计

由于港口与航道工程多处于海水（淡水）的环境中，遭受波浪、海（水）流、潮汐等物理化学作用，因此港口与航道工程混凝土在材料、配合比设计、施工及对其性能要求都有别于一般工程的混凝土。

1　港口与航道工程混凝土的主要特点

（1）港口与航道工程混凝土建筑物按不同的高程划分为不同的区域；

（2）对混凝土的组成材料有相应的要求和限制；

（3）混凝土的配合比设计、性能、结构构造均突出耐久性的要求；

（4）海上的混凝土浇筑要有适应环境特点的施工措施。

2　混凝土配合比的设计

2.1　原材料的选取

1）水泥

（1）硅酸三钙含量宜为6%～12%，粉煤灰硅酸盐水泥、熟料配制、非另加配制（非使用时另加掺配）；

（2）结构混凝土所用水泥强度等级，不得低于42.5级；

（3）不同地区、不同部位选用适当的水泥品种；

（4）烧黏土质的火山灰质硅酸盐水泥不得用于水运工程中；

（5）与其他侵蚀性水接触的混凝土所用水泥应按相关规定选取；

（6）采用矿渣、粉煤灰、火山灰质、硅酸性水泥时宜同时掺加减水剂或高效减水剂。

2）细集料

（1）细集料采用质地坚固、粒径在5mm以下的岩石颗粒。含泥量：C30及以上时≤3.0%；C30以下时≤5.0%。其中，泥块含量：C30及以上时≤1.0%；C30以下时≤2.0%。

云母含量≤2.0%，轻物质≤1.0%，硫化物及硫酸盐含量（SO_2）≤1.0%，有机物颜色不应深于标准色，水泥砂浆强度不小于95%。

（2）细度模数M_x：粗砂3.7～3.1，中砂3.0～2.3，细砂2.2～1.6，特细砂1.5～0.7。级配区的细集料颗粒的对照百分率相比，除5.00mm和0.63mm筛号外允许稍有超出分界线控制总量不大于5%；Ⅰ区砂提高砂率确保混凝土不离析，Ⅲ区砂降低砂率或掺入减水剂提高混凝土和易性，便于振实。

3）粗集料

配制混凝土应采用质地坚硬的碎石、卵石或碎石与卵石的混合物作粗集料，其控制如下：

（1）强度用岩石抗压强度和压碎指标值、卵石的压碎指标值表示。

（2）物理性能指标要求的项目：针片状颗粒含量、山皮水锈颗粒含量、颗粒的单元密度、杂质含量限值、总含泥量、水溶性硫酸盐及硫化物 SO_2。有机物含量、最大粒径要求：不大于 80%，不大于构件截面积最小尺寸的 1/4，不大于钢筋最小净距，当保持层厚度为 50mm 时不大于混凝土保持厚度的 4/5，南方浪溅区混凝土保护层的 1/2。

(3)海水环境中严禁用活性粗集料，淡水环境中碱含量小于 0.6% 的水泥碎石或卵石的颗粒级配范围表。

4)掺和料

符合《用于水泥中的粒化高炉矿渣》(GB 203)、《用于水泥和混凝土中的粉煤灰》(GB 1596)的有关规定，用超量取代法、等量取代法和外加法超量系数表。

5)外加剂

混凝土外加剂包括引气剂、减水剂、早强剂、防冻剂、泵送剂、缓凝剂、膨胀剂等，应根据要求选用，符合《混凝土外加剂》(GB 8076)氯离子含量(与水泥用量比)不大于 0.02%。外加剂在使用前要进行检测。引气剂采用松香热聚物或松香皂，其品质、配制、方法和使用、掺量应通过试验确定。钢筋混凝土、预应力混凝土不得掺用含氯盐的外加剂。

①采用三乙醇胺作早强剂时，掺量不大于水泥用量的 0.05%。

②素混凝土中掺氯盐或以氯盐为主的防冻剂时，氯盐重量总和不得超过水泥重量的 2%。检查外加剂出厂时附有的技术文件，包括产品名称、型号、主要特性及成分、适用范围及适宜掺量、性能检验合格证书、储存条件及有效期、使用方法、注意事项及出厂日期等。

6)拌和用水

应用不含有影响水泥正常凝结、硬化或促使钢筋锈蚀的饮用水，水中氯离子含量不大于 200mg/L。钢筋混凝土和预应力混凝土均不得采用海水拌和，素混凝土可以，对于有抗冻要求的水灰比应降低 0.05。当采用天然水作为拌和用水时，pH 值不小于 4，硫酸盐 SO_2 不大于 0.22%。

2.2 配合比设计

(1)混凝土成分配合比设计应符合混凝土的设计强度、耐久性及施工要求，并应经济合理。

(2)混凝土施工配制强度 $f_{cu,0}$ 应按下式计算：

$$f_{cu,0} \geqslant f_{cu,k} + 1.645\sigma$$

式中：$f_{cu,0}$——混凝土施工配制强度(MPa)；

$f_{cu,k}$——设计要求的混凝土立方体抗压强度标准值(MPa)；

σ——工地实际统计的混凝土立方体抗压强度标准差(MPa)。

(3)混凝土施工配制强度计算式中 σ 的选取应符合下列规定：

①施工单位如有近期混凝土强度统计资料时，σ 可接下式计算：

$$\sigma = \sqrt{\frac{\sum_{i=1}^{n} f_{cu,i}^2 - n m_{f_{cu}}^2}{n-1}}$$

式中：σ——混凝土强度标准差；

$f_{cu,i}$——第 i 组的时间强度；

$m_{f_{cu}}$——n 组试件的强度平均值(MPa)；

n——时间组数。

对于强度等级大于 C30 的混凝土，当混凝土强度标准差计算值不小于 3.0MPa 时，应按上面计算公式计算结果取值；当混凝土强度标准差计算值小于 3.0MPa 时，应取 3.0MPa。

对于强度等级大于 C30 且小于 C60 的混凝土，当混凝土强度标准差计算值不小于 4.0MPa 时，应按上面计算公式计算结果取值；当混凝土强度标准差计算值小于 4.0MPa 时，应取 4.0MPa。

②施工单位如没有近期混凝土强度统计资料时，宜按表 1 中混凝土强度标准差的平均水平(σ_0)，结合本单位的生产管理水平，酌情选取 σ 值。开工后则应尽快积累统计资料，对 σ 值进行修正。混凝

土强度标准差的平均水平，见表1。

混凝土强度标准差 σ_0 表1

强 度 等 级	< C20	C20 ~ C40	> C40
σ_0（MPa）	3.5	4.5	5.5

（4）混凝土配合比设计应采用试验—计算法，并应按下述顺序进行：

①选择水灰比。水灰比的选择应同时满足混凝土强度和耐久度要求。

a. 用建立强度与水灰比曲线的方法求水灰比。按指定的坍落度，用实际施工应用的材料，拌制数种不同水灰比的混凝土拌和物，并根据28d龄期的混凝土立方体试件的极限抗压强度绘制强度与水灰比的关系曲线，从曲线上查出与混凝土施工配制强度相应的水灰比。

b. 按耐久性要求规定的水灰比最大允许值。按强度要求得出的水灰比应与按耐久性要求规定的水灰比相比较，取其较小值作为配合比的设计依据。海水环境混凝土按耐久性要求的水灰比做最大允许值。

②选择用水量。根据所用的砂石情况和确定的坍落度值，按各地区经验或宜按表2选择用水量。

用水量选用值（kg/m^3） 表2

坍 落 度（mm）	碎石最大粒径（mm）			
	20	40	63	80
10 ~ 30	185	170	160	150
30 ~ 50	195	180	170	160
50 ~ 70	210	195	185	170

③确定最佳砂率。按选定的水灰比和用水量计算近似的水泥用量，并按各地区经验或可按表3选取数种不同砂率，在保持水泥用量和其他条件相同的情况下，拌制混凝土混合物，并测定其坍落度，其中坍落度最大的一种拌和物所用的砂率，即为最佳砂率。

砂率选用值（%） 表3

碎石最大粒径（mm）	近似水泥用量（kg/m^3）							
	200	225	250	275	300	350	400	450
20	38 ~ 44	37 ~ 43	36 ~ 42	35 ~ 41	34 ~ 40	32 ~ 38	30 ~ 36	28 ~ 34
40	36 ~ 42	35 ~ 41	34 ~ 40	33 ~ 39	32 ~ 38	30 ~ 36	28 ~ 34	26 ~ 32
63	33 ~ 39	32 ~ 38	31 ~ 37	30 ~ 36	29 ~ 35	27 ~ 33	26 ~ 32	25 ~ 31
80	32 ~ 38	31 ~ 37	30 ~ 36	29 ~ 35	28 ~ 34	26 ~ 32	25 ~ 31	24 ~ 30

④确定水泥用量。按选定的水灰比和已确定的最佳砂率，拌制数种水泥用量不同的混凝土混合物，测定其坍落度，并绘制坍落度与水泥用量的关系曲线，从曲线上查出与施工要求坍落度相应的水泥用量。在海水环境有耐久性要求的混凝土，上述过程应在不掺减水剂的情况下进行，以确定水泥用量，并不得低于相关标准规定。

⑤确定砂石用量。计算每立方米混凝土的砂石用量宜采用绝对体积法：

$$V = 1000(1 - 0.01A) - W_w/\rho_w - W_c/\rho_c \tag{1}$$

$$W_{fa} = V\gamma\rho_{fa} \tag{2}$$

$$W_{ca} = V(1 - \gamma)\rho_{ca} \tag{3}$$

式中：A——混凝土拌和物中的空气含量，以占混凝土体积的百分数表示，对于普通混凝土取 $A = 0$；

W_c——混凝土中的水泥用量（kg/m^3）；

ρ_c——水泥密度(kg/L)；

W_{fa}——混凝土中砂的质量(kg/m^3)；

ρ_{fa}——砂表观密度(kg/L)；

W_{ca}——混凝土中的石的质量(kg/m^3)；

ρ_{ca}——石的表观密度(kg/L)；

W_w——混凝土的用水量(kg/m^3)；

ρ_w——水密度(kg/L)；

γ——砂率(按体积算)；

V——混凝土中砂石料的绝对体积(L/m^3)。

⑥确定配合比按以上确定的配合比和施工要求的坍落度,经试拌校正,得出经济合理的配合比。

⑦校核配合比设计按确定的配合比制作试件,根据指定的要求,对混凝土强度、抗冻性和抗渗性等进行试验校核。

3 结语

本文主要介绍港口、航道工程混凝土配合比的设计。从混凝土设计强度、耐久性、经济性及施工要求等方面阐述了混凝土的配合比设计的原则和步骤,指出配合比设计过程中应注意的问题,可供同类工程借鉴。

浅谈压顶、墙身混凝土裂缝的形成原因与防护

白　圣

（江苏金堰交通工程有限公司）

摘　要　混凝土的裂缝较为普遍，而温度裂缝的出现是施工中常遇到的问题，它影响到结构的整体性和耐久性。本文对混凝土温度裂缝产生的原因、现场混凝土温度的控制和预防裂缝的措施等进行阐述。

关键词　混凝土　温度裂缝　形成原因　防护

1　概述

混凝土在现代工程建设中占有相当重要地位。但混凝土中出现的裂缝严重影响了混凝土结构的性能。尽管在施工中采取各种措施，小心谨慎，但裂缝仍时有出现。究其原因，我们对混凝土温度应力的变化注意不够是其中之一。在大体积混凝土中，温度应力及温度控制十分重要。一是在施工中混凝土常常出现温度裂缝，从而影响到混凝土结构的整体性和耐久性；二是在结构使用期间，温度应力的变化对结构的应力状况具有不容忽视的影响。

2　混凝土裂缝的分类

混凝土裂缝是混凝土的一种常见病和多发病。裂缝绝大多数发生于施工阶段，其原因复杂多变，一般可分为微观裂缝和宏观裂缝两大类。微观裂缝是指肉眼看不到的、混凝土内部固有的一种裂缝，它是不连贯的，宽度一般在0.05mm以下。这种混凝土本身固有的微观裂缝，荷载不超过设计规定的条件下，一般视为无害。宏观裂缝宽度在0.05mm以上，并且认为宽度小于0.2～0.3mm的裂缝是无害的，但是这里必须有个前提，即裂缝不再扩展，为最终宽度。

3　温度裂缝产生的原因

混凝土中产生裂缝有多种原因，主要是温度和湿度的变化、混凝土的脆性和不均匀性，以及结构不合理、原材料不合格（如碱骨料反应）、模板变形、基础不均匀沉降等。事实上许多裂缝往往是混凝土收缩及温度变化综合引发的。

混凝土硬化期间水泥放出大量水化热，内部温度不断上升，在表面引起拉应力。后期在降温过程中，由于受到基础或老混凝土的约束，又会在混凝土内部出现拉应力。气温的降低也会在混凝土表面引起很大的拉应力。当这些拉应力超出混凝土的抗裂能力时，即会出现裂缝。许多混凝土的内部湿度变化很小或变化较慢，但表面湿度可能变化较大或发生剧烈变化。如养护不周、时干时湿，表面干缩形变受到内部混凝土的约束，也往往导致裂缝。在施工中混凝土从最高温度冷却到运转时期的稳定温度，往往在混凝土内部引起相当大的拉应力。有时温度应力可超过其他外荷载所引起的应力，因此掌握温度应力的变化规律对于进行合理的结构设计和施工极为重要。

4　温度应力的分析

4.1　温度应力的形成过程可分为三个阶段

（1）早期：自浇筑混凝土开始至水泥放热基本结束，这个阶段的两个特征，一是水泥放出大量水化热，二是混凝土弹性模量的急剧变化。由于弹性模量的变化，这一时期在混凝土内形成残余应力。

（2）中期：自水泥放热作用基本结束时起至混凝土冷却到稳定温度时止，这个时期中，温度应力主要是由于混凝土的冷却及外界气温变化所引起，这些应力与早期形成的残余应力相叠加，在此期间混凝土的弹性模量变化不大。

（3）晚期：混凝土完全冷却以后的使用时期，温度应力主要是外界气温变化所引起，这些应力与前两种的残余应力相叠加。

4.2 温度应力引起的原因

1）水泥水化热产生温差应力

水泥水化过程中放出大量的热量，且主要集中在浇筑后的7d之内，一般每克水泥可以放出500J左右的热量，如果以水泥用量350～550kg/m^3来计算，每m^3混凝土将放出17500～27500kJ的热量，从而使混凝土内部温度升高（可达70℃左右，甚至更高）。尤其对于大体积混凝土来讲，这种现象更加严重。因为混凝土内部和表面的散热条件不同，因此混凝土中心温度很高，这样就会形成温度梯度，使混凝土内部产生压应力，表面产生拉应力，当拉应力超过混凝土的极限抗拉强度时混凝土表面就会产生裂缝。

2）自身应力与约束应力

对于边界上没有任何约束或完全静止的结构，如果内部温度是非线性分布的，由于结构本身互相约束而出现的温度应力。例如：桥梁墩身，结构尺寸相对较大，混凝土冷却时表面温度低，内部温度高，在表面出现拉应力，在中间出现压应力。这种应力成为自身应力。

这两种温度应力往往和混凝土的干缩所引起的应力共同作用。要想根据已知的温度准确分析出温度应力的分布、大小是一项比较复杂的工作。在大多数情况下，需要依靠模型试验或数值计算。混凝土的徐变使温度应力有相当大的松弛，所以计算温度应力时，还必须考虑徐变的影响。

5 外界气温湿度变化的影响

大体积混凝土结构在施工期间，外界气温的变化对混凝土裂缝的产生起着很大的影响。混凝土内部的温度是由浇筑温度、水泥水化热的绝热温升和结构的散热温度等各种温度叠加之和组成。浇筑温度与外界气温有着直接关系，外界气温越高，混凝土的浇筑温度也就会越高；如果外界温度降低则又会增加大体积混凝土的内外温度梯度。如果外界温度的下降过快，会造成很大的温度应力，极其容易引发混凝土的开裂。另外，外界的湿度对混凝土的裂缝也有很大的影响，外界的湿度降低会加速混凝土的干缩，也会导致混凝土裂缝的产生。

6 温度裂缝防护措施

针对上述原因分析，为了防止裂缝，减轻温度应力可以从控制温度和改善约束条件两个方面着手。

6.1 温度控制措施

为了降低混凝土温度，工程建设中一方面采用改善集料级配，用干硬性混凝土，掺混合料、加引气剂或塑化剂等措施以减少混凝土中的水泥用量；另一方面在拌和混凝土时加水或用水将碎石冷却以降低混凝土的浇筑温度。

与此同时，应该提供温度散发的途径，热天浇筑混凝土时减少浇筑厚度，利用浇筑层面散热：对大体积混凝土，在混凝土中埋设水管，通入冷水降温；同时规定合理的拆模时间，气温骤降时进行表面保温，以免混凝土表面发生急剧的温度梯度；对于施工中长期暴露的混凝土浇筑块表面或薄壁结构，在寒冷季节采取保温措施。

6.2 约束条件改善措施

（1）工程建设中混凝土结构浇筑时应合理地分缝分块，避免基础过大起伏，同时要合理安排施工工序，避免过大高差和侧面长期暴露。在混凝土的施工中，为了提高模板的周转率，往往要求新浇筑的混凝土尽早拆模。当混凝土温度高于气温时应适当考虑拆模时间，以免引起混凝土表面的早期裂缝。过早拆模，会在混凝土表面引起很大的拉应力，出现“温度冲击”现象。在混凝土浇筑初期，由于水化热的

散发,表面产生相当大的拉应力,此时表面温度亦较气温为高,如此时拆除模板,混凝土表面温度骤降,必然引起温度梯度,从而在表面产生附加拉应力,与水化热应力叠加,再加上混凝土干缩,表面的拉应力达到很大的数值,就有导致裂缝的危险。但如果在拆除模板后及时养生,对于防止混凝土表面产生过大的拉应力,具有显著效果。

(2)改善混凝土的性能,提高抗裂能力,加强养护,防止表面干缩,特别是保证混凝土的质量,对防止裂缝十分重要。应特别注意避免产生贯穿性裂缝的发生。实践证明,在工程建设中,为保证混凝土工程质量,防止开裂,提高混凝土的耐久性,正确使用外加剂也是减少开裂的措施之一。

7 结语

正确判断和分析混凝土温度裂缝的成因是有效地控制和减少混凝土温度裂缝的最有效的途径。混凝土温度裂缝,应以预防为主,为此需要精心设计、施工,采取有较措施,使施工质量得到很好的保证。具体施工中要靠多观察、多总结,结合多种预防处理措施,混凝土的温度裂缝是有望避免的。

U形钢板桩护岸在丹金溧漕河航道整治工程中的应用

沈海忠　周　威

（南通市港航工程有限公司）

摘　要　丹金溧漕河金坛段航道整治工程，航道规划等级为Ⅲ级，对于个别特殊航段（指前镇指前中心小学和指前中学校区均沿河布置），为了避免大开挖而拆除部分校舍影响学校的正常教学秩序，采用了钢板桩护岸，即采用U形钢板桩+墙后土层锚杆的结构形式。

关键词　U形钢板桩　航道整治　应用

1　工程概况

1.1　项目概述

丹金溧漕河金坛段航道整治工程，航道规划等级为Ⅲ级，航道底宽45m，口宽不小于70m。DJLC-SG-HD5标段整治范围：起讫桩号K44+000～K50+324，位于金坛市指前镇境内，并穿过指前镇镇区，整治长度6.324km。本标段整治工程结构物以新建C25素混凝土重力式护岸为主，在左岸K45+246～K45+343和右岸K45+829～K45+884分别为指前中学和指前小学校区，拆迁困难，为避免大开挖施工造成部分校舍的拆除而影响学校的正常教学秩序，选择采用钢板桩护岸。

1.2　钢板桩护岸主要工程量

钢板桩护岸总长为151m（左岸指前中学段长96m及右岸指前中心小学段55m），共需打设U形钢板桩共计252根，安装钢导梁及其连接件材料数量10.87t，安装土锚64套。

2　钢板桩护岸主要设计参数

钢板桩护岸采用U形钢板桩+墙后土层锚杆的结构形式。桩顶高程4.5m，桩底高程-12.0m，桩长16.5m，墙前平台高程-1.0m，以1∶7的边坡与设计河底高程（-2.36m）衔接，如图1所示。

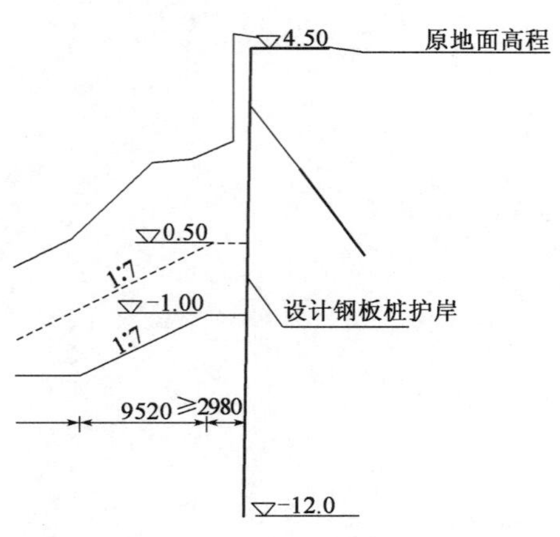

图1　钢板桩护岸布置图

注：图中单位高程以m计外，其余均以mm计

U形钢板桩钢材强度等级为Q295bz，单根钢板桩长16.5m，宽0.60m，截面模量为$W_x \geq 1200cm^3$，钢板桩腹板厚度≥9mm。其余钢材强度等级为Q345。墙后土层锚杆设置在高程2.0m处，土层锚杆与水平向夹角为20°。土锚采用分散压缩型土锚，总长18m，间距为2.4m/根，钢绞线采用无黏结型，1×7标准型-12.7-1860-Ⅱ（GB/T 5224—1995），共4束。U形钢板桩迎水面（高程4.5～-1.5m）抛丸除锈达到Sa2.5级，喷涂环氧富锌防腐底漆，厚度100μm，再喷氯化橡胶面漆200μm，防腐涂层油漆厚度合计300μm；钢板桩背面（高程4.5～-1.5m）环氧沥青喷涂30μm，如图2、图3所示。

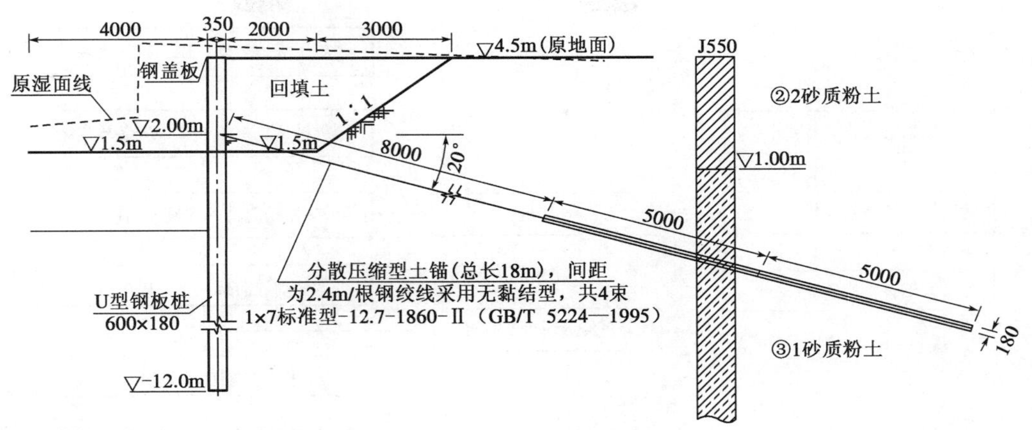

图 2 钢板桩护岸结构图

注:图中单位高程以 m 计,其余均以 mm 计

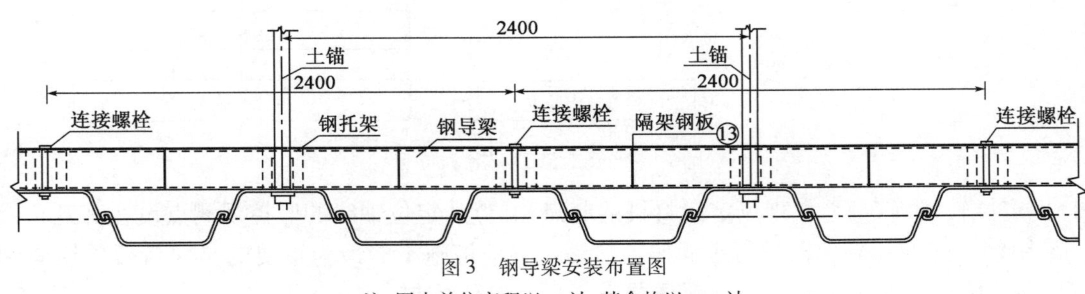

图 3 钢导梁安装布置图

注:图中单位高程以 m 计,其余均以 mm 计

3 钢板桩护岸施工工艺

3.1 施工方法及施工机具的选择

钢板桩打桩方法主要有逐根打入和屏风式打入两种。打桩时要采取灵活机动的措施来满足现场条件,保证板桩横向和竖向精度所采取的每项措施都必须符合相关的安全标准。由于本标段钢板桩护岸位置土质为砂质粉土,土质较松软,容易施打,因此选择逐根打桩的施工方法。该法是一次性将桩打至桩底高程。因接近地面操作,所以打桩作业人员安全风险小,大风等恶劣天气条件下停工风险也降低。施工关键是在打桩过程中控制桩的垂直度,在合适的土质条件下能够实现打桩效率最大化。

主要施工机械为三一重工 50t 履带吊(型号 SCC500B-S) + DZ－120 型静音振动锤,以及采用封闭式发电箱作为动力源。高频振动锤高频衰减很快,能够在启动和关闭时调整功率和频率来消除共振,避免上部土层和领近房屋处产生有害振动。南通港航 HD5 标项目部桩基作业班在施工过程中产生的噪声及振动符合现行国家标准,完全达到安全及文明施工的要求,不影响附近群众的正常生活和学习,也不会对周边建筑物产生破坏。

3.2 钢板桩护岸施工技术方案

1)钢板桩施工工艺流程(图 4)

2)钢板桩存放和吊运

(1)钢板桩在搬运和堆放过程中,注意避免钢板桩受到冲击力或者掉落。

(2)采用 2 点起吊,两个吊点设在距离钢板桩两端 1/4 桩长处,使得钢板桩自重作用产生的挠度尽可能最小。

(3)钢板桩在堆叠放置时,每两层间应插入枕木,且堆放总高度不能超过 2m。

(4)堆放场地选择地势平坦宽畅之处,以利于作业,且存放地面经硬化处理无下陷,排水良好。

3)钢板桩安装与打桩控制

(1)打桩定位轴线的设置:

①考虑墙后土方产生的土压力造成钢板桩少量前斜,打桩定位轴线应向陆地一侧偏移 3～5cm。

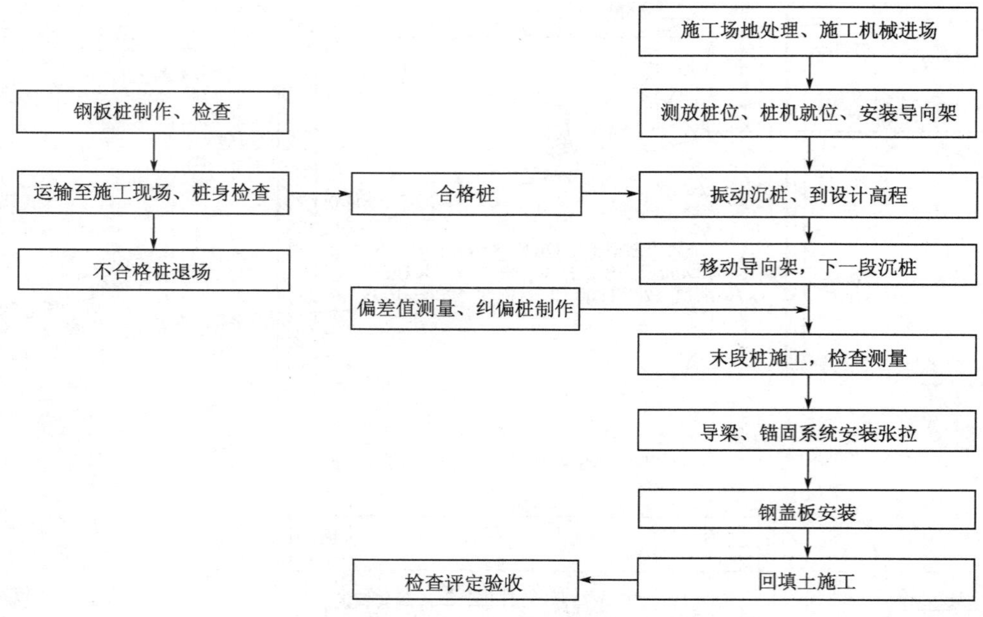

图4　钢板桩施工工艺流程图

②打桩定位轴线确定后，在现场定出打桩的起点和终点，定位轴线的监控观测点设在其延长线上。

(2)采用钢导向架和限位器进行平面偏位控制。钢板桩施工中最为重要的是保持板桩横向和竖向的直线度，因此施工时采用钢导向架和限位器进行平面偏位控制。

①采用夹紧式导向架。在平行钢板桩墙定位轴线的两边，每隔 2～4m 打入两排导桩，在导桩与钢板桩之间附上框架结构的整体式导向架。导向架两侧导梁间距为钢板桩的截面高度再加约 1cm 间隙，既能顺利插打，又能控制平面位置。

②导向架和导梁采用 H 型钢制作，其截面高位 250mm。

③导向架设置的位置比钢板桩顶低 30～50cm，确保桩锤沉桩过程中不会碰到导向架。

④采用限位器将钢板桩卡住，有效控制钢板桩横向偏位，确保纵向线形顺直。

(3)钢板桩的安装：

①通常情况下，为了吊运安全和方便，在桩顶边缘两侧对称位置用气割割开两个直径 3～5cm 的小洞，当吊运时用吊环将钢板桩和吊绳牢固连接，沉桩结束再松开，以防振动锤夹具失效造成危险。钢板桩的下部拴上绳子，防止钢板桩在吊装时剧烈晃动，以及控制钢板桩下部初步就位。

②因采用逐根打入法，第一根桩为后续桩的基准桩，所以要仔细安装，现场使用经纬仪确定其正确的位置且没有倾斜。

图5　钢板桩沉桩作业施工图

③采用限位器卡住钢板桩来防止钢板桩安装打设过程中的移动和转动。

(4)钢板桩沉桩。

①沉桩前，振动锤的桩夹应夹紧钢板桩上端，并使振动锤与钢板桩重心在同一直线上。

②振动锤夹具夹紧钢桩吊起，使钢桩垂直就位并且钢板桩锁口插入相邻桩锁口内，插桩时锁口要对准。桩在打入前应将桩尖处的另一侧凹槽口封闭，避免泥土挤入。准确就位后锁紧限位器开始振动沉桩，逐步加大振动频率和功率，如图 5 所示。

③振动锤振动频率大于钢桩的自振频率，保证

桩以合适的速度贯入土中，确保打桩能量能全部用于克服土体阻力。

④为防止锁口中心平面位移，在打桩进行方向的钢板桩锁口处设卡板，阻止板桩位移。同时在导向架上预先标记出每块板块的位置，以便随时检查校正。每根钢板桩分几次打入，中间检查垂直度并进行纠正，直至设计高程。尤其开始打设第一、二块钢板的打入位置和方向要确保精度，钢桩每下沉 1～2m 左右，停振检测垂直度，发现偏差，及时纠正。

⑤钢板桩之间通过锁扣咬合连成整体。施打钢板桩要求桩顶水平偏差不得大于 50mm，桩身垂直度不得大于 1/320。

⑥按顺序依次将钢板桩打入至设计高程，做好沉桩记录。

4）钢板桩沉桩过程中常见问题及解决方法

（1）钢板桩会向后施打桩一侧发生倾斜。

①原因分析。由于与相邻钢板连接锁扣处咬合面的摩擦力作用产生扭转力，导致钢板桩向后施打侧倾斜。同时入土越深，作用在钢板桩的土压力也越大，钢板桩下部宽度受挤压有缩小趋势，桩顶宽度受锤击有增大的趋势，因此钢板桩墙容易向施打侧方向倾斜。

②解决措施：

a. 采用手拉葫芦等工具将已经打入的钢板桩顶部向倾斜的反方向拉。施工中早期就采取该措施能有效控制住桩身的倾斜量。

b. 当倾斜度较大，甚至倾斜量超过了一桩宽时，采用底部比顶部宽的楔形钢板桩来纠正，但是禁止连续使用楔形钢板桩。

（2）施工过程中有时已打钢板桩被在打钢板桩拖着一起下沉。

①原因分析。在打钢板桩与相邻钢板桩咬合面摩擦力大于已打桩承载力，或者已施打钢板桩发生的倾斜和扭曲幅度较大，从而容易产生已打钢板桩被拖着下沉。

②解决措施：

a. 经常检查并及时对发生倾斜的钢板桩进行纠斜。

b. 在软土施工中，前一根桩预留一定高度用来消除被动下沉量，结束时再将钢板桩打到设计高程。

c. 对已经完成的相邻钢板桩采用现场锁扣焊接或螺栓临时连接成整体的方法十分有效，且容易操作控制。

（3）钢板桩墙完成后长度比设计长度延长或缩短。

①原因分析。设计钢板桩锁扣时在宽度上有 2～3mm 的空隙，以利于沉桩作业。如果打桩时沿护岸轴线方向处于受压状态，则桩墙长度容易缩短；反之，打桩时沿护岸轴线方向处于受拉状态，则桩墙长度容易延长。钢板桩桩墙长度的增减可能导致钢板桩总根数需要调整。

②解决措施：

a. 施工中，经常检查钢板桩的倾斜度，并及时纠偏。

b. 准确就位后锁紧限位器卡住钢板桩，防止钢板桩发生扭转和移位。

c. 施工中发现护岸长度增加，则将钢板桩调整为侧向受压状态打桩；反之，则调整为受拉状态。

d. 当发现钢板桩护岸长度延长或缩短幅度过大，无法调整且必须达到理论墙长度时，只能采用打入比正常尺寸窄或宽的特制钢板桩来调整桩墙长度。

（4）钢板桩沉桩过程中锁扣脱开。

①原因分析。一般情况下，砂土挤入锁扣空隙中是引起锁扣脱开的一个常见原因。

②解决措施。桩在打入前应将桩尖处的锁扣凹槽口封闭，避免泥土挤入，锁口应涂以油脂、沥青等止水材料。

5）土锚锚固系统施工

（1）土锚安装施工

钢板桩受土自重力作用产生侧压力及在动荷载作用下产生的侧压力与土锚对钢板桩的拉力起到平

衡作用，防止钢板桩产生挠度。

①锚索制作。分散压缩型土锚（总长18m），间距2.4m/根，采用无黏结型钢绞线共4束：1×7标准型-12.7-1860-11（GB/T 5224—1995）。下料时每束增加1.2m工作段，长度误差≤5cm。

自由段用密缠沥青玻璃丝布防腐处理，套上塑料波纹套管。

②设备定位。钢板桩施工完成后，按锚口高程及位置预留锚口，按锚口高程（2.0m）位置进行开口，开孔为ϕ200mm圆，孔距为2.4m。钻孔角度采用罗盘测倾仪测套管上表面倾角，倾角为20°，允许误差±1°。

③锚杆机进场后，进行钻孔、清孔，同时完成土锚锚杆（含注浆管）的穿束安装。必须使拉锚与钢板桩轴线成直角，并按规定的角度或水平安装。

a. 钻孔：钻孔直径180mm。钻孔深度从钢板预留孔端面计，孔深比设计深0～50cm。锚索钻孔采用全套管跟进成孔工艺，减少对土体及周边建筑物基础的影响。

b. 清孔：套管下到底加水清孔，清孔时间一般不少于5min，直至孔口返出无泥沙的清水为清孔完成标志。

④锚杆插入到位后进行第一次注浆。

一次注浆管端头封堵，防止下索时进泥。注浆管与索体连成一体。注浆管头部需插入钻孔，距孔底宜留有50～100mm的空隙，浆液自下而上连续灌注，且确保从孔内顺利排水。注浆压力不宜小于0.4MPa。注浆以孔口溢出浓浆为灌浆终止标准。

⑤二次劈裂压浆。当一次常压注浆水泥结石强度达到5.0MPa后，辅以二次高压劈裂灌浆。注浆起始压力达到4～5MPa时，注浆孔被打开后，此时注浆压力不小于0.8MPa。注浆一般持续15min一直保持同一压力，如压力表同一压力持续一段时间后缓慢上升，则停止注浆，此时劈裂压浆已完成；如注浆持续一段时间后，发现压力有所下降，仍需要注浆，注浆时间达到15min后，停止压浆。

（2）钢导梁安装。钢导梁施工应在土锚施工完成后进行。钢导梁采用[25a槽钢制作，安装于钢板桩的后方，使钢板桩墙统一成整体，并调整其定位轴线。钢板桩和钢导梁采用螺栓紧固连接。

①将钢台座与塑料连接套管按图装配好，保证塑料管倾斜方向与锚索轴线一致，钢台座承压面与锚杆轴线垂直。钢台座开孔中心在锚索轴线上。钢垫板和钢台座安装时要在锚索上盖防护物，防止电焊焊渣溅落烧伤锚索。

②墙后开挖导梁施工的工作面，测量定位，测定出钢导梁的接触点，焊接三脚架，以保证钢导梁与钢板桩垂直。

③钢材为Q345，焊条采用E50型，焊缝采用连续贴角焊，焊缝高度为8mm。

（3）锚索张拉锁定。土锚4束钢绞线分为2个单元，采用等荷载张拉，锚索轴向拉力设计值为320kN。正式张拉前，取0.1倍轴力设计值预张拉1～2次，使锚索完全平直，各部位接触紧密；对各单元锚索从远端开始顺序进行张拉并锁定，初始预应力（锁定值）为240kN；现场以应力控制为主，分级加载，达到1.05倍设计拉力值时保持15min，锚头位移稳定，然后卸载锁定。

锁定后使用手提砂轮机切除多余钢绞线。钢绞线外露大于5cm。待墙后回填完毕后需要对土锚锚头进行注浆防腐。

6）最后钢盖板的安装及墙后回填施工

钢盖板焊缝采用连续贴角焊，焊缝高度为8mm，确保线形美观。钢板桩墙背后的回填土分层压实夯实，每层层厚不大于30cm。原则上沿拉锚的安装方向铺土，不得不在垂直于拉锚方向铺筑土时，必须注意不要给拉锚带来负面影响。土方回填宜用小型机夯实，墙后回填土压实度不小于88%（轻型击实）。

4 施工体会

通过钢板桩护岸在本工程中的实践，对钢板桩在航道整治工程建设中的应用有如下体会。

4.1 钢板桩护岸的主要优缺点

1)钢板桩护岸的优点

(1)施工简单、快速、高效。钢板桩护岸与传统重力式护岸相比,具有施工进度快、更安全、占地空间小、机械设备利用率高,主要利用50t履带吊+静音振动锤+封闭式发电箱(也可利用当地电网),以及少量操作人员即可,对劳动力资源依赖性不强。

(2)不需要大开挖基槽做基底处理,避免了大开挖对附近环境的影响。施工期间打设钢板桩对周围的民居、道路等影响也较小。

(3)集中生产,质量稳定。钢板桩在工厂制作,批量生产,质量稳定可控。

(4)节能环保,可重复利用或进行回收。钢板桩相对环保无公害,在将来工程改建扩建时拆除方便,拔出的钢板桩仍可使用,而且钢铁可以回收再生,从而避免资源的浪费。

2)钢板桩护岸的缺点

目前钢板桩每延米的造价相比传统型护岸造价要高,但是在综合考虑拆迁等发生的费用,以及能大幅缩短施工工期、提前投入运营等方面来看,经济性仍然具备优势。

4.2 钢板桩工程应用前景

钢板桩结构目前主要用在临时性工程中较多,在港口水运工程的永久结构建设中,钢板桩的使用量比起我国水运建设发展的规模和速度,普及率还非常低。钢板桩行业在生产工艺、技术标准、行业规范等都处于摸索阶段,在《水运工程质量检验标准》(JTS 257—2008)中还有没有针对钢板桩护岸工程的专项检查内容,因此在钢板桩施工技术领域存在很多值得探索和改进的地方。

钢板桩适用于许多临时性和永久性的工程结构,它的结构特点是以最少的钢量提供最佳的强度和耐久性。大多数情况下钢板桩的腐蚀率均较低,必要时采取常规防腐保护措施就能增加其使用寿命。在需要防水的工程中,钢板桩可以通过施加密封剂解决止水,在许多水下围堰工程的应用中,实际监测到的渗水率为零。

随着水运工程建设规模的扩大,钢板桩施工工艺的不断推广,钢板桩将在建设工程中得到广泛应用,尤其是在工期紧、征地拆迁困难、对施工环境影响要求高的情况下更为适用。钢板桩沉桩施工工艺方面,为减少沉桩对周围临近建筑物的影响,选择使用静压桩机施打钢板桩也将成为必然趋势。

参考文献

[1] 欧领特(中国).钢板桩工程手册.北京:人民交通出版社,2011.

航道护岸工程中重力式混凝土墙身整体移动式模板工艺简介

李　勇　朱国锋

（南通市港航工程有限公司）

摘　要　滑模施工在新时期护岸工程建设在省时、省工、节约材料方面起到了不可替代的作用。

关键词　护岸　混凝土墙身　整体移动模板工艺

丹金溧漕河航道整治工程金坛段 HD5 合同段，新建重力式护岸 12328m，工程建设工期紧任务重，公司在中标后进行项目整体策划时决定全线重力式护岸墙身模板拟采用整体移动式模板。我公司在南通地区的航道护岸建设施工中，从 2008 年焦港船闸引航道护岸开始，经过不断探索与改进，逐渐形成了一套成熟的在重力式护岸混凝土墙身施工中采用钢结构整体移动式模板的施工工艺。相对以前采用拼模浇筑而言，整体移动式模板工艺提高了模板的周转次数，缩短了模板拆除、安装时间，保证了墙身的外观质量。在内河航道工程建设的新的历史时期，重力式混凝土墙身的整体移动式模板工艺在省时、省工、节约材料等方面起到了不可替代的作用，降低了施工成本。

本文以目前在丹金溧漕河航道整治工程 HD5 标施工中采用的整体移动式模板施工为例，对其施工工艺作简单介绍，以供广大航道建设者参考。

整体移动式模板适合于重力式护岸墙身为直线段或缓和曲线段，且连续施工段落越长越能体现此工艺的优越性。

1　模板制作过程

本文以重力式混凝土护岸墙身单元长度为 10m，墙高为 2.7m 为例，首先在模板制作方面要考虑到模板的稳定性、刚度等方面的要求。模板采用宽 5mm 钢板拼装焊接成整体，用 10 号槽钢作内楞，间距为 30cm，用 10 号槽钢作为外楞，间距为 95cm，用 ϕ20mm 的螺栓对拉定位，螺栓间距为 60cm × 90cm。螺栓穿孔可采用内径为 25mm 的硬塑料管，整体模板长度为 1020cm。制作时模板临水面及背水面下口各设置两处可调节高度的滚轮。由于重力式墙身为 T 形断面，因此拆模过程中可用液压千斤顶从四周抬高整体模板，使模板与滚轮间产生间隙，用卷扬机即可拉动整体模板前移。墙身模板制作时，考虑浇筑混凝土时施工方法及安全施工，在墙身模板顶部两侧沿纵向设置了工人操作平台，并在两侧设置了高度不低于 1.2m 的护栏，保证施工时作业人员的安全。模板配制图如图 1 ~ 图 3 所示。

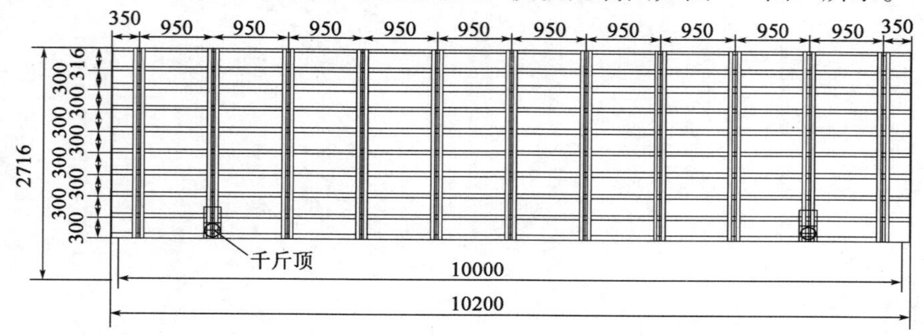

图 1　整体移动式模板前口正视图(尺寸单位:mm)

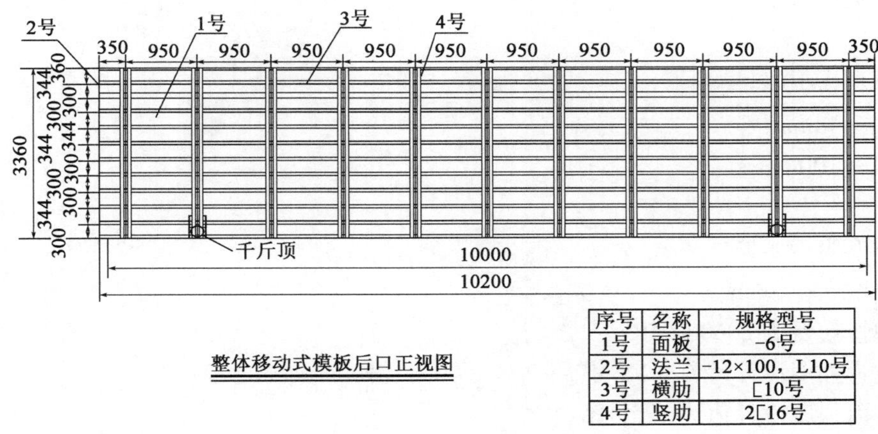

图 2　整体移动式模板后口正视图(尺寸单位:mm)

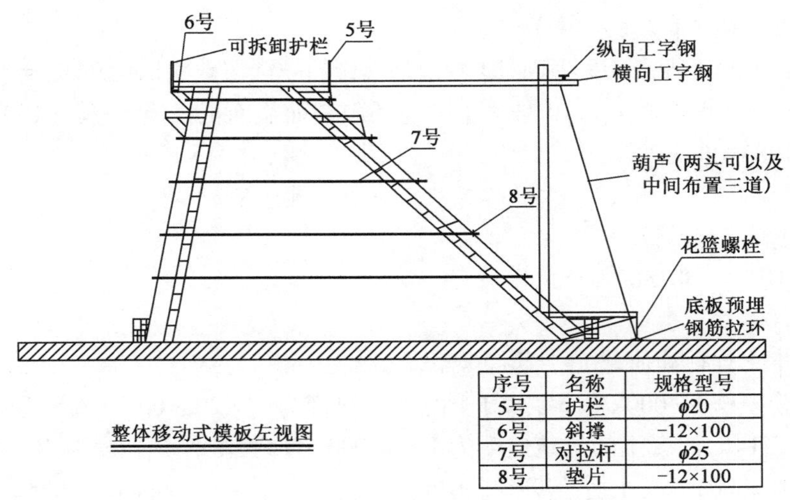

图 3　整体移动式模板左视图(尺寸单位:mm)

2　钢模板强度稳定验算

选用的钢结构整体模板必须经过稳定验算才能使用。

2.1　参数

1)倾倒混凝土荷载标准值

当采用溜槽、串筒或导管时,倾倒混凝土产生的荷载标准值 $F_2=2\text{kN/m}^2$。

2)基本信息

(1)次楞(内龙骨)间距 $d_1=300\text{mm}$;

(2)主楞(外龙骨)间距 $d_2=950\text{mm}$;

(3)穿墙螺栓水平间距为 600mm;

(4)穿墙螺栓竖向间距为 900mm;

(5)对拉螺栓直径为 20mm,穿墙螺栓有效直径为 17.65mm,穿墙螺栓有效面积为 245mm^2,螺栓的抗拉强度设计值为 170MPa。

3)主楞

(1)龙骨材料为 10 号槽钢;

(2)宽度 $b_1=48\text{mm}$;

(3)高度 $h_1=100\text{mm}$。

4)次楞

(1)龙骨材料为10号槽钢；

(2)宽度 $b_2=48\text{mm}$；

(3)高度 $h_2=100\text{mm}$。

5)面板

(1)面板类型为钢板；

(2)面板厚度 $h_n=5\text{mm}$；

(3)面板弹性模量为206000MPa；

(4)面板抗弯强度设计值 $f_c=215\text{MPa}$；

(5)面板抗剪强度设计值为125MPa。

6)槽钢

(1)槽钢弹性模量 $E=206000\text{MPa}$；

(2)槽钢抗弯强度设计值 $f_c=215\text{MPa}$；

(3)槽钢抗剪强度设计值 $f_t=125\text{MPa}$，10号槽钢内楞的净截面截面抵抗矩 $W_x=39700\text{mm}^3$，10号槽钢内楞截面惯性矩 $I_x=1983000\text{mm}^4$，10号槽钢外楞的净截面截面抵抗矩 $W_x=39700\text{mm}^3$，10号槽钢外楞截面惯性矩 $I_x=1983000\text{mm}^4$。

2.2 计算

1)墙模板荷载标准值计算

$F_a=0.22\gamma_c t\beta_1\beta_2 V^{1/2}=58.560$

$F_b=\gamma_c H=67.200$

取较小值作为本工程计算荷载 $F_1=58.560$。

混凝土的重度为 $\gamma_c=24.000\text{kN/m}^3$，混凝土的入模温度为 $T=20.000℃$，新浇混凝土的初凝时间 $t=200/(T+15)=5.714\text{h}$，混凝土的浇筑速度为 $V=2.000\text{m/h}$，模板计算高度为 $H=2.800\text{m}$，外加剂影响修正系数为 $\beta_1=1.2000$，混凝土坍落度影响修正系数为 $\beta_2=1.150$。$\sin84°=0.995$。

2)墙模板面板的计算

(1)抗弯强度验算

面板承受的应力 $\sigma=\dfrac{M}{W}=44.859\text{N/mm}^2<f$，符合要求。

面板截面的抗弯强度设计值为 $f=215\text{N/mm}^2$，面板计算最大弯矩 $M=0.1ql^2=177566.234\text{N}\cdot\text{mm}$，计算跨度(内楞间距) $l=d_1=300\text{mm}$，作用在模板上的侧压力线荷载 $q=q_1+q_2=19.730\text{N/mm}$，新浇混凝土侧压力设计值 $q_1=1.2\times F_1\times d_1\times0.9=18.974\text{N/mm}$，倾倒混凝土侧压力设计值 $q_2=1.4\times F_2\times d_1\times0.9=0.756\text{N/mm}$，面板的截面抵抗矩 $W=\dfrac{bh^2}{\sigma}=3958.333333\text{mm}^3$，其中面板截面宽度 $b=d_2=950\text{mm}$，面板截面厚度 $h=h_n=5\text{mm}$。

(2)抗剪强度验算

面板截面的最大受剪应力 $\tau=\dfrac{3V}{2bh_n}=3.351\text{N/mm}^2\leqslant f_v$，符合要求。

面板截面抗剪强度设计值 $[f_v]=125\text{N/mm}^2$，面板计算最大剪力 $V=0.6ql=3551.325\text{N}$

(3)挠度验算

面板的最大挠度计算值 $w=\dfrac{0.677ql^4}{100EI}=0.473\text{mm}\leqslant[w]=l/250$，符合要求。

面板的最大允许挠度值 $[w]=l/250=1.2\text{mm}$，作用在模板上的侧压力线荷载 $q=F_1\times d_1=$

17.568N/mm，计算跨度（内楞间距）$l = 300$mm，面板的弹性模量 $E = 206000$N/mm^2，面板的截面惯性矩 $I = d_2 h_n^3/12 = 9895.833333$mm^4。

3）墙模板内外楞的计算

（1）内楞的计算

①内楞的抗弯强度验算

内楞承受的应力 $\sigma = \frac{M}{W} = 22.426N/mm^2 < f$，符合要求。

内楞的抗弯强度设计值 $f = 215$N/mm^2，内楞跨中计算最大弯矩 $M = 0.1ql^2 = 890297.365$N. mm，计算跨度（外楞间距）$l = 950$mm，作用在模板上的侧压力线荷载 $q = (q_1 + q_2)/2 = 9.865$N/mm，新浇混凝土侧压力设计值 $q_1 = 1.2 \times F_1 \times d_1 \times 0.9 = 18.974$kN/m，倾倒混凝土侧压力设计值 $q_2 = 1.4 \times F_2 \times d_1 \times 0.9 = 0.756$kN/m。

②内楞的抗剪强度验算

内楞的截面的最大受剪应力 $\tau = \frac{3V}{2bh_n} = 1.757N/mm^2 \leqslant f_v$，符合要求。

内楞的抗剪强度设计值 $f_v = 125$N/mm^2，内楞承受的最大剪力 $V = 0.6ql = 5622.931$N，计算跨度（外楞间距）$l = 950$mm，作用在模板上的侧压力线荷载 $q = (q_1 + q_2)/2 = 9.865$N/mm，新浇混凝土侧压力设计值 $q_1 = 1.2 \times F_1 \times d_1 \times 0.9 = 18.974$kN/m，倾倒混凝土侧压力设计值 $q_2 = 1.4 \times F_2 \times d_1 \times 0.9 = 0.756$kN/m，内楞的截面宽度 $b = 48$mm，内楞的截面高度 $h_n = 100$mm。

③内楞的挠度验算

内楞的最大挠度 $w = \frac{0.677ql^4}{100EI} = 0.119$mm $\leqslant [w] = l/250$，符合要求。

内楞的最大允许挠度值 $[\omega] = l/250 = 3.8$mm，作用在内楞上的线荷载 $q = F_1 \times d_1/2 = 8.784$kN/m，计算跨度（外楞间距）$l = d_2 = 950$mm，内楞弹性模量 $E = 206000$N/mm^2，内楞截面惯性矩 $I = I_x = 1983000$mm^4。

（2）外楞的计算

①外楞抗弯强度验算

外楞承受的应力 $\sigma = \frac{M}{W} = 55.08048573N/mm^2 < f$，符合要求。

外楞的抗弯强度设计值 $f = 215$N/mm^2，外楞最大弯矩 $M = 0.175pl = 2186695.284$N/mm，作用在外楞的荷载 $P = (1.2 \times F_1 + 1.4 \times F_2) \times d_1 \times d_2/l = 20825.669$N，外楞计算跨度（对拉螺栓水平间距）为600mm，外楞的净截面抵抗矩 $W = W_x = 39700$mm^3。

②外楞的抗剪强度验算

外楞截面的受剪应力计算值 $\tau = \frac{3V}{2bh_n} = 4.230N/mm^2 \leqslant f_v$，符合要求。

外楞的抗剪强度设计值 $f_v = 125$N/mm^2，外楞承受的最大剪力 $V = 0.65P = 13536.685$N，计算跨度（水平螺栓间距）$l = 600$mm，作用在外楞的荷载 $P = (1.2 \times F_1 + 1.4 \times F_2) \times d_1 \times d_2/l = 20825.669$N，外楞的截面宽度 $b = 48$mm，外楞的截面高度 $h_n = 100$mm。

③外楞的挠度验算

外楞最大挠度 $w = 1.146Pl^3/(100EI) = 0.101 < [w]$，符合要求。

外楞的最大容许挠度值 $l/250 = 2.4$mm，内楞作用在支座上的荷载 $P = F_1 \times d_1 \times d_2/I = 16689.724$kN/m，计算跨度（水平螺栓间距）$l = 600$mm，外楞弹性模量 $E = 206000$N/mm^2，外楞截面惯性矩 $I = I_x = 1983000$mm^4。

4）穿墙螺栓的计算

穿墙螺栓所受的拉力 $N < [N] = f \times A = 31.623$kN，符合要求。

穿墙螺栓最大容许拉力值$[N]=41.6\text{kN}$，穿墙螺栓有效面积$A=245\text{mm}^2$，穿墙螺栓的抗拉强度设计值$f=170\text{N/mm}^2$。

3 整体移动式模板施工过程

（1）整体移动式模板装置由模板系统、移动系统、液压提升系统三部分组成，如图4所示意。

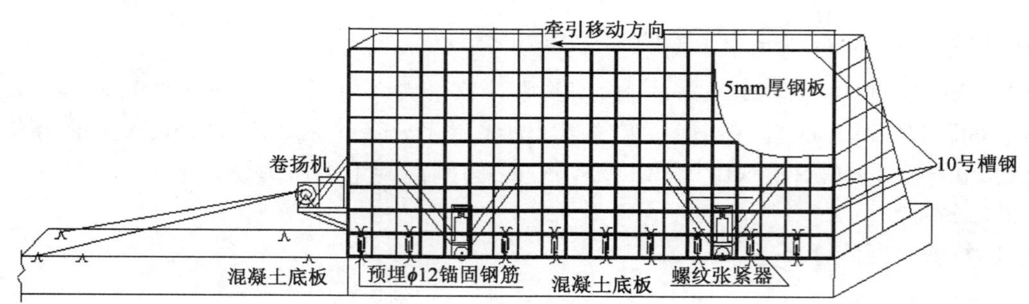

图4 整体移动式模板组装示意图

（2）模板的运输可以采用平板运输车或驳船直接运至现场，然后采用汽车吊直接吊运至起始基础段，按照设计图纸进行拼装。

（3）在整体移动式模板安装施工之前，必须保证有一定量的混凝土基础已成型且强度达到80%，这样才能保证整体移动式模板施工的连续性。

（4）整体移动式模板的安装必须重视的几个要点：

①模板对拉螺栓在收紧螺钉时，由一个人操作完成，掌握恰当的力度，以防前后螺钉松紧程度不一，模板局部受力不均，造成混凝土变形或崩模等事故的发生；要逐个检查各道地锚钩的张紧度，以确保各道地锚钩均匀受力。

②由于浇筑时混凝土整体侧压力和上浮压力较大，模板中间设置的对拉螺栓很重要，螺栓未牢固易引发崩模事故。对拉螺栓的螺母要求增加螺母与螺杆的接触面积，也可以前后两侧各设置2只螺母，确保浇筑安全。

③为减小墙身间的错台，防止模板与前一块已浇筑完成的墙身间的漏浆，可对靠近以完成的墙身的几排对拉螺栓二次紧固。对墙身模板与已浇筑墙身之间用海绵条封堵，在浇筑墙身混凝土前用砂浆将两部位处进行再次封堵，保证浇筑完成后墙身外观质量满足要求。

（5）脱模主要依靠液压千斤顶提升钢模板，使钢模板脱离现浇墙身（墙身断面为梯形结构，模板顶部宽度固定，一经提升便可脱模），封头模板拆除后，依靠固定在前方的卷扬机和槽钢导向装置拉动整体钢模（钢模底部横轴配装小滚轮）前移，移动到紧接的下一块墙身位后，进行模板的固定和封头拼装，模板固定结束后便可进行混凝土的浇筑。

4 结语

整体式移动钢模模板接缝面平整光滑，因而结构物外观整齐美观。一次立模即可浇筑整段混凝土墙身，由于连续不间断地作业，故与传统拼装式安装墙身模板相比，大大加快了施工速度，并且大大节省了立模的人工，经济效益十分明显，在今后的内河道航道重力式护岸工程中值得大力推广。

内河航道工程混凝土运输方式探索与展望

吴　刚　闵宽俊

（南通市港航工程有限公司）

摘　要　近年来随着省内内河航道整治工程的大力推进，内河航道工程混凝土运输成了一个至关重要的问题。由于目前的工艺水平有限，内河航道混凝土施工效率偏低，水上作业机械化水平低，为此，我们在丹金溧漕河航道整治工程中进行了认真的探索和实践，取得了很好的效果，并对未来内河航道工程混凝土运输方式做了展望。就在本文成稿之时省内内河航道工程第一艘运泵一体化施工船舶问世了，正在现场进行调试。

关键词　内河航道工程　水上混凝土运输　探索　展望

1　工程概况

丹金溧漕河金坛段航道整治工程 DJLC-SG-HD5 标段整治范围：起讫桩号 K44 +000 ~ K50 +324，新建护岸长度 12.6km。新建护岸结构为现浇混凝土重力式护岸，分为 N1、N2、N3、N4、J1、J2 多种型式。本航段混凝土工程造价占整个工程总价的 57.4%，混凝土方量约为 12.5 万 m^3。

2　施工条件分析

本标段沿线地处常州市金坛市指前镇境内，地貌类型属于太湖湖沼平原，区内河流纵横成网，沟塘（养殖蟹、鱼）密布。除指前镇镇区段，其余均为农村段，沿线现有道路仅能人行通过（少量地段道路略经修筑施工便道可满足陆上运输车辆通行），无法满足陆上混凝土运输车辆的通行要求。对于集中拌和的混凝土，如若采用小型运输工具运输，虽然能够部分进行，但存在以下问题：①由于道路条件差，小型机械运输存在安全隐患；②小型机械运输量小，不能够保证结构混凝土的连续浇筑；③由于运距远，路况差，一路颠簸，导致到场的混凝土的工作性能不能满足施工及规范要求，会产生离析等。若在沿线修筑施工便道便桥，实际成本太高，据估算需修筑便道 10.3km，便桥 1.7km，临时征用养殖塘面积 75 亩，征用农田 137 亩，需花费土地征用费、便道便桥施工费、土地复垦费约 1465.35 万元，约占整个清单造价的 14.3%，仅临时便道便桥的土地及养殖塘的征用需耗时 6 个月以上，不利于项目目标成本的控制和目标工期的实现。而且苏南寸土寸金，复垦后的土地村民能否接受也是施工单位普遍担心的问题，所以，全线修筑便道便桥陆上运输混凝土的方案在本工程不适用，陆上运输混凝土仅在条件较好的约 1.65km施工段落采用。

丹金溧漕河金坛段整治前航道等级较低，航漕仅 25m 左右，水域狭窄，吃水深度严重不足，不能满足航务工程单位经常在长江、外海开敞水域采用的水上大型混凝土拌和船进场施工。但沿线 300 吨以内的运输船舶可以常年通航。

3　施工方案的选择

3.1　施工方案制定

混凝土的运输方式对保证混凝土工作性能的稳定至关重要，如何将混凝土的经时坍落度损失控制达到规范要求，在混凝土初凝前完成浇筑振捣是我们考虑的重点。同时，作为施工企业把混凝土的运输成本作为选择运输方式的一个主要考虑对象。

为了保证混凝土施工质量，经项目部技术人员现场踏勘和分析研究，决定沿线建立两个混凝土集中拌和站，陆上运输混凝土仅在条件较好的约 1.65km 施工段落采用，其余施工段落采用水上运输方式。具体方法为：在 200～250t 运输船上安装混凝土搅拌罐（图 1），由安装的柴油发动机提供动力，使搅拌罐保持转动，目的是为了使罐内混凝土保持良好的和易性，使到场的混凝土不产生离析，坍落度损失减小到最低。运输船到达施工段落靠岸后，使用挖掘机抓斗或水上小型浮吊抓斗将混凝土通过集料斗、滑槽、串桶等入模仓（图 2）。使用挖掘机或水上小型浮吊的选择依据主要根据施工挡水围堰能否满足挖掘机作业条件，不满足时，改用水上小型浮吊。经过计算，全线配置了 4m^3 运输罐 2 只，10m^3 运输罐 5 只，14m^3 运输罐 1 只，陆上 10m^3 混凝土运输罐车 2 辆，能满足工程施工的需要。

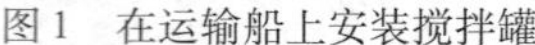
图 1　在运输船上安装搅拌罐

图 2　混凝土垂直运输入模仓

3.2　现有施工方案的优缺点

上述方法虽然解决了内河航道工程中混凝土运输难的问题，但是却存在以下几个缺点：

（1）通过挖掘机抓斗或者浮吊抓斗运输浇筑混凝土，效率偏低，由于存在视觉盲区，作业时需派专人指挥，有一定的安全隐患。

（2）因围堰土质疏松，挖掘机在围堰顶面进行来回循环作业存在着安全隐患。

（3）施工前必须对岸边进行疏浚，否则运输船无法靠岸。另外，在枯水期，水位较低，运输船也无法靠岸，这就给混凝土浇筑带来一定的困难。

3.3　新工艺探讨

上述方法因其工种与工序繁杂、机械设备数量较多、运行及维护技术复杂，任何细节处理上的粗而不精，都有可能造成整个现场混凝土供应系统的瘫痪。所以内河水运施工企业急切呼唤使混凝土生产和输送组织更加科学化、效率更加高效化的混凝土运泵一体化船舶问世。

对上述施工方案的研究与探讨后，必须采用一种高效、安全、标准化的施工工艺。混凝土运泵一体化满足此要求。运泵一体化主要包含船舶、混凝土存储、混凝土泵送布料三大系统。船舶作为水上的交通工具，实现混凝土的水上运输及混凝土系统的动力载体；混凝土存储系统，实现混凝土按照现行国家标准进行运输储存；泵送布料混凝土系统，实现混凝土安全快速布料，从而实现了混凝土岸边标准化拌和后，进入水上标准化的混凝土储料罐，并通过水上运输，利用水上标准化的混凝土布料系统，安全、快速布料至护岸模仓的一条龙作业，使施工作业的效率、安全性、标准化程度大大提高。

4　结语

采用运输和泵送一体的方法是势在必行的，这种方法既安全又大大提高了内河航道工程混凝土的施工效率和水上作业机械化水平，也贯彻了江苏省交通厅航道管理局的“五化”理念。同时这种方法还有利于项目进度目标、成本目标的实现及土地资源的节约化管理。

浅谈内河航道工程施工安全生产管理

方　杰　于佩婧

（南通市港航工程有限公司）

摘　要　近年来内河航道工程建设飞速发展，随着航道工程单个项目工程规模越来越大，机械化施工和新工艺、新材料的使用日趋普遍，行业内安全生产形势依然严峻，在众多工程项目施工中，内河航道工程施工的安全问题更具特殊性，贯彻安全法规和标准，深化安全、文明施工管理，对内河航道工程施工尤其迫切，结合近年来内河航道工程施工安全管理实践，作如下浅论，以供探讨。

关键词　安全生产　安全监督管理　安全风险

1　引言

据统计，每年由于安全事故丧生的从业人员超过千人，直接经济损失逾百亿元。建筑业的伤亡人数在我国生产性行业中列居第二位。对于一个施工企业来说，一旦发生安全事故，轻则造成经济赔偿，重则引发相关人员的刑事责任甚至企业的破产，同时也造成相关个人及企业资质、信誉的严重影响和损害，所以安全问题已成为了施工企业不可忽视的一项风险。如何做好施工过程中的安全管理，不仅成了一个施工企业赖以生存的基石，同时也成了一个支撑行业可持续发展，甚至构建和谐社会的迫切课题。

2　安全管理的必要性

安全管理体系的建立和运转问题，由计划和建立、实施和行动、检查和评价、优化和改进四个部分组成，最终表明了只有通过健全和完善安全管理体系，并坚持执行下去，也才能做好安全管理。安全风险是不可避免的，只有通过一系列相关的措施将风险降至最低。通过安全管理制度，强化安全责任，将安全监督落实到每个人也是降低风险的一种措施。比如说一个工人站在临时搭设的作业平台上干活，他肯定会有脚踩空或一下没站稳而从高处坠落的这种可能性，这种概率是存在的。这就是安全风险中的一大要素。而另一大要素，就是安全风险损失程度。还以上一案例为例，那个工人如果没有任何防护措施，而直接自由落体式地坠落下来，非死即重伤，那么后果可想而知；如果那个工人正确佩戴了安全帽，系着安全带，坠落时被安全带挂住，或者坠落范围内有安全网或一层厚厚的软垫，坠落时落在了上面，那么造成的伤害将明显较小。也就是说安全风险损失程度大大减小了。通过这一个简单的案例，我们不难看出，对安全风险的管理和控制，重要的也是必须要考虑的，还是对安全风险可能造成的损失如何预控和防范，采取应急措施，最大限度地避免或减小这种损失。

3　内河航道工程施工安全隐患分析、项目安全风险分析

3.1　常见施工安全隐患分析

与一般建筑工程施工比较，内河航道工程施工存在更多、更大的安全隐患，分析如下：

（1）工程规模较大，施工单位多，往往现场工地分散，工地之间的距离较大，交通联系多有不便，系统的安全管理难度大。

（2）涉及施工对象纷繁复杂，单项管理形式多变，如有的涉及土石方爆破工程，接触炸药雷管，具有爆破安全问题；有的涉及洪水期间的施工，必须保证洪水侵袭情况下的施工安全；有基坑开挖处理（如

大型闸室基础、深基坑）时基坑边坡的安全支撑；大型机械设施的使用，更应保证架设及使用期间的安全。

(3)施工难度大，技术复杂，易造成安全隐患，如日常施工所涉及的边通航边施工、临水作业、水下作业、水上泵送混凝土、滑模系统等的安全问题。

(4)施工现场均为“敞开式”施工，无法进行有效的封闭隔离，增加了对施工对象、工地设备、材料、人员的安全管理难度。

(5)内河航道工程工地招用的民工普遍文化层次较低，加之工种多变，应变能力相对较差，增加了安全隐患。如曾发生的民工从脚手架上坠落、钢筋穿过胸腔；在基坑开挖时发生塌方被土活埋致死等恶性事故，多系民工自身缺乏安全常识所致。

3.2 常见施工安全风险的分析

1)土石方坍塌风险

土石方坍塌事故通常表现为坍塌土方量较大、发生比较突然，往往造成群死群伤的严重后果。造成事故的原因可以概括为以下几个方面：

(1)因边坡太陡，没按规定放坡或将坡挖亏，使土体稳定性不够而发生塌方。

(2)因土质不均匀，有如淤泥、粉砂等弱土夹层。

(3)气候干燥、基坑暴露时间长，使土质松软或黏土中的夹层因浸水而产生润滑作用，以及饱和的细砂、粉砂因受振动而液化等原因，引起土体内抗剪强度降低而发生塌方。

(4)边坡顶面附近有动荷载，或下雨使土体的含水量增加，导致土体自重力增加和水在土中渗流而产生一定的动水压力，还有土体裂缝中渗入的水产生静水压力等原因，引起土体剪应力的增加而产生塌方。

2)高处坠落事故风险

高处坠落事故大约为以下几种：高边坡上坠落、脚手架上坠落、高处悬空作业坠落、拆除工程中发生的坠落、登高过程中坠落、梯子上作业坠落及其他高处作业坠落等。

造成高处坠落事故的原因主要有以下几种：

(1)作业时违反《建筑高处作业安全技术规范》的有关规定。如施工中高处作业的安全技术措施有缺陷和隐患时，未能及时解决；发现危及人身安全因素时，未能及时停止作业；因作业需要临时拆除或变动安全防护设施时，未经施工负责人同意，又没有采取相应的可靠措施等等，由此造成事故。此外，作业人员在非规定通道进行攀登，或采用吊车等施工设备进行攀登，从而造成高处坠落事故。

(2)高处作业安全设施的主要受力构件，如脚手架，未经设计验算和批准就盲目使用等；脚手架无施工方案；脚手架外侧未设置密目式安全网，或网间不严密；附着式升降脚手架的升降装置、防坠落和防倾覆装置不符合要求；脚手架的搭设不符合施工组织设计要求和有关脚手架规程的规定等。

(3)违反《特种作业人员安全技术考核管理规则》的有关规定，非建筑登高作业人员进行登高作业，导致高处坠落事故发生。

(4)安全帽和安全带不符合标准规定，安全网规格、材质不符合要求，不按规定系戴安全带、安全帽，或系戴方法不正确，安全网设置不符合规定等。

3)触电伤害事故风险

触电伤害事故目前是建筑施工中常见多发的事故，从大量的事故案例来看，造成触电伤害事故的原因主要有以下几种情况：

(1)违反操作规程，带电作业导致触电事故的发生。《建筑安装工人安全技术操作规程》规定，线路上禁止带负荷接电和断电，禁止带电操作，等等。但是在实际施工中，有的作业人员(主要是电工)违反有关规定，带电操作，从而造成触电伤害事故。

(2)机械设备和电动设施维修保养不善，安全管理检查措施不力，造成漏电，导致触电事故；电线、电缆由于破口、断头或绝缘不好，也会造成触电漏电事故。在建筑施工中，大部分机械设备都是露天作

业，容易造成电气设施的损坏，而且施工中许多用电都是临时用电，缺乏长期观念，对电线、电缆缺乏保护，也容易导致漏电，因此这类触电伤害事故所占比例较大。

(3)施工中由于计划措施不周密，安全管理不到位，例如起重机吊装作业时触碰高压电线，挖掘机作业时损坏地下电缆，移动机具(如塔吊吊钩)拉断电线、电缆，人员作业时损坏电闸箱，控制箱漏电或误触碰触电等，造成意外触电伤害事故。

(4)由于自然因素导致电线断裂以及雷击触电等的触电伤害事故中，许多事故是由于施工现场的"临时用电"引起的，应当引起注意。

4 工程项目的安全隐患、安全风险应对策略

4.1 施工安全事故的预防

我们认为，搞好施工前的安全管理，有"四两拨千斤"之功，值得深入开发、重点创新。

1)搞好施工准备阶段安全管理的创新价值

"好的开始是成功的一半"。从施工准备阶段就策划和落实安全管理，项目本质安全就有了高起点。安全管理本质是预先管理，预先计划到、防护到、教育到。如果把施工准备阶段的安全管理作为制度，实现项目本质安全还是容易的。

重申"安全许可"原则。设立明确的关口：人员、设备、材料、资源等，都通过安全评价。应该建立和利用开工"安全许可"这个关口，建立健全项目生产安全制度秩序，通过内部投入和提前控制，实现对市场要求的快速反应，实现项目本质安全施工。

2)项目部施工准备阶段安全管理的主要内容

(1)建立项目安全管理机构，配备专职安全人员。《建设工程安全生产管理条例》指出：施工单位的项目负责人，对建设工程项目的安全施工负责，施工单位的主要负责人、项目负责人、专职安全生产管理人员应当经建设行政主管部门或者其他有关部门考核合格后方可任职。安委办(2010)15 号文强调：企业主要负责人和安全生产管理人员、特殊工种人员一律严格考核，按国家有关规定持职业资格证书上岗；职工必须全部经过培训合格上岗。

《公路水运工程安全生产监督管理办法》指出，总承包单位应按每 5000 万元施工合同配备 1 名的比例配备项目专职安全生产管理人员。

(2)编制项目安全组织设计/安全规划。项目安全组织设计/安全规划是项目施工组织设计的一个部分，包括：项目安全目标、安全机构和保证体系、各级安全责任制、安全管理制度、项目施工主要风险、施工各阶段安全技术措施、职业健康劳动保护和环境保护、安全教育和培训、安全文明施工宣传策划、紧急情况处置预案、安全记录和资料管理等。安全施工技术方案，必须结合施工环境和设计特点，对风险较大的内容提出针对性防护措施，或以后制订专项方案。

(3)建质〔2009〕87 号《危险性较大的分部分项工程安全管理办法》明确规定，深基坑、特殊脚手架及模板支撑体系、起重吊装及安装拆卸、大跨度钢结构和网架索膜结构安装等，必须编制专项安全技术方案，超过一定规模的危险性较大的专项方案，还要组织专家论证。

4.2 抓好安全教育，在思想上绷紧安全这根弦

首先，安全预防，思想是关键，首先应使各施工单位法人树立强烈的安全意识。在内河航道工程施工中能否坚持安全第一，关键取决于施工单位管理层领导和工程项目部主要负责人能否把安全作为各项工作之首来考虑的问题，为此施工单位应明确提出把安全作为管理层领导和项目经理及技术负责人考核的主要依据之一，并采用一票否决制；凡出现安全事故，必追究相应领导的责任，年度考核不合格，视情节扣发年度奖金，直至解聘和辞职。通过"一票否决制"，迫使和激发从管理层到项目部人员抓安全的自觉性。

其次，以人为本，强化广大职工、民工的安全责任意识。切实改变民工心中你要我安全的心态，变成我要安全的心态。通过三级安全教育和一票否决的制度以及大量事故案例、事故通报、大会动员、小会

布置讨论、摆事实讲道理等多种形式、多种途径，提高职工、民工对安全的责任感。在思想上建立忧患意识，使每个管理人员和民工都时刻绷紧安全这根弦，为贯彻安全制度，落实安全措施，提供强有力的思想保证。

4.3　制订安全制度，进行制度教育

从业主到施工单位项目部、基层班组，在统一安全第一思想的基础上，层层制订落实安全制度。安全制度必须结合本部门，本班组自身情况，既有一般要求、一般情况下的安全制度，也结合各单位情况提出特殊要求，应“警钟长鸣”，采用各种形式贯彻、灌输、落实、执行。

4.4　利用施工组织设计交底，进行安全施工技术教育

为了使工程建设施工安全技术措施得以落实，应在项目施工前编制《安全防护手册》作为安全规范，发给全体职工进行认真学习，并利用施工组织设计或项目施工技术交底，进行本项目施工安全措施的教育。在编制施工组织设计时，应针对工程项目特点，提出本项目应特别强调的安全隐患及应对措施，通过对安全措施的交底和教育，使施工人员和每一位工人对工程施工中的安全要求和安全措施心中有底，这将给施工中落实具体的安全技术措施奠定基础。

4.5　施工队伍组建时，从组织上落实安全措施

每一项目上马，工地应建立以项目经理为第一责任人的安全管理体系，并在现场设专职安全员，赋予相应安全管理权力，包括违章作业制止权、严重隐患停工权、经济处罚权、安全一票否决权，保证其有效行使职责。

在组建施工队伍、施工班组时，应选择技术过硬、安全质量意识强的人员担任专职安全员。可以对安全质量意识较差，并犯有安全事故责任的人员进行项目轮空制：即组建班子时有意识让其轮空，使其接受教训。可令项目责任人充任非脱产安全员，实行安全与效益挂钩，迫使其督促下属执行安全规章制度。

对于特种作业人员，危险作业岗位，应严格培训，持证上岗。新工人实行三级安全教育，未经安全教育的不准上岗，并明确规定工人有权拒绝管理人员的违章指挥及无安全防护的危险作业。

4.6　施工过程的安全管理监控

在内河航道工程施工安全管理工作中，施工过程的管理和监控是过程性的，管理的时间长、跨度大、涉及面广，同时也是管理是否有效直接接受检验的阶段。在施工过程的安全管理中，既要统筹兼顾，不留死角，又应集中力量抓好重点；既要重视施工高峰期的施工安全，又必须注意其他施工期间各个安全环节；既要严格执行关键工序安全操作规程，又要全面抓好一般工序的施工安全；既要抓好关键部位施工对象的施工安全，又应保证全部施工对象的安全生产。

1）控制两个关键，保证安全生产

关键施工对象（包括危险施工部位）和关键施工工序应作为安全管理布控的重点部位。关键施工对象（包括危险施工部位），如围堰筑堤施工，深基坑开挖支护施工，整体滑模施工，边通航边施工等；关键施工工序如大体积混凝土浇筑，钢筋焊接加工，大型构件吊装作业，材料、构配件吊装运输，脚手架工程，水下混凝土工程等。对以上两个关键实行切实安全检查制度及专人安全盯岗制度真正做到制度落实、检查落实、责任落实，保证了施工安全。

2）坚持标准化管理，实行全员、全过程、全方位安全生产控制

坚持标准化是安全生产的基础性工作，全员、全过程、全方位执行标准化、规范化施工是安全生产最强有力的保证。项目施工中应将每一天的施工对象、作业人员及作业程序、安全注意事项及安全措施均执行标准化要求和规定，使作业人员在施工前和施工的每时每刻都能做到施工地点明确，施工对象明确、工作要求明确、安全注意事项明确，杜绝了因情况不清、职责不明、盲目施工导致的安全隐患。

3）作业现场抓安全管理

内河航道工程施工作业现场是安全管理最终落实点，也是安全隐患和安全事故最终发生的地点，必须严格把握作业现场的安全作业、安全施工。

（1）建立和健全各类现场作业管理制度如责任制、抽查制、安全交底、防火、安全用电制，机具、设备安全使用管理制度，安全纪律等，应设专职安全检查员监督实施，发现任何安全事故隐患和苗头以及违章操作，立即采取相应措施，并严肃查处。

（2）严禁各类无证上岗；严禁非专业人员从事专业工种；严禁非电气人员安装维修电器电路；严禁闲杂人员进入高空悬垂、危险作业、易燃易爆品堆场堆库，避免发生各类意外伤害。

（3）各工序交替、工种更换、作业面交付等环节，应包括安全交接；应特别交代安全控制的"预警关"和"关键点"，防止因情况不明或情况陌生而造成的安全隐患。

（4）赶工作业特别容易发生事故，深夜班作业及连班作业因施工人员精神疲倦、瞌睡而导致的安全事故，一般应尽量予以避免。工程特殊情况，确实需要加班加点作业，安全员应在做好准备工作的基础上，加强监督巡视，时刻控制现场作业状态，严格防范疲劳作业事故发生。

（5）内河航道工程一般工程规模较大，施工作业点广，易爆易燃材料使用量多，容易发生火灾，必须建立以项目经理、安全员为领导的一定数量人员的消防队伍，平时进行必要的灭火知识培训演练。在木工车间、拌和场、配电房、食堂、油库等易发生火灾场所配备一定数量的灭火器（泡沫、干粉）和沙包等消防设施，做到有备无患。

（6）开展好班组安全教育，施工前的安全防护检查，并要树立"下道工序开展前，安全防护已完善"的思想。施工现场每天完工，各施工作业班组认真清理现场，并经安全检查人员验收，方可离场，防止留下各类安全隐患。

（7）专职或兼职安全人员应接受相应系统急救、设备和器材的使用培训及药物准备，以备急用。

4.7 内河航道工程建设系统安全管理

鉴于内河航道工程施工的特殊性，点多面广，人员分散，管理难度大，薄弱环节多，在安全管理中可应用系统管理理论，全面管理控制，才能收到最佳效果。

1）运用系统工程理论的观念，树立整体观和全局观，提高系统的整体功能

要把整个工程各工程项目，工程项目各施工单位，各工程项目的每个施工对策的安全管理抓上去，应不断优化各子系统，使整个工程的安全系统处于有机联系、整体优化状态。在整个安全管理系统中，应首先抓人的系统平衡工作。内河航道工程施工流动，职工长年野外作业，施工现场环境艰苦，业余生活单调、枯燥，容易影响职工情绪，引发心理压力，导致各种安全隐患。施工单位管理人员和项目部应以人为本，努力改善工作环境和待遇，改善民工业余生活，合理安排工作和休息时间，做好职工心理疏导和心情调节，使每个人经常处于身心愉悦、情绪开朗的状态，虽身处工地却给职工一个"家"的感觉，提高广大职工的向心力、凝聚力。应开展丰富多彩的文化娱乐活动，各类积极向上的竞赛、评比活动，鼓励职工为工程也为个人多争荣誉，多创财富，把职工的精力引导到工作岗位上，这也给安全管理带来"人气"。

2）进行工程安全管理验控，提升安全管理整体效能

应努力改变过去项目分兵把守，各施工单位各自为政，安全管理各行其是的分散、脱离、割裂的落后状况，改变为企业项目建设分头实施，安全管理联控联动的管理模式。即应做到整个工程在安全管理上总控，各项目子系统分控，横向信息畅通，先进管理方法交流共享，安全隐患和事故互通共警。整个工程安全管理中的任何现场、任何时间的"风吹"在整个系统中都会"草动"，形成整个工程安全管理的整体联控联动，提高安全管理的整体性、灵活性和效能性。

5 结语

通过多年施工实践，无数事实告诉我们：没有安全就没有效益，没有安全就没有大家和小家的安定，没有安全就没有社会信誉。而要实现安全管理的长治久安，既需要每个施工企业各级领导的高度重视和整体配合，也需要全体职工共同自觉的努力；既需要科学有效的控管手段，也需要每个人脚踏实地、艰苦细致的工作；既要严厉治安，又应充满爱心，要以人为本，把人的安全放在第一位。

微型井点降排水在丹金溧漕河航道整治工程金坛段航道护岸施工中的应用

闵宽俊　吴　刚

（南通市港航工程有限公司）

摘　要　在土层为弱～中等透水性的粉土、砂质粉土和黏质粉土地段，如何以较低的施工成本和简易便捷的操作做好基坑的降排水工作，本文在丹金溧漕河航道整治工程中做了认真探索并取得了良好效果。

关键词　微型井点　航道工程　应用

1　工程概况

1.1　工程地质概况

丹金溧漕河航道整治工程金坛段航道沿线分为2个工程地质区段，地层分布和地质特性见表1～表4。

第1工程地质段地层分布与特征描述一览表　　表1

层	亚层	地层名称	颜色	状态	特征描述	层底埋深(m) 最小～最大 / 平均值
①	1	素填土	灰黄色夹灰色	松散～稍密	主要分布于航道两侧堤坝，主要以粉质黏土、粉土为主	0.20～3.20 / 1.26
①	2	杂填土	色杂、以黄灰色、灰色为主	稍密	局部分布于航道两侧，主要成分为城市生活垃圾、建筑垃圾等	3.50～5.00 / 4.03
②	1	（淤泥质）粉质黏土	灰色	软塑～流塑	沿线大部分均有分布，土质不均，夹粉土，含云母	0.50～7.20 / 3.31
②	1a	黏土、粉质黏土	灰黄色、灰色	可塑～硬塑	呈透镜体分布，土质不均，夹粉土、粉砂薄层，含铁锰质斑点	3.30～4.20 / 3.60
②	2	黏质粉土	灰黄色、灰色	稍密	分布较广泛，很湿，局部中密，含云母碎片	1.00～7.30 / 3.87
③	1	砂质粉土	灰色	稍密～中密	分布较广泛，湿～很湿，土质不均，局部夹粉质黏土层，含云母碎片	8.20～15.10 / 11.65
③	1a	黏土、粉质黏土	灰色夹灰黄色	可塑～硬塑	呈透镜分布，土质均匀，夹粉土	12.80～20.00 / 16.91
③	2	黏质粉土	灰色	稍密～中密	分布较广泛，很湿，含云母，土质不均，局部夹粉质黏土层，偶呈互层状	3.10～18.20 / 10.36
③	3	淤泥质（粉质）黏土（夹粉土层或呈互层状）	灰色	流塑	分布较广泛，土质不均，夹粉土层，含云母及腐殖层，局部呈互层状	1.40～20.40 / 11.55

续上表

层号		地层名称	颜色	状态	特征描述	层底埋深(m)
层	亚层					最小~最大 平均值
③	5	(软)黏土、粉质黏土	灰色夹灰黄色	软塑~流塑	局部分布,土质不均,夹粉土	2.50~20.30 11.69
④		黏土、粉质黏土	灰黄色,夹蓝灰色	可塑~硬塑	勘探孔深部揭露,土质较均,含铁锰质结核及钙质结合	9.50~20.15 14.02
④	a	黏质粉土	灰黄色	中密	呈透镜体分布,湿,局部夹粉质黏土层	8.30~15.70 12.90
④	b	粉质黏土	灰黄色	软塑	呈透镜体分布,土质不均,局部夹粉土,含铁锰质浸染	6.50~18.00 13.80

第2工程地质段地层分布与特征描述一览表 表2

层号		地层名称	颜色	状态	特征描述	层底埋深(m)
层	亚层					最小~最大 平均值
①	1	素填土	灰黄色夹灰色	松散~稍密	主要分布于航道两侧堤坝,主要以粉质黏土、粉土为主	0.30~3.20 1.30
①	2	杂填土	色杂、以黄灰色、灰色为主	稍密	仅局部揭露,主要成分为城市生活垃圾、建筑垃圾等	0.95
②	1	(淤泥质)粉质黏土、黏土	灰色	软塑~流塑	沿线大部分均有分布,土质不均,夹粉土,含云母	0.50~5.90 3.17
②	2	砂质粉土	灰黄色、灰色	稍密	分布较广泛,很湿,局部中密,含云母碎片	0.50~13.90 3.17
③	1	砂质粉土	灰色	稍密~中密	分布较广泛,湿~很湿,土质不均,局部夹粉质黏土层,含云母碎片	0.80~15.10 11.39
③	2	黏质粉土	灰色	稍密~中密	分布较广泛,很湿,含云母,土质不均,局部夹粉质黏土层,偶呈互层状	4.80~20.00 15.02
③	3	淤泥质(粉质)黏土(夹粉土层或呈互层状)	灰色	流塑	分布较广泛,土质不均,夹粉土层,含云母及腐殖层,局部呈互层状	4.10~20.40 15.50
③	5	(软)黏土、粉质黏土	灰黄色夹灰色	软塑~流塑	仅局部揭露,土质不均,夹粉土	18.00
④		黏土、粉质黏土	灰黄色、夹蓝灰色	可塑~硬塑	勘探孔深部揭露,土质较均,含铁锰质结核及钙质结合	9.00~20.10 14.60
④	b	黏质粉土	灰黄色	软塑	仅局部揭露,土质不均,局部夹粉土,含铁锰质浸染	18.60

第 1 工程地质段土层主要物理力学指标汇总表　　表 3

岩土编号	天然含水率 w(%)	密度 ρ (g/cm^3)	天然孔隙比 e	塑形指数 I_P	液性指数 I_L	快剪		固快		压缩系数 $\alpha_{0.1-0.2}$ (1/MPa)	容许承载力值 F (kPa)	标贯实击数 N (击/30cm)	锥尖阻力 q_c (MPa)
						黏聚力 c_q(kPa)	内摩擦角 ϕ_q(°)	黏聚力 c_q(kPa)	内摩擦角 ϕ_q(°)				
①$_1$	34.2	1.87	0.975	21.2	0.55	31	3.5						0.62
②$_1$	33.2	1.88	0.924	14.0	0.94	18	5.4			0.40	90	5.0	0.71
②$_{1a}$	24.7	1.98	0.723	18.2	0.31	60	15.5	81	18.3	0.22	230	11.1	2.13
②$_2$	28.6	1.94	0.793	7.6	0.82	15	24.8			0.23	85	10.0	1.57
③$_1$	30.4	1.90	0.853	7.5	0.75	15	29.0	12	31.3	0.37	140	6.0	3.19
③$_{1a}$	34.9	1.86	0.984	17.0	0.72	35	5.5	37	13.8	0.48	130	10.0	1.70
③$_2$	30.8	1.90	0.962	9.0	0.98	18	24.5			0.22	100	5.3	1.40
③$_3$	37.2	1.85	1.030	15.5	1.09	15	2.5	17	10.9	0.57	85	3.4	0.72
③$_5$	35.1	1.90	0.975	15.9	0.85	29	7.9	19	11.2	0.38	130	9.1	1.05
④	24.4	1.98	0.705	16.0	0.36	79	16.5			0.19	230	13.3	2.56
④$_t$											160		1.41

第 2 工程地质段土层主要物理力学指标汇总表　　表 4

岩土编号	天然含水率 w(%)	密度 ρ (g/cm^3)	天然孔隙比 e	塑形指数 I_P	液性指数 I_L	快剪		固快		压缩系数 $\alpha_{0.1-0.2}$ (1/MPa)	容许承载力值 F (kPa)	标贯实击数 N (击/30cm)	锥尖阻力 q_c (MPa)
						黏聚力 c_q(kPa)	内摩擦角 ϕ_q(°)	黏聚力 c_q(kPa)	内摩擦角 ϕ_q(°)				
①$_1$	39.0	1.84	1.071	19.5	0.89					0.40			0.65
②$_2$													1.49
②$_1$	34.2	1.87	0.954	13.7	0.86	17	3.0	28	20.2	0.33	90	2.8	0.71
②$_{1a}$	26.6	1.95	0.777	18.7	0.35	57	14.6	52	17.3	0.22	200	13.0	2.01
③$_2$	35.4	1.84	0.987	9.3	1.29	16	23.1			0.37	110		1.80
③$_{1a}$	26.3	1.97	0.744	11.6	0.60	53	12.9	61	16.4	0.27	130	11.5	1.33
③$_2$	33.8	1.86	0.944	8.0	1.11	10	22.6			0.17	100	3.5	1.70
③$_3$	45.2	1.75	1.264	15.5	1.49	11	1.5	16	9.0	0.89	85	2.4	0.57
③$_5$	31.4	1.94	0.871	12.9	0.96	18	4.3			0.41	130	6.0	0.93
④	24.4	1.99	0.706	16.9	0.32	73	15.9			0.21	210	14.9	2.46
④$_a$											140		4.44
④$_b$	30.8	1.91	0.864	12.8	0.98	13	704			0.30	160	7.0	1.68

根据地质资料及结构设计，本航段新建护岸底板多位于②$_1$ 和③$_3$ 层。第 1 工程地质段，上部以第四系全新统湖沼积厚层淤泥质粉质黏土为主，夹粉土透镜体，局部未揭穿，下部局部地段揭露上更新统黏性土。第 2 工程地质段，上部以第四系全新统湖沼积厚层粉土为主，下伏淤泥质粉质黏土，夹粉土，局部未揭穿，下部局部地段揭露上更新统黏性土。

第 1 工程地质段由于基础下部大多存在不良土质，设计根据淤泥土的埋置深度采用不同的地基处理方案（换填块石、小木桩、钢筋混凝土方桩、水泥搅拌桩）。第 2 工程地质段为无地基处理段。

1.2　水文地质条件

本段丹金溧漕河内水位常年在 1.5m 左右，由北向南流动。丰水期水位较高，施工水位取 2.0m。

勘察深度内地下水为空隙潜水，赋存于②$_2$、③$_1$、③$_2$、③$_6$、④$_a$层粉土中，含水层具弱～中等透水性，接受大气降水及丹金溧地表水补给，排泄以蒸发、侧向径流为主，勘察期间地下水稳定水位埋深0.2～4.0m，平均2.4m，高程1.7～5.0m，平均2.27m。

1.3 护岸设计情况

沿线设计的护岸底板底高程为-1.5m（齿坎底高程-1.9m），底板宽度为3.8～5.0m，墙顶高程为3.0～4.5m。沿线原地面高程大多在3.3～4.0m。

2 工程施工降排水措施

对于位于第1工程地质段的护岸施工，沿线地质基本为粉质黏土和淤泥质黏性土，因此，基坑开挖时采用纵向明沟排水，每个施工槽段设置一个集水坑，配备ϕ150mm的单级离心清水泵抽水，以实现干地施工条件。对于位于第2工程地质段的护岸施工，其施工降排水措施的摸索、研究和实践，是本文叙述的重点。

在位于第2工程地质段的基坑试开挖期间，我项目部施工技术人员蹲守现场悉心观察坑壁和渗水变化过程。基坑开挖边坡按照设计图纸规定的1:2实施。基坑开挖成型时坑底无积水，约1小时25分钟即出现流沙土现象，原先预留的导流明沟被填塞，离心清水泵无法抽水，基坑四周开始坍塌，9h后坑底被流沙土及基坑四周坍塌土方掩埋，厚度达1.65m。这种情况下，根本无法满足护岸底板及护岸墙身施工所要求的作业时间。

项目部施工技术人员根据上述情况，进一步研究工程地质勘察报告，结合现场实际情况，反复讨论施工降排水对策，一致认为：①该土层为弱～中等透水性，不适用在较强透水层中采用的深井法，可采用轻型井点、喷射井点。②根据现场观察情况，渗水量相对较小，不宜采用喷射井点，即使采用轻型井点，大多时间井点泵会出现空抽不连续出水的情况。

2.1 微型井点降排水的设计

方案小组经过认真研究，根据地质资料提供的相关参数结合现场实际情况，进行估算渗水量，最后选定使用GP-125型清水吸水泵（最高扬程35m、最大流量35L/min、最大吸程9m、额定转速2850r/min、额定电压220V、频率50Hz、功率125W）。

在基坑开挖前先进行上层土方开挖，至高程1.5m，在底板的前后轮廓线外侧1.8m处下井点管（临航道侧和岸侧），井点间距1.2m，均布。井点管采用外径30mm（内径24mm）的尼龙管，用手持电钻在泥面500mm以下位置开始开孔，孔径8mm，开孔段全部以100目尼龙网纱全面包裹，以防泥土堵塞。井点管的插入深度应以管的最下端下至底板底高程以下1.0m为宜（图1）。

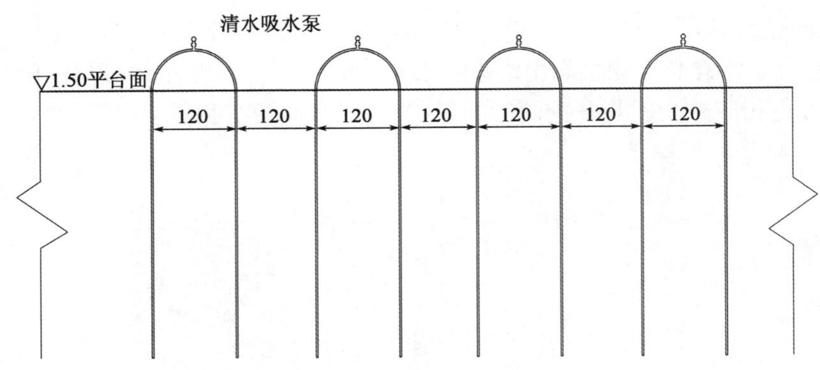

图1 井点管布置图（尺寸单位：cm）

微型GP-125型清水吸水泵采取同侧相邻的两根井点管以三通接头连接，接入清水吸水泵进水管口，出水管口以尼龙管作为排水管，其长度以能排入航道或附近农田排水沟为宜。若岸侧面后方不能直排，可将岸侧排水管串联后并入一根ϕ75mm排水软管集中排入航道。

相应基坑开挖边坡的调整。高程 1.5m 处留置平台，宽度 1.5m，平台以上部分的开挖边坡按 1∶1（即 45°）留置，平台以下部分的开挖边坡按 2∶1（即 63.4°）留置（图 2）。

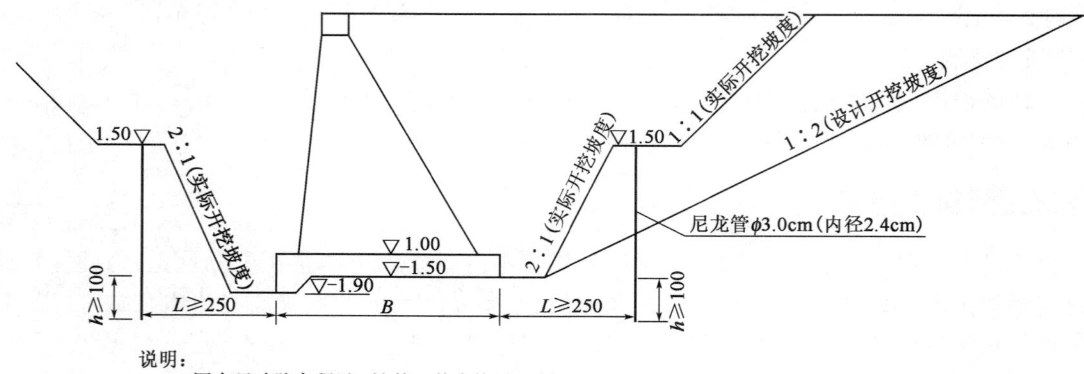

图 2 “微型”井点降排水横断面图

2.2 微型井点排水效果检验

根据工程实践，井点管布设连泵完成开始出水后，36～48h 可进行基坑下层土方开挖，完全达到干地施工的要求。

2.3 微型井点的优缺点

优点：

①设备简易操作方便，经培训的普通工人可上岗操作。

②由于泵的功率小，对施工现场供电要求低，耗电量低。

③节约施工成本（降低了施工降排水的成本和因该法的使用减少了开挖及墙后回填土方量而降低的土方施工成本）。

缺点：

①由于目前市场上供应的 GP-125 型清水吸水泵长时间工作损坏较为严重，需经常更换。

②露天作业连接电源线较多，施工作业面狭窄，浇筑混凝土时需多加留心。

3 成本比较

（1）降排水费用比较。使用轻型井点，按照护岸延长米，需要支出 205 元/m，而使用微型井点，只需支出 38 元/m，两种降排水费用的差额为 167 元/m，大大节约了基坑降排水的费用。

（2）使用微型井点后，就本工程而言，由于基坑开挖边坡的调整，平均减少了基坑开挖土方约 18.4m^3/m，护岸墙后回填土方也相应减少了与开挖同等的量，节省了基坑开挖和回填费用约257.6 元/m（图 3）。

图 3 微型井点布置在降排水基坑两侧

4 实践给我们的几点启示

(1)微型井点降排水适用于土层为弱~中等透水性的粉土、砂质粉土和黏质粉土,对于其他土质应经现场试验后观察看是否显效。

(2)由于目前采用的GP-125型清水吸水泵为民用产品,使用的工作状态不一样,我们已经和有关生产厂家沟通,相信在不久的将来,适应长时间露天工作的新型清水吸水泵将会问世。

(3)在新型清水吸水泵问世之前,同侧的每台泵宜"一泵一闸"电路连接,不宜多台泵共用一闸,否则其中某台泵不能正常工作需要更换会影响其他泵的正常工作,降排水效果会打折扣。

(4)雨季及丰水期施工,根据现场实际情况可适当将井点管的间距缩减,冬季枯水期施工则相应适当将井点管的间距增大一点。

(5)同一季节施工,一般情况下临水面的井点管布设间距应适当比岸侧井点管布设间距小一些,若岸侧后方有鱼塘或其他蓄水情况,要视基坑两侧水头差,水位高的一侧井点管布设应密一些。

浅谈少支架下承式混凝土系杆拱桥拆除

张秀国

（江苏舜通路桥工程有限公司）

摘　要　结合丹金溧漕河航道整治工程金塔大桥老桥拆除工程实例，介绍主桥施工步骤，水上临时支墩的设置，整体拆除单片拱肋，分段拆除系杆和中横梁框架等施工工艺。

关键词　少支架　系杆拱　单片拱肋　系杆和中横梁框架　拆除

原金塔大桥位于江苏省金坛市白塔境内，跨越丹金溧漕河，路线中心与河道中线斜交20°，桥梁全长332.9m，左幅跨径为20m＋13.78m＋70m＋11×20m，右幅跨径为2×20m＋71m＋13.78＋10×20m。该跨主桥上部结构为70m下承式预应力钢筋混凝土系杆拱桥，主桥左右幅呈错开布置，主桥下部结构采用双柱式墩、群桩基础。主桥两端引桥上部结构均采用先张法预应力空心板梁，引桥下部结构桩柱式墩台。

原金塔大桥主跨为70m单跨预应力系杆拱桥，为刚性系杆刚性拱，计算跨径为70m，拱轴线为二次抛物线，矢高12m，拱轴方程为 $y=-12\times(x-35)^2/35^2+12$。拱肋、系杆采用等截面箱形截面，拱肋截面高1.35m，宽1.0m；系杆截面高1.5m，宽1m；每片拱片设间距为5m的吊杆，13根吊杆采用外径 $D=219$mm 的无缝钢管作为钢套管，风撑设置3道，采用钢筋混凝土结构（图1）。

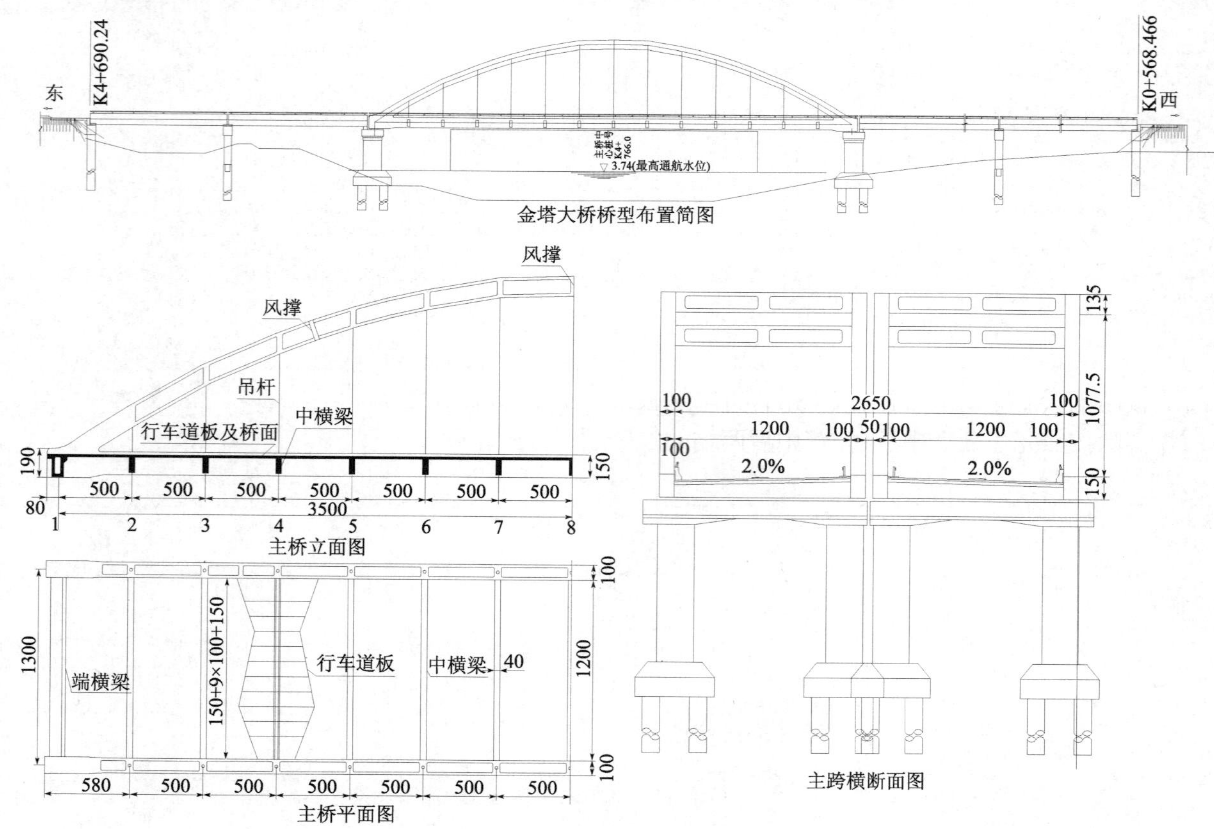

图1　原金塔大桥结构图（尺寸单位：cm）

根据原施工设计图纸系杆采用C50混凝土，系杆预应力采用OVM锚具，每根系杆采用10束$9\phi^{j}15.24$钢绞线，其中底板4束，顶板2束，两侧腹板4束，张拉控制应力$0.72 \times 1860MPa = 1339.2MPa$；拱肋采用C40混凝土。半幅两片拱肋之间由3道钢筋混凝土风撑联系。系杆两端设置端横梁2根，中横梁13根。每束吊杆采用$73\phi5$碳素钢丝组成，张拉后吊杆钢管内压注水泥浆。

1 主桥拆除顺序

通过金塔大桥老桥工程量计算，根据现有的起吊能力，先移除通信杆线、主桥桥面及防撞护栏，之后依次为拆除行车道板→拆除中跨5、7、9号中横梁→先搭设水上临时支墩，将拆除半幅拱肋用风缆拉好→将临时支墩顶紧系杆下部，将吊杆下端割断、拆除风撑→用两台浮吊，整体拆除单片拱肋→用两台浮吊整体拆除半幅中跨系杆和中横梁框架→用一台浮吊整体拆除半幅左侧拱脚、系杆、端横梁及中横梁框架→用一台浮吊整体拆除半幅右侧拱脚、系杆、端横梁及中横梁框架→拆除水墩临时支墩→拆除引桥桥面系和上部结构→拆除主引桥下部结构→清理场地。主桥单根拱肋、中间段系杆和横梁采用大吨位浮吊直接吊除（分别为1台300t和1台500t浮吊），从而避免了因拆桥过程中拆除局部构件而对结构稳定性削弱。引桥均在旱地。

2 桥面及附属工程拆除

桥面及附属工程包括：桥面铺装、防撞护栏、伸缩缝等。原桥面铺装包括10cm厚C40混凝土及沥青混凝土铺装层。防撞护栏包括波形护栏及带牛角的混凝土护栏。

桥面铺装拆除时先用蝶式切割机将桥面铺装混凝土切割成100cm×100cm的网格，再用风镐逐个进行破除，并将破除后混凝土和钢筋运到指定建筑垃圾处理地点进行处理。

由于防撞护栏位于系杆内侧，故拆除时先用切割机（或气割）将防撞墙顶上的钢栏杆切断运走后，在系杆外侧用钢管搭设防护支架，然后悬挂安全网，以防止防撞护栏破除过程中混凝土块滚落河中或砸到过往船只，最后用风镐将防撞护栏混凝土破除，混凝土破除后的钢筋采用气割割断，并及时将破除的混凝土和割断的废弃钢筋运走。

3 行车道板拆除

行车道板单幅桥共计154块，其中中板126块，边板28块。根据原设计图纸，中横梁横断面宽度为40cm，行车道板每端搁在中横梁上8cm，中间浇筑24cm宽的混凝土后浇带，将行车道板由简支梁结构转换为连续梁结构。在拆除时，把行车道板由连续结构转换为简支结构。拆除时先找出湿接头位置，用蝶式切割机沿后浇带中线将板间切断，使得行车道板横桥向之间各板处于脱离状态，再用风镐将湿接头处的混凝土破除，并人工清理运走，然后用气割设备在湿接头中间位置将钢筋割断，之后将钢丝绳缠绕在桥面板两端头的钢筋上，再用汽车吊将行车道板吊离出来，并放在运输货车上运到指定倾倒地点。行车道板拆除按照先边板后中板、先跨中后两端的顺序进行。

4 中横梁拆除

主桥共计13根中横梁，为预应力混凝土结构，为减少中跨系杆段自重，首批拆除5、7、9号中横梁，其余中横梁均和系杆一起分段拆除。中横梁先用浮吊带紧被拆除的中横梁，然后用链条切割机沿横梁端头约0.3m处断开吊离即可。为保证半幅两道系杆同时拆除时的整体稳定性，其余中横梁均与系杆同步拆除。

5 系杆临时支墩施工

1）临时支墩设置

为保证拆除施工期间不断航及必要的通航净空，系杆拱拆除时在水中采用钢管桩和贝雷片作为支点，直接支撑在系杆的底部。水上支撑中心间距为35.8m，保证通航净宽达到30m。目前水面高程为1.6m，系杆底高程为9.955m，通航高度达8.355m，能够满足通航净高的要求。

支墩基础采用壁厚8mm直径40cm钢管桩作为基础，每个支墩由9根钢管桩组成，间距为100cm，横桥向钢管支墩中心间距为13m，顺桥向钢管支墩中心间距为35.8m。

钢管桩之间用型钢进行连接，钢管桩支墩顶部设置双拼28号工字钢，然后在上面设置贝雷片作为支点，横桥向设置一层贝雷片连接两个支墩，保证横桥向支点的整体稳定性。在支墩通航一侧设置防撞钢管桩，并在防撞桩上挂废旧轮胎，以减小冲击力（图2、图3）。

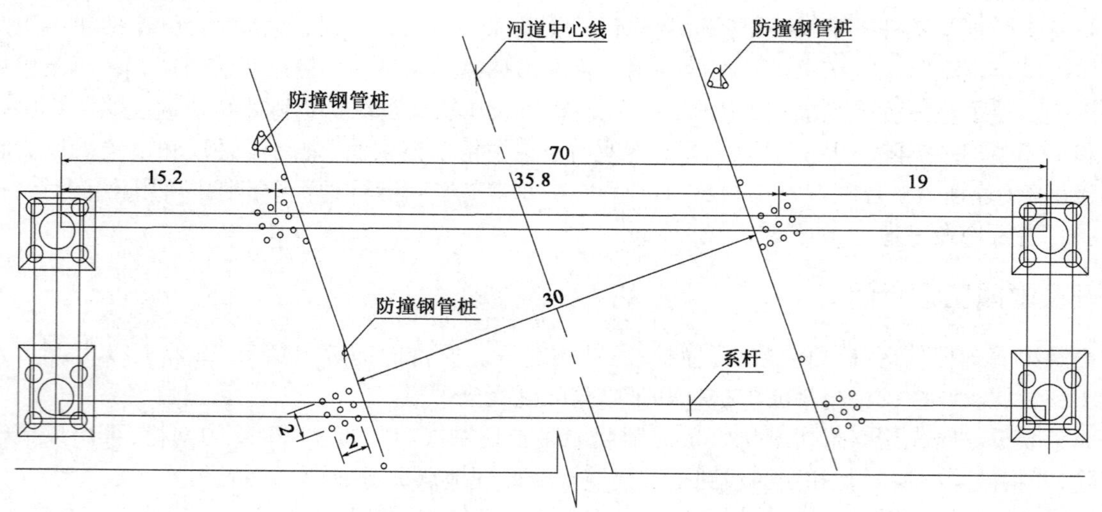

图2　半幅水上支撑平面布置图（尺寸单位：m）

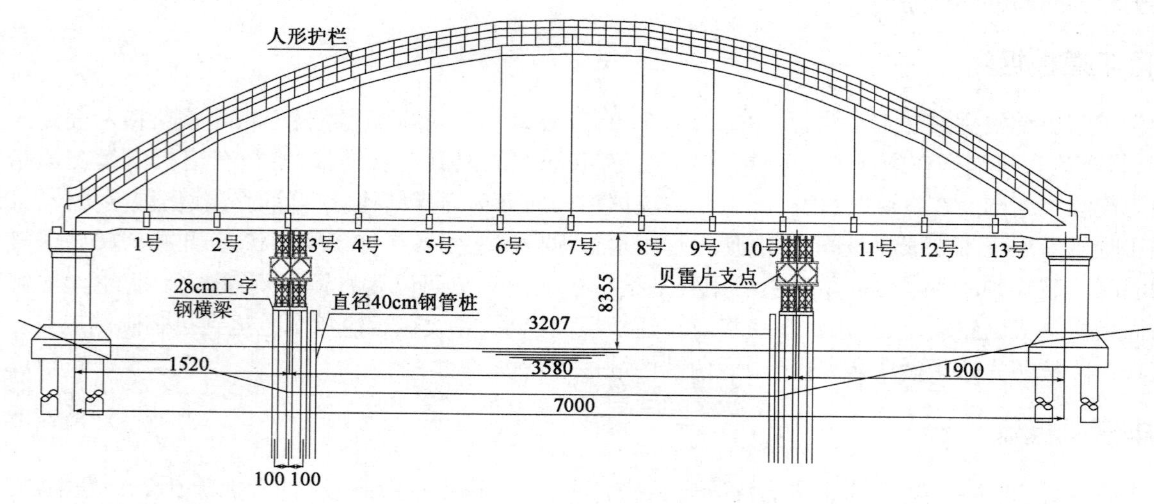

图3　支墩立面图（尺寸单位：cm）

2）临时支墩受力分析

临时支点反力最大值发生在系杆准备拆除阶段，临时支墩最大支反力为920kN（图4）。

经计算，单个临时支墩钢管桩承载力为163.5kN×9=1471.5kN＞1.5×920kN=1380kN，临时支墩能够满足施工要求。

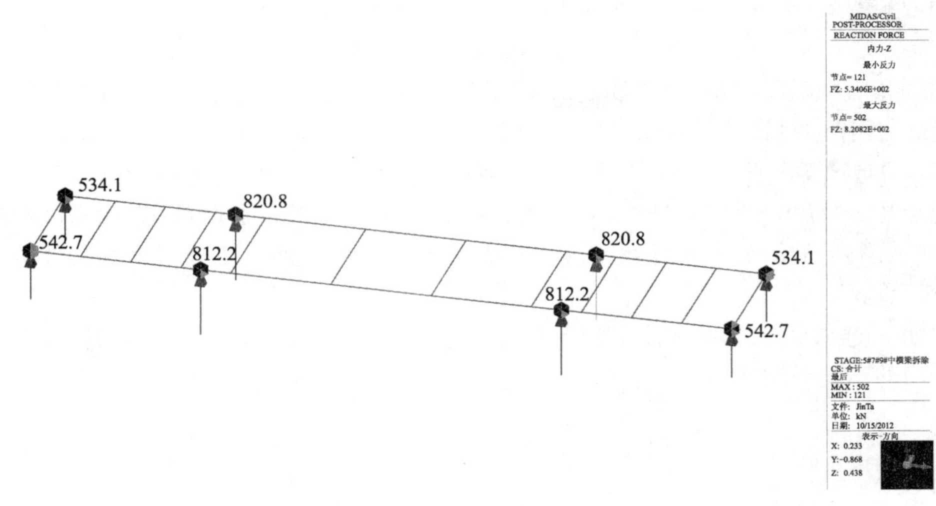

图 4　临时墩受力图

6　吊杆割断

吊杆为外径 219mm 钢管，每束吊杆采用 73ϕ5 碳素钢丝组成，张拉后吊杆钢管内压注水泥浆。

吊杆拆除前，先检查用于传递系杆荷载的支撑系统是否已经受力，受力后方可进行吊杆的拆除。吊杆拆除时，先在距离系杆顶面 20cm 位置处将钢管割开，然后将钢丝束与吊杆之间的水泥浆清除，在临时支墩两侧的系杆上设置吊点，用浮吊钢丝绳带紧。吊杆拆除顺序为由中间向两端间隔、对称进行割断钢丝束。

7　风撑拆除

全桥共计 6 道风撑，半幅共计 3 道风撑，1 号风撑位于 3 号 ~4 号吊杆之间，3 号风撑位于 7 号吊杆上方，3 号风撑位于 3 号 ~4 号吊杆之间，拆除前先在系杆上拉好风缆，然后进行风撑的拆除。

为便于操作工人行走，在拱肋上面用为 ϕ48mm 钢管在拱肋上部搭设可供人员上下的施工通道，通道两侧按照相关安全规范规定挂安全网，在拱肋顶部铺设人行木板，木板上设防滑条。

拆除前先用钢丝绳将风撑缠住，位置选在距拱肋内边缘 1m 的位置处，再用浮吊通过钢丝绳将风撑吊住，钢丝绳处于刚刚绷紧状态，然后在风撑与拱肋相连处破除风撑混凝土，破除宽度为 0.3m，破除时在混凝土破除部位设置吊篮，以防破除的混凝土直接落到河中，且要注意风撑两侧混凝土破除同步进行。割除钢筋时，用砂轮切割机由下向上且两侧对称进行。钢筋全部割断，且人员撤离到安全位置后，用浮吊将风撑吊运到船上运走。

8　拱肋拆除

桥拱肋拆除时必须采用浮吊吊装，而浮吊施工时涉及交通管制，因此为了缩短断航时间，拟采用拱肋整体吊装拆除，从而缩短断航时间。在两艘浮吊抬吊时，由于吊装钢丝绳之间存在夹角，切断后的拱肋根部又是悬臂，吊装时受横向作用力的影响，容易使拱肋折断。为此，在混凝土拱肋上系结四根吊装钢丝绳，同时封航，两艘浮吊到位，吊装钢丝绳上钩，主吊收紧，以钢丝绳刚刚绷紧为宜。接下来立即将在 4 个拱脚下待命的施工人员分成 4 组，分别用两台液压凿岩机将拱肋根部混凝土打断，再将拱肋内钢筋用气割割断。两艘浮吊同时缓慢起吊，拱肋脱离系杆后，两艘浮吊倒车转过 90°，推进，将拱肋吊运至东南面废料堆场上进行拆卸，整个施工过程在 4 小时内完成。

拱肋整体吊装依据：

(1) 全桥拱肋混凝土 205m^3（设计图），单侧吊杆 6.5t（含钢管），单片拱肋钢管等防护设施 1.5t。

(2)一根拱肋整体吊装重量包括单根拱肋自重、单侧吊杆重、钢管防护重：

$$205 \times 2.6 \div 4 + 6.5 + 1.5 = 141.3(\mathrm{t})$$

(3)浮吊的选用。根据上述计算拱肋总重 141.3t，利用 300t、500t 浮吊各一台吊装。参考 300t、500t 浮吊起重负荷表，浮吊主扒杆长为 40m，只要水平仰角大于或等于 60°，起吊高度为 32m 可以满足要求。

(4)吊装钢丝绳验算。根据计算，老桥拱肋吊离质量(加动力系数)为 141.3t × 1.1 = 155.4t，为保持原有结构稳定性，提高吊装时构件整体结构强度，将吊装施工给航道通航带来影响减少到最低，计划使用 300t、500t 两艘浮吊抬吊，其总体吊重能力为 515t > 155.4t，能满足安全吊运的条件。仅需对以下几个细节进行计算：

①300t、500t 两艘浮吊由于可用浮沉的大小自行分配起吊力，在结构不对称情况下，起吊荷载也不对称。两台浮吊的布置见拱肋吊离示意图(图 5)。

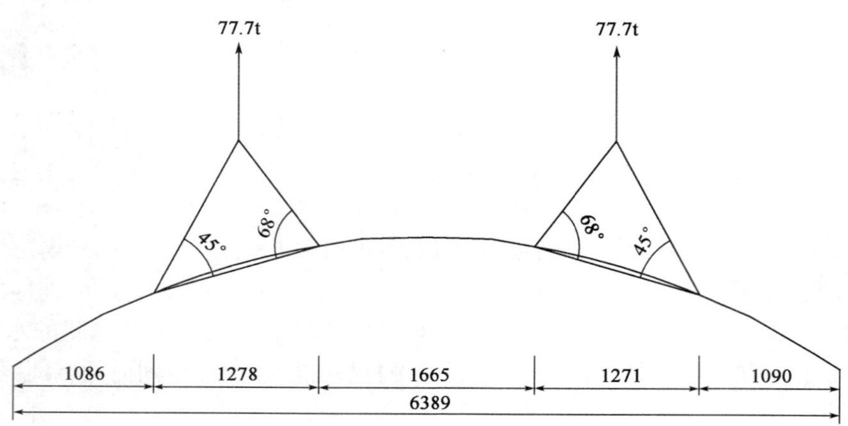

图 5　拱肋吊离示意图(尺寸单位：cm)

拱肋吊离所采用钢丝绳型号为 6 × 37ϕ56mm，两台浮吊每个浮吊设 2 个吊点，单点设双股吊装钢丝绳，整个起吊质量为 155.4t，一台浮吊的吊点受力为 777kN。

②单点单股钢丝绳受力计算：

$$S = \left(\frac{Q}{n}\right) \times \left(\frac{1}{\sin\alpha}\right) = (777/4) \times 1.414 = 136.5\mathrm{kN}$$

吊装钢丝绳绳径为 ϕ56mm，公称抗拉强度 1700MPa，则 $P_g = 2002.6\mathrm{kN}$，换算系数 $\alpha = 0.82$，钢丝绳取安全系数 $K = 6$，则钢丝绳的容许拉力为：

$$[S] = \alpha \cdot \frac{P_g}{K} = 2002.6 \times 0.82/6 = 273\mathrm{kN} > S = 136.5\mathrm{kN}$$

9　系杆和中、端横梁的拆除

由于受丹金溧漕河通航宽度的限制，同时在系杆和中横梁拆除过程中充分利用系杆自身刚度和预应力体系来承受自重所产生的弯矩和剪力，这也是老桥系杆和部分横梁框架分批拆除的关键所在。

1)系杆受力分析

(1)抗弯承载力计算。系杆结构最大弯矩发生在系杆准备拆除工况，系杆结构最大正弯矩为 2235kN · m，最大负弯矩为 2409kN · m。图 6 为系杆弯矩分布图。

经计算系杆结构抗弯承载力为 4686kN · m，系杆结构最大弯矩为 2409 × 1.2 = 2891kN · m，结构抗弯承载力满足要求。

(2)抗剪承载力计算。系杆结构最大剪力发生在系杆准备拆除工况，系杆结构最大剪力为 516kN。图 7 为系杆剪力分布图。

经计算，系杆结构最大剪力为 516kN × 1.2 = 619kN，系杆结构抗剪承载力为 1385kN，结构抗剪承载

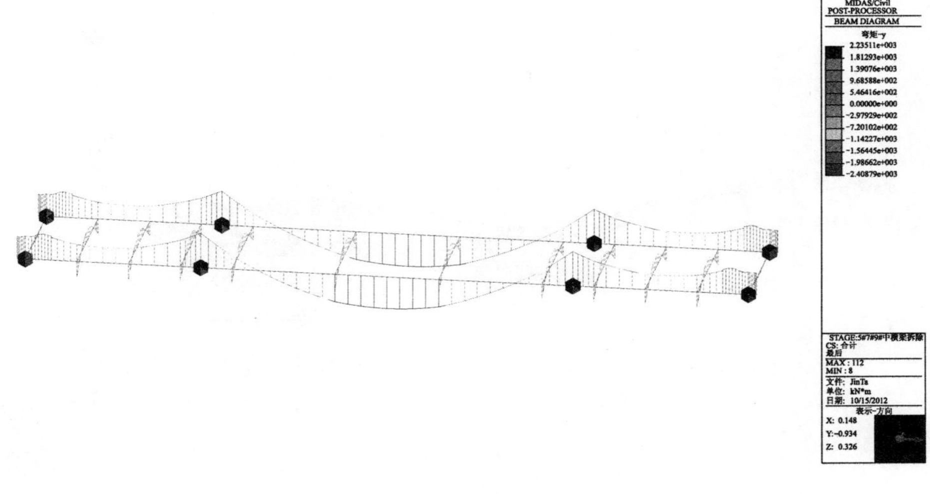

图6　系杆弯矩分布图

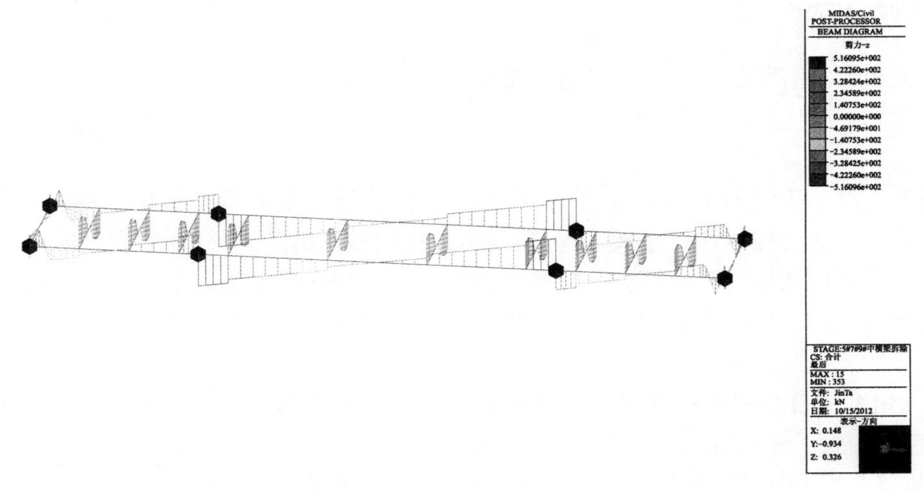

图7　系杆剪力分布图

力满足要求。

(3)变形计算。系杆结构最大变形发生在系杆准备拆除工况,系杆结构最大变形3.15cm。图8为系杆变形图。

经计算,系杆最大允许挠度为3580/500=7.16cm,结构最大变形为3.15cm,满足要求。

2)系杆和中、端横梁的拆除

为保证拆除构件的整体稳定性,半幅两道系杆及大部横梁不进行分离拆除,使其在吊装过程中呈框架结构。首先用300t、500t浮吊拆除中跨半幅中横梁和系杆,然后用500t浮吊拆除左侧边跨半幅系杆、中横梁、端横梁和拱脚,最后用500t浮吊拆除右侧边跨半幅系杆、中横梁、端横梁和拱脚。

拆除时,为防止混凝土在破除过程中坠落,拆除前在系杆截断位置设置一个吊篮,吊篮底部铺设一层木板。木板穿过系杆下方,待吊篮设置完成后,先用钢丝绳将系杆两端捆绑好,然后用两台浮吊将钢丝绳收紧,再在截断位置先将系杆内钢绞线割断,之后用破碎机将混凝土凿除,最后用气割枪将钢筋割断。施工时应注意两系杆同步。钢筋割断和支座压缩解除后,且人员撤离到安全位置后,用浮吊将拆除构件吊运至指定位置。

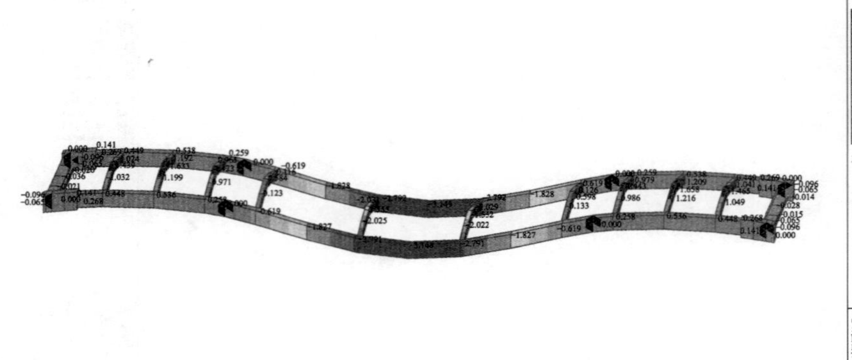

图 8　系杆变形示意图

10　临时支墩的拆除

系杆拆除完成后，用浮吊吊出贝雷片支点，最后拔出钢管桩。

11　结语

随着常州辖区航道等级的全面提升，原航道上的老桥钢筋混凝土系杆拱桥结构运用得较为广泛。同时近年来水上吊装能力较以往有很大的提高，为单片拱肋整体拆除、系杆和中横梁形成框架拆除奠定了基础。通过本工程的实施，单片拱肋整体拆除、分段拆除系杆和中横梁框架具有以下优点：

（1）拱肋的整体拆除不需要在中间设置多个临时支点，缩短了工期、节约了成本，同时也减少了高空作业的风险。

（2）充分利用系杆自身刚度和预应力体系来抵抗自身产生的弯矩、剪力，搭设水上临时支墩，无须设置承重梁，有效加大了通航宽度和高度，减低了航道运输的风险。

（3）分段拆除系杆和中横梁框架，减少了封航次数，同时也提高了拆除构件的整体稳定性，有利于工程的顺利实施。

浅谈下承式钢管混凝土劲性骨架系杆拱桥整体吊装

张伟良　张秀国

（江苏舜通路桥工程有限公司）

摘　要　结合丹金溧漕河航道整治工程金塔大桥钢管拱和劲性骨架整体吊装工程实例，介绍主桥钢管拱及劲性骨架整体拼装，及用两台浮吊整体安装的工艺。

关键词　现场拼装　浮吊　整体吊装

金塔大桥位于金坛市开发区和白塔镇境内，横跨丹金溧漕河航道，桥梁与航道夹角78.65°，斜桥正做，航道改建标准为三级。桥梁中心桩号K0＋433.00，起点桩号K0＋181.282，终点桩号K0＋584.66，桥梁全长403.378m。主桥总宽30.1m，引桥总宽27.7m。桥跨布置为10×20m（预应力混凝土空心板）＋97m（下承式钢管混凝土系杆拱）＋5×20m（预应力混凝土空心板）。

主桥上部结构采用下承式钢管混凝土劲性骨架系杆拱，计算跨径96m，矢跨比1/5，矢高19.2m，拱轴线为二次抛物线；系梁采用箱形截面，梁高2.0m，宽1.2m，拱脚处加宽至1.4m，加高至3.3m；拱肋采用哑铃形钢管混凝土，每个钢管外径1.0m，钢管及腹板壁厚14mm，钢管内充C40微膨胀混凝土，腹腔中不填充混凝土，拱肋高度为2.4m；每片拱肋设间距为5.0m的吊杆，共16根，吊杆为刚性吊杆，采用PESF7-61新型低应力防腐拉索；风撑采用5道一字形钢管风撑，2道K字形风撑，钢管壁厚为14mm；端横梁高2.0m，中横梁高1.35m，宽0.6m，两侧设牛腿以支撑行车道板；行车道板采用25cm高实心板（图1）。

1　主桥施工顺序

金塔大桥主跨上部结构采用下承式钢管混凝土系杆拱结构，计算跨径96m，并采取“先拱后梁”法施工，先吊装右幅钢管拱及劲性骨架，然后进行左幅钢管拱及劲性骨架的吊装，半幅主桥施工具体步骤如下：

（1）钢管拱及系杆劲性骨架在厂家加工完成后，运至现场拼装、焊接成整体，安装风撑和临时横梁。拆除临时支点，在劲性骨架上安装系杆底模、绑扎钢筋、安装内芯模。

（2）利用300t和500t浮吊整体将钢管拱及系杆劲性骨架整体吊装就位，同时拉好风缆，以保证其稳定性。

（3）拱脚及端横梁混凝土浇筑，张拉端横梁全部预应力束。

（4）压注钢管拱下钢管混凝土，养护待其达到设计强度后张拉系杆2束N7至1800kN。压注钢管拱上钢管混凝土，养护待其达到设计强度张拉系杆2束N8至1200kN。

（5）侧模安装，浇筑系杆混凝土，待达到设计强度90%，张拉系杆第一批预应力束（2N1、2N4）；安装吊杆，进行吊索第一次张拉。

（6）对称安装1号、4号、5号、9号、10号、14号、15号、18号共8道中横梁，浇筑横梁湿接头，待其达到设计强度90%，对称安装剩余10道中横梁，浇筑横梁湿接头，待其达到设计强度90%，张拉中横梁第一批预应力束（1N1、1N4）；张拉系杆第二批预应力束（2N1、2N5）。

（7）对称安装行车道板，张拉中横梁第二批预应力束（1N2、1N3）；张拉系杆第三批预应力束

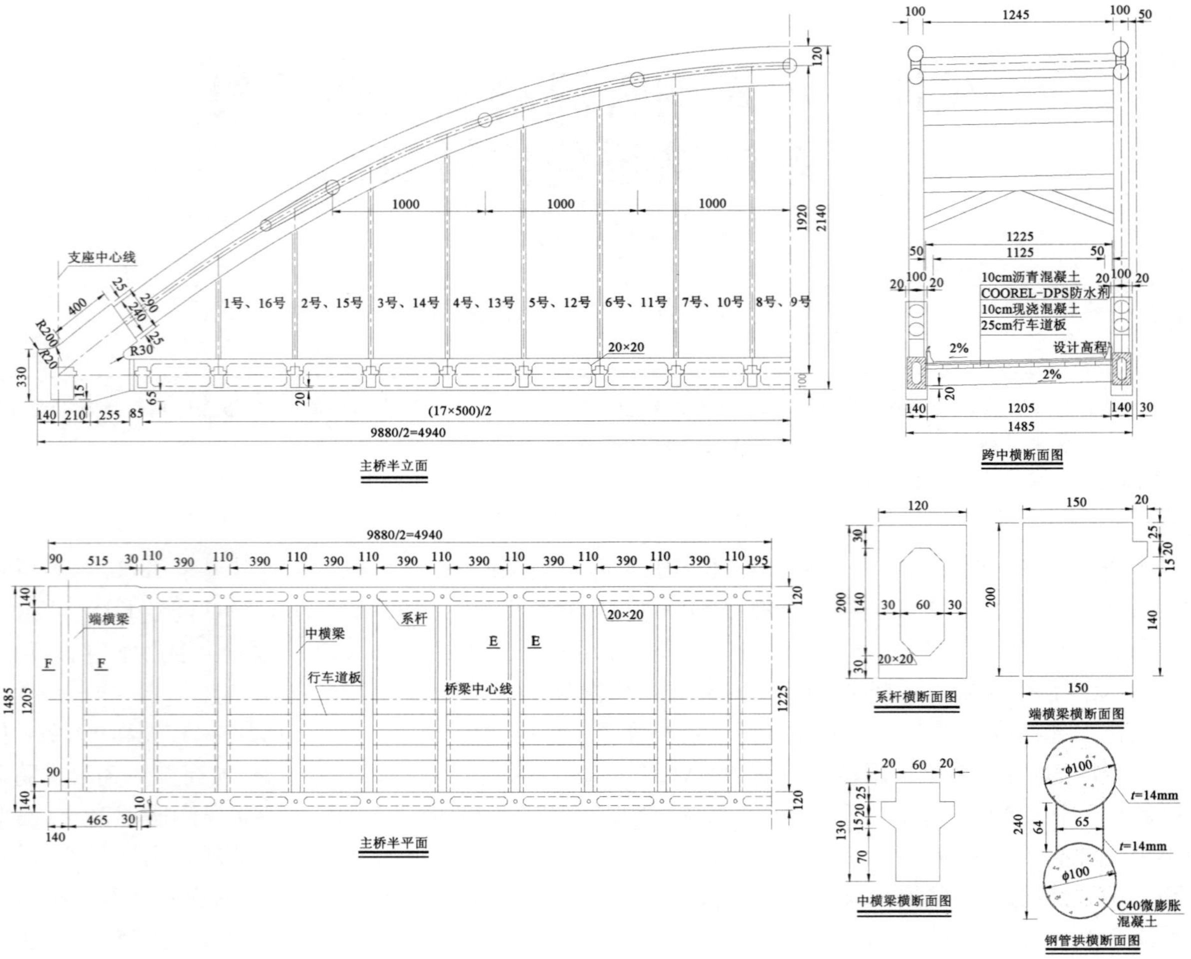

图 1　主桥上部结构图（尺寸单位：cm）

（2N3、2N6）；吊索第二批张拉。

（8）桥面铺装、护栏施工；沥青摊铺及进行其他附属设施施工。

2　浮吊选择

300t 浮吊船长 46m，船宽 11m，船首两侧各设两个浮箱，浮箱宽 5.5m，长 10m；船尾两侧各设一个浮箱，浮箱宽 5m，长 10m，包括浮箱船总宽 22m，吃水深度 2m。扒杆长度为 50m，起吊最佳角度 60°时，起吊能力为 235t。

500t 浮吊船长 49m，船宽 11.6m，船首和船尾两侧各设两个浮箱，浮箱宽 6.5m，长 10m；包括浮箱船总宽24.6m，吃水深度 2.1m，扒杆长度为 50m，起吊最佳角度 60°时，起吊能力为 330t。

综上所述，本工程钢管拱吊装采用300t 和500t 浮吊进行吊装，扒杆长度为50m，起吊最佳角度 60°，其起重能力 565t。根据 2 台以上起重机双抬吊重物时必须按额定吊装荷载的 80% 计算，564t × 80% = 452t > 438t（主桥钢管拱及劲性骨架等吊装的总重量，具体见表 1），能够满足施工要求。由于航道局部不能满足要求，施工时对河道局部进行了改造。

主桥半幅钢管拱劲性骨架及施工辅助设施重量　　表 1

序号	构件名称	单位	数量	备注
1	钢管拱	t	172.8	
2	风撑	t	30.2	不含 1 号、7 号风撑斜撑

续上表

序 号	构 件 名 称	单 位	数 量	备 注
3	劲性骨架及吊杆	t	142.5	
4	临时风撑	t	2.1	
5	临时横梁	t	9.5	
6	系杆钢筋	t	49.9	
7	底模竹胶板	t	2.7	
8	底模木楞	t	7.6	
9	底模12双拼工字钢	t	5.4	
10	底模吊杆	t	0.9	
11	系杆内芯模	t	8.5	
12	系杆施工防护设施及脚手板	t	3.05	
13	钢管拱顶防护设施及脚手板	t	3.05	
	合 计		438	

3 吊点位置确定、加固和受力分析

1）吊点位置确定及加固

确定吊点位置主要考虑浮吊的起重高度、起吊重量、主桥桥墩距离河岸边的位置及钢管拱的变形量等因素。根据现场实际情况和充分利用钢管拱风撑抵抗吊装时产生的水平力，钢丝绳应尽量靠近风撑钢管。对于不在风撑位置的吊点处，设置 ϕ80cm、壁厚 8mm 的钢管进行横向加固，以防拱肋钢管横向、竖向变形。每台浮吊在单片拱肋上设 2 个吊点，共设置 8 个吊点，每个吊点设双股吊装钢丝绳，吊点与拱肋的轴线呈 30°~60°布置。钢丝绳分别捆绑在 3 号与 4 号、6 号与 7 号、10 号与 11 号、13 号与 14 号风撑之间，其在钢管拱水平投影长度的间距分别为 22.98m、15.58m、18.87m、15.58m、22.98m。吊点处采用角钢（L75×75×8）和圆弧钢板（厚 20mm、宽 800mm）进行加固，以防拱肋钢管局部变形。具体布置见图 2。

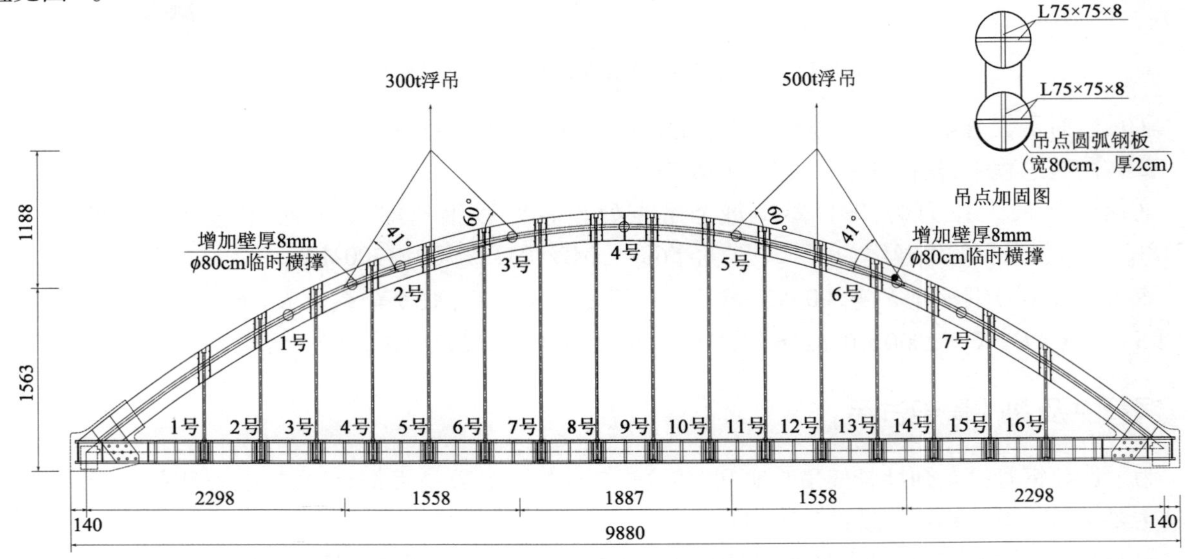

图 2 钢管拱及劲性骨架吊点布置图（尺寸单位：cm）

2)受力分析

由于钢管拱及劲性骨架吊装时其跨度和矢高比较大,采用一般的方法进行力学分析时不能真实反映其受力状态,故分析时采用 Midas 软件建立安装钢管拱及劲性骨架辅助模型进行分析(图 3)。

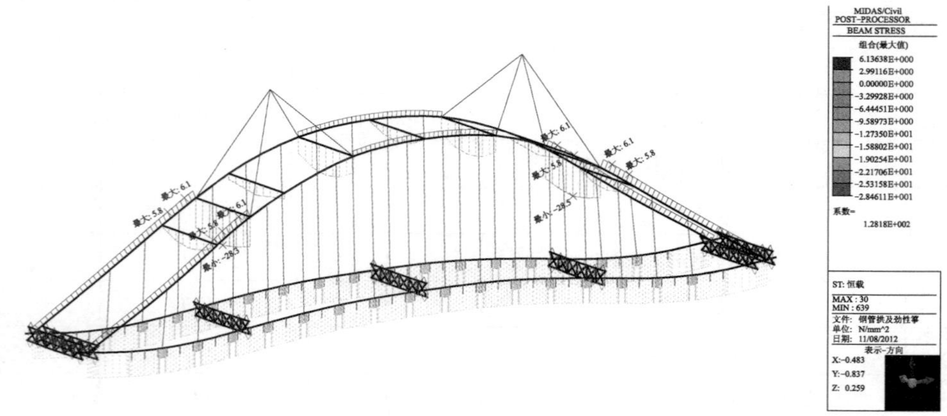

图 3　钢管拱和劲性骨架分析模型

将钢管拱简化为一般的平面杆系进行力学分析不能真实反映其受力状态,故分析时采用结构力学求解器软件按钢管拱实际尺寸建立辅助模型进行分析(图 4)。

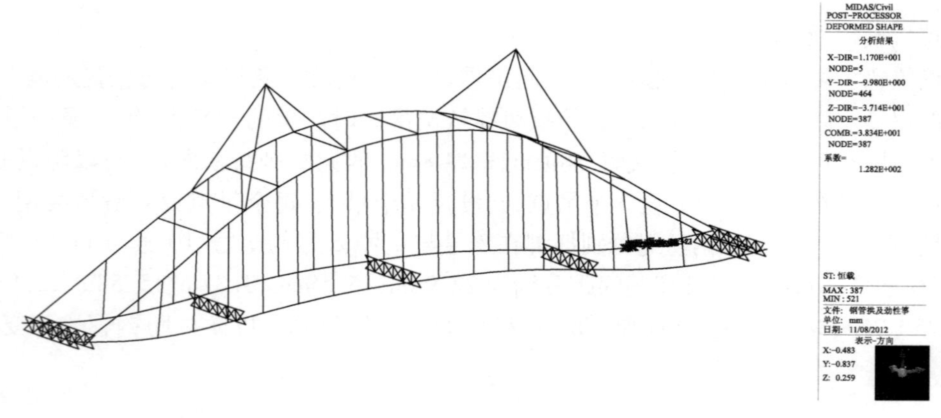

图 4　钢管拱足尺模型

①吊装时最大弯矩(为吊点处临时增加的横梁):28.5MPa,满足施工要求;

②在吊装过程中,构件的最大变形为 38.7mm,满足要求;

③钢丝绳最大拉力为:991.2kN 每个吊点处设置四股钢丝绳,则单股钢丝绳承受的拉力为 247.8kN。吊装采用的钢丝绳为 6×37、直径 56mm,钢丝强度极限为 1700MPa。

查表得该型号钢丝绳 $F_g = 2000kN$,取不均衡系数 $\alpha = 0.82$,取安全系数 $K = 6$,则钢丝绳的容许拉力:$[S] = \alpha \cdot P_g / K = 2000 \times 0.82/6 = 273kN > S = 247.8kN$,满足要求。

4　钢管拱及劲性骨架试吊

为了保证钢管拱及劲性骨架吊装顺利,并检验各种技术参数是否符合要求,在安装前进行了试吊。试吊主要对吊装设备和钢管拱进行下列检查:

(1)检查浮吊吃水深度和航道水深是否满足要求,保证安装过程中浮吊能够顺利前移和转动。

(2)检查吊装钢丝绳是否满足要求,如不符合要求应对钢丝绳进行调整。

(3)检查钢管拱轴线是否发生变形,吊装点处钢管拱是否发生变形。如发生变形需对钢管拱吊点进行加固。

经过施工前认真准备,以上要求施工中均能满足要求。

5 钢管拱及劲性骨架吊装

1)出坑、起吊

出坑施工时,先安排2艘浮吊船停泊在拼装场地河岸边,然后再指挥主桅杆吊臂角度在55°~65°范围内放下吊钩钢丝绳,并勾住钢构件上事先已捆绑好的吊装钢丝绳,再指挥2艘浮吊船同步、缓慢起吊钢构件。当构件起坑提升至距离临时支点约0.2m高时应停止提升,待构件静止后检查浮吊各部安全后再继续提升。

2)水上运输

钢构件由2艘浮吊引钩并悬于空中,通过浮吊船缓慢、匀速旋转或前行来实现构件的水上运输。浮吊船前进速度不超过5km/h,以免惯性过大导致浮吊船不利调控。且浮吊携悬于空中的构件缓慢转身稳定后,然后缓慢、匀速驶入安装孔位,并停泊在指定位置。

3)安装就位

浮吊船运梁至距桥位适当距离时,指挥浮吊船抛锚减速,停泊稳定后进行构件安装就位。具体安装就位方法如下:

(1)浮吊携悬于空中的构件略高于支座顶面后缓慢、匀速进入安装部位并横向停泊在待安装构件位置的侧面,然后指挥2艘浮吊吊臂角度均在60°~65°范围内对正安装构件位置后,先指挥一端300t浮吊船缓缓落梁就位,再指挥另一端500t浮吊船缓缓落梁就位,并焊接、支撑稳定后,松开钢丝绳,解除挂钩。

(2)待构件落梁就位稳定后立即将支座和临时钢支撑进行焊接,再将4个方向的风缆绳全部安装就位,并用手拉葫芦收紧风缆绳后方可松开吊钩,浮吊船返回,从而完成钢构件的安装(图5)。

图5 金塔大桥钢管拱及劲性骨架整体吊装

6 测量控制

在主桥布置4个控制点,形成一个小四角的导线网,该网与原有导线网闭合,能够满足控制吊装要求。吊装过程中控制拱脚处边线,以确保吊装位置与设计吻合。另在拱顶沿拱轴线1/8、1/4、1/2、3/4、7/8跨径布置小棱镜作为观测点;安装时用全站仪对小棱镜进行观测,并进行钢管拱轴线和高程的监测。

7 施工总结

随着钢管拱桥理论和施工工艺的日渐成熟,使得该桥型运用较为广泛。同时水上吊装设备起重能力的提高，为在内河实施钢管拱及劲性骨架的整体吊装提供了有力的保障。通过本工程的实施，整体吊装与分段吊装对比，具有以下优点：

（1）将水上拼装转化为陆地拼装，提高了工程质量，减少了高空作业次数和安全风险。

（2）整体吊装不需要设置水上作业平台和中间多个临时支点，减少了浮吊的作业周次数，缩短了工期、节约了施工成本等。

（3）整体吊装降低了桥梁轴线和高程控制难度。

（4）可以充分利用钢管拱和劲性骨架的刚度，在系杆混凝土浇筑时进行吊模施工，减少了施工成本。

安全监理工作中的事前控制与施工过程控制

孟广友[1]　何广军[2]　唐　亮[1]

（1.江苏润通交通工程监理咨询有限公司;2.常州航道管理处）

摘　要　为了方便监理人员和施工安全管理人员开展安全工作，本文依据相关安全法律、法规和工程建设强制性标准，结合安全监理工作中的经验，以图示形式对安全监理工作的事前控制与施工过程控制的内容作归纳和总结，详细说明了事前控制与施工过程控制的具体方法和措施。

关键词　安全监理　事前控制　施工过程控制

1　引言

《建筑工程安全生产管理条例》《公路水运工程安全生产监督管理办法》对监理的安全责任作了明确，规定了监理单位和监理工程师应当按照法律、法规和工程建设强制性标准进行监理的义务，并进一步明确了安全监理的主要工作内容（审查施工组织设计中的安全技术措施或者专项施工方案，编制安全生产监理计划，明确监理人员的岗位职责、监理内容和方法等，对危险性较大的工程作业加强巡视检查，填报安全监理日志和监理月报）和发现安全问题的处理方法（发现存在安全事故隐患的，应当要求施工单位整改；情况严重的，应当要求施工单位暂时停止施工，并及时报告建设单位。施工单位拒不整改或者不停止施工的，工程监理单位应当及时向有关主管部门报告）。《条例》和《办法》的监理工作内容和发现安全问题的处理方法就是概括了安全监理工作的事前控制和施工过程控制的内容和方法。本文依据相关法律、法规和工程建设强制性标准，结合安全监理工作中的经验，对安全监理工作的事前控制与施工过程控制的内容进行归纳和总结，详细说明事前控制与施工过程控制的具体方法和措施。

2　安全监理工作事前控制

安全监理工作的事前控制是指驻地监理机构通过采取安全监理工作准备、审查施工单位有关安全方面的报审文件、施工作业前的安全检查等措施，实现施工前的安全控制，是监理安全工作充分贯彻"预防为主"方针的重要体现。

2.1　安全监理工作准备

安全监理工作准备是安全监理工作的基础，其核心内容是建立安全监理组织网络。依据合同文件、设计文件、施工环境特点、法律、法规和工程建设强制性标准等，编制安全监理方案、专项安全监理实施细则，指导安全监理工作的开展，明确安全监理的依据、内容、程序和方法及各级监理岗位安全职责、工程安全监理管理的制度、用表、记录等，为安全监理工作的开展做好准备。

2.2　开工前有关安全监理的审查审核工作

开工前有关安全监理的审查审核工作，是安全监理工作的核心内容之一，是监理对施工单位所进行的施工安全准备工作的监督和管理的重要手段和方法，审查审核的结果，是判断能否开工的依据。

2.3　安全监理的事前检查

安全监理的事前检查是监理对施工单位在进行某项施工作业前，所进行的施工安全准备工作情况的检查，是开工前有关安全监理的审查审核工作的延续。检查的主要依据是已经监理审查审核批准了的施工安全准备工作文件，检查的主要内容是这些安全准备文件的执行情况，检查的结果是判断能否进行该项施工或作业的依据。

安全监理工作准备、开工前有关安全监理的审查审核、安全监理的事前检查，构成了安全监理工作事前控制体系，详见图1。

- 安全监理工作事前控制的内容
  - 安全监理工作准备
    - 熟悉合同文件、设计文件，调查和熟悉施工周边环境
    - 参加设计交底，了解设计对结构安全的技术要求和施工过程的安全注意事项
    - 收集工程相关的法律、法规和工程建设强制性标准，进行监理进场教育和培训
    - 编制安全监理方案、专项安全监理实施细则
    - 建立和完善安全监理组织网络，确定安全监理管理工作内容，制订安全监理责任制及各级监理岗位安全职责
    - 制定安全监理程序、记录方法和表格，进行安全监理交底
  - 安全监理审查审核
    - 审查施工、分包单位安全生产资质
    - 审查安全管理人员配置及其安全资格证书
    - 审查施工单位安全管理体系
    - 审核施工单位进场机械设备、设施及特种作业人员
    - 审查施工现场平面布置
    - 审查施工组织设计中的安全技术措施
    - 审查专项安全施工方案、临时用电方案
    - 审查事故应急救援预案
    - 审批安全经费使用计划
    - 审查开工条件
  - 安全监理事前检查
    - 施工和管理人员上岗前是否进行了安全教育培训
    - 分项工程开工前是否进行了安全技术交底，专项方案是否已经批准
    - 作业前的环境条件是否安全，防护措施是否落实
    - 危险性大的分部分项工程或工序施工前，安全旁站人员是否已经到位
    - 危险性大的分部分项工程开工前的有关应急救援预案是否经过了演练和完善
    - 机械设备使用前是否处于完好状态，是否建立了设备档案和相应的安全操作规程；安全设施使用前，是否经过检查或检验合格

图1　安全监理工作事前控制的内容

3 安全监理工作施工过程控制

安全监理工作施工过程控制的主要方法是进行监理督促和检查。监理在施工过程的督促和检查中,发现安全隐患,必须立即采取书面通知、指示指令等要求施工单位限时整改或暂停施工,并对整改过程和情况进行检查。安全监理对施工过程的督促和检查,实际上就是按照法律法规和工程建设强制性标准、经审查批准的施工组织设计中的安全技术措施、安全专项施工方案等的落实及其执行情况的检查。其主要内容包括:督促和检查安全技术措施的实施、危险性较大工程作业情况巡视检查、核查现场机械和设施、检查现场安全防护设施、督促自检并进行抽查及组织或参与专项检查五大项内容,详见图2。

3.1 督促和检查安全技术措施的实施

施工安全技术措施是保证施工安全的基础,监理必须对施工单位的安全生产责任制落实、安全管理机构的建立及人员配备、总包单位对分包单位安全生产的管理、三类人员及特种作业人员的资格、安全生产教育培训制度落实、应急救援人员和物资及器材的配备、施工安全技术交底等情况进行检查,督促施工单位按规定和要求落实措施。

3.2 巡视检查危险性较大的工程作业

危险性较大的工程作业是施工安全控制的重点,必要时,施工单位应采取安全旁站监督控制的措施,监理需加强巡视检查控制。对环境条件、作业人员、作业用具及机械设备、作业方法等不符合规定和安全措施不到位的施工,必须采取制止违规作业、部分暂停或全部暂停(包括人员、机械设备、时间段、工程部位、作业方法)施工的措施。图2中,对18项危险性较大的作业列出了检查控制的具体内容,安全监理和施工管理人员必须针对具体作业逐条进行检查和现场控制。

3.3 核查现场机械和设施

监理应对施工机械及机具的采购和租赁、起重机械和设施的现场安装与拆卸、起重机械和设施的检测与验收、施工机械使用等情况,依据有关规定和有关施工单位报审批准文件进行现场核查,对不符合规定和未经批准的机械和设施要求施工单位停止使用。

3.4 检查现场安全防护设施

监理应检查施工现场安全防护用品的提供及使用情况;检查施工单位在施工现场出入口或沿线各交叉口、施工起重机械、拌和场、临时用电设施、爆破物及有害气体和液体存放处以及孔洞口、隧道口、基坑边沿、脚手架、码头边沿、桥梁边沿等危险部位是否设置明显的安全警示标志或者必要的安全防护设施;检查高处作业、临边作业、洞口作业、攀登作业、悬空作业、移动式操作平台、交叉作业、特殊季节和气候条件施工等防护措施是否按照经批准的专项施工方案执行;检查临时用电的电力线路、电气设备接地设置是否符合安全规定,电缆线路是否采用埋地或架空敷设,管线间距是否符合安全要求,防护套管、接线盒安装等是否符合安全要求,埋地电缆是否设置标志,配电箱及开关箱设置是否按照经批准的专项施工方案执行;核查安全施工措施费用的投入及使用情况等。发现问题及时按监理程序处理。

3.5 督促施工单位安全自检、进行抽查及组织或参与安全生产专项检查

安全自检、进行安全监理抽查、专项检查是消除隐患、防止事故的重要手段,是安全控制工作的一项重要内容。监理不但要督促施工单位开展日常性检查、专业性检查、季节性检查、节假日前后的检查和不定期检查等,还需对施工单位自查情况进行抽查,组织或参与安全生产专项检查。抽查或专项检查后编制安全检查报告,对施工单位自检情况进行综合评价。

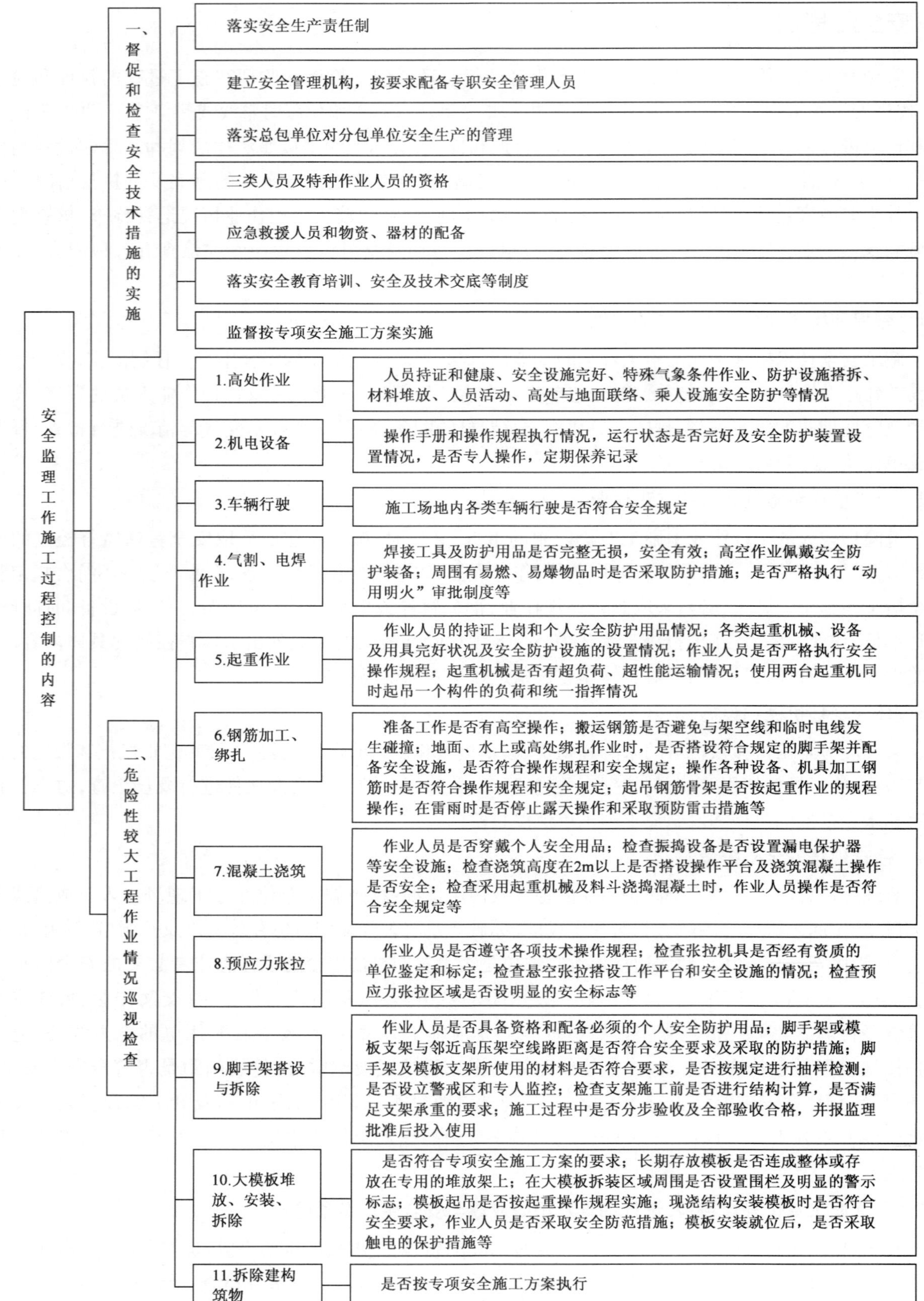
安全监理工作施工过程控制的内容
一、督促和检查安全技术措施的实施
落实安全生产责任制
建立安全管理机构，按要求配备专职安全管理人员
落实总包单位对分包单位安全生产的管理
三类人员及特种作业人员的资格
应急救援人员和物资、器材的配备
落实安全教育培训、安全及技术交底等制度
监督按专项安全施工方案实施
二、危险性较大工程作业情况巡视检查
1.高处作业
人员持证和健康、安全设施完好、特殊气象条件作业、防护设施搭拆、材料堆放、人员活动、高处与地面联络、乘人设施安全防护等情况
2.机电设备
操作手册和操作规程执行情况，运行状态是否完好及安全防护装置设置情况，是否专人操作，定期保养记录
3.车辆行驶
施工场地内各类车辆行驶是否符合安全规定
4.气割、电焊作业
焊接工具及防护用品是否完整无损，安全有效；高空作业佩戴安全防护装备；周围有易燃、易爆物品时是否采取防护措施；是否严格执行“动用明火”审批制度等
5.起重作业
作业人员的持证上岗和个人安全防护用品情况；各类起重机械、设备及用具完好状况及安全防护设施的设置情况；作业人员是否严格执行安全操作规程；起重机械是否有超负荷、超性能运输情况；使用两台起重机同时起吊一个构件的负荷和统一指挥情况
6.钢筋加工、绑扎
准备工作是否有高空操作；搬运钢筋是否避免与架空线和临时电线发生碰撞；地面、水上或高处绑扎作业时，是否搭设符合规定的脚手架并配备安全设施，是否符合操作规程和安全规定；操作各种设备、机具加工钢筋时是否符合操作规程和安全规定；起吊钢筋骨架是否按起重作业的规程操作；在雷雨时是否停止露天操作和采取预防雷击措施等
7.混凝土浇筑
作业人员是否穿戴个人安全用品；检查振捣设备是否设置漏电保护器等安全设施；检查浇筑高度在2m以上是否搭设操作平台及浇筑混凝土操作是否安全；检查采用起重机械及料斗浇捣混凝土时，作业人员操作是否符合安全规定等
8.预应力张拉
作业人员是否遵守各项技术操作规程；检查张拉机具是否经有资质的单位鉴定和标定；检查悬空张拉搭设工作平台和安全设施的情况；检查预应力张拉区域是否设明显的安全标志等
9.脚手架搭设与拆除
作业人员是否具备资格和配备必须的个人安全防护用品；脚手架或模板支架与邻近高压架空线路距离是否符合安全要求及采取的防护措施；脚手架及模板支架所使用的材料是否符合要求，是否按规定进行抽样检测；是否设立警戒区和专人监控；检查支架施工前是否进行结构计算，是否满足支架承重的要求；施工过程中是否分步验收及全部验收合格，并报监理批准后投入使用
10.大模板堆放、安装、拆除
是否符合专项安全施工方案的要求；长期存放模板是否连成整体或存放在专用的堆放架上；在大模板拆装区域周围是否设置围栏及明显的警示标志；模板起吊是否按起重操作规程实施；现浇结构安装模板时是否符合安全要求，作业人员是否采取安全防范措施；模板安装就位后，是否采取触电的保护措施等
11.拆除建构筑物
是否按专项安全施工方案执行

图 2

- 安全监理工作施工过程控制的内容
  - 二、危险性较大工程作业情况巡视检查
    - 12.电气安装、维修：是否符合安全规定，如高、低压作业人员的持证上岗和个人安全防护用品情况；在低压电气设备和线路上检修是否停电作业；在带电线路上作业是否采取安全保障措施；所有移动用电设备是否设有专用电开关保护
    - 13.电气安装、维修：是否符合安全规定，如高、低压作业人员的持证上岗和个人安全防护用品情况；在低压电气设备和线路上检修是否停电作业；在带电线路上作业是否采取安全保障措施；所有移动用电设备是否设有专用电开关保护
    - 14.船舶作业：锚泊时，是否远离大型作业船舶与通航航道；是否在事先选定的无水下障碍处锚泊；是否昼夜安排人员值班，及时发现紧急情况并采取应急措施等；首锚和锚缆是否满足要求；主机故障船舶的锚泊点是否符合要求。航行及作业时，是否符合水上作业安全的有关规定；是否按规定悬挂信号和警示信号灯；是否存在与其他单位交叉作业情况
    - 15.潜水作业：是否认真遵守潜水作业安全操作规程；潜水员资格和工作范围是否合法、有效。水况及天气状况是否适宜潜水作业；班组人员组成是否符合规定；潜水员与水面上的通讯联络员是否保持畅通和通话；是否按规定设置备用供气源并与原气源连接；夜间进行潜水作业时，作业船上是否配有足够的照明灯具
    - 16.水下焊接：是否符合安全施工方案、水下焊接操作规程、潜水作业的要求和规定
    - 17.水上起重作业：是否遵守一般起重作业安全操作要求，是否遵守水上起重作业安全操作要求。根据吊物的性质、重量等确定下锚位置、起吊方法。作业前检查吊钩、滑轮、卸扣、链条、转环、螺栓、插销等零件应良好，起重钢丝绳的两端应牢固。当风力大于6级时，应停止起重作业。起吊前应查看和计算船体吃水是否满足要求。检查吊重物移船时，各绞车作业人员是否统一服从指挥信号，避免突然停止或突然启动，使重物在空中摇摆；当两艘起重船共同吊一个物件时，两船应互相联系，并明确一个指挥人员进行指挥，保持物件吊起同一高度，并保持同步作业。检查夜间起重作业是否配备不妨碍指挥人员的视线足够的照明；检查起重船与其他船配合工作时，双方船长是否密切互相联系等
    - 18.各类施工机械作业：作业人员是否持证上岗，是否严格遵守安全操作规程，特定施工条件下的施工机械设备的安全作业情况
  - 三、核查现场机械和设施
    - 1.施工机械、机具：是否经过验收批准、维修保养情况、完好状况、是否专人管理、档案情况
    - 2.起重机械和设施的现场安装、拆卸、使用：在施工现场安装、拆卸施工起重机械和整体提升式脚手架、滑模爬摸、架桥机等自行式架设设施，是否由具有相应资质的单位承担，是否按拆装方案进行、有无专业技术人员现场监督；安装完毕后是否自检并出具自检合格证明，有无向施工单位进行安全使用说明，是否办理验收手续并签字，是否向交通主管部门备案登记；位置和线路设置是否符合施工总平面布置图的规定；机械操作人员是否建立了机组责任制，并依照有关规定持证上岗
  - 四、检查现场安全防护设施
    - 1.安全防护用品：安全防护用品的提供及使用是否符合有关规定
    - 2.安全标志标牌：施工现场出入口或沿线各交叉口、施工起重机械、拌和场、临时用电设施、爆破物及有害危险气体和液体存放处以及孔洞口、隧道口、基坑边沿、脚手架、码头边沿、桥梁边沿等危险部位是否设置明显的安全警示标志或者必要的安全防护设施
    - 3.安全防护设施：高处作业、临边作业、洞口作业、攀登作业、悬空作业、移动式操作平台、交叉作业、特殊季节和气候条件施工等防护措施是否按照经批准的专项施工方案执行
    - 4.临时用电防护：电力线路、电气设备接地设置是否符合安全规定；电缆线路是否采用埋地或架空敷设，与其他管线间距是否符合安全要求，防护套管、接线盒安装等是否符合安全要求，埋地电缆是否设置标志等；配电箱及开关箱设置是否按照经批准的专项施工方案执行
    - 5. 安全施工措施费用的使用：核查安全作业环境及安全施工措施所需费用是否用于施工安全防护用具及设施的采购和更新、安全施工措施的落实、安全生产条件的改善，是否挪作他用

图 2

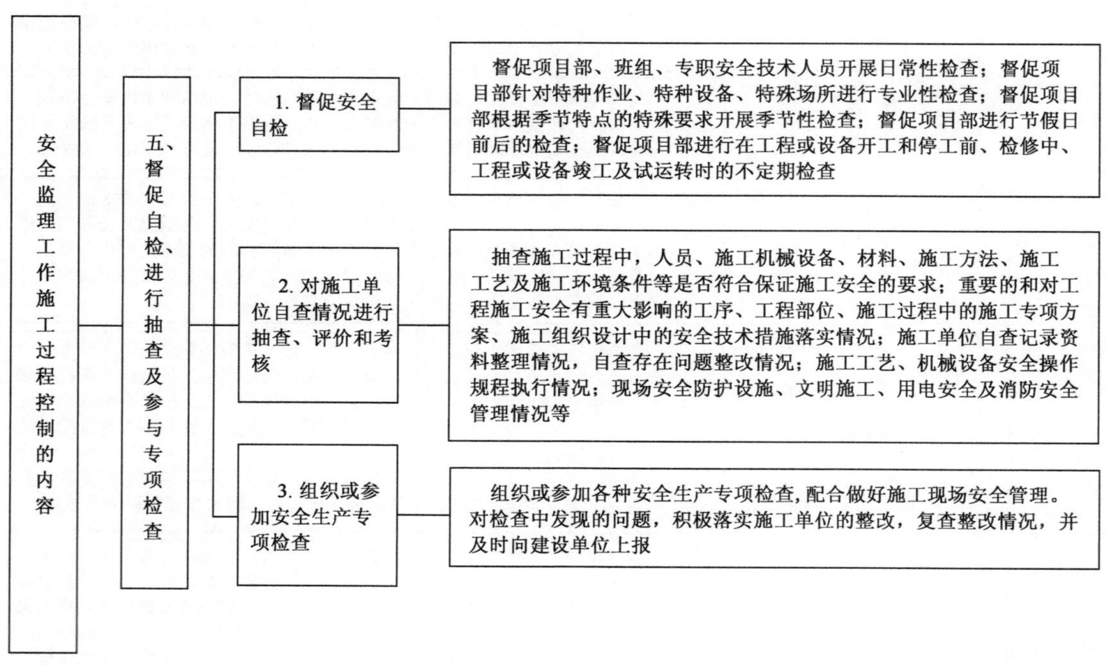

图2　安全监理工作施工过程控制的内容

参 考 文 献

[1] 交通部基本建设质量监督总站，中国交通建设监理协会. 交通建设工程安全监理[M]. 北京：人民交通出版社，2010.

船闸工程中大体积泵送混凝土的配制

汪德忠

（江苏润通交通工程监理咨询公司）

摘　要　丹金船闸位于金坛市境内桩号 K20 + 208 ~ K25 + 297 范围，船闸有效尺度 180m × 23m × 4m（闸室有效长度 × 净宽 × 槛上水深）。船闸闸室采用 C30 钢筋混凝土整体式结构，沿长度方向设沉降—伸缩缝，间距布置为 20mm + 2 ×（14970 + 20）mm + 10 ×（14980 + 20）mm。闸室墙口宽为 23.2m，净宽 23m，迎水面布置 10cm 厚钢护木。闸室底板厚 2.3m、顶宽 2.3m。闸墙两侧设钢护木、爬梯、固定式系船柱级系船钩，结构段沉降—伸缩缝设置紫铜止水。闸室底板设置施工宽缝，底板沿纵向分三块进行浇筑，闸室底板采用 C30 大体积泵送混凝土。

关键词　大体积混凝土　强度　坍落度　和易性

随着国家航道网不断升级，大体积混凝土在新建船闸中得到广泛的运用。为满足丹金船闸闸室底板的施工要求，达到经济合理、外形美观的工程效果，利用本地区的原材料进行大体积泵送混凝土配制，取得了较好的应用效果。

1　船闸底板 C30 混凝土的技术要求和原材料选择

新浇筑 C30 混凝土要求具有良好的可泵性，较小的泌水率，坍落度在 130 ~ 190mm，坍落度经时损失小（控制在 20mm/h）；由于钢筋较密，要求混凝土具有较好的流动性，便于密实；还要求混凝土具有良好的保水性和黏聚性，避免泌水离析而使混凝土不均匀。考虑到在保证混凝土性能要求的前提下，为减少胶凝材料中的水泥用量，提高矿物掺和料掺量，矿物掺和料（粉煤灰）掺量应符合《水运工程混凝土施工规范》（JTS 202—2011），本配比粉煤灰掺量定为 20%。

为保证混凝土性能满足上述要求，又能取得较好的经济效益，需认真筛选混凝土原材料，其中外加剂和粗集料的性能是关键。外加剂应具有 25% 以上的减水率，同时具有缓凝、保塑和早强作用。粗集料除其本身特征强度和含泥量符合规范要求外，其级配是配制高性能混凝土的重要因素。

1.1　水泥

考虑到大体积泵送混凝土的特点，选用质量稳定、早期强度较高、活性较好的金坛盘固 42.5 普通硅酸盐水泥。该水泥的密度为 3.10g/cm^3，比表面积为 370m^2/kg，3d 抗折和抗压强度分别达到 5.6MPa 和 28MPa，28d 抗折和抗压强度分别达到 9.4MPa 和 53.5MPa。

1.2　细集料

为了减少大体积高性能混凝土的单位用水量，有利于新拌混凝土的和易性及混凝土硬化后的性能，细集料选有级配良好的江西赣江河砂，细度模数在 2.4 ~ 2.9 之间，含泥量 < 3%，0.315mm 筛孔的颗粒含量不小于 1%，筛分曲线符合Ⅱ区中砂。

1.3　粗集料

大体积泵送混凝土，粗集料最大公称粒径和孔隙率的选择是关键之一，因此粗集料易选用级配良好的碎石。通过试验筛选，选用了金坛薛埠石灰岩碎石，为 5 ~ 31.5mm 连续级配（5 ~ 16mm∶16 ~ 31.5mm∶20 ~ 40mm = 40%∶40%∶20%），总含泥量≤0.7%，泥块含量≤0.2%，压碎值指标≤16%，针片状颗粒含量≤25%。

1.4 水

混凝土采用地下水拌制，pH 值、不溶物、氧化物、硫酸盐等指标均符合《水运工程混凝土施工规范》(JTS 202—2011)的要求。

1.5 外加剂

为限制裂缝，大体积泵送混凝土的水灰比较小，用水量少，流动性好。为方便施工，还要求混凝土坍落度经时损失较小，无泌水，这主要靠高效缓凝减水剂来调节。为满足 C30 混凝土的上述技术要求，外加剂应具有 25% 以上的减水率，同时具有缓凝、保塑和早强作用。外加剂中的缓凝成分是用来调整坍落度的经时损失和初凝时间，弥补因高效减水成分引起的坍落度损失过快和初凝时间过早的缺点。为了达到上述要求，选有了南京苏博特 PCA 型、镇江百瑞吉 JM-3、镇江万邦 JM-PCA 型 3 种高效减水剂来进行试拌，主要从新拌混凝土的和易性、坍落度经时损失、硬化后混凝土性能等几个方面考虑，经比较后选用南京苏博特 PCA 型缓凝高效减水剂。

2 混凝土试配和结果分析

2.1 配合比

大体积泵送混凝土的设计比较困难，它受多种因素的影响，需要进行多次试配，来获得最佳配合比，以满足设计和施工的要求。根据《水运工程混凝土施工规范》(JTS 202—2011)的规定，混凝土最大水灰比不大于 0.60(取 0.43)，粉煤灰掺量不大于 20%(取 20%)，砂率 40%。配制时采用绝对体积法进行配合比设计。C30 大体积泵送混凝土的配制强度 37.4MPa，出料坍落度控制在 130～190mm。

2.2 试配

为选用更好、更合理的外加剂，获得更经济合理的混凝土配合比，施工前利用 3 个厂家、3 个品种的外加剂，对 3 个配合比进行比较试验。外加剂品种及各参数见表 1。

试配参数　　表1

序号	外加剂品种	掺量(%)	水灰比	原材料用量(kg/m^3)					
				水	水泥	粉煤灰	河沙	碎石	外加剂
A	PCA	1.2	0.43	145	270	67	748	1114	4.044
B	JM-PCA	1.1	0.43	145	270	67	748	1114	3.70
C	JM3	1.0	0.43	145	270	67	748	1114	3.37

2.3 试配结果分析

外加剂的掺量与性能是影响配合比的主要因素，其次是水灰比和单位用水量，最后是砂率。在试配过程中，通过固定水泥、砂、石等原材料的方法，对外加剂的早强、减水率、保塑及缓凝等一系列性能向厂家提出更高要求，并据此来选择高性能的外加剂，以配制高性能混凝土。试配结果见表 2。

试配结果　　表2

序号	坍落度(mm)		和易性	强度(MPa)(28d)
	$t=0$	$t=30$min		
A	150	140	良好，无泌水	42.2
B	160	140	不佳，有泌水离析现象	40.2
C	140	120	一般，流动性不佳	45.2

经过试验的筛选，南京苏博特 PCA 型外加剂的配合比满足了设计、施工的要求，达到经济合理的目的，初步决定采用其作为混凝土的外加剂及配合比。

2.4 验证试验与结果

为了验证 A 配合比所用的南京苏博特 PCA 型外加剂在混凝土配合比中的重要性、稳定性以及该配合比的适用性，决定对其进行验证试验，为此抽取了 5 批次的该外加剂进行 5 次重复性验证试验。重复

性验证试验结果表明，外加剂的选用和配合比的设计达到了预期的要求，并且比较经济，能满足设计、施工规范和现场施工的各方面要求。

3 施工应用

3.1 现场试拌

为了确保C30混凝土的正常生产和施工，按配合比对C30混凝土进行了现场试拌。由于混凝土水灰比小，并且掺入了高效缓凝减水剂，搅拌要充分，以保证混凝土的质量，且混凝土搅拌时间不得少于90s。试拌时测得初始气温22℃，坍落度为160mm，30min为150mm，初凝时间为300min，终凝时间为500min。现场试拌的混凝土强度满足了要求。

为了优化混凝土配合比的稳定性及其适用性，对其进行了5次重复性验证试验和一次现场试拌。配合比的优化达到了预期目的，不但比较经济，而且强度同步增长，完全满足了设计、施工规范和现场施工的各方面要求。

3.2 现场应用

根据优化后的C30混凝土配合比进行现场施工，浇筑了3块闸室底板，混凝土的施工性能均满足浇筑技术要求。现闸室底板已浇筑完毕，C30混凝土共取样30组，各项性能均满足设计要求，获得预期效果。

4 结语

现在丹金船闸闸室主体已交工验收，通过C30大体积泵送混凝土的试配与运用，得出以下施工体会：

(1)配制大体积泵送混凝土应掺用减水率大于25%的高效减水剂，并应考虑高效缓凝减水剂与水泥的相容性及掺量，以保证混凝土坍落度的经时损失小。

(2)通过优选外加剂有利于缓解温升，起到温控作用；通过采用低水化热的粉煤灰，有利于限制大体积混凝土由于温度应力引起的裂缝。由于采用了小的用水量和低的水灰比有利于限制裂缝；由于采用缓凝剂延迟了混凝土的凝结时间，对大体积混凝土施工操作和温度控制有利。

(3)选用质量可靠、稳定的高效减水剂，可以优化混凝土配合比，达到经济实用的目的。

(4)严格控制好原材料是保证大体积泵送混凝土正常生产和质量稳定的必要手段。

(5)为保证混凝土的可泵性，除了合理选用外加剂和砂率外，对现场新拌混凝土坍落度应增加抽检频率，正常生产后，至少每隔1h检测一次。

(6)对设计要求的耐久性(抗冻、抗渗)指标，正常生产后要按《水运工程混凝土质量控制标准》(JTJ 269—1996)的要求检测。

参考文献

[1] 中华人民共和国行业标准. JTS 202—2011 水运工程混凝土施工规范[S]. 北京：人民交通出版社，2011.
[2] 中华人民共和国行业标准. JTJ 269—1996 水运工程混凝土质量控制标准[S]. 北京：人民交通出版社，1996.

防止航道疏浚工程施工水下土方乱弃现象的监理控制

孟广友　李俊松

（江苏润通交通工程监理咨询有限公司）

摘　要　本文针对航道疏浚工程施工水下土方乱弃和管理困难的实际情况，提出了较严密的控制要求和措施，供管理人员参考。

关键词　航道疏浚　施工控制

1　控制目标

确保疏浚土方运到确定的弃土区，杜绝未到达确定区域便实施弃土现象的发生。

2　控制思路

以明确的疏浚施工控制要求，在总监办的督促下，通过项目部和总监办严格的措施管理，实现疏浚土方运到确定的弃土区弃土的控制目标。

3　控制要求

3.1　控制机构及人员

项目部和总监办的所有管理和监理人员都必须对乱弃疏浚土方的现象进行管理，形成齐抓共管的控制机制。项目部必须设置专职疏浚管理人员，弃土区必须有专人进行管理。

3.2　弃土区

弃土区必须经地方政府和相关部门批准，并经监理检查批准后报指挥部备案。弃土区必须有专人进行检查和维护管理，其检查维护情况必须记录。必须保存好弃土区使用前后的影像资料，必须保证监理能较准确地测得弃土区的弃土量。弃土区必须限定土的来源。

（1）所有弃土区必须经地方政府和涉及弃土有影响的相关部门（如土管、航管、环保等）批准。将批准手续、弃土区范围及其埂、坝、堤、堰等防流设施自检情况资料报总监办审查和现场踏勘验收。

（2）项目部及监理测量工程师必须在所有弃土区外围共同设置高程控制桩，制订严格的保护措施加以保护，并对使用弃土区的班组、管理员、机械作业人员及弃土船舶相关人员作交底。在弃土前，对弃土区的长、宽及原地面相对高程进行测量记录，并从多角度拍摄影像存档。

（3）项目部需检查施工班组对高程控制桩及埂、坝、堤、堰等防流设施的保护情况（施工班组每天检查不少于两次，项目部每周检查不少2次，雨季加大检查频率），发现问题及时向总监办报告。

（4）弃土结束或因特殊情况中途需停用弃土区，项目部必须与监理共同测量弃土量，并拍摄影像。

（5）严禁不属于本弃土区的船舶及其他运输机具向该弃土区弃土。

（6）若弃土区周围无特征性固定标志供弃土船作拍摄影像的背景，必须设置固定标志，并经监理验收其是否具备固定标志特征性。

3.3　水下土方

开工前和竣工后依河槽水下断面图计算的土方计算差应等于该标段所有弃土区弃土量之和。

经项目办和项目部共同确认的开工前的河槽水下断面图与交工验收合格提交的竣工断面图的土方

计算差为水下实际总土方量。该标段水下实际总土方量应当等于该标段所有弃土区弃土量。

3.4 船舶

挖泥船、运泥船必须性能良好，证照齐全，并实行登记建册管理。

(1)项目部必须对进入施工区的所有挖泥船、运泥船在其施工作业前进行船型、性能状况、配备的救生设备和显示号灯情况、船舶有效证件以及船舶操作人员是否具有与岗位相适应的适任证书等进行检查，将检查结果及相关证明资料及时报监理审查。

(2)严禁使用开底船舶。

(3)项目部必须对所有挖泥船、运泥船进行编号，实行登记建册管理。挖泥船和运泥船及弃土区必须建立对应关系，调配或调整关系时，必须登记台账，且由项目部管理人员向挖泥人和弃土区管理员开出“船舶及弃土区调整通知单”。

3.5 挖泥及装船作业

严禁边挖边弃，严禁向开底船装船。运泥人员必须用影像资料证明装船作业的时间和地点。

(1)挖泥作业时，严禁就近向深水区抛弃土。

(2)不得向非指定运泥船装船，严禁向开底船装船。

(3)装船完成时，挖泥人员必须登记“挖泥船装船台账”。运泥人员必须用影像资料证明该船土是在这条挖泥船上装船的，并是在影像拍摄不久从该位置开始运出的(即挖泥船、运泥船、地点背景、拍摄时间在该影像资料上同时反映)。

3.6 运土

(1)不得在装运至指定的弃土区途中弃土。

(2)在装运至指定的弃土区途中，船舶发生故障、事故或其他特殊情况而不能在正常时间到达指定的弃土区时，装运人必须向项目部专职疏浚管理人员及时报告，专职疏浚管理人员必须登记台账。

3.7 弃土

严格实施定点到位弃土。运泥人员必须用影像资料证明该船土是在指定的弃土区完成了弃土。

(1)运土船必须严格按照所规定的弃土区进行弃土，杜绝未到达指定区域便实施弃土的现象发生。严格实施定点到位弃土。

(2)运土人员必须用影像资料证明运泥船舶到达指定的弃土区的时间、弃土结束时间和该船土是否弃在指定的弃土区(即要拍摄到达、弃土、结束三个过程都带有该弃土区特征性固定标志背景和本弃土船的影像)。

(3)弃土区管理员必须对每船来土登记“来船弃土登记台账”。

3.8 测量

(1)项目部必须加强对弃土区测量控制桩的严密保护。

(2)项目部必须与监理共同对每一弃土区的原地面、弃土最终结束或因特殊情况中途需停用时的相对高程进行测量并计算土方量。每月底定期测量在用弃土区的土方量。

(3)对利用控制桩弄虚作假或故意破坏控制桩、防流设施使得土方测量无法进行的，测量监理有权否定无法追溯的土方量。

3.9 统计和核查

每天核查装船船数和对应弃土区弃土船数是否相等且与台账吻合，当发现弃土区弃土船数少于对应挖泥船装船船数时，必须立即向项目部负责人和总监报告。

(1)每天统计每条挖泥船的装船船数、每个弃土区的弃土船数；每月统计每条挖泥船的装船船数、每个弃土区的弃土船数和每条运泥船的装船船数。每月的统计时限为弃土区的土方测量开始时。

(2)巡视检查及当天统计和月度统计时，必须核查运泥船是否是登记在册的船，装船台账中的船是否是属于该挖泥船装船的船，弃土区台账中的船是否是属于该弃土区应弃土的船。每天核查装船船数和对应弃土区弃土船数是否相等且与台账相符。当核查发现有问题时，必须追查原因，进一步核查摄像、船舶故障台账等其他资料，及时纠正违反控制规定要求的行为，并追究责任和进行处罚；当发现弃土区弃土船数少于对应挖泥船装船船数时，必须立即向项目部负责人和总监报告。每月核查装船船数和对应弃土区弃土船数是否相等且与弃土区测量的土方量相符，当发现弃土区弃土船数少于对应挖泥船装船船数或根据弃土船数计算的土方量与弃土区测量的土方量严重不符时，必须进一步核查其他资料以查明原因，并立即向项目部负责人和总监报告。

3.10 责任及处罚

项目部必须对上述所有要求逐条明确责任人和制订处罚措施。对有装船记录而该船对应弃土区无弃土记录的，以乱弃追究其责任，除经济处罚外，必须对其清场。需特别注意，当不按上述控制要求进行严格的管理时，必定导致无法证明水下土方没有乱弃和施工班组必定乱弃的结果，由此带来的指挥部及相关职能部门严厉的处罚和“监理控制措施”中有关监理拒绝计量或按最小的量计量等后果，由项目部承担。

4 监理控制措施

(1)由总监对测量、港航、计量专业监理工程师和现场监理、项目部主要管理人员及疏浚专职管理人员进行交底。测量、港航、计量专业监理工程师和现场监理督促并参加项目部对班组和疏浚管理人员的交底。

(2)要求项目部对每项控制要求制订措施并报总监审查。

(3)严格按各项监理控制要求，检查和督促项目部相关措施的落实。对违反控制要求和未按措施落实的行为予以制止和纠正；对不服从监理管理的，及时向指挥部报告，情节严重时下发暂停施工的监理指令并报告指挥部。

(4)每月督促和参加对挖运土总量、弃土区土方量进行台账资料、影像资料、现场实测的核对汇总。每月核实台账资料、影像资料的齐全性和真实性。

(5)监理有权拒绝台账资料、影像资料不全或被修改的计量。

(6)监理有权拒绝控制桩破坏和弃土区埂、坝、堤、堰等防流设施破坏而未恢复等原因使得无法进行土方量测量的计量。

(7)发现使用开底船、发现随意弃土的事件，在事件未处理结束前拒绝计量。

(8)监理有权按“挖泥船装船台账”资料中的有效装船船数计算的土方量、“来船弃土登记台账”中的有效弃土船数计算的土方量、弃土区现场实测的土方量的三个量中的最小量的计量。

(9)每月不少于2次在挖泥船和弃土区附近采用全天暗盯抽查方式对是否有开底船、是否登记台账、是否为在册装土船、装土与弃土船号和船数是否一致等。

(10)加强与海事、航管等部门的协调配合，共同打击乱弃现象。

5 资料管理

报审、记录、台账、影像等资料是计量、现场检查、事件处理的依据，涉及的相关人员必须高度重视资料的及时、完整、真实性。若违反及时、完整、真实的资料管理原则，将会导致无法确认工程量、不予计量支付、无法确定事件责任和加重事件处罚的严重后果。

(1)防止水下土方乱弃专项措施，需报总监审批，报指挥部备案。

(2)弃土区的批准手续，需报总监办、指挥部备案。

(3)在弃土区总图上标出使用前的位置和形状及其埂、坝、堤、堰等防流设施和高程控制桩设置位置、特征性固定标志等，报总监办、指挥部备案。

(4)弃土区高程控制桩测量记录报总监办备案。

(5)防流设施检查表经港航专业监理工程师验收签认后由项目部备案。

(6)高程控制桩及防流设施检查台账由弃土区管理人员检查时填写，现场保管，供班组长及其以上

管理人员检查。该表是处理弃土区出现意外情况的依据。

(7)总监办向相关监理和项目部的交底、项目部向施工班组及相关人员的交底,各自保存。

(8)弃土区范围及原地面相对高程测量记录表经测量专业监理工程师验收签认后由项目部、总监办分别备案。

(9)弃土区土方测量表经项目部、总监办共同测量签认,由项目部、总监办分别备案。

(10)疏浚船舶登记表及船舶和操作人员相关证照经报总监办、指挥部及其他行政管理部门备案。特殊情况增加或减少疏浚船舶必须及时将更新的疏浚船舶登记表及增加的船舶和操作人员相关证照报总监办。

(11)挖泥船与运泥船、弃土区对应关系表存放在现场挖泥船上,作为装船和备查的依据;报港航和测量专业监理工程师及现场监理备查,报总监办备案;变动关系时及时更新报送挖泥人及相关监理和总监办。

(12)挖土船和运土船及弃土区关系调配或调整登记台账由项目部及时登记。

(13)挖土船和运土船及弃土区调配、调整或新增加船舶时,船舶及弃土区调整通知单由项目部疏浚专职管理人员向挖泥人和弃土区管理员开出。

(14)不属于本弃土区的船舶及其他运输机具向该弃土区弃土的有关记录和影像资料及其处理情况及时报总监办备案。

(15)挖泥船装船台账由挖泥人登记,现场备查,定期送项目部存档。

(16)装泥船发生故障(或事故)登记表由疏浚专职管理员登记,备核查。

(17)来船弃土登记台账由弃土区管理员登记,现场备查,定期送项目部存档。

(18)影像资料:

①弃土区使用前的位置和形状及其埂、坝、堤、堰等防流设施和高程控制桩设置位置、特征性固定标志总照片和录像报总监办、指挥部备案。

②弃土区弃土最终结束影像资料报总监办、指挥部备案。

③装船影像资料由装泥人提供,必须同时反映挖土船、运土船、地点背景、拍摄时间,定期报项目部备案,供核查和计算土方量。

④弃土影像资料由装泥人提供,必须同时反映到达、弃土、结束三个都带有该弃土区特征性固定标志背景和本弃土船的影像,供核查和计算土方量。

⑤其他影像资料,主要是现场拍摄的证明外来装运工具在本疏浚范围内弃抛土、违反本控制要求等影像证明资料。

(19)监理巡视记录。

(20)开工前和竣工后的水下断面图。

(21)相关会议纪要。

(22)事件处理相关资料。

(23)其他资料。

内河航道整治工程长方凹槽格型薄壁式大面积驳岸贴面施工作业指导

孟秋平　孟广友

（江苏润通交通工程监理咨询有限公司）

摘　要　本文对航道工程长方凹槽型薄壁式大面积驳岸钢筋混凝土贴面施工提出了施工工艺说明、控制要点及注意事项，以此指导航道整治工程贴面施工；列出了贴面施工容易出现的质量缺陷（问题）及防治措施，供施工参考。

关键词　航道工程　贴面施工　作业指导

1　施工前的准备工作

（1）原材料。贴面所用水泥、碎石、黄沙必须保持品牌、规格、颜色不变，与标准配合比同，进场还必须及时向试验监理报验，试验监理必须存样以便各批料对样检查。原材料存放（含钢筋网片）必须符合有关规定。

（2）配合比。标准配合比必须经监理批准，施工配合比必须根据砂石材料实际含水率及时调整，必须严格控制好水灰比及坍落度和施工配合比。

（3）模板。采用凹槽条块图形贴面样式的模板，必须严格按照图纸规定的尺寸制作。由于贴面是每10m左右为一整块，而实际墙身可能是10m左右，所以模板制作必须考虑超过10m或不足10m情况时的拼装及凹槽条块形图的布置方法。模板制作（或改修）完成后必须进行整体试拼，以确保横条平直和先浇好的贴面凹槽与后浇的模板上凸条重合。模板必须经监理验收，试拼也必须由监理验收。模板的刚度必须满足不变形的要求；采用木模的，使用四次后必须经监理验收同意后才可再次使用。使用木模时，若因墙身尺寸需调整模板横条的必须注意横条平直，横条尺寸要考虑后套模板能覆上该模板浇筑出的凹槽或该横条能覆上已浇筑好的凹槽。

（4）墙后填土。贴面施工前的墙后填土必须到顶，且表面平整。

（5）拌和及运输设备性能良好，拌制能力满足不超过2.5h浇筑一块贴面的要求。

（6）开工前测量控制点经过监理复查，测量仪器经过校核或复查。正常贴面施工中对控制点和测量仪器要经常检查。模板控制线放样后必须经测量监理验收。

（7）贴面开工前，项目部必须对各施工队主要技术管理和操作人员进行详细的技术及安全交底；施工方案必须经总监批准。

（8）必须要有熟练的模板制作安装工和振捣工。

2　施工工艺说明、控制要点及注意事项

1）墙身清理

清除墙身浮浆、泥块及其他杂物，保持墙身洁净。

2）拉模钢筋安装及调整

必须确保拉模钢筋稳固，要根据模板上拉模孔调整拉模钢筋。如拉模钢筋已预埋好的，经量测与模板孔错位较大时，需重新设置膨胀螺栓，膨胀螺栓要选择在大石块上设置，螺母紧，足以确保膨胀力。

3)底脚找平处理

贴面模板底脚必须用高强度等级砂浆或细石混凝土进行找平处理。底部找平砂浆要挂线找平,而且挂线要水平。

4)测量放样

在墙身压顶上放出贴面位置控制线,并用吊锤法在底脚找平层上放出模板下口控制线。注意必须每隔 2~3m 仍用吊锤法再次复核下口控制线。

5)钢筋网片及保护层垫块的安装

注意钢筋网片的安装必须满足设计长度、高度、保护层厚度和规范规定的搭接宽度的要求。钢筋网片必须稳固地绑扎在定位钢筋上。安装完钢筋网片后按 80cm×80cm 间距呈梅花状设置保护层垫块。钢筋网片不得大面积过早安装,以防严重锈蚀。

6)墙身洒水湿润

立模前需对砌块石墙身进行充分的洒水湿润。如果在立模前混凝土贴面范围内受到杂物污染,还必须进行再清理。

7)模板安装

(1)模板安装前的检查和处理。模板安装前,必须将模板清理洁净,注意检查木模内置板条是否与主模脱空分离,注意检查钢模是否生锈。模板受到污染或钢模生锈时,必须进行严格的处理直至洁净。在确保内置板条紧固和表面已洁净后,均匀地涂刷脱模剂或机油。严禁用废机油代替脱模剂。

(2)伸缩缝的设置。砌块石墙身伸缩缝与贴面伸缩缝必须重合且上下通直。侧模内置聚乙烯板伸缩缝必须平整且满铺。

(3)出水口的设置。用管接头将预埋在砌块石墙身上的出水管接出,相接必须牢固密封(管接头用塑料胶带封裹),要按模板控制线控制好长度,位置必须在混凝土浇筑前的模板上口标出(以防振捣碰坏),管口用布条封塞。注意坡度设置(管口不得上翘),管身用钢筋圈套并点焊在定位钢筋上,确保设置稳固。

必须在拆模后及时地清理出管内填塞物,及时开凿和修补好出水口。项目部现场负责人和现场监理必须对每一出水口的通畅情况进行检查验收。

(4)主模板安装。模板接缝面必须粘贴双面胶带,模板安装必须按编号依次进行。必须分多层(钢模不少于 4 层,木模不少于 5 层)双排设置横向固定钢模用钢管,横向固定钢模的钢管若长度不够需拼接的,必须采用扣件搭接或碗扣套接,严禁不连接。拉模螺杆若是预埋的或膨胀螺栓生根在小块石上的,还必须采取设置斜撑进行支撑加固。在两块已成型的贴面中间安装模板时,会出现模板凸条与已成型贴面凹槽不能完全吻合的现象,立模时需严加调整,所以,模板制作、试拼和补修工作务必要考虑此因素。

(5)侧模安装。由于侧模靠墙身面的墙身不平整和靠主模面主模有凸条,所以侧模安装有难度,必须认真对待。侧模安装不好,将导致漏浆带来的一系列质量缺陷。因此,在钢筋网片绑扎前,必须对侧模位置的墙身作必要的找平处理,侧模与主模接触面刻槽要精细且要贴双面胶带。

(6)模板定位、支撑及验收。模板定位必须严格按照放好的控制线进行,利用螺栓、支撑等调整模板至设计线,必须防止上口外倾。项目部现场负责人和现场监理必须严格进行尺寸、位置、拼缝、模内清理、支撑及其稳固性、伸缩缝设置、钢筋保护层、预埋出水管及其管口封堵等项目的检查验收。

(7)模板底角封填及侧模缝口填塞。无论模板底口与找平层接触是否紧密,都必须在模板验收后对模板底脚用橡皮泥或砂浆进行封填处理。若侧模与主模接触凹槽处有缝口,用软布适当填塞(可将聚乙烯伸缩缝软板设置好以避免填塞)。

8)混凝土浇筑

(1)有关规定:

①从立模至混凝土浇筑的间隔时间不宜过长,以防涂了油的模板受到污染。钢模更应严格控制。

②贴面浇筑前,必须向现场监理提交混凝土浇筑申请单,现场监理经过各项检查符合浇筑条件后方可同意浇筑。在混凝土浇筑的整个过程中,必须有项目部现场管理人员和现场监理在场旁站。

③密切注意天气预报，严禁冒雨雪天气浇筑，严禁在气温高于33℃或低于－3℃的天气条件下浇筑。在夏季和冬季浇筑混凝土时，必须按规范规定的各项措施到位后才可以浇筑。

④供电及机械设备性能和数量、材料供应、人员组织等必须能确保一次连续浇筑一块贴面且一块贴面的浇筑时间不得超过3h。

⑤各项安全措施必须落实到位，拌和机操作人员、混凝土运输驾驶员、振捣工必须技术熟练，混凝土运输车辆行驶线路平整。

⑥作业人员分工合理、责任明确。

⑦模板立好后，若因时间过长而使得墙身已干燥，必须适当洒水湿润。

⑧混凝土浇筑全过程中，必须设置专人对模板进行观察检查，以便及时发现漏浆、胀模等异常现象。

⑨各项应急措施必须到位，出现胀模或其他可能导致质量问题、安全问题时，必须有足够的能力进行应急处理。

（2）混凝土的拌制。严格按施工配合比投料，每盘料拌制要均匀，拌和时间要充分，严格控制好坍落度。

（3）混凝土的运输和入模。运输线路不宜过长，运输道路需平整，混凝土不得直接从运输车辆上入模，需倒在铺垫物上再人工铲入模内。入模的混凝土尽可能保持表面齐平，而且按一定的高度逐层从一侧向另一侧推进。

（4）钢筋网片保护层的调整控制。混凝土入模后，若由于种种原因导致钢筋网片保护层不能满足要求时，必须在该层混凝土振捣前人工进行调整。

（5）混凝土的振捣。振捣工艺是保证混凝土内实和避免外部缺陷的关键。因贴面高度较高，底部振捣很困难，容易出现的问题及原因有：其一，底部钢筋保护层超大，导致振捣离模板太远，即底外部漏振；其二，模板底口封堵不实，振捣后漏浆；其三，混凝土入模次序混乱、开始入模铺摊范围大、混凝土开盘初期水灰比控制不准、盘与盘间拌出的混凝土差别大；其四，主观上忽视，未意识到底部振捣困难或根本就未认真振捣。因此，要求：

①严格分层振捣和控制好插入深度、振捣时间、提升速度、振点间距；

②在一定振捣范围内，出现模内混凝土高低差时，先从高面处迅速将混凝土面推平，然后再进行规范振捣；

③振捣棒插入提升要规范，每层距模板不宜超过7cm（以不碰钢筋网片，越靠近越适宜为原则）；

④注意预埋出水管的位置（混凝土入模同样要注意）。

（6）顶面处理。混凝土浇筑至顶面控制线后，在外侧模板位置适当用木抹子轻轻拍振，让气泡充分析出。在接近初凝时，必须用木抹子进行压实找平，并进行拉毛处理或在浇筑压顶前进行凿毛处理。

9）试块制作

每块贴面必须制作自检试块一组，监理抽检试块按一个台班抽检一组，若一个台班浇筑二块贴面，现场监理需做好记录，在试块上标明贴面桩号。贴面试块必须在监理的监督下进行制作，现场监理必须当场贴上标记。

10）拆模

符合规范规定的拆模条件后，进行拆模。由于贴面带有凹槽，拆模需要小心，解除支撑和放松拉模螺杆必须均称进行，以防碰伤成型实体和模板。因模板面积较大，重量较重，加之贴面为大平面体，拆模具有一定的难度和安全风险，现场管理及监理人员必须加强督促。模板拆除后必须及时对模板进行清理及涂油保护，并保管好。

11）表面处理及质量问题的处理

脱模后必须对混凝土表面缺陷进行及时处理（如掉边修补等），当发现质量问题时，必须上报监理处理。质量问题较严重时，由总监上报处理意见至指挥部批示。

12）养护

脱模后，应及时对混凝土贴面采取养护措施。夏季高温和冬季低温施工必须严格按照规范规定的

要求进行保湿保温养护，必要时采取覆盖保温防冻。

3　贴面施工容易出现的质量缺陷(问题)及防治措施

贴面常见质量缺陷和防治措施如表 1 所列。

贴面施工容易出现的质量缺陷(问题)及防治措施　　表 1

质 量 缺 陷	产 生 原 因	预 防 措 施
1. 强度不足	水泥过期或受潮	使用合格水泥
	砂石材料级配不符合要求	使用级配良好的砂石材料
	施工配合比控制不严格	严格按规定的施工配合比投料，严禁使用细砂
	混凝土混合料离析	确保混凝土的搅拌时间，高差大于 2m 的要设溜槽或串桶，混凝土运输道路要平整
	振捣不实	分层厚度不宜过高，按规范要求振捣
	养护不到位	加强养护，冬季和夏季要严格按规范要求进行养护
2. 水纹斑、鱼鳞斑	拌和时间短，混合料不熟，易泌水	滚筒式拌和设备每盘混合料的搅拌时间不少于 4min，冬季不少于 6min
	配合比控制不准及盘与盘间混合料的差别大	严格按规定的施工配合比投料
	过振	均匀振捣，每个振点将砂浆振出，并看到无气泡冒出即可停止，振捣时振捣棒距模板约 6 ~ 7cm。振点间距控制在 25 ~ 30cm 之间。振捣棒的提升速度应缓慢。浇筑上一层混凝土时，振捣棒应插入下层混凝土 10cm，振捣约 5s，然后慢慢提升到上一层
	分层厚度控制或投料控制或顺序浇筑工艺控制不严格	均匀分层下料，每层厚度宜为 40cm 左右，每层都应从固定的一端向另一端浇筑
	整块浇筑时间过长或某阶段停等料时间过长，混凝土泌水	整块浇筑时间控制在不超过 2.5h；增加拌和机及运输车辆和施工人员
	浇筑时受雨淋	浇筑前关注天气预报，浇筑现场配备防雨材料
3. 气孔	墙身外面凹陷大、模板凹凸、模板密封性不好	对凹陷大的墙身，在安装模板前先用细石混凝土适当封塞
	混凝土坍落度过小或混合料不熟或用大碎石代替原配合比中碎石	严格控制施工配合比，混合料充分拌和，严禁用大碎石代替原配合比中碎石
	分层太厚	每层厚度宜为 40cm 左右
	振捣不规范	均匀振捣，每个振点将砂浆振出，并看到无气泡冒出。振捣时振捣棒距模板约 6 ~ 7cm。振捣棒的提升速度应垂直而缓慢。振捣时间、间距、埋入深、插入和提升速度要根据不同层厚、不同坍落度等区别控制。浇到顶后要用木抹子适当拍振
4. 蜂窝麻面、泛砂露骨	模板底部找平不到位且未采取封填措施，漏浆	底部找平砂浆要挂线找平，而且挂线要水平。模板底部缝隙要采取封塞措施
	侧模漏浆，模板拼缝及螺丝孔堵塞不严实	对侧模位置的墙身作必要的找平处理，侧模与主模接触面刻槽要精细，模板拼缝及螺栓孔要堵塞严密
	混合料不熟或坍落度过小或用大碎石代替原配合比中碎石	由于是薄壁混凝土，混凝土表面积较大，要求混凝土浆多且和易性要好，混合料不熟或坍落度过小或用大碎石代替原配合比中碎石会降低和易性和减少混凝土浆。严格控制施工配合比，混合料充分拌和，严禁用大碎石代替原配合比中碎石

续上表

质量缺陷	产生原因	预防措施
4. 蜂窝麻面、泛砂露骨	漏振或振捣距模板太远	规范振捣，振捣棒距模板控制在6～7cm
	混合料离析或泌水	离析或泌水混合料严禁入模，严格控制浇筑工艺、浇筑时间，保证连续浇筑
	用砂过细或石子级配严重不良	采用符合规范要求的砂石料
5. 单块、块与块表面色差和拉模杆孔修补色差	施工配合比控制不严，盘与盘、块与块之间的混合料差别大	严格控制施工配合比
	原材料更换	坚持用同一厂家的水泥，同一颜色的砂石料
	修补时黑白水泥配比控制不当	黑白水泥掺配比例经试验确定，严格按确定的比例掺配水泥进行修补
6. 表面不平整	胀模	加强支撑。木模后托加密，竖向支撑的刚度要有保证且厚度统一
	木模板局部收得过紧	用吊锤法严格控制和调整好拉模螺杆
	模板接缝处错位	加强模板拼缝错位控制，木模接缝处用一根方木支撑，竖向支撑的刚度和厚度要一致
7. 线形不顺直	测量放样误差	精确放样
	底部找平层不水平	底部找平层施工时，要挂线找平，而且挂线要水平
	浇筑时跑模	加强模板固定
8. 钢筋保护层不符合要求	钢筋网片未进行或随意进行绑扎及焊接固定	严格按要求进行绑扎或焊接固定
	不设置垫块或垫块设置距离远	严格按要求设置垫块
	垫块本身不符合要求	严格按要求制作垫块或购买成品塑料垫块
9. 伸缩缝不顺直	不与石墙伸缩缝垂直贯通	分段间隔浇筑，严格侧模安装，对石墙伸缩缝进行返工处理
10. 出水管堵塞	石墙的接口处接头脱落	接头要用胶水且对紧，用钢筋圈套管身并点焊在定位钢筋上
	振捣碰坏出水管	出水管位置必须在混凝土浇筑前的模板上口标出，并向振捣工交代
	出水管接头或出口处进入混凝土浆	管口用布条封塞。管接头用塑料胶带封裹，要按模板控制线控制好长度
11. 表面裂缝或松散	夏季或冬季施工拆模过早	夏季或冬季施工延长拆模时间
	拆模时气候条件差	夏季避免在高温和大风时拆模，冬季避免在大风和选择在气温较高的时间拆模
	未及时养护	冬季加强保温养护，其他季节加强洒水湿润养护，夏季还必须加强覆盖洒水湿润养护

贴面施工主要存在水纹斑、气孔、蜂窝麻面、泛砂露骨等外观质量缺陷和钢模保护层不符合要求。

钢模保护层不符合要求是因为：

(1)钢筋网片未用定位钢筋固定，而是直接固定在拉模钢筋上。在立模时，拉模钢筋难免与钢模上的眼孔不对齐，所以存在割断网片现象，使得固定间距很大。

(2)钢筋网片随意固定，未严格按控制要求固定。

(3)钢筋网片不固定。

(4)未设置保护层垫块。

水纹斑、气孔、蜂窝麻面、泛砂露骨等外观质量缺陷的主要原因为：混合料拌和时间短、坍落度过小

或用大粒径碎石代替原配合比中碎石、坍落度过小、施工配合比控制不严、分层厚度过大、混合料直接从运输小车中翻倒入模、振捣不符合规定、加之夏季和冬季特殊季节施工等。

混凝土浆充足且混凝土和易性好是浇筑薄壁和表面积大的混凝土结构的重要条件，混合料不熟、坍落度过小和用大粒径碎石会降低和易性、减少混凝土浆和增大混凝土空隙率，冬季施工本身就容易出现混凝土泌水和和易性差。分层厚度过大、混合料直接从运输小车中翻倒入模、墙身外面凹陷大、凹凸型模板、模板封闭性好等，增加了空气和排气非常困难。混凝土浆不足、和易性差和排气困难必定振捣时间长，过振产生水纹斑，振捣不充分产生气孔、蜂窝麻面、泛砂露骨。钢筋网片不固定或随便固定，使得钢筋网片与模板距离增大，而振捣是在钢筋网片内侧进行，远距离振捣使得本来混凝土浆就少的混凝土浆难以提到模板处，造成蜂窝麻面、泛砂露骨。配合比控制不严格，坍落度时大时小，加之振捣距模板时远时近，必定产生水纹斑和鱼鳞斑。

综上所述，由于贴面是带凹槽型的，又是薄壁式大面积体，客观上就容易出现外观质量缺陷，所以，施工中必须加强施工管理，对每一环节严格加以控制，对现场质量管理人员和施工人员进行详细的技术交底，只有全员重视，才能确保质量。

浅谈混凝土配合比设计中值得注意的几个问题

汪德忠

（江苏润通交通工程监理咨询公司）

摘　要　对混凝土配合比设计中值得注意的几个问题进行分析，并提出相应的防治措施。

关键词　混凝土　配合比设计　注意问题　防治措施

随着材料科学的不断发展，混凝土的用途也越来越广泛，已到了跨行业、跨学科、互相渗透的非常广泛的领域。混凝土配合比设计牵涉到几个方面的内容：一要保证混凝土硬化后的强度和所要求的其他性能和耐久性；二要满足施工工艺易于操作而又不遗留隐患的工作性；三是在符合上述两项要求下选用合适的材料和计算各种材料用量；四是对上述设计的结果进行试配、调整，使之达到工程的要求；五是达到上述要求的同时，设法降低成本。

普通混凝土是由水泥、水、砂、石4种材料组成的，混凝土配合比设计就是解决4种材料用量的3个比例，即水灰比、砂率、胶骨比（胶凝体与骨料的比例）。

根据笔者的观察和较深入的了解，认为混凝土在配合比设计方面应注意以下几个问题：

（1）配合比设计前的准备工作应充分；

（2）区分数理统计及非数理统计方法评定混凝土强度的不同；

（3）生产配合比的调整及施工中的控制；

（4）在保证质量的前提下，应注重经济效益。

1　配合比设计前的准备工作

（1）掌握设计图纸对混凝土结构的全部要求，重点是各种强度和耐久性要求及结构件截面的大小、钢筋布置的疏密，以及考虑采用水泥品种及石子粒径的大小等参数；

（2）了解是否有特殊性能要求，便于决定所用水泥的品种和粗集料粒径的大小；

（3）了解施工工艺，如输送、浇筑的措施，使用机械化的程度，主要是对工作性和凝结时间的要求，便于选用外加剂及其掺量；

（4）了解所能采购到的材料品种、质量和供应能力，根据这些资料合理地选用适当的设计参数，进行配合比设计。

2　区分数理统计及非数理统计方法评定混凝土强度的不同

根据《普通混凝土配合比设计规程》（JGJ 55—2011），混凝土配制强度应按下式计算：

$$f_{cu,0} \geqslant f_{cu,k} + 1.645\sigma \tag{1}$$

式中：$f_{cu,0}$——混凝土配制强度（MPa）；

$f_{cu,k}$——混凝土立方体抗压强度标准值（MPa）；

σ——混凝土强度标准差（MPa），根据施工单位自己的历年统计资料确定，无历史资料时应按现行国家标准《混凝土结构工程施工质量验收规范》（GB 50204—2002）的规定取用（高于C35，$\sigma = 6.0$MPa）。

根据此公式，C40混凝土（以C40混凝土为例）的配制强度为：

$$f_{cu,0} \geqslant 40 + 1.645 \times 5.0 = 48.2(\text{MPa}) \tag{2}$$

在正常情况下,式(2)可以采用等号,但当现场条件与试验条件有显著差异时,或重要工程对混凝土有特殊要求时,或 C30 及其以下强度混凝土在工程验收采用非数理统计方法评定时,则应采用大于号。

《公路工程质量检验评定标准》(JTG F80/1—2004)中对水泥混凝土抗压强度合格标准的评定方法分数理统计和非数理统计两种。下面着重比较采用数理统计和非数理统计方法评定的差异之处。

2.1 采用数理统计方法评定

试件≥10 组时,应以数理统计方法按下述条件评定:

$$R_n - K_1 S_n \geqslant 0.9R \tag{3}$$

$$R_{\min} \geqslant K_2 R \tag{4}$$

式中:n——同批混凝土试件组数;

R_n——同批几组试件强度的平均值;

S_n——同批几组试件强度的标准差(MPa),当 $S_n < 0.06R$ 时,取 $S_n = 0.06R$;

R——混凝土设计强度等级(MPa);

$R_{\min}$——n 组试件中强度最低一组的值(MPa);

K_1、K_2——合格判定系数。

表 1 合格判定系数与组数 n 的对应关系

由式(3)、式(4)可计算得(假定试件组数为 10 ~ 14 组):

$$0.9R = 0.9 \times 40 = 36.0(\text{MPa}), K_2R = 0.9R = 36.0(\text{MPa})$$

据此反推:

$$R_n \geqslant 0.9R + K_1 S_n = 36.0 + 1.70 \times 2.4 = 40.1(\text{MPa})$$

因此,只要该批试件的平均强度大于等于 40.1MPa,且 $R_{\min} \geqslant 36.0$MPa,即可判定为合格。

2.2 采用非数理统计方法评定

试件少于 10 组时,可用非统计方法按下述条件进行评定:

$$R_n \geqslant 1.15R \tag{5}$$

$$R_{\min} \geqslant 0.95R \tag{6}$$

式中字母含义同数理统计公式。

若式(5)、式(6)评定,则合格的条件为:

$$R_n \geqslant 1.15 \times 40 = 46.0\text{MPa}$$

$$R_{\min} \geqslant 0.95 \times 40 = 38.0\text{MPa}$$

从两种评定方法来看,最低值 $R_{\min}$ 均易于保证,但后者的平均值比前者高出 46 − 40.1 = 5.9MPa,这就正好对应了《普通混凝土配合比设计规程》(JGJ 55—2000)中“3.0.2 遇到下列情况时应提高混凝土配制强度:1、……;2、C30 级及其以上强度等级的混凝土,采用非统计方法评定时”。

在实际工程中,由于结构部位的不同,往往要求不同的评定方法,但很多单位仅按数理统计的方法进行混凝土配合比设计,导致实际试配强度均达不到 49.9MPa。对于一般单位而言,在一个工程中通常只有混凝土配合比,加之管理不到位,也往往用于要求非数理统计的工程部位,结果只能出现混凝土强度达不到设计要求的后果。

3 生产配合比的调整及施工中的控制

在生产配合比的调整及施工控制中应注意以下问题:

(1)严格控制混凝土施工时的用水量。在实际生产中,操作者为方便施工,往往追求较大的坍落度,擅自增加用水量而不管强度是否能达到要求;再加上现场质检人员的管理不到位,对水灰比缺少严格的控制等原因,均使混凝土实际用水量大于理论用水量,从而导致混凝土强度的降低。

防治措施:加大质检抽查力度,控制操作者不得随意增加用水量。若发现混凝土工作性能较差,操作者应及时向试验员反馈实际情况，经试验员现场查找原因、分析情况后采取相应对策，并按试验员的指令调整配合比；现场质检人员也应按规范要求经常检查混凝土的质量动态信息，及时进行调整，确保混凝土按要求进行施工。

(2)调整生产配合比时，应准确测量生产现场砂、石的实际含水率。经到现场检查和了解，有部分试验人员没有按规定要求准确测量，而是采用目测法来估计砂、石的实际含水率，这样做会导致生产配合比不准确。

防治措施：砂、石中若含泥量超标，应在混凝土浇筑前三天冲洗完毕，并应在施工前按规范要求取样并准确测量砂、石的实际含水率。调整施工配合比时从用水量中扣除砂、石含水率，补回砂、石量，严禁边冲洗边拌制混凝土。

(3)砂、石材料应准确计量。不少施工单位在生产时，第一车砂、石用磅秤一下，随后就采用在小推车上画线的办法来控制重量，从而导致了砂、石材料的用量偏差。

防治措施：有条件的单位尽量采用混凝土拌和楼，利用电脑准确计量；若实在没有，应不怕麻烦，坚持每车过磅，以控制材料用量。

(4)在保证质量的前提下，应注重经济效益。不少施工单位在配合比设计时纯粹是为了达到设计强度，按规范要求或以往经验进行一组配合比设计，试配后强度达到要求就算完成；若达不到要求，唯一的方法就是增加水泥用量，很少有人从材料调配、经济效益、混凝土工作质量等方面综合考虑。水泥用量过多，往往导致混凝土收缩裂缝的产生和徐变增大，而且也相应增加了施工成本。

防治措施：在规范要求允许的条件下，试验室应配制不同的配合比，从经济、工作性能、质量等方面综合考虑择优选用，并应针对不同施工部位、不同评定方法给予适当调整，尽量避免凡是同一强度均使用一个配合比的做法。试验室还应收集每次配合比及施工情况的详细数据，并注意对这些数据进行统计分析，以便得出本试验室的水灰比、用水量、砂率、水泥用量范围及 σ 数值，日积月累，就能成为一个很可观、很宝贵的参考资料，对以后的施工将会起到不可估量的作用。当然，这些事情的实际操作是比较枯燥无味、短期效益不明显的，应选派工作责任心较强、业务水平较高的人员去组织或收集，最重要的是单位领导及项目经理应给予他们足够的理解和支持。

以上是本人在工作中的一些看法，若有不当之处，还望各位专家同仁们指正。

参考文献

[1] 中华人民共和国行业标准. JTG F80/1—2004 公路工程质量检验评定标准[S]. 北京：人民交通出版社，2004.

[2] 中华人民共和国行业标准. JGJ 55—2011 普通混凝土配合比设计规程[S]. 北京：中国建筑工业出版社，2011.

[3] 李立权. 混凝土配合比设计手册[M]. 广州：华南理工大学出版社，2002.

丹金船闸闸门吊装方案设计

许德阳　奚宪章

（江苏省交通工程集团有限公司）

摘　要　本文主要针对丹金船闸现场实际情况，对丹金船闸的闸门吊装进行了方案设计，通过对工件、吊装设备、地基承载力等方面进行验算，确定吊装方案的可行性。主要内容包括吊车的选择和吊装位置确定、吊耳设计、钢丝绳选用、地基承载力校核等。

关键词　工件　吊装　强度　承载力　校核

1　基本情况

丹金船闸为Ⅲ级通航建筑物，设计最大船舶等级为1000吨级，船闸基本尺度为180m×23m×4m（闸室长×宽×槛上水深），钢结构闸门尺寸8.3m×23m×1.9m，闸门工厂分段制作，工地现场吊装。

1.1　闸门门体分段情况

（1）闸门下部分段宽度为6240mm，高度1900mm，长度（含主滚轮运转件5.6t）23600mm，重量50.6t，共3件（图1）。

（2）上部闸门分段宽度2438mm，高度1900mm，长度22940mm，重量10.7t，未连接部分用辅强材料加焊牢固。闸门分段质量10.7t（图2）。

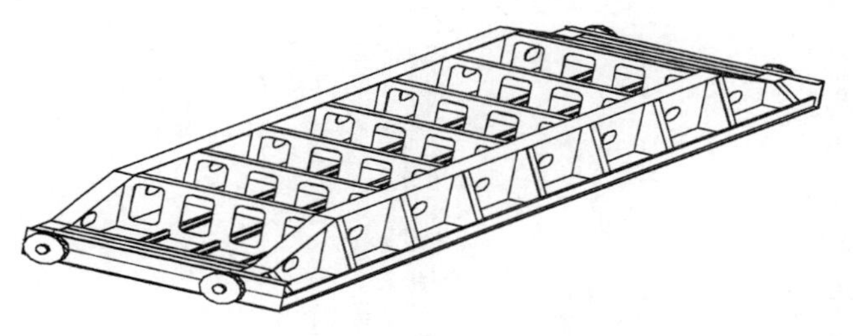

图1　闸门下部分段示意图

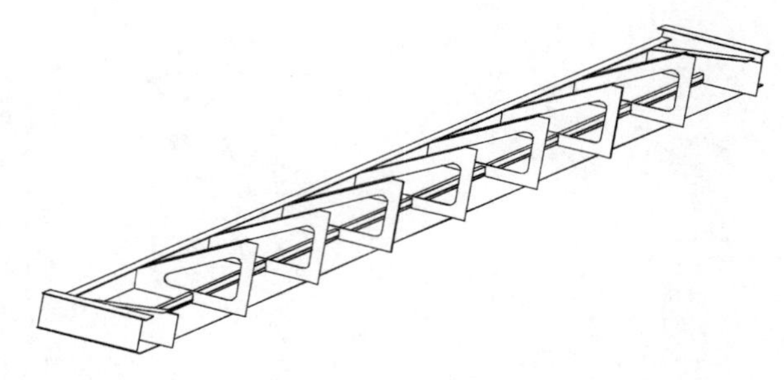

图2　闸门上部分段示意图

1.2　施工现场情况

（1）施工现场平面图见图3。

（2）施工现场道路情况：

①运输平板车转弯半径要求20m以上，从公路至施工现场，道路条件不具备；

②进闸室通道为简修通道，转弯半径亦不具备条件。

2　吊装方案选择

综合现场各方面情况，采用汽车吊进入闸室，运输车停在公路桥南侧，用汽车吊直接把闸门从桥上吊入闸室。

闸门运至S241桥面上后，利用闸室空间和场地进行闸门的卸货，闸门摆放近上、下闸首位置，以便闸门的吊装。

2.1　吊装平面布置图

闸门吊装作业平面布置见图4。

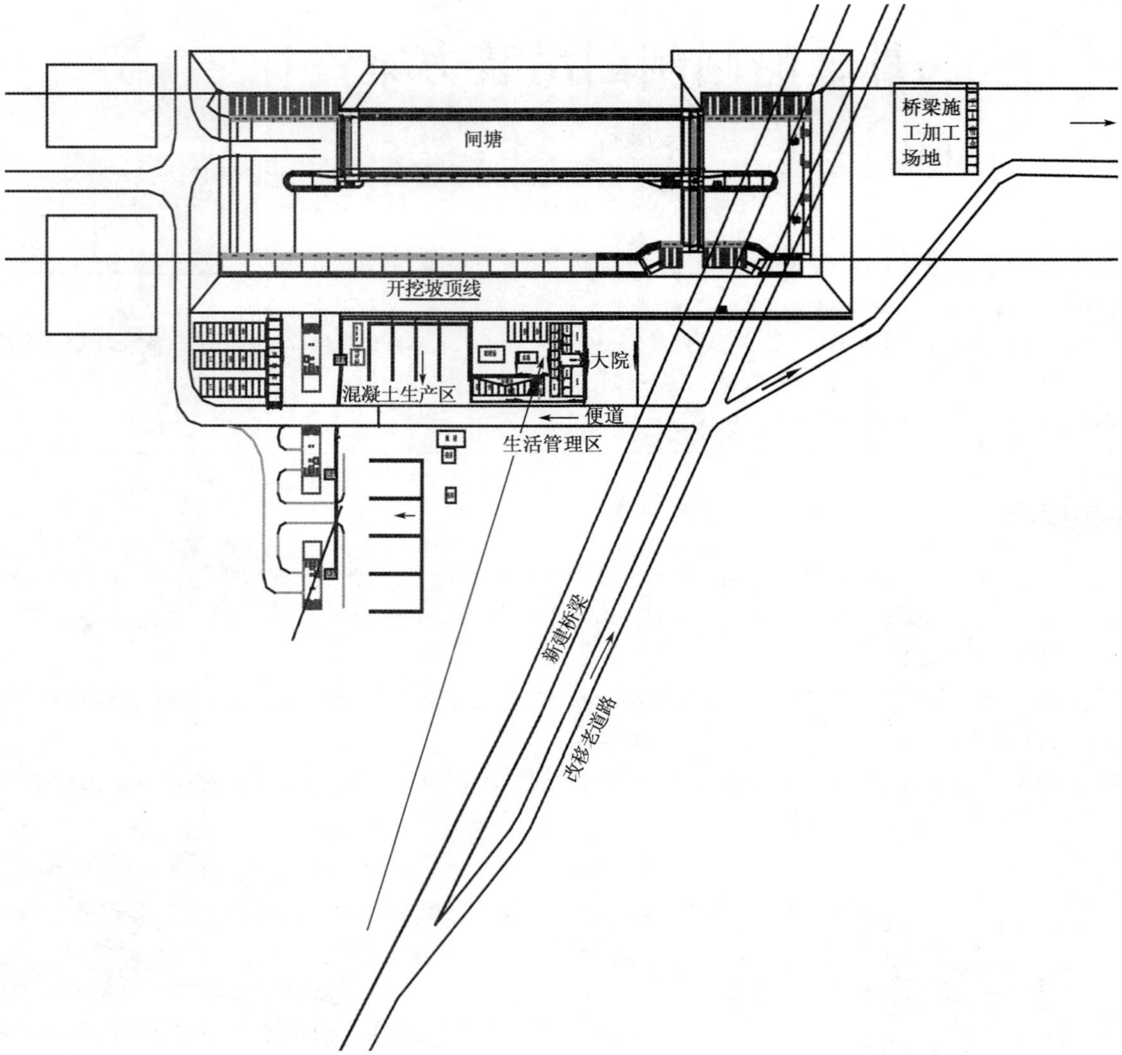

图 3　施工现场平面示意图

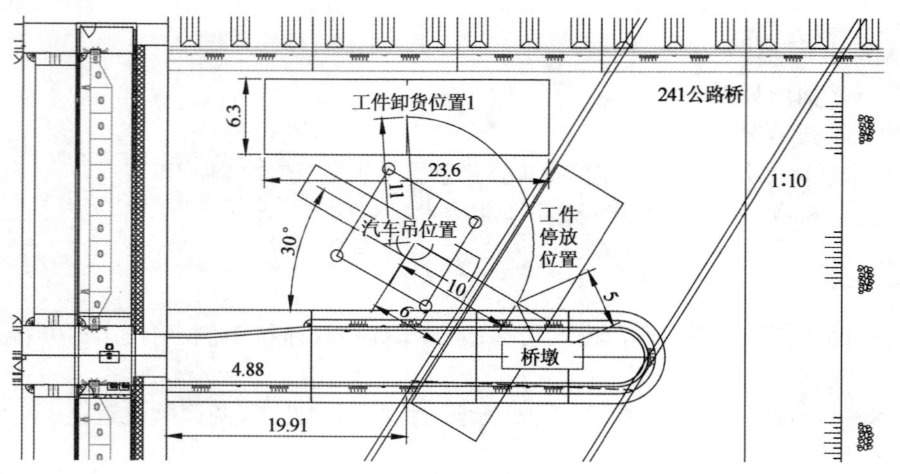

图 4　闸门吊装作业位置示意图(尺寸单位:m)

2.2 闸门吊装作业位置

（1）吊车停放位置。吊车与闸室成30°角，与桥面接近垂直。吊车旋转中心距离桥面边缘水平距离6m，吊车尾部旋转半径5.6m。

（2）闸门停放桥上位置。闸门平行桥面停放，占据桥面宽度6.3m，全桥总宽度16m，通行宽度15m，剩余通行宽度8.7m，需要单向交通管制。闸门中心距离桥墩5m。

（3）闸门卸货过程。闸门平行闸室墙卸货，闸门长度方向距离墙面0.6m，端部距离桥边1m。将平板车开到闸门下面，将闸门装上平板车，短驳至闸门卸货位置2处。

2.3 吊车的选择和吊装位置确定

吊车的选择。根据现场施工条件，闸门只能从桥梁上吊下，闸室底板高程－3.16m，S241桥面高程14.2m，平板车高度1.8m，宽度3.0m，长度21m，闸门高度1.9m，吊臂角度67°（图5）。

查《300吨汽车吊主臂工况额定起重量表》吊臂长度35.7m，水平吊距14m，起重量52t。根据CAD制图可知：吊钩距离吊臂顶端5.4m，可以满足起吊条件。因此选用300t汽车吊进行吊装作业（图6、图7）。

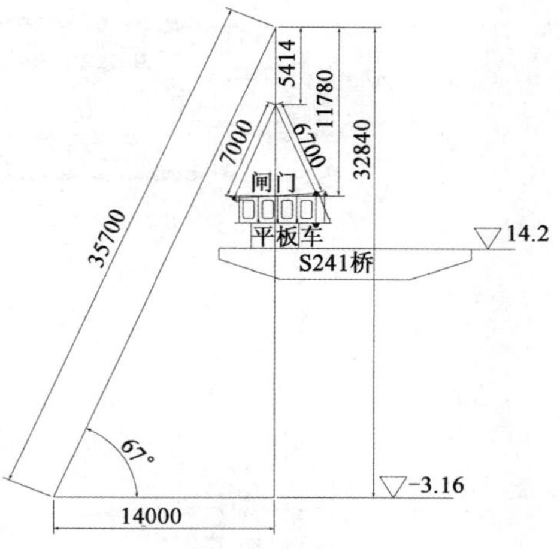

图5　吊装截面参数图（尺寸单位：mm）

15~60m　8.85m×8.5m　360°　87.5t　DIN ISO

m	15m		20.2m	25.4m	30.5m	35.7m	40.9m	46.1m	61.2m	56.4m	60m	m
3	300	200										3
3.5	201	185	152									3.5
4	188	171	152	152								4
4.5	174	169	152	152								4.5
5	161	148	148	142	121							5
6	128	129	129	128	111	90						6
7	118	114	114	113	101	83	73					7
8	104	102	102	101	93	77	68	58				8
9	92	91	91	90	85	71	63	55	46.6			9
10	82	82	82	81	79	67	60	52	44.6	37		10
12	67	67	67	67	67	56	53	46.5	40.6	34	30.5	12
14			57	56	57	52	46.5	41	37	31.5	29	14
16			49	48	49	46.5	41.5	37	33.6	29.4	27	16
18			43	42	42.5	42.5	37.5	33.5	30.6	27.2	25.2	18
20				37	37.5	38	34.5	30.5	27.7	25.2	23.5	20
22				32.5	33.5	34.5	31.6	27.8	25.3	23.4	21.5	22
24					29.5	30.5	28.7	25.6	23.3	21.7	20.2	24
26					27.5	27.5	26.5	23.5	21.6	20.2	18.8	26
28					25.5	24.8	23.9	21.8	20	18.7	17.5	28
30						22.8	21.8	20.3	18.6	17.4	16.4	30
32						20.6	20.4	18.9	17.3	16.2	15.3	32
34							18.7	17.6	16.2	15.2	14.3	34
36							17.1	16.2	16.1	14.3	13.5	36
38							16.8	15.3	14.1	13.4	12.7	38
40								14.6	13.4	12.6	12	40
42								13.7	13.7	11.8	11.3	42
44								11.8	11.8	11.3	10.6	44
46									11.3	10.7	10	46
48									10.7	10.2	9.6	48
50										9.7	9.1	50
52										9	8.6	52
54										8.4	8.2	54
56											7.7	56
58											6.4	58
% Ⅰ	0		0/0	46/0/0	46/0/0	92/46/0	92/46/0	92/46/0	92/46	92	100	Ⅰ %
% Ⅱ	0		46/0	46/0/0	46/46/0	46/46/92	46/92/92	46/92/92	92/92	92	100	Ⅱ %
% Ⅲ	0		0/0	0/46/0	46/46/92	46/46/46	46/46/92	46/92/92	92/92	92	100	Ⅲ %
% Ⅳ	0		0/46	0/46/92	0/46/46	0/46/46	46/46/46	46/46/92	46/92	92	100	Ⅳ %

图6　300t汽车吊主臂工况额定起重量表

2.4 吊耳的设计与选用

在闸门吊装过程中，吊耳设计是安全控制的关键。

根据闸门几何尺寸、闸门构件形式布置和设计闸门吊装用吊点，每分段闸门设置6只吊耳，并根据每个吊耳所处位置设计为相符合的结构尺寸（图8）。吊耳的选材采用Q345B。吊装吊耳见图9、图10。

吊耳强度计算：钢板屈服强度$\delta=335\mathrm{MPa}$；

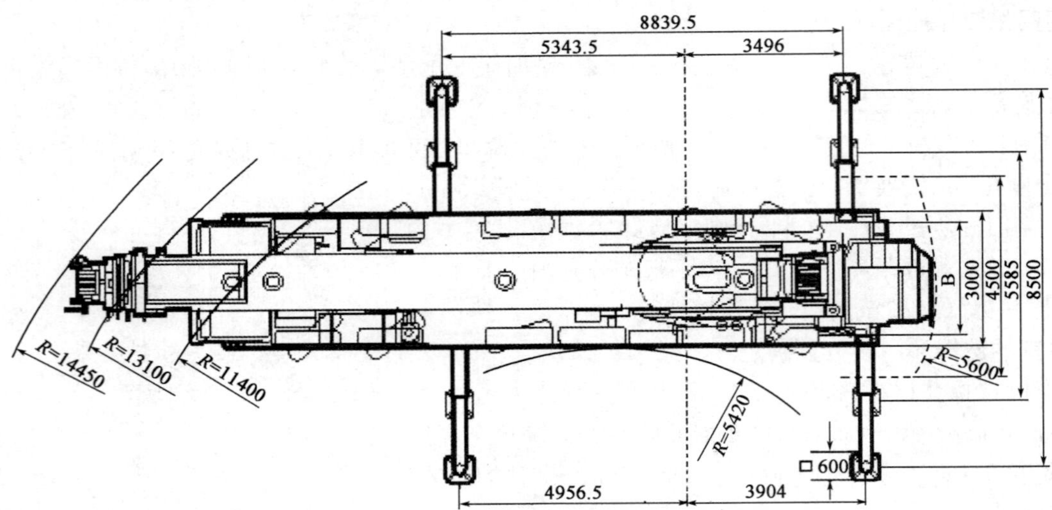

图7　300t 汽车吊基本尺寸(尺寸单位:mm)

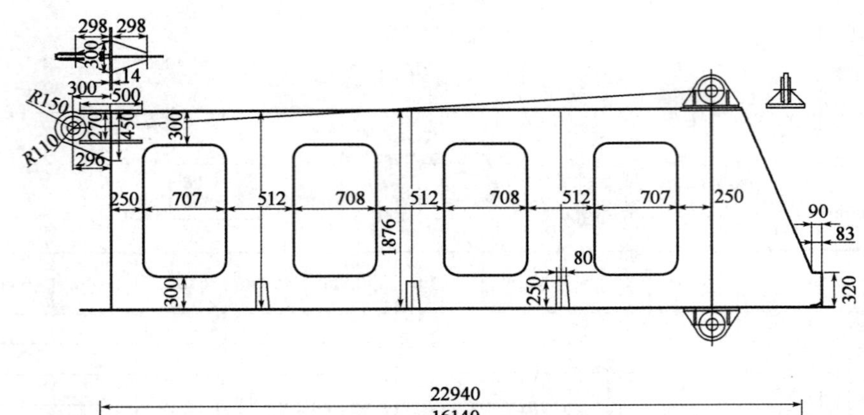
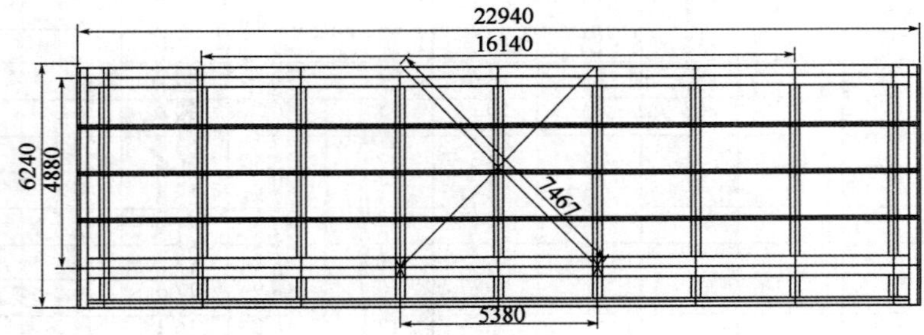

图8　吊耳布置图(尺寸单位:mm)

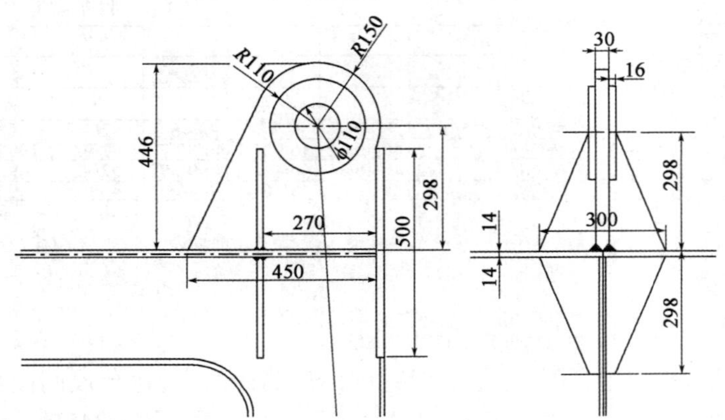

图9　吊装翻身吊耳(2 只/扇门)(尺寸单位:mm)

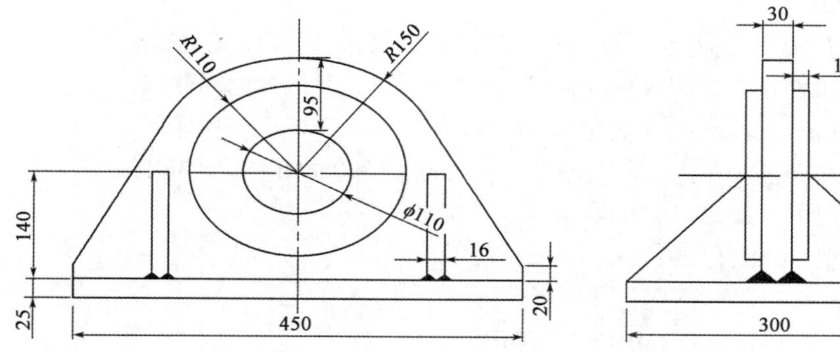

图 10　厂内吊装(工地安装吊耳 4 只/扇门)(尺寸单位:mm)

吊耳焊缝位置最小截面积 $s=0.45\mathrm{m}\times 0.03\mathrm{m}$;

安全系数:$K=1.3$;

吊耳根部承力:$F_1=\delta\times s/K=335000000\times 0.45\times 0.03/1.3/10000$
$=3478.8\mathrm{kN}$

满足使用要求。

吊耳截面积 $s=0.065\mathrm{m}\times 0.03\mathrm{m}$;

单个吊耳撕裂力:$F_2=\delta\times s/K$
$=335000000\times 0.095\times 0.03/10000/1.3$
$=734.4\mathrm{kN}$

满足使用要求。

2.5　钢丝绳的选用及验算

起吊钢丝绳布置见图 11。

(1)以工件最大重量 50t 计算。

通过力学计算单根钢丝绳受力为 157kN。

钢丝绳最小破断拉力 = 直径 × 直径 × 0.295 × 抗拉强度/1000

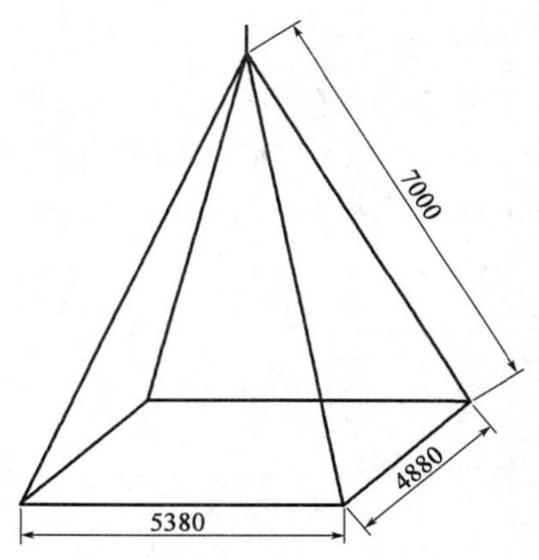

图 11　闸门起吊钢丝绳布置示意图(尺寸单位:mm)

查表选用主吊钢丝绳长 7mϕ36.5mm 四根,对角线挂钩(选用 6×37+1 强度);检查原钢丝绳是否锈蚀断丝或折弯等情况,无缺陷后开始起吊。

钢丝绳的近似极限工作拉力:$S_{极限}=36.5\times 36.5\times 1670\times 0.295/6/9.8/1.4/1000=15.63\mathrm{t}>14.45\mathrm{t}$。

(2)最大受力工况条件下起吊计算。当空间翻身时,钢丝绳受力最大,每个吊耳处使用 2 根钢丝绳,此时需要将钢丝绳 2 根钢丝绳 4 股都放在下侧吊耳上,起吊质量为 62.52t > 最大工件质量 50t,可以安全翻身。

3　闸室底板承载力计算

3.1　已知条件

(1)承载条件:在闸门底板宽缝浇筑等强后进行吊装作业;

(2)承载压强:设计院提供的底板跨中承载弯矩:2200kN · m;

(3)底板墙根承载弯矩:3400kN · m;

(4)地基承载安全系数:1.2;

(5)单点支撑有效面积:大于 $2\mathrm{m}^2$;

(6)吊车自重:(吊车自重 + 配重)210t;

(7)工件最大质量:50t。

3.2 验算闸室底板承载应力

闸门在起吊过程中,起吊重物方向的支腿(支点)受力最大,验算该支点处最大工作应力。

支点压力:F_{max} = 工件重力 500kN +(吊车自重力 + 配重)2100kN = 2600kN;

支点面积:$A_{min} = 2m^2$(实际大于该面积);

支点压强:σ_{max} = 支点压力 F_{max}/支点面积 A_{min} = 260 × 1000 × 10/2 = 1.3MPa;

设计院提供底板跨中承载弯矩 2200kN · m;

底板墙根承载弯矩 3400kN · m;

承载力安全系数 = 1.2;

吊车支点压强:σ_{1max} = 1.3 × 1.2MPa = 1.56MPa;

底板设计承载压强:σ_{2max} = 2200 × 1000/1 = 2.2MPa;

吊车支点承载弯矩:max = 1.3 × 1000 = 1300kN · m;

底板跨中承载弯矩 2200kN · m;

验算结论:底板跨中可以满足安全吊装要求。

同理,底板墙根可以满足吊装要求。

4 吊装过程控制

4.1 闸门的翻身

使用 2 台汽车吊(300t + 100t)将闸门抬起,100t 汽车吊一端缓慢放下吊钩,至门垂直时,拆除下端 100t 汽车吊,100t 汽车吊转换到闸门面板侧吊耳进行吊装。300t 汽车吊缓慢放下吊钩,闸门水平,将闸门放在闸室底板上,下端骨架位置垫上木方,闸门翻身结束(图 12)。

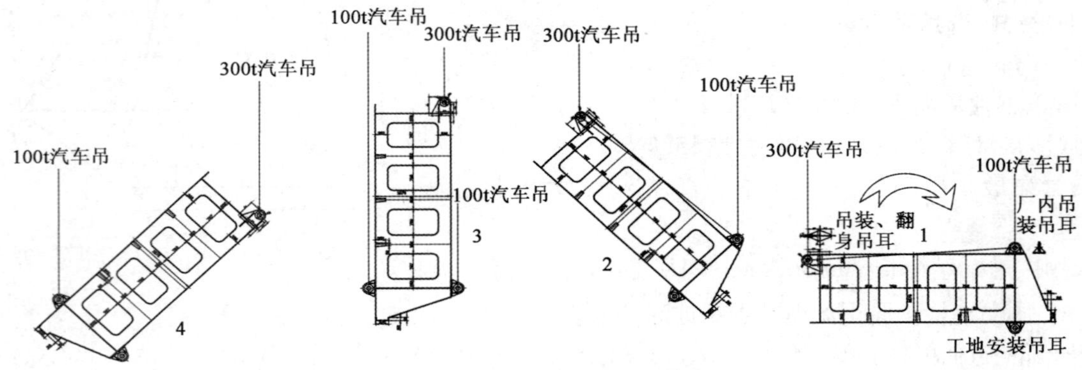

图 12 闸门工地空间翻身示意图

闸门翻身过程中,闸门两侧系上缆绳带缆,控制闸门的晃动,避免与闸墙碰撞。

4.2 下片闸门分段吊装流程

(1)分段平吊就位。使用 4 根钢丝绳和 2 台吊车(300t + 100t),将闸门平吊,至安装位置附近。

将闸门分段水平调离地面,使用链条葫芦调整分段接近水平,开始调离地面 2600mm(图 13)。

(2)分段倾斜。使用 300t 汽车吊将闸门顶端端抬起 3616mm,使用 30t 链条葫芦挂在下端吊耳,调整长度至 8767mm,闸门底侧着地,此时角度刚好是闸门安装角度。

(3)分段倾斜起吊:使用四根 50m 长尼龙绳系到闸门四角带缆,避免闸门在起吊过程中受到不平衡力的作用和风力的作用晃动,开始平稳起吊。

(4)将闸门底部滚轮落入倾斜轨道,垫上三角木块在倾斜轨道上,使闸门底侧受力,链条葫芦放松,此时解下链条葫芦(图 14)。

(5)闸门上提,撤掉三角木块,缓慢降低闸门高度,让闸门缓慢进入轨道,直至闸门落到底槛上。

(6)闸门吊入竖直轨道段,吊门的吊车钢丝绳倾斜角度 3.75°。

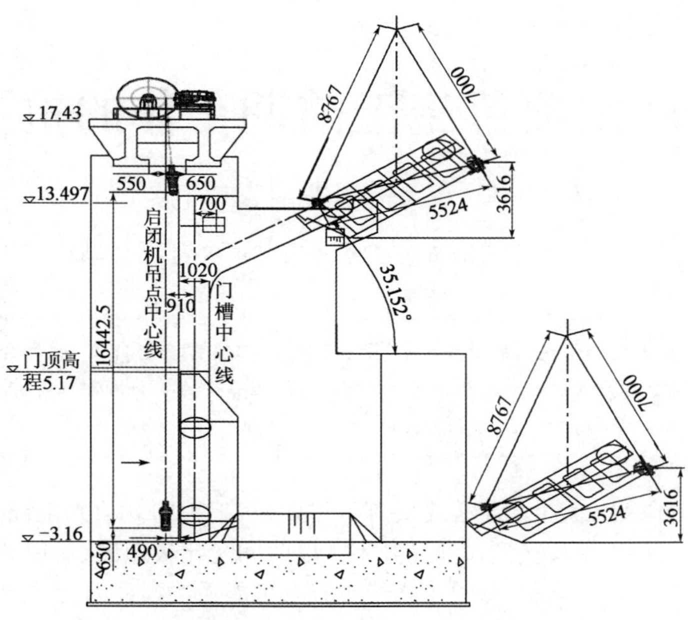

图13　下片闸门吊装示意图(一)(尺寸单位:mm)

注意:在落门过程中始终控制吊索与混凝土梁之间的间距,避免摩擦吊车钢丝绳。

4.3　上片闸门分段吊装流程

(1)使用100t汽车吊,将上片闸门分段吊起,调节上片闸门分段的起吊姿态水平,吊车摆臂旋转至靠近闸门安装位置,距离安装位置2.5m左右。工件起升高度7m,吊车旋转中心距离闸门安装位置11.8m。

(2)吊车伸臂,伸臂幅度2.5m至闸门上方。下片闸门上方预先安装导向钢板,基本对准下片闸门后,落吊钩,上片闸门沿着导向钢板滑入(图15)。

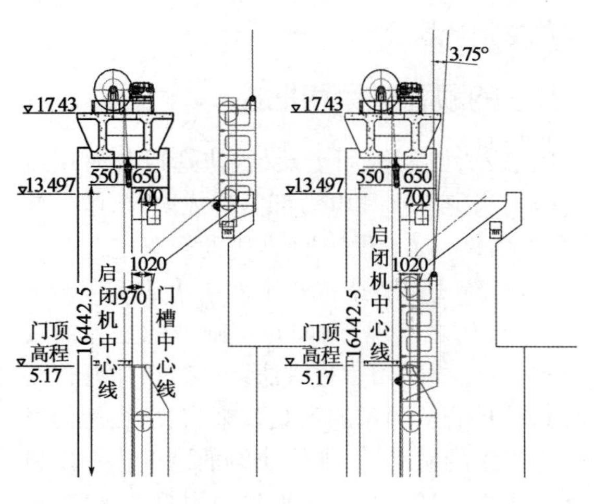

图14　下片闸门吊装示意图(二)(尺寸单位:mm)

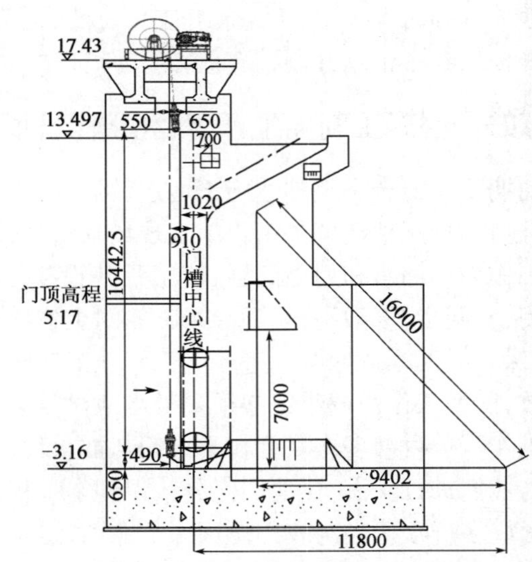

图15　上片闸门吊装示意图(尺寸单位:mm)

总之,大型钢结构件吊装方案并不是一成不变的,不同的条件、不同的工期、不同的单位要根据实际情况制订适合自己的方案,但都必须紧紧结合规范要求,按规范施工。只要制订的方案质量和安全满足规范要求,工期满足业主要求,成本符合自己要求,该方案就是可行的。

参考文献

[1] 中华人民共和国行业标准.SHJ 515—1990　大型设备吊装工程施工工艺标准[S].

[2] 中华人民共和国国家标准.GB 6067—1985　起重机械安全规程[S].北京:中国标准出版社,1986.

浅谈船闸项目施工前期工作的重要性

张保忠

（江苏省交通工程集团有限公司）

摘　要　本文通过笔者在丹金船闸施工的亲身经历，看出做好施工项目前期工作，对于项目工程建设能够按计划顺利进行，并能对施工全程进行很好地把控，提高工程建设的安全性都有着重要的作用。

关键词　船闸　前期工作　重要性

为了适应经济发展的要求，大批的工程需要进行建设，从工程的立项到论证、勘察、设计、招投标都需要好长时间。但是我们施工单位接到通知到开工这段时间是比较短的，所以开工前期的工作任务很重。如果没有施工前充分科学的准备，项目工程施工就有可能无法顺利进行，导致工期滞后。作为丹金船闸土建项目前期工作协调小组成员，深感做好项目施工前期工作对整个土建项目建设顺利展开起到至关重要作用，现结合自身工作谈谈项目施工前期工作的重要性。

1　做好项目施工前期工作，有利于项目建设按计划进行

2010 年 10 月底，公司接到通知，迅速召开会议，布置施工前期工作任务。正所谓“兵马未动，粮草先行”，工程施工犹如战场，要想取得这场“战役”的胜利，必须要进行精心策划和科学统筹安排。公司安排前期工作协调小组到达丹金船闸工地开展施工前期工作。为使施工前期工作有的放矢，到达施工地点便成立临时办公室，迅速展开工作，深入工程施工地点，了解施工范围，熟悉周边环境，为下步工作的开展提供参考依据并制订有效方案，保证项目施工建设能够按计划进行。

2　做好项目施工前期工作，有利于保证项目施工建设的顺利进行和把控

前期工作协调小组到达施工地点，迅速与当地政府取得联系，协调征用土地，很快达成临时用地协议，搭建临时办公区，解决工程施工现场临时办公问题；同时与当地供水和电力部门达成协议，解决施工以及工作人员用水和用电问题，使工程建设初步具备了施工条件，为工程按期顺利进行奠定基础。11 月中旬，船闸指挥部及公司领导亲临船闸土建项目部召开会议，统一部署指挥丹金船闸土建工程全面开工，确保相关工程按期顺利进行。工程施工期间，各种问题还会随之出现，例如开挖闸塘的土方需要空地置放，前期工作协调小组必须要与当地村委会进行协调磋商，还要采用多种方法多种渠道做好群众的思想工作。项目部多次联合村委组织与群众代表面对面沟通协调，从国家的宏观政策、金坛当地的发展规划与他们进行交流，让他们充分认识到本工程的重要性与施工的紧迫性，加快协调的进度。一次村里安排了好多群众代表与我们协调人员对话，协调人员必须要晓之以理动之以情地去说服打动这些群众，否则临时征用土地就会达不成协议，工程开展就要受到严重影响。S241 省道改造成桥梁，给当地交通带来诸多不便，为了能使当地居民予以理解和支持，我们协调工作小组前往周边乡村，与当地居民进行交流，建立良好的关系，取得了当地居民的肯定与支持，为工程建设奠定了良好的群众基础，使工程建设能够顺利高效进行，遇到困难需要当地居民帮忙配合都能得到很好的落实。前期工作的顺利开展，对于工程建设的顺利进行和对施工建设的把控起到了至关重要的作用。

3　做好项目施工前期工作，有利于提高项目工程建设的安全性

工程建设必须树立“安全第一”理念，提高安全意识，确保工程建设安全进行。项目工程建设的安

全性不仅是工程施工自身的安全,更重要的是施工人员以及工程周边居民及行人的安全。由于此项目工程任务艰巨,不光要征地开挖闸堂、航道并建造船闸,还有跨航道(S241 省道)桥梁施工,这势必增加工程的难度,要想工程能够顺利进行,前期安全保障也十分重要。道路改建工程开工前必须由省级下发的安全行政许可证,工程才能如期开工。为了按期开工,协调工作小组人员经常加班加点编写施工方案及预防方案,同时还邀请路政、交警等相关单位到现场指导并召开会议,多次论证施工方案,保证 S241 桥梁施工安全,并将封闭道路带来的安全隐患消灭在萌芽当中。经协调工作小组人员不断努力,一次通过省级公路部门检验,顺利地拿到安全施工许可证,保证了施工如期进行。

要确保施工期间施工安全,主要靠建立一整套安全体系,重在预防,并能在安全问题出现时得到尽快解决,将安全隐患消灭在萌芽状态。因此,前期工作对于提高工程建设的安全性也有着重要的作用。

通过前期工作协调小组的工作可以看出,做好施工项目前期工作,对于项目工程建设能够按计划顺利进行,并能对施工全程进行很好地把控,对提高工程建设的安全性都有着重要的作用。

提高项目施工前期工作效率,对于工程建设效率意义重大,所以,在今后的工作中,要加强组织领导,确定专人负责,明确阶段目标,及时解决项目前期工作中出现的问题;同时要加强对项目前期工作的督促检查,掌握项目前期工作进度,发现问题及时协调解决,力求把项目前期工作做深做细。同时,要合理安排项目前期工作人员的具体分工,制订时间计划,更加有效的利用时间,减少不必要的时间浪费,项目前期工作开展的速度加快了,工程就能实现早日开工。在抓工程速度的同时,更要提高项目前期工作的质量,采取灵活多样的办法,节约资金,确保前期工作顺利进行。

浅谈丹金船闸主体沉降观测的体会

王 浩 张 权

（江苏省交通工程集团有限公司）

摘 要 文章针对丹金船闸主体在施工过程中，对船闸主体沉降的目的和内容，观测仪器及观测精度要求，观测线路、基点布设、观测要求及观测周期等加以介绍。

关键词 丹金船闸 主体沉降 观测体会

1 工程概况

丹金船闸位于江苏省金坛市境内（桩号 K20 + 208 ~ K25 + 302.886m）范围，是丹金溧漕河 65.6km 航道唯一的通航建筑物。丹金闸采用裁弯取直的平地开挖建设方案，起点位于金坛市区北，原丹金船闸的上游约 600m 位置，向南进入平地开河段，自吴关庙和居头村北部穿越，在通济河荆西桥附近折线向南接金坛市区的平地开河改线段。船闸等级Ⅲ级，航道有效尺寸为 180m × 23m × 4m（闸室有效长度 × 闸室净宽 × 槛上水深）。

工程建设内容：闸首（含通航孔），闸室工程；上下游主辅导航墙，分水墙，引航道停靠段，驳岸工程；管理区各建筑单体；防洪大堤恢复工程；航道驳岸，护坡工程；门、机、电、自控工程；工程其他配套设施。

船闸引航道采取直线进闸、曲线出闸的布置方式。上下闸首、通航孔、闸室均采用钢筋混凝土整体式结构；导航墙采用扶壁式结构，分水墙、引航道驳岸及引航道停靠段均采用混凝土底板 + 夹石混凝土墙身重力式结构；航道驳岸采用混凝土底板 + C15 细石混凝土灌砌块石墙身重力式结构。

2 沉降观测的目的和内容

船闸在施工建设期间，由于地基结构、地下水位和季节温度等各种因素对建筑物的影响，使船闸产生不同程度的垂直位移（沉降）和水平位移，变化规律是复杂的。通过定期观测，可以掌握其变形规律，为施工提供科学依据，同时对于验证设计数据，对确保工程质量及安全具有重要意义。

沉降观测是船闸建设不可忽视的工作之一，可以监测建筑物的沉降变化情况，不但为今后的船闸底板内力计算提供数据，提高了计算的准确性，而且便于及时发现异常情况，采取措施，保证工程施工的安全运行。

目前船闸施工，普遍采用预留施工宽缝，将整块底板分成三块，待两侧底板浇筑完成，回填土达到所要求高程，地基沉降稳定后，再进行封铰，可有效减小地板的内力和厚度，并能减少闸塘开挖后对地基的卸载及底板闸墙边墩浇筑过程中因加载而产生的地基升降变化。通过定期进行沉降观测，可以掌握软基的固结过程，用来确定施工宽缝对内力的影响，同时为确定封铰时机和地下水位控制、加载速率提供依据。施工期间必须按设计要求进行系统的沉降变形观测。通过对沉降观测数据系统综合分析评估，使船闸主体底板沉降变化达到规定的变形控制要求。

沉降观测主要内容是：通过布设控制网，按相关精度要求，根据施工分级加载实况，定期定点对底板封铰前后每块底板、闸首边墩和每节闸室墙在建设过程中的沉降情况进行观测，直至工程竣工验收，移交使用单位。

3 观测仪器的选择与精度指标

设计单位对主体工程、上下闸首边墩、通航孔、施工缝提出的要求是：

(1)中底板浇筑历时大于90d;

(2)边墙沉降速率(连续10天以上)昼夜平均值小于0.1mm。

针对第二点要求,选择DS_1型精密水准仪(苏州一光),望远镜的放大率为40倍,水准管的分画值为10''/2mm,配合使用的为5mm分画的精密水准尺,转动测微螺旋,可以使水平视线在5mm范围内做平行移动,测微分画R有100个分格,分格值为0.05mm。由于这种水准尺为5mm分画,读数比实际数据大一倍,所以结果除以2,满足0.1mm技术要求。

根据设计要求和现行国家《工程测量规范》、《建筑物变形测量规范》及交通部水运环境规范中对沉降观测的各种规定,结合丹金船闸工程具体的特点,我们选择变形沉降的二级标准作为该项目沉降观测工作的技术指标。

沉降观测是船闸工程中精度较高的测量工作,仪器设备、布设路线、观测方法及人员素质等多方面都影响观测数据的精度。在该测量工作中我们选择苏州一光生产的DS_1精密水准仪,配合铟钢尺进行测量作业。仪器由权威测绘部门进行各项技术指标的检验,在作业期间对仪器i角差进行检核,为观测工作提供了技术保证。

4 观测路线布设

4.1 水准基点、工作基点的设置

水准基点由设计部门提供的等级点Cz01、Cz06与Cz07联测时加密点ZD7、KZ1、KZ2、KZ3、ZD8作为工作基点,均经过水准路线Cz01与Cz07平差,符合规范二等水准要求。该工作基点离船闸主体,位于北南侧70m处(主体四周)混凝土浇筑的观测墩,点位稳定可靠;且ZD7、KZ1、KZ2、KZ3、ZD8与水准基点组成一个水准闭合环。Cz06作为校核(设计院提供的)。

4.2 观测点的布置

根据设计部门的要求,沉降观测点分为两种,一为临时观测点;二为永久观测点。临时观测点120个,永久观测点60个。临时观测点设在上、下闸首通航孔边墩底板。闸室底板上每块底板设置8个,位于施工宽缝两侧,距宽缝0.2m处,上下闸首边墩底板设了16个,通航孔底板设了8个,闸室底板设了96个。永久观测点:设在上下闸首边墩、通航孔边墩、闸室墙顶部、上下闸首边墩,通航孔顶12个,闸室墙顶48个。位置:上下闸首通航孔,设在四个角离边线20cm处,闸室墙:沉降钉设在每片墙两侧距墙缝20cm处,每对墙4个。

临时沉降钉采用$\phi15\times15$cm不锈钢圆钉(顶端半球圆帽)加工而成;永久沉降钉采用$\phi15\times5.8$cm紫铜半球圆帽加工而成;临时观测点埋设时配以斜筋焊接在底板面层竖向钢筋上,顶端凸出混凝土表面1.5~2.0cm。永久沉降钉埋设方法同上,以保证点位稳固。

5 观测方法及要求

本项目沉降观测工作采用精密几何水准测量方法进行,观测过程中,各项偏差控制及内业数据整理按照国家《建筑物变形测量规范》中各项规定执行。

5.1 沉降观测需注意的问题

(1)使用的水准仪、水准标尺在项目开始前和使用过程中都要进行检验与校正。检验和校正按现行国家标准《国家一、二等水准测量规范》(GB 12897—91)进行。

(2)在每次观测前对水准仪进行检校,对用于二等水准观测的仪器,i角不得大于10″。

(3)每次观测应遵守"四固定"原则,即:观测所用仪器及水准标尺固定;观测人员固定;观测环境和条件基本相同。

(4)应在标尺分画成像清晰和稳定的条件下进行观测,不得在日出后或日出前约一小时、太阳中天前后、风力大于四级、气温突变时以及标尺分画线的成像跳动而难以照准时进行观测。

(5)为保证水准气泡稳定居中,自制一些简单的水准尺辅助标杆,以使扶持员快速稳定地竖直标

尺，提高观测效率。

(6)对各周期观测过程中发现的点位变动迹象、地质地貌异常、附近建筑物基础和墙体裂缝等情况，应做好记录，并画出草图。

5.2 观测周期

船闸底板基础是分段施工的，为及时掌握加载后的初始观测值，在每节底板浇筑混凝土终凝后，即开始初始观测。对于建筑物变形观测周期，有关沉降规范、规程都作统一规定，根据以往同类型船闸经验，结合本工程闸室采用龙门架支撑大模板一次到顶浇筑混凝土的施工方案，观测周期如下：

混凝土浇筑终凝后初始3d内每天观测一次；以后每周观测两次，连续观测两周；每周观测一次，连续观测两周；再接着每周观测两次，连续观测两个月，以后每月观测一次，具体视沉降速率适当增减观测频率。

封铰前期至封铰期间，按照设计说明连续观测10d，达到设计要求后方可封铰。封铰后至观测点转移在闸室墙顶部30d内应增加观测频率；遇有荷载增加、施工工艺变化或发现沉降异常时，应按新浇筑混凝土时标准观测或根据监理工程师批示增加及时提供观测数据，确保建筑物安全。

6 结论和体会

(1)丹金船闸设计要求上下闸首及通航孔预留沉降量，边底板3.5cm，闸室墙及中底板的沉降预留量分别为1.5cm、1.0cm。根据观测数据表明，本工程整个施工阶段基础的下沉量及回弹量的变化与施工顺序、地基上的加载大小、施工进度、地下水位情况密切相关。

(2)沉降观测资料反映施工阶段的实际沉降量，难以与设计部门提供的理论预留沉降量绝对相符，闸墙的边底板和中底板与提供的理论值基本一致，但上下闸首、通航孔差值较大，个人认为：上闸首与通航孔沉降量比下闸首小，是因为地质不同因素，下闸首淤泥砂土层采用PTC管桩和石子垫层作基础进行施工的，上闸首黏土层土质好所以沉降量小，供参考。

(3)由于累计沉降量均与初始观测值相关，因此初始观测值的准确性相当重要。每个点的初始观测值必须采用最初连续两次观测结果的平均值。

(4)沉降设计预留值根据该船闸的土质等因素计算得来；最终通过现场观测，确定沉降设计预留值的参数。

浅析 PTC 管桩在丹金船闸主体及航道工程地基处理中的应用

赵 冲

（江苏省交通工程集团有限公司）

摘 要 立足目前地基处理的几种方法及各自的适用范围，对先张法预应力混凝土管桩（PTC 管桩）在地基处理中的特点进行分析，结合 PTC 管桩在丹金船闸主体及航道工程地基处理中的应用，详细阐述 PTC 管桩的应用和具体施工控制办法。从对 PTC 管桩的简介、受力状态、施工工艺、质量控制进行介绍，通过小应变检测得出 PTC 管桩无论是造价还是质量、进度、环保方面都有着明显优势的结论。

关键词 丹金船闸 PTC 管桩复合地基 施工控制 沉降分析 比较优势

1 引言

近年来，由于 PTC 薄壁预应力管桩其自身质量可靠、施工速率快，成桩质量又相对较好，并符合环境保护等优点，特别是该类桩型与沉管灌注桩和钻孔灌注桩相比，有着独特的适用优势，故 PTC 管桩在广大地区的深厚软土地基处理中已被广泛应用。

在复合地基处理中，与传统采取的深层搅拌桩和碎石（砂）桩等柔性桩复合地基相比，PTC 桩具有施工快速、可以采用较大的桩距，从而降低地基处理总费用、处理深度大、能够有效控制地基沉降等良好特性[1]。

本文结合 PTC 管桩在丹金船闸主体及航道工程地基处理中的应用，详细阐述 PTC 管桩的应用和具体施工控制办法，从对 PTC 管桩的简介、受力状态、施工工艺、质量控制进行介绍，通过小应变检测得出 PTC 管桩无论是造价还是质量、进度、环保方面都有着明显优势的结论。

2 PTC 管桩简介

先张法预应力混凝土薄壁管桩（pretensioned spun concrete thin wall piles）简称 PTC 管桩，是由专业厂家采用先张法预应力工艺离心成型并蒸汽养护而成的一种细长空心等截面圆柱形预制混凝土构件。PTC 管桩生产过程中预应力主筋由过去一般预制管桩的高强钢丝发展到采用预应力混凝土用钢棒，该钢棒具有强度高、松弛率低、可焊、可热微等优良性能。另外，高强度混凝土技术的应用，使得薄壁管桩混凝土由原 C40 发展到 C50、C60、C70、C80 等，PTC 管桩也因此由单纯的摩擦型基桩发展到现在通常使用的端承摩擦桩，其最大端承力几乎达到总承载力的 50%[2]。

根据表 1 中的相关参数及对丹金船闸土建项目船闸主体及航道相关地段的地质勘测结果综合考虑，决定采用混凝土强度为 C70、ϕ400mm、壁厚 70mm 的 PTC 管桩。长度则视不同部位的土质情况而定。

预应力混凝土管桩选用表 表 1

管桩类型	壁厚（mm）	外径 ϕ（mm）	混凝土强度等级	管桩长度（m）	弯矩设计值 M（kN·m）	单桩桩身强度竖向承载力设计值 R_p（kN）
预应力混凝土薄壁管桩（PTC）	60	350	C60	≤11	33.3	850
	60	350	C70	≤11	33.5	1000
	60	400	C60	≤12	45.4	1000
	70	400	C70	≤12	51.4	1350

3 PTC 桩复合地基受力机理

PTC 管桩复合地基由土体、桩体以及褥垫层三部分组成。由于桩帽的存在，其受力模式与一般的复合地基不同。首先桩帽和桩帽以下的土体以及桩体之间构成组合单桩，桩、桩帽以及桩帽下的土体共同工作，变形协调。同时，在桩帽顶部设置碎石加筋垫层，通过垫层的调整作用，它又与桩帽之间的土体构成复合地基。而对于组合单桩来说，如果间距大于 6 倍桩径，则可按疏桩基础中的组合单桩的受力模式来考虑，对于整个地基则按复合地基的受力模式进行考虑。在加荷时，桩间土和桩同时受力并发生变形，桩侧摩阻力形成并起主要作用；由于桩与桩间土刚度不同，发生变形不协调，在加筋垫层的作用下，桩所分配的荷载逐渐增大，进而桩开始下沉；如此往复，最终达到桩土变形协调，沉降稳定[3]。

另外，由于 PTC 桩属于摩擦型桩，摩擦型桩体的复合地基，桩身可全长发挥承载作用，并且主要依靠桩侧摩阻力支承，桩端虽可承载，但发挥度较小，仅占总支承反力的 1.3% 左右；在桩身范围内桩侧摩阻力可以得到较好的发挥，桩间土可起到较好的承载作用[4]。

4 PTC 桩复合地基沉降分析

PTC 管桩属于刚性桩，刚性桩只有采用疏散布置才能更为充分发挥其桩体高强度特点。疏桩复合地基要求单桩具有高强度、高刚度的材料特性，从而能将上部荷载传递到地基深层。此外，桩体布设稀疏，有利于充分发挥桩间土的承载能力，特别是在表层地基存在硬壳层和桩体施工后桩间土得到挤密加固的情况下。总之，沉降控制疏桩能够最大限度地将“桩”和“土”的作用予以发挥，提高地基处理效果，优化设计方案。

一般认为，疏桩基础是指桩距大于 5 ~ 6 倍桩径，单桩承载力取极限荷载，桩土共同承担荷载，以减少沉降为主要目标的新型桩基。本次丹金船闸主体及航道工程中设计采用的 PTC 管桩桩径为 400mm，桩中心间距在 1.2 ~ 2m 之间，故完全可以按照疏桩复合地基考虑，即其复合地基承载力和沉降预估不考虑复合地基群桩效应，按单桩单元模型进行力学分析和沉降计算[5]。

5 与传统方法的比较

（1）若采用深层搅拌桩、碎石桩等柔性桩复合地基，由于桩身强度较低，存在有效桩长问题，地基承载力提高有限（一般只有 1.5 ~ 2.0 倍），地基承载力难以超过 180N/m^2，更难以满足船闸主体及航道结构物对沉降的要求。

（2）与碎石桩处理相比，PTC 管桩由于其强度大，能将上部荷载传递到地基 40m 的深度，地基承载力能够提高到 250 ~ 500N/m^2，地基变形及工后沉降可以得到有效地控制；而且 PTC 管桩在深厚软弱土地基处理中运用更广泛，能明显缩短施工周期，抗水平推力和抗侧滑移能力强，工后沉降小，在动荷载作用下沉降稳定时间更短，并且能有效减少桩间挤土效应，解决了碎石桩处理中产生的不均匀沉降和整体侧滑移问题；每米单位造价能节省约 1/3[6]。

6 PTC 管桩规格

设计采用混凝度强度为 C70、ϕ400mm、壁厚 70mm 的 PTC 管桩。下闸首桩底高程 -15.06m，桩顶高程 -7.06m，桩长为 8m。闸室管桩桩底高程 -13.91m，桩顶高程 -5.91m，桩长为 8m。下游 D12 导航墙处桩底高程 -10.16m，桩顶高程 -4.16m，桩长为 6m。下游 F5 分水墙处桩底高程 -10.36m，桩顶高程 -4.36m，桩长为 6m。闸首及闸室 1 号、2 号、3 号底板距化工厂较近，为保证化工厂厂房、水塔的安全及开挖边坡的稳定，拟采用静力压桩。桩机型号为 DTZ-818 步履式静力压桩机。

7 PTC 管桩施工工艺流程

PTC 管桩施工工艺流程见图 1。

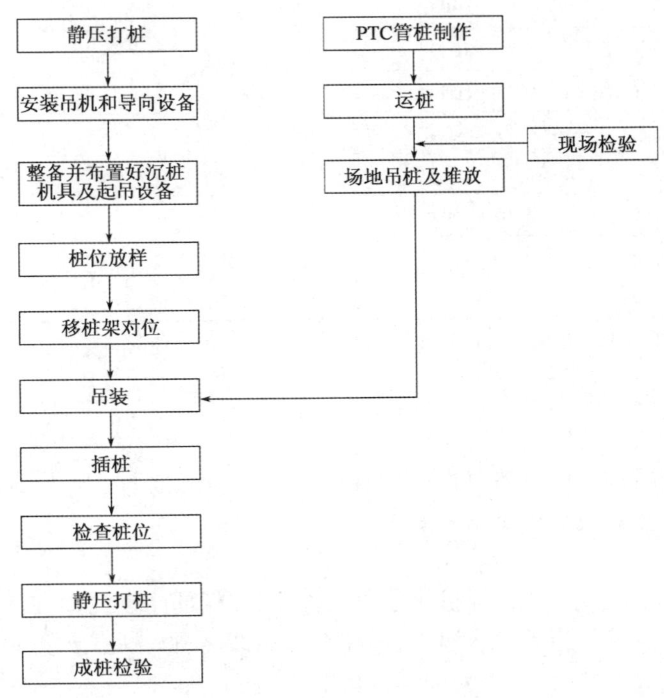

图 1 PTC 管桩施工流程图

8 PTC 管桩施工控制

8.1 场地平整

PTC 管桩的施工高程，下闸首、分水墙及导航墙布设在 -5.66m，闸室布设在 -5.16m。为方便打桩机械及管桩进场，利用水准仪对场地进行高程控制，场地平整。由于此处土质为淤泥质粉质黏土，为保证桩机施工，在打桩平台上用厚度为 80cm 的 6% 灰土对平台进行处理。同时在打桩期间安排了一台挖机进行配合。

8.2 PTC 管桩的制作、验收及吊装

采用成品 PTC 管桩，为确保管桩质量，本工程将采用两级控制程序：

(1)管桩生产厂家控制。选择有资质和信誉好的厂家进行管桩生产。厂家经指挥部现场办和总监办考察同意并报其批准。

(2)管桩现场验收。管桩进场后，按《水运工程质量检验标准》(JTS 257—2008)2.1.6 表 11-2 规定的主要检验项目和一般检验项目进行进场验收，并审查产品合格证明文件，把好材料进场验收关。预制桩允许偏差见表 2。

(3)管桩的吊运。PTC 管桩吊运时，桩身强度符合设计要求，一般要达到设计混凝土强度的 70% 后方可起吊，达到 100% 后方可运输。PTC 管桩采用平板拖车运至施工现场，在搬运时其支承点的位置与吊点位置相一致。

8.3 场地吊桩及堆放

堆放桩的场地靠近沉桩地点。场地平整坚实，做好必要的防水措施，防止湿陷和不均匀沉降。堆放支点位置与吊点位置相同，下口采用垫木支垫，偏差不超过 20mm。各支点垫木均匀放置，各垫木顶面在相同的水平面上。管桩堆放小于 3 层。

预应力混凝土管桩成品的允许偏差、检验数量和方法　　表2

<table>
<tr><th>序号</th><th colspan="2">项　目</th><th>允许偏差(mm)</th><th>检验数量</th><th>单元测点</th><th>检 验 方 法</th></tr>
<tr><td>1</td><td colspan="2">管桩长度</td><td>±100</td><td rowspan="6">逐件检查</td><td>2</td><td rowspan="3">用钢尺测量</td></tr>
<tr><td>2</td><td colspan="2">外周长</td><td>±10</td><td>2</td></tr>
<tr><td>3</td><td colspan="2">壁厚</td><td>+10,0</td><td>2</td></tr>
<tr><td>4</td><td colspan="2">桩顶倾斜</td><td>D/1000 且不大于8</td><td>2</td><td>用直角尺测量垂直两方向</td></tr>
<tr><td>5</td><td colspan="2">桩纵轴线弯曲矢高</td><td>L/1000 且不大于30</td><td>1</td><td rowspan="2">拉线测量</td></tr>
<tr><td>6</td><td colspan="2">桩尖对桩纵轴线偏斜</td><td>10</td><td>1</td></tr>
<tr><td>7</td><td rowspan="2">管节拼装</td><td>错台</td><td>δ/10 且不大于6</td><td rowspan="2">抽查50%</td><td>1</td><td>用钢尺测量取大值</td></tr>
<tr><td>8</td><td>拼缝弯曲矢高</td><td>8</td><td>1</td><td>拉线测量取大值</td></tr>
</table>

注：1. D 为管节外径，δ 为壁厚，单位为 mm。
2. 管节外壁不得有裂缝。
3. 管桩拼接焊缝的质量应按设计要求检查。

8.4 施工机械准备

桩机进场后，安装吊机和导向设备，检查机械各部件是否灵敏有效，确保设备运转安全。同时对打桩机进行调试，使其各项参数能够满足施工要求。

8.5 施工放样

利用全站仪先定出桩基的中心线，样桩用小竹签标识，顶端部涂以红漆，使得目标明显，利于检查与核对，同时将主轴线引测至桩基施工场区以外，标注上各轴线名称。桩位放好以后，打桩之前要进行校核，如发现偏差超出规范及设计要求，要立即进行调整。

8.6 沉桩顺序

本工程由于桩数众多，故沉桩顺序采用向前依次推进的方式进行沉桩。

8.7 管桩的吊运及插桩

桩位中心放出以后，即将打桩机及桩架就位，然后吊运管桩。桩采用两个吊点，沉桩吊立时采用一个吊点。桩的吊点位置为桩顶往下约3.2m处。吊桩前检查桩上的配件是否齐全。吊桩前做好桩的吊点位置记号，捆好吊索，并标好检查桩下沉的尺寸。吊点符合规范及设计规定，不得任意变动。采用一点吊立就位时，当桩吊到6m高度后，逐渐放松溜绳直至桩身完全垂直为止，缓缓将桩一端送入桩帽中，待管桩放入桩机夹桩箱内扶正就位后，将桩插入土中0.5～1.0m的深度后，检查桩位有无移动及桩的垂直度是否符合规范和设计要求。

8.8 管桩沉桩

PTC管桩采用DTZ－818步履式静力压桩机。

（1）管桩就位后，两台卷扬机同时启动，放下压梁、桩帽，套住桩顶顺势下压。注意两台卷扬机“同步”，确保压梁不倾斜，使桩在压桩过程中保持压梁中轴线与桩中轴线在同一位置。

（2）压桩沉入标准，原则以设计高程和静压力值进行双控。具体打桩控制指标以设计为准。故在压桩过程中，装在压梁柱的压力表必须正确反映每根桩的压力。压力表定期检验校核。

（3）压桩时尽量避免中途停歇，如必须停歇时尽量减少停歇时间，并考虑将桩尖停歇在软弱土层上，使再压时起动阻力不致过大。

（4）施工过程中，密切注视压桩力是否与桩轴线重合，压梁导轮和龙口的接触是否正常，有无卡住现象。发现问题应及时调整。

（5）压桩达到设计高程时，不能过早停压，这样会造成再压困难或压入过深。在接近设计高程时，注意严格控制，使得一次成功。

8.9 送桩

打桩的施工平台比桩顶高程高出1m左右，采用送桩器送至桩顶高程。

8.10 桩头处理

本工程在封底混凝土浇筑之后，按照设计要求安装 3mm 厚钢托板，然后绑扎钢筋进行混凝土浇筑。

9 PTC 管桩质量控制标准与检测

(1) PTC 管桩进场时按照规范要求进场批次全数检查。

(2) 沉桩控制标准满足设计要求，并符合《港口工程桩基规范》。

(3) PTC 管桩桩身完整性检测时，数量和结果应满足规范和设计要求。

(4) 陆地沉桩的允许偏差、检验数量和方法应符合表 3 的规定。

陆地沉桩的允许偏差、检验数量和方法　　表 3

序　号	项　　目	允许偏差(mm)	检 验 数 量	单 元 测 点	检 验 方 法
1	边桩	100	逐件检查	1	用经纬仪和钢卷尺测量两方向，取最大值
2	中间桩	200			
3	桩身垂直度(m^{-1})	10	抽查 10% 且不少于 10 根	1	吊线测量或用测斜仪测量

10 安全措施及其他注意事项

(1) 桩机手等相关操作人员必须持证上岗，并进行安全教育培训与班前安全教育。

(2) 吊装运输及起吊送桩时，需要专人指挥及监护，隔离操作，严禁人员通行。

(3) 机电设备维修时，必须切断电源后无电状态方能操作。

(4) 露天作业，需注意安全用电防护；实行三相五线制，做好机械漏电保护，搭建防潮、防雨设施；一机一闸，闸箱上锁，确保用电作业安全。

(5) PTC 管桩打桩过程中注意控制打桩质量，保证桩身的完好性。

11 结语

通过上文的分析与比较可知，PTC 桩具有施工快速，可以采用较大的桩距，从而降低地基处理总费用。PTC 桩处理深度大，能够有效控制地基沉降，桩复合地基能够充分发挥桩间土的承载作用，达到桩土变形协调、沉降稳定，在深厚软基处理中推广前景可观。

参 考 文 献

[1] 陈小虎. PTC 管桩在软土路基中的应用及施工控制办法[J]. 山西建筑，2010，36(8)：129-130.

[2] 王斌，徐泽中. 预应力管桩在高速公路拼接工程软基处理中的设计方法[J]. 公路，2004，2：84-88.

[3] 宋少华，王德平，许永明，等. PTC 管桩处理地基变形规律试验研究[J]. 道路工程，2006，4：1-4，49.

[4] 刘惠珊. 疏桩基础的沉降漏斗设计法[J]. 地基处理，2000，11(2)：23-30.

[5] 蒋樟泉，孙苗苗，夏唐代，等. 大直径薄壁筒桩在高等级公路深厚软土地基处理中的应用[J]. 浙江建筑，2010，9：129-132.

大体积混凝土裂缝原因及预防措施

贾　兵

（江苏省交通工程集团有限公司）

摘　要　温度裂缝严重危害大体积混凝土的结构安全。结合本工程实例，在阐述大体积混凝土结构的特点及类型的基础上，着重分析大体积混凝土裂缝产生原因及预防措施。

关键词　大体积混凝土　裂缝　预防

大体积混凝土在船闸工程、桥梁墩台基础工程中是比较常见的，其质量通病也集中体现在因温度及干缩而产生的拉应力导致的温度裂缝。本文主要针对大体积混凝土在船闸水工构筑物中的温度裂缝产生原因及预防措施进行分析和阐述。

1　大体积混凝土结构特点及类型

大体积混凝土一般为防水混凝土，它是因本身的密实性而具有一定防水抗渗能力的整体式混凝土或钢筋混凝土结构。它兼有承重、围护和抗渗的功能，还可满足一定的耐冻融及耐侵蚀要求。防水混凝土结构具有材料来源广泛、工艺操作简单、工程成本低廉、结构整体性强、防水、抗渗、耐久等特点。防水混凝土结构以其独特的优越性成为大体积工程建筑的首选。

大体积防水混凝土按类型可分为普通防水混凝土和外加剂防水混凝土。

1.1　普通防水混凝土

普通防水混凝土是在普通混凝土集料级配的基础上，以调整和控制配合比的方法提高自身密实度和抗渗性的一种混凝土。混凝土硬化后，粗集料彼此之间被具有一定密实度的水泥砂浆所填充，并切断混凝土内部沿石子表面形成的连通的毛细渗水通道，使混凝土具有较好的抗渗性。

1.2　外加剂防水混凝土

外加剂防水混凝土是指用掺入适量外加剂的方法，改善混凝土内部组织结构，以增加密实性、提高抗渗性的混凝土。外加剂主要是以吸附、分散、引气、催化或与水泥的某种成分发生物理、化学反应，使混凝土得到改性。外加剂防水混凝土的类型有减水剂防水混凝土、加气剂防水混凝土、聚合物水泥混凝土等。

2　大体积混凝土结构裂缝及产生原因分析

裂缝是混凝土建筑物最常见的病害之一。混凝土中产生裂缝有多种原因，主要是温度和湿度的变化，混凝土的脆性和不均匀性，以及结构不合理、原材料不合格（如碱集料反应）、模板变形、基础不均匀沉降等。混凝土硬化期间水泥放出大量水化热，内部温度不断上升，在表面引起拉应力。后期在降温过程中，由于受到基础或老混凝土的约束，又会在混凝土内部出现拉应力。气温的降低也会在混凝土表面引起很大的拉应力，当这些拉应力超出混凝土的抗裂缝能力时，即会出现裂缝。许多混凝土的内部湿度变化很小或变化较慢，但表面湿度可能变化较大或发生剧烈变化。如养护不周、时干时湿、表面干缩形变受到内部混凝土的约束，也往往导致裂缝。

根据大体积混凝土建筑物的结构特点和所处工作环境的不同，常见裂缝主要有塑性收缩裂缝、沉降收缩裂缝、凝缩裂缝、冻胀裂缝等类型。

2.1 塑性收缩裂缝

裂缝多在新浇筑并暴露于空气中的结构表面出现，形状很规则，且长短不一，互不连贯，裂缝较浅，类似于干燥的泥浆面。大多在混凝土初凝后，或在浇筑后4小时左右，当外界气温高、风速大、气候很干燥的情况下出现。原因分析：

(1)混凝土浇筑后，表面没有及时覆盖，受风吹日晒，表面游离水分蒸发太快，产生急剧收缩，而此时混凝土早期强度低，不能抵抗这种变形应力而导致开裂。

(2)使用收缩率较大的水泥，水泥用量过多，或使用过量的粉砂，或混凝土水灰比过大。

(3)混凝土水灰比过大，模板、垫层过于干燥，吸水大。

(4)浇筑在斜坡上的混凝土，由于重力作用有向下流动的倾向，导致裂缝出现。

2.2 沉降收缩裂缝

裂缝多沿结构上表面钢筋通长方向或箍筋上断续出现，或在埋设件的附近出现。裂缝呈梭形，宽度1~4mm，深度不大，一般到钢筋上表面为止。多在混凝土浇筑后发生，混凝土硬化后停止。

原因分析：混凝土浇筑振捣后，粗集料沉落，挤出水分、空气，表面呈现泌水，而形成竖向体积缩小沉落，这种沉落受到钢筋、预埋件、模板、大的粗集料以及先期凝固混凝土的局部阻碍或约束，或混凝土本身各部相互沉降量相差过大而造成裂缝。

2.3 凝缩裂缝

混凝土表面呈现碎小的六角形花纹状裂缝，裂缝很浅，常在初凝期间出现。

原因分析：混凝土表面过度的抹平压光，使水泥和细集料过多的浮到表面，形成含水量很大的砂浆层，它比下层混凝土有较大的干缩性能，水分蒸发后，产生凝缩而出现裂缝。有时在混凝土表面撒干水泥压光，也会产生这种裂缝。

2.4 冻胀裂缝

结构、构件表面沿主筋、箍筋方向出现宽窄不一的裂缝，深度一般到主筋。

原因分析：冬期施工混凝土结构、构件未保温，混凝土早期遭受冻结，将表层混凝土冻胀，解冻后，钢筋部位变形仍不能恢复，而出现裂缝、剥落。

3 大体积混凝土结构裂缝预防措施

大体积混凝土的施工技术要求比较高，特别在施工中要防止混凝土因水泥水化热引起的温度差产生温度应力裂缝。因此需要从材料选择上、技术措施等有关环节做好充分的准备工作，才能保证基础底板等构筑物大体积混凝土顺利施工。

3.1 大体积混凝土施工过程控制

(1)主要原材料选择。

①水泥：大体积混凝土宜采用矿渣硅酸盐水泥、粉煤灰硅酸盐水泥、复合硅酸盐水泥或中热硅酸盐水泥、低热硅酸盐水泥、低热矿渣硅酸盐水泥，不宜使用早强水泥。所用水泥应符合现行国家标准《通用硅酸盐水泥》(GB 175)或《中热硅酸盐水泥、低热硅酸盐水泥、低热硅酸盐水泥》(GB 200)的规定，水泥的铝酸三钙含量不宜大于8%，水泥80μm方孔筛筛余不应小于1%，比表面积不应超过400m^2/kg。另外，有抗冻要求的混凝土，宜采用普通硅酸盐水泥或硅酸盐水泥，不宜采用火山灰质硅酸盐水泥；不受冻地区海水环境浪溅区部位混凝土，宜采用矿渣硅酸盐水泥、普通硅酸盐水泥或硅酸盐水泥。

②粗集料：采用碎石，粒径5~31.5mm，并连续级配，含泥量不大于1%，泥块含量不应大于0.5%；有抗冻要求时含泥量不应大于0.7%，泥块含量不应大于0.2%。选用粒径较大、级配良好的碎石配制的混凝土，和易性较好，抗压强度较高，同时可以减少用水量及水泥用量，从而使水泥水化热减少，降低混凝土温升。

③细集料：采用中砂，细度模数在2.3~3.0，平均粒径大于0.5mm，含泥量不大于3%，选用平均粒径较大的中、粗砂拌制的混凝土比采用细砂拌制的混凝土可减少用水量10%左右，同时相应减少水泥

用量，使水泥水化热减少，降低混凝土温升，并可减少混凝土收缩。

④粉煤灰：由于混凝土的浇筑方式为泵送，为了改善混凝土的和易性便于泵送，考虑掺加适量的粉煤灰。按照规范要求，粉煤灰对降低水化热、改善混凝土和易性有利。但掺加粉煤灰的混凝土早期极限抗拉值均有所降低，对混凝土抗渗抗裂不利。当采用P.O型硅酸盐水泥时，粉煤灰的掺量控制在20%以内；大体积混凝土，采用等量取代法，按配合比要求计算出每立方米混凝土所掺加粉煤灰量。

⑤外加剂：大体积混凝土宜选用缓凝型高效减水剂，其减水率不应小于18%，其中缓凝成分不应为糖类。设计无具体要求时，通过分析比较及过去在其他工程上的使用经验，掺量为胶凝材料的1.3%。减水剂可降低水化热峰值，对混凝土收缩有补偿功能，可提高混凝土的抗裂性。

（2）混凝土配合比设计。大体积混凝土配合比应满足设计与施工要求，并按照绝热温升低、抗裂性能良好的原则通过优化确定。具体的要求如下：

①在满足施工工艺要求的条件下，选择较小的坍落度。

②在满足施工工艺要求的条件下，选择较小的砂率。

③矿物掺和料量根据掺和料种类和水胶比按表1选用。

大体积混凝土矿物掺和料掺量 表1

矿物掺合料种类	水胶比	掺量范围（%，占胶凝材料总量）
粉煤灰	≤0.40	30～50
	>0.40	20～40
粒化高炉矿渣粉	≤0.40	30～70
	>0.40	30～60
粉煤灰与粒化高炉矿渣粉复合	≤0.40	≤70
	>0.40	≤60

④含气量宜控制在2%～4%，如有抗冻要求时含气量宜为4%～6%。

⑤大体积混凝土宜限制早期强度的发展，12h抗压强度不宜大于8MPa或24h不宜大于12MPa。

（3）施工前准备工作。

①基础底板钢筋及柱、墙钢筋应分段尽快施工完毕，并进行隐蔽工程验收。

②将基础底板上表面高程抄测在柱、墙钢筋上，并做明显标记，供浇筑混凝土时找平用。

③浇筑混凝土时预埋的测温管及保温所需的塑料薄膜、草席等应提前准备好。

④项目经理部应与建设单位联系好施工用电，以保证混凝土振捣及施工照明用。

⑤管理人员、施工人员、后勤人员、保卫人员等昼夜排班，坚守岗位，各负其责，保证混凝土连续浇筑的顺利进行。

（4）施工过程的控制。

①按照图纸数据进行钢筋分布及焊接绑扎施工，保证钢筋间距基本均匀，以免个别钢筋间距太密导致混凝土下料及振捣过程中混凝土料无法下落，影响混凝土的密实强度及振捣效果。控制好混凝土振捣质量，有利于控制混凝土的温度裂缝。

②混凝土浇筑时应采用“分区定点、一个坡度、循序推进、一次到顶”的浇筑工艺。根据泵车布料杆的长度，划定浇筑区域，每台泵车负责本区域混凝土浇筑。浇筑时先在一个部位进行，直至达到设计高程，混凝土形成扇形向前流动，然后在其坡面上连续浇筑，循序推进。这种浇筑方法能较好地适应泵送工艺，使每车混凝土都浇筑在前一车混凝土形成的坡面上，确保每层混凝土之间的浇筑间歇时间不超过规定的时间。同时可解决频繁移动泵管的问题，也便于浇筑完的部位进行覆盖和保温。

③严格控制入仓混凝土质量，在施工现场严格检查泵送混凝土的坍落度，检查混凝土配料是否符合试验室配合比的要求。

④混凝土浇筑过程中加强振捣，严格把握每一个振捣点的振捣时间，一般振捣时间控制在20～30s

左右，以混凝土表面呈水平、不再显著下沉、不再出现气泡为准。振捣棒每次移动位置的距离不大于振捣棒作用半径(50cm)的1.5倍。加强振捣，可以减少混凝土内部气孔和裂缝，提高抗裂性能。由于泵送混凝土坍落度比较大，会在表面钢筋下部产生水分，或在表层钢筋上部的混凝土产生细小裂缝。为了防止出现这种裂缝，在混凝土初凝前和混凝土预沉后采取二次抹面压实措施。在混凝土浇筑过程中，注意对混凝土进行多次振捣，以利于层间散热，减小混凝土温度应力约束。

⑤现场按每浇筑100m^3（或一个台班）制作3组试块，1组压7d强度，1组压28d强度（归技术档案资料用）；1组作14d强度备用。

⑥防水混凝土抗渗试块按规范规定每单位工程不得少于2组。按规定取2组防水混凝土抗渗试块。

(5)混凝土测温。

①基础底板混凝土浇筑时应设专人配合预埋测温管。测温线应按测温平面布置图进行预埋。预埋测温管与钢筋绑扎牢固，以免位移或损坏。每组测温线有2根（即不同长度的测温线）在线的上端用胶带做上标记，便于区分深度。测温线用塑料带罩好，绑扎牢固，不准将测温端头受潮。测温线位置用保护木框作为标志，便于测温时查找。

②配备专职测温人员（按两班考虑），并对测温人员进行培训和技术交底。测温人员要认真负责，按时按孔测温，不得遗漏或弄虚作假。测温记录要填写清楚、整洁，换班时要进行交底。

③测温工作应连续进行，直至技术部门同意后方可停止测温。

④测温时发现混凝土内部最高温度与表面温度之差达到25℃或温度异常，应及时通知技术部门和项目技术负责人，以便及时采取措施。

(6)混凝土养护。

①混凝土浇筑及二次抹面压实后应立即覆盖保温，先在混凝土表面覆盖二层草席，然后在上面覆一层塑料薄膜。

②新浇筑的混凝土水化速度比较快，盖上塑料薄膜后可进行保温保养，防止混凝土表面因脱水而产生干缩裂缝，同时可避免草席因吸水受潮而降低保温性能。

③柱、墙钢筋部位是保温的难点，要特别注意盖严，防止造成温差较大或受冻。

④停止测温的部位经技术部门和项目技术负责人同意后，可将保温层及塑料薄膜逐层掀掉，使混凝土散热。

(7)主要管理措施。

①拌制混凝土的原材料均需进行检验，合格后方可使用。同时要注意各项原材料的温度，以保证混凝土的入模温度与理论计算基本相近。

②在混凝土搅拌站设专人管理掺入外加剂，掺量要准确。

3.2 大体积混凝土养护温度控制

大体积混凝土浇筑完毕，只是大体积混凝土施工的初步成功，如何防止浇筑后的混凝土在养护期间发生裂缝，尤其是深层裂缝，是大体积混凝土施工一个极为关键的问题。对浇筑后的混凝土进行测温监控，随时掌握混凝土的温度变化动态，并以此来指导混凝土的养护工作，使养护工作更加科学有效。即实行“信息化”施工，这是大体积混凝土施工必不可少的手段。

(1)测温目的。在施工以前进行必要的混凝土热工计算，对混凝土的内部最高温度、表面温度、温度收缩应力等进行计算，看实际是否与其符合。混凝土实际温度变化情况究竟如何、养护的效果如何等，只有经过现场测温，才能掌握。通过测温，将混凝土深度方向的温度梯度控制在规范允许范围以内。同时，通过测温，精确掌握混凝土内部温度、各关键部位温差等，还可以根据实际情况，尽可能地缩短养护周期，使后续工序尽早开始，加快施工进度，并节约成本。

(2)布点方案。根据工程平面形状、底板厚度尺寸布点，在中心点、角点等代表性部位布点，在保证能全面反映混凝土内部各点温度的情况下，尽量减少布点数量。柱顶部点距混凝土表面10cm，底部点距底面10cm。

(3)使用设备。采用建筑施工用智能温度巡回控测系统,高精度热电阻温度传感器,精度0.2%。系统每6min采样一次,屏幕显示全部测点温度;每一小时打印温度参数表,测试过程结束打印全过程主要部位温度梯度曲线。

(4)布点及监测。

①布点在混凝土浇筑前夕进行。当拟施工段钢筋绑扎完成、进行钢筋验收时,可开始进行布点施工。按施工方案确定的布点平面位置进行布点,用一 ϕ14 钢筋,其长度为浇筑层厚度 +20cm,将温度传感器采用胶布固定于钢筋上的各不同位置处,然后小心将每根钢筋与底板钢筋网绑扎牢。布点结束后,检查各传感器是否完好,如有损坏,应更换。

②混凝土浇筑开始,即开始进行监测,专人值班。在浇筑完成后每天24小时值班,随时掌握混凝土温度动态。当温度梯度接近规范要求时,及时报警,以便立即采用措施,降低温度梯度。

③监测时间应根据混凝土温度降低情况,保证混凝土不会发生温度裂缝时才能结束。

(5)注意事项。

①混凝土浇筑时,应提醒操作人员,避开温度传感器位置;在混凝土振捣时,应距离传感器50cm以上,防止损坏传感器,对导线也要加以保护,防止拉断。

②注意天气变化,尤其注意寒潮、阵雨时监测。

4 工程实例

丹金溧漕河航道整治工程丹金船闸主体工程中,船闸闸室采用C30钢筋混凝土整体式结构,闸室墙口宽度为23.2m,净宽23m,墙高8.86m,闸室墙底宽2.3m、顶宽2.3m,闸室底板长15.0m,宽27.8m,厚2.3m。底板均设置施工宽缝,沿纵向分三块进行浇筑,均属于大体积混凝土工程。施工过程中的控制如下:

(1)混凝土主要原材料。水泥采用P.O4 2.5低热水泥,粗集料采用5~40mm连续级配碎石,细集料采用细度模数2.4~2.9的中砂,Ⅱ级粉煤灰,外加剂采用高效缓凝减水剂。

(2)闸室底板C30混凝土配合比,设计坍落度为160mm±30mm,确定水灰比0.43;水泥:270kg,细集料:748kg,粗集料:1114kg,水:145kg,粉煤灰:67kg,外加剂:4.044kg。经验证,符合混凝土强度、抗冻抗渗等耐久性等要求。

(3)施工准备及施工过程中,先预埋测温元件,按照浇筑顺序,严格控制混凝土入仓质量,加强施工过程中的振捣。

(4)温度的监控。安排专业人员定时对各个测温元件进行测温,观测至混凝土内部温度开始下降为止。混凝土浇筑温度监测每台班至少2次;升温期间,环境温度和混凝土内部温度每2~4h监测一次,降温期间每天检测2~4次;在内外温差小于25℃时,连续测温。

(5)混凝土养护。混凝土浇筑结束后,在终凝前及时采用1层薄膜2层土工布覆盖,保温保湿,当混凝土内外温差小于25℃时,拆除模板后及时覆盖土工布、洒水保温保湿,直至规定龄期。养生期间,加强了对混凝土内外温度的监控,采取了降低内外温差的相应措施。

5 结语

由于温度裂缝的影响,很多大体积混凝土构筑物受到威胁和挑战,分析裂缝出现的原因,预防是关键,这需要在设计、施工,特别是施工中加强控制,确保混凝土质量,减少裂缝隐患及威胁。

影响混凝土和易性主要因素研究

贾　兵

（江苏省交通工程集团有限公司）

摘　要　水泥混凝土是目前桥梁工程与船闸水工工程中用途最广泛、用量最大的材料，混凝土的和易性对混凝土工程施工质量起着关键的作用。如混凝土的密实程度、强度、施工的难易、外观质量等都起着决定性的作用，本文从水泥用量与稠度、砂率、组成材料性质、拌和物拌和、运送、搁置时间及环境温度等多个方面对影响混凝土和易性的影响因素进行分析，结合具体工程实例，提出了保证混凝土和易性的管理措施。

关键词　混凝土　和易性　影响因素

近年来，随着我国交通、城市等基础设施建设的迅猛发展，混凝土作为一种优良的建筑材料，在土木工程建设中发挥着越来越大的作用，因此混凝土质量控制在各类混凝土结构工程施工中成为关键控制程序。适宜的和易性、稳定而匀质的新拌混凝土、正确的施工和充分的养护，是保证混凝土施工质量的前提。因此，混凝土的和易性控制是整个混凝土施工工序控制中最重要的一环，它对于提高硬化后混凝土的强度与混凝土结构工程的耐久性具有极其重要的意义。

1　和易性的概念

新拌混凝土的和易性，也称工作性，是指拌和物易于搅拌、运输、浇捣成型，并获得质量均匀密实的混凝土的一项综合技术性能，通常用流动性、可塑性、稳定性和易密性表示。

（1）流动性是指拌和物在自重或机械振捣作用下，易于产生流动并能均匀密实填满模板的性质。它反映混凝土拌和物的稀稠程度，是最主要的工艺性质。新拌水泥混凝土的流动性好，操作方便、容易成型和振捣密实。

（2）可塑性（或称黏聚性）是指新拌水泥混凝土内部材料之间有一定的黏聚力，在自重力和一定的外力作用下，而不会产生层间脆性断裂，能够保持整体完整和稳定的性质。黏聚性好可保证混凝土拌和物在输送、浇注、成型等过程中，不发生分层、离析，即保证硬化后混凝土内部结构均匀，保证硬化后水泥混凝土的强度和耐久性。

（3）稳定性（或称保水性）是指新拌水泥混凝土在施工过程中，能够保持各组成材料间的相互联系和相对稳定的性能。保水性好可保证混凝土拌和物在输送、成型及凝结过程中不发生大的或严重的泌水，既可避免由于泌水产生的大量的连通毛细孔隙，又可避免由于泌水，使水在粗集料和钢筋下部聚积所造成的界面黏结缺陷。保水性对混凝土的强度和耐久性有较大的影响。

（4）易密性是指新拌混凝土在浇注振捣过程中，易于形成稳定密实的结构，可以按照设计要求布满整个模具和钢筋间隙，而不会留下空隙和缺陷。

通常情况下，混凝土拌和物的流动性越大，则可塑性和稳定性越差，反之亦然，相互之间存在一定矛盾。和易性良好的混凝土是指既具有满足施工要求的流动性，又具有良好的可塑性和稳定性。因此不能简单地将流动性大的混凝土称之为和易性好，或者流动性减小说成和易性变差。良好的和易性既要满足施工的要求，同时也是获得质量均匀密实混凝土的基本保证。

2　和易性的测试和评定

混凝土拌和物和易性是一项极其复杂的综合指标，新拌混凝土和易性所包含的内容较多，因此到目前为止国际上还没有一种能够全面表征新拌混凝土工作性的测定方法。在和易性的众多内容之中，流动性是影响混凝土性能及施工工艺的最主要的因素。而通过对流动性的观察，在一定程度上也可以反映出新拌混凝土和易性其他方面的好坏，因此，目前对新拌混凝土和易性的测试主要集中在流动性上。通常通过测定流动性，再辅以其他直观观察或经验综合评定混凝土和易性。对普通混凝土而言，流动性的测定方法最常用的是坍落度法和维勃稠度法。

（1）坍落度试验法。将搅拌好的混凝土分三层依次装入标准坍落度筒中，每层插捣 25 次，抹平后垂直提起坍落度筒，混凝土在自重力作用下坍落，以坍落高度（单位 mm）代表混凝土的流动性。坍落度越大，则流动性越好。

混凝土拌和物根据坍落度大小分 4 级，见表 1。

坍落度分级　　表1

级别	名称	坍落度(mm)
T_1	低塑性混凝土	10～40
T_2	塑性混凝土	50～90
T_3	流动性混凝土	100～150
T_4	大流动性混凝土	>160

坍落度试验法只适用于粗集料最大粒径不大于 40mm，坍落度值不小于 10mm 的混凝土拌和物。

对于坍落度小于 10mm 的干硬性混凝土，坍落度值已不能准确反映其流动性大小。如当两种混凝土坍落度均为零时，但在振捣器作用下的流动性可能完全不同，故此情况下一般采用维勃稠度法测定。

（2）维勃稠度法。坍落度法的测试原理是混凝土在自重力作用下坍落，而维勃稠度法则是在坍落度筒提起后，施加一个振动外力，测试混凝土在外力作用下完全填满面板所需时间（单位：s）代表混凝土流动性。时间越短，流动性越好；时间越长，流动性越差。

实际施工时采用的坍落度大小根据下列条件选择：

①构件截面尺寸大小：截面尺寸大，易于振捣成型，坍落度适当小些，反之亦然。

②钢筋疏密：钢筋较密，则坍落度选大些，反之亦然。

③振捣方式：人工振捣，则坍落度选大些，机械振捣则可宜小些。

④运输距离：从搅拌机出口至浇筑现场运输距离较远时，应考虑途中坍落度损失，坍落度宜适当选大些，特别是商品混凝土。

⑤气候条件：气温高、空气相对湿度小时，因水泥水化速度加快及水分挥发加速，坍落度损失大，坍落度宜选大些，反之亦然。

一般情况下，坍落度可按下表 2 选用。

坍落度选用条件　　表2

结构特点	坍落度(mm)	
	机械捣实	人工捣实
基础或地面等的垫层	0～30	20～40
无配筋的大体积或配筋稀疏的结构	10～30	30～50
板、梁和大型及中型截面的柱子等	30～50	50～70
配筋较密的结构	50～70	70～90
配筋特密的结构	70～90	90～120

3　影响新拌水泥混凝土和易性的因素

3.1　组成材料质量及其用量的影响

（1）单位体积用水量。新拌混凝土的流动性主要是依靠集料与水泥表面吸附一定的水膜，从而使

颗粒间比较润滑，而黏聚性也主要是依靠水的表面张力作用，如单位体积用水量过少，则水膜较薄，润滑效果差；而用水量过多，毛细孔被水分填满，表面张力作用减小，混凝土的黏聚性变差，易泌水。因此用水量的多少直接影响着水泥混凝土的工作性。而且大量的试验表明，当粗细集料种类和比例确定后，在一定的水灰比范围内（$W/C=0.4\sim0.8$），水泥混凝土的坍落度主要取决于单位体积用水量，而受其他因素的影响较小，这一规律称为固定加水量定则，为水泥混凝土配合比设计提供了极大的方便。

（2）水泥特性的影响。水泥的品种、细度、矿物组成以及混合材料的掺加量等因素会影响到需水量，由于不同的水泥品种达到标准稠度的需水量不同，所以不同品种的水泥制成的拌和物的和易性不同。普通水泥的混凝土拌和物比矿渣水泥和火山灰水泥拌和物的和易性好。矿渣水泥拌和物的流动性虽然大，但黏聚性差，容易泌水离析；火山灰水泥流动性小，但黏聚性最好。此外，水泥细度对水泥混凝土拌和物的和易性也有影响，适当提高水泥的细度可以改善拌和物的黏聚性和保水性，减少泌水、离析现象。

（3）集浆比的影响。集浆比就是单位混凝土拌和物中，集料绝对体积与水泥浆绝对体积之比，有时也用其倒数，称为浆集比。水泥浆在混凝土拌和物中，除了填充集料之间的空隙外，还包裹集料表面，以减小集料颗粒间的摩阻力，使混凝土拌和物具有一定的流动性。在单位体积的混凝土拌和物中，如水灰比保持不变，则水泥浆的数量越多，拌和物流动性越大。但若水泥浆数量过多，则集料的含量相对减少，达到一定限度后，就会出现流浆现象，使混凝土拌和物的黏聚性和保水性变差，同时对混凝土的强度和耐久性也会产生一定的影响。此外，水泥浆数量的增加就会增加水泥用量，提高了混凝土的造价。相反的，如果水泥浆数量过少，不足以填满集料间的空隙和包裹集料表面，则混凝土拌和物的黏聚性变差，甚至产生崩坍现象。因此，混凝土拌和物中水泥浆数量应根据具体情况决定，在满足和易性要求的前提下，同时要考虑强度和耐久性要求，尽量采用较大的集浆比以节约水泥用量。

（4）水灰比的影响。集浆比确定后，即水泥浆的数量一定时，水灰比决定水泥浆的稠度。水灰比较小，则水泥浆较稠，水泥混凝土的拌和物流动性亦较小。当水灰比小于某一极限值时，在一定施工方法下就难以保证密实成型；反之，水灰比较大，水泥浆就稀，拌和物的流动性虽然较大，但保水性和黏聚性随之变差，当水灰比大于某一极限值时将产生严重的泌水、离析现象，会严重影响混凝土的强度。故水灰比的大小应根据混凝土强度和耐久性要求进行合理选用。

（5）集料特性的影响。集料特性指混凝土所用集料的最大粒径、形状、表面纹理、品种、级配和吸水性等。在混凝土集料用量一定的情况下，采用卵石和河沙拌制的混凝土拌和物，其流动性比碎石和山砂拌制的好。用级配好的集料拌制的混凝土拌和物和易性好，用细砂拌制的混凝土拌和物的流动性较差，但黏聚性和保水性好。

（6）砂率的影响。砂率是指混凝土中砂的质量占砂、石总质量的百分比。砂率是表示混凝土中细集料与粗集料二者的组合关系。由于砂率的变动，会使集料的总表面积和空隙率发生变化，因而混凝土拌和物的和易性亦随之产生变化。混凝土拌和物坍落度与砂率的关系见图1。

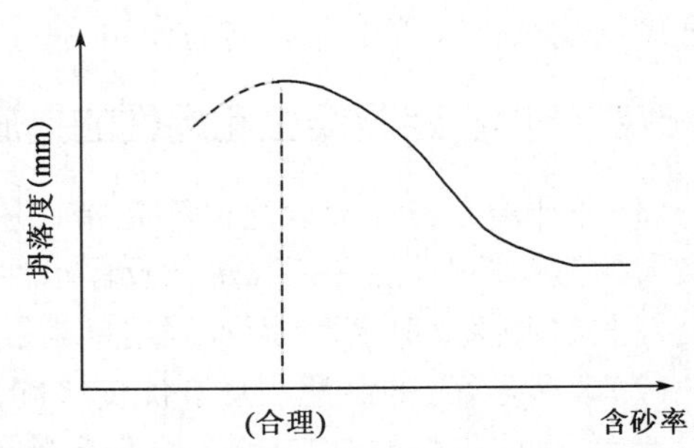

图1　砂率与坍落度的关系（水与水泥用量一定）

当砂率过大时，集料的总表面积和空隙率也随之增大，在混凝土中水泥浆用量一定的情况下，集料颗粒表面水泥浆将相对减薄，集料间的摩擦力增大，拌和物就显得干涩，流动性就变小。如果想要使混凝土保持流动性不变，则需增加水泥浆用量，将会使单位体积混凝土的水泥消耗量加大，使混凝土的成本增加。反之，若砂率过小，拌和物中粗集料明显多于细集料，混凝土中砂浆量不足以包裹粗集料表面，也不足以填满粗集料间空隙，会使混凝土的密实度不足，更会导致强度降低。由于粗集料间没有足够砂浆作润滑层，混凝土拌和物的流动性不但会降低，而且严重影响其黏聚性和保水性，使混凝土产生集料离析、水泥浆流失，甚至出现崩散现象，给施工造成不便，混凝土成型困难，生产出的混凝土成型畸曲，外观缺陷，强度不足。

因此，在不同的砂率中应有一个合理砂率值，即指在用水量和水泥用量一定的情况下，能使混凝土拌和物获得最大的流动性，且能保持黏聚性和保水性能良好的砂率。

3.2 环境条件的影响

容易引起混凝土拌和物和易性降低的环境因素主要包括：时间、温度、湿度和风速。

对于给定组成材料性质和配合比的混凝土拌和物，其和易性的变化，主要受水泥的水化速率和水分的蒸发速率所支配。水泥的水化，一方面消耗了水分，另一方面，产生的水化产物起到了胶黏作用，进一步阻碍了颗粒间的滑动。而水分的挥发将直接减少了单位混凝土中水的含量。因此，混凝土拌和物从搅拌到捣实的这段时间里，随着时间的增加，坍落度将逐渐减小，称为坍落度损失。试验表明，坍落度损失与时间的关系见图2所示。另外，随着环境温度的提高，混凝土坍落度将明显降低，其原因一方面是高温下水分损失快，另一方面是高温下水泥的水化速度快，因此使混凝土的坍落度降低。同样的，风速和湿度因素会影响拌和物水分的蒸发速率，因而影响坍落度。在不同的环境条件下，要保证拌和物具有一定的和易性，必须采取相应的改善和易性的措施。

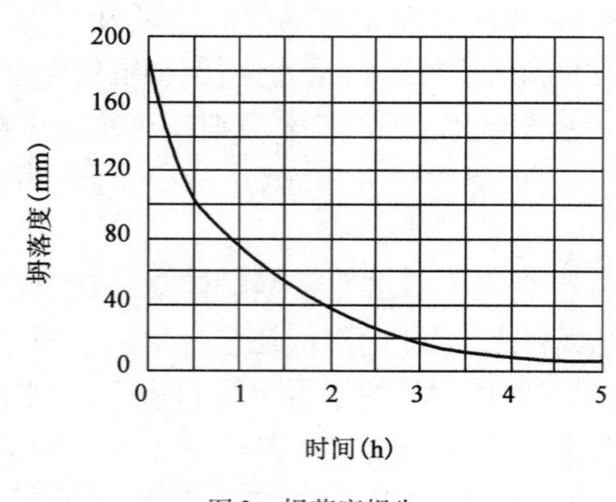

图2 坍落度损失

3.3 搅拌条件的影响

在较短的时间内，混凝土搅拌得越完全彻底，混凝土拌和物的和易性越好。具体说，强制式搅拌机比自落式搅拌机的拌和效果好，高频搅拌机比低频搅拌机拌和效果好。适当的延长搅拌时间，也可以获得较好的和易性。但搅拌时间过长，由于部分水泥水化将使流动性能降低。

3.4 外加剂的影响

影响混凝土拌和物的和易性的决定因素是水，混凝土强度的决定因素是水灰比，因此，合理的水灰比，较少的用水量，对混凝土的强度、质量至关重要。要想在较少的用水量下配制出和易性较好的混凝土来，这是一项比较难解决的矛盾。因此人们在寻找让少量的水来发挥较多水的作用途径，目前主要是在混凝土拌和用水中掺加表面活性剂，降低水的表面张力，使水与水泥的亲和力增加，水泥浆更容易充分分散，均匀地分布在粗集料的表面，从而降低了粗集料之间的摩擦力，使混凝土的和易性变好。特别是阳离子型的表面和性剂，更能增加水泥浆与粗集料之间的吸附性和黏结力，可使混凝土的黏聚性和保水性及强度有所提高，这就是在混凝土拌和物中掺入减水剂或引气剂的目的，明显改善并提高了混凝土的流动性、和易性。引气剂还可以有效地改善混凝土拌和物的黏聚性和保水性，二者还分别对混凝土硬化强度与耐久性起着十分有利的作用。

4 改善新拌水泥混凝土和易性的措施

（1）采用合理砂率。合理砂率是指在用水量及水泥用量一定的情况下，能使水泥混凝土拌和物获得最大的流动性，且能保持黏聚性及保水性良好时的砂率值。或指混凝土拌和物获得所要求的流动性及良好的黏聚性及保水性，而水泥用量为最少时的砂率值。

（2）改善砂、石的级配。具有优良级配的水泥混凝土拌和物具有较好的和易性。集料的最大粒径相对增大，可使集料的总表面积小，拌和物的和易性也随之改善。

（3）调整水泥浆用量。当拌和物坍落度太小时，保持水灰比不变，增加适量的水泥浆；当拌和物坍落度太大时，保持砂率不变，增加适量的砂石用量。

（4）掺加各种外加剂。外加剂（如减水剂、流化剂等）对混凝土的和易性有很大的影响。少量的外加剂能使混凝土拌和物在不增加水泥用量的条件下，获得良好的和易性；不仅流动性显著增加，而且还有效地改善拌和物的黏聚性和保水性，同时能提高混凝土的强度和耐久性。

（5）提高振捣机械的效能。由于振捣效能提高，可降低施工条件对混凝土拌和物和易性的要求，因

而保持原有和易性能达到捣实的效果。

(6)加快施工速度。减少输送距离,加快施工速度,使用坍落度损失小的外加剂,都可以使新拌混凝土在施工时保持较好的和易性。然而,值得注意的是,和易性只是水泥混凝土众多性能中的一个,因此,当决定采取某项措施来调整和易性时,还必须同时考虑对混凝土其他性质的影响(如强度、耐久性)的影响,不能以降低混凝土的强度和耐久性来换取和易性。

5 结语

水泥混凝土作为现今桥梁工程、船闸航道工程的最主要材料,其和易性的优劣必然直接影响新拌混凝土的施工以及硬化后混凝土的使用质量和耐久性。正确地认识到影响混凝土和易性的主要因素,从水泥混凝土配合比设计到生产、施工时就应充分考虑到各个可能产生的影响因素,积极采取相应措施。在日常工作中,应注意到,参与混凝土生产、施工的所有人员都应该加强平时的理论学习,加强责任意识,这非常必要。只有这样,才能在施工过程中有效地处理新拌混凝土和易性的问题,才能使工程最优。

参 考 文 献

[1] 黄晓明,赵永利,高英.土木工程材料[M].南京:东南大学出版社.2007.

[2] 寒江雪.普通混凝土的主要技术性质.2004.

[3] 中华人民共和国国家标准.GB 3100-3102—1993 量和单位[S].北京:中国标准出版社,1994.

[4] 王世芳.建筑材料[M].武汉:武汉大学出版社,1992.

[5] 陈建奎.混凝土外加剂的原理与应用[M].北京:中国计划出版社,1997.

浅析混凝土裂缝种类、漏水现象及处理方法

郭兴恒

（江苏省交通工程集团有限公司）

摘　要　目前混凝土结构物在自然环境和使用环境的长期作用下所产生的裂缝问题，是混凝土工程建设中带有一定普遍性的技术问题。而混凝土结构的破坏和建筑物的倒塌，也都是从结构裂缝的扩展开始的，不但影响美观，而且还影响使用寿命，有严重裂缝的建筑物甚至将会威胁到人们的生命和财产的安全。故在某些施工验收规范和工程中都是不允许混凝土结构出现明显裂缝的。

关键词　裂缝　原因　处理

1　混凝土裂缝的种类及渗漏原因

混凝土拌和物在浇灌振捣过程中因漏振和振捣不密实而产生的毛细孔隙或蜂窝状，在外部水压力的作用下，导致渗、漏现象。

同时，由于设计的原因，如结构的造型尺寸、受力情况、构造等因素考虑不周，也会造成混凝土结构的渗、漏现象。从以往的实际情况看，混凝土的裂缝大致可分为以下几种：①混凝土温度应力裂缝；②混凝土拌和物凝结前的沉降裂缝及干缩裂缝；③混凝土自应力裂缝；④混凝土受外力及荷载作用裂缝。

1.1　混凝土温度应力裂缝

混凝土硬化期间，水泥放出大量水化热，内部温度不断上升，在表面引起拉应力。后期在降温过程中，由于受到基础或老混凝土的约束，又会在混凝土内部出现拉应力。气温的降低也会在混凝土表面引起很大的拉应力。当这些拉应力超出混凝土的抗裂能力时，即会出现裂缝。许多混凝土的内部湿度变化很小或变化较慢，但表面湿度可能变化较大或发生剧烈变化。如养护不周、时干时湿，表面干缩形变受到内部混凝土的约束，也往往导致裂缝。混凝土是一种脆性材料，抗拉强度是抗压强度的1/10左右，短期加载时的极限拉伸变形只有$(0.6\sim1.0)\times10^{-4}$，长期加载时的极限拉伸变形也只有$(1.2\sim2.0)\times10^{-4}$。由于原材料不均匀，水灰比不稳定，及运输和浇筑过程中的离析现象，在同一块混凝土中其抗拉强度又是不均匀的，存在着许多抗拉能力很低、易于出现裂缝的薄弱部位。在钢筋混凝土中，拉应力主要是由钢筋承担，混凝土只是承受压应力。在素混凝土内或钢筋混凝土的边缘部位，如果结构内出现了拉应力，则需依靠混凝土自身承担，一般设计中均要求不出现拉应力或者只出现很小的拉应力。但是在施工中混凝土由最高温度冷却到运转时期的稳定温度，往往在混凝土内部引起相当大的拉应力。有时温度应力可超过其他外荷载所引起的应力，因此掌握温度应力的变化规律对于进行合理的结构设计和施工极为重要。

温度应力的分析：

根据温度应力的形成过程，可将其分为以下三个阶段：

(1)早期。自浇筑混凝土开始至水泥放热基本结束，一般约30d。这个阶段的两个特征，一是水泥放出大量的水化热，二是混凝土弹性模量的急剧变化。由于弹性模量的变化，这一时期在混凝土内形成残余应力。

(2)中期。自水泥放热作用基本结束时起至混凝土冷却到稳定温度时止，这个时期中，温度应力主要是由于混凝土的冷却及外界气温变化所引起，这些应力与早期形成的残余应力相叠加。在此期间混凝土的弹性模量变化不大。

(3)晚期。即混凝土完全冷却以后的运转时期。

温度应力主要是外界气温变化所引起,这些应力与前两种的残余应力相叠加。根据温度应力引起的原因可分为两类:①自生应力:边界上没有任何约束或完全静止的结构,如果内部温度是非线性分布的,由于结构本身互相约束而出现的温度应力。例如,桥梁墩身,结构尺寸相对较大,混凝土冷却时表面温度低,内部温度高,在表面出现拉应力,在中间出现压应力。②约束应力:结构的全部或部分边界受到外界的约束,如箱梁顶板混凝土和护栏混凝土,不能自由变形而引起的应力。

1)工程概况

丹金里漕河航道整治工程丹金船闸土建工程闸室主体采用C30钢筋混凝土整体式结构,沿长度方向设沉降—伸缩缝,间距布置为[20+2×(14970+20)mm+10×(14980+20)mm。闸室墙口宽为23.2m,净宽23m,迎水面布置10cm厚钢护木;闸室墙顶高程5.68m,胸墙高程6.63m;闸室底厚2.3m闸室底宽2.3m,顶宽2.3m,属于大体积混凝土。

闸室墙采用拌和楼拌制的混凝土配合比,水泥:江砂:碎石:粉煤灰:水:外加剂=300:764:1102:30:145:4.29,混凝土水泥用量300kg/m^3,现场用混凝土泵车一次性浇筑完成。整体浇筑完10d左右闸室墙两侧沿着两个墙面产生贯穿墙两面的细小裂缝。

2)裂缝原因分析

混凝土浇筑10d后,水泥水化热基本释放,混凝土从最高温逐渐降温,降温结果引起混凝土收缩,再加上由于混凝土多余水分蒸发、碳化等引起的体积的收缩变形,而该收缩又受到基础底板等外界条件的约束(外约束),不能自由变形,导致产生温度应力(拉应力),如过该温度应力超过混凝土的抗拉强度则呈约束面向上开裂形成温度裂缝。

1.2 混凝土拌和物沉降裂缝

这种裂缝的发生,往往是采用大流动性混凝土拌和物时而发生的裂缝。大流动性混凝土拌和物在混凝土初凝前,混凝土拌和物中的粗集料始终处于一种自由体状态,虽然用振动器进行了振动,内部的孔隙也基本排除,但在混凝土内部的粗集料自身重力的作用下缓慢下沉,若是素混凝土,内部的下沉是均匀的,在混凝土硬化过程中,表面的裂缝一般均为施工人员在操作过程中所留下的脚窝(用素浆找平后)而形成的。因为这些裂缝是素浆在硬化时产生的收缩(干裂)裂缝,只要在混凝土初凝时予以压光即可解决。另一方面是钢筋混凝土,在混凝土没有达到初凝前,其内部的粗集料继续处于下沉状态,而混凝土沿着钢筋的下方继续下沉,钢筋上面的混凝土被钢筋支搁,在钢筋上表面沿着钢筋的走向产生裂缝。这种裂缝的深度一般只达到钢筋表面为止。

1.3 早期混凝土干缩裂缝

这种裂缝一般出现在混凝土较薄的结构,如现浇楼板混凝土、道路混凝土、地坪混凝土等。在结构断面≤300mm、混凝土坍落度>100mm时,最容易发生此种裂缝。这种裂缝产生的原因是混凝土拌和物在浇捣完毕后,混凝土拌和物内部的水分一部分泌出流失,一部分被水泥水化所用,另外一部分被蒸发。尤其是在干热、风大的季节以及在空中的薄壁结构板,混凝土拌和物则更容易出现失水干缩而发生裂缝。这种裂缝出现的时间较早,一般在混凝土初凝前就已经发生,若不加以处理和养护,局部裂缝将会贯穿整个混凝土结构,部分裂缝也将达到结构1/3~1/2的深度。像这样的裂缝,若在混凝土还没达到初凝之前,对其表面用木抹子进行再次拍压抹平,并立即在表面覆盖养护,即可消除该种裂缝。这种裂缝在实际的施工过程中会经常遇到,但只要引起注意,混凝土早期(初凝前)的裂缝完全可以避免。

1.4 贯通性毛细孔和微细裂缝

一般大流动性混凝土工程结构上容易产生贯通性的毛细孔。因为泵送混凝土的流动性大,相应地混凝土单位用水量也要比普通混凝土要多,在混凝土浇捣完后,一部分水泌出,一部分蒸发,一部分在水泥水化时被水泥吸收,那么另外一部分搅拌用水就存在混凝土内部,在一定的时间内,水慢慢挥发,原来水所占的体积就形成一条毛细孔隙,在混凝土结构外部地下水的压力下,这种贯通性的毛细孔就很容易产生渗漏。

微细裂缝主要反映在大流动性混凝土内部，由于在振捣时漏振或振捣不够，在混凝土硬化前，尤其是在钢筋下方的集料仍在继续下沉，而钢筋上部的集料被钢筋所支撑不能下沉，在钢筋的下表面就形成了一道微细的水膜，日后它则会形成一条孔隙，地下水便会从此缝隙渗漏到混凝土结构物内部。

1.5 荷载变形裂缝

这种裂缝的形成一般可分为两种情况：一是在混凝土结构还未达到设计要求的强度时，被车辆或重物碾压或撞、砸而造成的变形缝；二是混凝土已经达到设计强度，但在混凝土墙壁或薄壁结构物上撞击或超载堆放重物而造成的裂缝。后者出现的裂缝一般较为明显，属于贯穿性的裂缝。

2 混凝土结构的漏水现象

混凝土的漏水现象往往会发生在以下几个情况：

2.1 蜂窝麻面渗水现象

蜂窝麻面直接与混凝土施工有关。这些蜂窝麻面的出现原因，主要是施工时漏振或者振动时间不足而发生的。这种蜂窝麻面在混凝土结构中有的是局部的，有的则呈连贯性的，所以，在发生渗、漏时它不是点渗、漏，而是呈片渗、漏的现象。

2.2 伸缩缝、沉降缝渗、漏

在大体积混凝土和混凝土结构物比较长、结构物高低相差较大的工程中，因工艺的要求一般都设有伸缩缝和沉降缝，以保证混凝土结构在部分变形时而不影响其整体变形的需要。这些部位往往在施工时因某些原因使伸缩缝和沉降缝不能完全保证质量，造成这些部位的渗、漏，处理时往往要比其他部位的渗、漏要难处理得多。

2.3 新旧混凝土接茬(缝)的渗、漏

在原有的混凝土结构物上继续浇筑混凝土时，原来的混凝土基础表面没有进行凿毛处理或凿毛后未清理干净，或者是未用水冲洗，就在原混凝土基础上浇筑混凝土拌和物，这样就会致使新旧混凝土的接茬(缝)之间形成一道渗、漏的缝隙。这种渗水现象在实际工程施工中会经常出现，尤其是在混凝土坍落度较小时(一般在50mm以下)、接茬(缝)又未铺设水泥砂浆时更容易发生。这种缝隙在混凝土施工时特别要加以注意。

2.4 对拉螺栓钢筋端头处漏水现象

在实际工程施工中，对拉螺栓是用来固定模板的，在混凝土浇筑前已预先固定在钢筋笼内，且钢筋穿过整个混凝土结构物。在施工时，该对拉钢筋在 ±0.00m 以下都要求在对拉钢筋中焊接钢板止水垫，防止地下水从钢筋周围直接渗入混凝土结构物内部，要求止水钢板与钢筋四周用电焊焊满，不得有漏焊和点焊，确保对拉螺栓的止水效果。若止水垫焊不满，在混凝土振捣过程中，对拉螺栓下方的集料颗粒还在继续下沉，在混凝土凝结后，对拉钢筋下面就形成一道水膜，在混凝土中的水泥产生水化和水分的蒸发以后，在螺栓下表面就形成了一道贯穿性的毛细孔，这种毛细孔在外部地下水的压力作用下，将产生渗水现象。

但是，有的止水钢板在焊接时焊得不严，有漏焊点或漏焊处，在外部水压力的作用下，水就会通过止水板的漏焊处顺着钢筋螺栓渗透到结构物内部。

3 裂缝渗、漏的处理方法

根据混凝土渗、漏的特点，要分析该渗、漏的原因和渗水形成的部位以及渗、漏的程度，根据不同情况可采取不同的堵漏办法。我们采取的堵漏方法如下：对混凝土的堵漏一般采用四种办法，在日常的实施中这四种方法是比较合适的，也是可行的。这些方法是：①化学灌浆法；②嵌缝堵漏法；③堵封堵漏法；④涂膜(布)堵漏法。

3.1 化学灌浆法

化学灌浆堵漏，采用一种化学灌浆料来解决混凝土形成的线形渗、漏的部位。一般这种渗、漏是一

条线，堵漏时要采取化学灌浆料与快速凝结水泥和无收缩水泥砂浆配合使用，才能真正达到堵漏效果。如丹金溧槽河航道整治工程丹金船闸闸室墙身裂缝采用的就是这种修补方法，其操作步骤如下：

（1）粘贴注浆嘴和封缝前，应沿缝对混凝土表面进行处理，清除松散灰砂、油垢。

（2）注浆器材和工具的选择应按裂缝的情况决定，一般深的结构性裂缝，宜骑缝或斜向自下而上钻孔至裂缝深处（约为构件厚度的1/2），且须与破裂面交叉，然后在孔内埋设注浆管；注浆嘴应埋设在裂缝端部、交叉处和较宽处，间隔300～500mm。对贯穿性深裂缝应每隔1～2m加设一个注浆管。

（3）封缝时，应使用专用的封缝胶。胶层应均匀，无气泡、砂眼，厚度大于2mm，与注浆嘴连接密封。注浆压力较大时，可加贴E玻璃纤维布增强密封带胶缝的黏结强度，纤维布宽度为80～100mm。

（4）封缝胶固化后，应使用洁净无油的压缩空气试压，确认注浆通道是否通畅、密封、无泄漏。

（5）灌浆材料的调制和使用必须严格按产品说明书的规定进行。

（6）灌浆顺序应按由宽到细、由一端到另一端，按设计布置的注浆嘴顺序，从第一注浆嘴开始灌注，待下一注浆嘴出浆后关闭本注浆嘴，再在下一注浆嘴继续压力灌注，同样依次进行。对垂直裂缝还应按由低到高的顺序进行。缝隙全部注满后应继续稳定压力一定时间，待吸浆率小于50ml/h后停止注浆，关闭注浆嘴。

3.2 嵌缝堵漏法

采用该种堵漏方法，一般是混凝土表面只出现渗水现象。长时间渗水后，能把混凝土墙面润湿成大片的水迹或地下存有积水，如果不处理，将会影响整个表面的美观及室内的使用效果。因此，使用本方法对渗水的处理应采用嵌缝的方法。

3.3 封堵堵漏法

该种堵漏的方法，主要是应用在水下或地下混凝土涌水孔隙、孔洞和裂缝的快速封堵。在封堵这样的漏水部位，往往要比其他的渗、漏要困难得多，且堵水效果也略差一些。但只要在处理时按要求操作，可保证混凝土表面不渗水。所用材料有的称为快速堵漏剂，也有的称为PBM聚合物。

3.4 涂膜（布）堵漏法

涂膜堵漏是将混凝土结构物表面有渗漏的地方经过处理后，直接在其表面上进行防水处理。这种方法一般适用于混凝土结构在施工时振捣不密实，有的是漏振而形成的混凝土内部不密实造成的大面积渗水情况。这种渗水现象一般无法用压力灌浆和嵌入法解决，只能用涂膜法进行表面防水处理。这种处理方法比较简单，但在操作时要求较严格，一般都要求混凝土结构表面没有浮灰和杂物，否则将会影响混凝土面与涂膜的黏结力，影响防水效果。

4 结语

导致混凝土产生裂缝的原因有很多，本文分别对其进行介绍，并对部分加以剖析和阐述，且结合工程实例，相应地提出几种修补方法，以保证其达到美观和使用寿命长的效果。

浅谈桥梁施工工艺

吴 鹏

（江苏省交通工程集团有限公司）

摘 要 随着社会经济的不断发展，桥梁也越来越多。但是许多桥梁在仅仅使用了几年甚至是刚建不久就出现严重的耐久性不足的问题，这与施工质量低下存在着密切关系。施工上的一些缺陷，虽然短期内不会对桥梁的正常使用发生明显的影响，但是会对结构的长期耐久性产生非常不利的影响。

关键词 桥梁结构 施工

引言

近年来，国内外一些桥梁的突然破坏与倒塌，已让工程界对桥梁安全性问题倍加关注。这种桥梁的突然倒塌，对社会的安定与经济的繁荣都有负面影响。一般来说，这种工程事故主要是不合理施工和管理错位所导致。对于桥梁建成后短期内发生的突然破坏与倒塌，多数是由于施工质量没有达到规范和设计要求，主要问题包括材料强度不足和施工工艺不合格等。

1 墩柱浇筑技术

1.1 基础施工

（1）测量放样。首先对施工现场进行场地平整，然后根据设计单位交付的经复测合格的导线点和水准点，使用全站仪和水准仪进行施工放样。桥位勘测阶段所建立的控制网，在精度方面能满足桥梁定线放样要求时，应复测使用。放样点不满足要求时应补充。桥梁的施工控制网，除了用于精密测定桥梁长度外，还要用它来放样各个桥墩（基）的位置，即定出基础轴线、边线位置及地面高程。经监理工程师验收合格后，进行下一步的施工作业。

（2）挖基和排水。挖基施工尽量安排在枯水或少雨季节进行，施工前按计划投入劳力、材料、机具。根据工程的施工期限、工地环境及地质情况，基坑拟用机械进行开挖，在机械开挖不到的部位由人工突击挖除，及时检验，随时进行基础浇筑。对埋置深度较大的基础，将采取连续作业方法一气呵成。

1.2 基坑开挖方法

（1）垂直坑壁基坑。对天然湿度接近最佳含水率、构造均匀、不发生塌滑、移动、松散或不均匀下沉的基土，基础开挖可采用垂直坑壁基坑开挖法。

（2）斜坡和阶梯形坑壁基坑。基坑深度在5m以内，土的湿度正常、土层结构均匀，可采用斜坡开挖或按相应斜坡高、宽比值挖成阶梯形坑壁。

（3）变坡度坑壁基坑。坑基开挖穿过不同土层时，坑壁边坡可按不同土质采用不同坡度。当下层为密实黏质土或岩石时，下层可采用垂直坑壁基。

1.3 基础浇筑

桥墩柱基础钢筋运到现场绑扎，并预埋墩柱身连接钢筋；桥台基础采用C15片石混凝土。混凝土由拌和站供应，混凝土罐车运送片石混凝土，掺配片石小于25%。混凝土送入模内后，用振捣棒振动密实。浇筑时注意做好“石笋”，以便上下层连接，同时片石摆放位置上下左右均相隔20~30cm。

1.4 桥台浇筑

桥台浇筑采用钢模，斜面和转弯处不好装模，可用竹胶板配合装模。浇筑时水平分层，一般浇筑厚度

在30cm内。混凝土送入模内后，用振捣棒振动密实，保证表面没有蜂窝麻面现象。台帽施工测量放样一定要精确，采用C25钢筋混凝土浇筑。钢筋在现场绑扎，台帽支座顶面浇筑时控制好横坡度。

1.5 墩柱浇筑

施工前，基础和墩柱接触面拉毛，并把基础预留的连接钢筋和墩柱钢筋笼焊接。中低墩柱采用预制好的圆形钢模筒一次浇筑成型。模板用吊车安装，模板上口高于混凝土面不少于10～15cm，柱模四周用缆风绳对拉。浇筑时用输送泵或吊车送入模内。浇筑时水平分层，浇筑厚度一般在30cm内。混凝土送入模内后，用振捣棒振动密实，保证表面没有蜂窝麻面现象。混凝土灌筑完毕后，顶面混凝土应高出设计高程3～5cm。排柱式墩身，各立桩应保持一致。混凝土强度达到0.2～0.5MPa后，方可脱侧模，采用塑料薄膜包裹保水养护。

1.6 桥墩盖梁浇筑

墩柱顶预留钢筋和墩盖梁连接，桥墩盖梁浇筑采用钢模，斜面和转弯处，用竹胶板配合装模。采用钢管和木板配合搭建脚手架，并搭建作业平台。装好底模后，便可现场绑扎钢筋，再安装侧模。浇筑时用输送泵或吊车送入模内，水平分层，用振捣棒振动密实，保证表面没有蜂窝麻面现象，控制好顶面横坡度。

2 桥梁与桥面铺装技术分析

（1）预制梁的模板虽是工程施工中的临时结构，但十分重要，它不仅控制梁体尺寸的精密度，而且对工程质量、施工进度和工程造价有直接的影响。

（2）后张法施工技术。

①首先规划预制场地，平整压实，处理好场地地基，按设计图纸铺设板梁底模。

②由钢筋班按图纸下料制作钢筋，运到现场，在底板上按设计位置绑扎。

③模板采用钢模板整体拼装，模板侧模应支撑牢固，尺寸准确，保证顺直，上、下都要用螺栓拉牢，保证不变形，不漏浆。

④预留孔道的形状、尺寸要非常准确，其对成品的质量有直接的影响。

⑤内模采用木模或采用定购橡胶芯模，内充空气，用定位钢筋将其固定。安放前要进行充气检查，保证不漏气。

⑥板梁混凝土采用500L以上强制式拌和机现场拌制，小翻斗车运输，人工输送入模。浇筑混凝土时应注意浇筑顺序和厚度，振捣时应避开波纹管和橡胶芯模，防止因振捣不当而使胶囊上浮、变形。板梁混凝土浇筑后应进行收浆抹面，并在定浆后进行二次抹面、拉毛。

⑦穿束前用压力水冲洗孔道内杂物，观测孔道有无串孔现象，再用压风吹干孔道内水分。孔口锚下垫板不垂直度大于1°时，应用垫板垫平。预应力束的搬运，应无损坏、无污物、无锈蚀。预应力筋用人工穿入，如若有困难可采用卷扬机牵引，后端用人工协助。

⑧待混凝土达到一定强度后拆除模板，当混凝土强度达到设计强度时便可进行张拉。用一端张拉法进行张拉，用校正好的千斤顶张拉。

⑨张拉采用应力和伸长量双控。当伸长量超过设计值6%时，应松张预应力筋，查明原因重新张拉。张拉初值控制在设计值的10%～25%之间，取10%推算伸长值。

⑩预应力筋张拉后，孔道应尽早压浆。压浆机应能制造合格稠度的水泥浆，并能以0.7MPa的常压连续作业。

（3）预应力空心板梁安装。小桥的梁板使用一台吊机架设，当预制梁板质量不大、而吊机又有相当的起重能力、河床坚实无水或水少、吊机能行驶和停搁时，可采用一台吊机架设安装。

（4）桥面铺装。

①首先完成防撞护栏及人行道、栏杆、扶手等桥面系施工。防撞护栏模板均采用钢模，防撞护栏分两层浇筑，第一层顺向浇筑至防撞墙转折处后，再回头浇筑第二层至设计标高；人行道采用预制方法，预

制好后吊运并进行安装。

②设置桥面测量控制网，用全站仪每隔5m测量桥面的中、边线，并定出桥面的标高，经监理工程师确认后开始施工。

③桥面铺装前需现浇板梁间绞缝混凝土。

④按设计图纸布置钢筋网。

⑤空压机清理板梁上杂物，并洒水湿润板梁。

⑥桥面铺装为连续钢筋混凝土，混凝土在拌和站集中拌和，小翻斗车运输至桥面，插入式振捣器和平板振捣器振捣，行夯刮平。

⑦桥面伸缩缝：采用毛勒缝，材料及其成品必须是取得合格证书的产品。安装前清除垫缝料，钢筋复位，凿毛并冲洗干净。伸缩缝应在规定的温度下安装，精确定位。

混凝土联锁块（S砖）铺砌技术

戎　翼

（江苏省交通工程集团有限公司）

摘　要　介绍了混凝土联锁块（S砖）铺面的各项优点、材料组成及主要施工技术。

关键词　混凝土联锁块　铺砌技术

1　引言

混凝土联锁块是20世纪80年代从联邦德国传入我国的，是按照特定工艺生产的、具有一定混凝土强度等级的路面砖。其四周呈齿形或曲线形，铺砌后在每个方向上都能起到联锁作用。联锁块具有防滑、耐磨、耐压强度高等优越性能。联锁型路面具有铺砌方便、施工速度快、易翻修等特点，早已在发达国家的工程建设中广泛采用。我公司承建的丹金船闸土建工程，其驳岸墙后人行道路即采用的混凝土联锁块，总面积2.15万m^2。该工程联锁块铺面结构由面层（联锁块）、基层（砂垫层）、底基层（级配碎石）和路基（回填土）组成，如图1所示。

2　施工材料

2.1　联锁块

该工程所用联锁块强度等级C30。块长232mm、宽135mm，四周凹槽宽22mm（图2）。在联锁块的侧面分布着用来控制铺设间隙的肋，联锁块顶面四周的倒角宽度为4mm，高为2mm。倒角的设置有利于灌缝。

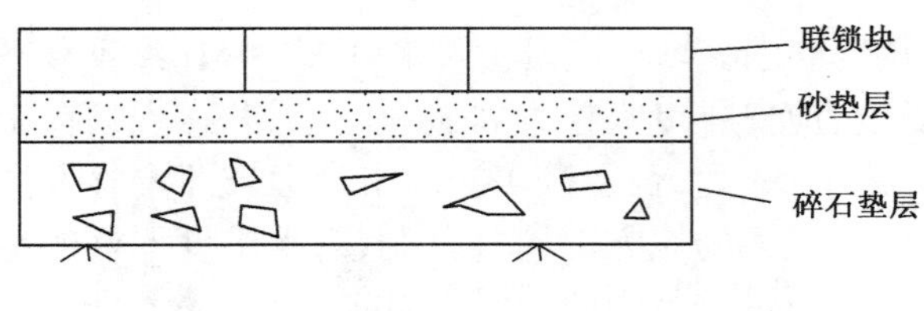

图1　联锁块铺面

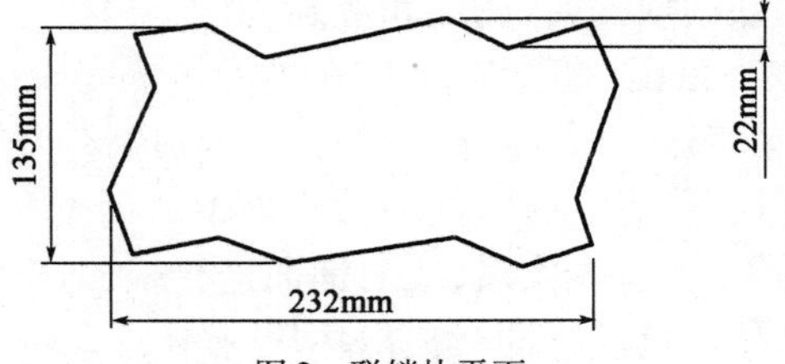

图2　联锁块平面

2.2　砂垫层

砂垫层在碎石垫层与面层之间，能吸收和缓冲路面冲击荷载并将荷载传递给基层。垫层砂不能含有可溶性盐或其他污染物，以防止其产生风化，酸溶物含量应小于10%，铺设时含水量控制在4%～8%之间。每一批砂子进场时，还必须进行磨耗试验（MICRO DEVAL试验），以检测其耐磨性。本工程垫层砂采用的是江西赣江江砂。

2.3　灌缝砂

灌缝砂细度模数在2.2～1.6之间，在使用之前一定要充分晒干，含水率大的灌缝砂容易导致灌缝不密实甚至灌不进砂。

2.4　级配碎石

级配碎石采用金坛薛埠碎石，最大粒径不超过31.5mm（方孔筛），压碎值不大于26%，针片状颗粒总含量不超过20%。

3 施工工艺及主要施工技术

3.1 施工工艺

联锁块铺砌工艺流程见图3。

3.2 路基整平、清扫

对施工完毕的回填土基面，应检查其顶面高程、平整度、坡度和压实度，各项指标不能超过允许偏差范围。其中压实度≥0.88（轻型压实）。

3.3 铺碎石垫层

碎石的规格、级配和质量应满足设计要求，且不得含有杂质。碎石铺好后，应及时用小型压路机碾压一遍，以防止上层砂的渗入。

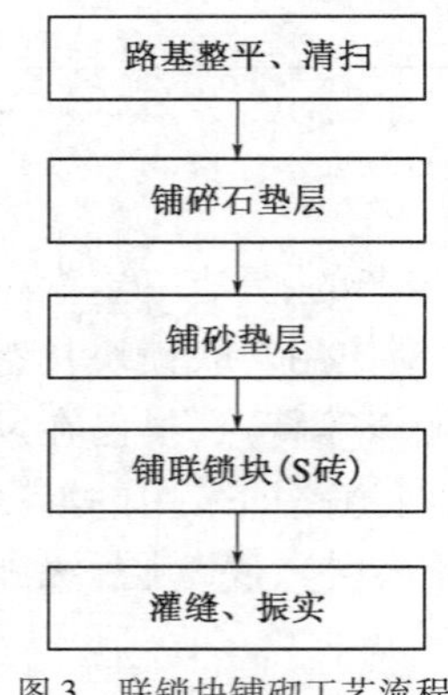

图3 联锁块铺砌工艺流程

3.4 铺垫层砂

运送到场地的垫层砂要人工过筛，根据垫层砂的级配要求，筛过后的砂经取样筛分试验合格方可使用。垫层砂摊铺时先用人工粗平，再在其上设30mm×30mm的方钢作为刮平轨道，每根方钢长6m，间距为2.5～3m，用长3m的铝合金尺刮平。在铺块之前要移去方钢，所留沟槽用砂将其人工补平，补完后用铝合金尺刮平。注意刮平时不得破坏已刮平的砂垫层，垫层砂施工不得超过铺设联锁块前5m。

3.5 铺砌联锁块

砂垫层铺完后，在其含水率未改变之前立即进行联锁块铺砌作业。联锁块铺砌时，应尽量不扰动垫层砂，并且在小块之间形成2～3mm的均匀缝隙。铺砌过程中每隔5m左右要布设一次3个方向的控制线。对砌缝达不到顺直要求之处，使用橡胶大锤和专用小工具进行调整，以使砌缝与控制线相吻合。

3.6 联锁块切边

在构筑物边界处，可根据需要将联锁块切割成特定的形状进行铺砌。切边时，应先在现场准确地量出特殊块的尺寸，用彩笔在待切块上画线，并根据铺砌顺序分别编号。切割时切口断面的顶部切成与原块相似的倒角。

3.7 联锁块振实、调缝和灌缝

当天铺砌的联锁块，应在当天尽快完成初步振实、调缝和灌缝。初步振实采用DPU4045H型重载平板振动夯振实两遍，振实时每次均要搭接一块联锁块长度，应安排专人检查并做好记录，并在现场标出最后振实边界。振实的最后边界距离铺砌工作面至少要有1m远，否则振实的冲击力会破坏调整好的工作面。初步振实后，应对铺面进行检测，对缝隙不均匀和过大的地方都应进行调整，平整度不好的地方也要进行调整，同时夹出坏块、换上新块。调整好的铺面方可进行灌缝。灌缝之前，要将灌缝砂充分晒干，同时用2mm筛网人工过筛，经筛分试验合格后方可使用。灌缝时，将灌缝砂均匀地洒在铺面上，用扫帚将砂均匀地扫进缝隙中，缝隙要充分填满，再用DPU4045H型重载平板振动夯夯实两遍。缺少砂子的地方可重新加砂使缝隙振实饱满。

3.8 检测和验收

联锁块铺面验收包括高程、缝宽、相邻块高差、砌缝顺直和平整度检测。高程检测采用水准仪多点测控；最大缝宽的检测采用带有刻度的铜制塞尺进行测量；相邻块高差的测量采用长30cm、带有刻度的金属尺与塞尺同时进行；砌缝顺直的检测采用20m直线在垂直两方向拉线用钢尺量取最大值；平整度的测量用长3m的靠尺在垂直两个方向用塞尺量取最大值，平整度超限的地方要圈出重新调整。经过上述几项检测并调整后的铺面即可通过验收。

4 结语

联锁块铺面是劳动人民的智慧结晶，通过本工程中的应用，再次证明了联锁块铺面的优点，相信未来联锁块铺面会得到越来越广泛的应用。

丹金船闸直立式驳岸压顶模板设计

戎　翼

（江苏省交通工程集团有限公司）

摘　要　压顶是驳岸墙混凝土施工中最后一道工序，是航道整体外观的收官之笔，其重要性不言而喻。丹金船闸的压顶模板采用对拉悬挑式设计，很好地保证了压顶混凝土外观质量。

关键词　压顶　模板　对拉悬挑

1　工程概况

丹金船闸是常州市唯一的交通船闸，等级为Ⅲ级，工程全长5.089km，包括闸首（含通航孔）、闸室，上、下游主辅导航墙，以及分水墙、引航道停靠段、驳岸等工程。其中，驳岸压顶采用素混凝土结构，断面尺寸为70cm×50cm和60cm×50cm两种。

2　压顶模板设计

2.1　传统压顶模板设计

传统的压顶模板采用主体对拉辅以临土侧三角固定支架支撑的组合模式，其特点是操作简单，钢管用量少，方便振捣，增强了模板的整体稳定性和临土侧模板的刚度。缺点是需对临水侧模板的稳定性及刚度进行增强。

2.2　丹金船闸压顶模板设计

2.2.1　总体设计

经过反复试验和反复验算，丹金船闸驳岸压顶的模板采用独创对拉悬挑式设计，悬吊铅丝与竖楞相互错开，增强了模板的整体稳定性和临水侧模板的刚度，极大地保证了迎水面的线性和平整度（图1、图2）。

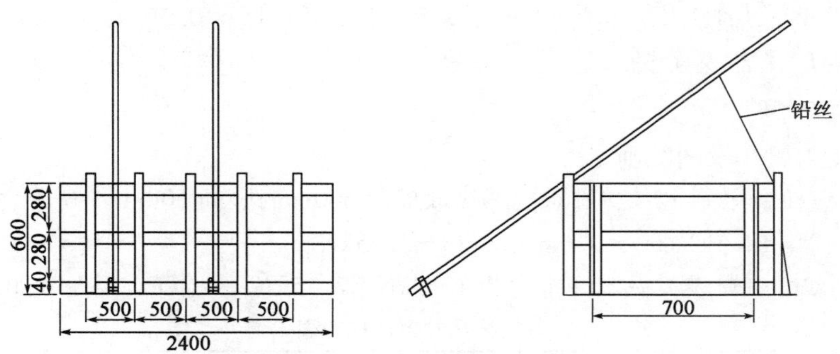

图1　丹金船闸压顶模板设计（尺寸单位：mm）

2.2.2　模板及模板部件

根据压顶的尺寸，模板采用240cm×60cm×2cm的竹胶板，木楞采用截面尺寸为9cm×5cm的松木，对拉螺栓采用M12的对拉螺栓，扣件为3形扣件，钢管为ϕ48mm×3mm的圆钢管。

2.2.3　立模工艺

（1）本工程压顶有5cm的飞边。在立模之前，先用全站仪将压顶的顶口前沿线放出来，每块压顶两个点。

图2　丹金船闸压顶模板

（2）在墙身临水面距离顶口约5cm处用钻孔机每隔60cm钻一个深10cm的眼，将直径为16mm的短钢筋插入眼中，在圆钢上铺设小木板。

（3）将模板安放好的点架设在墙身上。

（4）在距离临土侧模板后口1m的地方将60cm长圆钢管沿与地面成60°的角度打入土层中，再用3m长的圆钢管（吊杆）将该钢管和模板连接固定。

（5）用直径2mm的铅丝折叠并相互缠绕，扭成直径为8mm的铅丝绳，一头吊住打入墙里的钢筋，一头绑在吊杆上。

3　模板计算

3.1　拉杆验算

3.1.1　浇筑过程中混凝土侧压力的计算（取两式中较小值）

$$F = 0.22\gamma_c t_0 \beta_1 \beta_2 V^{1/2} \tag{1}$$

$$F = \gamma_c H \tag{2}$$

式中：F——新浇筑混凝土对模板的侧压力（kN/m^2）；

γ_c——混凝土的重度（$25kN/m^3$）；

t_0——新浇混凝土的初凝时间（h），$t_0 = 200/(T+15) = 5$（T为混凝土的温度，25℃）；

V——混凝土的浇筑速度 m/h（按泵车最大浇筑速度$40m^3/h$进行控制），则混凝土浇筑速度为$V = 0.3m/h$；

H——混凝土侧压力计算位置处至新浇混凝土顶面的总高度，$H = 0.5m$；

β_1——外加剂影响修正系数，不掺外加剂时取1.0，掺具有缓凝作用的外加剂时取1.2；本段掺外加剂，取1.2；

β_2——混凝土坍落度影响修正系数，当坍落度小于30mm时，取0.85；50～90mm时，取1.0；110～150mm时，取1.15（本段取1.15）。

$$F = 0.22\gamma_c t_0 \beta_1 \beta_2 V^{1/2} = 0.22 \times 25 \times 5 \times 1.2 \times 1.15 \times 0.55 = 20.87kN/m^2$$

$$F = \gamma_c H = 25 \times 0.5m = 12.5kN/m^2$$

取两者较小值$12.5kN/m^2$计算。

3.1.2　对拉螺杆受力验算及间距确定

初步拟定该井壁拉杆采用12拉杆，对拉螺栓取横向600mm，竖向500mm，按最大侧压力计算，每根螺栓承受的拉力为：$N = 12.5kN/m^2 \times 0.6m \times 0.5m = 3.75kN$。

按拉杆直径为12mm，查表1得容许拉力为12.9kN≥3.75kN，故拉杆直径及间距均能满足要求。

各拉杆尺寸容许拉力表　　表1

螺栓直径（mm）	螺纹内径（mm）	净面积（mm^2）	质量（kg/m）	容许拉力（N）
12	9.85	75	0.89	12900
14	11.55	105	1.21	17800
16	13.55	144	1.58	24500
18	14.93	174	2	29600
20	16.93	225	2.46	38200
22	18.93	282	2.98	47900

3.2 模板验算

3.2.1 模板强度计算

$$M = 0.1 \times q \times e^2 = 0.1 \times 20.6 \times 0.5^2 = 0.51\text{N} \cdot \text{mm}$$

式中:M——模板承受的弯矩(N·mm);

q——作用在模板上的侧压力(N/mm),考虑倾倒混凝土时产生的水平荷载标准值4kN/m²,分别取分项荷载系数1.2和1.4,则作用在模板上的总荷载设计值为:$12.5 \times 1.2 + 4 \times 1.4 = 20.6\text{kN/m}^2$;

e——竖楞的间距(mm),取500mm;

W——模板的截面抗弯矩(mm^3),$W = b \times h^2/6 = 2400 \times 20^2/6 = 1.6 \times 10^5\text{mm}^3$;

σ——模板承受的应力(N/mm^2)。

$$\sigma = M/W < f_m = \frac{0.51 \times 10^6}{1.6 \times 10^5} = 3.2\text{N/mm}^2 < 8\text{N/mm}^2$$

故知模板强度满足要求。

3.2.2 模板刚度验算

刚度的验算采用标准荷载,考虑振动荷载作用,则:

$$q = 12.5 \times 1.2 = 15\text{kN} \cdot \text{m}$$

模板挠度:

$$w = \frac{ql^4}{150EI} = \frac{15 \times 500^4}{150 \times 10 \times 10^3 \times 1.6 \times 10^6} = 0.39\text{mm} < \frac{500}{400} = 1.25\text{mm}$$

式中:E——弹性模量,木材取$10 \times 10^3\text{N/mm}^2$;

I——木模板的截面惯性矩(mm^4)。

$$I = b \times \frac{h^3}{12} = 2400 \times 20^3/12 = 1.6 \times 10^6\text{mm}^4$$

故知模板刚度满足要求。

3.2.3 木楞强度验算

内木楞承受的弯矩:

$$M = 0.1 \times q \times l^2 = 0.1 \times 20.6 \times 0.5^2 = 0.51\text{N} \cdot \text{mm}$$

内木楞的截面抗弯矩:

$$W = \frac{b \times h^2}{6} = 90 \times 50^2/6 = 0.38 \times 10^5\text{mm}^3$$

内木楞的强度为:

$$\sigma = \frac{M}{W} = \frac{0.51 \times 10^6}{0.38 \times 10^5} = 13.4\text{N/mm}^2 \approx 13\text{N/mm}^2$$

故知基本满足要求。

3.2.4 木楞刚度验算

$$q = 12.5 \times 1.2 = 15\text{kN} \cdot \text{m}$$

模板挠度:

$$w = \frac{ql^4}{150EI} = \frac{15 \times 500^4}{150 \times 10 \times 10^3 \times 0.94 \times 10^6} = 0.66\text{mm} < \frac{500}{400} = 1.25\text{mm}$$

式中:E——弹性模量,木材取$10 \times 10^3\text{N/mm}^2$;

I——木模板的截面惯性矩(mm^4)。

$$I = b \times \frac{h^3}{12} = 90 \times 50^3/12 = 0.94 \times 10^6\text{mm}^4$$

故知木楞刚度满足要求。

4 结语

工程实体的质量往往取决于模板的质量，本工程采用独特的模板结构设计，取得了良好的效果。

参考文献

[1] 江正荣.建筑施工计算手册[M].2版.北京:中国建筑工业出版社,2007.

加快船闸施工步伐

王 辰

（江苏省交通工程集团有限公司）

摘 要 船闸施工的经济效益和进度是水运施工必须考虑的重要问题。如何加快船闸施工既快又好地施工，运筹帷幄，合理化的管理以及优越的施工技术和步骤是关键。

关键词 丹金船闸 合理管理 施工技术

1 概述

丹金溧漕河航道规划为三级航道，设计船型为1000吨级船舶、设计船队一顶2×1000吨级船队、1拖3×1000吨级船队和1000吨级货船(机驳)。本工程建设内容包括船闸水工工程(闸首及闸室、通航孔、导航墙、分水墙、护坦、引航道驳岸、引航道停靠段、航道驳岸及连接段航道驳岸、墙后工程、航道疏浚、土方工程等)和老S241公路桥以及进闸道路等。在船闸施工中，在有限的人力物力资源下，如若能够加快施工的步骤，这样就可以大大地增加经济效益，依靠合理化的管理、施工技术和步骤，使得工程能够及早完工，实现早日通航。

2 合理的管理施工

项目部在统筹安排上，进行了部门的划分，分为项目经理、项目副经理、项目总工、工程科、质检科、计划合同科、综合科、材料科、财务科、试验室、测量组、现场作业组。各个部门认真落实岗位职责和部门的责任制度，各部门相互协调，共同管理；合理的运用人员，充分发挥个人的特长和组织能力。施工现场合理运用，进行了施工工区划分：分为船闸主体施工工区、上、下游引航道施工工区、桥梁施工工区、水上、水下土方施工工区、混凝土拌和站工区、其他施工区。各个施工工区同时进行施工，加快施工节奏，调动人员积极性，把握施工的重点和难点，有计划地进行施工，完善了施工的步骤，减少施工程序的复杂性。

对于特殊的季节和环境，特别是雨季、冬季施工，及时做好准备工作，以及应对特殊季节和环境的施工措施，制订相关的施工方案，把经济损失和施工进度控制到合理范围之内。

合理制订资金需求计划，根据相关规定和有关金融与财经领域的法规、政策、制度和纪律，履行义务，享受权利。

安全生产是关系到职工的生命和国家财产安全的大事，更是工程顺利得以实施的重要保证，坚持以“隐患险于明火，防范胜于救灾，责任重于泰山”作为施工安全总的指导思想。坚持以“安全第一，预防为主”的工作方针，坚持“抓生产必须抓安全”的原则，制订严格的安全生产管理措施，把各类重(特)大事故、工伤死亡事故等安全事故控制为零。成立以项目经理为首的安全生产领导小组，建立健全安全生产保证组织机构，制定安全管理目标，在职工中认真宣传并层层分解贯彻落实，坚持开展群众性的安全生产活动，积极开展安全自保、互保活动，强化全体人员的安全生产意识。

3 优越的施工技术

在施工技术上，整体施工水平优先于同等行业的水准。其中，最为突出的是船闸主体的整体大钢模、移动式龙门模架和驳岸墙大模板小龙门移动模架。

船闸主体闸室墙模板系统支架采用移动龙门结构，对闸室墙模板采用大面钢模，以确保模板拼装质量和闸室墙的平整度，采用横围檩和竖围檩，确保围檩系统间的接触性良好，提高模板系统的整体刚度，拉杆采用精轧螺纹钢筋。背水侧模板设置反压螺栓，以抵消浇筑混凝土过程中模板的浮力；在安装移动龙门前要预先设置好螺栓，保证轨道的牢固，并且要保证轨道之间的间距，之后再进行整体龙门架的安装，每个过程按照施工要求和施工方案进行。减少了施工步骤，便于闸室墙流水性施工，同时加快闸墙施工进度，减轻劳动强度，节约施工成本；同时减少了施工缝的条数，有效地防止了墙后渗水的问题。

驳岸墙模板以小龙门作为支架，龙门系统通过移动平车完成移动；模板采用大面钢模，一次拼装完成，确保墙面平整度；采用横围檩和竖围檩，确保围檩系统间的接触性良好，提高模板系统的整体刚度；拉杆采用精轧螺纹钢筋。因驳岸墙为重力式结构，背水侧为斜坡形式，临水侧设置倒角结构，在混凝土侧压力作用下为防止模板上浮，在底板施工时预埋反压螺栓；同样，在安装移动龙门前要预先设置好螺栓保证轨道的牢固，并且要保证轨道之间的间距，之后再进行整体龙门架的安装。驳岸墙采用大模板小龙门整体移动模架施工工艺，加快了施工进度，驳岸墙线形顺畅，平整度高，提高了驳岸墙外观质量，减少了模板和支架搭设，安全性相对较高，人工消耗少，施工成本低，有较好的经济效益。

本文针对丹金船闸的施工的相关说明，对于丹金船闸和航道施工起到很大的帮助。在现今的水运施工中，提高施工的质量和加快施工的进度，就需要不断地进行创新。传统的施工方法已满足不了社会生产的需要，我们需要的是敢想、敢做，构建新的理念，灌输新的思维，为船闸和航道建设带来更大的动力。

劳务分包模式下外协队伍的安全管理

袁　烨

（江苏省交通工程集团有限公司）

摘　要　本文主要论述了劳务分包模式下对外协队伍的安全管理。从对用工现状的详细分析，结合日常的安全管理思路，从转变一线工人对安全管理的认识，到通过安全教育等方式增强其安全意识，最后通过长期的管理行为，促使外协队伍整体素质的全面提升，把“我要安全”变成习惯，促使安全管理工作全面提升。

关键词　外协队伍　安全　管理

近年来，随着建筑市场竞争日益激烈，建筑项目的利润空间越来越小，施工企业从利润最大化的角度，放弃了之前繁杂的管理模式，在不断地削减自身劳动资源的同时，广泛吸纳和利用社会力量，引进外协队伍，提高企业的管理效率。正是这种管理模式的转变，选择外协队伍和抓好外协队伍的管理，不仅是企业管理的重要内容之一，更是落实中央构建和谐社会的具体行动。外协队伍相比具有一定资质的劳务公司而言，在安全管理方面相对薄弱，所以管理的重担大部分压在了项目部的肩上。

自江苏省交通运输厅质监局2010年开展“平安工地”建设活动以来，江苏省交通工程集团有限公司紧紧围绕建设活动的各个细节要求，从管理制度入手，全方位地对公司安全管理模式进行改革。结合劳务分包的管理模式，我们将一线作业人员的管理作为重点内容，经常对职工进行安全思想教育，通过多种方式加强安全知识的宣传学习，合理运用经济杠杆增强一线作业人员及各级管理人员的安全意识，与外协队伍密切合作，发挥各自优势，保证良好履约，实现互惠双赢。

1　现状及存在的问题

随着企业经营规模的不断扩大，具有相应资质的劳务公司已经不能满足市场的需要，越来越多的协作队伍成为施工生产的主要力量，导致“包工头”现象大量存在。而且当地招聘的农民工越来越多，这种“就地取材”的方式决定了大部分外协单位在安全管理方面比较滞后。

从一个具体的项目来说，劳务用工存在如下几个特点：

(1)流动性大，经常出现刚进场几天、十几天就撤场的队伍；

(2)季节性强，因大部分工人来自农村，遇到农忙季节大部分人要返乡农忙；

(3)工人的文化素质普遍不高，有的甚至是文盲，综合素质也有很大的差距，大部分人以赚钱为首要目的，安全意识普遍较低，安全知识更是几乎没有，完全根据“施工经验”进行作业；

(4)持证率低，大部分从事电焊、起重、登高架设等特殊工种持证的较少，大部分人根本没有持证上岗的意识，导致持证率较低；

(5)混合工班，经常出现一个人干多个工种的活，而且经常出现普通公种与特殊工种混合的现象，给特殊工种管理带来了一定的难度；

(6)来自不同省份、地区的工人较多，生活习惯、个性特点均有较大差异，也给安全工作的开展带来了一定的难度。

针对如上问题，我们以“平安工地”建设活动为契机，从人员进场就严格对外协队伍严格把关，平时以形式多样的安全教育强化作业人员对安全的认识并增强其安全意识，以及通过科学细致的管理制度加强对外协队伍的约束等手段，一定程度上解决了外协队伍安全管理滞后的现象。

2 严格控制进场队伍，做好劳务用工进场实名登记

外协队伍是施工生产的前沿阵地，外协队伍的选择关系到工程施工的各个方面，对安全生产的影响更不容忽视。选择一个队伍不仅要考察其施工组织的水平，更要对其日常的安全管理进行考查，对其负责人的安全意识重点把关，以合同文件的形式明确具体的职责，细化安全管理的各项要求，从而在源头上控制好劳务队伍的管理。谨慎对待“关系户”，对这些社会信誉、施工能力等方面达不到要求的“关系户”，通过细化合同条款，对各项要求尽可能细致地说明，把住队伍进场的第一个关口，提高进场队伍的整体素质。

与当地派出所密切配合，办理暂住证时同时做好进场人员实名制登记工作。

我们还通过“人身意外伤害保险”的合同条款进行实名制登记的宣传，通过列举保险索赔的案例并结合保险合同的条文要求，让广大作业人员从思想上认识到实名制登记的必要性，转变其对安全管理的态度，为更好地做好本项施工打好基础。

除了结合“暂住证”“人身意外伤害保险”进行宣传动员外，我们还结合项目部的日常安全管理工作，比如通过实名制领用劳动防护用品、制作信息卡等手段加强日常的管理工作。

为了保证劳务用工登记的准确性，我们还使用第二代身份证读卡器，通过二次开发软件进行信息采集，并根据项目安全管理的要求，自动生成职工花名册，既保证了劳务用工登记的准确性，又提高了工作效率，也在一定程度上保证了登记的及时性。

3 以安全警示教育为突破口，增强安全意识

安全管理工作关键在人，源头也在人，所以安全管理首要任务是解决人的安全问题。为控制好人的不安全行为，克服习惯性违章现象，提高人员的安全意识和操作技能水平，我们从宣传教育入手，强化进场安全教育、日常的安全警示教育、特殊季节施工安全教育等，通过集中会议、现场教育、设置宣传标语宣传画等形式，多角度、多方位做好人员的安全教育工作。其中，以典型事故案例警示教育为主导方式，对照管理人员和一线作业人员分别以不同题材的案例进行安全警示教育，从事故原因分析到事故责任认定等多方面进行宣传教育，提高全员的安全意识。

管理人员主要以近年来我国安全管理的主题宣传片为主，启发管理人员在安全管理理念上不断创新，从理念上升为战略，在回顾安全发展史中层层递进、步步深入，从根本上端正管理人员的安全管理态度。一线作业人员教育主要以事故案例分析为主，通过安全警示教育片的形式，直观地呈现安全生产事故留给人们的警示，从潜意识里增强大家对安全生产的重视。通过警示片教育，明显感觉到作业人员从思想上到行动上均有很大的改观，主动自觉遵守项目部的相关要求。

4 科学合理运用经济杠杆，养成良好的安全习惯

为使各级施工人员更好地肩负起安全责任，适时实行“安全风险抵押金制度”，与各个职能部门、施工队、作业班组安全责任人签订安全生产风险防范责任状，明确双方责任和奖惩办法。根据各岗位、部门在安全生产中承担安全风险的程度，以集体名义缴纳不同数额的抵押金，并分期根据上级对项目部的安全考核和项目部对相关责任人的安全考核结果实施奖惩，做到奖优罚劣。通过实施“安全风险抵押金制度”，提高各级人员的安全责任意识，增强他们抓好安全生产的主动性和自觉性，形成全员参与、齐抓共管的安全管理格局。

经济效益始终是外协队伍追求的第一目标，使得经济杠杆成为项目部制约他们的最有力手段。除精神鼓励外，给予合理的经济奖励，充分利用经济手段刺激各外协队伍的干劲，通过优化奖罚措施提高从业人员的安全意识。为了保证安全隐患能及时得到整改，采取“奖一线、罚管理”的方式对施工中能自觉遵守劳动纪律、对班组安全管理做出贡献的人进行适当奖励，对隐患整改不及时、不到位的班组管理人员进行处罚，对个别不及时整改、对安全隐患熟视无睹的加大处罚力度，确保安全管理落到实处。

5 建章立制，在管理上形成强大的约束力

除了签订严密的合同外，项目部还十分重视建章立制工作，在每支外协队伍入场时，及时组织其对管理制度、责任制度进行学习，对施工作业内容、职责、权利、义务进行全面规范和明确，把本项目安全管理的特点及重点详细进行交底，做到每项安全工作的开展都有据可循。

6 管理人员深入一线，了解职工思想动态

安全管理中需坚持“以人为本”的管理理念。施工项目的安全管理会受到工期、任务、利润及社会因素等多方面的影响，如果外协队伍的利润微薄，则会失去干劲，排斥安全管理。针对这种情况，项目部在抓好生产的同时，在外协队伍管理的观念转变上充分融入情感因素。转变思路，由管理者变为服务者。项目部经常性教育全体职工，放下作为管理者高高在上的姿态，转变工作作风，管理监督的同时全面做好服务工作。

在管理过程中充分融入情感因素。项目部勤做外协队伍的思想工作，发现外协队伍有消极情绪及时发现、及时沟通、及时疏导，动之以情、晓之以理，教育其以项目的整体利益为重，激起他们的荣誉感与责任感，让外协队伍与项目部之间由松散的利益联合体转变为荣辱与共、互惠互利的合作共同体。关心外协队伍职工生活，把外对队伍纳入自己员工管理中，不歧视，不排斥，多关心，多爱护。经常性组织集体活动，增进沟通交流，体现出集体的人文关怀，尽力营造出家的感觉，增强他们的归属感，使他们安心工作。

另外，农民工工资发放问题也是施工单位最为突出的问题之一。为充分保护农民工利益，项目部需要制订针对性的农民工工资管理办法，对农民工工资发放提出详细、全面的要求，并专门成立清理发放农民工工资领导小组，不定期进行检查，确保每个农民工按时拿到工资，稳定人心。

对外协队伍的管理中，从情感上安抚，在技术上指导，在过程中监管，在资金上控制，使外协队伍思想稳定、干劲十足，同项目部形成一个良性的互助互惠互利合作共同体，从而使整个项目顺利有序推进，安全、质量、进度有保障，工地文明施工卓有成效，在取得良好经济效益的同时也获得了很好的社会影响，更能全面提高外协队伍的整体素质。

浅谈公路水运工程施工现场临时用电安全管理

袁　烨

（江苏省交通工程集团有限公司）

摘　要　电是施工现场不可缺少的能源，触电事故被视为建筑伤亡事故的五大伤害之一。根除现场用电中的不安全因素，减少触电伤亡事故的发生，已成为必须迫切需要解决的问题。本文就公路水运施工现场临时用电通病进行了论述，并就相关解决措施进行了探讨。

关键词　公路水运　临时用电　安全管理

1　引言

电在公路水运工程施工中发挥着举足轻重的作用，但在施工现场发生的安全事故中，因临时用电系统原因造成的安全事故占有很大的比例。对于施工企业而言，临时用电的风险最主要的原因还是大部分作业人员安全用电知识欠缺、具备专业知识的管理人员不足，用电机具、设备复杂多样，更重要的是从管理人员到普通工人，对安全用电认识不足，临时观念严重。触电可能造成人员伤亡，还可能毁坏用电设备或引发火灾。加强施工现场用电的安全管理，减少用电事故的发生，对保证施工安全、有序具有重大意义。

2　施工现场临时用电安全的主要问题

2.1　公路水运施工现场临时用电行业技术标准缺失

目前实施的临时用电安全类技术标准主要是国家标准《建设工程施工现场供用电安全规范》（GB 50194—2002）和建设部编制的建筑施工行业标准《施工现场临时用电安全技术规范》（JGJ 46—2005），很具体地规定了施工现场用电规划、电缆线选择、各项安全保证措施的细节要求等。但是这两个标准主要针对的是建筑施工行业，而不是公路水运施工行业。在公路水运施工行业，因施工现场的特点，《施工现场临时用电安全技术规范》确实很难执行，比如“分配电箱与开关箱的距离不得超过 30m，开关箱与其控制的固定式用电设备的水平距离不宜超过 3m。”等要求，在公路水运施工现场，因施工战线长、作业点较分散，确实很难做到此项要求，并且公路水运施工现场基本上都是户外露天作业，环境多变且复杂，使用的通用型用电设备、电缆线布设不规范等都存在着很突出的问题。要想从根本上解决这些问题，亟须尽快出台适合公路水运施工现场执行的临时用电安全管理规范。

2.2　施工现场常见的问题

2.2.1　临时用电组织设计不健全

《施工现场临时用电安全技术规范》规定：施工现场临时用电设备在 5 台及以上或设备总容量在 50kW 及以上者，应编制用电组织设计。目前，大多数项目编制的用电组织设计中均按照要求进行负荷计算、导线选择计算，但是对于电源、电箱、电缆线的设置位置、电箱分级设置、电缆线保护及走向等没有进行明确；而且基本上没有配电系统接线图，导致设计的方案针对性和操作性很低，很难做到指导现场实施。

2.2.2　电箱安装及使用问题

施工现场经常出现两种极端，一是作业比较集中的区域，如钢筋加工场、木工加工场等地，施工作业的空间和通道堵塞，施工现场的配电箱或开关箱不能按照要求的高度进行架立，使用中也经常出现随意

拖拉的现象；二是在施工现场，因作业点比较分散且距离较远，电箱之间的距离又不满足要求，并且架立的高度不能按照规范进行。

另外，电箱周围经常存在易燃易爆物品、消防器材设置不足等现象；手持电动工具大部分不设置移动式开关箱，达不到"一机、一闸、一箱、一漏"的要求；电箱内电器安装板不合格或者安装不规范；电箱周边存在杂草、堆放杂物等不便操作；电箱存在无门、无锁、无防雨措施等问题。

2.2.3　外电防护存在安全隐患

施工项目大部分的线路敷设较为马虎，普遍存在以下几种现象：电缆线随地拖拉，私拉乱接，不管日晒雨淋，任凭人踩车压，根本无防护可言，一旦电缆线绝缘层老化、破损，漏电触电事故就在所难免。电缆线埋设较浅且警示标志设置不准确，不采用细砂、套管等进行保护，导致经常出现电缆线被挖断、车辆长时间碾压导致短路等现象；电缆接头防水性能差；架空线路架设在外脚手架或者结构物钢筋上；架空线路的电杆高度及档距不符合要求，致使电线弧垂度大等均存在着较大的安全隐患。

2.2.4　接地保护及防雷不规范

《施工现场临时用电安全技术规范》中明确规定："不得一部分设备做保护接零，另一部分设备做保护接地"，但施工现场仍然在这样做，比如：采用 TN-S 系统中，出现电焊机接地柱直接进行接地保护的现象。规范中规定 TN 系统中的保护零线除必须在配电室或总配电箱处做重复接地外，还必须在配电系统的中间处和末端处做重复接地（图 1）。也就是说，施工现场要有不少于三组的重复接地。但是在检查中发现现场只是在总配电箱处作一组接地，而且经常出现开关箱处做的重复接地体未采用角钢、钢管或者圆钢，而是使用螺纹钢；经常出现电缆线接线不按照规定的颜色进行使用，把黄/绿双色 PE 线和淡蓝色 N 线混淆使用的现象。

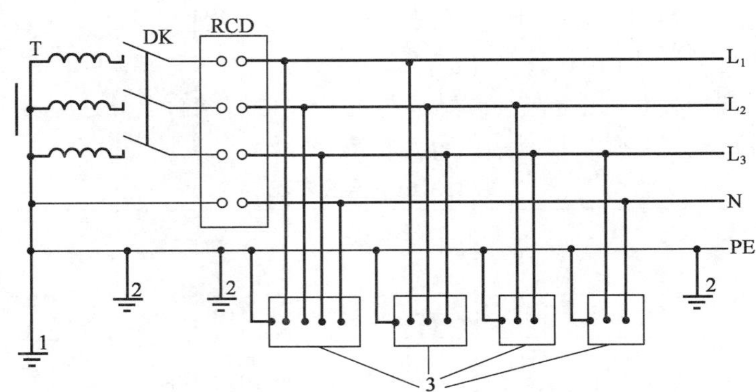

图 1　TN-S 接零保护系统示意图

1-工作接地；2-PE 线重复接地；3-电气设备金属外壳（正常不带电的外露可导电部分）；T-变压器

大多数用电组织设计中对现场高大型临时设施的防雷设计过于简单，基本上是以文字叙述的形式简单带过，没有按照要求进行相关计算及对防雷设置的方法、材质等内容进行明确。

2.2.5　设备的不安全因素及使用中的问题

目前，施工现场使用的电气设备一般为通用型，很多设备不适应复杂施工环境（灰尘多、露天作业、潮湿、经常性拆装，夏季动机特殊季节等），漏电开关、空气开关等很多电器新产品参数正确、状态正常，使用一段时间后反应迟缓，漏电动作数据不准确，甚至失效；有的电气设备部件损坏后没有及时修复或更换，而是采取不安全的替代措施，比如：电焊机二次侧搭铁线应采用防水橡皮护套铜芯软电缆，损坏或遗失后不及时更换，而是采用金属构件或结构钢筋代替二次侧搭铁线替代使用；有的施工班组为降低成本而采购低价的电气产品甚至是劣质产品，这些电气产品的技术参数不稳定，安全性能差；有的则不按产品技术要求使用电气设备，使设备的安全性能大打折扣，这些都存在着较大的安全隐患。

电焊机是施工现场使用较多的电气设备之一，电焊作业也是引发安全事故的主要危险因素之一。电焊机使用除了存在上述的搭铁线不规范的问题外，电焊机的电源不使用自动开关；一次侧电源线过长，远远超过 5m，一旦破损易发生触电事故；现场露天使用的电焊机无防雨措施，电焊工冒雨从事电焊作业；电焊工的劳保用品穿戴不规范，不戴绝缘手套，不穿绝缘鞋等。另外电焊作业期间，对周围的易燃物品不采取有效的安全隔离措施，也是导致电焊作业事故多发的主要原因之一。

手持式电动工具如手电钻、电锤、冲击钻、手提砂轮机、手持式切割机、振捣泵等也是施工现场使用较多的电气设备，手持式电动工具由于振动、受潮、接线错误等原因易造成电动工具漏电，发生触电事故；电源引线任意接长或拆换、电缆线接头太多而且防水绝缘措施不规范；擅自拆卸和修理电动工具；工具存在绝缘损坏、护套破裂、保护接地或接零线脱落等问题时仍然继续使用，同样存在着较大的安全隐患。

3 施工现场临时用电安全的保证措施

根据近年对生产安全事故的统计，施工作业期间由于临时用电安全管理不到位而引发的事故屡见不鲜，如 2010 年上海市静安区胶州路某公寓大楼发生特别重大火灾事故，造成 58 人死亡，71 人受伤，直接经济损失 1.58 亿元。事故的直接原因就是施工人员违规进行电焊作业引燃保温材料碎块引发火灾。

要做好公路水运施工现场临时用电安全管理工作，对于存在的用电安全隐患必须加大力度清理整顿，以防患于未然。

3.1 建章立制、加强检查

要从源头上解决临时用电安全的问题，首先必须根据项目特点建立健全针对性的临时用电安全管理制度及责任制度，规范临时用电行为。例如，可通过实施临时用电验收制度，作业前对临时用电布设进行系统性检查，合格后方可供电作业；作业期间加强安全巡查监管，通过检查表的形式定期进行专项检查，发现隐患立即整改，保证用电安全。

表 1 为根据《施工现场临时用电安全技术规范》的相关内容结合公路水运工程施工现场特点制定的临时用电安全专项检查表，明确了检查的内容及标准。

临时用电安全检查表　　表 1

单位名称		工程名称		检查日期	
参加检查人员					

序号	检 查 项 目	检查内容和要求	检 查 结 果
1	配电箱、开关箱	配电箱、开关箱的进线口和出线口均应设在箱体的下底面	□符　合　□不符合 □有缺陷　□无此项
2		配电箱、开关箱的电源进线端严禁采用插头和插座活动连接	□符　合　□不符合 □有缺陷　□无此项
3		配电柜应设电源隔离开关及短路、过载、漏电保护电器等；配电箱的电器安装板上必须设 N 线端子和 PE 线端子板	□符　合　□不符合 □有缺陷　□无此项
4		配电系统应设置配电柜或总配电箱、分配电箱、开关箱，实行三级配电，逐级漏电保护	□符　合　□不符合 □有缺陷　□无此项
5		所有设备做到"一机、一闸、一箱、一漏"，严禁一闸多机	□符　合　□不符合 □有缺陷　□无此项
6		配电箱、开关箱应编号，并应有责任人公示，与临时用电方案对应	□符　合　□不符合 □有缺陷　□无此项
7		配电箱、开关箱内的电器（含插座），应先安装在金属或非木质阻燃绝缘电器安装板上，然后方可整体紧固在配电箱、开关箱体内，金属电器安装板与金属箱体应做电气连接	□符　合　□不符合 □有缺陷　□无此项
8		配电箱、开关箱应装设端正、牢固，固定式配电箱、开关箱的中心点与地面的垂直距离应为 1.4～1.6m，移动式配电箱、开关箱应装设坚固的支架，其中心点与地面的垂直距离为 0.8～1.6m	□符　合　□不符合 □有缺陷　□无此项

续上表

序号	检查项目	检查内容和要求	检查结果
9	配电箱、开关箱	配电箱应保持整洁,不得堆放任何妨碍操作维修的杂物	□符　合　□不符合 □有缺陷　□无此项
10		动力配电箱与照明配电箱宜分别设置	□符　合　□不符合 □有缺陷　□无此项
11		配电箱、开关箱外形结构应能防雨、防尘	□符　合　□不符合 □有缺陷　□无此项
12	保护系统	PE线必须使用“黄/绿”双色线,严禁“黄/绿”双色线做相线或零线使用	□符　合　□不符合 □有缺陷　□无此项
13		保护零线与工作零线不混接	□符　合　□不符合 □有缺陷　□无此项
14		不得用其他金属丝代替熔丝	□符　合　□不符合 □有缺陷　□无此项
15		不得采用铝导体做接地体或接地线,垂直接地采用角钢、扁铁或圆钢,不得采用螺纹钢	□符　合　□不符合 □有缺陷　□无此项
16	现场照明	灯具金属外壳要有接零保护	□符　合　□不符合 □有缺陷　□无此项
17		室外220V灯具距地面不得低于3m,室内220V灯具距地面不得低于2.5m	□符　合　□不符合 □有缺陷　□无此项
18		手持照明灯使用36V及以下电源供电	□符　合　□不符合 □有缺陷　□无此项
19	配电线路	电线无老化、破皮现象	□符　合　□不符合 □有缺陷　□无此项
20		架空线必须采用绝缘导线,必须设在专用电杆上,严禁架设在树木,脚手架及其他设施上	□符　合　□不符合 □有缺陷　□无此项
21	手持式电动工具	所用插座和插头在结构上应保持一致,避免导电触头和保护触头混用	□符　合　□不符合 □有缺陷　□无此项
22		在潮湿场所或金属构架上严禁使用Ⅰ类手持式电动工具	□符　合　□不符合 □有缺陷　□无此项
23		手持式电动工具的外壳、手柄、插头、开关,负荷线等必须完好无损	□符　合　□不符合 □有缺陷　□无此项
24		使用手持式电动工具的作业人员,必须按规定穿戴绝缘防护用品	□符　合　□不符合 □有缺陷　□无此项
25	其他	电工作业应佩戴绝缘防护用品,持证上岗	□符　合　□不符合 □有缺陷　□无此项
26		应定期对漏电保护器进行检查,并认真填写检查记录表	□符　合　□不符合 □有缺陷　□无此项
27		施工现场有高压线的,必须有具体方案采取防护措施	□符　合　□不符合 □有缺陷　□无此项
28		有备用的“禁止合闸、有人工作”标志牌	□符　合　□不符合 □有缺陷　□无此项

续上表

序号	检 查 项 目	检查内容和要求	检 查 结 果
29	其他	无一部分设备做保护接零，另一部分设备做保护接地的现象	□符　合　□不符合 □有缺陷　□无此项
30		所有职工宿舍用电严禁私拉乱接	□符　合　□不符合 □有缺陷　□无此项

检查记录：

处理意见：

开具《安全整改通知书》________份、《安全处罚通知书》________份。

记录人：

3.2　强化管理，普及安全用电知识

公路水运施工企业应加强施工现场用电知识的普及，首先管理人员要重视现场用电的安全，以照片、视频的方式教育作业人员日常用电操作中需要注意的事项及触电应急知识；教育设备操作人员正确使用电气设备、手持电动工具，观看触电事故案例，提高预防触电的防范意识。其次是专职电工要严格执行持证上岗制度，上岗前要接受针对不同的作业环境比如高温、潮湿等因素进行有针对性的临时用电安全教育和交底；组织触电应急救援演练，以演练为契机调动大家学习用电常识，熟悉触电急救知识、急救流程，以减少触电事故带来的损失。

3.3　提高施工现场电气设备安全技术水平

施工现场使用的大部分电气设备为通用型，不一定能够适应施工现场复杂、恶劣的环境；有的甚至是未经过“3C”认证的产品，导致设备使用一段时间后动作迟缓，漏电动作数据不准确，甚至失效。

为了彻底避免发生因电气设备本身的原因导致的触电事故，首先，要加强对进场的电气设备进行验收管理，杜绝不合格电气设备进入施工现场；其次，对于新采购的设备必须要求通过“3C”认证方可使用；再次，加强对临时用电设备如配（用）电设备、漏电保护器、过载保护器等关键电气设备的巡查，伪劣或者损坏的设备立即进行更换；最后，经常组织专职电工对接地电阻、绝缘电阻进行测试，必须满足规范要求，特别注意重复接地的电阻检测要按照要求计算合格。另外还要强化用电设备的定期保养、维修，确保施工用电设备安全防护装置齐全、有效。

3.4　加大经费投入，确保安全防护用品配备齐全

公路水运施工单位要科学合理地投入安全经费，保证必要的用电防护措施和防护用品有足够的资金保障。安全防护用品是保护作业人员的最后一道防线，要针对夏季、冬季等特殊季节施工（高温与潮湿）与施工环境的特点，对危险性较大的部位采取必要的防护措施；根据现场临时用电作业的特点，为所有可能涉及用电设备的人员配备合格的防触电保护用品，如绝缘手套、绝缘鞋等，并督促作业人员按规定正确使用；还应为专职电工配备摇表、万用表、欧姆表等检测设备，定期对现场接地电阻等进行测量；教育作业人员提高自我保护意识，杜绝违章操作，在进行带电作业时，必须要有专人进行监护，进行电路检修时严格按照要求设置“正在检修、禁止合闸”的安全警示牌。

综上所述，公路水运工程施工现场临时用电管理是一项系统、复杂的工作，本文仅根据目前临时用电管理的相关规定，通过对公路水运工程施工现场的深入调查，分析和论述了临时用电中普遍存在的隐患和消除隐患的措施，并对改进施工现场临时用电安全管理，提高作业人员安全用电意识，加强临时用电管理力度，防止或减少用电安全事故的发生。

参考文献

[1] 中华人民共和国行业标准. JGJ 46—2005　施工现场临时用电安全技术规范[S]. 北京：中国建筑工业出版社，2005.

[2] 中华人民共和国国家标准. GB 50194—2014　建设工程施工现场供用电安全规范[S]. 北京：中国计划出版社，2014.

[3] 中华人民共和国国家标准. GB/T 3787—2006　手持式电动工具的管理、使用、检查和维修安全技术规程[S]. 北京：中国标准出版社，2006.

[4] 中华人民共和国国家标准. GB/T 13869—2008　用电安全导则[S]. 北京：中国标准出版社，2008.

[5] 中华人民共和国国家标准. GB 13955—2005　剩余电流动作保护装置安装和运行[S]. 北京：中国标准出版社，2005.

[6] 张立新. 建设工程施工现场临时用电管理[M]. 北京：中国电力出版社，2009.

浅谈驳岸墙移动模架施工方法

肖红玲[1]　方成虎[2]

（1. 江苏省常州市航道管理处；2. 江苏省交通工程集团有限公司）

摘　要　丹金船闸工程驳岸墙为素混凝土结构，若采用传统搭设支架立模的施工工艺，工期和施工质量均无法满足业主要求。我公司通过集思广益，大胆创新，并借鉴闸室墙施工工艺，在选择施工方案是，淘汰传统施工工艺，采用整体移动模架施工工艺。通过采用该施工方法，施工安全性相对较高，驳岸墙线形顺畅，墙面光洁，色泽均匀。

关键词　驳岸墙　移动模架　施工

1　工程概况

丹金船闸工程驳岸墙总长3900m，单节长度15m，墙身为重力式结构，C20素混凝土，墙顶设0.5m厚C20混凝土压顶，底高程为 -2.36m，顶高程为4.38m，顶宽0.7m，墙高6.74m。

2　工艺原理

（1）驳岸墙模板以小龙门作为支架，龙门系统通过移动平车完成移动；

（2）临水侧模板采用大面钢模，一次拼装完成，确保墙面平整度；

（3）横围檩采用[16a槽钢，竖围檩采用双拼2[18a槽钢，纵横围檩系统间的接触性良好并焊接牢固，提高模板系统的整体刚度，模板通过竖围檩悬吊于小龙门上；

（4）拉条螺栓采用ϕ25精轧螺纹钢筋及配套螺母，拉条螺栓外套PVC管以保证拉条重复使用；

（5）倒角和背水侧围檩上设置楔块，以保证拉条螺栓水平受力；

（6）背水侧模板设置反压螺栓，以抵消浇筑混凝土过程中模板的浮力。

3　施工工艺简介及操作要点

3.1　施工工艺流程

整个驳岸墙模板工程包含移动支架系统和模板系统，底板施工时在底板上预埋轨道螺栓。在具备驳岸墙身施工条件后，即可按照工艺流程图（图1）有序进行驳岸墙模板工程的施工。

3.2　操作要点

3.2.1　移动龙门支架安装

在底板施工时要进行相关螺栓的预埋工作，并确保位置的准确。轨道采用钢轨，并用反压钢板固定牢固。然后安装移动支架底盘，精确测量底盘间距，以保证龙门立柱准确对中。

龙门立柱采用[10和I8加工而成，横梁采用321贝雷。

龙门立柱和横梁在底板上预先拼装好，然后整体吊装固定，安装好后用缆风固定牢固。移动龙门支架结构见图2。

3.2.2　围檩加工

临水侧横围檩采用[16a，间距70cm，竖围檩均为2[16a，间距180cm；背水侧横围檩间距70cm，竖围檩采用2[18a，间距180cm。端模围檩采用桁架片，桁架片采用[6.3加工而成。端模桁架片示意图参见图3。

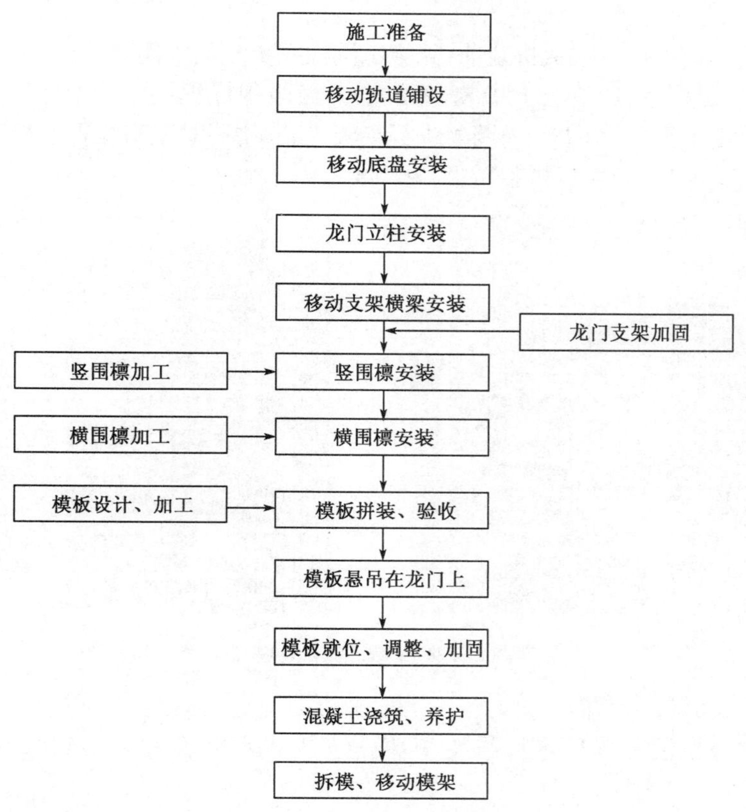

图1　驳岸墙身施工工艺流程图

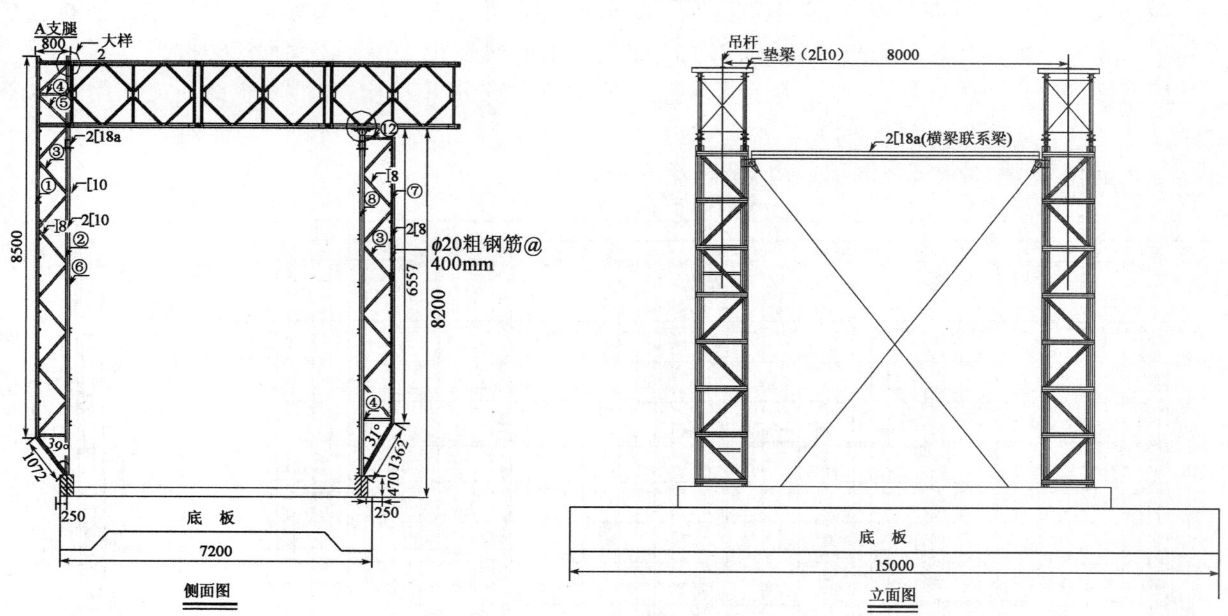

图2　移动龙门支架设计图(尺寸单位:mm)

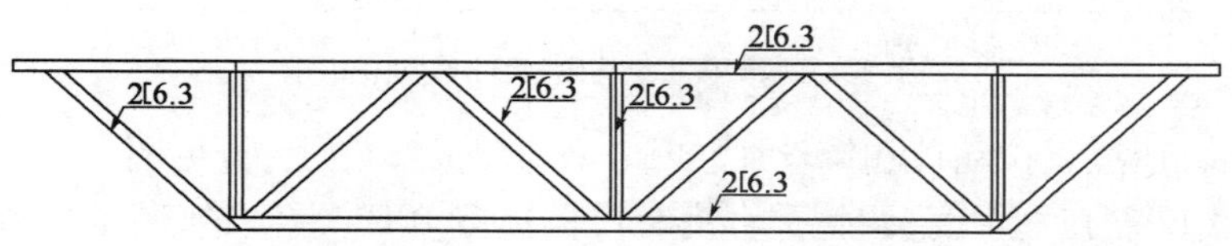

图3　端模桁架片设计加工示意图

3.2.3 模板拼装

模板采用新加工大面钢模。模板拼装前，先施工围檩系统。临水侧竖围檩在上下设置两道型钢，以保证围檩的平整度，固定好后，从下至上拼装横围檩，并与竖围檩焊接成为整体，以保证围檩系统的刚度。围檩拼装完成后由下至上、由中间向两边进行模板拼装，拼装时跟踪检查模板的平整度。平整度不满足要求立即进行调整，以保证模板拼装质量，见图4。

图4　移动龙门和模板拼装施工图

背水侧模板拼装步骤同临水侧。

端模在平地上整体拼装好以后进行吊装，端模桁架片与临水侧和临土侧横围檩通过螺栓连接成整体。

为保证墙身前缘线顺直，在临水侧模板上口和下口各增设横向桁架片围檩。

拉条螺栓采用 $\phi25$ 精轧螺纹钢，上下间距 160cm，水平间距 180cm。拉条螺栓与竖围檩接触的地方设置 1.5cm 垫板，垫板尺寸 10cm×10cm，斜面上垫板加工成楔形，以保证螺栓垂直受力。

因驳岸墙采用重力式结构，临土侧为斜坡形式，临水侧设置倒角结构，在混凝土侧压力作用下会产生上浮。

临水面模板、背水侧模板围檩结构见图5和图6。

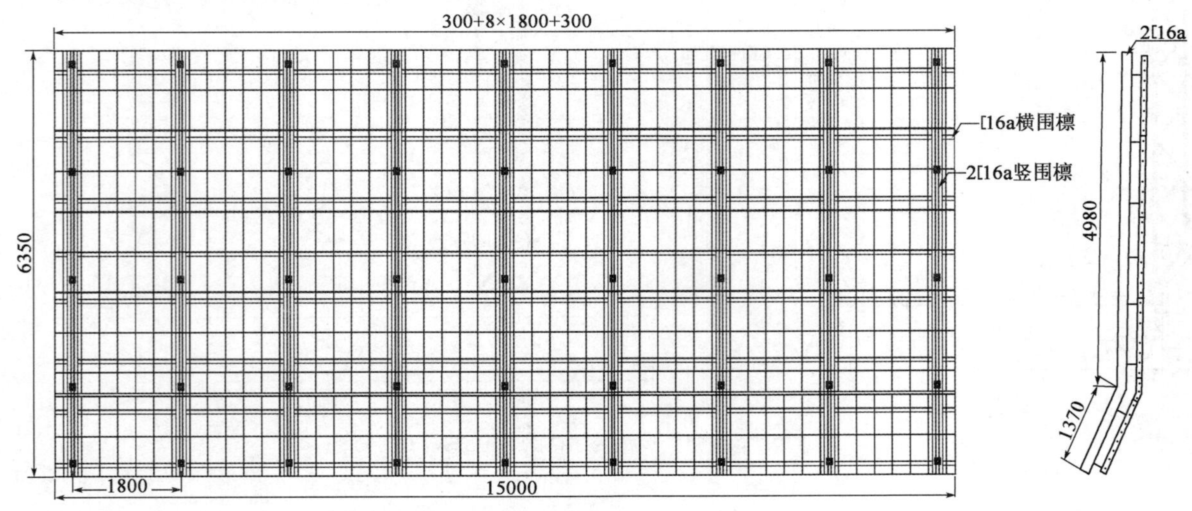

图5　临水侧模板结构图（尺寸单位：mm）

模板拼装完成后，通过手拉葫芦和钢丝绳悬吊于移动龙门支架上，详见图7。

调整模板前沿线位置和垂直度，调整垂直度时模板预留 10cm 后倾量，满足规范和设计要求后方可进入下道工序。

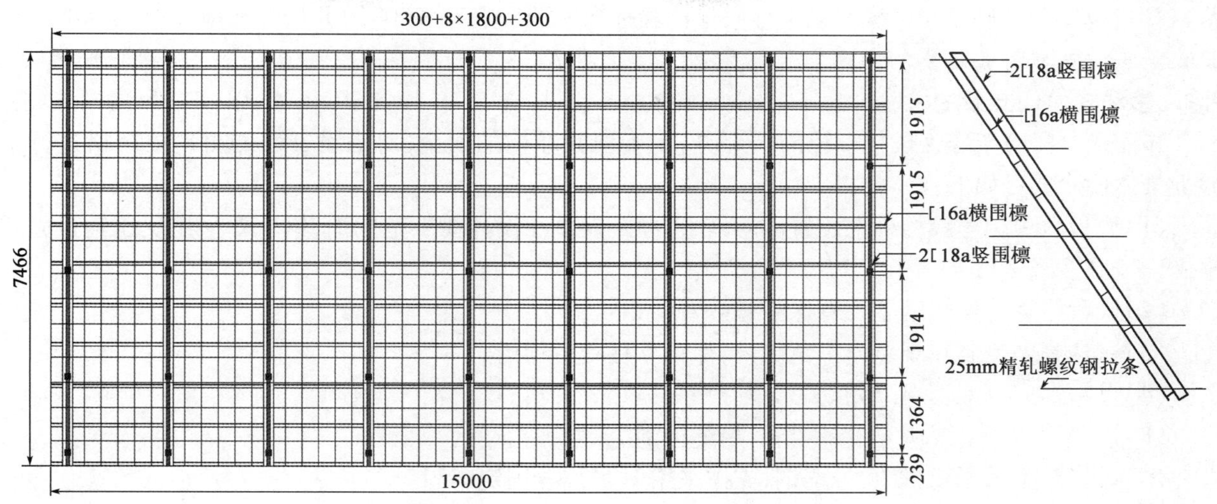

图6　临土侧模板结构图(尺寸单位:mm)

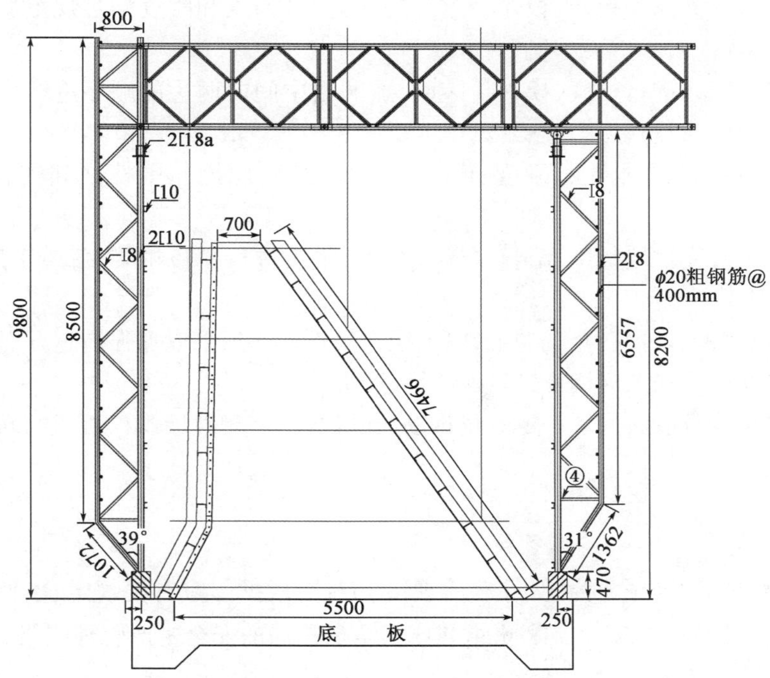

图7　移动龙门模架整体设计图(尺寸单位:mm)

3.2.4　混凝土浇筑

混凝土采用泵送混凝土施工工艺。配合比设计采用三级配、双掺技术。为避免或减少大体积混凝土温度裂缝的出现,严格控制混凝土原材料质量,井水拌和,严格控制混凝土坍落度,确保混凝土的稳定。

混凝土浇筑时保持均衡上升,以保证两侧模板侧压力平衡。因混凝土落差较大,浇筑采用串筒,以防止混凝土离析。为避免混凝土冷缝的出现,混凝土的初凝时间控制在6～8h,以保证在初凝时间内上层混凝土能够及时覆盖。混凝土分层厚度控制在50cm以内,振捣采用插入式振捣器,以保证混凝土密实。

4　质量控制

移动模架必须遵照并满足《钢结构设计规范》(GB 50017—2011)、《钢结构工程施工质量验收规范》（GB 50205—2001），以及《水运工程质量检验标准》（JTS 257—2008），并按照相应规范和标准进行验收。质量控制要求如下：

4.1　移动式龙门支架的检验

移动式龙门支架作为模板工程的一部分，为确保其结构的安全，对搭设安装的材料要严格进行检验。具体检验项目如下：

（1）底板轨道预埋螺栓确保位置准确，轨道净距误差在设计要求范围内，钢轨要采用反压钢板固定牢固。

（2）底盘与轮子连接销子要有保险扣。

（3）立柱高差控制在规范允许范围内，保证立柱受力均匀。

（4）贝雷销应有配套保险扣。

（5）连接焊缝长度要满足设计要求，焊缝饱满。

（6）吊点垫梁采用双拼 20 号槽钢，支撑采用 U 形螺栓固定牢固。

4.2　模板工程质量控制

（1）模板采用新加工大面钢模，模板需经过专门设计，其强度和刚度满足规范要求；并进行进场验收，以保证模板尺寸准确。

（2）模板拼装前对工人进行交底，模板拼装时，按照由中间向两边的顺序进行拼装，模板拼装后的平整度满足规范要求。

（3）为保证模板系统的整体性和刚度，模板与围檩之间、围檩与围檩之间连接点全部进行焊接固定。

（4）模板工程施工时先拼装竖围檩，再拼装横围檩，最后进行模板拼装，每道工序验收合格后方可进行下道工序的施工。

（5）模板系统吊点必须设置在竖围檩上，竖围檩在吊点处必须采取加强措施。

（6）垫板位于斜面上市加工成楔形，以保证垂直受力。

（7）底板施工时在墙身前后预埋一定数量钢筋，在墙身施工时对墙身模板进行反压，以抵抗浇筑混凝土时模板上浮力。

5　安全措施

（1）认真贯彻“安全第一、预防为主、综合治理”的方针，根据国家有关规定、条例，结合施工实际情况和工程的具体特点，组成专职安全员和班组兼职安全员参加的安全生产管理网络，执行安全生产责任制，明确各级人员的职责，抓好工程的安全生产。

（2）由项目部技术部门编写驳岸墙移动龙门模架施工安全专项方案，经项目总工审批后，由项目部技术部组织所有技术人员和现场操作人员进行驳岸墙移动龙门模架安装的安全技术交底，让所有技术人员和现场操作人员均知道危险源及如何防范。

（3）移动龙门模架属于高空作业，操作人员必须穿防滑鞋，系好安全带，戴好安全帽，遵守高空作业规程。

（4）技术负责人和专职安全员每天对模板系统安装进行技术、安全检查，检查模板系的安装是否按照设计图纸进行、各种临时安全措施是否满足施工要求。

（5）模板上设置操作平台，悬挂密目安全网。严禁上、下层同时作业，上层作业时，下面不得站人。支架上的各种构配件不得临空、靠边放置，防止意外碰撞而跌落伤人。

（6）龙门模架移动前要有专人检查轨道、运转设备以及模板离开结构物的距离，确保安全后由专人指挥两侧底盘平车同步缓慢前行。

（7）现场用电和气割等符合相关规范要求。

6 驳岸墙整体移动模架施工的几点体会

驳岸墙采用整体移动模架施工时需要注意以下问题：

(1)在进行驳岸墙模架系统的设计时需要验算支架的承载能力和稳定性，模板的强度、刚度和稳定性，以确保施工安全和施工质量。

(2)模板采用定型模板，需要保证结构几何尺寸并有利于模板的拼装和拆除。

(3)驳岸墙底板施工时需要精确预埋轨道螺栓以确保移动模架行进过程的安全。

(4)底板施工时在墙身前后预埋一定数量钢筋，在墙身施工时对墙身模板进行反压，以抵抗浇筑混凝土时模板上浮力。

(5)混凝土浇筑时要严格控制混凝土分层厚度和高差，以确保模板受力均匀。

浅谈闸室墙裂缝产生的原因与防治措施

方成虎

（江苏省交通工程集团有限公司）

摘　要　闸室墙裂缝是船闸施工中的质量通病。裂缝虽然在船闸施工中无法避免，但对闸室墙裂缝产生的原因、机理的分析，采取一定的针对性措施，闸室墙裂缝是可以减少到合理范围的。本文中，笔者结合实际闸室墙裂缝形成的原因和防止措施进行了探讨。

关键词　闸室墙　裂缝　原因　防治

1　工程概况

丹金溧漕河航道整治工程，丹金溧漕河航道规划为三级航道，设计船型为1000吨级船舶、设计船队一顶2×1000吨级船队、1拖3×1000吨级船队和1000吨级货船（机驳）。

船闸等级为Ⅲ级，有效尺度为180m×23m×4m（闸室有效长度×闸室净宽×槛上水深）。船闸和通航孔采用共用引航道的平行布置形式，船闸布置在北侧，通航孔位于南侧，船闸和通航孔口门宽度均为23m，二者轴线距离28m。

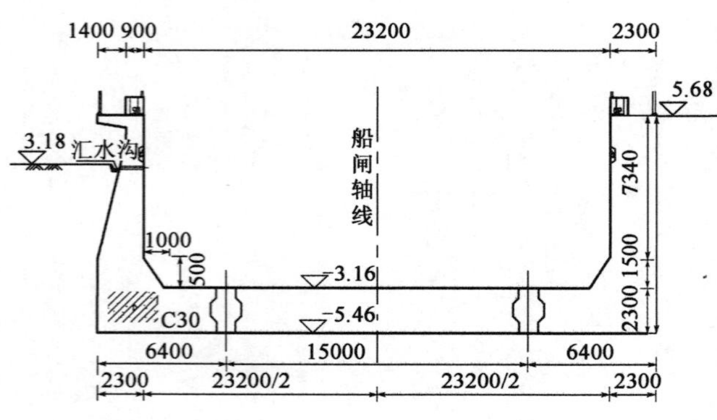

图1　闸室墙断面图（尺寸单位：mm）

船闸闸室采用C30钢筋混凝土整体式结构，沿长度方向设沉降—伸缩缝，间距布置为20mm+2×（14970+20）mm+10×（14980+20）mm。闸室墙口宽为23.2m，净宽23m。闸室底板厚2.3m，北侧闸室墙采用变截面形式，完建期墙后回填土至高程3.18；南侧闸墙为等截面形式，闸墙顶设置电缆沟闸墙两侧设钢护木、爬梯、固定式系船柱及系船钩，结构段沉降—伸缩缝设置紫铜止水（图1）。

2　闸室墙裂缝成因分析

闸室墙裂缝按深度的不同，分为贯穿裂缝、深层裂缝及表面裂缝三种。

按照形成原因，笔者认为闸室墙产生裂缝的原因主要有以下几个方面：

2.1　温度裂缝

温度裂缝是船闸出现裂缝的主要原因之一，温度应力一旦超过混凝土能承受的抗拉强度时，即会出现裂缝。

本工程墙身混凝土等级为C30，较以往船闸等级（通常为C25）高，因此混凝土水泥用量相对较大，为观测混凝土内部温度，在墙身混凝土浇筑前预埋测温元件并观测混凝土浇筑完成后内部温度变化情况（图2）。

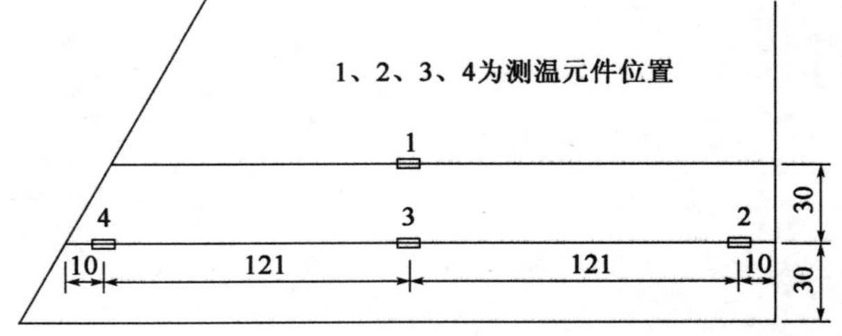

图2　测温元件布置图（尺寸单位：cm）

水泥在水化过程中要释放出一定的热量，而大

体积混凝土结构断面较厚,表面系数相对较小,所以水泥发生的热量聚集在结构内部不易散失。这样混凝土内部的水化热无法及时散发出去,以至于越积越高,使内外温差增大。由于混凝土结构表面可以自然散热,实际上内部的最高温度,多数发生在浇筑后的第3天达到最大值(本船闸峰值约为50℃),之后便开始缓慢下降(图3)。

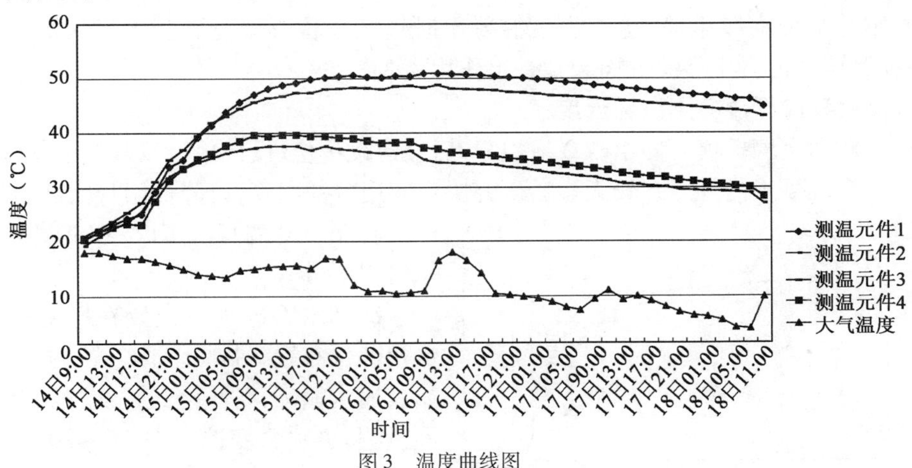

图3　温度曲线图

2.2　收缩裂缝

混凝土收缩包括自收缩和干收缩。在保证混凝土养护的条件下,混凝土自收缩是裂缝产生的主要原因。混凝土收缩裂缝和温度裂缝构成混凝土裂缝产生的主要原因。

船闸施工一般采用移动龙门模架施工,从闸室底板施工到闸室墙施工往往要经历3~4个月,甚至更长时间。这时底板混凝土已完成大部分收缩,墙身收缩较大,底板往往会阻碍墙身收缩变形,当底板制约墙身收缩产生的应力超过混凝土的抗拉强度是就会在混凝土表面产生一定深度的裂缝来释放应力。

2.3　其他原因

当然混凝土的裂缝是由于多种原因造成的,与设计、材料以及施工工艺的选择等均有关系。

3　闸室墙裂缝防治

本文笔者主要从施工方面介绍船闸闸室墙裂缝防治的一些措施。

3.1　选择优质材料

(1)水泥。避免使用火山灰水泥和矿渣水泥等收缩性大的水泥以及快硬性水泥,宜选择收缩性较小的普通水泥。

(2)外加剂。根据设计要求在混凝土中掺加一定用量的外加剂,能够减少单位体积用水量,减小水灰比并适当延长初凝时间,还能够减小混凝土的收缩变形并防止裂缝的产生。

(3)掺和料。在规范允许范围内掺加一定量的活性掺和料,既可以降低单位体积水泥用量,减少混凝土早期收缩并能增加混凝土后期强度。

(4)粗集料。宜选择连续级配的粒径大、强度高的集料,并且集料要干净,粉尘含量要低,含泥量控制在0.5%以下,必要时才用洁净水冲洗,按3级配选择粗集料。

(5)细集料。细度模数要控制在2.6~3.0的中粗砂,含泥量控制在1.0%以下。

3.2　优化配合比

针对大体积混凝土降低水化热的特殊要求,采用双掺技术,即添加粉煤灰和高效减水剂。配合比的设计按绝对体积法计算。配合比设计以基准的配合比为基础,按稠度、强度等级原则,用超量取代法进行调整。其用水量按基准配合比的用水量取用,同时,根据泵送混凝土的要求,考虑到混凝土的坍落度损失,适当调整水泥、外加剂及细集料的用量。

本船闸工程施工配合比水胶比为0.43,单位体积各组分质量如下(单位:kg):

水:145;水泥:270;粉煤灰:67;细集料:748;粗集料:1114;外加剂:4.044。

3.3 提高钢筋绑扎质量,确保钢筋保护层合格率

混凝土裂缝与钢筋保护层有着较大的关系,尤其是钢筋保护层偏大时,往往容易形成表面裂缝。

本工程在底板施工时精确预埋墙身钢筋,以保证墙身倒角钢筋保护层的合格率。墙身施工时保护层垫块垫紧扎牢并增加支撑钢筋,防止浇筑混凝土时钢筋偏位。墙身混凝土经实测保护层合格率在90%以上,在控制墙身混凝土裂缝方面起到一定作用。

3.4 布设冷却水管,降低混凝土内部温度

本工程第一对闸室墙拆模后即出现2道裂缝,后经建设单位、设计单位以及施工单位讨论认为初期裂缝产生的原因为混凝土内外温差较大。后研究决定使用冷却水管,以降低墙身内部温度。

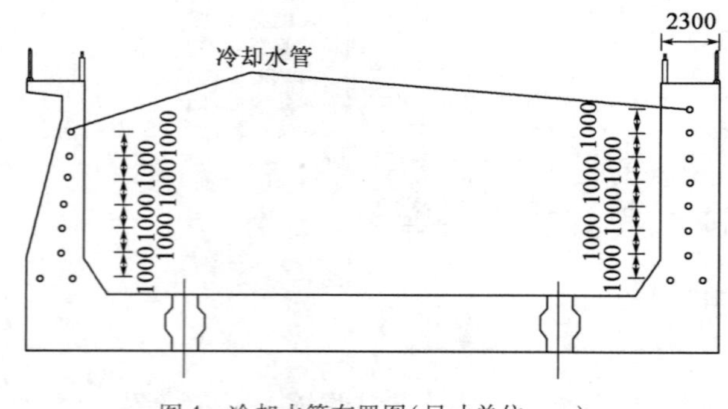

图4 冷却水管布置图(尺寸单位:mm)

在第二对墙身施工时,在墙身内部设置了冷却水管(图4)。

冷却水管进水口设置在底部,出水口在顶部,倒角部位布置2排,上部布置一排。混凝土浇筑开始及通水循环,防止浇筑混凝土过程中堵塞。据实际量测,进水温度控制在15~20℃,出水最高温度出现在浇筑后第3天,为30℃,表明混凝土水化热已大部分被循环水带出墙外,降温效果明显。拆模时间为第四天,闸室墙完成后前期未发现裂缝。

3.5 混凝土浇筑过程中的控制

大体积混凝土尽量选择在春秋季节施工,以降低混凝土入模温度。夏天施工时,浇筑混凝土时,水泥必须入罐6d以上,让水泥自然冷却;砂石集料白天要覆盖,避免阳光直射,夜晚掀开散热;搅拌用水尽量采用深井水,以保证混凝土入仓温度不高于30℃。混凝土浇筑时避开高温天气,选择一天气温较低时进行混凝土浇筑。

试验人员要跟踪监测混凝土坍落度,确保坍落度稳定。浇筑时采用水平分层浇筑,浇筑层厚30cm,并加强振捣,防止漏振与过振。振捣采用二次振捣的方法,增加混凝土的密实度,提高抗裂能力,使上下两层混凝土在初凝前结合良好,采用分层振捣密实可以使混凝土的水化热能尽快散失。

另外要控制混凝土的拆模时间,拆模时间早强身出现裂缝的概率会明显增大。我部结合冷却水的量测,要求拆模时间控制在3d以上。拆模后立即对墙身覆盖土工布并洒水保湿养生,防止表面水分散失产生收缩裂缝。

良好的早期养护,对混凝土的强度及避免裂缝的产生是必要的。施工队往往因为闸室墙为高大薄壁结构而属于养护或者混凝土形成干湿循环,这对于混凝土早期强度和混凝土裂缝防治都是极其不利的。本项目将养护工作上升到一定高度,要求养护要由专人负责,养护时间控制为28d。

4 结语

裂缝的存在无疑会影响结构安全和质量,尤其是结构的耐久性。闸室墙裂缝产生的原因很复杂,要做到完全避免裂缝的产生还有一定的难度。控制和预防闸室墙混凝土裂缝,是一项系统工程,牵涉到设计、原材料的选择、施工工艺、养护等以及其他一些不确定的因素,需要相关单位做出大量研究和实践。虽然无法从根本上避免,但我们可以通过对裂缝产生的原因、机理的分析,采取一定的针对性措施,闸室墙裂缝是可以减少到合理范围的。

作为工程技术人员,首先,应当根据闸室墙的特点,合理选择水泥品种,严格控制水泥用量,合理选择粗细集料;优化混凝土配合比,合理施工,实时监测,加强养护。其次,要对闸室墙裂缝进行认真研究,采取合理的方法进行处理,并在施工中采取各种有效的预防措施来防止裂缝的出现和发展,保证结构物的质量和安全。

闸室墙整体模板设计

罗 双 方成虎

（江苏省交通工程集团有限公司）

摘 要 近些年，随着水运建设规模的逐年增加，水运工程的实体质量要求越来越高。施工企业只有通过工艺的创新，管理优化，才能不断推动施工水平和工程质量的提升。船闸闸室墙结构物作为水运工程重要结构物，其施工工艺水平直接影响结构物的耐久性和外观质量。以往船闸闸室墙施工多采用二次浇筑的施工方法，因此闸室墙增加施工缝一道，既影响闸室墙的外观质量，同时如果施工缝处理不善，甚至会增加墙身渗水的风险，影响结构物的耐久性。因此，为进一步提高闸室墙施工水平，结合丹金船闸闸室结构特点，设计出闸室墙整体模板系统。通过实际施工检验，取得较好的效果。

关键词 闸室墙 模板 设计

1 工程概况

丹金溧漕河航道整治工程丹金船闸工程土建施工项目，丹金溧漕河航道规划为三级航道，设计船型为1000吨级船舶、设计船队一顶2×1000吨级船队、1拖3×1000吨级船队和1000吨级货船（机驳）。

本工程建设内容包括船闸主体及水工工程（闸首及闸室、通航孔、导航墙、分水墙、护坦、引航道驳岸、引航道停靠段、航道驳岸及连接段航道驳岸、墙后工程、航道疏浚、土方工程等）和老S241公路桥以及进闸道路等。

船闸闸室采用C30钢筋混凝土整体式结构，沿长度方向设沉降—伸缩缝，间距布置为20mm+2×(14970+20)mm+10×(14980+20)mm。闸室墙口宽为23.2m，净宽23m，迎水面布置10cm厚钢护木。闸室墙顶高程5.68m，胸墙顶高程6.63m，上设0.25m扶手。闸室底板厚2.3m，闸室墙底宽2.3m，顶宽2.3m。闸墙两侧设钢护木、爬梯、固定式系船柱及系船钩，结构段沉降—伸缩缝设置紫铜止水。

2 模板设计

丹金船闸主体部分为双航道，闸室墙模板有三侧为迎水面，一侧临土面，因此模板设计时迎水面采用大面钢模，临土侧采用建筑钢模。具体模板结构形式见图1。

(1)闸室侧迎水面模板。采用大面钢模，面板为5mm，边框采用L80mm×8mm的等边角钢，肋板采用_80mm×8mm的扁钢，小楞采用[8型钢。围檩系统设置方式为：横向围檩采用[12型钢。竖向围檩采用2[10型钢桁架片，并设置横向桁架片将模板围檩连成整体。拉条螺栓采用ϕ25mm精轧螺纹钢，模板的分块尺寸及围檩系统的设置间距通过计算确定。大面模板在钢护木的位置断开，所有大面模板通过横、竖围檩连接成一个整体。

(2)通航孔侧模板。采用大面钢模，面板为5mm的钢板，边框采用L80mm×8mm的等边角钢，肋板采用_80mm×8mm的扁钢，小楞采用[8型钢。围檩系统设置方式为：横向围檩采用[12型钢，竖向围檩则采用2[20型钢，拉条螺栓采用ϕ25精轧螺纹钢筋，围檩系统的设置间距通过计算确定。模板系统的吊点设置在型钢框架上，移动时整体吊装前移。

(3)闸室墙临土侧模板。采用1.5m×0.6m钢模。围檩系统设置方式为：横向围檩采用[12型钢，竖向围檩则采用2[20型钢，围檩系统的设置间距通过计算确定。模板系统的吊点设置在型钢框架上，移动时整体吊装前移（图2）。

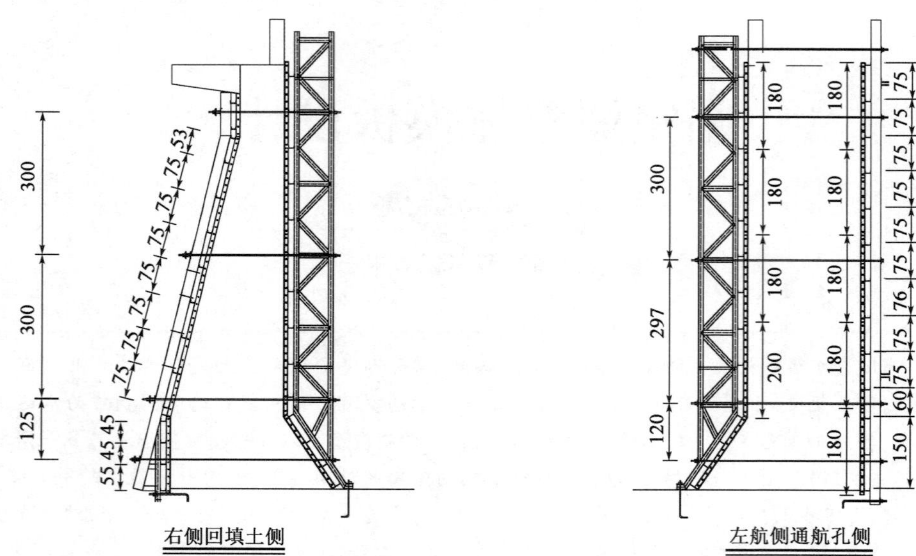

图1　模板结构(尺寸单位:cm)

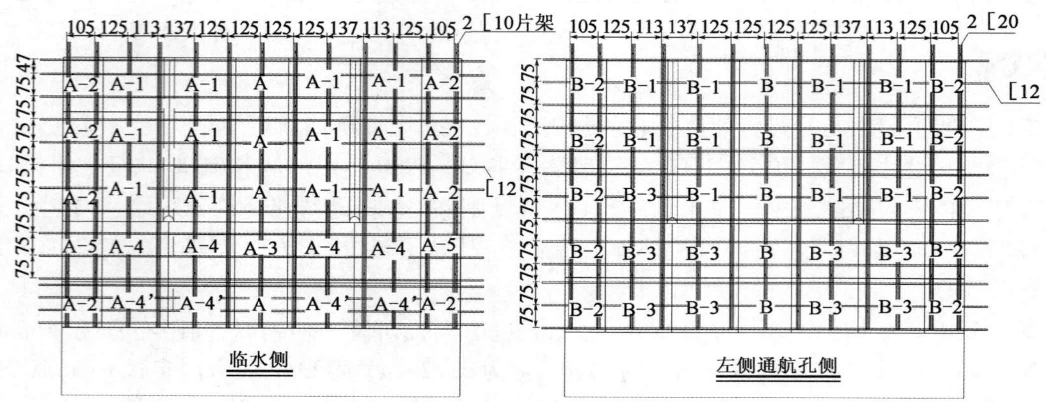

图2　模板拼装、围檩结构图(尺寸单位:cm)

3　模板验算

根据混凝土分层浇筑时产生的最大荷载来验算模板。通过计算,闸室墙浇筑高程为 -3.16 ~5.68,高差 $H=8.84$m,此时模板承受荷载最大,在此情况下对闸室的模板进行计算即可。荷载组合取:

强度验算:倾倒混凝土产生的荷载 + 混凝土振捣产生压力 + 新浇混凝土侧压力;

刚度验算:新浇混凝土侧压力;

倾倒混凝土时产生的荷载:$F_1=2\text{kN/m}^2$;

振捣时产生荷载:$F_2=4\text{kN/m}^2$;

新浇混凝土侧压力:

$$F_3 = 0.22\gamma_c t_0 \beta_1 \beta_2 V^{1/2}$$

式中:γ_c——混凝土的重度,$\gamma_c=24\text{kN/m}^3$;

t_0——初凝时间,$t_0=7\text{h}$;

β_1——外加剂影响修正系数,不掺用缓凝型外加剂,$\beta_1=1.2$;

β_2——坍落度影响修正系数,$\beta_2=1.15$;

V——混凝土浇筑速度(m/h),按1台泵车同时浇筑,每小时浇筑25m^{3}计算。

$$F_3 = 0.22\gamma_c t_0 \beta_1 \beta_2 V^{1/2}$$
$$=0.22\times 24\times 7\times 1.2\times 1.15\times 1^{1/2}$$

$$=51(kN/m^2)$$

$F_3' = \gamma_c H = 24 \times 8.84 = 212.16(kN/m^2)$

$F_3 < F_3'$,则取 $F_3 = 51kN/m^2$

新浇混凝土侧压力设计值:

$$F = 51 \times 1.2 \times 0.85 = 52(kN/m^2)$$

新浇混凝土荷载设计值:

$$F' = (6 \times 1.4 + 52 \times 1.2) \times 0.85 = 60.2(kN/m^2)$$

按照上述荷载取值,分别对面板、劲板、小楞、横围檁和竖围檁的强度和刚度进行验算。

3.1 面板验算

(1)强度验算

面板按四边固结的双向板计算,计算简图见图3。

$\sigma_{max} = 91.08MPa < [\sigma] = 215MPa$

(2)挠度验算

$$w_{max} = 1.38 \times 10^{-4}m < [w] = \frac{l_y}{400} = 1mm$$

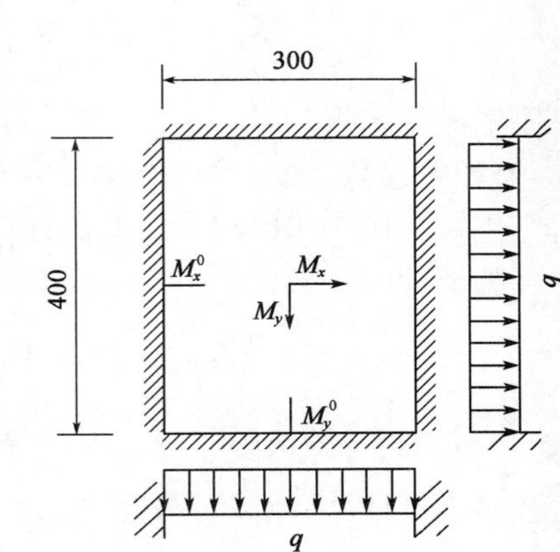

图3 面板计算简图(尺寸单位:cm)

3.2 加劲板验算

计算简图见图4,弯矩图见图5。

(1)强度验算

$$\sigma_{max} = 37.58MPa < [\sigma] = 215MPa$$

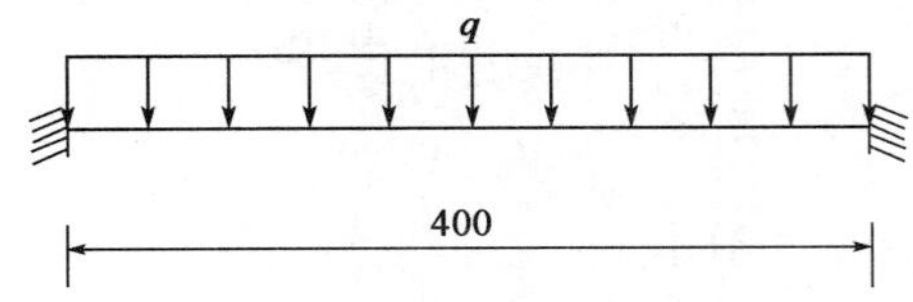

图4 加劲板计算简图(尺寸单位:cm)

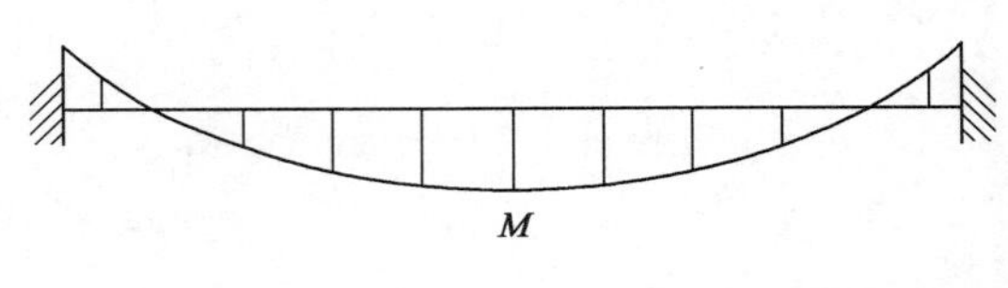

图5 弯矩图

(2)挠度验算

$$w_{max} = 2.65 \times 10^{-5}m < [w] = \frac{l}{400} = 1mm$$

3.3 小棱验算

查表得:[8 型钢 $W=25.3cm^3$, $I=101cm^4$。

按四跨连续梁计算,计算简图见图6,弯矩图见图7。

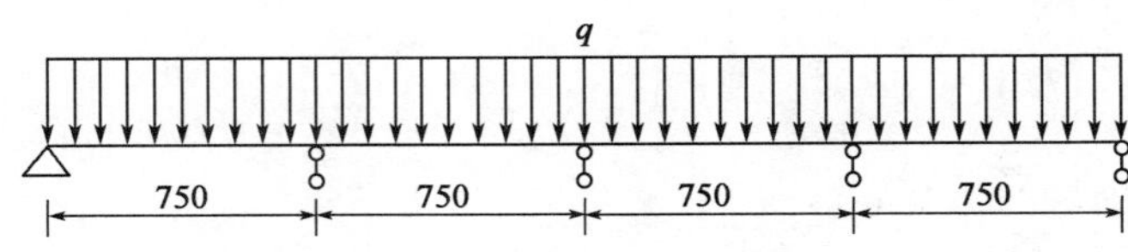

图6 小棱计算图(尺寸单位:mm)

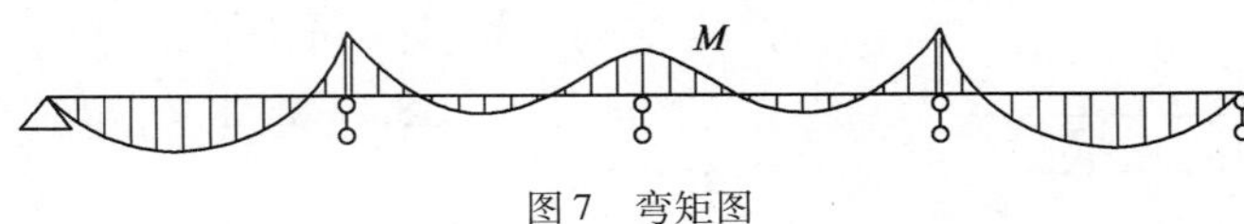

图7 弯矩图

(1)强度验算

$$\sigma_{max} = 57.39MPa < [\sigma] = 215MPa$$

(2)挠度验算

$$w_{max} = 4.93 \times 10^{-4}m < [w] = \frac{l}{400} = 3mm$$

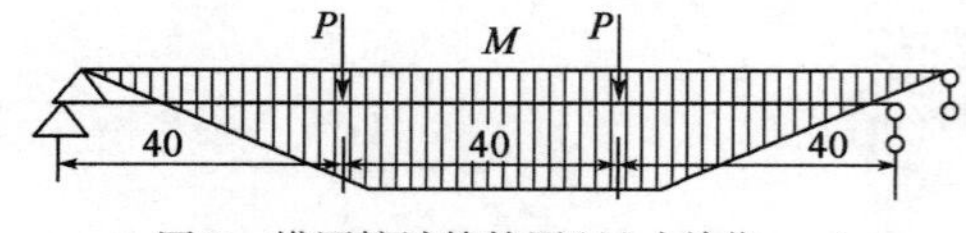

图8　横围檩计算简图(尺寸单位:cm)

3.4　横围檩验算

查表得:[12 型钢 $W=62.1cm^3$, $I=391cm^4$。

按简支梁计算,计算简图和弯矩图如图8。

(1)强度验算

$$\sigma_{max} = 116.42MPa < [\sigma] = 215MPa$$

(2)挠度验算

$$w_{max} = 1.3 \times 10^{-3}m < [w] = \frac{l}{400} = 3mm$$

刚度满足要求。

3.5　竖围檩验算(围檩采用双拼[10 型钢)

竖围檩采用2[10 型钢片架,因横向围檩均布置在桁架片节点上,故只需验算弦杆的强度即可。

片架惯性矩

$$I = (I_{槽钢} + a^2 \times A) = (198.3 + 35^2 \times 6.93) \times 4 = 34750(cm^4)$$

$$W = I/(h/2) = 34750/35 = 992.85(cm^3)$$

按简支梁计算,计算简图见图9,弯矩图如图10所示。

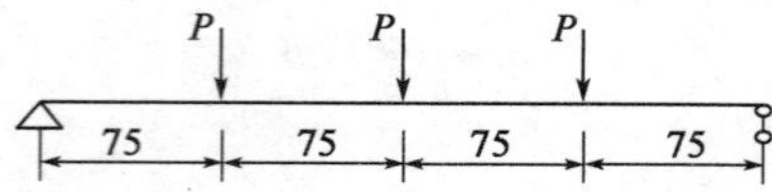

图9　竖围檩计算简图(尺寸单位:cm)

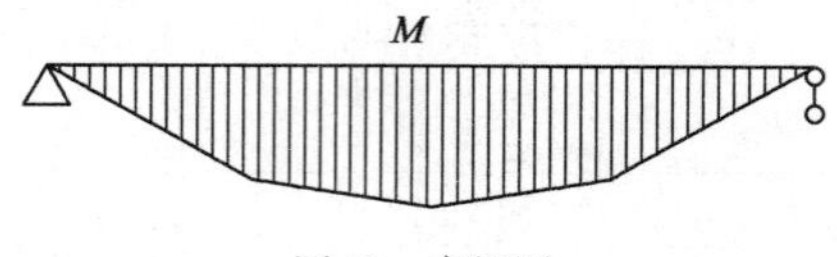

图10　弯矩图

$$\sigma_{max} = 85.30MPa < [\sigma] = 215MPa$$

3.6　拉条螺栓验算

拉条螺栓采用 ϕ25mm 精轧螺纹钢:

$$N = F' \cdot S = 60.2 \times (1.25 \times 3) = 225.82(kN)$$

拉条螺栓的应力:

$$\sigma = 460.0MPa < [\sigma_{精轧螺纹钢}] = 770MPa$$

3.7　通航孔侧水面、临土侧模板围檩计算

(1)横向围檩计算

同闸室临水面横向围檩。

(2)竖向2[20 围檩计算

①强度验算。

查表 $W=382.8cm^3$, $I=3827.4cm^4$。

横竖围檩节点所受压力:

$$P = F' \cdot S = 60.2 \times (1.25 \times 0.75) = 56.46kN$$

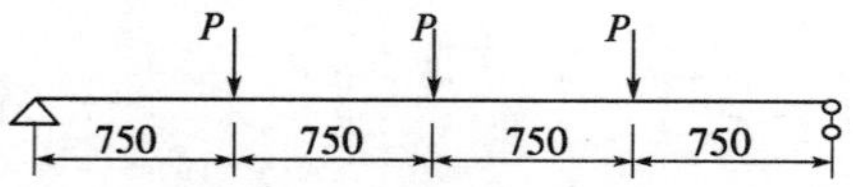

按简支结构计算,计算简图见图11。

P　P　P

750　750　750　750

图11　通航孔围檩计算简图(尺寸单位:mm)

$$\sigma_{max} = 138.27MPa < [\sigma] = 215MPa$$

②刚度验算。

$$w = 5.05 \times 10^{-3}m < \frac{l}{400} = 7.5mm$$

刚度满足要求。

由上述计算可知,面板、劲板、小楞、横围檩、竖围檩以及拉条螺栓的强度和刚度均满足设计要求。

4 结语

丹金船闸闸室墙通过使用大面钢模整体浇筑,极大地改善了闸室墙身混凝土成品的外观质量,取得了一定的社会效益和经济效益。模板、围檩结构经过理论和实践证明安全可靠。

参考文献

[1] 中国建筑工业出版社.建筑施工手册[M].北京:中国建筑工业出版社,2003.
[2] 中华人民共和国行业标准.JTG/T F50—2011 公路桥涵施工技术规范[S].北京:人民交通出版社,2011.
[3]《钢结构设计手册》编委会.钢结构设计手册[M].北京:中国建筑工业出版社,2006.
[4] 中国工程建设标准化协会组织编.钢结构设计规范[M].北京:中国建筑工业出版社,2006.
[5] 江正荣.建筑施工计算手册[M].北京:中国建筑工业出版社,2007.

船闸工程闸室墙整体施工技术

方成虎　罗　双

（江苏省交通工程集团有限公司）

摘　要　闸室墙通过采用移动龙门模架系统整体施工，极大地改善了闸室墙身混凝土成品的外观质量，减少了施工缝的处理，提高了施工速度，并解决了施工缝处理不到位导致渗水的风险。

关键词　船闸　闸室墙　整体施工

1　工程概况

丹金溧漕河航道整治工程丹金船闸工程土建施工项目，丹金溧漕河航道规划为三级航道，设计船型为1000吨级船舶、设计船队一顶2×1000吨级船队、1拖3×1000吨级船队和1000吨级货船（机驳）。

本工程建设内容包括船闸主体及水工工程（闸首及闸室、通航孔、导航墙、分水墙、护坦、引航道驳岸、引航道停靠段、航道驳岸及连接段航道驳岸、墙后工程、航道疏浚、土方工程等）和老S241公路桥以及进闸道路等。

船闸闸室采用C30钢筋混凝土整体式结构，沿长度方向设沉降—伸缩缝，间距布置为20mm+2×(14970+20)mm+10×(14980+20)mm。闸室墙口宽为23.2m，净宽23m，迎水面布置10cm厚钢护木。闸室墙顶高程5.68m，胸墙顶高程6.63m，上设0.25m扶手。闸室底板厚2.3m，闸室墙底宽2.3m，顶宽2.3m。闸墙两侧设钢护木、爬梯、固定式系船柱及系船钩，结构段沉降—伸缩缝设置紫铜止水。

2　施工方案比选

方案1：闸室墙采用设计推荐施工工艺，即闸室墙分倒角和墙身按两次进行浇筑。该方案可减小闸室墙单次浇筑高度，提高模板系统的安全性。但两次浇筑墙身增加了一道施工缝，影响了闸室墙混凝土的外观质量，同时也带来了施工缝处理不到位带来的渗水风险。

方案2：通过优化闸室墙模板系统，闸室墙倒角和墙身一次浇筑成型。该工艺通过采用创新设计的新型闸室墙整体施工移动龙门模架系统，极大地改善了闸室墙身混凝土成品的外观质量，减少了施工缝的处理，提高了施工速度，并解决了施工缝处理不到位导致渗水的风险。

3　施工工艺简介

（1）闸室墙模板系统支架采用移动龙门结构。

（2）闸室墙模板采用大面钢模，以确保模板拼装质量和闸室墙的平整度。

（3）横围檩采用12号槽钢，竖围檩闸室临水侧采用双拼10号槽钢加工桁架片，背水侧采用双拼20号槽钢，确保围檩系统间的接触性良好，提高模板系统的整体刚度。

（4）拉杆采用ϕ25精轧螺纹钢筋及配套螺母，以减少拉杆密度。

4　施工工艺流程及操作要点

4.1　工艺流程

整个船闸工程闸室墙模板工程包含移动支架系统和模板系统，在具备闸室墙身施工条件后，即可按照工艺流程图（图1）有序进行闸室墙模板工程的施工。

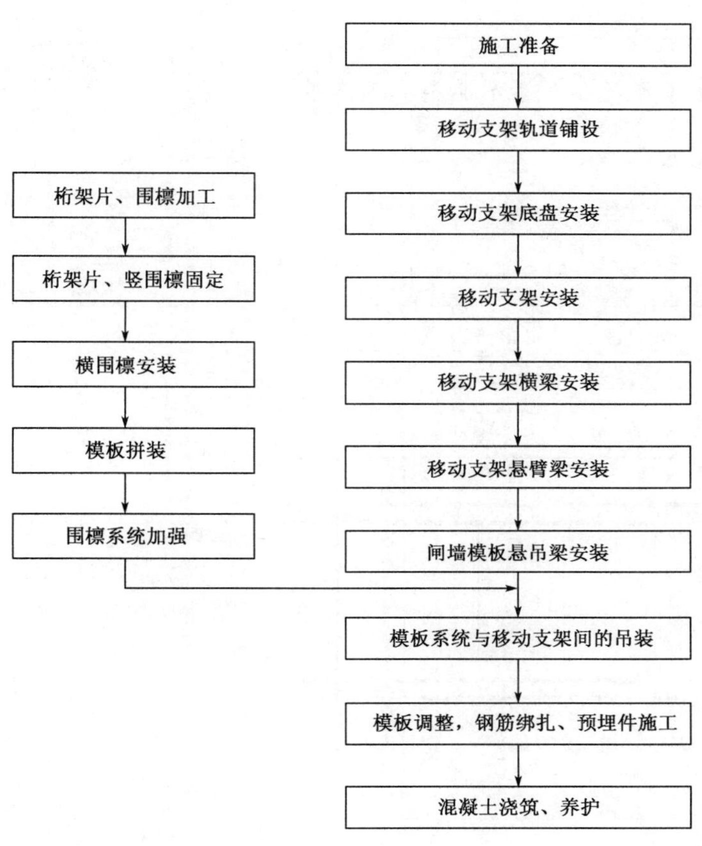

图1 闸室墙身模板工程工艺流程图

4.2 操作要点

4.2.1 移动龙门支架安装

在底板施工时要进行相关螺栓的预埋工作,并确保位置的准确。轨道采用钢轨,并用反压钢板固定牢固。然后安装移动支架底盘,精确测量底盘间距,以保证龙门立柱准确对中。

龙门立柱在底板上预先拼装好,然后整体吊装固定,安装好后用风缆固定牢固。移动支架横梁与吊梁同样采用整体吊装,横梁悬臂部分单独拼装。移动龙门支架结构见图 2。

4.2.2 桁架片加工

桁架片采用[10 加工制作,桁架片上下弦杆必须顺直。桁架片为双拼形式,中间以[8 连接。桁架片设计加工示意图见图 3。

4.2.3 竖向围檩设计

闸室填土侧和通航孔侧模板竖围檩采用双拼 20 号槽钢(2[20),以保证背水侧模板整体稳定性和刚度。20 号槽钢间采用 8 号槽钢连接。槽钢采用新购材料,以保证槽钢的顺直度。填土侧角度需放大样焊接,以确保角度准确。竖围檩设计加工示意图见图 4。

4.2.4 模板拼装

模板拼装前,先施工围檩系统。临水侧桁架拼装前先在立柱上焊接双拼 20 号槽钢以固定桁架片,然后按照设计要求拼装横围檩。背水侧和通航孔侧围檩的拼装需要搭设临时脚手架,然后拼装竖围檩和横围檩,并形成一个整体。检查围檩拼装质量,满足要求后即可进行模板拼装。

为加强模板系统的整体刚度,在桁架片上下侧设置一道 12 号槽钢,并与横围檩构成上下弦杆,上下弦杆之间增加斜杆。临水面模板、通航孔侧模板围檩结构见图 5 和图 6。

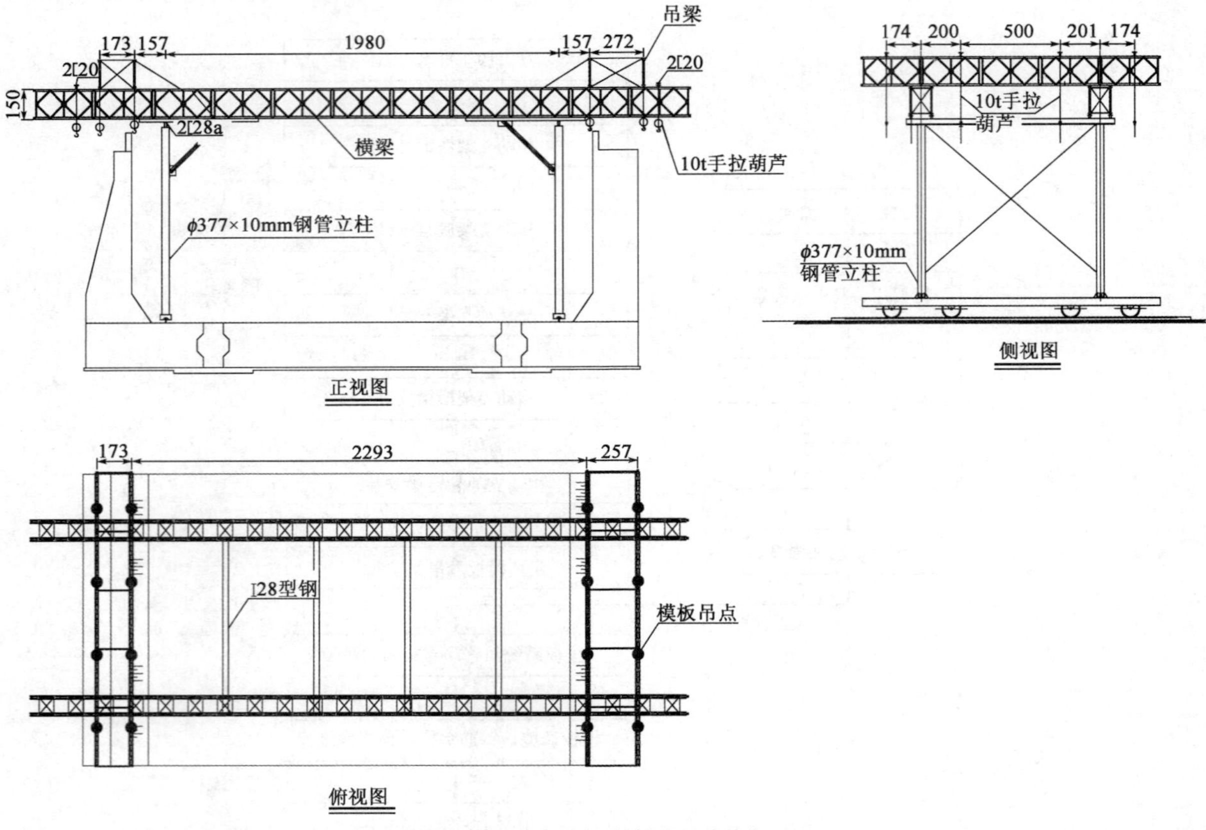

图2　移动龙门支架设计图(尺寸单位:cm)

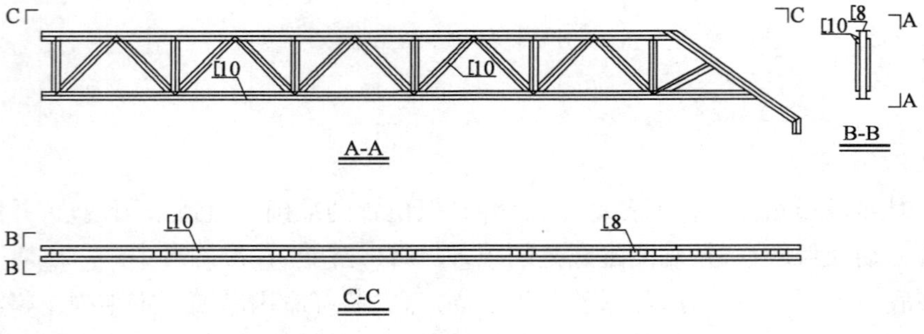

图3　桁架片设计加工示意图

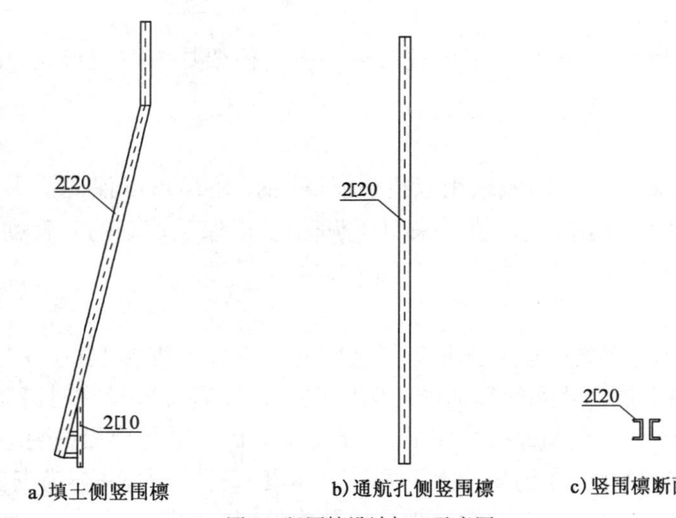

图4　竖围檩设计加工示意图

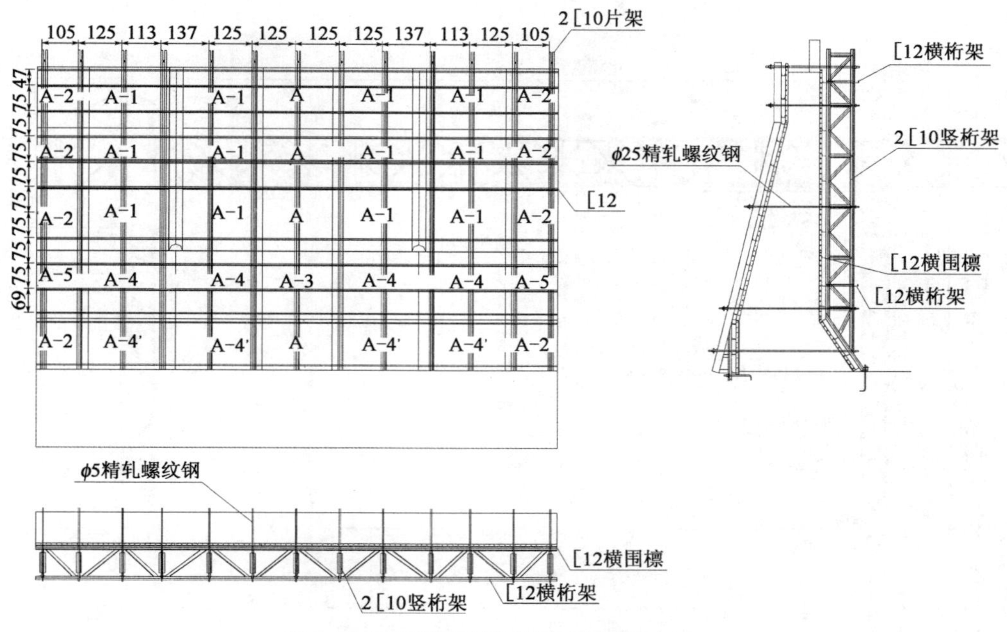

图5 临水侧模板围檩结构图(尺寸单位:cm)

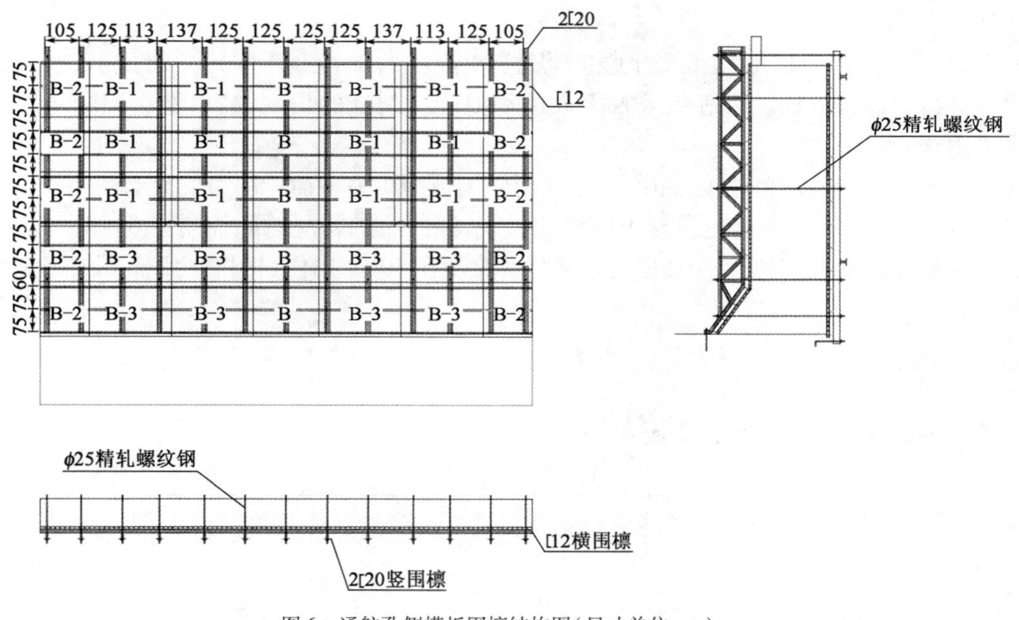

图6 通航孔侧模板围檩结构图(尺寸单位:cm)

模板拼装完成后,通过手拉葫芦和钢丝绳悬吊于移动龙门支架上,详见图7。

调整模板前缘线位置和垂直度,调整垂直度时模板预留1.5cm后倾量,满足规范和设计要求后方可进入下道工序。

4.2.5 倒角模板处理

为避免倒角混凝土砂线和气泡,倒角模板采用透水模板布处理,保证了倒角混凝土的外观质量。模板布通常能够循环利用3次左右,为减小模板贴布影响施工进度,倒角模板配置两套进行周转。

倒角模板在浇筑混凝土时存在一定的上浮力,为防止模板上浮,在倒角下口设置反压螺栓。

4.2.6 钢筋工程

模板调整到位并加固牢靠后进行钢筋绑扎。为保证钢筋保护层,钢筋之间设置支撑钢筋,保护层垫块外露面做成波浪形,防止在混凝土表面留下印痕。

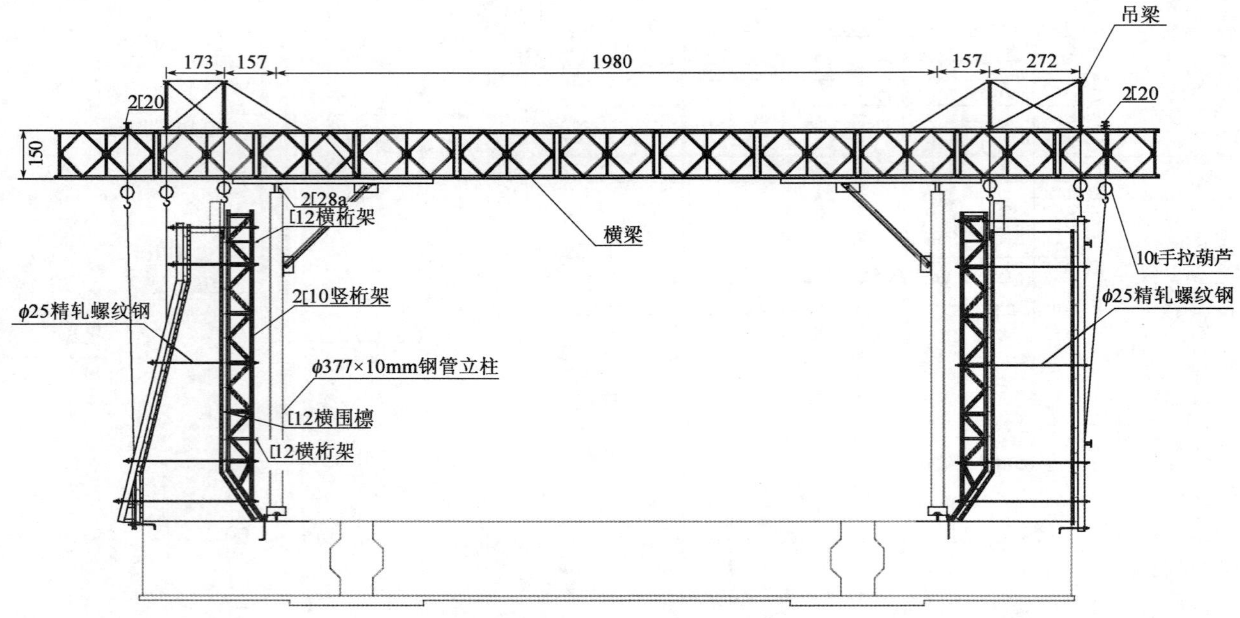

图7　移动龙门模架整体设计图(尺寸单位:cm)

4.2.7　混凝土浇筑

混凝土采用泵送混凝土,针对混凝土强度、温控和泵送要求,混凝土采用三级配、低水灰比、低水泥用量和用双掺材料进行配比。为避免或减少大体积混凝土裂缝的出现,严格控制混凝土原材料质量。拌和用水采用深井水。

混凝土浇筑时要保持两侧均衡上升,以保证两侧模板侧压力平衡。因为混凝土落差较大,浇筑采用串筒,以防止混凝土离析。为避免混凝土冷缝的出现,混凝土的初凝时间控制在6~8h,以保证在初凝时间内上层混凝土能够及时覆盖。混凝土分层厚度控制在50cm以内,振捣采用插入式振捣器,以保证混凝土密实。

5　材料与设备

闸室墙整体施工工艺采用的主要材料和设备见表1。

材料和设备表　　表1

序　号	材料(设备)名称	规格(型号)	单　位	所需数量	用　途
1	龙门支架		套	1	悬吊和移动模板
2	大面模板		块	119	闸室墙模板工程
3	贝雷	321	片	64	搭设龙门支架横梁和吊梁
4	槽钢	[12	m	850	横围檩
5	桁架片	[10	m	1800	闸室临水侧竖围檩
6	槽钢	[12	m	190	龙门支架加固、零星加固
7	工字钢	I28	m		龙门支架加固
8	手拉葫芦	10t		20	模板系统吊装
9	电焊机		台	4	围檩及龙门的定位加固
10	汽车吊	25t	辆	1	龙门支架与模板拼装
11	钢丝绳	5’	m	160	模板系统吊装

续上表

序　号	材料(设备)名称	规格(型号)	单　位	所需数量	用　途
12	精轧螺纹钢	ϕ25	m	450	拉条螺杆
13	精轧螺纹螺母	ϕ25	个	260	拉条螺母
14	钢板	1.5cm	t	若干	拉条垫板及其他加工件
15	钢轨		m	120	移动龙门支架轨道

6　质量控制

质量控制包括移动龙门支架和模板工程质量的检查验收。

6.1　移动式龙门支架的检验

移动式龙门支架作为模板工程的一部分,为确保其结构的安全,对搭设安装的材料要严格进行检验。具体检验项目如下:

(1)底板轨道预埋螺栓确保位置准确,轨道净距误差在设计要求范围内,钢轨要采用反压钢板固定牢固;

(2)底盘与轮子连接销子要有保险扣;

(3)立柱高差控制在规范允许范围内,保证立柱受力均匀;

(4)贝雷销应有配套保险扣;

(5)连接焊缝长度要满足设计要求,焊缝饱满;

(6)吊点支撑采用双拼20号槽钢,支撑采用U形螺栓固定牢固。

6.2　模板工程质量控制

(1)模板采用新加工大面钢模,模板需经过专门设计,其强度和刚度满足规范要求;并进行进场验收,以保证模板尺寸准确;

(2)模板拼装前对工人进行交底,模板拼装时,按照由中间向两边的顺序进行拼装,模板拼装后的平整度要满足规范要求;

(3)为保证模板系统的整体性和刚度,模板与围檩之间、围檩与围檩之间连接点全部采用焊接固定;

(4)模板工程施工时,先拼装竖围檩,再拼装横围檩,最后进行模板拼装,每道工序验收合格后方可进行下道工序的施工;

(5)加强桁架片之间的连接,增加围檩的整体刚度;

(6)模板系统吊点必须设置在竖围檩上,竖围檩在吊点处必须采取加强措施;

(7)垫板位于斜面上的加工成楔形,以保证垂直受力。

7　安全措施

(1)认真贯彻“安全第一、预防为主、综合治理”的方针,根据国家有关规定、条例,结合施工实际情况和工程的具体特点,组成专职安全员和班组兼职安全员参加的安全生产管理网络,执行安全生产责任制,明确各级人员的职责,抓好工程的安全生产。

(2)由项目部技术科编写闸室墙移动龙门模架施工安全专项方案,经项目总工审批后,由项目部技术科组织所有技术人员和现场操作人员,进行闸室墙移动龙门模架安装的安全技术交底,让所有技术人员和现场操作人员均要知道危险源及如何防范。

(3)闸室墙移动龙门模架属于高空作业,操作人员必须穿防滑鞋,系好安全带,戴好安全帽,遵守高空作业规程。

(4)技术负责人和专职安全员每天对模板系统安装进行技术、安全检查,检查模板系的安装是否按照设计图纸进行、各种临时安全措施是否满足安全施工要求。

(5)在钢管立柱上焊接爬梯并设置钢筋护筒，护筒采用密目安全网围挡，操作人员上、下必须走爬梯。严禁上、下层同时作业，上层作业时，下面不得站人。支架上的各种构配件不得临空、靠边放置，防止意外碰撞而跌落伤人。

(6)现场用电和气割等均要符合相关规范要求。

8 效益分析

(1)本工法通过采用新型闸室墙整体施工移动龙门模架浇筑闸室墙，减少了施工缝，混凝土外观质量有了极大的提高，创造了良好的社会效益。

(2)本工法与二次浇筑施工方法相比，大大节省了工期，加快了工程进度，节省了大量人力成本，取得了较好的经济效益，具体分析见表2。

闸室墙整体施工比二次浇筑节约成本统计表 表2

费用 名称	人工（元）		机械（元）		合计（元）	备注
	数量	费用	数量	费用		
立模	14	1680	1	1200	2880	表中为1对闸墙费用。人工单价按照120元/(工·日)，25t吊车按照1200元/台班
拆模	6	720	0.5	600	1320	
施工缝处理	4	480	—	—	480	
修补	1	120	—	—	120	
其他	2	240	—	—	240	
合计	5040					

丹金船闸按照12对闸室墙计算，采用闸室墙整体施工工艺可节约成本5040元/对×12对=60480元。

每对闸墙倒角按照立模1d，浇筑混凝土1d，拆模、凿毛等1d，每对倒角需用3d时间，12对闸室墙共计可以节省时间12×3=36d。

9 结语

闸室墙整体施工需要注意以下事项：

(1)闸室墙模板系统要经过设计和验算，强度、刚度和稳定性必须满足设计和规范要求。

(2)闸室墙为大体积混凝土结构，整体浇筑时需要采取相应措施防止温度裂缝的产生。

(3)闸室墙整体施工时钢筋单次绑扎长度较长，需要采取一定措施增加钢筋骨架的牢固，以确保钢筋保护层的合格率。

(4)整体浇筑时混凝土落差较大，需要采用串筒、滑槽等措施防止混凝土离析。

丹金船闸闸室墙成功采用整体一次浇筑施工工艺，提高了闸室墙混凝土质量，节约了施工成本，缩短了施工工期，创造了一定的经济效益和社会效益。

C25 混凝土重力式护岸施工质量监理

张韩锋

（常州市交通建设监理咨询有限公司）

摘　要　护岸主体工程外形美观，色泽一致，线形平顺，棱角分明；各工程部位平面位置、高程、几何尺寸、强度等指标符合设计与规范要求。

关键词　原材料　配合比　监理要点　外观检查

1　工程概况

本次丹金溧漕河金坛段航道整治范围为 K18 +440 ~ K20 +208 和 K25 +297 ~ K50 +324，两段整治里程共计 26.795km。K18 +440 ~ K20 +208 航道具体位置从丹金溧漕河丹阳、金坛交界处起至丹金船闸上游终点止，K32 +383 ~ K50 +324 航道则位于丹金溧漕河金坛市河改线段终点至丹金溧漕河金坛、溧阳交界处止。

工程于 2012 年 3 月 28 日开工，至 2013 年 10 月 20 日交工，总工期约 18 个月，由常州市交通建设监理咨询有限公司负责施工监理。

工程建设期间，监理部、指挥部对工程实体进行各工序、分项、分部的检测，省交通厅航道局、质监局对工程进行季度、年度抽、检查（测），总体结论是：护岸主体工程外形美观，色泽一致，线形平顺，棱角分明；各工程部位平面位置、高程、几何尺寸、强度等指标符合设计与规范要求（图 1）。

a）底板验收

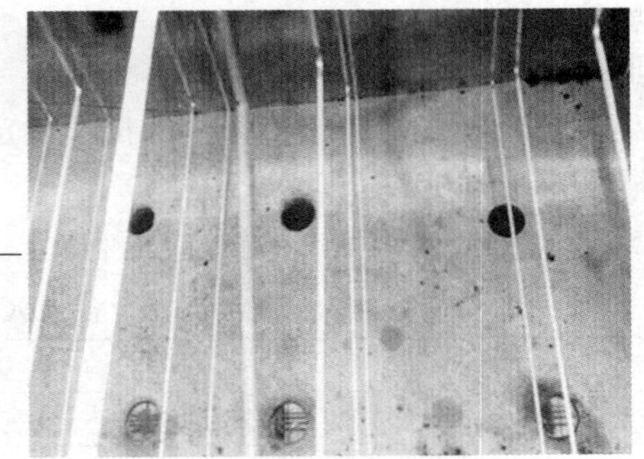

b）墙身浇筑前底板验收

c）墙身成品验收

d）压顶模板验收

图 1　护岸墙主要工序

2 混凝土施工质量监理

本工程混凝土施工质量监理的主要内容包括:底板施工、强身施工、压顶施工及水下混凝土(老驳岸加固)施工的材料、配合比、拌和、运输、浇筑和养护以及成品混凝土的质量监理。

2.1 混凝土原材料的监理

混凝土用原材料的品质和性能应符合要求。不合格的材料应及时要求承包人清理出施工现场。

2.1.1 水泥的检查

(1)水泥应符合国家标准,并应有水泥品质试验报告、出厂合格证等证明文件。

(2)水泥进场后,应按其品种、强度等级、证明文件及出厂时间等分批检验,并分别堆放。

(3)袋装水泥防止受潮,堆垛高度不应超过10袋。

(4)水泥如受潮或存放时间超过3个月,应重新取样检查。

2.1.2 粗、细集料的检查

(1)混凝土用的粗细骨料应采用级配良好、质地坚硬、颗粒洁净的砂、石料。细集料不应使用海砂;粗集料宜采用连续级配,其最大粒径应由混凝土结构情况及施工方法决定。

(2)砂、石料进场后,应分批进行抽样检查,并且要求分别堆放,立牌标出型号、产地等;存放时不得污染。

(3)砂、石的各项指标应符合规范规定的要求。

2.1.3 拌和用水及外加剂的检查

(1)拌制混凝土的用水应进行检测,水中不应含有影响水泥正常凝结和硬化的有害杂质或油脂、糖类及游离酸类等。

(2)污水、pH值小于5及含硫酸量按 SO_4^{2-} 计超过水的质量0.27%的水不能使用。

(3)混凝土结构、钢筋混凝土结构不得使用海水。

(4)采用的外加剂必须具有经有关部门检验的合格产品,使用前要复验其效果。使用时应符合产品说明以及混凝土配合比、拌制、浇筑的各项规定。

2.2 混凝土配合比的监理

2.2.1 混凝土配合比

配合比应以质量比计,并应通过设计和试配确定。监理工程师应做对比试验。

2.2.2 普通混凝土配制应符合下列要求

(1)其坍落度应根据结构情况和施工条件确定,浇筑时的坍落度一般可参考表1。

混凝土浇筑入模时的坍落度 表1

项　次	结 构 类 型	坍落度(mm)(振动器振动)
1	小型预制块及便于浇筑振动的结构	0～20
2	桥涵基础墩台等无筋或少筋的结构	10～30
3	普通配筋率的钢筋混凝土	30～50
4	配筋极密、断面较小的钢筋混凝土结构	50～70
5	钢筋极密、断面高而狭的钢筋混凝土结构	70～90

(2)混凝土的最大水灰比和最小水泥用量,应满足表2的规定。

混凝土的最大水灰比和最小水泥用量 表2

混凝土结构所处环境	无筋混凝土		钢筋混凝土	
	最大水灰比	最小水泥用量(kg/m^3)	最大水灰比	最小水泥用量(kg/m^3)
温暖地区或寒冷地区,无侵蚀物质影响,与土直接接触	0.60	250	0.55	275
严寒地区或使用除冰盐的桥涵	0.55	275	0.50	300
受侵蚀物质影响	0.45	300	0.40	325

(3)混凝土的最大水泥用量(包括代替部分水泥的混合材料),一般不超过500kg/m³。大体积混凝土不宜超过350kg/m³。

(4)外加剂的掺入应符合规定要求。

2.2.3 泵送混凝土配合比宜符合下列规定

(1)集料最大粒径与输送管内径之比对于碎石不宜超过1/3,对于卵石不宜超过1/2.5,通过0.315mm的筛孔的砂不应少于15%,砂率宜为40%~50%。

(2)最小水泥用量280~300kg/m³(输送管径100~150mm)。

(3)混凝土拌和物的坍落度宜为80~180mm。

(4)宜掺用适当的外加剂或混合材料。

2.2.4 水下混凝土的配制应符合下列要求

(1)水泥的初凝时间不宜早于2.5h,水泥的强度等级不宜低于42.5。

(2)粗集料宜优先选用卵石,如用碎石,应适当增加砂率,集料最大粒径不应大于导管内径的1/6~1/8和钢筋最小净距的1/4,同时不应大于40mm。

(3)细集料宜采用级配良好的中砂。

(4)混凝土的含砂率宜采用40%~50%,水灰比宜采用0.5~0.6,坍落度宜为180~200mm且和易性良好。

(5)宜采用外加剂、粉煤灰等材料,每立方米的水泥用量一般不应少于350kg,掺有适宜数量的减水剂或粉煤灰时,可不少于300kg。

(6)混凝土拌和物运至灌注点时,应检查其均匀性和坍落度等,不符合要求时应进行第二次拌和,如仍不符合要求则不得使用。

(7)首批灌注的混凝土的初凝时间不得早于水下混凝土的全部混凝土灌注完成时间。

2.3 混凝土拌制的监理

(1)拌制混凝土时用的各种衡器,计量应准确,对集料的含水率应经常进行检测,并据此调整集料和水的用量。配料数量的允许偏差(以质量计)见表3。

配料数量的允许偏差 表3

项次	材料类别	允许偏差(%)	
		现场拌制	预制场或集中搅拌站拌制
1	水泥、干燥状态下外掺混合材料	±2	±1
2	粗、细集料	±3	±2
3	水、外加剂	±2	±1

(2)混凝土应使用机械搅拌,零星工程混凝土采用人工拌和应得到监理工程师的同意,且水泥用量应适当增加。

(3)采用机拌时,自全部材料装入搅拌楼(筒)至开始出料的最短搅拌时间见表4。

混凝土最短搅拌时间 表4

搅拌机	搅拌机容量(L)	混凝土坍落度(mm)		
		≤30	30~70	>70
		混凝土最短搅拌时间(min)		
自然式	≤400	2.0	1.5	1.0
	≤800	2.5	2.0	1.5
	≤1200	—	2.5	1.5
强制式	≤400	1.5	1.0	1.0
	≤1500	2.5	1.5	1.5

(4)现场集中搅拌的混凝土应检查混凝土拌和物的均匀性，不得有离析和泌水；在搅拌机卸料流的1/4～3/4部位取试样，检测结果应符合下列要求：

①混凝土中砂浆密度两次测值的相对误差不应大于0.8%。

②单位体积混凝土中粗骨料含量两次测值的相对误差不应大于5%。

③混凝土搅拌完全后应测定混凝土拌和物的性能；坍落度应在搅拌点和浇筑点分别检测，每一工作班或每一单元结构物不少于两次，评定时以浇筑点的测值为准。

2.4 混凝土运输的监理

(1)混凝土的运输能力应满足工程施工需要，运到浇筑地点时混凝土应保持有规定的坍落度和均匀性。

(2)近距离运输混凝土的容器应不漏浆，不吸水；采用泵送混凝土时，配合比应满足泵送混凝土施工工艺和质量要求。

(3)远距离运输，应采用搅拌运输车，运输时间不应超过表5的规定。

混凝土拌和物运输时间限制 表5

气　温(℃)	无搅拌设施运输时间(min)	有搅拌设施运输时间(min)
20～30	30	60
10～19	45	75
5～9	60	90

(4)应检查混凝土的坍落度，以便及时根据水在运输过程中的损失而调整混凝土的配合比。

(5)运至现场后如发生离析、严重泌水或坍落度不符合要求，应进行第二次搅拌。二次搅拌不得任意加水，确有必要时，应在监理工程师的监督下加水或同时加水和水泥以保持原水灰比不变。

2.5 混凝土浇筑和振实的监理

(1)浇筑前，应对支撑(架)、地锚、模板、钢筋、预埋件进行检查，模板和钢筋应清理和冲洗干净；并应检查混凝土的均匀性和坍落度，符合要求后，经监理工程师同意，才能开始浇筑混凝土。

(2)为防止混凝土的离析，应控制混凝土的倾落高度：直接倾落时，其自由倾落高度不宜超过2m；超过2m时，应用串筒、溜管等设施下落；倾落高度超过10m时，要设减速装置；在串筒出料口下的混凝土的堆积高度不应超过1m。

(3)浇筑混凝土时，应按一定厚度、次序分层进行，每一层混凝土应在前一层混凝土初凝前浇筑和捣实，防止损害先浇的混凝土，同时要避免两层混凝土表面的脱开，浇筑后一层的混凝土，振捣器应插入到前一层5cm以上。分层浇筑混凝土厚度不宜超过表6的规定。

混凝土分层浇筑厚度 表6

<table>
<tr><th>项　次</th><th colspan="2">捣 实 方 法</th><th>浇筑层厚度(mm)</th></tr>
<tr><td>1</td><td colspan="2">用插入式振动器</td><td>300</td></tr>
<tr><td>2</td><td colspan="2">用附着式振动器</td><td>300</td></tr>
<tr><td rowspan="2">3</td><td rowspan="2">用表面振动器</td><td>无筋或配筋稀疏时</td><td>250</td></tr>
<tr><td>配筋较密时</td><td>150</td></tr>
<tr><td rowspan="2">4</td><td rowspan="2">人工捣实</td><td>无筋或配筋稀疏时</td><td>200</td></tr>
<tr><td>配筋较密时</td><td>150</td></tr>
</table>

(4)混凝土的浇筑应连续进行，若因故中断且时间大于前层混凝土初凝时间(浇筑混凝土的运输、浇筑及间歇的全部允许时间)，须采取经监理工程师同意的措施并按施工缝处理。施工缝的位置应在混凝土浇筑之前确定，应留置在结构受剪力和弯矩较小处并宜于施工的部位。施工缝应按以下要求进行处理：

①应凿除处理层混凝土表面的水泥砂浆和松弱层，但凿除时，处理层混凝土需达到下列强度：用水冲洗凿毛时，达到0.5MPa；用人工凿除时，达到2.5MPa；用风动机凿毛时，达到10MPa。

②经凿毛处理的混凝土面，应用水冲洗干净；在浇筑次层混凝土前，对垂直施工缝宜刷一层水泥净浆，对水平缝宜铺一层厚为10～20mm的1:2水泥砂浆。

③重要部位及有防震要求的混凝土结构或钢筋稀疏的钢筋混凝土结构，应在施工缝处补插锚固钢筋或石榫；有抗渗要求的施工缝宜做成凹形、凸形或设置止水带。

④施工缝为斜面时应浇筑成或凿成台阶状。

⑤施工缝处理后，须待处理层混凝土达到一定强度后才能继续浇筑混凝土。需要达到的强度，一般最低为1.2MPa，当结构物为钢筋混凝土时，不得低于2.5MPa。

⑥混凝土的浇筑，应采取措施减少泌水，如泌水较多，需在不扰动已浇混凝土的前提下，排除泌水。

⑦混凝土的捣实应在混凝土的浇筑后立即进行，一般使用机械振实，对每一个部位的振捣，必须使该部位混凝土形成无分离、无蜂窝的密实体，不应漏振。

⑧浇筑混凝土期间，应检查支撑（架）、地锚、模板、钢筋和预埋件等的稳固情况，当发现有松动、变形和移动时，应及时做好调整处理。

⑨混凝土捣实后24h内，不应使混凝土受到外界的振动。

⑩结构混凝土浇筑完成后，应及时对混凝土裸露面进行修整、抹平，等定浆后进行第二次抹平并做拉毛或压光处理。

2.6 混凝土浇筑后养护的监理

（1）混凝土浇筑完成并在收浆后，应立即对混凝土进行覆盖和洒水养护，养护期一般为7d或监理工程师指示的天数。

（2）对于干硬性混凝土、大面积裸露的混凝土及炙热天气浇筑的混凝土，有条件时可在浇筑完成后搭设棚罩，待收浆后再进行覆盖或洒水养护。

（3）当温度低于5℃时，应覆盖土工布、塑料布保温，不得洒水养护。

（4）覆盖养护不得损伤和污染混凝土表面。采用的覆盖材料，应事先取得监理工程师的同意。采用洒水养护时的用水和拌和用水相同，每天的洒水次数以能保证混凝土表面常处于润湿状态为度。

（5）混凝土养护期间，在混凝土强度达到2.5MPa前，不得使其承受外部荷载的作用。

（6）如采用薄膜养护，需经监理工程师的同意且要防止薄膜的损坏。如损坏应立即加薄膜覆盖。

（7）非承重结构混凝土脱侧模时的混凝土抗压强度一般为2.5MPa，承重结构的承重模板应在混凝土强度能够承受其自重力及其他可能的叠加荷载时，才可拆除。一般当构件跨度大于4m时，混凝土强度应达到设计强度的75%后，方可拆除承重模板。脱模后如表面有缺陷时，在征得监理工程师的同意后，应及时进行修整。

2.7 混凝土冬期施工的监理

（1）冬期施工的工程应要求预先做好各项准备活动，对各项设施、材料要提前采取防雪、防冻措施，并制订施工安全措施。

（2）混凝土配制时，水泥用量不宜少于300kg/m³，水灰比应在0.6以下，非预应力混凝土宜掺用引气剂或引气型减水剂。

（3）混凝土用各原材料的温度应满足混凝土拌和物所需的温度。当需对原材料加温时，应首先对水加温，其次为集料（水泥不得加热），一般加热温度不超过60℃。冬期搅拌混凝土，搅拌时间应延长50%，混凝土拌和物的出机温度不宜低于10℃，入模温度不低于5℃。

（4）混凝土在运输过程中应有保温措施；浇筑时应控制混凝土温度不低于规范要求。

（5）混凝土接缝应有5℃以上的温度，湿接缝保温应使混凝土强度达75%。

（6）混凝土的养护应采用蓄热法、蒸汽加热、暖棚加热或电加热等方法。各种方法养护混凝土时应符合规范要求。

(7)模板的拆除,应根据同条件养护试件的混凝土强度符合拆模规定时方可拆除,混凝土拆模后,应有措施使混凝土慢慢冷却。

2.8 热期及雨期混凝土施工的监理

2.8.1 热期混凝土施工监理

(1)热期混凝土施工,承包人应制订保证工程质量的技术措施,报监理工程师批准。

(2)混凝土用材料、设备应有降温设施或措施;配合比设计应考虑坍落度损失;可通过掺加减水剂或活性材料粉煤灰来减少部分水泥的用量。

(3)混凝土的运输时间应尽量缩短,不得在运输过程中加水搅拌。

(4)混凝土的浇筑温度应在32℃以下,并在一天中温度较低时进行,浇筑现场应遮阴或喷水降低模板、钢筋和地基的温度,浇筑时不能有附着水;混凝土的修整应加快。

(5)混凝土浇筑完后表面应立即覆盖塑料膜,初凝后除去,用湿土工布覆盖养护至少7d,养护期间经常洒水,不得形成干湿循环。

(6)每天定期检查砂、石料的含水率和养护期间的环境温度,做好记录。当温度超过规定温度时应采取降温、防晒措施,否则停止施工。

(7)除正常留取标准养护试件外,还应制取相同数量的试件,与结构混凝土同条件养护。

(8)混凝土的分层浇筑覆盖时间应通过实验确定,施工时不得超过。

(9)施工时应严格控制缓凝剂的掺量,并检查混凝土的凝固时间,以防由于掺量不准造成危害。

2.8.2 雨期混凝土施工监理

(1)雨期施工混凝土,承包人应制定防洪水、防台风措施及施工、生活场地的排水措施、用电安全措施等。

(2)注意工程材料的防水、防潮、特别是水泥、钢筋。

(3)受洪水危害的工程应停止施工;加强对地基不良地段沉陷的观测,防止基坑被水浸泡,若被浸泡,应进行换填处理。

(4)做好排水系统的检查,必要时增加排水措施。

3 混凝土施工质量监理要点

3.1 混凝土质量监理应达到的要求

(1)通过对原材料的质量检验与控制、混凝土配合比的确定与控制、混凝土生产和施工过程各工序的质量检验与控制,以及合格性检验与控制,使混凝土的质量符合规定要求。

(2)通过在施工过程中进行的质量检测,控制整个生产和施工期间的混凝土质量,使其符合规定要求。

(3)督促承包人配备相应的技术人员和必要的检验及试验设备,建立和健全必要的技术管理与质量控制制度,并制订质量保证措施,完善质量控制过程。

3.2 质量监理要点

(1)各种材料、各过程项目和各个工序,应经常进行检验,保证符合设计和施工技术规范的要求。检验项目和次数应符合下列规定:

①浇筑混凝土前的监理包括:施工设备和场地;混凝土组成材料及配合比(包括外加剂);混凝土凝结速度等性能;基础、钢筋、预埋件等隐蔽工程及支架、模板;养护方法及设施,安全设施。

②拌制和浇筑混凝土时的监理包括:混凝土组成材料的外观及配料、拌制,每一工作班至少2次,必要时随时抽样试验;混凝土的和易性(坍落度等)每工作班至少2次;砂石材料的含水率,每日开工前1次,气候有较大变化时随时抽检,当含水率变化较大,将使配料偏差超过规定时,应及时调整;地锚、拉杆、模板、支撑(架)等的稳固性和安装位置;混凝土的运输、浇筑方法和质量;外加剂使用效果;制取混凝土试件。

③浇筑混凝土后的监理包括:养护情况;混凝土强度,拆模时间;混凝土外露面或装饰质量。

④结构外形尺寸、位置、变形和沉降。

(2)隐蔽工程检查、分部工程检查、工程变更设计、施工技术修改、施工方案变更、质量事故的发生和处理事项,应按有关规定及时进行处理。

(3)对混凝土的强度,应制取试件,检验其在标准养护条件下 28d 龄期的抗压极限强度。试件制取组数应符合规定。

4 护岸混凝土成品外观检查的监理

(1)混凝土表面平整,施工缝平顺,沉降缝顺直。

(2)混凝土蜂窝麻面面积不超过该面积的 0.5%,深度不超过 10mm。

(3)混凝土表面的裂缝应做分析,如属混凝土收缩或温度变化导致的表面裂缝,当缝宽超过 0.15mm,应做处理;如属受力,必须会同设计部门研究处理,否则,不能作为合格产品。

(4)护岸线形顺直,棱角分明,位置正确,几何尺寸符合设计要求。

(5)护岸混凝土结构物表面色差一致。

(6)护岸无超规范的沉降、滑移现象。

丹金溧漕河航道整治工程施工监测控制

张　勇

（常州市交通建设监理咨询有限公司）

摘　要　丹金溧漕河航道整治全线设计标准为三级航道，新建护岸采用混凝土或钢筋混凝土护岸，二级护坡采用混凝土预制块、拱圈护坡。为防止施工过快造成护岸沉降和水平位移，在施工过程中应建立变形监测网，埋设观测点，进行及时观测分析，以确保护岸结构施工期稳定安全。

关键词　丹金溧漕河　航道整治　护岸　监测网　精度

1　工程概况

丹金溧漕河航道整治工程金坛段，北起丹阳京杭运河七里桥口，南至溧阳市溧城镇凤凰桥，沟通苏南运河和芜申线，是贯通丹阳、金坛、溧阳三个县级市的重要航道。航道流经地区系长江下游三角洲冲积平原，水流平缓，水位变幅不大，河道均为土质河床。丹金溧漕河金坛段全长30.9km，航道走向为西南走向。

整治工程改线段里程为K25+297～K32+383。建设标准：底宽≥45m，水深≥3.2m，弯曲半径480m，口宽不小于70m，驳岸前沿水下坡比不小于1∶7。最高通航水位4.38m，最低通航水位0.84m。

护岸布置基本为两岸布置，新建直立式驳岸，少部分河面宽阔的航段采用芦苇植物护坡。建筑物为细石混凝土重力式驳岸、空箱式重力式混凝土驳岸及钢筋混凝土悬臂式驳岸。一级护岸结构设计分A1型，顶高4.0m，底板0.6m；墙身1.2m以上为消散波能的透空式钢筋混凝土重力式结构，顶宽1.4m，空箱宽度0.6m；墙身1.2m以下C20素混凝土墙身，底板C20混凝土，宽5m。驳岸底板设置前趾，需要软基处理的驳岸每10m设置一道伸缩缝，无地基处理段驳岸每15m设置一道伸缩缝。A2型、A3型、A4型为C15细石混凝土灌砌块石墙身。墙身迎水面0.84m以上设置30cm厚的钢筋混凝土贴面，临水面后倾坡度10∶1。B型护岸顶高3.5m，压顶宽62cm，厚50cm。C型为C30钢筋混凝土。二级护岸在一级墙后设置，采用陡坡生态混凝土、仿木桩、生态混凝土护坡、箱式绿化挡墙和六角预制块。六角预制块草皮护坡。航道基础和基础下部大多存在不良土质，根据淤泥的埋置深度，采用不同的地基处理方案，主要采用换填块石、小木桩、水泥搅拌桩等。

丹金溧漕河航道整治工程整治范围为K18+440～K20+208和K32+383～K50+324，两段整治里程共计19.709km。前一段从丹阳、金坛交界至丹金船闸上游终点止，下一段位于该县段终点至丹金溧漕河金坛、溧阳交界处。航道沿线主要经过朱林镇、金城镇、指前镇。船闸上游1.7km现状航道条件较好，沿线设有防洪堤，堤顶高程5.2～5.6m，口宽一般70m左右。枢纽上游1.7km，沿线设有防洪堤，堤顶高程5.2～5.6m，口宽70m左右。朱林镇段5.5km，接改线段，右岸朱林镇，左岸金城镇，偏西南走向。右岸龙门村有部分民居，沿线多为鱼塘和防洪圩堤，堤顶高程5～5.6m，口宽多大于70m左右，航道多为自然坡岸，在丹金溧漕河大桥下游存在S弯道，半径200m。金城段6.4km，南北走向转向西南走向，口宽60m，自然岸坡，沿线多为鱼塘和防洪圩堤，堤顶高程4.5～5.8m，地面高程3.5～4.5m，民居增加，包括后溪圩村、大桥口村、倒桥口村、大寒圩村、大坟弯村、守风弯村等沿线村落。指前镇段6.5km，南北走向，口宽60m左右，局部40m，地面高程2.5～4.5m，河底高程-3.0～-1.0m。指前东、西桥与指前大桥之间为指前镇的主要镇区段，两岸房屋密集，碍航桥梁7座，金塔大桥、向阳桥、王母观大桥、河西大桥、金溧河桥、指前大桥、庄店大桥、均不满足Ⅲ级航道标准，需要进行改建。河床淤积主要为航道自身

的冲淤变化。全线整治后沿线护岸设施发挥作用,岸线将更加稳定。流经地区属于亚热带季风气候区,四季分明,气候温和。六月中旬进入梅雨季节,持续 20 ~ 30d,年降水量 1000 ~ 1100mm,年平均气温 11.6 ~ 19.8℃,冬季最低气温 -16℃,夏季最高气温38℃以上。年平均雾日 34.3d,下雪平均7.5d,下霜天数 51.4d。属长江下游及太湖水系流域,降水量充沛,年降水日数为 110 ~ 145d,等级盛行西北风,夏季盛行东南风,7 ~9 月受台风影响,最大风力可达 9 级左右。地势自北向南微缓倾斜,地面高程 4.5m,河道宽度 70 ~ 90m,河内水位在 1.5 ~ 2.0m,常年由北向南流动,勘探深度内底层为第四系全新统湖—沼相、冲积相沉积物,上更新统冲湖积相沉积物。新建驳岸底板基础多位于淤泥质粉质黏土、黏土、淤泥质粉质黏土夹或互粉土,软土具有高含水率、大孔隙比、高压缩性、低抗剪强度,对工程影响大,需进行地基加固处理。抗震烈度Ⅶ度,设计基本地震加速度峰值为 0.1g。

平面系统为 1954 北京坐标系,高程系统为 85 国家高程系。

主要建筑物为 C25 素混凝土重力式护岸,在拆迁困难的航段采用钢板桩护岸,局部现状情况良好的航段采用老驳岸加固处理,不断航施工。支河口处根据地形考虑设 $R = 10$m 的圆弧过渡。新建防洪堤顶高程 5.6m,堤顶宽度为 4m,迎水面采用 1∶2.5 的预制混凝土衬砌拱草皮护坡,背水面采用 1∶2 的草皮护坡接原地面。

(1)纵断面设计。金坛段航道属平原河流,水流平缓,水位坡降小,故河底不设纵坡。按Ⅲ级通航标准整治时,纵断面按航道设计水深 3.2m 确定河底高程。近期按Ⅴ级航道标准实施时航道水深按 2.5m确定设计河底高程。设计最高通航水位 4.38m,最低通航水位 0.84m,设计河底高程 -2.36m(Ⅲ级),-1.66m(Ⅴ级)。

(2)横断面设计。按Ⅲ级航道标准,底宽 45m,口宽不小于 70m,坡比定位 1∶7,针对农村段和集镇段采取了不同的断面形式。

①农村段标准护岸段。农村段驳岸(N1 ~ N4 型)顶高程确定为 3.0m。N3、N4 型底板顶高程0.6m,N1、N3 型护岸直接与原地面相接,N2、N4 型后方新建防洪堤,大堤迎水面距离护岸 2m,堤顶宽度 4m,迎水面采用 1∶2.5 的坡比。

②集镇段标准护岸段。驳岸(J1 型)顶高程确定为 4.5m,底板顶高程 1.0m,驳岸底板前缘留不小于 2.5m 平台,以 1∶7 的边坡与河底设计 -2.36m 相接。集镇段驳岸(J2 型)顶高程根据 5 年一遇的高水位确定为 4.0m。驳岸后新建大防洪堤。

③集镇段特殊航段。指前镇小学和中学沿河段,采用钢板桩护岸,顶高 4.5m。白龙荡加油站 K33 +026 ~ K33 +125 右岸和指前镇 K45 +570 ~ K45 +731.6 左岸,航段采用老驳岸加固处理。

(3)软基处理。底板下软土厚小于 1.0m 时,采用换填块石碎石;软土厚度在 1 ~4.5m 采用 3m、4m 和 5m 小木桩,小木桩稍径不小于 12cm;软土层厚度在 4.5 ~ 7m 时采用钢筋混凝土方桩加固处理,分 6m 和 8m 两种长度;软土层大于 7.5m 采用水泥搅拌桩处理,桩径 0.5m,采用 9 ~ 13m 的桩长。驳岸底板下碎石垫层厚 30cm。护岸每 10m 设置一道伸缩缝,缝宽 2cm,压顶每隔 5m 设置伸缩缝。伸缩缝贯穿护岸至底板底部。

(4)疏浚工程。土方不设超宽,水下方超深按 0.3m 计。按照Ⅴ航道开挖水上土方 198.5 万 m^3,水下方 139.7 万 m^3,回填土方 186 万 m^3,筑围堰 60.5 万 m^3,需要外购土方 62 万 m^3。弃方 139.5 万 m^3。回填土施工,应分层夯实,每层厚度不大于 20cm。墙后土回填过程中,应控制回填速率并进行沉降观测控制,如发现较大沉降时应立即停止回填,待沉降稳定后再继续回填。土方回填宜采用机械夯实。施工现场的弃土及材料不宜堆放在护岸前沿,以免护岸塌方或滑坡。

2 工程观测要求

工程观测是指导安全施工和保证工程质量的重要手段之一,重点对沉降、位移与地下水位等进行观测和记录,并保证资料的连续性和可靠性。

对软土段驳岸设计要求,在施工过程中对驳岸的位移和沉降进行观测,发现问题立即停止施工,进行技术处理。施工中应按《水运工程水工建筑物原型观测技术规范》的相关要求，加强水平位移和竖向沉降的观测，每个结构段观测点数不宜少于2个，观测周期应包括整个施工期和一年的责任缺陷期，每次采用相同的观测路线和方法。在护岸结构施工和墙后回填到顶之前，宜每天观测一次。回填到顶后每周观测2次，交付后的一年里宜每月观测1次。施工期的累计水平位移宜控制在1cm左右，竖向沉降控制在0.4mm/d时可视为稳定，可进行下道工序。

施工全过程进行的沉降观测、水平位移观测和墙身倾斜观测，应按照《水运工程质量检验评定标准》(JTJ 257—2008)的有关规定进行。护岸施工过程中观测点设置在压顶内，点数根据施工需要设定，原则上200m为观察段落；地基处理段观察段落50～100m。在墙身浇筑和回填工程中进行沉降观测，沉降速率控制每昼夜小于5mm，水平位移每昼夜小于3mm。根据沉降速率曲线判别沉降是否基本稳定，沉降速率平均每昼夜小于0.1mm视为基本稳定。在沉降基本稳定后浇筑压顶混凝土。

施工过程要采取分级加卸荷、分级控制沉降和位移循序渐进方法。在前一次加荷沉降基本稳定后方可进行下一级加荷，确保护岸安全。墙后回填土完成后且沉降基本稳定时方可拆除墙前围堰。

应根据分级加载情况，对护岸沉降和水平位移等变位进行定期观测。特别是对软土段护岸的施工，应做好施工观测记录，发现异常情况，应减缓施工速度，或停止施工。

本工程变形监测内容主要是航道整治的N1、N2、N3、N4、J1、J2型护岸等的垂直位移和水平位移监测。根据招标文件和施工图设计的要求，水平位移变形量以每昼夜不大于3mm，垂直位移（沉降）变形量不大于5mm为控制标准。

3 监测网布设

3.1 精度指标

根据设计和规范对变形监测等级和精度要求，结合本工程具体的特点，选用变形监测的四等标准和精度作为变形监测工作的控制指标，详见表1。

变形观测点的观测精度和适用范围　　表1

等　级	点位中误差(mm)	高程中误差(mm)	适用范围
一等	±1.5	±0.5	对变形特别敏感的水工建筑物
二等	±3.0	±1.0	对变形比较敏感的水工建筑物
三等	±6.0	±2.0	一般性水工建筑物和岸坡
四等	±12.0	±4.0	对观测精度要求比较低的水工建筑物和岸坡

注：1. 当水平位移变形测量用坐标向量表示时，向量中误差为表中相应等级点位中误差的$1/\sqrt{2}$。

2. 沉降观测，可根据需要按变形观测点的高程中误差或相邻变形观测点高差中误差确定测量等级。

变形监测网宜采用独立坐标和假定高程。变形测量每次应固定观测人员和仪器设备，采用相同的观测线路和观测方法，选择最佳时段，并在规定的环境条件下确定变形观测点的观测精度和适用范围。

3.2 监测网布设

监测网布设前，应充分收集已有基础资料，并根据工程地区地形、地质条件和现有的仪器设备，以及变形观测的性质、内容和要求，进行全面计划和设计。施工控制网应与监测网联测，一个测区的监测网应一次布设。原施工控制网相邻点间的相对精度满足变形观测要求时，可直接作为基准点或工作基点。

高程控制宜采用闭合水准网形式。基准点宜选在地基稳固、便于监测和不受影响的地点。一个区段的基准点不应少于3个。当基准点远离不便直接观测观测点时，可布设工作基点，其点位应稳固，便于监测。

监测网的平面控制可采用边角网、三角网和GPS网等形式，受地形条件限制时，可布设成导线网形式，导线网中相邻结点间的导线点数不得多于2个。采用GPS测量技术建立各级平面控制网时，GPS网相邻点间基线长度精度应按式下式计算，并应符合表2的规定。

$$\sigma = \pm\sqrt{a^2 + (b \cdot D)^2}$$

式中：σ——GPS 基线向量的弦长中误差，即等效距离误差（mm）；

a——GPS 接收机标称精度中的固定误差（mm）；

b——GPS 接收机标称精度中的比例误差系数（10^{-6}）；

D——GPS 网中相邻点间的距离（km）。

GPS 平面控制网的技术要求 表 2

项目 等级	固定误差 σ（mm）	比例误差系统 b（10^{-6}）	相邻点平均距离限制（km）
一	≤8	8～10	5～10
二	≤16	16～20	2～5
图根	基线端点相对点位中误差小于图上 0.1mm		0.5～2

GPS 制网中作为起算点的高级控制点不得少于 2 个，宜用第 3 个已知点作校核，并应均匀分布，使之与待定点构成闭合环。GPS 控制网宜在测区内布设成由独立基线构成的多边网或附合路线。GPS 基线构成的最简独立闭合环或附合路线的边数，一级网不应多于 8 条，其余等级网不应多于 10 条。没有包括在最简闭合环或附合路线中的观测基线，应进行重复观测。当 GPS 控制网相邻点间的距离大于 20km 时，宜选用双频接收机。

GPS 点位的选取应方便使用和保存，在地平仰角 15°以上的视野内不宜有障碍物，并宜避开电磁辐射源和可能产生多路径效应误差的地点、光滑反射物体或大面积水面。当 GPS 点间需要通视时，应在附近设方位点，两者之间的距离不宜小于 300m，其观测精度应与 GPS 点相同。GPS 一、二级点应埋设标石。

GPS 接收机天线的对中误差，一、二级点不得超过 2mm，图根点不得超过 3mm。测量前、后应量取天线高度。天线高度应取三次读数的平均值，精确到 1mm，测量前后量高之差不应大于 3mm，取其平均值作为最后天线高。

测站观测应满足：卫星高度角不小于 15°；观测时间不少于 30min；采样时间间隔为 15～60s；观测卫星不少于 4 颗，卫星分布象限不少于 2 个；观测时点位几何图形强度因子（PDOP）不大于 8。当采用快速静态定位法观测时，使用双频接收机，并连续跟踪不少于 5 颗卫星的信号，观测时间不受限制。

3.3 观测仪器的配置

变形监测是工程中精度较高的测量工作，观测仪器的配置直接影响观测数据的精度。在工程变形监测过程中，配置了 GPS（静态平面精度 ±3mm + 1ppm）作为位移观测仪器，配置了 DS1 精度水准仪和铟瓦钢尺作为沉降观测仪器，另外配置了尺垫、木桩、铁钉、红白旗、测杆等辅助设备。所配备仪器使用前都经有资质的计量单位进行鉴定。

4 观测人员配备

施工过程中，安排不少于 4 名专职测量人员配合进行护岸沉降位移观测，工作必须认真负责，一丝不苟，确保观测工作正常运转。

5 变形监测方法

5.1 基准监测控制网的建立

（1）以业主（设计）提供的 E13、E14、E15、E16、E17、E19、E20、E21、E22、E23、E24、E25、E26 等 GPS 点和 F36、F37、F38～F65、F67～F104、F105 等 GPS 作为测区平面控制的基准点，项目各标段埋设工作基点，建立 GPS 水平位移监测基准网，并采用 GPS 对水平位移监测基准网数据进行观测和平差，精度应满足规范要求。

（2）当基准点远离变形体或不便直接观测变形观测点时，可布设工作基点，其点位应稳固，便于监测。根据施工现场实际情况，在施工区域内比较稳定和方便的位置布设工作基点，每500m护岸之间设置一个变形监测观测墩作为工作基点，由导线点、GPS点、工作基点等建立基准监测网，采用水准仪三等水准进行水准测量和平差，闭合差≤ $+12\times L$(mm)，L以公里计，精度满足规范要求，并满足护岸的水平和垂直位移监测的需要。

施工过程中，对基准监测网每3个月进行复测一次。当对观测数据发生怀疑时，应及时进行复测检查，确保基准监测网的数据准确。基准点坚固可靠，安全稳定。

5.2　变形监测网的建立

本工程水平位移和垂直位移监测点采用同一标识法，每100～200m左右的护岸上设置一个变形观测点。由基准点、工作基点、变形观测点等一起建立变形观测网。

（1）变形观测点布设。变形观测点分别布设在底板后缘、墙身、消浪墙、压顶、帽梁等上。变形观测点采用 ϕ12mm长度30cm的钢筋，钢筋顶部磨平刻"十"字标志，距底部5cm处做成弯钩，在混凝土浇筑时埋入混凝土内，埋设时高出混凝土表面1cm，用红油漆进行点编号，在混凝土终凝后进行平面坐标和高程测量。

（2）变形观测数据传递。航道工程护岸观测，是指施工过程中同一建筑物（每节护岸长度10m）变形观测的累计位移数据，因此需在同一个建筑物同一航道断面线上根据施工工序，在不同的时间设立不同的观测点，并对不同观测点的观测数据进行联测。由于护岸施工过程中工序较多，受墙后回填土、降排水、加载等影响，在墙身、压顶等施工结束需及时把变形观测点移至墙身、压顶等上，移动前、后对变形观测点的位移、沉降等进行了加测，以确保变形监测成果传递的准确，监测资料连贯。

（3）设立变形观测点的保护标志。在整个施工工期内，保护变形观测点不受外力的影响。变形观测点埋设后，安排专人设立明显标识，安排专职人员负责保护。

5.3　沉降位移观测

（1）沉降位移监测方法采用四等水准测量法进行监测，每次组成闭合路线。

（2）观测前认真检查仪器，观测时按照四等水准测量的技术要求操作、记录，及时整理好观测成果。

（3）沉降位移监测频率，在底板浇筑后进行第一次观测，然后按每次增加荷载（浇筑混凝土、施工墙后回填土等）后进行观测。按照设计和施工进展进行观测。

①底板：底板完成后，墙体浇筑前为第一阶段观测。混凝土基础成型后测第一次，以后每天观测一次，当最后连续三次观测结果变形量不超过点位误差控制标准，判别为稳定，才进入下道工序施工，确保构筑物安全。

②墙身：墙身浇筑混凝土终凝后，把变形观测点移至墙身上，观测频率同底板，观测稳定后，才进入下道工序。

③回填：墙后土方回填在墙体观测稳定，满足回填要求后进行回填。墙后回填分四个阶段观测（墙后填土平均分四阶段观测，原则上填土1/4、2/4、3/4及到顶）。填土到观测部位时进行观测，观测频率同底板，观测稳定后，才进入下道工序。

④消浪墙：墙体观测稳定后进行消浪墙等施工工作。消浪墙完成后，观测点移至消浪墙上，观测继续按底板观测频率观测，观测稳定后，再按第一个月每周一次观测，第二个月每半月一次观测，以后每月观测一次，直至交工验收。

5.4　水平位移观测

水平位移观测采用GPS进行观测，把GPS的固定站架设在项目部的基站上，然后测量人员采用GPS的移动站直接在施工现场的观测点采集观测数据，并及时整理好观测成果，对观测成果进行比较分析，前后两次观测成果在允许误差范围内，确保构筑物稳定后才进入下道工序施工。水平位移观测频率与沉降观测频率相同，与沉降同时观测。

5.5　监测数据处理

观测点的沉降和水平位移观测数据收集整理完成后，直接利用电子表格对观测数据进行处理。每

次数据处理时，均计算出本期变形量和累计变形量，分别填入沉降位移成果表和水平位移成果表中，根据观测数据成果，及时分别绘制成沉降速率、水平位移曲线图，直观描述出变形观测成果。

6 观测过程中的注意事项

（1）应明确沉降位移观测责任人，端正观测人员思想认识，充分认识变形监测工作重要性，特别是对于地基软弱或者不够稳定的地段，或者建筑物上部荷载突变情况下，直接关系到建筑物的安全稳定性。

（2）变形观测点布置和观测频率严格按规范要求进行，确保观测成果能及时反映护岸建筑物的沉降和水平位移的变形状况。

（3）每次观测应遵守：观测所用仪器固定、观测人员固定、观测路线固定、观测环境和条件基本相同。

（4）每次观察均采用环形闭合方法，或往返闭合方法当场进行检查。同一观测点的两次观测之差不得大于1mm。

（5）布设观测路线时，控制前后视距不超过40m，前后视距差不超过1.0m，以控制 i 角的误差影响，同时提高观测时的清晰度。

（6）观测时间及环境：不在日出前后1h和中午时段进行观测，更不能在大风或有雾的情况下进行观测。

（7）观测原始数据收集应准确、完整、归档，及时进行数据处理，发现位移突变现象，先认真复查，准确无误后及时上报相关负责部门处理。

发挥监理作用，把好压顶施工质量关

杨　明

（常州市交通建设监理咨询有限公司）

摘　要　丹金溧漕河航道工程总监办通过做好压顶施工事前交底、事后总结、严格控制报验程序等监理工作，充分发挥监理的监督管理作用，对压顶施工的质量控制起到了较好的作用。

关键词　监理　监督　压顶　质量关

压顶施工是航道工程主体工程的最后一道工序，是工程验收的主要内容，其重要性不言而喻。

丹金溧漕河航道工程总监办加强压顶施工的质量管理，从施工准备到过程控制，严格把关，充分发挥监理的监督管理作用，发现问题及时要求施工单位调整施工方案，有效地保证了压顶施工的质量。从以下几个方面介绍总监办的监理工作。

1　施工前做好压顶施工的安全、技术交底工作

2012 年 10 月 27 日总监办组织召开了航道五标压顶施工的技术、安全交底，提出如下具体要求：

(1)做好技术准备工作。

①要求项目部对已施工的墙身进行沉降位移观测，要保证沉降稳定后再进行压顶施工；

②在施工前按设计要求准备混凝土原材料及确定 C25 混凝土配合比；

③在压顶施工立模前对压顶前沿线进行复测，确定准确位置；

④在立模前对原有墙身进行清洗，要保证干净无污染。

(2)严格报验程序，在每道工序施工前及时通知现场监理进行验收，合格后方可进行下道工序施工。

(3)施工中对细节加强质量控制，比如伸缩缝是否上下贯通、模板错台控制、模板涂脱模剂等，保证外观质量。

(4)项目部要对现场施工人员进行安全、技术交底，让现场施工人员了解施工重点及难点。

(5)加强施工现场的安全教育工作，在施工现场必须佩戴安全帽，在水上作业要穿救生衣，做好自身安全工作，同时要对运输车辆加强控制，保证运输安全。

2　及时召开压顶首件施工总结

通过 100m 的压顶施工试验段的检查验收，如图 1、图 2 所示，总监办及时召开总结会，对施工中存在的问题及时提出改进意见，为后续的施工提出具体要求，有效地保证了压顶的施工质量。

a)

b)

图 1　压顶立模

a)

b)

图2 压顶成品

2012年10月29日项目部召开了压顶首件总结会，丹金溧漕河航道指挥部业主代表参加了会议，并提出了宝贵建议。

2.1 总监办提出需要改进的意见

(1)前沿线2cm的飞沿位置有漏浆现象；

(2)混凝土坍落度控制不严，现场坍落度在90mm左右，拆模后表面蜂窝、气泡较多，外观质量较差；

(3)伸缩缝与压顶不垂直，有弯曲。

2.2 提出如下整改意见

(1)在飞沿位置采用薄竹胶板和水泥砂浆进行封堵。

(2)根据现场条件，混凝土采用小型拌和机拌和，距离较近，坍落度损失少，所以要求坍落度控制在5~7cm，和易性符合规范及施工要求。

(3)针对伸缩缝不顺直的情况，要求施工时采用隔仓浇筑，在伸缩缝位置采用硬质木板上面钉2cm的聚乙烯板，保证上下贯通，与压顶切面垂直。隔仓浇筑后拆模，撤掉硬木板后再浇筑混凝土，这样能保证伸缩缝位置准确并垂直，有效地保证了伸缩缝的施工质量。

3 严格执行监理程序

总监办在压顶混凝土浇筑前，严格按设计及规范要求对每段压顶的模板进行验收，现场监理对混凝土浇筑全过程旁站，进行事中控制，并在验收中及时发现影响施工质量的问题，并提出改进措施。

(1)假缝原有施工方法是采用切割机施工，根据实际施工情况，总监办发现假缝不顺直，并且项目部不能掌握好切割时间，造成切缝外观质量较差，总监办建议项目部采用玻璃条在混凝土初凝前放入，混凝土达到一定强度后及时取出，玻璃条还可以重复利用，这样有效地解决了假缝不顺直的问题，又节约了成本。

(2)在成品检查中发现压顶部分表面有裂缝，总监办通过现场调查，认真分析产生的原因，发现裂缝的位置主要是在模板加固拉杆位置，在拆模后该处是孔洞，产生应力集中，并且距离压顶上口只有2~3cm，混凝土凝固收缩时应力释放产生裂缝。在施工中该处振捣也不易密实，形成薄弱环节，也是可能造成裂缝的原因。总监办要求项目部在更换模板时调整模板对拉螺杆开口位置，在能保证上部连接牢固的情况下尽量下降开口位置，经实践一般控制在4~5cm并且加强该处的振捣工作，经过改进，有效地减少了裂缝。

(3)五标段压顶施工的模板采用竹胶板，在施工中被水浸泡，重复使用几次后容易变形。总监办在验收中发现有变形的现象，及时通知项目部更换模板，有效地控制了压顶的线形，并在后续其他标段施工时建议项目部采用钢模，发现效果比较好。

总监办充分发挥监理的监督管理作用，对压顶的施工过程严格控制，较好地控制了压顶施工的质量，经上级领导多次验收均符合相关规范要求，且外观质量较好。

航道工程水泥搅拌桩的施工监理

张韩锋

（常州市交通建设监理咨询有限公司）

摘　要　监理工程师坚持“严格控制、积极参与、热情服务”的宗旨，并通过“超前监理、预防为主，跟踪监理、动态管理、强化验收、严格把关”的方法，处理协调好质量、进度、投资三个互相制约又相互联系的目标要求，实现了本工程质量控制目标。

关键词　水泥搅拌桩　方法与措施　控制要点　安全和文明

1　工程概况

本次丹金溧漕河金坛段航道整治范围为 K18 +440 ~ K20 +208 和 K25 +297 ~ K50 +324，两段整治里程共计 26.795km。K18 +440 ~ K20 +208 航道具体位置从丹金溧漕河丹阳、金坛交界处起至丹金船闸上游终点止，K32 +383 ~ K50 +324 航道则位于丹金溧漕河金坛市河改线段终点至丹金溧漕河金坛、溧阳交界处止。

根据《丹金溧漕河航道改造工程（金坛改线段）工程详勘报告》，整治段航道基础及基础下部大多存在不良土质，可划分为淤泥质黏土层和淤泥质夹粉土层。为提高护岸地基土的强度，增加基底抗滑稳定性，加速地基在施工期间的沉降，减少工后沉降，防治地下水的毛细上升，根据淤泥土的埋置深度，采用不同的地基处理方案，主要采用换填块石、小木桩、水泥搅拌桩、钢筋混凝土方桩四种地基处理方案。

软基处治的施工，必须认真做好施工组织设计，加强技术管理，严格按照设计图纸和有关的操作规程实施；认真做好原始记录，做好工程质量的检查和验收，确保软基处治质量。

当底板下软土层厚度大于 7.5m 时，采用水泥搅拌桩加固处理方案，桩径为 0.5m，根据软土层深度，分别采用 9 ~ 13m 的桩长。

2　一般要求

（1）软基处理时，承包人在施工前应按设计要求编制施工方案，内容包括材料样品、材性试验报告、施工工艺、实施步骤、质量验收标准和机械设备、技术安全措施及现场施工负责人等经监理审查后，报业主批准开工。

（2）不同类型的软基处理应进行试验段生产或进行成桩试验，以确定施工技术参数。试验时应通知监理部，并请指挥部派人参与。试验总结报监理部审批后，方可进行规模施工。

（3）在施工过程中如发现实际地质情况与图纸不符而需要改变设计，应书面提出变更理由，经监理部现场核实确认报指挥部批准。

（4）软基处治施工前，承包人必须制定质量验收标准和工艺要求，以保证工程质量，同时必须制订技术安全措施，确保安全生产。施工中应安排专职技术人员跟班负责现场质量检查和验收工作，认真做好施工现场记录，监理部将安排现场监理人员进行跟班旁站。工程结束后，原始记录报送监理部。

3　监理工作方法与措施

监理工程师坚持“严格控制、积极参与、热情服务”的宗旨，并通过“超前监理、预防为主，跟踪监理、动态管理、强化验收、严格把关”的方法，处理协调好质量、进度、投资三个互相制约又相互联系的目标

要求,实现本工程质量控制目标。

3.1 质量控制方法和手段

3.1.1 审查和审批

(1)审查软基施工单位的资质并检查施工人员、设备进场情况。

(2)审查施工组织设计方案中是否具针对性和可行性。

3.1.2 测量控制

(1)对施工单位使用的各种测量仪器的有效性进行检查,监理部设专人进行测量控制。

(2)施工前,应按设计桩顶高程进行高程测量记录。

(3)复核施工单位的基线、控制点及桩位放线的准确性。

3.1.3 材料质量控制

(1)原材料进场报验。块石、小木桩、水泥等主要原材料要按设计的要求采购,要严格控制块石的粒径,块石级配应良好;要严格控制小木桩的梢径和桩长;水泥进场时应对其品种、级别、包装或散装仓号、出厂日期等进行检查,并应对其强度、安定性及凝结时间进行试验,其质量必须符合国家标准《硅酸盐水泥、普通硅酸盐水泥》(GB 175—1999)等的规定。工程所用的原材料应按规定办理进场报验手续。

(2)平行检验。对重要的原材料如块石、水泥等原材料应按规定进行抽检。

水泥进场使用前,应分批对其强度、安定性进行复检,检验批应以同一生产厂家、同一编号为一批。当在使用中对水泥质量有怀疑或水泥出厂超过三个月(快硬硅酸盐水泥超过一个月)时,应复查试验,并按其结果使用。不同品种的水泥,不得混合使用。

4 施工质量技术控制及监理控制要点

4.1 施工准备

(1)承包人在水泥搅拌桩施工前应办好资质审批手续,内容包括施工单位或分包单位资质、经历、信誉及质保体系、质保措施、安全措施等有关资料,经监理审查后报业主批准。未经批准的施工单位不得擅自进场。

(2)施工前施工现场应整平,必须清除地面、地下的一切障碍物。对于低洼农田排水渠、墓穴、坑洞等用素土填平、压实。

(3)承包人应根据设计提供的有关水泥搅拌桩处治范围及桩位平面布置等进行测量放样,根据施工图放出桩位大样并绘制好桩位图及其编号,周边用石灰撒线,桩位中心用竹签插入土中,方便施工。测量放样资料报监理审查认可。

(4)水泥搅拌桩施工前应进行水泥加固土的室内试验。试验方法:在软基现场钻芯采集试拌土(保持原有含水率),在室内制备不同配比的水泥土试件,进行28d标准无侧限抗压强度试验,选取符合设计强度的配比作为现场施工的配比依据,其试验结果提交监理工程师审批,根据试验配合比报告,确定水泥用量。

(5)水泥搅拌桩施工前应进行成桩工艺试验(每个标段不少于5根),以检验机具性能及施工工艺中的各项技术参数。成桩试验必须达到以下目的:

①掌握满足设计喷浆量要求的各种技术参数,如钻进速度、提升速度、搅拌速度和喷浆压力等。

②掌握下钻和提升阻力情况,选择合理的技术措施。

③检验室内试验所确定的水泥土配比是否适用于现场。

④检验桩身的28d无侧限抗压强度是否达到0.7MPa以上。

⑤根据地勘资料,结合施工机械的电流变化,以确定是否钻至持力层。

(6)必须配备齐全的施工机具和配件,做好开工前的保养、调试工作,并保证在施工期间一般不发生有碍施工进度和质量的机械故障。

①深层搅拌桩操作台必须配备电脑自动记录打印装置。

②电子秤、磅秤必须经过计量部门标定。

③施工现场必须配备泥浆比重仪，搭设材料储存棚，架设临时水电供应设施，开挖临时排水沟。

4.2 水泥搅拌桩施工

4.2.1 水泥搅拌桩施工步骤

平整场地→桩位放样→钻机就位→检验、调整钻机→正循环钻进至设计深度→打开高压注浆泵→反循环提钻并喷水泥浆→至工作基准面以下0.3m→重复搅拌下钻并喷水泥浆至设计深度→反循环提钻至地表→成桩结束→施工下一根桩。

4.2.2 施工操作步骤

(1)钻机定位：悬吊搅拌机到达施工桩位后对中并调平塔架平台，使搅拌钻杆铅垂于地面。

(2)钻杆钻进：搅拌钻头运转正常后放起吊钢绳，搅拌杆沿导向架切土徐徐下沉，钻进速度不大于1.0m/min。

(3)上提喷浆：当搅拌头达到设计深度后，将搅拌头反转，同时喷浆，慢速提升搅拌(提升速度不大于0.8m/min)，边喷浆边搅拌边提升，当提升至规定的高程处停止喷浆，将所喷浆液与黏土充分拌和均匀。

(4)复搅：进行全程复搅。当喷浆口即将出地面时，停止提升，并搅拌数秒以保证桩头均匀密实。

(5)洗管：向集料斗中注入清水，用送浆泵送水清洗管路和搅拌头。

(6)移至下一桩位。

4.2.3 施工注意事项

(1)水泥搅拌桩施工时，要求承包人建立工序责任人制度，严格按照各道工序的要求进行操作。所有施工机械均应编号，应将现场技术员、钻机长、现场负责人、水泥搅拌桩桩长、桩距等制成标牌悬挂于钻机明显处，确保人员到位，责任到人。

(2)水泥搅拌桩的浆液应严格按照预定的配比进行拌制，备好的浆液不得有离析现象，停置时间不得超过2h，超时间的浆液不得使用。

(3)泵送浆液前，管路应保持潮湿，以利输浆。送浆管要求不得大于50m。现场拌制浆液应有专人记录水泥用量、加水量，测试浆液比重，记录泵送浆开始、结束时间。

(4)在钻搅过程中，供浆必须连续，拌和必须均匀，一旦因故停浆，应使搅拌机下沉至停浆面以下1m，待恢复供浆后，再喷浆提升。施工中如发现喷浆不足，必须进行整桩复打，复打的喷浆量应不小于设计用量。

(5)为保证桩的完整性，应严格控制喷浆时间和停浆时间。每根桩开钻后应连续作业，严禁在尚未喷浆的情况下进行钻杆提升作业。

(6)施工过程中，应经常复核桩位位置，防止由于人为或机械振动等原因造成桩位偏移。钻机对位要由专人负责操作，达到钻头、钻杆与桩中心位置同心，桩孔定位误差不超过5cm。施工前应丈量钻杆长度，并标上明显标志，以便掌握钻杆钻入深度、复搅深度，保证桩身设计长度。定期检查钻头直径，若磨损大于10mm，立即更换或修补钻头。

(7)为保证搅拌桩水泥使用统一性，不准不同厂家混合供料，严禁使用过期、受潮、结块、变质的劣质水泥。

(8)搅拌桩机自动流量计进场后需进行标定，并由电脑生产厂家和承包人对电脑和资料进行承诺，确保资料的真实性。

4.3 水泥搅拌桩施工质量控制

4.3.1 水泥质量控制

(1)本项目水泥搅拌桩设计要求采用32.5普通硅酸盐水泥，其性能必须符合《通用硅酸盐水泥》

(GB 175—2007)的规定,且在有效期内使用。严禁使用受潮、结块、变质的水泥。

(2)袋装水泥要求堆放在临时搭设的材料储存棚内,堆放场地下部要高出地面30cm以上,并垫上双层油毛毡与地表隔开,防止水泥受潮结块,上部要用防雨布覆盖。

(3)水泥不仅要求出厂质量合格证书,还要有质量检验报告,进场后的水泥承包人必须检验其安定性,经监理部验证合格后,方可投入使用。水泥安定性试验检测频率1次/100t。

4.3.2 水泥用量控制

建立水泥使用台账,对于袋装水泥,每日水泥进场由现场监理人员进行登记,施工结束后,安排现场监理人员清理水泥袋,同时与当日的工作量进行核对,定期核实进行总量控制。

4.3.3 质量检验要求与标准

(1)水泥搅拌桩成桩龄期7d内,采用轻便触探器进行检测,检验频率为总桩数的10%。成桩龄期28d后,由具备检测资质单位进行抽芯检验,以评价桩身质量,检测频率为总桩数的1%,且每个施工作业点不少于5根。

(2)根据设计要求需要进行单桩荷载试验,以确定复合地基单桩容许承载力是否满足设计要求。检测频率为不低于总桩数的0.3%,且每个施工作业点不少于3根(表1)。

水泥搅拌桩质量检验标准 表1

序号	项目	允许偏差(mm)	检验数量	单元测点	检验方法
1	桩位	50	逐件检查	1	拉线用钢尺测量纵横两方向,取大值
2	桩底高程	200		1	测量机头深度
3	桩顶高程	+100 -50		1	用水准仪测量
4	桩径	0.04D	抽查10%	1	用钢尺测量
5	垂直度(每米)	15		1	用经纬仪或吊线测量

4.4 水泥搅拌桩施工监理旁站要点

(1)检查、记录施工场地整平情况,按一定频率量测放样的桩间距,检查桩位放样是否准确,桩位标记是否醒目。

(2)检查、记录桩机计量装置的签封是否完整,与证书是否一致。

(3)检查、记录桩机钻头完好情况。

(4)检查供电系统、备用发电机及夜间照明用电是否正常。

(5)确认水泥经检验合格,记录材料库存情况。

(6)记录施工日期、天气情况、施工段落桩号、桩机编号、桩排号、设计桩长,记录水灰比、泥浆密度、喷浆量、采用的施工方式,如全程复搅,和开机时间。

(7)检查承包人相关施工、管理人员是否在场。

(8)旁站记录,水泥的注入或清除情况,应督促检查水泥浆制浆、存放时间、检查水泥浆比重并做好记录。

(9)记录施工中的异常现象及处理措施,如机械故障、堵管、爆管、停电、工作电流突然增大、钻到设计高程而电流不增大、断桩或地质变化等现象、地质发生异常引起桩长变化时,根据规定及时报告监理部。

(10)随时检查桩机运行情况,如钻机是否平稳,钻杆是否垂直。

(11)成桩后对电脑记录仪打印成果进行签证。

(12)记录水泥进场、损耗情况,做好相关台账。

(13)记录每台桩机每班的施工量,汇总水泥用量。

(14)记录交接班情况。

5 安全和文明施工监理

(1)监督检查施工单位是否遵守国家及地方政府颁布的有关安全生产及文明施工的法律、法规、条例、规定等。

(2)定期和不定期对施工现场进行检查,如发现有违规或不符安全文明施工的情况,及时要求施工单位整改。

(3)督促施工单位建立、健全一整套安全文明施工的组织机构和规章制度,并经常检查落实执行情况。

(4)工作重点与要求:

①检查施工单位是否实行三级安全管理,是否建立了以项目经理为首的安全文明施工管理体系;

②督促施工单位严格执行《建设工程安全生产管理条例》(国务院393号令)、《公路水运工程安全生产监督管理办法》(交通运输部2007年1号令)、《水运工程施工安全防护技术规范》(JTS 205-1—2008)、《施工现场临时用电安全技术规范》等规范;

③检查高处坠落、触电、物体打击、设备机具伤害等部位的防护措施;

④施工现场的照明安装、配电开关箱的漏电保护、临时用电线路的架设等是否有利于安全生产;

⑤各工种进行上下立体交叉作业时,要求不得在同一垂直方向上操作;

⑥随时注意检查用电和机械安全,遵守操作规程,不乱堆乱放,淤泥集中排放,夜间施工要求施工单位做好充足的照明措施;

⑦移动桩机时,注意现场高压线,要求桩机与高压线的安全距离必须符合安全距离规定,并要求每台桩机必须防雷接地,用电做到"一机一箱一闸";

⑧要求雨季作业有可靠的防淹、防滑等措施;

⑨提升设备严禁超载吊装;

⑩施工人员应正确使用劳动保护用品,进入施工现场必须戴安全帽;

⑪禁止违章指挥和违章作业;

⑫要求施工单位建立防火责任制和义务消防组织,设置符合消防要求的消防措施,并保证其完备好用,重点部位如油库、仓库等必须建立有关防火制度,有专人管理,设置警告牌和配置相应的消防器材;

⑬要求施工单位在施工现场按规定设置安全标示牌;

⑭控制扬尘、弃渣、弃淤泥,要求施工单位采取一切合理措施使施工作业产生的灰尘减至最低程度;建筑垃圾和生活垃圾指定堆放、及时处理,减少现场环境污染;

⑮淤泥渣土的排放一定要按指挥部的有关规定执行;

⑯要求施工单位经常张贴有关文明施工的各种宣传标语、口号,或以墙刊形式开展各种图片展览、悬挂各种制度标牌来提高施工人员的质量、安全、文明施工意识;

⑰严禁黄、赌、毒对工地造成各种危害。

参考文献

[1] 中华人民共和国行业标准. JTJ 216—2000 水运工程施工监理规范[S]. 北京:人民交通出版社,2000.

[2] 中华人民共和国行业标准. JTS 257—2008 水运工程质量检验评定标准[S]. 北京:人民交通出版社,2008.

[3] 中华人民共和国行业标准. JTJ 203—2001 水运工程测量规范[S]. 北京:人民交通出版社,2001.

[4] 中华人民共和国国家标准. GB 175—2007 通用硅酸盐水泥[S]. 北京:中国标准出版社,2008.

航道工程影响混凝土强度内在因素

张　勇

（常州市交通建设监理咨询有限公司）

摘　要　混凝土是指由胶凝材料将集料胶结成整体的工程复合材料的统称。通常讲的混凝土一词是指用水泥作胶凝材料，砂、石作集料，与水（加或不加外加剂和掺和料）按一定比例配合，经搅拌、成型、养护而得的水泥混凝土，也称普通混凝土。混凝土施工是航道工程施工中必不可少的一道工序，在土木工程领域中处于不可代替的地位，用量大、用途广，因此混凝土强度的影响因素也比较多，既有外因也有内因。笔者根据丹金溧漕河航道工程施工经验从内因谈谈混凝土强度的影响因素。

关键词　影响　混凝土强度　因素

1　集料对航道工程混凝土强度的影响

在配置航道工程混凝土时，粗集料的最大粒径应不大于80mm，不大于构件截面最小尺寸的1/4，不大于钢筋最小净距的3/4，不大于混凝土保护层厚度的4/5，在南方地区、浪溅区不大于混凝土保护层厚度的2/3。厚度为100mm和小于100mm混凝土板允许采用最大粒径不大于1/2板厚的集料。不同强度等级的混凝土，对针片状颗粒含量和山皮水锈颗粒及颗粒密度均作不同的限制。不同级配类型的集料对混凝土将带来不同影响。连续级配配置的混凝土较为密实，并具有优良的工作性，不易产生离析；间断式级配的混凝土，水泥用量少，强度高，但容易产生离析。在保证混凝土不离析的情况下，可采用中断级配。根据粗集料开采和制备的具体情况，也可采用其他分级方法，但在确定各粒径级配的数量尺寸时，应保证粗集料运输和堆放不发生显著分离现象。

细集料颗粒级配的优劣、粒度的粗细既影响混凝土的技术指标，也影响水泥用量。良好的级配砂孔隙率小，堆积密度大，在相同条件下，水泥的用量就少，混凝土的强度高。如砂石集料中砂率也决定着水泥混凝土的强度。

细集料中杂质（含泥量、泥块含量、云母含量等）以及颗粒级配对混凝土强度也有着明显的影响。由于条件原因不得不采用海砂时，海砂中氯离子含量应符合规范要求。本工程未涉及此类材料，此不作详细说明。

2　水泥对航道工程混凝土强度的影响

水泥是航道工程混凝土中的活性成分，其性能的好坏直接影响着混凝土强度的高低。混凝土抗压强度与混凝土使用的水泥强度成正比，在配合比相同的情况下，所使用的水泥强度越高，制成的混凝土强度越高。水泥混凝土的影响取决于水泥的化学性能及物理性能。硅酸三钙（C_3S）决定着水泥早期强度；硅酸二钙（C_2S）决定着水泥的后期强度，而且这些影响一直贯穿于混凝土硬化中。用C_3S含量较高的水泥来制作混凝土，其强度增长较快，但在后期可能以较低的强度而告终。而我们通过改变水泥矿物组成、养护条件或者利用外加剂使水泥比较缓慢地水化，以使水泥产生较理想的最终强度。航道工程中水泥的选用应根据工程所在地区及工程部位选取：有抗冻要求的混凝土，宜采用普通硅酸盐水泥或硅酸盐水泥，不宜采用火山灰质硅酸盐水泥；不受冻地区、海水浪溅区部位混凝土，宜采用矿渣硅酸盐水泥、普通硅酸盐水泥或硅酸盐水泥；高性能混凝土宜采用标准稠度用水量低的中热硅酸盐水泥或普通硅酸盐水泥；航道工程严禁使用烧黏土质的火山灰质硅酸盐水泥。

水泥的选用应注意其特性对混凝土结构强度、耐久性和使用条件是否有不利影响，应以能使所配制的混凝土强度达到要求、收缩小、和易性好和节约水泥为原则。

3 水灰比对航道工程混凝土强度的影响

混凝土是以胶凝材料、集料和其他外加剂经一定的物理化学反应后形成的。拌和混凝土的用水量一部分是水泥水化反应所需，即水泥完全水化所需水量约占水泥总量的20% ~25%；另一部分为改善施工的和易性所需。在水泥用量一定的前提下，水灰比过大过小均不利于混凝土强度的提高。在混凝土的硬化过程中，除水泥水化反应用去一部分水量外，仍有部分呈游离状态的水分存在于混凝土中，这部分水分随着硬化过程逐渐蒸发出来，最后形成孔隙和毛细管通道。如果最初的水灰比较大，用于水化反应后富余的水分就较多，排除后易形成较多的孔隙和毛细管通路，导致混凝土密度减小，混凝土强度降低。一般来讲，混凝土的密度为98%时，混凝土强度最高，孔隙度每增加1%，混凝土强度就会降低2.5%。如果水灰比较大，多余的呈游离状态的水分会附着在集料的表面，占据了部分胶体与集料的接触面，导致胶体与集料的接触面减小，黏结力随之减小，会降低混凝土的强度。如果水灰比较大，水分含量大，水泥浆浓度降低，胶体与集料的黏结力降低，混凝土硬化时易产生细小裂纹，导致混凝土强度降低。如果水灰比较小，混凝土的和易性差，施工时混凝土振捣密实困难，势必会影响混凝土的强度。一般来讲，水灰比≥0.5。

4 矿物掺和料和外加剂对航道工程混凝土强度的影响

常用的矿物掺和料主要有粉煤灰、矿渣等。粉煤灰作为活性材料，主要含有大量的三氧化铝和二氧化硅，与水拌和后，本身不硬化。与气相拌和，不仅在空气中硬化，而且在水中继续硬化，由于矿物颗粒比较细，具有填充效果和流化效果。其细度、需水比、烧失量指标对混凝土强度影响较大。粉煤灰的细度越细，活性越高，混凝土和易性好，不易离析。需水量比在一定程度上反映粉煤灰物理性质的优劣。粉煤灰烧失量越大，含碳量就越多，活性就越差。烧失量的大小不仅影响混凝土的需水性，而且还会降低外加剂的减水效应和引气效应，从而影响混凝土的强度。但粉煤灰混凝土比基准混凝土早期强度低，而后期强度高于基准混凝土。对有早强要求的混凝土应采用相应的措施。而且在使用的过程中，粉煤灰的掺加比例要掌握准确，不能盲目掺加，否则影响混凝土的强度。

外加剂由于具有减水、流变、调凝、改善混凝土的和易性和耐久性及其他功能，正被越来越广泛的使用。使用时应选用减水效果好、品质均匀的外加剂，以降低水灰比，达到增强混凝土强度的目的。但外加剂使用时只能通过试配来确定一个最佳掺量，才能达到最佳效果。否则，当超量使用时，反而会造成不良后果，如混凝土离析板结、凝结时间超长、强度严重降低等。

以上各控制因素中，砂、石、粉煤灰等材料控制指标检测周期很短，可实现实时控制，混凝土中含气、和易性等指标亦可实现实时检测和控制。而水泥强度常规检验所需龄期较长，其检验结果一般较晚才能出来。而水泥强度又是影响混凝土强度和确定、调整现场配合比的最重要因素，因此必须采用水泥快速检验方法预测水泥28d强度，作为混凝土生产控制的依据；另外对混凝土配比的准确性控制应通过成品混凝土的强度检验来实现，同时可以此评价混凝土生产质量的稳定性。而常规28d强度检验不能实现实时控制的目的，必须研发新的快速检验法用于混凝土的强度检验。

5 结束语

综上所述，影响航道工程混凝土强度的因素很多，在施工过程中控制好每个环节，严格按照施工规范的要求，通过科学的管理，达到控制混凝土强度的目的。航道工程混凝土的质量控制是施工过程中的重中之重，而混凝土结构直接影响到航道的安全运行，决定着航道的实际运输能力。百年大计，质量为主，狠抓质量，把本工程打造成中国一流的工程。

参考文献

[1] 中华人民共和国行业标准.JTS 202—2011　水运工程混凝土施工规范[S].北京:人民交通出版社,2011.
[2] 中华人民共和国行业标准.JTJ 270—1998　水运工程混凝土试验规程[S].北京:人民交通出版社,1998.

简易井点降水新技术在丹金溧漕河航道工程施工中的应用

杨　明

（常州市交通建设监理咨询有限公司）

摘　要　丹金溧漕河航道工程 HD5 标段在基坑降、排水时采用简易井点降水新技术，降水效果明显，并且成本较低，取得了良好的效果。

关键词　简易　井点降水　新技术　应用

1　工程概况

1.1　建设标准

丹金溧漕河航道整治工程是全省重点水运基础设施建设项目，北起京杭运河丹阳七里桥口，经金坛市至溧阳芜申线交汇口。全线按三级航道标准进行整治，设计水深 3.2m，最大船舶等级为 1000 吨，航道底宽 45m，口宽 70m，最小弯曲半径 480m。丹金溧漕河（金坛段）HD5 标段由南通市航道工程有限公司承建，起、终点桩号为 K44 +000 ~ K50 +324，全长 6.324km（左右岸）。工程主要内容为：土方工程、疏浚工程、护岸工程、地基处理、附属工程等。

1.2　气象降水

丹金溧漕河流经地区属湿润的亚热带季风气候区，春夏秋冬四季分明，气候温和，一般从 6 月中旬进入梅雨季节，持续 25 天左右；雨水充沛，年降水量在 1050mm 左右，集中于夏秋两季。

1.3　自然地质

丹金溧漕河（金坛段）原航道大多属于自然岸坡状态，受雨水和船行波影响易发生坍塌；两岸土质大多为粉土、夹粉土、粉质黏土；常水位在黄海高程 1.8m 左右。

1.4　重点难点

航道整治工程重点在护岸，难点在基坑排水。由于本工程原航道常水位在黄海高程 +1.8m 左右，新建护岸基础底高程在 -1.9m 左右，相对水位高差在 3.7m 左右，故基坑排水必须认真解决。

HD5 标项目部根据井点降水的方法原理，结合施工现场的地质、水位和作业条件等实际情况，通过认真摸索、试验，总结出一套投入较少、取材方便、制作简单、费用节省的简易井点降水新技术、新方法，在本工程建设中取得了较好的效果和效益。

2　改进型井点降水技术所用材料

（1）功率 0.125kW 自动吸水泵；

（2）网眼 100 目的滤网；

（3）内径 3cm 的 UPVC 管；

（4）相配套的三通接头；

（5）两寸水泵配消防冲水枪头一套；

（6）黄砂若干。

3 施工工艺流程

试验段→材料准备→放线定位→冲孔→安装井点管→灌黄砂→水泵与井点管连接密封→接总管开机排水。

3.1 试验段

井点降水在现场应用的初期进行了试验段施工，主要目的：

(1)确定达到施工要求的天数。井点降水达到土壤干燥状态，在现场以10m为一自然段，经过试验需要3~5d。不同的土质降水时间会有所差异。

(2)井点间距的确定。自吸泵的功率较小，间距大排水效果不明显，间距小会使自吸泵不能满负荷工作。

(3)排水管插入深度的确定。现场开挖后实测透水层上高程在+1.5m，基础底设计高程在-1.5m，降水高度大约3m。为保证充分降水，深度适当增加，现场确定为4m，深入基底80cm，预留20cm接泵。

(4)满足施工进度的要求。井点降水段落的长度要满足基础施工的需要，同时也不能过长，过长会增加施工成本。

试验段总结：每次降水长度40m，井点间距2m，双侧交叉布置，井点深度大约4m(黄海高程-2.3m左右，具体长度根据现场实际情况确定)。

3.2 材料准备

根据试验段成果，准备以下材料；

(1)40台0.125kW的自吸泵，施工时要考虑备用部分。

(2)井点管长为4m，在井点管下端80cm范围内交错打孔后包100目的滤网一层。孔的大小、间距及滤网的选择可以根据实际情况确定。砂土且粒径较大时可以适当调整孔径及滤网的目数，只要能保证没有泥砂带出，防止堵管。

(3)砂，要选择透水性好的中、粗砂。

(4)连接用的三通及排水用UPVC管若干。

3.3 放线定位

井点平面位置距离基础边1~2m范围内为宜，在开始降水前确定基础边缘位置，然后在其外侧1~2m交叉布置井点(基础两边)，单侧间距2m左右。井点的布置不能太远，太远效果不明显，太近会影响基础的开挖及没有基础施工作业面。

3.4 冲孔

采用高压水泵冲孔，孔深要达到基底以下80cm左右，太深不经济，太浅效果不明显，并且孔径不宜太大，大则容易塌孔。

3.5 安装井点管(灌砂)

冲孔完成后立即下管(包滤网端向下)，井点管到位后稳住，立即灌砂、井点管回水，说明灌砂到位(大约1m高)。

3.6 井点管连接密封

井点管安装完毕后，以每两根连接一三通并密封，然后通过外接管与自吸泵连接。在这个过程中密封比较关键，密封不好吸水困难。

3.7 接总管开机抽水

水泵与三通连接密封后接总管抽水。

4 降水效果

降水效果直观照片见图1~图4。

图1 未进行降水处理的段落

图2 降水1~2d后的照片

图3 降水3~5d后的照片

图4 底板施工后的照片

5 成本对比

以40延米试验段计算传统的轻型井点降水技术与改进后的降水技术成本对比。

5.1 传统轻型井点降水成本

40m试验段前期投入成本：

(1)4台套7.5kW真空泵,费用=4台套×6000元/台套=24000元;

(2)上水钢管及过水钢管560m,费用=560m×17元/m=9520元;

(3)100 目过滤网 $120m^2$,费用 = $120m^2$ ×5.6 元/m^2 = 672 元;

(4)波纹管接头、扎丝若干,费用 = 1000 元;

(5)$70m^2$ 铝芯电缆线 300m,费用 = 300m ×20 元/m = 6000 元;

(6)45kW 临时用电申请,费用 = 7500 元;

费用合计 = 24000 + 9520 + 672 + 1000 + 6000 + 7500 = 48692 元

40m 试验段流水作业成本(折算为每延米成本):

(1)电费 = 4 台套 ×7.5kW ×24h ×8d ×0.843 元/度/40 延米 = 121.4 元/延米;

(2)人工费 = 90 元/延米;

(3)真空泵维修保养、折旧费用 = 5 元/延米;

(4)100 目过滤网损耗 = 80 根(上水管) ×1.5m^2/根 ×5.6 元/m^2 ×30%(损耗率)/40 延米 = 5.04 元/延米;

(5)波纹管接头、扎丝 = 5 元/延米;

(6)钢管损耗 = 10 元/延米;

(7)灌井黄砂费用 = 1.5 元/延米;

单位单价 = 121.4 + 90 + 5 + 5.04 + 5 + 10 + 1.5 = 237.94 元/延米

5.2 改进后简易井点降水的成本

前期投入成本:

(1)80 台 0.125kW 自吸泵,费用 = 80 台 ×155 元/台 = 12400 元;

(2)1360m UPVC 管,费用 = 1360m ×0.25kg/m ×11 元/kg = 3740 元;

(3)100 目过滤网 $100m^2$,费用 = $100m^2$ ×5.6 元/m^2 = 560 元;

(4)胶带、软管接头、三通接头扎丝若干,费用 = 1000 元;

(5)两相电线 300m,费用 = 1000 元;

费用合计 = 12400 + 3740 + 560 + 1000 + 1000 = 18700 元

40m 试验段流水作业成本(折算为每延米成本):

(1)电费 = 80 台 ×0125kW ×24h ×7d ×0.843 元/度/40 延米 = 35.4 元/延米;

(2)人工费 = 80 元/延米;

(3)自吸泵报废成本 = 80 台 ×155 元/台 ×15%(损耗率)/40 延米 = 46.5 元/延米;

(4)UPVC 管损耗费用 = 80 台 ×6m/根 ×2 根/台/延米 ×0.25kg/m ×11 元/kg ×10%(损耗率)/40 延米 = 6.6 元/延米;

(5)100 目过滤网损耗费用 = 80 台 ×6m/根 ×2 根/台/延米 ×1m^2/根 ×5.6 元/m^2 ×10%(损耗率)/40 延米 = 13.44 元/延米;

(6)胶带、软管接头、三通接头、扎丝等费用 = 4 元/延米;

(7)灌井黄砂费用 = 2 元/延米;

单位单价 = 35.4 + 80 + 46.5 + 6.6 + 13.44 + 4 = 185.94 元/延米

因此:前期费用节约:48692 元 - 18700 元 = 29992 元;单位单价节约:237.94 元/延米 - 185.94 元/延米 = 52.00 元/延米。

6 改进型井点降水施工技术的优缺点

6.1 优点

(1)节约用电,提高经济效益。航道五标无软基处理施工段落的土质主要是粉砂土,含黏土较少,新建护岸离内河较近,含水率较高,渗透系数较大。河水会一直渗透到土层中,采用大功率的吸水泵,水虽然能很快抽干,但是水泵一停,河水会从周围渗透过来,粉砂土又会变湿,影响基坑开挖。采用多台小功率的自吸泵后能够连续吸水,使基坑一直处于干燥状态,又可以节约用电,用多台电动机功率为

0.125kW的自吸泵代替功率为7.5kW的电动机，大大降低了施工成本；降水后期，还可以根据现场的实际情况，间隔停用部分自吸泵。

（2）稳定性好。每个自吸泵都独立工作，任何一台泵出现故障并不会影响其他泵的正常工作，从而不影响整个降水效果。而传统型井点降水依靠几台7.5kW电动机的真空泵吸水，每台真空泵的有效工作长度较长，任何一台电动机出现故障则会影响该工作长度内的降水效果，从而影响整个降水效果。相比之下，改进后的小功率多台套的自吸泵降水工作性能更加稳定，效果更佳，有效降低成本。

（3）材料设备使用周期长，周转次数多。仅从开挖基坑的角度来看，挖掘机向基坑外翻土过程经常性有碎土或泥土块掉落而砸到上水管，UPVC管质地较软，土压上去发生的是弹性变形，泥土清除后立即恢复原状可以继续使用；如果是钢管作为上水管，在基坑开挖过程中钢管被掉落的泥土挤压或泥土块撞击或挖掘机触碰很容易发生弯曲等塑性变形，必须立即更换才能保证降水的连续性。两者相比较而言，首先钢管价格比UPVC管高得多，其次钢管的损耗远比UPVC管大，显而易见改进后的方案用UPVC管代替传统型井点降水钢管作为上水管更加方便，成本更低。

6.2 缺点

（1）现场自吸泵数量较多，临时用电线路较多，需要加强临时用电安全检查。

（2）有一定局限性，项目部技术人员在施工现场已做过对比试验，对砂土及含黏土较少的土效果比较明显，对于黏土及重黏土不适合。

7 在丹金溧漕河航道工程的应用

丹金溧漕河航道总监办在总结了这种降水技术的施工经验后，及时在全线航道工程中进行推广，组织其他施工单位相关人员到航道五标施工现场参观学习改进型井点降水技术，让该技术在丹金溧漕河航道工程大面积应用，有效地保证了施工质量，为丹金溧漕河工程建设做出应尽的贡献（图5、图6）。

图5 施工队技术人员在介绍简易井点降水制作方法

图6 总监在介绍简易井点降水工艺要点及注意事项

内河航道整治工程水上混凝土运泵一体化技术之初探

朱红亮[1]　蒋　礼[2]　黄良斌[2]　张　明[1]

(1. 江苏省常州市航道管理处;2. 大连理工大学常州工程机械研究院)

摘　要　内河航道整治工程一般采用混凝土沿岸浇筑方法进行施工,但内河航道由于大部分航道宽度较小,沿岸路况较差,周围环境复杂。在混凝土施工中,陆用的混凝土罐车及泵车受限制较多,不能通及航道沿岸,由此带来传统施工方法耗时长、施工难度大、安全隐患多等等问题;同时施工质量难以控制,一些大型施工设备也无法进场开展作业。

本文依据内河高等级航道工程建设标准化施工"混凝土运泵一体(船)化"项目的开展,参照相关内河航道标准法规,结合国内外内河航道护岸较为常见的施工形式,对内河航道整治工程－混凝土施工运泵一体船相关技术进行分析探讨,阐述运泵一体船在内河航道整治工程施工中对比于传统施工方法所不具备的优点。

关键词　内河航道施工　运泵一体船　结构设计　船舶稳定性　布料杆

1　项目背景

2010 年 8 月 25 日,国务院常务会议已将加快发展内河水运上升为国家战略,要求"力争用 10 年左右时间,建成畅通、高效、平安、绿色的现代化内河水运体系"。

江苏省委、省政府明确要求优先发展最具有土地资源节约型、能源资源节约型、环境资源友好型特点和生态文明特征的绿色运输方式,加快打造以"两纵四横"为主骨架,以三级以上航道为主体的高等级干线航道网,加速推进江苏由水运大省向水运强省的跨越。

总长 26km 的京杭运河常州市区段改线项目,作为江苏省高等级航道建设的先导,已于 2008 年初建成通航,标志着常州高等级航道建设进入了重要的发展时期。目前,常州四大航道整治项目苏南运河、锡溧漕河、芜申运河、丹金溧漕河共 127km 三级航道全部开工。特别是全面开工的丹金溧漕河金坛段,项目概算总投资 16 亿元,整治航道 31.884km。

1.1　项目来源

本项目来源于丹金溧漕河航道整治工程,见图 1。工程主要内容为:水上及水下土方开挖、土方回填、大堤填筑、新建护岸、护坡、软基处理、老护岸等结构物拆除及相关临时工程的施工和工程保修。

1.2　施工调研

在丹金溧漕河航道整治工程施工中,运河沿岸需要浇筑混凝土,由于运河沿岸路况差,现场采用船舶作为载体,安装混凝土搅拌罐,混凝土搅拌完毕后,使用岸边一台大吨位挖掘机的挖斗将混凝土运送至运河岸边进行浇筑,见图 2。

图 1　丹金溧漕河航道整治工程施工现场

此种施工方式效率比较低下,不仅延误工期而且耗费财力(租船费用,工期长、人员工资增加等等),而且工程施工现场安全隐患较大。本项目鉴于此,提出一种高效、安全的混凝土运输与泵送工具—混凝土运泵一体船。

图2 “土法”护岸混凝土浇筑方法

2 方案设计

本混凝土运泵一体船采用较为现代化的船舶配置,创新运用工程机械行业先进技术进行集成,分为混凝土运输及混凝土泵送2种专用船舶,实现混凝土储存和运输、混凝土泵送布料及辅助护岸模板吊装。船舶作为水上的交通工具,实现混凝土的水上运输及泵送系统的动力载体;混凝土储存系统,实现混凝土按国家标准进行运输储存;泵送布料混凝土系统,实现混凝土安全快速布料;泵送船上的起重机,实现护岸标准化的模板、模架吊装。从而实现了混凝土岸边标准化拌和后,进入水上标准化的混凝土储料罐,并通过水上运输,利用船舶上混凝土布料系统,安全、快速布料至护岸,使护岸施工作业效率、安全性、标准化、机械化程度大大提高,克服内河航道工程混凝土施工效率低、水上作业机械化水平低、标准化施工难等一系列不足。

2.1 方案简述

混凝土泵送船为航行作业于内河B级航区的混凝土泵Ⅲ类工程船,船上设置混凝土布料杆及混凝土泵各1台,定位桩两个,服务于定位桩起落的3t全回转起重机和卷扬机各1台。混凝土运输船为航行于内河B级水域的运输船,主甲板上安装2个混凝土搅拌罐。按照现行规则和规范进行设计和建造:MSA内河小型船舶法定检验技术规则(2007年);CCS内河小型船舶建造规范(2006年);CCS钢质内河船舶建造(2009年纪2012年修改通报);CCS材料与焊接规范(2012年)。船舶及作业性能参数见表1。

船舶主要参数表 表1

项目		参数	项目		参数
混凝土泵送船基本参数	船长(m)	26.00	混凝土运输船基本参数	总长(m)	20.20
	船宽(m)	8.00		船长(m)	19.00
	型深(m)	1.50		船宽(m)	7.00
	设计吃水(m)	0.90		型深(m)	1.50
	设计航速(km/h)	12		设计吃水(m)	0.90
	航区	内河B级		设计航速(km/h)	10
	布料高度(m)	24		航区	内河B级
	布料半径(m)	33		搅动容积(m^3)	2×12
	布料流量(m^3/h)	80			

2.1.1　结构布置

为提高行船操作安全性,不至于被设备挡住视线,将驾驶台前置至船艏。船中两侧设置压载舱,船中处设置2个定位桩,增加侧向稳定性,防止布料杆工作时,船体因侧倾造成倾覆。为提供给搅拌罐、混凝土泵及布料杆的动力,设计专门的液压动力舱,方便检修和安装。布料杆收起时,斜放置于驾驶台后方,不遮挡视线又节省空间。为适应船舶作业动载荷,进行布料杆局部加强。考虑混凝土运输船不同工况的重心转移,实现安全配载。为满足工地施工的人性化需求,特设置了专门会议室,供现场会议/休息使用。

2.1.2　动力及执行机构

为提高安全性,船舶航行及锚泊所需的动力和电力系统设计成独立的。工程作业装置搅拌罐、混凝土泵及布料杆均采用动力系统→液压系统→执行机构的传动方式。混凝土泵、布料杆及搅拌罐采用分布式动力,确保独立运行,便于切换。为使配载平衡,混凝土搅拌罐出料顺序互锁。船舶负责混凝土的运输及混凝土泵送布料的工作平台。搅拌罐负责混凝土储存,混凝土泵负责混凝土的加压泵送,布料杆负责混凝土的输送通道及准确布料。为保证混凝土运输船及泵送船之间稳定的相对位置,采用左右船舷系缆张紧固定。混凝土运输船及泵送船之间混凝土采用高地位滑槽进行过驳。混凝土卸出、过驳及混凝土泵送1人操作,布料杆控制1人操作。

2.1.3　控制系统

控制系统采用独立多点控制。控制单元包括:船舶航行及锚泊、定位桩的定位及收起、搅拌罐装料及卸出、混凝土泵送及清洗、布料杆折叠及展开。布料杆具有机旁操作及无线遥控2种控制形式,利于现场操作人员精确控制浇筑点。混凝土泵具有机旁操作及无线遥控2种控制形式,利于远程控制启停及流量调节。搅拌罐采用机旁手动控制,控制地点靠近过驳滑槽处。

2.2　相关技术

2.2.1　混凝土泵送对船体结构的影响

船体钢结构的设计,需考虑混凝土搅拌罐的安装方式与泵送布料杆的使用工况。根据确定的泵送布料杆安装方式,分析泵送布料杆安装架的最大受力工况,计算校核此部分的强度、刚度与稳定性。因船体不可避免地受波浪冲击,在计算校核此部分钢结构件时,需结合相关设计规范,同时考虑在内河航道使用时实际情况,选取合适的安全系数,在船体关键受力部位做结构加强。

2.2.2　船体减振技术

项目方案设计前,需深入研究运泵一体船船体主动或被动振动、内河波浪冲击等外力对工作船混凝土泵送工作状态的影响;同时优化控制泵送布料杆的使用工况,通过理论计算分析,结合有限元仿真模拟实际受力情况,对陆用泵车布料杆进行结构优化,使之更适合船用。考虑大力矩引起的船体横倾问题,考虑增加定位桩以抵抗内河波浪冲击等外力作用。

2.2.3　布料杆动力学结构响应分析(布料杆动态刚性)

混凝土泵送时,布料杆空间位置不断变化,工作过程处于动态载荷冲击中,此时布料杆晃动会对正常工作平稳性产生很大影响,需要结合实际使用工况,对施工过程中的较危险工况进行正确分析,对泵送布料杆控制系统可靠性进行研究,在满足船舶载荷要求的前提下,适当增加布料杆刚度,减小布料杆挠度,控制发动机与泵送船的振动频率。

2.2.4　内河护岸混凝土施工方法

因水上混凝土运泵一体船的成功研发与使用,配套的内河护岸混凝土施工方法即应运而生。该工法涵盖混凝土拌和、运输、泵送、检测等一系列相关环节。

2.3　工况说明

船舶从沿岸混凝土拌和站接料,并到达浇筑点,时间控制在30min以内。到达浇筑点后,运输船与泵送船绑定。遵照先接料,先卸料的原则,采用重力滑槽的形式进行混凝土过驳。混凝土到达泵仓后,通过混凝土泵及布料杆进行输送作业,使混凝土达到浇筑点。混凝土卸料口,安排有工程质量人员进行混凝土检测，以保证工程质量。

3　社会经济指标

以陆地混凝土搅拌站距离浇筑点 10km 计算施工成本，单趟运输燃油费：(运输耗时 2 ×0.58h ×36.75L/h + 搅拌罐耗时 1.25h ×44L/h) ×7.5 元/L = 735 元；泵送燃油费：(泵送耗时 0.67h ×28.9L/h + 搅拌罐耗时 0.67h ×75.1L/h) ×7.5 元/L = 523 元。对比于调研所用施工方式，成本优势明显。

以初期调研项目为例，按 1 亿元的项目建设费用计算，至少需要 2 条混凝土运泵一体船，这样才能满足 600 ~ 800m^3/d 的混凝土泵送量。与“土法”施工方式相比，作业人员减少 3 人，天气因素影响较小，工程周期缩短 1/3，由此产生可观的社会和经济效益。

4　结语

本项目依托丹金溧漕河航道整治工程，为解决传统的机械化施工耗时长、施工难度大、安全隐患多等问题，开展内河高等级航道工程建设标准化施工“混凝土运泵一体(船)化”项目前期研究工作，结合国内外内河航道护岸施工形式，提出设计制造混凝土运泵一体船方案，经过前期大量基础工作的开展，并对内河航道整治工程水上混凝土运泵一体化相关技术进行分析探讨，为本项目走向实际工程应用奠定基础。

参 考 文 献

[1] 中国船级社. 内河小型船舶建造规范[M]. 北京：人民交通出版社，2006.

[2] 邓进. 某内河航道整治工程施工总结[J]. 科技资讯(工程技术)，2010(05)：44.

[3] 中华人民共和国国家标准. GB 50139—2004　中华人民共和国内河通航标准[S]. 北京：中国标准出版社，2004.

[4] 中华人民共和国国家标准. GB/T 3941—2011　船用臂架起重机金属结构制造技术要求[S]. 北京：中国船舶工业综合技术经济研究院，2011.

[5] 戴丽，刘杰，刘宇，等. 基于多体动力学的混凝土泵车臂架的运动分析，东北大学学报(自然科学版)，2007，28(10)：1469-1472.

[6] 中华人民共和国国家标准. GB/T 3811—2008　起重机设计规范[S]. 北京：中国标准出版社，2008.

[7] 长江中下游护岸工程回顾与展望[N]. 中国审计报，2008-06-13(004).

[8] 孟宪刚. 内河航道近岸水下混凝土施工分析[J]. 东北水利水电(工程施工)，2011，11：19-21.

[9] 雷海. 世界内河航运现状及中国发展力度[C]. 2011 年苏浙闽沪航海学会学术研讨会论文集. 2011：135-147.

复合材料板桩在航道工程中的应用与创新设计

王　俊　刘伟庆　张界杰　方　海

(南京工业大学土木工程学院)

摘　要　为了充分发挥复合材料的轻质高强、耐腐蚀、维修费用低和环境友好等特点,提出了框架式复合材料组合护岸结构体系。该结构体系由临水面的立柱、板桩和将两者连接为一个整体的圈梁组成,板桩直接承担土压力并起止水作用,板桩所受弯矩和剪力通过圈梁传给临水面的立柱。由于板桩受到圈梁和立柱的支撑,因此其整体性和稳定性大大增强,板桩的入土深度和所受弯矩均比常规悬臂板桩小。由于弯矩的减小,板桩截面尺寸和板桩的厚度在满足受力性能的情况下,也会减小。基于这些特点,该体系护岸比常规板桩护岸具有更好的经济效益。

关键词　复合材料　组合护岸　新型结构体系　经济效益

1　引言

在陆地资源日益紧缺和经济飞速发展的今天,加强沿江、海域的开发与利用是实现我国经济和谐发展的战略选择。经济的繁荣带来了交通运输业发展,不少内河航道已不能满足通航要求而需要改造与提升。由于我国的土地资源极为珍贵,与斜坡护岸相比,航道护岸建设中选择直立型护岸结构形式可减少土地征用。目前常用的直立护岸结构从材料来分主要有:重力式浆砌块石圬工结构、钢筋混凝土板桩结构以及钢板桩结构等[1]。然而这些结构存在各自的不足,圬工结构抗压强度高但抗拉和抗剪强度较低,应用范围有限制;钢筋混凝土板桩护岸容易开裂继而钢筋锈蚀,导致土木工程基础设施中这类构件的耐久性出现问题;钢质护岸则容易受海洋环境中氯离子的侵蚀,从而加速钢板的锈蚀。尽管可以在材料表面涂敷防护材料来防止和克服这些材料在海洋工程中易腐蚀的问题,但仅在一定程度上延缓腐蚀,而且这些处理措施会对环境造成污染。面对航道建设的迫切需求和存在的问题,《新理念——内河航道建设指南(2011 版)》(交通运输部编辑出版)提出重视全寿命周期成本、节约资源、综合利用、与自然和谐相处的理念。

纤维聚合物复合材料(FRP)能克服传统材料的诸多缺点,具有耐腐蚀、轻质高强、维护费用低及全寿命费用低等优点,在过去的 30 年中已成功应用在新建和改建的结构中。玻璃纤维增强复合材料(GFRP)板桩在国外已成功应用于钢板桩护岸加固、小型码头、防波堤、海洋平台的建设。由于 GFRP 的弹性模量较低,如果设计成同样的截面,GFRP 板桩护岸的抗弯刚度和所能承担的弯矩远小于钢质护岸,这在一定程度上限制了复合材料在荷载水平较高的深水港口、航道上的应用。本课题组提出了框架式复合材料组合板桩护岸结构体系,通过立柱、板桩和圈梁三者相互作用很好地克服 GFRP 弹性模量较低的缺点,为 GFRP 在护岸工程中的应用提供的可能。

2　国内外研究现状及发展动态分析

2.1　复合材料板桩构件

在复合材料护岸的理论与试验科学研究方面,国外发达国家针对纤维复合材料层合板桩护岸的弯曲性能、变形性能、长期工作性能以及与土层接触作用等开展了相关研究工作。

Giroux 等[2]进行了 U 形 GFRP 板桩的三点弯曲试验和四点弯曲试验，并基于 Timoshenko 梁方程及层合板理论建立了抗弯刚度 *EI* 和抗剪刚度 *kAG* 的数值分析模型。Shao 等[3]研究了单块拉挤型复合材料(PFRP)板桩、三块拼在一起 PFRP 板桩以及填充混凝土的 PFRP 板桩受弯全过程特性。研究结果表明，板桩破坏主要是由于翼缘、腹板的屈曲或者连接处的撕裂破坏。由于受荷变形中的压应变出现了非线性，板桩的抗弯刚度随着外荷载的增加而降低，因此采用经典的 Timoshenko 梁理论低估了均布荷载作用下复合材料板桩的变形。此外，在 U 形复合材料板桩墙中填充混凝土可有效提高板桩极限抗弯承载力。Shao 还发现拼接在一起的复合材料板桩与单块板桩相比，抗弯刚度几乎没有变化而抗剪刚度减小了，这说明复合材料板桩的周边约束会影响其荷载效应[4]。Daniel 等对比了中空木塑复合材料(WPC)Z 型板桩和实心乙烯基 Z 型板桩抗弯性能，在受荷初期的线性阶段，WPC 板桩弹性模量比乙烯基板桩高出 14%，然而随着应力水平的提高，两种不同材料的板桩弹性模量基本接近。中空的 WPC 板桩破坏首先发生在受弯拉应力区，而实心乙烯基板桩则因受压翼缘屈曲而破坏[5]。此外还可利用预制复合材料 U 形板作为浇筑混凝土的模板，形成复合材料组合梁结构，如 Hart 等[6]研究了 U 形 GFRP 板桩与混凝土所组成的组合梁的抗弯性能。对比 GFRP 与混凝土之间黏结、GFRP 内壁铺粗集料和剪力钉三种界面连接破坏模式，研究表明混凝土抗压强度和 GFRP 壁厚对界面破坏荷载影响不大，而组合梁剪切段跨高比、水泥砂浆的抗剪强度、混凝土强度等级及 GFRP 上翼缘的宽度等参数存在临界值，通过合理选择变量取值，可使弯曲破坏先于黏结破坏。

Shao 等[7]对拉挤成型复合材料板桩进行了 4 点弯曲荷载作用下的蠕变试验，通过简化 Findley 模型获得拉伸和剪切模量随时间的变化规律，并结合 Findley 模型和 Timoshenko 梁方程预测了挠度蠕变。对于复合材料板桩的吸水性及饱和水状态下的抗冻融循环性能，Shao 等[8]的研究表明复合材料板桩吸水饱和时其翼缘和腹板的最大吸水率分别为 1.72% 和 3.11%，满足海洋环境的使用要求。复合材料板桩水中抗拉强度随着板桩吸水量的增加而降低，并在吸水饱和时达到稳定，其强度约降低 60%，但弹性阶段的拉伸模量并无明显变化。自然条件下，20～30 年内吸水饱和后的复合材料板桩具备较好的抗冻融循环能力，冻融循环对复合材料板桩的抗拉强度和拉伸模量基本无影响。

对于复合材料与土体之间的接触作用，1999 年，Frost 和 Han[9]通过直接剪切试验研究复合材料和砂、钢和砂之间的摩擦特性，发现复合材料和钢这两种材料峰值摩擦系数与粒状土的相对粗糙度之间具有相似的关系。2002 年 Pando 等[10]通过直接剪切试验研究复合材料桩—土界面摩擦特性，研究结果表明，相对粗糙度、表面硬度和土颗粒棱角是影响复合材料和粒状土界面摩擦特性的主要因素。2005 年 Sakr 等[11]分别通过直接剪切试验和拔出试验测量复合材料桩和钢桩在砂土中的摩擦特性，拔出试验结果与直接剪切试验很接近，说明直接剪切试验可以较好地获得复合材料桩在粒状土中的表面摩擦特性。除了室内试验，国外研究者还通过现场荷载试验研究复合材料桩在实际地质条件中的受力。如美国 351 号线汉普顿河上一座建成有 60 年的桥因为损坏严重需要重建，新桥的桥梁试验比较了三种长度均为 18m 的桩型：预应力混凝土桩、复合材料约束混凝土桩和回收塑料桩。根据 2006 年美国联邦公路局的研究报告[12]，预应力混凝土桩侧摩阻力最大，复合材料桩与塑料桩接近，而复合材料桩的桩底土阻抗最大，其次为塑料桩。

上述研究成果充分展示了复合材料结构体系的创新设计和良好的应用前景。当复合材料护岸作为码头、航道、挡水等永久性结构物应用于临江、近海水域时，还需要根据不同的受力要求对复合材料护岸的结构形式进行创新和优化，以实现各种材料的高效组合，揭示结构在实际工作环境的力学特性，建立材料—结构一体化设计方法，这将是新型复合材料护岸结构实现广泛应用的理论基础。

2.2 复合材料板桩结构体系

护岸结构体系主要分为有锚和无锚两种。

2.2.1 有锚体系

有锚体系分为锚碇结构体系[13]、锚索结构体系[14]和互锚结构体系[15]。锚碇体系和锚索体系其受力方式为：板桩上的横梁将板桩连接为整体，并提供一定的抗弯刚度，当堤岸上的土压力传递给板桩后，

该结构形式将板桩墙后的土压力直接通过钢拉杆传至其后的锚碇结构或土体。当堤岸高度较高(即堤岸前河床面与堤岸后地面高差较大)且堤岸后有足够的空间时,锚碇板桩结构是比较好的结构形式,如图1所示。而当板桩后面堤岸空间有限时,可以采用板桩土层锚杆结构,如图2所示。如用锚碇结构体系则需要有足够的场地设置锚桩,这样就会占地面积大,如用土层锚杆则需要土层提供较大的锚固力,适用于深部有较好的土层的地层,不适用于软黏土地层。板桩互锚结构体系:当没有锚碇结构或土层锚杆的实施空间时,可以将两侧的板桩墙作为对方的锚碇结构来考虑,即通过钢拉杆将两侧的板桩联系起来以平衡墙后土压力,如图3所示。该种板桩结构体系解决了没有锚碇的问题,拉杆通过土体对堤岸上土体有较大的损伤,容易降低其受力性能,且由于拉杆的存在需要进行填土,回填土方大,施工复杂。

图1 板桩锚碇结构体系

图2 板桩锚索结构体系

图3 双层海堤复合材料板桩

2.2.2 无锚体系

当堤岸后侧的建筑物基础埋置较深且距离较近或堤岸距后侧下沉路较近时,既没有锚碇结构的实施空间,又不能满足土层锚杆的锚固段长度要求,此时,采用悬臂结构以保证堤岸结构的整体稳定,如图4所示。由于悬臂结构是依靠墙前入土段的被动土压力来平衡墙后的主动土压力,因此与板桩锚碇结构相比,护岸悬臂桩的入土嵌固深度更大,断面也更大。为了克服悬臂板桩的缺点,研究者提出了立柱和横梁加强的结构形式,如图5和图6所示。

图4 悬臂复合材料板桩

图5 立柱横梁复合材料板桩

图6 立柱圈梁复合材料板桩

3 结构体系创新设计

要解决现有复合材料护岸结构存在的问题,可从两个方面加以改进。一是对基本构件的截面构型进行改进和创新。课题组前期采用真空导入工艺制备出绿色环保、高性能复合材料U形夹芯板桩,如图7所示。与钢板桩相比,具有轻质、耐腐蚀、变形可恢复的优势,可用做悬臂或拉锚结构体系的基本构件,以提高现有复合材料护岸结构的整体刚度。通过三点弯曲试验发现,当芯材厚度从20mm提高到25mm和30mm时,板桩的抗弯承载力分别提高35%和61%,复合材料面层从铺设4层1∶1玻璃纤维布,增厚到铺设6层和8层玻璃纤维布时,板桩的抗弯承载力分别提高15%和44%。初步试验结果说明,复合材料夹芯板桩具有很强的可设计性,不同材料的组合是提高截面受力性能的有效途径。二是对现有结构体系进行改进和创新。将混凝土框架结构传力可靠、整体性好、性价比高的优点与复合材料板的轻质、高强、耐腐等特点相结合,形成梁、柱、板等构件均参与受力、施工便捷、安全可靠的框架式组合护岸结构体系。框架式复合材料组合护岸结构体系沿立柱高度设置横梁,形成混凝土框架,复合材料板桩直接承受土压力，并通过横梁将荷载传给立柱，如图8所示。构件仅需工厂预制生产、现场打桩和安装。该结构形式可将复合材料护岸结构的应用领域扩充到承载要求较高的深水航道或港口。对于可挖埋施工的护岸结构，另一种框架式复合材料组合护岸结构体系形式，复合材料平板横插入立柱两侧，可充分发挥复合材料板的抗弯性能。复合材料平板可采用三明治复合材料夹芯板或格构板，如图9所示。以上结构体系仅为概念设计，如何根据受荷条件对构件及其连接方式进行创新组合，并掌握这种框架式组合护岸结构在荷载作用下的受力规律均需进一步深入研究。

图7　U形复合材料夹芯板

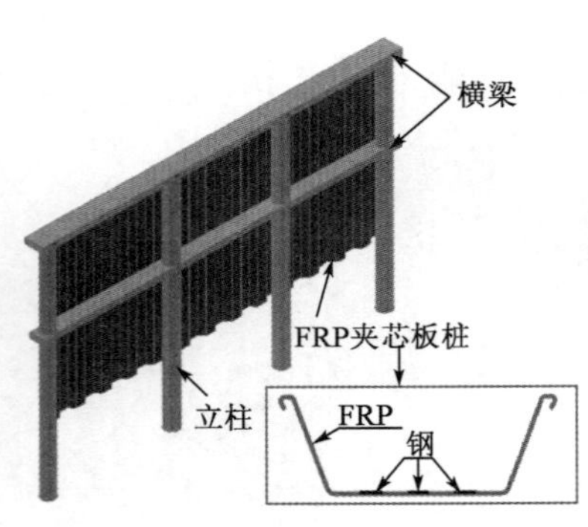

图8　框架式组合护岸形式之一

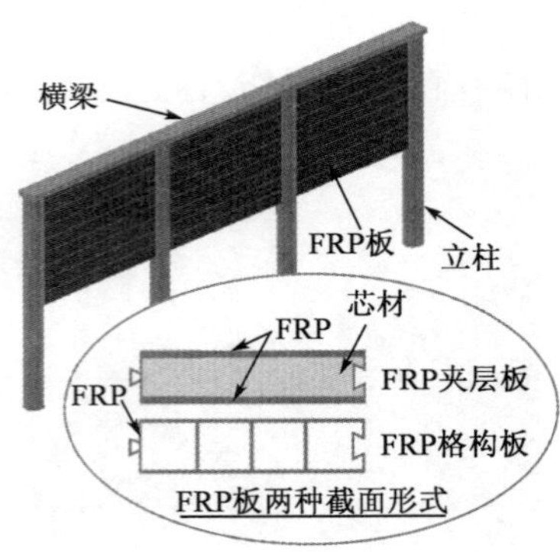

图9　框架式组合护岸形式之二

4　结论

大量的内河改造及通航能力提升工程需要建设，并且已经修建的港口及近海工程每年也有大量的构件需要更换[16-19]，这就要求大量的能用于临水这种恶劣环境的建筑材料。与木材、钢材和混凝土等传统的建筑材料不同，复合材料能抵抗腐朽、虫害和腐蚀这三大困扰传统建筑的难题，在内河护岸、码头、海堤及护坡等工程建设时优于其他材料。

框架式复合材料组合结构体系护岸，疏排桩和顶部的圈梁组成框架式结构，增强了护岸结构的整体受力性能，克服了悬臂式板桩变形大的缺点，减小了板桩所受的弯矩、入土深度和板桩的截面尺寸。该结构体系采用复合材料板桩为止水板桩墙，既克服传统板桩墙材料的不耐腐蚀、高维护费用的缺点，又发挥了复合材料板桩强度高、质量轻、环境友好等优势。基于新式护岸结构系统的这些优点，不仅护岸工程的费用可以下降，还可以使结构体系的整体重量有所下降，减少对堤岸的影响，具有很好的工程应用价值。

参考文献

[1] 徐朝辉，步海滨，程巍华，等．内河航道生态护岸的发展及应用分析[J]．水运工程，2009，9：107-110.

[2] Giroux C，Shao Y. X. Flexural and shear rigidity of composite sheet piles[J]. Journal of Composites for Construction，2003，7(4)：348-355.

[3] Shao Y. X.，Shanmugam J. Moment capacities and deflection limits of PFRP sheet piles [J]. Journal of Composites for Construction，2006，10 (6)：520-528.

[4] Shao Y. X. Characterization of a pultruded FRP sheet pile for waterfront retaining structures [J]. Journal of Materials in Civil Engineering，2006，18 (5)：626-633.

[5] Daniel Alvarez-Valencia A. M，Habib J. Dagher P. E. M，et al. Structural performance of wood plastic composite sheet piling [J]. Journal of Materials in Civil Engineering，2010，22 (12)：1235-1243.

[6] Hart H.，Fam A. Investigating a structural form system for concrete girders using commercially available GFRP sheet-pile sections [J]. Journal of Composites for Construction，2009，13 (5)：455- 465.

[7] Shao Y. X.，Shanmugam J. Deflection creep of pultruded composite sheet piling [J]. Journal of Composites for Construction，2004，8 (5)：471-479.

[8] Shao Y. X.，Kouadio，S. Durability of fiberglass composite sheet piles in water [J]. Journal of Composites for Construc-

tion, 2002, 6 (4): 280-287.

[9] Frost J. D., Han J. Behavior of interfaces between fiber-reinforced polymers and sands [J]. Journal of Geotechnical and Geoenvironmental Engineering, 1999, 125 (8): 633-640.

[10] Pando M. A., Filz G. M., Dove J. E., et al. Interface shear tests on FRP composite piles [C]. Proceedings of the International Deep Foundations Congress, 2002, Reston: 1486-1500.

[11] Sakr M., Naggar M. H. E., Nehdi M. Interface characteristics and laboratory constructability tests of novel fiber-reinforced polymer/concrete piles[J]. Journal of composites for construction, 2005, 9(3): 274-283.

[12] Pando M. A., Ealy C. D., Filz G. M., et al. A Laboratory and Field Study of Composite Piles for Bridge Substructures. FHWA-HRT-04-043, 2006.

[13] 岳建文,池海,冯会芳.预应力混凝土板桩在天津中心渔港的应用[J].中国港湾建设,2012,02: 35-39.

[14] Michael A. GURINSKY. Long-term strength of sheet pile bulkheads with ground anchors [J]. P America's Ports: Gateway to the Global Economy, 2001.

[15] 李厚民,熊健民,余天庆.互锚式薄壁挡土墙影响因素分析[J].岩土力学,2006(S2): 897-901.

[16] 吕正华,潘天阳,杨涛,等.北方城市内河综合改造规划与实践研究——以沈阳市浑河综合提升改造规划为例[J].城市规划,2010(4): 76-79.

[17] Seokkoo Kang, Fotis Sotiropoulos. Numerical modeling of 3D turbulent free surface flow in natural waterways[J]. 2012, 40: 23-26.

[18] 陈春芳,王明志.促进长三角地区内河船舶运力建设[J].水运管理, 2011(01): 11-13.

[19] 刘海青.新建长江三峡通航水梯的设想[J].中国水运,2011,11: 40-41.

基于水上 ETC 普及前的便捷式过闸系统探讨

朱红亮[1]　徐伟平[2]　张　明[1]

（1. 江苏省常州市航道管理处；2. 常州市智泰数码技术有限公司）

摘　要　丹金船闸是常州交通第一闸，地处金坛市金城镇白塔村附近，属于丹金溧漕河航道整治工程的重要组成部分，工程主体建设进展十分顺利，后阶段的重点工作之一是过闸系统建设。内河船舶便捷式过闸系统也称“水上 ETC”，不仅具备传统收费系统的过闸费征收、船舶管理、票据管理等功能，还被赋予了更多的功能，其主要功能特点为不停船过闸。但是目前来看，水上 ETC 的推广普及还有尚需一定的时间。本文将结合丹金船闸建设的具体情况，就水上 ETC 普及前的便捷式过闸系统建设进行探讨。

关键词　水上 ETC　过闸系统　便捷式过闸系统　物联网　RFID

1　丹金船闸工程项目概况及研究目的

从 2010 年底开始新建的丹金船闸是常州交通第一闸，地处金坛市金城镇白塔村附近，属于丹金溧漕河航道整治工程的重要组成部分。船闸建设标准为Ⅲ级，其闸室尺寸为 23m × 180m × 4m（口门宽 × 闸室长 × 槛上水深），另侧设置同规模的通航孔一座，工程总概算为 3.67 亿元。工程同期建设老 S241 省道跨闸桥（长 383.72m，宽 16m）一座以及上下引航段在内 5.089km 航道土石方工程、船闸管理所房建、机电等项目。丹金船闸计划于 2013 年底正式通航。

目前，工程主体建设进展十分顺利，后阶段的重点工作之一是采取一切有效措施确保提高船闸的通闸效率与服务水平。而船舶过闸方式和通闸效率将会直接影响着整个丹金溧漕河整治工程的建设效果。“水上 ETC”是结合现代物联网和信息技术的现代化过闸系统，然而目前“水上 ETC”同时存在与现行的联网收费系统并行数据不能共享、操作相对繁琐、船载 RFID 身份标签推行受到与海事职能问题不能及时安装推广等问题，所以“水上 ETC”推行和普及时间将无法估算。

为了丹金船闸在第一时间就能发挥高效率的服务水平，又能随时准备与全省的水上 ETC 系统统一管理，我处结合水上 ETC 系统自主研发了“水上 ETC”普及前的便捷式过闸系统。本文下面将结合丹金船闸建设的具体情况，就水上 ETC 普及前的便捷式过闸系统建设进行探讨。

2　现有过闸系统介绍

首先我们来认识一下过闸系统。过闸系统也称船闸过闸费计算机收费系统。江苏省内过闸费的征缴经过了传统手工收费、电脑单机收费系统、电脑联网收费（含苏北处船闸“一卡通”）等，主要具有过闸费征收、船舶管理、票据管理等功能；目前正在试点的内河船舶便捷式过闸系统被赋予了更多的功能，其主要功能特点为不停船过闸。因其与高速公路的 ETC 概念非常接近，所以常被人称为“水上 ETC”。但是目前来看，水上 ETC 的实施还有尚待改进的方面。

（1）船载 RFID 卡发放量较少，系统全面推广使用存在困难；另外，有关部门之间缺乏有效的协调；

（2）目前“水上 ETC”与联网收费系统两个系统独立运行，数据没有相对独立，运行管理带来一定的不方便；

（3）船舶身份的识别仅依靠 RFID，手段单一，调度运行仍需人工参与识别；

（4）船民技术培训有待各方面不断努力。

3 丹金船闸便捷式过闸系统的实现

3.1 系统建设的重要意义

(1)为水上ETC的推广使用奠定基础,为水上ETC的推广起到过渡和推动作用。

从长远来看,“水上ETC”在全省乃至全国普及推广将是必然的。但是目前来看,水上ETC的全面实施还存在较多困难,全面推行还需要时间。丹金船闸便捷式过闸系统的探索和研究可为水上ETC推广使用奠定基础,为水上ETC的推广起到过渡和推动作用。

(2)以服务技术创新的手段促进管理方式的转变,提升船闸对外服务水平的同时,增强船闸行业监管能力。

(3)建立为推广与普及水上ETC系统的船舶运行与管理机制,实现水上ETC系统的过渡管理模式。

3.2 系统实现目标

丹金船闸便捷式过闸系统的总体目标是:以丹金船闸建设为契机,以省局联网收费系统为规范,普及水上ETC系统和船联网为最终实现目标,依据“智慧航道”信息化工程理念,同步建设便捷式过闸系统。

(1)实现对船舶的自动识别和状态的判断及信息的远程交互,达到船民登记、缴费、调度过程的少上岸、少停船,甚至不上岸、不停船、快速过闸的目的。

(2)解决未安装全省船舶RFID电子标签的船舶电子验票的问题。

(3)统一建设收费平台,解决多系统运行的不利因素。

(4)利用视频识别技术和RFID电子标签相结合的方法,提升调度管理技术手段,减轻人员管理成本,提高管理的准确性。

3.3 总体思路

3.3.1 业务流程

便捷式过闸系统业务流程如图1所示。

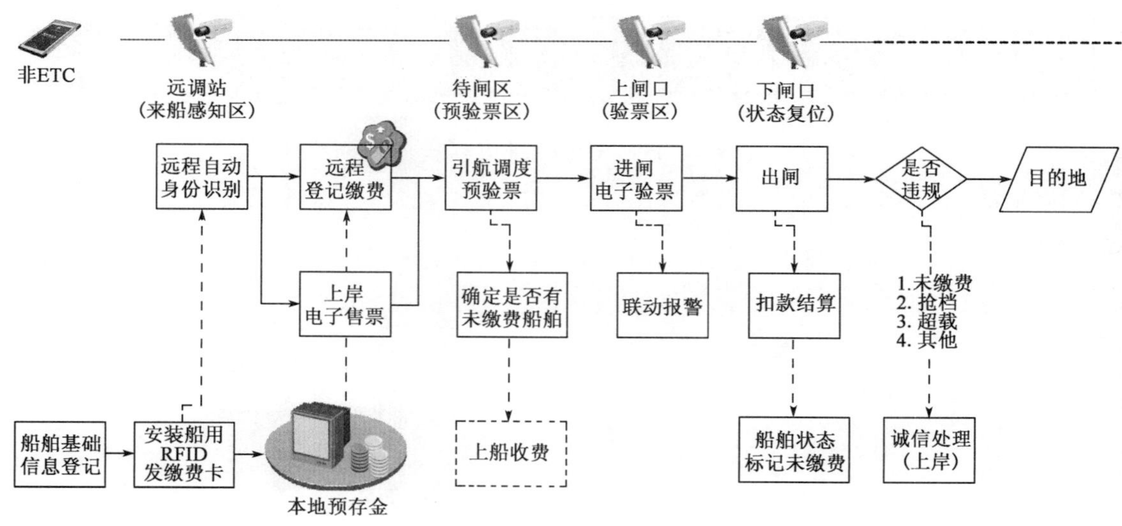

图1 便捷式过闸系统业务流程

(1)船舶基础信息登记。首次过闸的船舶首先要对船舶基础信息登记,并发放船舶信息IC卡和安装船RFID身份识别器或RFID临时身份卡。

(2)远程登记缴费:

①当装有RFID卡的船舶进入船闸登记区时,船民通过手持终端自动收费处理平台进行缴费操作,费用将从船舶预交金中扣除;

②对于余额不足或未办理船舶信息登记的船舶，必须上岸缴费或办理相关手续。

(3)待闸引航调度。通过远程自动登记并缴费的船舶接收到调度指令后，进入船闸待闸区，待闸区的RFID阅读器读取船舶的RFID卡信息，从而判断该船舶是否登记缴费环节并且已调度；对于未登记、未缴费或未调度的船舶，发送警告信息。

(4)进闸管理与查补流程。对瞒报超载、抢档进闸等违规船舶进行加收闸费和违章处罚，并将违规信息告知船员，待船舶出闸后上岸接受处理。对屡次违规船舶则通过记录“黑名单”方式在下次过闸过程中加强现场检查。

(5)过闸确认与扣款流程：

①船舶出闸时，自动收费处理平台对本闸船舶进行自动过闸确认，记录过闸时间；

②在出闸的同时，将扣款信息发送至船民手持终端。

3.3.2 总体框架

过闸系统框架见图2。

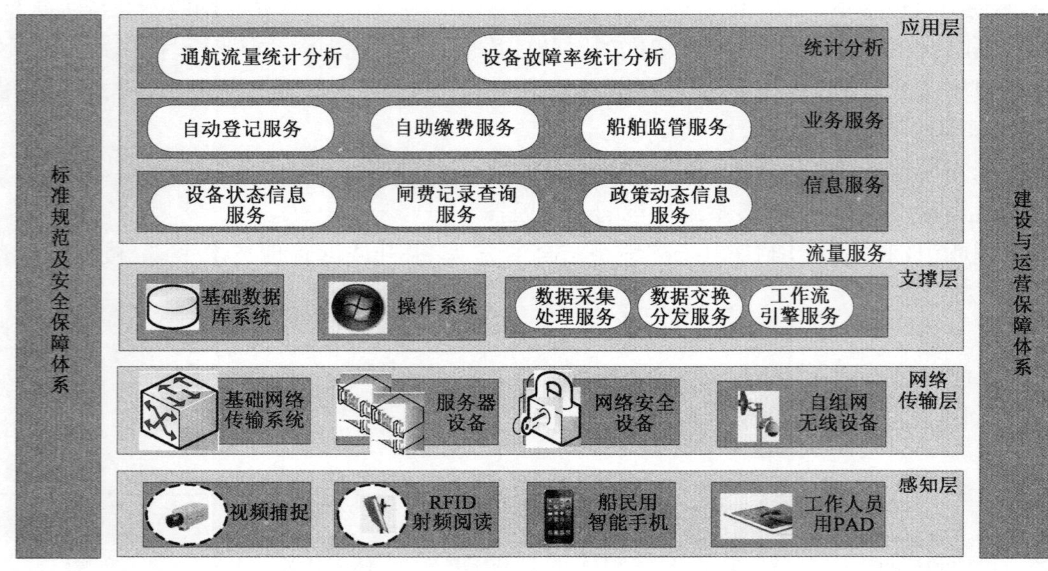

图2 过闸系统框图

3.3.3 网络结构

过闸网络结构见图3。

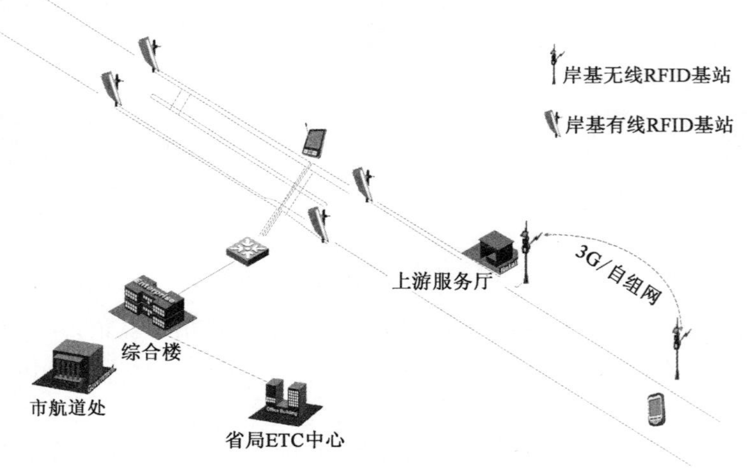

图3 过闸网络结构

(1)闸区到上游服务亭和闸区到下游服务厅的固定岸基设备(RFID 阅读器、视频监控等)均采用自铺设光纤进行链接;

(2)对于远调站(或来船感知区)采用自无线组网设备链接;

(3)对于闸区到上游服务亭和闸区到下游服务厅航道全部采用自无线组网覆盖;

(4)对于闸区调度管理使用电脑建议主干使用光纤,100M 电缆到桌面;

(5)与省局 ETC 中心采用专用(或租用营运商)光纤连接;

(6)与市航道处采用租用营运商光纤连接。

3.4 软件功能

从应用及功能处理上,丹金船闸便捷式过闸系统包括以下功能子系统:船舶身份管理、电子标签管理、联网收费、电子验票、应急联动、引航调度、自动结算、手持便捷智能客户端、设备运行远程监控、信息发布、查询统计报表等子系统,见图 4。

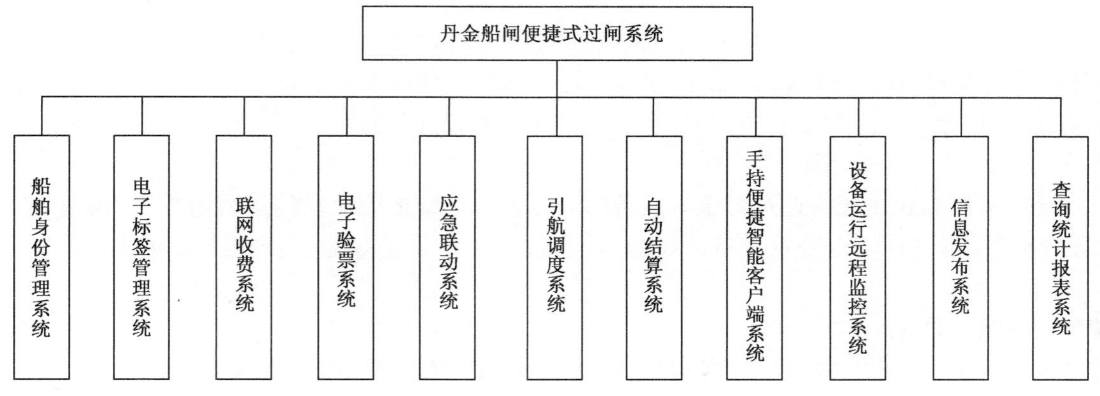

图 4 过闸系统功能

3.4.1 船舶身份管理系统

船舶身份管理系统主要对船舶基本信息进行计算机登记、变更、发卡管理。主要功能有:船舶资料登记管理、船舶信息变更、船舶身份/缴费卡发放、船舶身份/缴费 IC 卡管理等。这些功能的实现将便于对船舶的身份进行识别,对船舶身份进行有效管理。

3.4.2 电子标签管理系统

船用 RFID 电子标是船舶唯一身份识别信息,既满足船闸自动收费服务,又能为海事、港口、公安等多个行业领域的应用提供服务。电子标签操作由 4 个环节组成,发卡、回收、挂失(丢失)、注销(损坏)。

3.4.3 联网收费系统

联网收费系统是船闸收费管理重要的组成部分,可实现系统内网络传输的收费管理与数据共享,提高船闸收费水平。主要在三方面体现系统的联网收费功能:闸内联网收费、联网售票、与省局联网收费。

3.4.4 电子验票系统

电子验票系统是结合计算机网络和射频识别技术来取代人工验票调度管理,从而解决船闸通航效率低,现场人员安排不合理等问题,有效地提高船闸服务质量。同时可以监控和统计每天船舶流量,实时掌控,提供有用的管理信息,提高通航效率。主要包括:预验票、移动售票、验票、逃票报警等一系列过程。

3.4.5 应急联动系统

应急联动系统主要针对一些船舶逃费等突发事件而设置,在事件发生前起到预防作用和事件发生后采取一系列措施。系统将实现实时监控、快速反应、统一指挥、联合行动,为船舶通闸的安全管理带来方便。

3.4.6 引航调度系统

引航调度系统将保证船闸提前做好船舶调度准备，为船闸加强船舶进、出闸室行为及船舶身份的自动识别提供技术保障。系统主要完成船舶从登记、调度、收费、过闸的全过程调度控制和管理。在船舶等待调度时，工作人员通过电子屏进行船舶调度信息的发布，以及叫好等操作，方便船舶调度，有序过闸。

3.4.7 手持便捷智能客户端系统

手持便捷智能客户端系统，主要包含：船民手机智能系统、工作人员 PAD 系统。船民通过 3G 网络，利用智能手机设备不用上岸即可完成过闸登记、缴纳费用等操作；船民手持终端主要提供船舶信息上传、收费、认证、检查、信息交互、岸基的通知、信息发布以及服务信息显示等功能，充分发挥手持终端的功能。工作人员 PA 系统通过 Wi-Fi 网络，与自动收费处理平台进行信息交互，实现对不合法的进闸船舶自动提供警告功能；同时，工作人员对不合法的进闸船舶可做相应的违章、过号、查补标记。

3.4.8 自动结算系统

自动结算系统将以船名船号（船舶唯一识别号）为主体建立账户，并与 RFID 标签建立关联（可能更换 RFID 标签），实现船民充值、冻结、扣款、退款、打印结算凭证以及相关的查询、统计等功能。自动结算系统中，在船民缴费卡上须留有预交金，系统才可进行成功自动结算。

3.4.9 设备运行远程监控系统

设备运行远程监控系统将通过对全岸设备的运行、维修、维护等活动的远程监控，实现对设备信息管理、设备状态显示、故障告警及设备故障统计，有效地发挥设备效能，实现准确、及时的业务信息的共享。

3.4.10 信息发布系统

信息发布系统实现针对船民的服务信息，包括航道静态信息、航道基础设施、船舶周边水况、航道实时情况及相关通知信息发布以及信息查询，并包括人工发布、预发布、对外发布及查询接口等功能的实现。

3.4.11 硬件接口实现

系统将主要实现监控、射频阅读器、语音播报、LED 屏显示等硬件设备的接口支持。

3.4.12 查询统计报表

实现包括流量统计、船舶资料明细查询、收费明细查询、违规船只记录查询、时段统计等各类报表打印操作。

参考文献

[1] 黄贤立，罗冬梅. 中小型船闸收费系统的设计与实现[J]. 淮阴师范学院学报，2002(01).
[2] 李泉林，郭龙岩. 综述 RFID 技术及其应用领域[J]. 中国电子商情，2006(01).
[3] 金鹏飞，何斌，王春树. 船闸计算机收费系统应用研究[J]. 水利规划与设计，2007(05).
[4] 江运志. 联网收费问题和发展趋势分析[J]. 中国交通信息产业，2008(09).
[5] 张钊，费一楠. 基于 RFID 的船舶过闸报到系统[J]. 计算机应用，2010(12).
[6] 吴东鹏. 船舶过闸辅助调度系统[J]. 价值工程，2011(29).
[7] 唐开胜. 过船港船闸计算机收费系统的运用研究[J]. 科技与生活，2012(05).

根系—裂隙土的室内直剪试验研究

刘　俊[1]　谢　州[2]　饶志刚[3]　肖红玲[3]　何建村[4]

（1. 四川大学水利水电学院；2. 四川省河川工程咨询有限公司；
3. 江苏省常州市航道管理处；4. 新疆水利水电科学研究院）

摘　要　为了研究含水率和根系对裂隙土体性质的影响，根据《土工试验规程》做了不同含水率下素土和含根系土的直剪试验。把岸坡临水面土体和其后面土体之间的裂隙用 Goodman 接触面单元模拟，以描述裂隙两侧不同含水率土体的力学特征。根据无厚度接触面单元的切向劲度系数处理方法，整理出接触面单元的切线剪切劲度系数与含水率的关系，并分析了含水率和根系对土体性质的影响。

关键词　直剪实验　含水率　含根系土　剪切劲度系数

我国河流众多，大小河流总长度约 42 万 km，江河岸线较长。其中裂隙土质岸坡段受降雨、蒸发、河道水流冲刷、人类活动等诸多因素影响，特别是在长江中下游地区岸坡崩岸频繁，是土质岸坡变形破坏的主要表现形式[1]。裂隙土质岸坡崩岸给沿岸人民生产生活带来了不利影响，造成了重大经济损失和人员伤亡，但一直没有很好的理论计算方法来分析崩岸机理，预测其发生发展的程度。为此研究含水率和根系对裂隙岸坡土体性质的影响，根据《土工试验规程》（S237—1999）做了不同含水率下素土和含根系土的直剪试验。把岸坡临水面土体和其后面土体之间的裂隙用 Goodman 接触面单元模拟，以描述裂隙两侧不同含水率土体的力学特征。根据无厚度接触面单元的切向劲度系数处理方法，整理出接触面单元的切线剪切劲度系数与含水率的关系，并分析了含水率和根系对土体性质的影响。

1　Goodman 接触面单元参数及直剪试验方法

土体剪切变形会形成一定宽度剪切带。在剪切带区域的土体抗剪强度降低，成为岸坡变形的控制因素，一般先是这些部位局部变形较大引发了滑坡。本文考虑使用接触面单元来描述岸坡临水面土体和其后面土体这两种不同含水率土体中的裂隙。目前已经有人提出了几种形式的接触面单元，分为无厚度与有厚度的接触面单元。无厚度接触面单元为 Goodman 等人最早提出[2]，以一种四节点一维的无厚度单元较好地模拟接触面的错动与张开。Goodman 单元由两片长度为 l 的接触面组成。假想上下接触面之间为很多个微小的弹簧所连接，初始状态时两接触面完全吻合。弹簧的切向单位长度劲度系数用 k_s 表示，单位为 kN/m^3。克拉夫和邓肯推导的切线剪切劲度系数 k_{st}表达式为

$$k_{st} = \left(1 - \frac{R_f \tau}{\sigma_n \tan\delta}\right)^2 K_1 \gamma_w \left(\frac{\sigma_n}{p_a}\right)^n \tag{1}$$

式中：γ_w——水的重度；

p_a——大气压力；

δ——接触面上材料的外摩擦角；

K_1、n、R_f——非线性指标参数；

σ_n——垂直压力；

τ——剪应力。

把岸坡临水面土体和其后面土体用上下直剪盒内不同含水率的土体模拟，直剪盒之间的裂隙用 Goodman 接触面单元模拟，开展不同含水率下素土和含根系土的直剪试验。选择在 10kPa、20kPa、40kPa、60kPa 四种正应力下做快剪试验，满足研究 3m 以内表层土体剪切性质的要求。在直剪盒中制备

了7个含水率（11.3%、21.4%、27.1%、29.9%、34.3%、35.6%、38.5%）的试样，分别压实到各自对应的最大干密度，试验得到各含水率和不同垂直压力下试样的剪切位移曲线。根据无厚度接触面单元的切向劲度系数处理方法，整理出接触面单元的切线剪切劲度系数 k_{st} 与含水率的关系，并分析含水率和根系对土体性质的影响。

2 实验结果与分析

本文只给出11.3%含水率下素土和含根系土的 $w_s/\tau - w_s$ 关系曲线，如图1a）和b）所示。用类似于Duncan-Chang模型[3]增量弹性非线性模型对应力应变关系下切线变形模量的整理方法，来研究和阐述 $w_s/\tau - w_s$ 的关系。可以看出素土与含根系土 $w_s/\tau - w_s$ 有明显差异，后者的曲线斜率趋于相近；$w_s=0$ 时对应图中的截距为初始剪切劲度 k_{si} 的倒数，素土的截距比较集中，含根系土的截距相对分散一些。

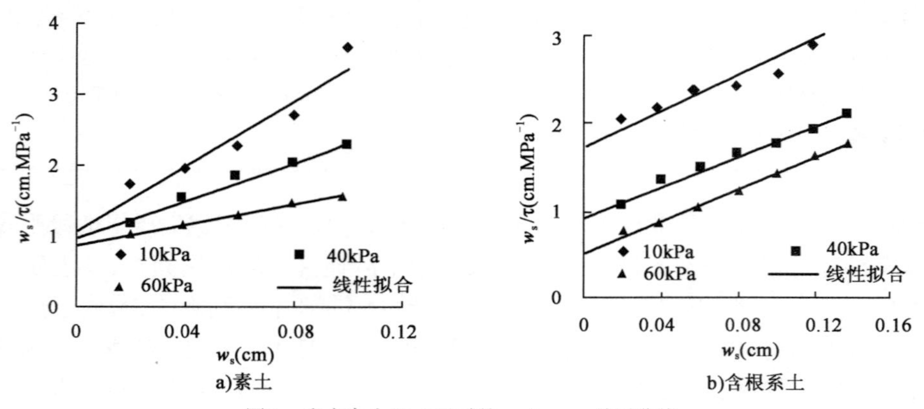

图1 含水率为11.3%时的 $w_s/\tau - w_s$ 关系曲线

同一垂直压力 σ_n 下，对应7个不同含水率下的初始剪切劲度系数 k_{si}。分别对素土和含根系土在四个压力下点绘出 $k_{si} - \sigma_n$ 曲线，如图2所示。再把同一含水率下的点（σ_n，k_{si}）连成一条曲线，研究其变化关系。

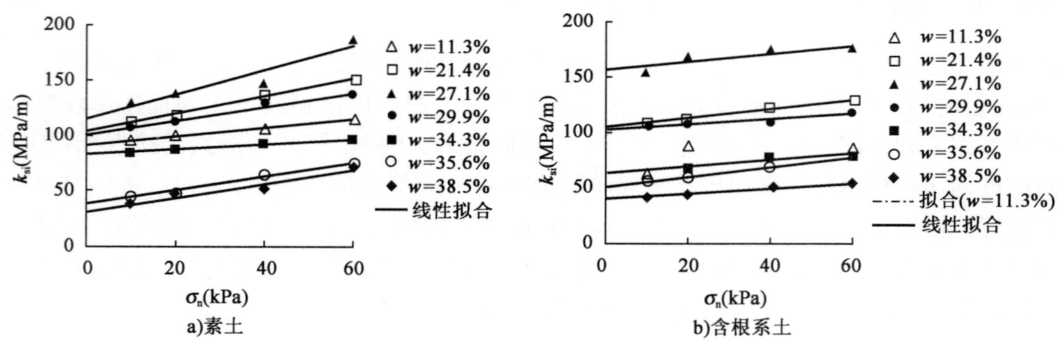

图2 各含水率下垂直压力与初始剪切劲度

由图2可以看出，无论是素土还是含根系土，在同一含水率下，$\sigma_n - k_{si}$ 关系曲线可以近似为线性关系，相关性良好。图2a）素土 k_{si} 在同一含水率时，随垂直压力 σ_n 的增长而线性增大。将同一含水率时的点拟合成一条直线，各含水率下得到的曲线没有交叉现象。在含水率 $w=11.3\% \sim 27.1\%$ 之间，k_{si} 与含水率成正比关系，即此含水率区间内同一垂直压力下含水率大的初始剪切劲度系数大。含水率 $w=27.1\%$ 之后的试验含水率范围内，k_{si} 随含水率的增大而减小。

综上，初始剪切劲度系数 k_{si} 在同一垂直压力下随含水率的增长是呈先增后减的趋势。根据图2中关系曲线的位置关系还可以推断出，在含水率 $w=27.1\%$ 前后，必有一含水率使得初始剪切劲度系数 k_{si} 达到最大值。图2b）含根系土表现出与图2a）素土基本相同的曲线关系。但可能是由于试验误差，造成含水率为11.3%时，$\sigma_n - k_{si}$ 线性关系不是很好（图中用虚线示出）。

进一步对初始剪切劲度系数 k_{si} 与含水率 w 的关系进行讨论。以含水率 w 为横坐标，初始剪切劲度系数 k_{si} 为纵坐标，将四个垂直压力下的数据点示于同一张图上，如图 3 所示。由图 3a)、b) 均可看出，随含水率的增长，初始剪切劲度系数也在增加；在含水率为 27.1% 前后，初始剪切劲度系数有峰值；之后含水率增加，初始剪切劲度系数呈下降趋势。这说明土体在某一围压下，抗剪强度先是随含水率的增长而增长，但不是线性的。本试验的最优含水率是 30.7%，由图 3 可以看出，峰值抗剪性能明显不是在最优含水率时发生的，而是在之前。由于试验土为膨胀土，上述结果说明为了提高土体的抗剪强度，对膨胀土不是要求达到最大密度为最好（对应于最优含水率），这样的认识可能对于涉及膨胀土的工程是有益的。

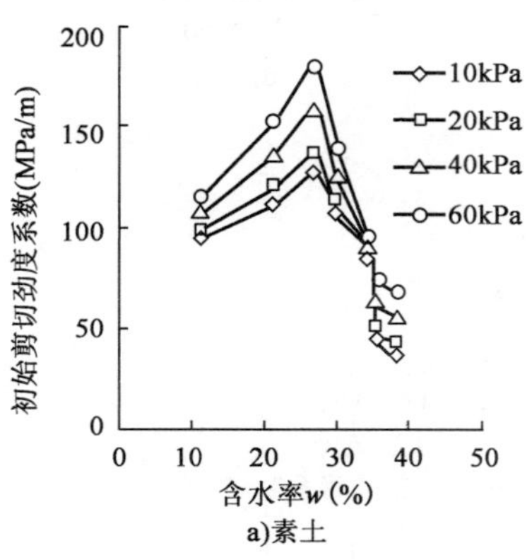

a)素土

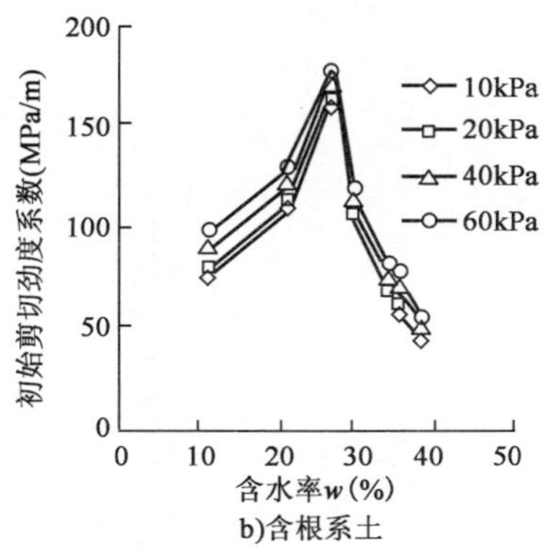

b)含根系土

图 3 各正应力下初始剪切劲度系数与含水率关系

对比图 3a) 和图 3b)，也能分析出素土与含根系土对含水率反应表现出一定的差异。含根系土的初始剪切劲度系数在同一含水率、不同正应力下变动范围较小，直观表现为图 3b) 中各曲线围成较为狭窄的条带。

由于裂隙土体已经受到破坏，抗剪强度处于残余强度阶段，即研究裂隙时，我们关注的重点应该是图 3 中各曲线随含水率增长而下降的后半段，这对于裂隙的研究才有意义，充分考虑含水率对剪切劲度系数的影响。

由公式 $k_{si}=K_1\gamma_w(\sigma_n/p_a)^n$ 知，初始剪切劲度系数 k_{si} 与围压 σ_n 相关，还包含了常数，现在根据试验数据拟合的线性关系是截距不为 0 的直线；同时可以用线性拟合的方法对图 3 下降的后半段曲线进行拟合，得出与含水率线性相关的初始剪切劲度系数表达式。

将公式 $k_{si}=K_1\gamma_w(\sigma_n/p_a)^n$ 两边同时取对数，得

$$\lg k_{si} = n\lg(\sigma_n/p_a) + \lg K_1 + 1 \tag{2}$$

$\lg k_{si}$ 本身与含水率 w 相关；以 $\lg(\sigma_n/p_a)$ 为横坐标，$\lg k_{si}$ 为纵坐标作图，那么 n 成为此直线的斜率，$\lg K_1+1$ 成为截距，这样可以将 K_1、n 这两个非线性指标与含水率关联起来，即可以用含水率来表达。

由图 4 可以看出，$\lg k_{si}$ 与 $\lg(\sigma_n/p_a)$ 的确可以用线性关系来表达。取其中各曲线的斜率、截距并与含水率对应，可以得出 n 和 K_1 关于含水率的关系，如图 4 所示。

描述 n 与 w 关系的试验数据及其二次多项式拟合关系曲线如图 5 所示。这样，素土和含根系土的参数 n 就成了含水率 w 的函数。n_1、n_2 分别为素土、含根系土的参数，n 与含水率函数关系可以用二次函数拟合，方程如下：

$$n_1 = 2.8633w^2 - 1.3713w + 0.2305 \tag{3}$$

$$n_2 = 1.6735w^2 - 0.5427w + 0.0944 \tag{4}$$

根据素土和含根系土的试验数据整理的参数 K_1，并把它与含水率 w 的关系分段拟合为两段直线，如图 6 所示。方程如下：

$$K_{1,\text{素土}} = \begin{cases} 171.868w + 10081.408 & (0 < w \leqslant 26.83) \\ -819.967w + 36697.263 & (w \geqslant 26.83) \end{cases} \tag{5}$$

$$K_{1,\text{加根土}} = \begin{cases} 392.644w + 7132.386 & (0 < w \leqslant 26.26) \\ -1011.957w + 44019.783 & (w \geqslant 26.26) \end{cases} \tag{6}$$

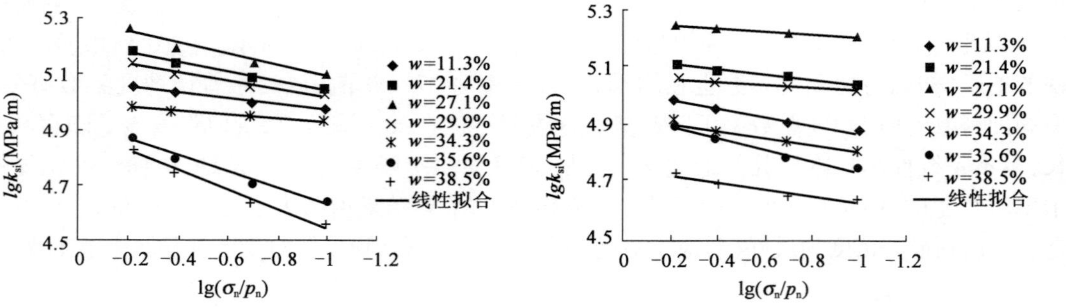

a)素土

b)加根土

图4　$\lg k_{si}$与$\lg(\sigma_n/p_a)$关系

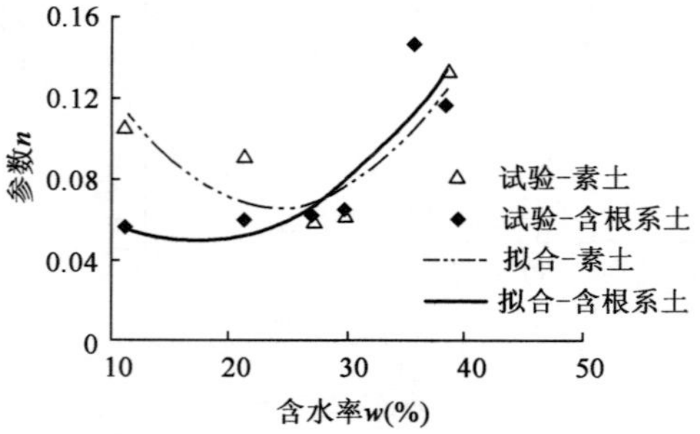

图5　参数 n 与含水率 w

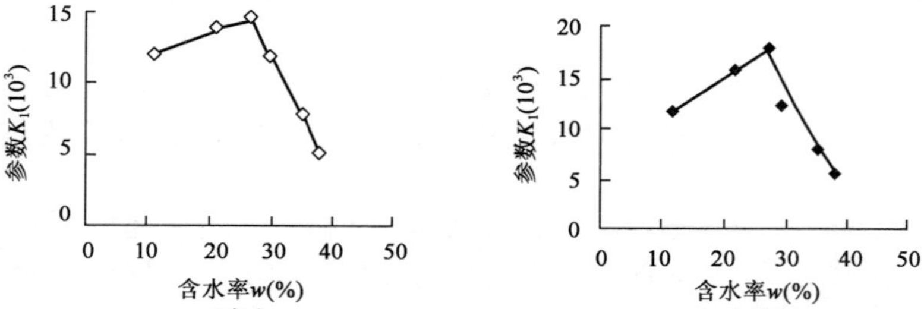

a)素土

b)含根系土

图6　参数 K_1 与含水率 w

把素土和含根系土的相关参数代入式(1)，可以计算某一正应力下某含水率试样随着剪切位移的增加，接触面的切线剪切劲度系数 k_{st} 的变化趋势。相当于相邻土体滑移变形时，随相对滑移位移的增大，沿着滑动面剪切面上的剪切特性可以用 k_{st} 来描述，其随剪切位移的变化如图7（素土）和图8（含根系土）所示。这里仅仅列出垂直压力 $\sigma_n=60\text{kPa}$ 时的曲线，其他围压下趋势一致（图8）。

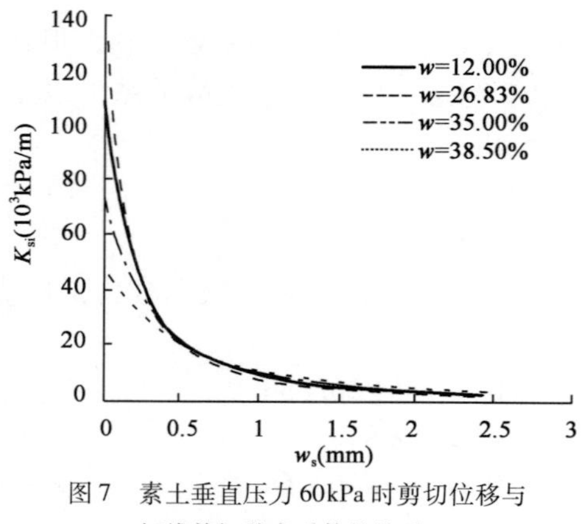

图7　素土垂直压力60kPa时剪切位移与切线剪切劲度系数的关系

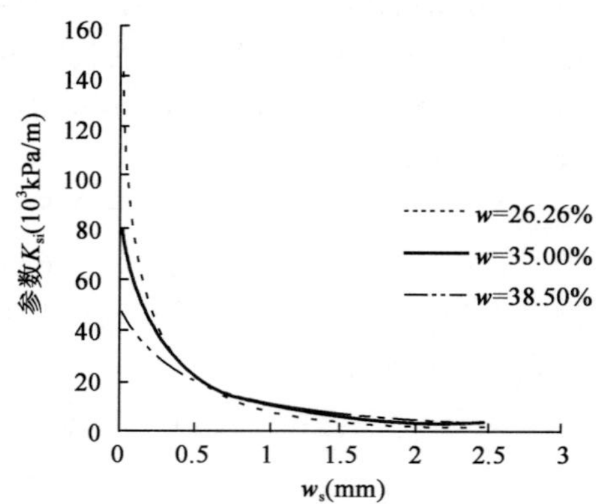

图8　垂直压力60kPa时含根系土剪切位移与切线剪切劲度系数的关系

由图 7 看出，素土在正应力 $\sigma_n=60\text{kPa}$ 时，切线剪切劲度系数 K_{st} 随剪切位移 w_s 的增长迅速减小；同时，各含水率下其初始值不同，随 w_s 的增加 K_{st} 的衰减速率也不同；大约 0.5mm 剪切位移后各曲线趋于水平，即 K_{st} 趋于稳定，为很小的值。

在正应力和剪切错动位移一定的情况下，含水率为 26.83% 的土体 K_{st} 最大；含水率小于 26.83% 时，随含水率的增长 K_{st} 有所增长，但不明显，即图中直观地看到含水率 12% 与含水率 26.83% 之间的区域非常狭小；含水率大于 26.83% 时，随含水率增加，K_{st} 明显快速减小。剪切位移为零时，切线剪切劲度系数最大，即为初始剪切劲度系数。

图 8 显示，含根系土在 $\sigma_n=60\text{kPa}$ 时与素土相似，切线剪切劲度系数 K_{st} 剪切位移 w_s 的增长迅速减小；含根系土的切线剪切劲度系数一直大于素土；后期稳定剪切劲度系数稍大于素土，但几乎相等。

通过对浅层崩岸的监测得到边坡的微小错动距离，利用切线剪切劲度系数与剪切位移的关系预测崩岸过程是可行的。可以推测，崩岸在发展的早期，其变形很小，几乎不能被发现，剪切劲度系数很大，随着滑移错动的不断加大，剪切劲度系数迅速减小，边坡土体抗剪强度随之折减，稳定性减低。本文只能从定性上说明问题，实际边坡变形稳定的复杂性，不可能仅仅通过直剪实验就能完全研究清楚各种裂隙面的性能。

3 结语

为了研究含水率和根系对裂隙土体性质的影响，把不同含水率的岸坡临水面土体和其后面土体之间的裂隙用 Goodman 接触面单元模拟。通过不同含水率的素土和含根系土室内直剪试验，整理出 Goodman 无厚度接触面单元的切线剪切劲度系数，用以描述土中裂隙的影响。研究表明，相同正应力作用下，土体的切线剪切劲度系数与含水率呈近似抛物线关系，即在某一含水率时切线剪切劲度系数出现峰值。在剪切位移较小时（小于 0.5mm）土体的切线剪切劲度系数较大，随着裂隙的发生和发展以及剪切位移的增大，切线剪切劲度系数急剧减小。含根系土提高了土体在较小剪切位移时的切线劲度系数，剪切位移增大时剪切劲度系数同样呈迅速衰减的趋势。

致谢：感谢国家自然科学基金重大研究计划集成项目（91215301）、水利部公益性行业科研专项项目（201301022）、江苏省交通运输科学研究计划项目（2011Z01-1）以及国家自然科学青年基金项目（51009097）的资助。

参考文献

[1] 谢州，周成，刘焦，等. 无限长土坡滑移变形模拟[J]. 山地学报，2012，30(1).

[2] 谢州，朱红亮，饶志刚，等. 根系固土岸坡的滑移变形模拟[J]. 四川大学学报（工程科学版），2012(S1)，89-92.

[3] 包承纲. 非饱和土的性状及膨胀土边坡稳定问题[J]. 岩土工程学报，2004，26(1)：1-15.

[4] Cristescu N D, Cazacu O, Cristescu C. A model for slow motion of natural slopes[J]. Canadian Geotechnical Journal, 2002, 39: 924-937.

[5] 谢州. 内河航道土质岸坡生态防护及其数值模拟研究[D]. 成都：四川大学，2013.

内河航道均质黏性土裂隙岸坡的数值模拟

谢　州[1]　韩利彪[2]　张　明[3]　肖红玲[3]　吴　艳[4]

（1. 四川省河川工程咨询有限公司；2. 四川大学水利水电学院；
3. 江苏省常州市航道管理处；4. 新疆水利水电科学研究院）

摘　要　在考虑降雨引起水位变动的条件下，通过对岸坡有无裂隙的条件控制，对均质黏性土质岸坡进行了渗流、稳定和变形的数值模拟。分析表明，降雨初期，水位快速上升，岸坡安全系数会有提高；高水位渗流稳定后，安全系数会降低；水位快速降落至低水位时，岸坡稳定系数有较大降低，渗透变形明显。裂缝使岸坡对降雨非常敏感，易于发生崩岸和滑坡。

关键词　内河航道　裂隙岸坡　数值模拟　安全系数　岸坡变形

内河河道岸坡不可避免地遭受风化剥蚀、降雨冲刷、冻融循环等作用，使得岸坡易于发生严重的生态破坏和岸坡崩塌。为了保护岸坡的生态安全和稳定性，满足人类对环境的需求，研究岸坡裂隙存在的情况下降雨、蒸发等大气作用引起的岸坡渗流，分析这些因素的影响，有助于采取措施遏制和防止岸坡破坏和生态失衡。

1　无裂隙土岸坡数值计算

1.1　计算模型和材料设置

为了模拟降雨过程中河道的水位变化[1]情况，计算模型采用河道全断面图来进行二维平面问题研究。模型尺寸、网格划分如图1所示。模型高6m，宽20m；岸坡坡比1:1。岸坡及河床表层细分为0.1m厚5层单元，这可以保证土壤表层在大气条件剧烈变化下数值计算的稳定性；同时它的设置也可以使地表产生积水，为后面查看水位变动提供了方便。

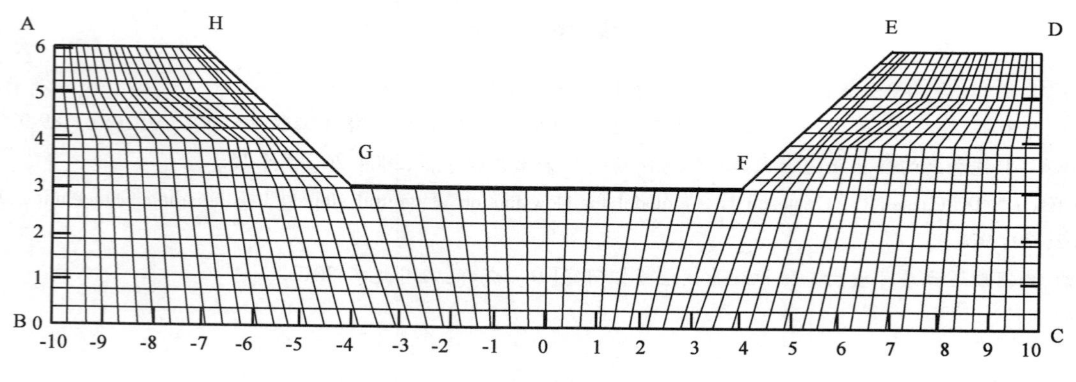

图1　模型尺寸及网格剖分（尺寸单位：m）

材料模型及参数选取：计算初始应力场时，材料模型选为线弹性，弹性模量 $E=8\text{MPa}$，天然重度 $\gamma=19\text{kN/m}^3$，泊松比 $\mu=0.35$；竖直向和水平向的渗透系数相同，即 $k_r=k_y=8.68\times10^{-7}\text{cm/s}$。渗流计算时，材料模型为饱和/非饱和土。稳定计算时，土体材料模型选为 Mohr-Coulomb 模型[2]，天然重度 $\gamma=19\text{kN/m}^3$，黏聚力 $c=15\text{kPa}$，内摩擦角 $\phi=15°$。

1.2　初始条件及计算工况

（1）初始状态，以如图2所示的初始地下水位和河道水位来模拟初始地应力状态，河道水位与地下

水位齐平，高程 4m。

（2）模拟降雨：在地表施加强度为 0.2m/d 的降雨，属特大暴雨，时长 10d，用以模拟河道水位因坡面流快速上升。

（3）高水位稳定 60d，强降雨过程结束后的 60d 内不再降雨，模拟时保持河道水位不变，更多的河水逐步渗入岸坡未饱和土体。

（4）水位快速降落阶段：第一种情况，水位经过 0.1d 快速降低至高程 4m 的初始水位；第二种情况，水位经 0.1d 快速降落至河道干枯（水位高程 3.1m）。

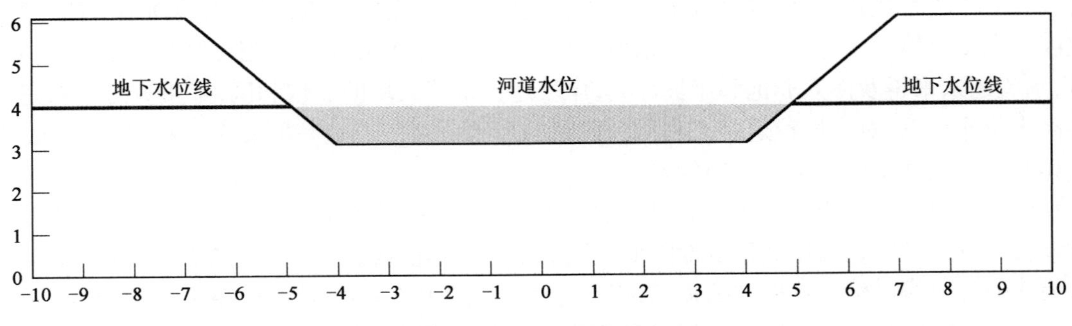

图 2 初始的河道水位与初始地下水位

1.3 计算结果分析

1.3.1 稳定性分析

初始状态及不同工况下的边坡稳定性计算都选用三种方法（GLE 法[3]、Spencer 法[4]和 Morgenstern-Price 法[5]）。三种方法计算的初始状态下滑动面位置基本重合，如图 3 所示。

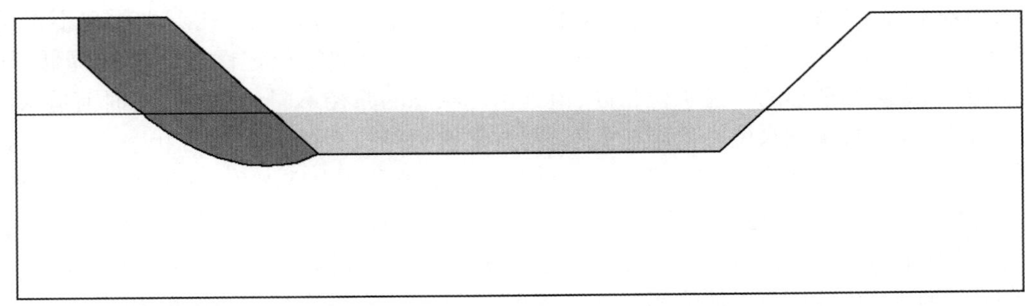

图 3 初始状态优化滑面位置

利用三种方法计算在不同的状态，即降雨 10d 末、高水位稳定渗流 60d，水位迅速降落到 4m 和水位迅速降落到 3.1m 条件下稳定安全系数分别如表 1 所示。

计算的无裂隙岸坡稳定安全系数 表 1

不同工况\计算方法	GLE		Spencer		Morgenstern-Price	
	优化	未优化	优化	未优化	优化	未优化
初始条件	1.814	1.958	1.783	1.884	1.792	1.884
持续降雨 10d 时	3.377	3.615	3.355	3.614	3.349	3.615
高水位稳定渗流 60d 时	3.125	3.341	3.092	3.340	3.096	3.340
水位快速降至初始水位时	1.553	1.677	1.534	1.620	1.544	1.620
水位快速降至河水干枯时	1.362	1.459	1.364	1.459	1.371	1.458

（1）初始状态。降雨前的孔压等值线为水平直线，沿深度方向深度越大孔压越大，地下水位线处孔压为 0；以下为静水压力分布；地下水位线以上呈非饱和土，所以地下水位线以上出现了负压，且往地表

呈线性增长，即各等值线间相同的间距其分布均匀变化。三种计算方法均满足力矩和力的平衡，滑裂面为任意形式，经滑动面优化后几种方法计算的安全系数相近，最大绝对差0.031，相对差1.7%，这说明稳定安全系数与计算方法的选取关系不大。从计算结果看，边坡在长期枯水位时是安全的。三种方法自动搜索的裂缝位置距离岸坡坡顶水平距离在1.5~2m之间，深度在0.8~1m范围内。这是岸坡最危险滑面后缘的特征，实际滑坡时这条裂缝是滑坡后缘的主裂缝（拉裂缝）。当然在其附近范围还会有很多细小的裂缝，对岸坡渗流稳定有重要影响。

（2）降雨10d末。降雨引起坡内渗流和坡面径流，部分雨水进入边坡内部，但是由于非饱和土在基质吸力较大时渗透系数较小，所以多数水体形成径流向坡脚汇集最后进入河道，使河道水位上升。由于降雨强度远大于土体的渗透系数，降雨并未使岸坡立即成为全饱和状态。当强降雨引起河道水位迅速上升时，水流还未来得及渗入非饱和岸坡深处，岸坡还保留着大块的非饱和区，基质吸力还未完全丧失，在坡外高水位作用下，对岸坡稳定是有利的。此时的高水位对应着较高的安全系数，因此一般情况下，岸坡破坏并没有在强降雨发生时立即触发。

高水位稳定60d，这种状况只是岸坡所处的一种瞬时状态，当降雨停止或者随着时间的增长河道水位不再增长，岸坡逐渐饱和，岸坡稳定性降低。孔隙水压力等值线在60d稳定渗流后，几乎呈水平线，并且孔压为0的等值线已经接近岸坡的顶部，正是这个区域孔压的变化导致了稳定性的降低。因此雨后一段时间内，土体稳定性并不是升高，而是降低的。由表1可以看出，降雨历程后再经过60天的稳定渗流，河水缓慢渗入岸坡上部非饱和土体，使之饱和，孔隙水压力增大，最终降低了岸坡的稳定安全系数。虽然看似安全系数降低的较小，似乎不可能导致岸坡破坏，但是通过渗流水位达到稳定状态的过程中孔隙水压力增长，必定是降低了岸坡的稳定性，再加上其他因素，就难免导致破坏性岸坡变形。

（3）水位快速下降阶段。河道水位在0.1d时间内降低至初始水位位置（高程4m）。分析结果表明，水位快速降落时，水流在坡面形成顺坡渗流，孔压分布在岸坡表层几乎与岸坡坡面平行，而远离河岸的区域孔压还未来得及变化。原来水位为0的位置，水位快速下降情况下，孔隙水压力不再是初始的0kPa，而是20kPa，基本趋势是孔隙水压力处处高于初始状态，岸坡的稳定性有明显的降低，如表1所示。由此说明，尽管两种情形的河道水位相同，但到达此状态的路径不同。初始状态时河道水位与坡内地下水位一直是稳定的；快速水位降低至初始水位，这是过程结束时的一个瞬时状态，一个动态的变化过程，计算针对的是水位刚到达这个位置时的安全系数。由于黏性土坡内孔压短时间内未来得及消散，导致安全性降低。此后尽管河道水位趋于稳定，坡内水压力将经历一个逐步调整至稳定的过程。如果这个过程中，岸坡能承受这种孔压的剧烈变动引起的渗流力作用和渗透变形而不致崩塌或滑移，那么岸坡上部土中孔压逐步稳定，整个岸坡将逐渐趋于更为稳定的状态，最终与初始状态相同。

（4）水位降低至河道干涸时的稳定分析。由表1看出，水位从稳定高水位快速降低至河道干枯（水位高程3.1m）时，安全系数比降低至初始水位时还低，说明水位快速下降，相同时间内水位降得越多，安全系数越小。

1.3.2 岸坡变形分析

从模拟结果中查找裂缝在地面的位置及其深度。这里称为裂缝，其实只是岸坡最小安全系数对应的滑面后缘竖直段（图3），不一定真的就发生，因为所计算的安全系数都是大于1。这里研究其位置分布特征不过是为后面模拟考虑裂缝岸坡数值模拟提供借鉴。由于岸坡处于不同的时段，受荷状态不同，其最小安全系数时滑面后缘的位置和深度都是有差别的，距离坡顶距离也不尽相同。总体来看，强降雨水位上升时，裂缝深度有所减小，最大减小0.2m，且裂缝距离河道岸坡的距离也减小；水位快速下降时，裂缝深度增加，而且距离岸坡的水平距离也减小，这一现象在水位降低较小时还不甚明显，本模拟水位快速降低至河水干涸时，裂缝深度的增加和距离岸坡水平距离的减小都是很明显的。

岸坡受河道水位变动及降雨渗流的影响：在渗流力作用下会发生横向变形和竖向沉降。本次模拟通过两时间段岸坡渗流场中的孔隙水压力的变化，计算岸坡的变形。最大水平位移发生在距离岸坡坡顶1/3坡高的岸坡表面，方向指向坡外，约1mm；最大竖直方向沉降发生在坡顶与坡面的交界点附近，

约3.5mm。

2 含裂隙土岸坡数值计算

上文定量化研究了完整岸坡土在降雨等因素作用下,河道水位升降、坡内渗流及各因素对岸坡稳定性的影响。由于自然岸坡总是不可能完好无损,在自然力作用下,岸坡表土会存在一些裂缝,或多或少地影响着岸坡的渗流及稳定性,其强烈程度因土质、大气环境,生物作用等不同而不同。所以对含裂隙的岸坡土进行渗流和稳定性研究才更具有现实意义。下面将对含裂隙均质黏性土岸坡进行渗流和稳定的数值模拟研究。

2.1 计算模型及计算条件

在上文无裂隙岸坡土计算模型基础上,通过在岸坡土表层设置土裂缝以模拟岸坡所处真实的状态。前文计算采用的是均匀土质(黏性土)岸坡,渗透系数 $k=8.68\times10^{-3}$cm/s,这里同样使用这一简化岸坡模型,边界条件和土体参数完全与之相同,以便结果对比分析。所不同的是设置了裂缝,在两个模型的左岸分别设置9条40cm和110cm两种深度的裂隙,裂隙均匀布置,从顶部开始向下。另外一岸未设置裂缝作为比较,如图4所示。

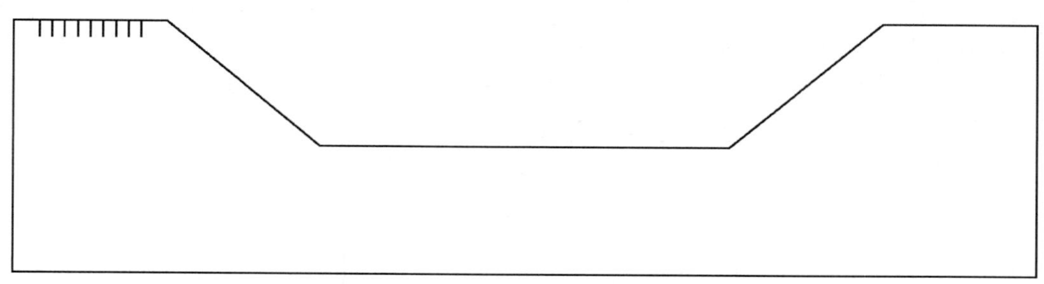

图4 左岸表层9条40cm深裂隙分布图

2.2 结果分析

2.2.1 稳定性分析

对比表1和表2,裂隙降雨初始阶段对岸坡安全系数几乎没有影响,说明裂隙在枯水位稳定期对岸坡稳定性影响不大;而降雨阶段和渗流稳定阶段含裂隙岸坡安全系数有一定降低;从高水位渗流稳定后水位迅速下降,三种方法的安全系数相近,说明裂隙性黏土在降雨饱和后裂缝闭合,整体稳定性有所提高。

计算裂隙岸坡稳定安全系数 表2

不同工况\计算方法	GLE		Spencer		Morgenstern-Price	
	优化	未优化	优化	未优化	优化	未优化
初始条件	1.798	1.939	1.784	1.9	1.789	1.883
持续降雨10d时	3.223	3.458	3.214	3.458	3.226	3.458
高水位稳定渗流60d时	3.074	3.328	3.079	3.327	3.083	3.327
水位快速降至初始水位时	1.564	1.669	1.527	1.631	1.532	1.613
水位快速降至河水干枯时	1.38	1.493	1.36	1.453	1.356	1.452

对于裂缝的位置,计算得出的危险滑面裂缝位置与模型所设置的位置并无相关性,即并不总是从设置了裂缝的位置下滑或者安全系数最低。但是总体来看,安全系数最小的裂缝深度变化是有规律可循的,初始阶段后缘可能出现的拉裂缝较深,降雨渗流时变浅,之后水位下降,拉裂缝深度再次变大,甚至大于初始阶段的深度。距离坡外的距离一般在1.3m以上2m以下。

虽然模型设定的裂缝并未形成最小安全系数滑面的主拉裂缝,但是其广泛的分布增大了坡内渗流,不可避免地降低了边坡的稳定性，使得边坡的破坏性滑移提前到来。裂缝的存在，降雨期岸坡可能发生圆弧滑动破坏，从坡脚滑出，而快速降水期坡面渗流作用破坏可能从坡上开始，土体悬浮从坡面滑下。

2.2.2 裂缝岸坡变形分析

裂缝的存在，使得雨水迅速进入裂隙土体底部，并向两侧土浸润，裂缝深部周围土体先饱和，之后湿润会向表层发展。对比左右岸，可以明显看出裂隙周围土体在半天时间内几乎全部饱和，而右岸还存在较大的非饱和区域。最后，第10天时，同等高程下左岸的孔压大于右岸，且左岸土体几乎处于全部饱和状态。9条40cm深裂缝岸坡的渗流与9条110cm深裂缝的渗流场相似，只是由于裂缝深度相对较浅，渗透深度小于后者。降雨作用下裂缝的存在，使得裂隙岸坡水平变形明显大于右岸；裂缝渗流使得裂缝下部很快受降雨的影响，变形明显；裂缝穿过的区域更是使得水平变形向远离岸坡方向发展。水位稳定期，由于左岸裂隙作用使得其变形趋于稳定，右岸未来得及全部饱和而继续变形，因此左岸变形在10～70d期间小于右岸。最后水位快速降落阶段，两岸的变形几乎相同。

竖向沉降受降雨影响的变化趋势与水平位移相似，降雨初期裂缝周围的沉降明显大于周围同高程土体，且每一条裂缝左侧的沉降小于右侧；而水位快速下降期，即70.1d的竖向沉降，每条裂隙右侧（河道方向）土体变形越来越大，远离河岸侧同高程土体沉降越来越小。

为了进一步研究上述现象，通过查找裂缝所在区域表层土的变形（图5和图6），前者对应降雨水位上升期，后者为对应水位快速降落期。图中前3点代表裂缝所在位置，即图中斜率为正的线段均对应裂缝位置；斜率为负线段对应裂缝间的土体变形。两裂缝间的土体，靠近河岸侧土体总变形较小，远离河岸侧土体变形较大，这就与图7中滑动土体上部表面形状相对应，也与图8现场岸坡实际破坏形式吻合；同时总变形随着各个位置离岸坡越近逐渐增加成阶梯状降低的斜台阶，即图8中的台阶状分布。

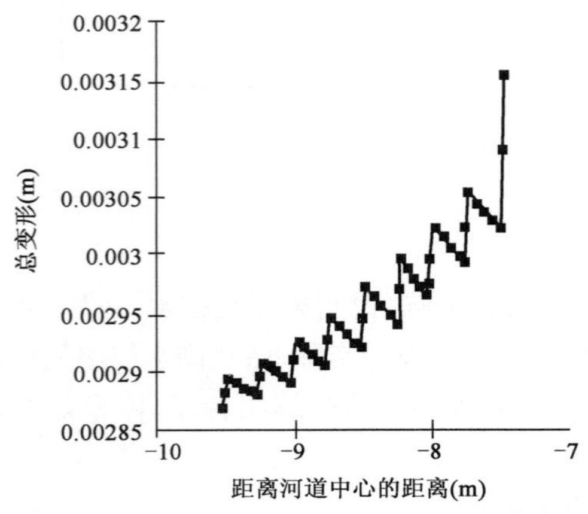

图5 降雨10天时裂缝区域表层土沿水平向的总变形

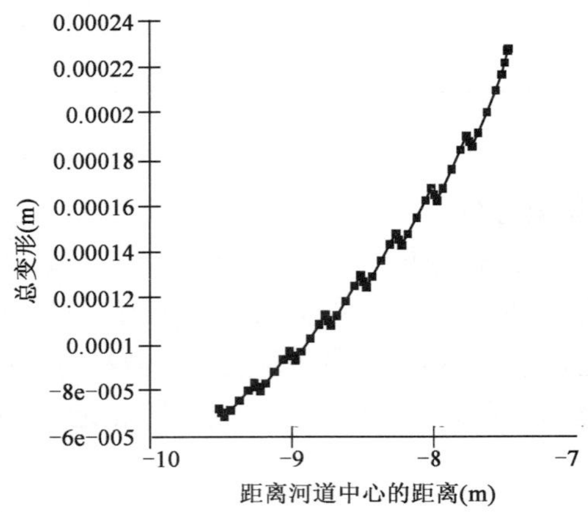

图6 水位降落末期裂缝区域表层土沿水平向总变形

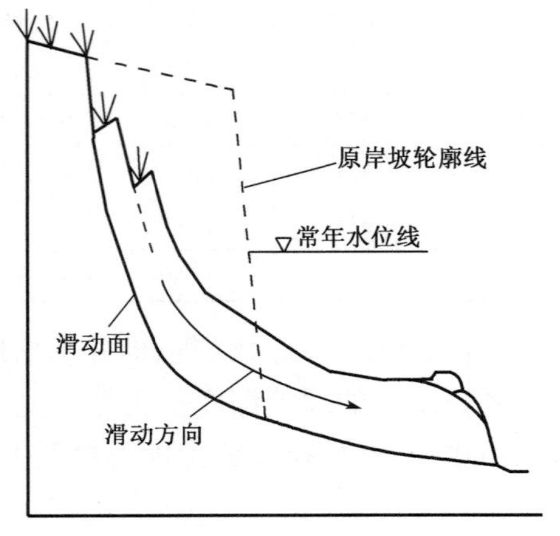

图7 圆弧滑动破坏

图8 岸坡破坏现场图

3 结论

在考虑降雨引起水位变动的条件下，对均质黏性土质岸坡和裂隙岸坡进行了渗流、稳定和变形的数值模拟。分析表明：降雨初期，水位快速上升，岸坡安全系数不但没有降低，反而有大幅提高，这是由于岸坡水位快速上升，相当于河道水位对岸坡的支撑作用，安全系数会提高，且水位上升越快，瞬时安全系数越高。水位渗流稳定后，安全系数会降低，最终趋于稳定。水位快速降落至低水位时，由于下降速度过快，岸坡土体孔隙水压力还未来得及消散，因此岸坡稳定系数有较大降低。降雨水位上升期裂隙间的土体变形呈向远离河岸的方向倾斜的态势；高水位稳定期其变形逐步朝向河道方向；随后水位快速下降时，变形进一步朝向河岸，由于坡面渗流的作用可能会导致崩岸滑坡的发生。

参考文献

[1] 黄志全，樊柱军，潘向丽，等. 水位变化下膨胀土岸坡渗流场和稳定性分析[J]. 人民黄河，2012(01).

[2] ZHANG Qiang, WANG Shuilin. Modified Mohr-Coulomb strength criterion considering rock mass intrinsic material strength factorization[J]. Mining Science and Technology, 2010(05).

[3] 邹广电，魏汝龙. 土坡稳定分析普遍极限平衡法数值解的理论及方法研究[J]. 岩土力学与工程学报，2006(02).

[4] 张均锋，王思莹，祈涛. 边坡稳定分析的三维 Spencer 法[J]. 岩石力学与工程学报，2005(19).

[5] 陈昌富，朱剑锋. 基于 Morgenstern-Price 法边坡三维稳定性分析[J]. 岩石力学与工程学报，2010(07).

[6] 谢州. 内河航道土质岸坡生态防护及其数值模拟研究[D]. 成都：四川大学，2013.

航道土质岸坡生态防治技术及其数值模拟研究

谢　州[1]　韩利彪[2]　朱红亮[3]　张　明[3]　吴　艳[4]

（1. 四川省河川工程咨询有限公司；2. 四川大学水利水电学院；
3. 江苏省常州市航道管理处；4. 新疆水利水电科学研究院）

摘　要　在航道土质岸坡传统防护技术的基础上进行生态柔性治理技术研究，建议四种新型柔性生态岸坡治理技术：生态袋覆植生态护坡、土工格室覆植生态护坡、三维网覆植生态护坡和石笼网覆植生态护坡。前三种是新型土工材料结合土壤基质护坡技术，给植被提供健康稳定的生长环境，植物成活后根系不断生长变得强壮，逐步起到固土护坡的效果。应用有限元法对石笼网覆植生态挡墙驳岸进行数值模拟及对比分析，结果表明：石笼网覆植结构既能用于护脚（护底），也能用于岸坡坡面防护。因此石笼网挡墙护底结合土工材料覆植生态护坡可以形成复合生态防护结构体系，既能保证坡脚稳定，也能使坡面生态得到保护和恢复，从而使整个河岸整个断面达到很好的生态防护效果。

关键词　石笼网　土工合成材料　生态柔性挡墙　数值模拟　生态护坡

目前，抛石护岸、土工织物砂枕护岸、铰链沉排护岸、重力式挡墙驳岸、现浇或预制混凝土空心挡墙驳岸、板式或模袋混凝土护岸等传统防护技术在大量水利工程中得到了应用，取得了较大的经济和社会效益。但其中很多方法都柔性不足，不能很好地适应岸坡及河床的变形，因此有必要在汲取这些方法的优点和不足的基础上进一步开发新的岸坡防治技术。岸坡生态柔性防治就是当今航道岸坡防护的研究方向，本文建议四种新型柔性生态岸坡治理技术：生态袋覆植生态护坡、土工格室覆植生态护坡、三维网覆植生态护坡和石笼网覆植生态护坡。应用有限元法对石笼网覆植生态挡墙驳岸进行数值模拟及对比分析，以便验证石笼网挡墙护底结合土工材料覆植生态护坡结构体系的生态防护效果。

1　航道生态护坡技术分析

本文所述新型生态防护技术是从传统技术发展而来，是对传统技术良好部分的继承。生态护坡既能满足河道堤岸固坡护岸、防塌陷的基本要求，同时保证安全的基础上来考虑绿化适应性等方面的提高。基于航道流向特点、岸坡土的力学特征，通过融合两岸区位地形特征，构建天然自成的驳岸形式，例如抛石护脚插枝、生态袋覆植、植活木桩木锚、石笼生态灌浆覆植、三维植被网垫覆植护岸及植生态挡墙等。

1.1　生态袋覆植生态护坡

生态袋又称植生袋，有长袋和短袋两种。因其在工程中使用简便，袋内充填基质土可以保证较高的植物成活率，达到长期稳定的绿化效果，已成为边坡生态修复措施之一[1]。生态袋覆植植被的措施可以应用于建设生态航道，不仅起到绿化岸坡的作用，还能对稳固岸坡产生积极作用。长生态袋长度达10多米，可以在岸坡垂直水流方向顺坡铺设，大面积地覆盖坡面，保护坡面免受河道水流冲刷和降雨溅蚀作用。

生态袋类似于反滤层[2]，允许过水但不过土，水分在土中的正常活动得到了保证，同时又防止了坡土及其营养成分等透过生态袋而流失；多层网状纤维结构具有吸收强降雨和近水岸边波浪冲击能量的能力，起到防止土壤遭受水动力的侵蚀作用，也高效地减小了雨水在岸坡表面形成的径流量和流速，迅速缓减了土壤的表面冲刷。植物种子在生态袋中均匀分布，且在初期很好地使种子免受人为和水流冲刷等因素的扰动；种子发芽成活后，根系生长延伸至生态袋以下原生岸坡土壤中，完成了袋体与工程主

体(岸坡)间的稳固作用。随时间的推移,根系不断长长变粗,进一步加固了岸坡,大大降低了岸坡治理与维护费用。同时生态袋相比于其他如喷播技术可以节约种子的播种量,还有抗老化、抗紫外线、裂口不延伸、不助燃的特点,并无毒不降解,可百分之百回收,实现了真正意义上的零污染,体现其环境友好性。

1.2 土工格室覆植生态护坡

土工格室是由高强度的HDPE或PP共聚料宽带,经过强力焊接或铆接而形成的一片网状格室结构。它伸缩自如,运输时可缩叠起来,使用时张开并可充填土石或混凝土料,构成具有强大侧向限制和大刚度的结构体。它可用来作为垫层处理软弱地基,增大地基的承载能力,也可铺设在坡面上构成坡面防护结构,还可以用来建造支挡结构等。土工格室成品如图1所示。

图1 土工格室

在平整过的岸坡坡面上铺设好土工格室,可以用机械实现格室内填土,施工快捷。在填土中播种或直接栽种植物幼苗,就能实现绿化效果,达到生态护坡的设计目的。土工格室作为一种三维网状格室结构,因工程需要,有的在膜片上进行打孔。带孔格室有利于植被根系在表层中的相互穿插,联结成为更牢固的根土复合层,增加护坡的表面抗冲性、稳定性等能力。有必要时,还可在边坡一定间距打桩固定格室,不应用于坡脚过陡的岸坡。在格室临水边,应当有适当的保护措施,以免格室顺坡滑入江中。

1.3 三维网覆植生态护坡

三维网是一种类似于丝瓜瓤状的植草土工网,孔隙率 >90%,质地疏松、柔韧,在其孔隙中可填土壤、砂粒、细石和草种。铺设有三维土工网垫的岸坡在草皮没有长成之前,可以保护土地表面免受风雨的侵蚀,在播种初期还起到稳固草籽的作用。植草根系穿过网垫生长后,深入土中,使植物、网垫、根系与土连接成整体,形成牢固密贴于坡面的表皮,可有效地防止坡土被暴雨径流或水流冲刷破坏。由于采用了高分子材料P和PE的降解型网垫,其化学性质稳定,两年后在土中可不留痕迹,对环境无污染,起到了复合护坡的作用。三维网护坡技术集土工网垫和植被护坡的优点于一体,是边坡防护中一种有效的生态防护措施。当岸坡的植被覆盖率达到30%以上时,能承受小雨的冲刷,覆盖率达80%以上时能承受暴雨的冲刷。植物根系生长发达时,能抵抗冲刷的径流流速达6m/s,为普通草皮的2倍多。三维网的覆盖减少了岸坡土壤的水分蒸发,有效防止岸坡裂隙的发生或发展;增加岸坡坡内渗流量,延迟坡面径流的形成,减小坡面水流流速。由于三维网为黑色的聚乙烯做成,具有吸热保温的作用,在寒冷地区可有效促进种子发芽,利于植物生长。

综上,无论生态袋、土工格室还是三维网覆植植被技术都需要有河岸护脚措施的配合,它们单独使用会因坡脚的不稳而滑入江中,带来不必要的损失。石笼网结构恰恰能满上述三种技术措施的要求,适用于河道护脚护底。当然石笼网本身也可以做成挡墙形式,再在其间隙填土种植植被,达到美化生态的效果。接下来将介绍石笼网覆植生态护坡。

1.4 石笼网覆植生态护坡

石笼网是指用专用机械将经过防腐处理的低碳钢丝双拧向编织成金属网，按设计意图把网片裁剪、拼装成矩形或方形的网箱。典型的石笼网及其结构护岸如图2所示。

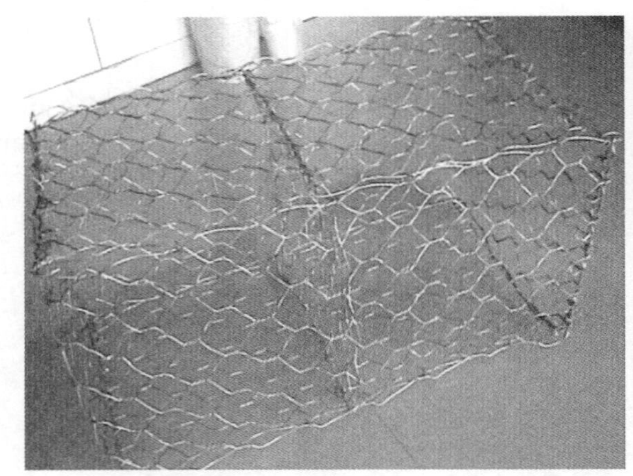

图2 石笼网箱与石笼网结构护岸

石笼网防护结构是指在石笼网中填入适当的填充料或者加入植被元素，并将这些网箱按照一定的排列方式组装而成的一种重力式防护结构。在石笼网块石或卵石缝隙中扦插柳枝等喜湿性植物，能达到绿化环境、避免护岸色彩的单一性，从而具备了生态修复的可能性。石笼属于柔性结构，能适应基础不均匀沉陷而保护内部结构免遭破坏，基础处理简单，施工方便，其本身透水性良好，不需要设置排水层，厚层镀锌及外加PVC涂层可以使之用于腐蚀环境中并保有较长的寿命。石笼网结构能抵御水流动力冲刷、牵拽，美化景观改善生态环境。石笼网覆植生态护坡，缓坡和陡坡均能使用。缓坡上做成薄的石笼网箱，覆盖于坡面，使坡面免受水流等荷载的直接作用；陡坡上，可叠砌成后退式台阶状垂直石笼网挡墙。对于用作水位以上的部分，可以配合插枝种草的措施，实现岸坡绿化，展现其生态功能。同时，石笼网也可用于水下护脚工程，适应河床变形，排水性好，在水位快速下降期能及时排除坡内水体，不致引起过大的超静水压力。典型的石笼网护岸断面设计[3]如图3所示。直立式石笼网驳岸有利于河道通航，可以利用更大的空间；仰斜式石笼网驳岸墙背倾斜一较小角度，有利于减小墙后填土压力，保障挡墙的稳定性，墙前做成逐步后退上升的石笼台阶，在台阶上种植相应的植物，绿化环境，恢复生态。

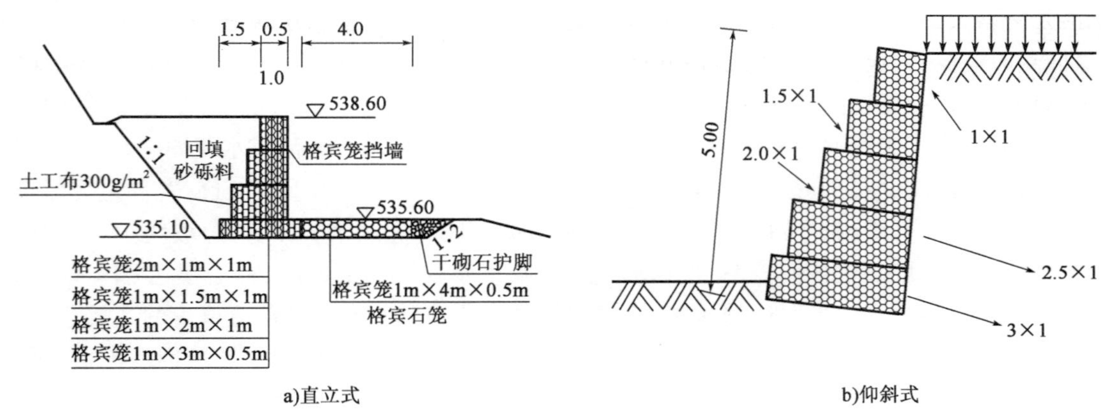

图3 典型的石笼网设计断面图(单位:m)

2 土质岸坡石笼网生态挡墙驳岸的有限元数值模拟

以石笼网生态挡墙为例，并考虑河岸土层的组成，对均质黏性土岸坡和黏性土和砂土互层土质岸坡生态挡墙驳岸分别进行数值模拟研究。

2.1 均质黏性土岸坡石笼网挡墙驳岸数值计算

将整个河岸均由黏性土组成的岸坡，简化为连同河床土质也为黏性土，并与岸坡土性质完全相同，便于计算和分析研究。

2.1.1 计算模型和材料设置

为了避免计算中出现不收敛的难题，模型将挡墙临水面做成一个均匀坡面，与右岸无防护措施的岸坡轮廓一致，如图 4 所示。模型高 7.7m，两岸岸坡坡顶宽各 6.5m，模型底宽 33m。黏性土参数为：弹性模量 $E=8\text{MPa}$，天然重度 $\gamma=19\text{kN/m}^3$，泊松比 $\mu=0.35$；竖直向和水平向的渗透系数相同，即 $k_r=k_y=8.68\times10^{-7}\text{cm/s}$。降雨强度 0.3m/d。石笼网渗透系数 100m/d，重度 23.5kN/m^3。

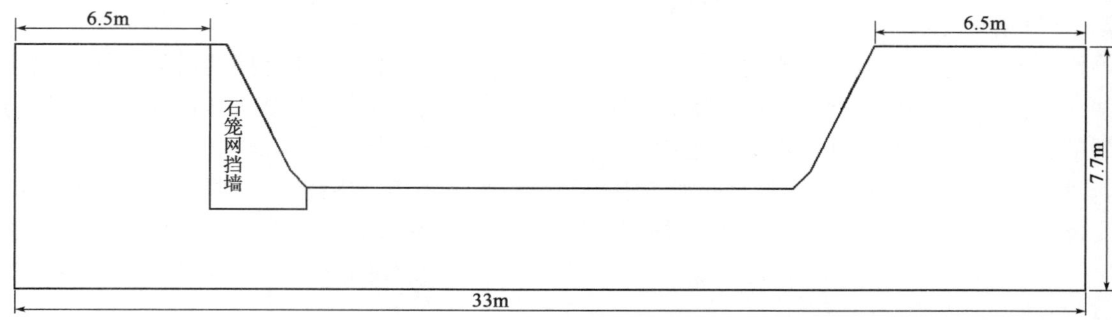

图 4　石笼网挡墙计算模型

2.1.2 计算工况

计算初始状态：降雨 10 天，高水位稳定渗流 60 天，水位快速降落条件下，岸坡的水压力、安全系数和变形；在左岸岸边墙后水平填土表面作用 16kPa 的力，右岸对称河道中心的位置同时施加同样的力来研究荷载的影响。

2.1.3 计算结果分析

降雨阶段左岸挡墙所在位置，由于石笼网结构的透水性，其中的孔压呈水平线分布；石笼网挡墙墙背与黏土接触附近有明显的孔压转折。右岸无挡墙，全为黏土，其孔压变化较为缓慢。稳定渗流时段末(70 天)、水位从 7.5m 快速下降到 4m 时段(70.1 天)。70 天时两岸岸坡土均有部分非饱和区，但左岸非饱和区较小。水位降落阶段，左岸在挡墙与黏土交界面，孔隙水压力线陡降，这是由于两侧材料不同的渗透性质所致。

各阶段的稳定安全系数见表 1。初始阶段，水位较低时左岸挡墙防护安全系数高于右岸；降雨10 天时，左岸安全系数小于右岸，可能是挡墙的透水性降低了其安全系数；稳定渗流后，有挡墙措施的显示出其稳固岸坡的作用，安全系数高，力学效应开始发挥，降雨期充其量是在发挥其生态效益；水位降落期，挡墙的稳定效果持续发挥，左岸比右岸安全。

各阶段左右岸稳定安全系数　　表 1

计算阶段 \ 方法 / 位置	GLE 优化		Spencer 优化		Morgenstern-Price 优化	
	左岸	右岸	左岸	右岸	左岸	右岸
初始时刻	1.371	1.036	1.329	1.044	1.366	1.031
10 天	1.876	1.885	1.820	2.063	1.797	2.132
70 天	1.829	1.698	1.793	1.746	1.725	1.710
70.1 天(降至 4m)	0.735	0.544	0.737	0.536	0.727	0.542

降雨期挡墙底部周围土体水平位移较大，2 天时左岸大部分土体和墙体向坡内变形，之后从第10 天的水平位移等值线可以看出，左岸墙体向河道方向变形，且墙顶位移最大。对比左右岸，挡墙的存在阻止了最大水平位移一开始就出现在岸坡坡顶平台。70.1 天左岸最大水平位移同样发生在深部墙背附

近土体中，而右岸则发生在岸边水平表层土中。

2.2 黏性土和砂土互层土质岸坡石笼网挡墙驳岸数值计算

考虑到岸坡的黏性土和砂土互层二元结构组成——土体分为两层，下层为砂土（渗透性较大），上部为黏土。对其使用石笼网覆植生态护坡护岸形式，进行数值模拟研究。

2.2.1 模型介绍和计算工况

模型尺寸与2.1节模型大小完全一致，只是左右岸上部2m深范围为黏土，黏土参数与2.1一致；下卧砂土层重度20kN/m^3，模量20MPa，饱和渗透系数0.075cm/s。计算条件和工况也与2.1完全一致。

2.2.2 计算结果分析

降雨初期，左岸挡墙及岸坡土的变形大于右岸，因为挡墙透水性大，使得挡墙后侧土体相当于直接面临河道水体浸润（但无冲刷）。图5为降雨10天时左岸石笼网挡墙墙背处土体的位移和右岸与之对称位置的土体（即模型坐标系下距离河道中心均为10.5m位置的竖向土体）位移。图中左岸水平位移为正，右岸为负，其绝对值均表示各点向河道中心移动的水平距离。由图看出，降雨10天时，两岸对称位置土体在高程小于5m的范围内水平位移相差甚微；在高程5m以上，左岸墙后土体水平变形继续增大，右岸相对应的土层变形则有所减小；整个过程中墙后土体位移随高程的增大水平位移基本呈线性增长，右岸自然岸坡则为两段折线。

如图6为左岸挡墙外表面（临水面）和右岸斜坡表面的水平位移。坡面高程为3.2～7.7m，约6m高程处两岸坡水平变形绝对值相同；6m以下左岸挡墙表面位移小于右岸坡表；6m以上高程，左岸挡墙表面变形持续线性增长，而右岸则减小；同时可以看出，左岸挡墙外表面变形最小值在墙底，最大值在墙顶，表现出整体转动特征，右岸岸坡表面则在坡面中部5～6m高程处达到最大的水平位移。

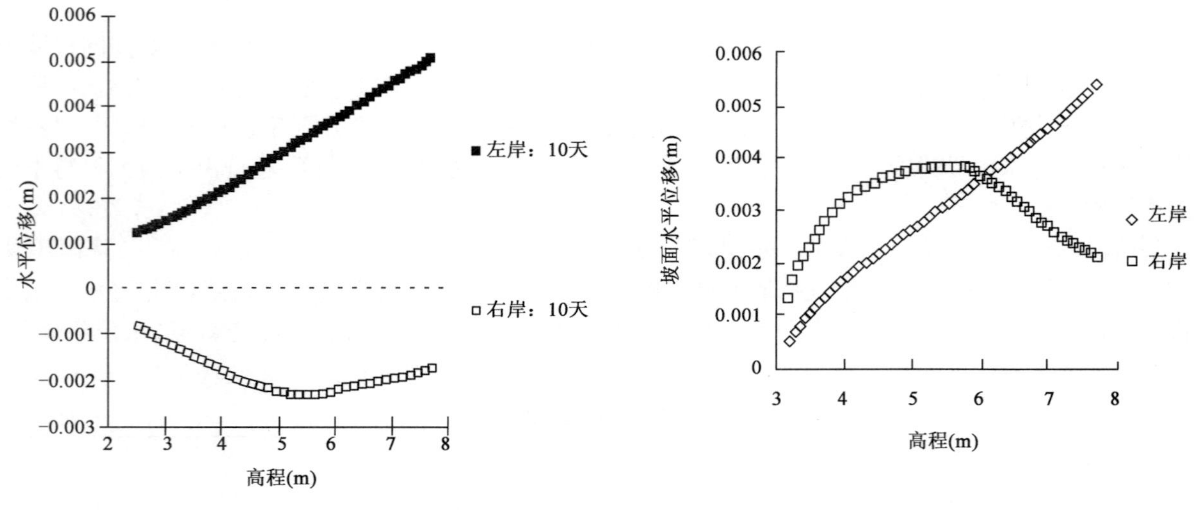

图5　降雨10天的水平位移图

图6　挡墙临水面与右岸斜坡表面的水平位移

另外，在本模型两岸水平表面作用16kPa荷载的情况下，岸坡水平变形右岸斜坡大于左岸（同高程作对比）；岸坡竖向位移左岸小于右岸，即左岸石笼网挡墙的临水面的竖向位移小于右岸自然岸坡表面竖向位移；两岸坡顶水平段在荷载作用下竖向位移右岸略大于左岸。

上覆黏土、下卧砂土的岸坡计算安全系数如表2所示。初始时刻，左岸由于石笼网挡墙的保护，安全系数高于右岸自然岸坡。降雨与渗流稳定期两岸安全系数相差不大，因为下卧砂土很快饱和，剩下表层黏土厚度不大，两岸的渗流场接近。水位快速降落前，左岸安全系数明显高于右岸。对比表1和表2可知，二元结构石龙网在初始时刻、降雨初期和水位稳定期安全系数略低于前者，但都在1以上；在水位快速降落期，安全系数明显高于前者。

黏性土和砂土互层土质岸坡石笼网挡墙防护安全系数

表2

计算阶段 \ 方法 / 位置	GLE 优化		Spencer 优化		Morgenstern-Price 优化	
	左岸	右岸	左岸	右岸	左岸	右岸
初始时刻	1.365	1.033	1.338	1.043	1.372	1.041
10 天	1.761	1.542	1.729	1.612	1.690	1.588
70 天	1.750	1.559	1.756	1.560	1.699	1.556
70.1 天(降至4m)	1.240	0.849	1.248	0.863	1.200	0.857

如图7荷载作用下,左右两岸最小安全系数对应的滑弧差异甚大,左岸由于石笼网挡墙的作用,滑弧从墙底土体穿滑面较深,安全系数较大。另外,挡墙本身自重较大,对于岸坡稳定有一定的积极作用。用 Morgenstern-Price 法[4]计算出来的左右岸安全系数分别为1.459和1.027,显示出挡墙对于岸坡抵抗荷载作用是有较大贡献的。

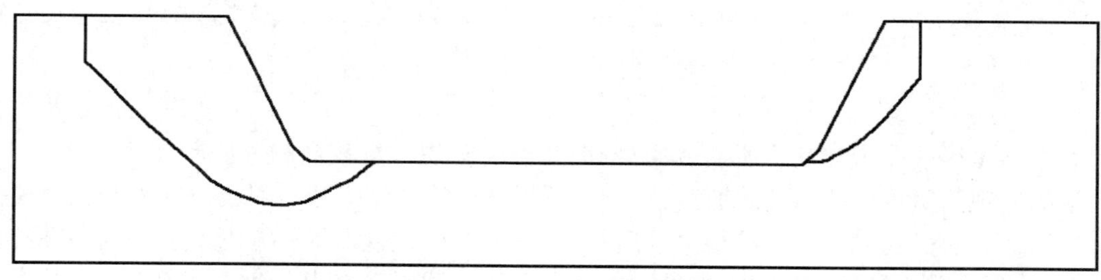

图7 荷载作用下两岸最小安全系数对应的滑弧位置示意图

3 结论

本文分析了航道土质岸坡传统防护技术的优缺点,在此基础上进行生态柔性治理技术研究。应用有限元法对石笼网挡墙覆植生态挡墙驳岸进行数值模拟及对比分析,论证了其有效性和实用性。结果表明,石笼网挡墙对于岸坡的稳定有诸多的积极作用,特别在水位降落期表现得很明显。当然它也有不利的一些影响,如渗透性过大,会使得墙后坡土受河水浸泡,如不做好墙背与土体之间的反滤措施,就会引起岸坡土体流失,进一步影响挡墙与河岸的稳定。同时石笼网挡墙的很多优点是目前有限元软件无法通过考虑某些参数来达到很好的模拟效果的。一般数值计算重在考虑其力学、结构方面的优势,像其他如生态、水文等效应就较少受到重视。所以石笼网覆植生态护坡及另外三种土工材料覆植生态防护技术都属于同一类别,除了数值模拟,还应多从理论研究和实际工程应用方面去探讨其在生态护岸中的更多优势与价值所在。

致谢:感谢国家自然科学基金重大研究计划集成项目(91215301)、水利部公益性行业科研专项项目(201301022)、江苏省交通运输科学研究计划项目(2011Z01-1)以及国家自然科学青年基金项目(51009097)的资助。

参考文献

[1] 钦志强,祝卓,胡献明.柔性生态袋在河道生态建设中的应用[J].浙江水利科技,2010(04):111-112.
[2] 梁爱斌,田启明,常海清.浅谈生态袋边坡复绿技术[J].科技信息,2009(22):I0348-I0348.
[3] 刘坚强,程启开.生态石笼网防护结构设计与施工应用[J].江西煤炭科技,2009(04):72-74.
[4] 陈昌富,朱剑锋.基于 Morgenstern-Price 法边坡三维稳定性分析[J].岩石力学与工程学报,2010(07).
[5] 谢州.内河航道土质岸坡生态防护及其数值模拟研究[D].成都:四川大学,2013.

土体裂隙演变过程数值模拟

谢 州[1] 韩利彪[2] 饶志刚[3] 肖红玲[3] 何建树[4] 吴 艳[4]

（1. 四川省河川工程咨询有限公司；2. 四川大学水利水电学院；
3. 江苏省常州市航道管理处；4. 新疆水利水电科学研究院）

摘 要 把土中裂隙简化为对称圆柱体模型进行有限元数值变形模拟研究，分析土体单个裂隙在不同气候如蒸发、降雨等条件下的发生、发展和闭合过程。数值计算表明，蒸发时土体表面慢慢开始产生裂隙，逐步向深处发展。如果限定了裂缝深度，当裂隙发展至设定的最大深度后，整个裂隙面的变形速度趋于一致。降雨时，土体表层最先开始回弹，并很快闭合，出现了土中存在未闭合裂隙而表面却完全封闭的情形。随着时间的增长，深部未闭合裂隙会逐步闭合，但是受大气降雨影响较小因而回弹变形较缓慢。

关键词 裂隙演变 数值模拟 干湿循环 变形滞后 变形回弹

土的裂隙性是很多非饱和黏土所共有的，特别是黏性矿物含量较高的膨胀土尤为突出。土坡表层土含有大量的宏观与微观裂隙，裂隙的存在影响土质岸坡的稳定性。通过对土裂隙展开数值模拟，研究其发生、发展过程，对于我们认识土的根本性质有极大的意义。裂隙的存在，使得土体不再是通常所假定的连续介质，而是非连续的。所以一般针对连续介质的各种研究方法和计算手段难以对其进行分析。本文通过简化，将土体沿裂缝割裂成土柱，把它看作圆柱体用对称的方法模拟土裂隙，通过有效设置各种条件，利用现有的计算软件获取有用的结果。

1 计算模型及条件控制

裂缝在降雨、蒸发两种气候因素共同作用时，土体表层在多次干湿循环中导致裂隙产生、发展、闭合和再开裂。沈珠江[1]等对黏土干湿循环情况下裂缝的演变过程做了数值模拟研究，其方法是借鉴砂井的处理方法，以裂缝为边界，取出一个多边形棱柱简化为圆柱体，按照轴对称问题来进行计算分析。即将黏土在地表上形成的裂缝网络在平面上大多成多边形分布[2-3]，通过简化，借助有限元软件进行分析。本次模拟同样借助 Geo-Studio[4] 有限元软件进行分析，用轴对称方法来进行数值模拟，以描述黏土中裂隙在蒸发、降雨、干湿循环作用下的形成、发展、闭合等现象。

1.1 计算模型设置

本研究简化的轴对称模型如图 1 所示，计算深度为 4m，矩形 $OACB$ 表示计算区域，abc 为一完整的楔形裂缝。OA 为圆柱体中轴；OB 为圆柱体半径方向，其长度为裂缝间距的一半；BC 边为裂缝所处位置；OA、OB、BC 边为不透水边；中轴 OA 边 y，r 方向的位移均被约束，AC 为地表面，也是蒸发入渗的分界面。

材料参数：计算初始应力场时材料模型选为线弹性，弹性模量 $E=8\text{MPa}$，天然重度 $\gamma=19\text{kN/m}^3$，泊松比 $\mu=0.3$。竖直向和水平向的渗透系数相同，即 $k_r=k_y=7.5\times10^{-6}\text{cm/s}$。

计算模型有限元网格划分如图 2 所示，计算宽度 20cm（即 1/2 裂缝间距），深度 400cm。其中距地表 100cm 深度、距裂缝 5cm 范围内网格加密。由于所取区域宽深比较大，为了显示方便，模型建立时横纵坐标分别选取不同的比例尺。

1.2 控制条件

模拟分两个阶段，第一阶段为土体表面不断蒸发，裂隙产生、发展；第二阶段为降雨作用下裂隙闭合。通过在有限元模型边界施加水力边界条件来实现蒸发和降雨的模拟，如图 3 所示，纵坐标为流量边

界，负值表示蒸发，正值为降雨；土体蒸发与降雨强度相等，均为0.75mm/d，持续20d，时步划分时，1d等分为4个时段，先蒸发后降雨各80步。渗流计算时不考虑地下水位升降的影响，将底部土体边界的孔隙水压力设置为一不变量。

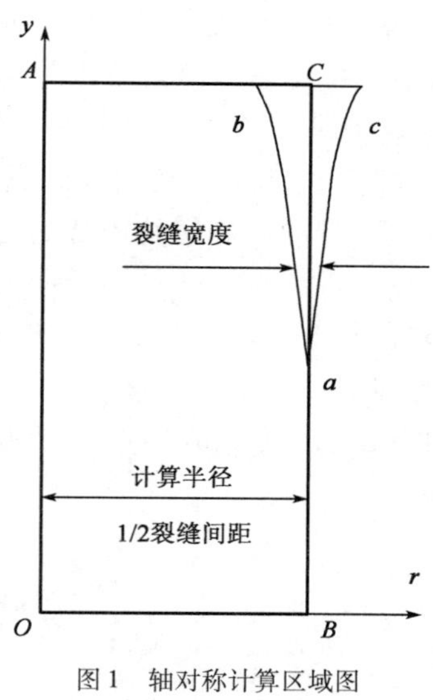

图1　轴对称计算区域图

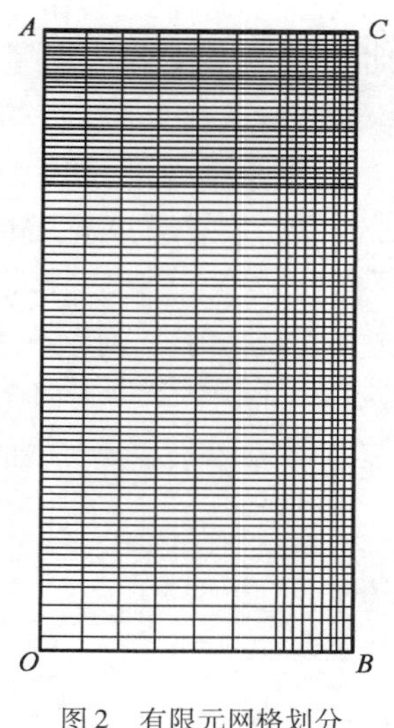

图2　有限元网格划分

2　计算结果及分析

2.1　蒸发条件下水压力和变形分析

首先计算初始应力场，再作瞬态渗流计算，根据瞬态渗流中孔隙水压力的变化，计算出土体的体积变形，从而输出变形结果。如图4所示，加深处外框为未变形土体轮廓，格子区域为变形网络。由于未能考虑土体的抗拉强度等因素，本次模拟未将裂缝开展深度作为模拟对象。计算出蒸发阶段和降雨入渗阶段的网格变形图均放大500倍显示。

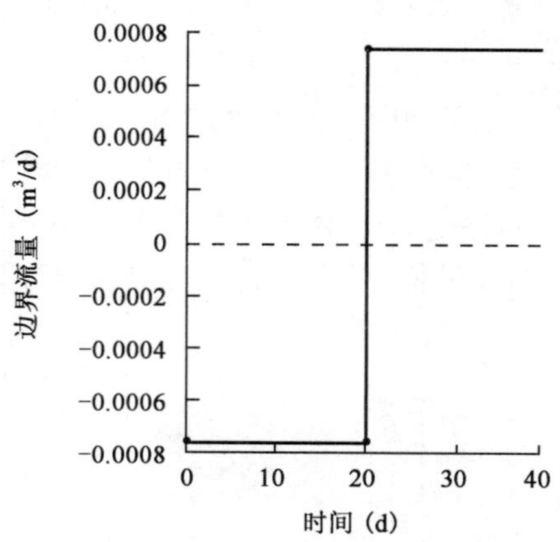

图3　降雨与蒸发水力边界条件

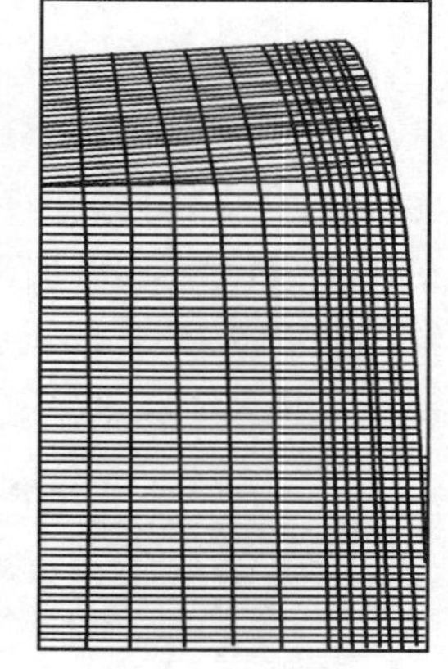

图4　蒸发条件下20天末的网格变形图（粗框为初始网格边界）

2.1.1　水压力分析

通过孔隙水压力的变化来计算其变形，微小蒸发也能影响到整个土体的孔隙压力分布，从而使整个土柱都有变形发生。孔隙水压力（本计算研究的土体处于非饱和状态即是负的孔隙水压力——基质吸力）的变化如图5所示。由于蒸发强度不大，整体上没有引起基质吸力的强烈波动，最大变化在土体表面，范围为－39kPa（0d）～－46kPa（20d），共7kPa的变化。从地表往深处看，孔隙水压力变化越来越小。由于本模拟考虑的是非饱和土且假定地下水位恒定（土柱底部基质吸力不会发生变化），所以孔隙水压力全为负值。从图5中可以看出基质吸力随土体埋深增加逐步减小（负的越少），且随蒸发时间的增长有增加的趋势——地表增加量最大，反映了蒸发在地表最强烈的事实。

2.1.2 变形分析

图6为蒸发条件下模型边缘 *BC*（假定裂缝位置）的开展宽度随深度、时间的变化图。图中0d系列点所在的直线相当于模型中假定裂缝所处位置，纵坐标为土柱高度，0m和4m位置分别为土柱的底部和表面；横坐标为裂缝开展宽度，负的表示裂缝开展，0表示裂缝愈合，大于0的当0看待，即裂缝还是处于闭合状态。由图可以看出，初始状态时裂缝未形成，随后随时间的微小增长，均有裂隙宽度的加大。通过最初几天的对比，裂缝开展宽度也是随时间及土层深度在变化。裂缝开展总体趋势为地表宽度最大，逐步向土层深处减小，且为非线性关系；蒸发历时越久，裂缝开展宽度也越大，但在较小的蒸发强度下，地表的裂缝宽度维持在一到两个数量级范围，在本次计算条件下，20d时裂缝最大宽度0.089mm。当裂缝在深部开展到一定宽度后，随时间的增长，裂缝展开宽度的增量几乎在各深度都相等，即如图10d，15d，20d三个时段的裂缝开度曲线几乎是平行扩大的，说明此时整个裂缝面都处于近似等强度蒸发。

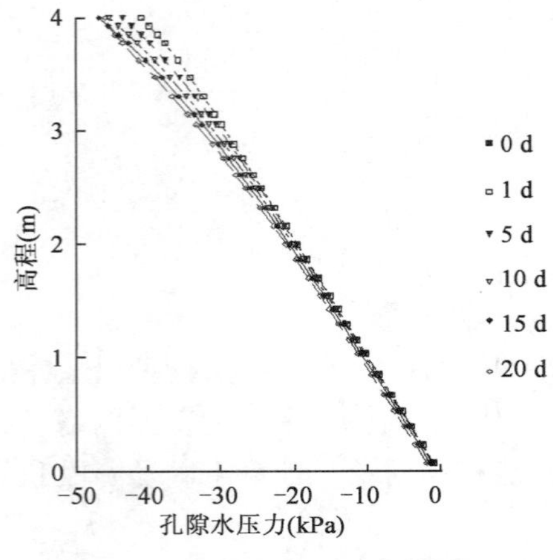

图5 蒸发条件下孔隙水压力分布图

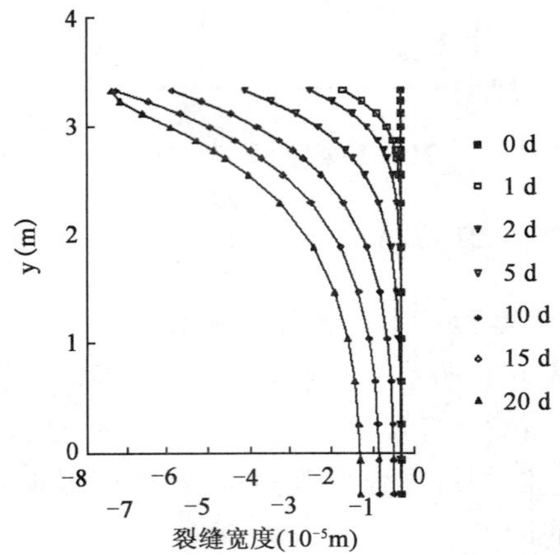

图6 蒸发条件下裂缝形成与发展规律图

2.2 降雨条件下水压力和变形分析

裂缝产生后，当降雨发生时，裂缝会逐渐闭合。在模型中土表面 *AC* 上施加流量边界来模拟降雨过程，研究裂缝愈合的过程。降雨时有限元计算网格变形如图7所示。图中标记的天数是从蒸发开始的，即有20d是蒸发时段，如标记40d时对应连续降雨第20d。从网格变形图中可以看出，降雨条件下裂缝在靠近地表部分闭合较快，而下部裂缝回弹迟缓，以致随降雨时间的推移，土体表层裂缝已经愈合，可是深部裂缝还未来得及完全膨胀来恢复干缩时的变形。

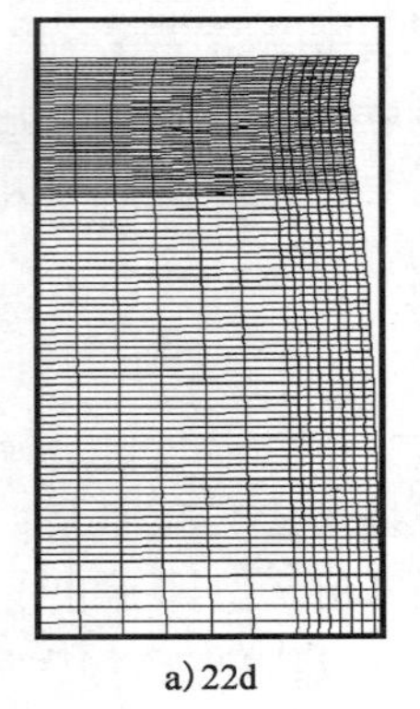
a）22d

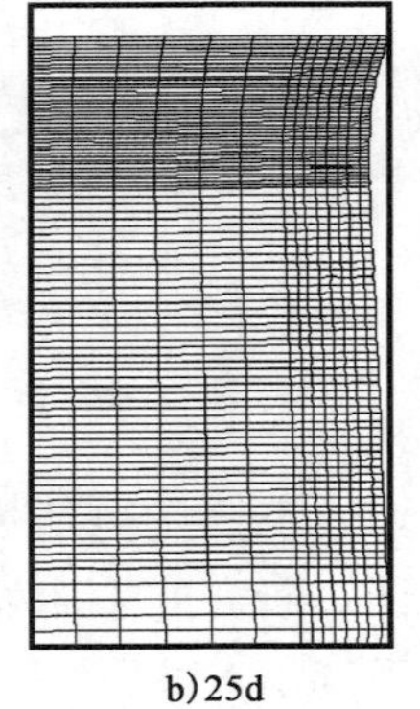
b）25d

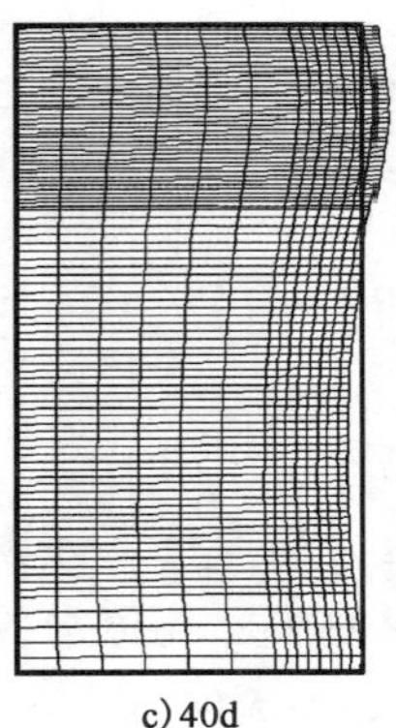
c）40d

图7 降雨条件下裂隙闭合网格变形图

2.2.1 水压力分析

图8为降雨时裂缝边缘孔压分布，可以看出孔压变化最大的部位也在地表，基质吸力降低从-46kPa到-35kPa，共11kPa的变化。同样的时间，降雨引起的基质吸力减少量多于蒸发阶段地表土基质吸力的增长。蒸发结束后立即施加降雨的初期，深部土层的基质吸力仍有增长，大约降雨10d(模型计算时间点30d)后吸力才开始减小，表明降雨此时才影响到它的分布。图9也可看出，深部土裂隙变形在最初降雨10天(20~30d)还在扩展，当然幅度很小；上部裂隙由于基质吸力的减小，裂隙逐渐闭合。图中虚线(横坐标为0)表示假定裂缝的位置。

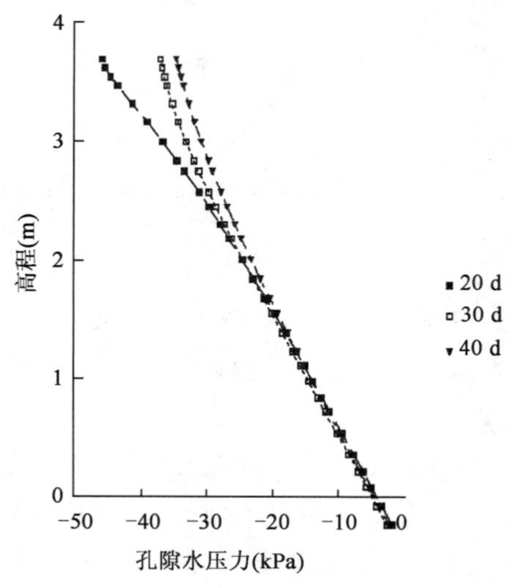

图8 降雨条件下裂缝边缘空隙水压力随深度分布

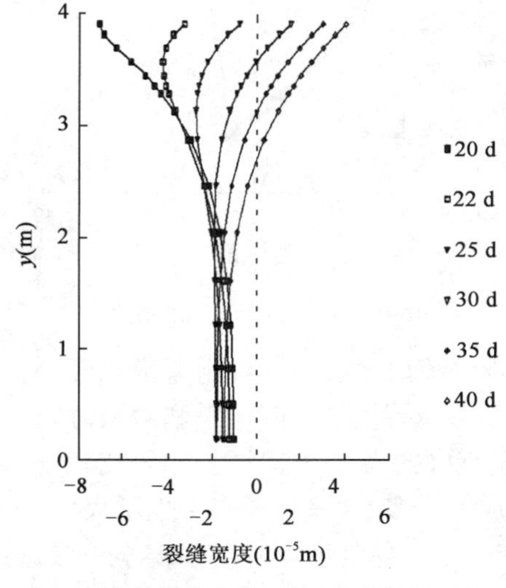

图9 降雨条件下裂隙发展规律

上述分析说明，降雨时孔压在深层土中不是立即发生变化，只有表层最先受降雨影响，孔压变化较早，且很剧烈；深部土层，孔压由于前期蒸发持续作用还未完全反应，所以降雨来临时，负的孔压还在增大(负的更多)。这正好能说明，为什么边坡破坏总是发生在降雨之后，因为降雨时基质吸力并未完全释放，还在增长，一定程度上增强了边坡的抗剪强度，提高了土体的稳定性。从裂隙40d的变形来看，降雨与蒸发时间相同，强度相同的条件下，裂缝未能完全愈合，深层土裂隙还处于开裂状态，反映了变形滞后的特点。

如图10所示，更能清晰地查看到地表孔隙水压力在蒸发阶段从-40kPa变化到-48kPa，降雨阶段从-48kPa变化到-35kPa。蒸发阶段孔隙水压力缓慢减小，降雨情况下孔隙水压力相对于蒸发阶段增长迅速，即图中曲线以20d为分界，前半段坡度较缓，后半段降雨初期坡度较陡，后半段孔压增长趋于缓慢。

蒸发阶段20d孔压降低8kPa；而降雨阶段一共增长13kPa，初期不到5d就增加8kPa，随后的15d孔压只增长了5kPa。这说明当蒸发与降雨强度相同的情况下，蒸发时基质吸力(负的孔隙水压力)增长要难于降雨时基质吸力的减小，所以蒸发时由于吸力的缓慢增长提高了非饱和岸坡坡土抗剪强度，而降雨初期地表土的基质吸力迅速地减小，明显降低了岸坡土体的抗剪强度，从而影响岸坡的稳定性，这就是表层滑坡易于发生的机理。

2.2.2 变形分析

如图11所示，地表处裂缝在蒸发条件下不断扩展，降雨时迅速回弹并闭合。实际土体中不会出现如图纵坐标为零的情况，是由于模拟过程中未限制裂缝膨胀沿横向的位移，所以当裂缝发展到纵坐标为0时，我们认定裂缝在对应时刻对应位置以上土体裂隙完全闭合。同样，在20d蒸发累积起来的裂缝宽度，由于降雨裂缝回弹，愈合时间只用了5d。

对比图10和图11，地表孔隙水压力分布与地表裂缝开展宽度变化曲线极其相似，正是孔压的变化，引起了土中应力状态的改变，从而产生了相应的变形。由于初始状态设定的土体表层孔压为-40kPa，所以降雨条件下，孔压到达这个值时地表裂缝就基本闭合了。但深层土体在同样的时刻，孔压值还未能恢复到初始状态，所以对应位置的裂缝还不能完全闭合，这就造成了降雨时裂隙变形的滞后现象。

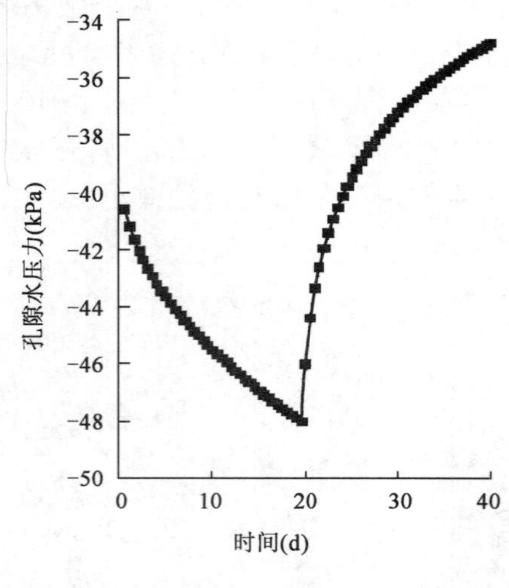

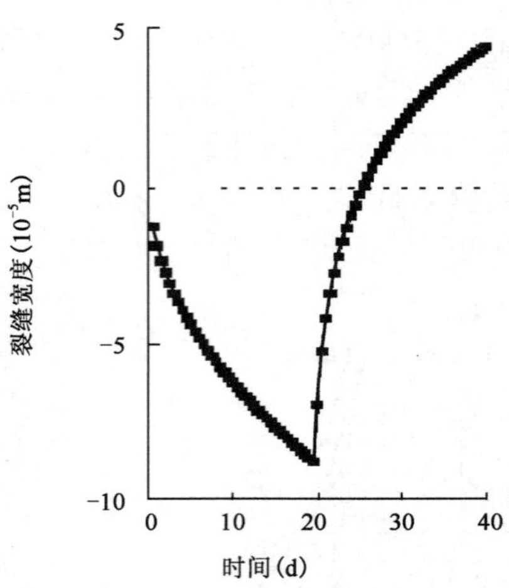

图 10　地表孔隙水压力变化图

图 11　地表裂缝宽度随时间的变化

前面计算时蒸发量和降雨量都比较小，均为土体的渗透系数的 1/10，而且降雨时裂缝并未完全闭合。下面考虑持续增大降雨量和降雨时间来考察裂隙发展情况。

经过增大蒸发量和降雨量的研究，发现蒸发时基质吸力增加量更大，导致降雨时基质吸力降低数量范围也加大更多，裂缝开展宽度也增大，说明降雨蒸发强度大，土中湿胀干缩更剧烈，土体结构容易遭受破坏，降低了土体强度。降雨强度小于渗透系数时，裂隙完全闭合，但是土体表层并未饱和（50d）。目前的模拟结果可以模拟土体的膨胀和干缩，但是对于开裂深度未能模拟。模型在经历先蒸发后降雨的过程，伴随着裂隙从表土开始发生，继而开度增大发展至土体深层，降雨后表层土体先闭合，下部有闭合滞后于上部土体的现象。

数值计算表明，裂隙的存在，只是在降雨初期影响了渗流过程，浸润线与无裂隙边坡有所不同；而一定时间后，浸润线发展进入土层一定深度，包含裂隙的上部土层都处于饱和状态，裂隙对渗流几乎没有影响。

3　结论

数值模拟计算研究表明，蒸发时，土体基质吸力逐渐增大，土体表面慢慢开始产生裂隙，逐步向深处发展。模拟过程中限定了裂缝深度，当裂隙发展至设定的最大深度后，整个裂隙面的变形速度趋于一致。所以蒸发时由于吸力的缓慢增长提高了非饱和岸坡坡土抗剪强度。降雨时，土体表层最先开始回弹，并很快闭合，出现了土中存在未闭合裂隙而表面却完全封闭的滞后现象。同时降雨初期地表土的基质吸力迅速地减小，明显降低了岸坡土体的抗剪强度，从而影响岸坡的稳定性。随着时间的增长深部未闭合裂隙会逐步闭合，但是受大气降雨影响较小，因而变形回弹较缓慢。

致谢：感谢国家自然科学基金重大研究计划集成项目（91215301）、水利部公益性行业科研专项项目（201301022）、江苏省交通运输科学研究计划项目（2011Z01-1）以及国家自然科学青年基金项目（51009097）的资助。

参考文献

[1] 沈珠江，邓刚．黏土干湿循环中裂缝演变过程的数值模拟[J]．岩土力学，2004(S2)．

[2] 唐朝生，施斌，刘春，等．黏性土在不同温度下干缩裂缝的发展规律及形态学定量分析[J]．岩土工程学报，2007(5)．

[3] 易顺民，黎志恒，张延中．膨胀土裂隙结构的分形特征及其意义[J]．岩土工程学报，1999(3)．

[4] 曾繁文．基于 GEO – Studio 软件对排土场边坡稳定性的分析[J]．科技信息，2013(02)．

[5] 谢州．河航道土质岸坡生态防护及其数值模拟研究[D]．成都：四川大学，2013．

生态护坡技术在航道岸坡防护中的应用探讨

苏　洁[1]　张　明[2]　朱红亮[2]　饶志刚[2]　肖红玲[2]

(1. 四川大学水利水电学院;2. 江苏省常州市航道管理处)

摘　要　传统的边坡防护技术主要是以水泥、钢筋等高耗能产品为材料进行边坡治理,而生态护坡技术利用植被根系和枝茎对边坡土体加固以及改变土体水文特性的能力,实现对自然环境和生态系统的修复,是可持续发展的护坡技术。本文从生态护坡的原理出发,对比分析了传统护坡技术和生态护坡技术的特点,并介绍了航道岸坡中采用的生态护坡技术,诸如土工合成材料的使用、新型植物基质等。对生态护坡的技术特点和发展趋势进行了探讨,生态护坡技术由于其护坡效果在时间上的滞后性和功能上的有限性,而无法完全取代传统护坡,所以两种方法结合是边坡防护技术发展的趋势。

关键词　生态护坡　根系加固　航道岸坡　土工合成材料　植被生长基

水运是一种低成本能进行大批量、远距离运输的有效运输方式,并在干线运输中起主力作用。我国内陆江河湖泊密布,有着充裕的内河航运资源。对航道进行有效的维护管理,将极大促进内河航运的发展。航道岸坡长期浸泡在水中,且饱受河水冲刷淘蚀,特别是洪水期要面临高水位大流量,容易出现滑坡崩岸情况而影响河道的通航能力。航道岸坡的防护是航道维护管理的关键任务之一。随着生态护坡技术的发展成熟,航道岸坡防护也逐渐引入生态护坡的理念,并取得良好的成效。

生态护坡理念历史悠久,早在1633年日本展开了生态护坡技术的初探;20世纪30年代生态护坡技术在中欧得到了极大的发展;接下来30年里,世界上很多国家开始广泛应用该技术[1]。国内的生态护坡技术起步相对较晚,但是随着经济的快速发展和人们绿色环保意识的增强,生态护坡理念开始备受关注。从中国知网权威统计中,发现“生态护坡”的学术关注度从1997年到2012年呈现逐年攀升迅速提高的趋势,极高的学术关注度,将迎来生态护坡技术的快速发展和进步。

1　生态护坡的原理

经历近400年的发展,生态护坡技术已广泛应用于土木工程的众多领域,但目前尚无一个既定的术语。国外有坡面生态工程、坡面生物工程的说法,国内学者则提出了生物护坡、植被固坡、植物护坡[1-2]。植被具有增强土体的稳定性和强度的能力,利用植被的这一特性将其应用于加固不稳定的边坡就是生态护坡。

植被固坡有着巧妙的力学机理。布满根系的土体类似于一种合成材料,其中土体抗拉强度较低,根系的抗拉强度较高,对于直径2~5mm各种类型的树根,其抗拉强度可达到8~80MPa。根系加固机理与土钉加固非常类似,由于根系与土体接触面存在摩擦力,根系能将土体所受的剪切应力转变为根系所受的拉应力,从而增强了土体的抗剪强度。根系加固土体的效果会受到剪切区域根系的生长方向和几何分布、根土结构的摩擦特性、根系的力学特性、剪切区根系含量等因素影响[3]。由于根与土层之间的摩擦力足够大,植物根就不会被拉出,这时植物根就起到锚固的作用。含植物土层如受剪切,原本垂直于剪切面的植物根变形受拉而偏离垂直方向一个角度(图1),这时含根土层等效抗剪强度也因此提高,从而提高了边坡的稳定性[4]。

吴积善、陈晓清等人的研究表明[5-6],草本植物、灌木、乔木根系深入土体的深度有所不同,分别是2~10cm、0.5~4m、2~10m。其根系的稠密程度则逐渐变稀疏。如图2所示,草本植株的根系主要分布在土壤浅层,稠密的根系有效提高了土体的整体性和抗侵蚀能力。灌木根系则是草本到乔木的过渡段,

乔木的根系深入土体甚至岩体，起到锚固作用。三种植被根系呈现倒锥形分布，呈现浅层加筋深层锚固的结构状态。

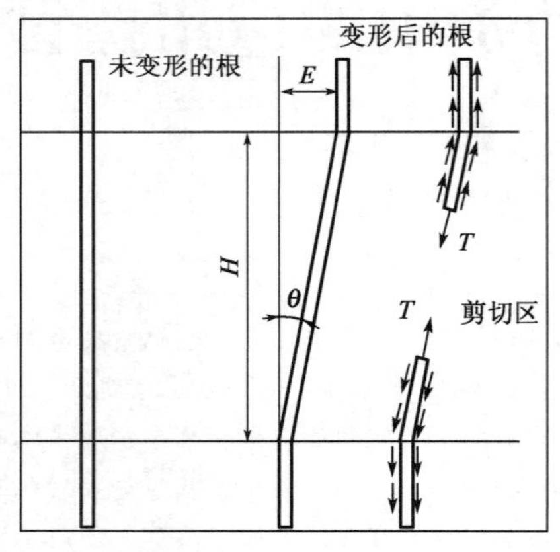

图1　植物提高土层剪切强度示意图[4]

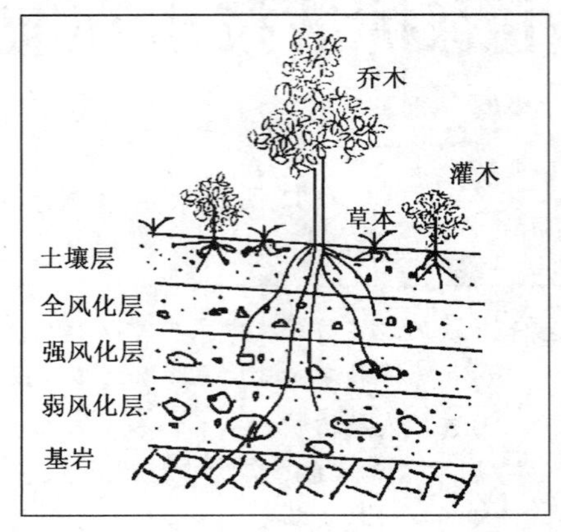

图2　植被根系分布[6]

从工程的角度讲，生态护坡技术通过生态途径达到边坡稳定安全的效果即可。从生态学角度来看，生态护坡目标是要形成一个完整的生态系统，涉及动植物和微生物[1]。一个相对完整的生态系统才能有效进行物质、能量的交换，这样的护坡技术才能够持续发展不断强化。

2　传统护坡与生态护坡技术的特点

传统的护坡技术伴随土木工程的发展不断成长，具有更为悠久的历史。该技术的优势在于具有成熟的理论和技术。它能够处理高难度边坡工程问题，且有即时护坡的功效，其安全性和耐久性具有较高的保障。不足之处在于，工程一次性投入大，护坡材料中的钢筋、混凝土等为高耗能材料，不具备环保效益。护坡材料呈现逐步老化的趋势，工程效果可能不断弱化[7]。此外，生硬的传统护坡工程与周边环境不协调，破坏环境和景观，影响生态系统的正常循环，违背了生态环保和可持续发展的理念。

生态护坡技术弥补了传统护坡技术的不足。该技术实现边坡的安全稳定及耐久目标的同时，为生物创造良好的生存环境，保护良好的自然景观。生态护坡技术合理地将工程目标和生态目标相结合，同时随着植被的生长繁殖，护坡的成效以不断增强的趋势发展。生态护坡技术也有不足之处，植被的生长需要一定的周期，初期难以达到预期的护坡效果；植被生长需要与之相适宜的土壤气候条件，所以需要进行后期养护。

传统护坡技术把边坡的力学稳定作为单一工程目标，生态护坡技术是在此基础上发展起来的。生态护坡技术吸取了传统护坡技术中的理论方法，引入了生态环保的新理念，注重工程的环保效益。两者呈现一种优势互补的状态，生态护坡将在传统护坡理念的引导启发下不断完善发展，将成为边坡工程发展的新方向、新阶段。

3　航道岸坡生态护坡技术优势及分类

单一的植被种植难以实现边坡防护的目标，生态护坡技术通常与其他工程措施相结合。按照工程措施的不同，生态护坡技术主要从以下三个方面开展：与传统护坡技术的结合；与土工合成材料的结合；在基质研发和施工方式的创新。不同程度上将生态的理念引入到航道河道岸坡防护中，充分发挥植被对边坡稳定以及防冲刷功效。从生态的角度而言，生态护岸为水生生态系统和陆生生态系统的联系和交流提供了渠道，利于地下水体的交换循环，对河流水流特性和温度环境的影响较小，利于水中生物的生存繁衍以及水体自净能力的恢复。从景观的角度而言，生态防护更为美观协调，实现了人与自然的和谐共处。对绿化空间有限的城市而言，生态河道更是一道亮丽的风景线。

3.1 与传统护坡技术的结合

将传统的护坡技术和植被固坡方式结合，进行合理的结构设计，是生态护岸较为常规的方式。传统技术和结构设计方案的选取是根据通航要求、河岸土体特性、岸坡特点以及可用材料等多因素，综合考虑进行经济合理的设计。

设计方案因地制宜多种多样，常用的方案有抛石护脚 + 植草护坡（图 3），该方法造价低廉施工简单，但植被护坡部分抗冲击能力差；预制混凝土连锁空心块体，连锁块体砌筑抗冲刷能力良好，结构整体性好，块体空心处供植被生长和水体渗流，施工便捷，适应能力强；直立矮墙 + 混凝土方格植草，直立矮墙的设置可节省放坡距离，同时利于河道通航能力的保证，混凝土方格与格子梁类似，对边坡的稳定起到骨架作用，为植被的生长提供了更为开阔的空间条件[8]。此外，还有木桩植被复合护岸（图 4），沿着河岸向岸坡底部直接打入圆木桩，抵挡船行波及水位变化带来的冲刷和掏蚀，上部的土坡种植根系发达观赏性较好的湿生植物，该类型的护岸不仅可满足生态型护岸的去硬质化的要求，还能满足一定的抗洪能力，适用于大部分自然原型河岸的生态修复[9]。传统护坡技术与植被护坡方式的结合设计还有许多种，不再一一列举。

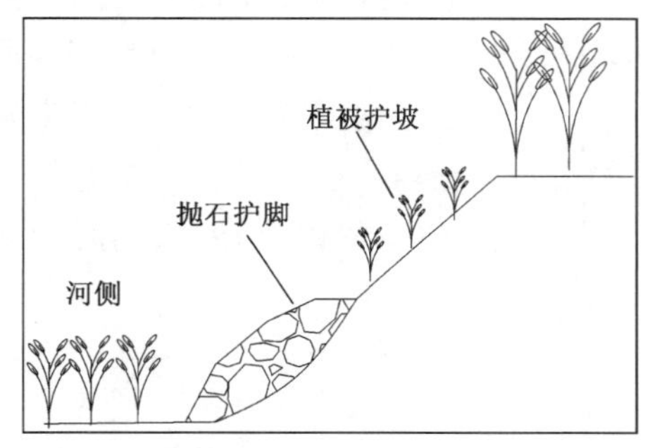

图 3　抛石护脚 + 植草护坡[8]

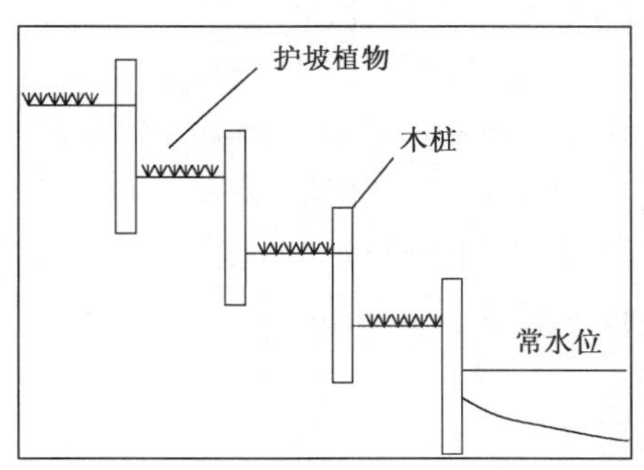

图 4　木桩植被复合护岸[9]

3.2 与土工合成材料的结合

土工合成材料在强度、柔韧性、渗透性、耐久性等多个方面具有相当的优越性，土工合成材料和生态理念的结合产生了一些经济可行的生态护坡技术。

生态袋护岸技术（图 5），即在袋中装入客土作为植被生长的基质，通过连接扣、加筋格栅等组件连接，在冲刷较严重的坡脚部位利用石笼作为护脚，形成力学稳定的软体岸坡。该技术既能防止岸坡坍塌，适合植物存活和生长，而且能为水生生物提供多样性栖息环境。该技术的优势在于生态袋较高的挠曲性，可适应坡面的局部变形，并可形成阶梯坡状[10]。

土工格室（图 6）技术，即将土工格室铺设在岸坡上，格室中填充腐殖土、植物种子、碎石等材料组成的混合物。改变格室深度和孔形组合，可获得刚性或半弹性的板块，大幅度提高松散填充材料的抗剪强度，抗冲蚀能力较强。土工格室的围拢及抗拉作用使得填料能够承受一定的水流冲刷[10]。

图 5　生态袋护坡

图 6　土工格室护坡

三维网护岸技术，即将网片紧密固定在岸坡上，播散植被种子，然后撒土覆盖。网垫具有高孔隙率、强通透性，利于植物根部的发育；网片表面粗糙凹凸，减缓水流冲刷。植物生长茂盛后，网片与根系、土壤形成一个强劲加筋体，起到复合护坡的作用[11]。

3.3 新型植被生长基质材料

河道岸坡问题在于倾斜的坡体自稳能力差，松散的坡土难以为植被的生长提供一个稳定的环境。因此生态护坡技术的发展有了一个新方向，即新型的植物生长基质材料的研制。目前比较主流的有植被型生态混凝土、水泥生态种植基以及土壤固化剂。

植物型生态混凝土起源于日本，后推广于河道护坡方面。其由多孔混凝土、保水材料、缓释肥料和表层土组成。多孔混凝土由粗集料、水泥、适量的细掺和料组成，起骨架作用。保水材料以有机质保水剂为主，并掺入无机保水剂，为植物提供必需的水分。表层土铺设于多孔混凝土表面，形成植被发芽的空间，减少土中水蒸发，提供植被发芽初期的营养[12]。植被混凝土基材具有一定的强度和抗侵蚀性能，可直接作为岸坡防护材料。该技术机械化程度较高，可进行全坡面喷植，具备劳动强度低、生产效率高的优点[13]。水泥生态种植基是由固体、液体和气体三相组成，具有一定强度的多孔性材料。固体物质主要是土壤、肥料、有机质及由低碱性的水泥、河砂组成的胶结材料等，固体物质间有稻草秸秆等成孔材料形成孔隙。在种植基内还可填充保水剂。水泥种植基构筑的固、液、气三相体为植被提供了良好的生长环境[14]。土壤固化剂是以水泥主体掺入特殊的激发元素后制成，与土壤混合后经过一系列物理化学反应，固化剂中的固化分子形成三维网状结构，提高土体的抗压、抗渗、抗折等性能指标，同时能够满足植物生长的必要土壤环境[14]。

4 结语

植被固坡具有坚实的理论基础和优良的实际效果。但是由于固坡能力在时间上的滞后性和功能上的局限性，植被护坡需要与其他的工程措施结合来实现护坡目标，从而形成了众多生态护坡技术。岸坡对河流水生和陆地生态系统的交流和联系、各自的健康发展至关重要，生态护坡技术在航道中的采用保证了河道的通航能力，同时具有极高的生态环境效益。

岸坡生态护坡技术多种多样，与传统护坡技术结合的生态护岸方法，常常是因地制宜、就地取材，具有良好的护岸效果。采用土工合成材料的护岸技术经济而便捷，土工材料与岸坡土、植被根系共同形成的体系，具有极高的稳定性。新型植物生长基质方法，基质自身的力学特性能够满足稳定要求，同时能为植被提供适宜的生长环境，能实现较高的机械化作业。

致谢：感谢国家自然科学基金重大研究计划集成项目（91215301）、水利部公益性行业科研专项项目（201301022）、江苏省交通运输科学研究计划项目（2011Z01-1）以及国家自然科学青年基金项目（51009097）的资助。

参 考 文 献

[1] 张文虎，魏来强. 生态护坡的发展及其应用要点[J]. 河北农业科技，2009，13(6)：76-78，81.

[2] 张俊云，周德培，李绍才. 岩石边坡生态护坡间就简介[J]. 水土保持通报，2000，20(4)：36-38.

[3] Slobodan B. Mickovski，Alexia Stokes，Rens van Beek，Murielle Ghestem，Thierry Fourcaud. Simulation of direct shear test on rooted and non-rooted soil using finite element analysis[J]. Ecological Engineering 2011：1523-1532.

[4] 王可钧，李焊芬. 植物固坡的力学简析[J]. 岩石力学与工程学报，17(6)687-691.

[5] 吴积善，田连权，康志成，等. 泥石流及其综合治理[M]. 北京：科学出版社，1993：251-257.

[6] 陈晓清，崔鹏，韦方强. 良好植被区泥石流防治初探[J]. 山地学报，2006，24(3)：333-339.

[7] 刘黎明，邱卫民，许文年，等. 传统护坡与生态护坡比较与分析[J]. 三峡大学学报（自然科学版），2007，29(6)：528-532.

[8] 徐朝辉，步海滨，等. 内河航道生态护岸的发展及应用分析[J]. 水运工程，2009(432)：107-110.

[9] 罗朝晖，陈菁，等. 通南高沙土区河道岸坡生态治理模式研究[J]. 三峡大学学报（自然科学版），2012，34(5)：28-33.

[10] 张桂荣,赵波,等.土质岸坡生态防治技术研究[J].郑州大学学报(工学版),2012,33(5):87-91.
[11] 赖宽,王礼男,等.三维网在河道生态边坡建设中的应用[J].农业科技与装备,2012(212):46-47.
[12] 翟奕菡,刘艳芳,等.城镇河道生态护坡研究综述[J].河南水利与南水北调,2010(11):43-44.
[13] 夏振尧,许文年,王乐华.植被混凝土生态护坡基材初期强度特性研究[J].岩土力学,2011,32(6):1719-1724.
[14] 季永兴,刘水芹,张勇.城市河道整治中生态型护坡结构探讨[J].水土保持研究,2001,8(4):25-28.

浅谈塔梁固结矮塔斜拉桥施工工艺控制方法

潘建平　万建华

（丹金溧漕河航道整治工程桥梁1标）

摘　要　本文结合丹金溧漕河(金坛段)航道整治工程DJLC-SG-QL1标南墅大桥主桥——矮塔斜拉桥的施工实践,从主塔施工控制、悬臂浇筑施工控制、斜拉索索力控制、箱梁合拢及体系转换的工艺控制等方面介绍施工中应注意的控制要点。

关键词　矮塔斜拉　悬浇箱梁　工艺控制

1　工程概况

金坛市丹金溧漕河航道整治工程QL1标南墅大桥位于金坛市郊,由于航道改线挖断S340,为确保两岸之间的正常交通,建设南墅大桥,桥梁与航道夹角115.1°,斜桥正做。航道改建标准为三级,通航净空要求为60×7.0m,设计最高通航水位4.38m。南墅大桥全长350m,桥跨布置为3×20+(65+100+65)+3×20(m),主桥上部结构为三跨双塔单索面预应力混凝土部分斜拉桥,采用悬臂浇筑施工。引桥板梁采用工厂预制、现场汽吊安装施工,下部结构均采用柱式墩,钻孔灌注桩基础。

主要技术指标:荷载等级:公路Ⅰ级,设计车速:80km/h,桥梁宽度27.0m。

主桥上部结构采用挂篮对称悬臂浇筑法施工,0、1(1′)号块(以下简称0、1号)采用支架现浇,施工长度9m。因主塔施工0、1号块平面位置较小,挂篮无法安装,对2(2′)号、3(3′)号块亦采用满堂支架现浇施工,从4(4′)号梁段开始安装挂篮,悬臂浇注施工。2、3、4号梁段长度为3.0m,5号梁段长度为4.0m。6~12号梁段长度均为4.5m。边跨合龙段、中跨合龙段长2.0m,边跨现浇段长14.0m。悬浇最重节段为6号块,梁段混凝土100.2m^3,自重约2505kN。

主桥索塔总高24.5m,为钢筋混凝土实心矩形截面,顺桥向长3.8m,横桥向宽2.0m,布置在全桥中央分隔带上,并与箱梁0号块固结。塔身上部设有鞍座,以便拉索通过。每根斜拉索对应一个鞍座,每个索塔上均设有8对鞍座,每对斜拉索横桥向对称索塔中心线布置。

主桥结构如图1所示。

图1　主桥结构图

2　悬臂浇筑施工工序步骤

南墅大桥主桥箱梁施工工序步骤为:

(1)安装主墩支座,在主墩承台上设立临时支撑体系(墩梁固结),在主墩两侧搭设临时支架,并在临时支架上浇筑0、1号梁段混凝土,张拉0、1号块纵向、横向、竖向预应力钢束。

(2)在箱梁上搭设支架,分段浇筑桥塔混凝土。

(3)在主塔施工的同时,搭设2号块支架、预压,浇筑2号块箱梁混凝土,张拉纵横向预应力钢束。

(4)搭设3号块支架、预压,2号块完成后,调整3号块支架,安装模板、钢筋,浇筑3号混凝土,张拉预应力钢束。

(5)在3号块上拼装挂篮、预压,利用挂篮悬浇施工4号块箱梁。

(6)在主塔施工完成后,继续在挂篮上逐段对称、平衡浇注5~12号块等有索区梁段,在挂篮前移后对称安装并张拉上一梁段斜拉索。

(7)搭设边跨现浇段临时支架,浇筑边跨现浇段混凝土。

(8)将边跨挂篮前移,改装为吊架,对边跨进行压重,在边跨合龙段安装劲性骨架,浇注合龙段混凝土,同时卸掉等重的压重。待混凝土达到设计强度后,张拉预应力钢束,完成边跨合龙。

(9)拆除边跨现浇段支架、拆除临时支撑体系,形成单悬臂连续体系。

(10)在中跨安装合龙吊架,在满足合龙温度和设计高程时,安装并焊接中跨合龙段劲性骨架,绑扎钢筋,浇注中跨合龙段混凝土。待混凝土达到设计强度的90%后,张拉合龙段顶、底板束,竖向预应力束,压浆,完成体系转换,形成连续结构。

3 主塔、斜拉索施工工艺控制要点

主桥0、1号梁段现浇完成并张拉后,即开始在梁顶面施工主塔。主桥索塔采用翻模法施工,根据论证会专家意见,下塔柱6.3m采用一次浇筑,上塔柱施工块段改成2段一次浇筑,即3.82m分一段,上塔柱共计4次可浇筑完毕。索塔施工的关键主要是以线形控制、外观质量和上塔柱斜拉索锚固区施工为重点。

塔柱采用翻模施工,模板设计以刚度、强度来控制,钢模采用10号槽钢作纵横背楞,对拉螺杆配合双拼12号工字钢作大背楞加强刚度。严格要求加工精度,保证钢模板的平整度、光洁度。另外,塔柱混凝土节段间模板安装调整时,其间隙控制不大于5mm,防止混凝土漏浆的措施是:面板内侧用海绵填充空隙,外侧砂胶封堵。

(1)塔柱斜索锚固区施工控制

斜拉索锚固区控制施工的主要难点是斜拉索索鞍的定位安装。斜拉索索鞍采用三维坐标控制安装于劲性骨架上。安装采用逐根安装方案,安装精度保证率高。

(2)施工组织及测量控制

索塔测量放样的主要方法是“全站仪三维坐标法”,即在岸上控制点上架设仪器,直接测量索塔上测点的三维坐标X、Y和高程H,然后将测量值与对应点的设计值比较,计算出二者的差值,再将点位移至设计位置。

由于“全站仪三维坐标法”对仪器依赖太大,所以要用常规的经纬仪交会法和水准测量分别对平面点位和高程进行校核。

斜拉索索鞍定位的关键是保证锚固中心点的空间位置及索鞍的方向正确。否则斜拉索将与索鞍发生摩擦,损坏斜拉索,影响受力。为了防止混凝土堵塞拉索索鞍以及立全站仪棱镜杆的方便,定位前需将索鞍两端用薄钢板封口,以后再割开。

放样时,只要保证斜拉索索鞍锚垫板上端中心点(锚固中心点)与下端中心点同时达到各自设计坐标与高程,则索管已达其设计位置。用全站仪三维坐标法先测得斜拉索索鞍上、下端中心点的坐标和高程,比照设计值后,计算出调整量。根据调整量就可以利用千斤顶、导链滑车等微动设备移动斜拉索索鞍至正确位置,再将其焊结在劲性骨架上。

为了较准确地反映索塔各个位置的变形情况,分别在塔顶处2个位置布设变形观测点。变形观测的周期,在工程施工阶段,根据影响索塔受力变化的具体工况而定(如主梁施工、斜拉索的张拉等)。

4 斜拉索施工

本桥斜拉索采用专业厂家生产的低松弛环氧喷涂钢绞线及其配套设施。

南墅大桥斜拉索为单索面，双排布置在中央分隔带上，斜拉索采用外包 PE 填充型环氧涂层钢绞线，单根穿索和张拉完成施工。斜拉索通过塔顶分丝管索鞍锚固在两侧箱梁上。每个塔上设有 8 对 16 根斜拉索，全桥共 32 根，全桥共设 32 根拉索，规格为 15-19。斜拉索构造如图 2 所示。

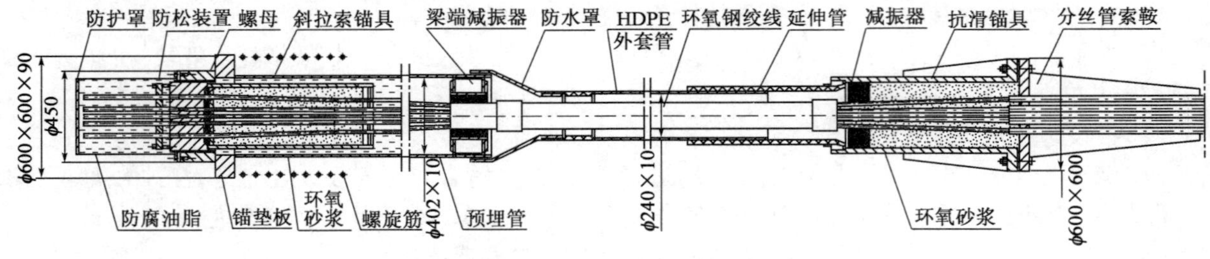

图2　斜拉索构造图（尺寸单位：mm）

4.1　施工准备

4.1.1　准备工作

1）HDPE 管焊接、组装

HDPE 管作为斜拉索的第一层防护保护层，是拉索防腐措施的一个重要组成部分。因此，HDPE 管的焊接质量是很重要的，它不仅需要承受吊装施工的临时荷载，并直接影响着 HDPE 管在正常使用过程中的耐久性。HDPE 管的焊接需要由熟练工人操作并使用管材对焊机把每段 9m 长的管子焊至所需长度。HDPE 管应严格按照规定的焊接工艺执行，保证焊接质量，每根 HDPE 管长度、编号区分，并作记录，复核，相关人员签字后留存。在 HDPE 管焊接后注意保护，其上仍必须包装塑料膜，安装前务必擦拭或清洗干净，吊装安装时，挡圈、抗滑锚筒及密封垫注意不得遗漏。

2）锚具安装

锚具组装好并检验无误后，在挂索施工前，需将锚具预先固定到箱梁内锚垫板上。由于组装后的锚具较重，需采用合适的方式进行操作。待螺母或锚板贴紧锚垫板后，利用拉杆螺栓将锚具固定在锚垫板上。连接筒分丝板孔位应调整对齐，锚具与锚垫板划线对中，注意锚具上的调节螺母泄水槽方向为紧贴锚垫板方向，并使其中一个槽处于正下方。将密封筒的出气管通过塑料软管从预埋管中引到桥面上。

3）HDPE 外套管吊装

将 HDPE 管前端一次套入延伸管和锚固筒内，然后分别在锚固筒前和延伸管后安装索箍，利用索箍耳板上的孔将锚固筒和延伸管通过麻绳固定。

（1）在塔柱上设置固定设置手动葫芦，用以临时固定 HDPE 管上吊点。

（2）塔身脚手架上，沿塔柱高度方向安排操作工人协助外套管的就位。

（3）采用大吨位汽车吊提升管子，一旦管子起吊到位，使卡箍与塔柱上的索鞍连接，此时保证 HDPE 外套管至预埋管距离约为 1m，松掉汽车吊上卸扣。

4.2　钢绞线穿索

本项目为部分斜拉桥，主塔上设置分丝管式索鞍，钢绞线穿过两侧外套管锚固在主塔两侧的箱梁内，因此钢绞线的安装方法与普通钢绞线斜拉索的安装方法有一定差别。本项目拉索环氧钢绞线采用人工穿索，具体实施方法如下：

本项目钢绞线为无盘包装，需采用特制放线架进行钢绞线放线。放线时，将钢绞线卷上的固定钢丝剪断，抽出钢绞线头。由人工拉出钢绞线，同时设专人转动放线架，使钢绞线前端到达桥面切割工作平台处。

（1）在切割工作平台上，对钢绞线进行剥套和镦头处理。（注：穿入端钢绞线的上述工作也可在其穿过另一侧 HDPE 外套管后进行）剥套长度需根据现场工程师给定的计算长度进行。剥套时，采用裁纸刀先在计算剥套长度点环向切割（注意不要使钢绞线本体受到损伤），然后人工拔出套管。

在距钢绞线端部约 60mm 处，用手提砂轮机将钢绞线外侧 6 根钢丝切除，仅留中心钢丝，并对切割

端部的外层钢丝进行打磨倒角。利用镦头机对中心丝进行镦头。切割部位的钢绞线用电工胶带包裹,防止其穿入锚具时擦伤锥形密封圈。

(2)人工将钢绞线送入 HDPE 外套管内,直至其到达左侧塔端索鞍口处。

(3)根据穿索顺序和孔位编号的对应关系,将钢绞线穿入对应的索鞍分丝管内直至其到达另一侧索鞍口。

(4)人工继续推送钢绞线,直至其到达另一侧梁端 HDPE 外套管管口(此时也可进行钢绞线的剥套和镦头工作)。

在另一侧,从梁下将锚具安装时已设置好的引棒向上穿出,直至其伸出预埋管管口。将引棒端部的连接头与工作钢绞线的镦头相连接,并旋转连接头上的螺母,将钢绞线镦头部分卡紧。

(5)左侧放线架继续放线直至规定长度后切断。进行剥套和镦头。

(6)左侧梁内引棒伸出至预埋管管口,连接引棒和工作钢绞线,并将其穿出左侧梁内锚具。

(7)将钢绞线牵引出张拉端锚具出口,卸除连接头与钢绞线的连接,安装夹片并打紧。随后将钢丝绳连接头穿入下一孔内。对于每束的第二根钢绞线,在张拉端锚具上依次安装单孔传感器、单孔锚具和夹片,并敲紧夹片(第一根钢绞线在 HDPE 管吊装时即已受力,其承担了 HDPE 管及附件的自重,为控制各根钢绞线间的索力均衡程度,实际穿索时,需在第二根钢绞线穿过的端锚板锥孔外安装传感器,以利于以后索力平均的需要)。

(8)利用单孔千斤顶,进行初张拉,张拉力为设计张拉力的 30%,张拉后顶压锚固此根钢绞线。

(9)按上述(1)~(8)步骤穿索、张拉,直至该束所有钢绞线挂索完毕。钢绞线穿束顺序为从锚具最上排孔开始,直至最后一排孔为止。

(10)将第一根钢绞线作为最后一根钢绞线张拉,并按传感器显示值张拉。

(11)重复上述(1)~(10),安装其余拉索,直至一塔所有 8 对拉索全部安装完毕。

传感器安装及单根张拉具体示意如图 3、图 4 所示。

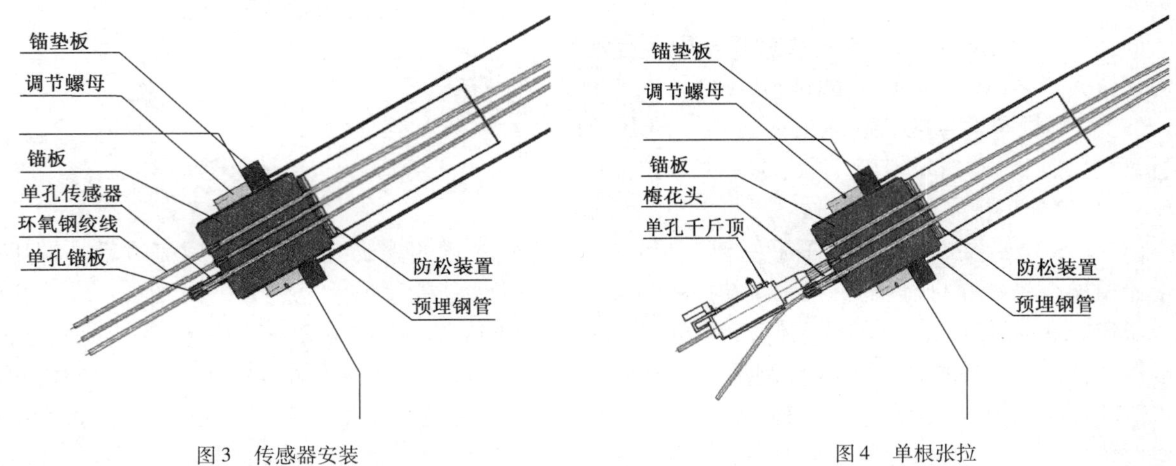

图 3　传感器安装　　　图 4　单根张拉

说明:在穿索时每根钢绞线只是初张拉,待整根索穿索结束后再进行分级对称张拉至设计索力。

4.3　斜拉索张拉

4.3.1　张拉力计算原理

在桥梁结构模型中,第 1 根钢绞线张拉至预定荷载,将导致桥面与连接的构件间出现新的平衡状态,相应于施加的力,将产生桥梁结构变形,钢绞线垂度的减小,钢绞线在相应力下伸长。当张拉完第 2 根钢绞线后,将主要发生下列情况:由于千斤顶施加的载荷,结构变形增大,拉索刚度进一步增大,相应的第 1 根钢绞线上的索力减小。正是由于钢绞线张拉先后顺序的影响,安装张拉时,钢绞线的张拉力是不同的,第 1 根钢绞线的张拉力最大,随着安装更多的钢绞线,其他钢绞线的张拉力也逐渐减小。例如第 1 根张拉好后,开始张拉第 2 根时,第 2 根加载索力时,第 1 根索力是下降的,它们的索力必定有相等

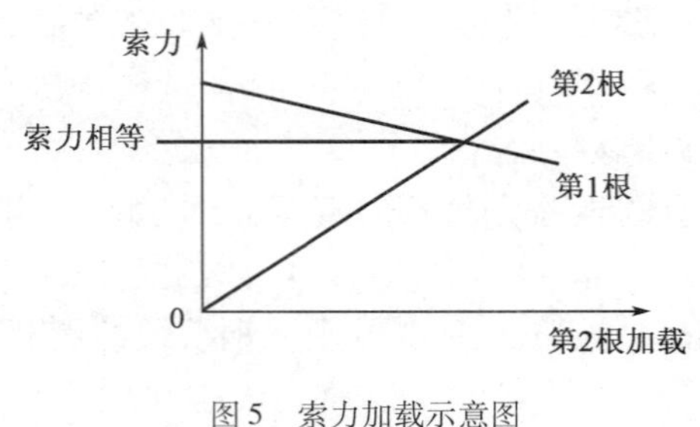

图5　索力加载示意图

的那一点，可以通过传感器读数与油泵的读数相结合，记录索力相等时的值。见图5所示。

理论上当张拉完最后一根钢绞线后，一个锚具上所有的钢绞线的索力都是相等的，即达到设计希望的索力。

斜拉索所有钢绞线穿索及初张拉结束后，即可进行索力平均张拉和整体调索。索力平均张拉采用单孔千斤顶和多孔反力架进行；整体调索采用大型千斤顶对斜拉索进行整体张拉。

4.3.2　钢绞线张拉步骤

（1）千斤顶和油泵事先进行配套标定。张拉前，接通油泵和千斤顶的油管，检查千斤顶和油泵是否相配，并在空载的情况下活动两个行程，确保千斤顶在张拉时无任何问题。

（2）将多孔反力架穿过钢绞线并安装在锚具上。

（3）将顶压杆穿过钢绞线和反力架，顶压套筒套在顶压杆上。

（4）单孔千斤顶穿过钢绞线顶在顶压套筒上，确保千斤顶头部凹槽全部套入顶压套筒。顶压杆与千斤顶顶压活塞之间、夹片与反力架之间有约23mm的间隙（即通常所说的“限位高度”），使钢绞线张拉时夹片能随钢绞线移动而不致刮伤钢绞线上的环氧涂层（图6）。

（5）启动油泵进行张拉，当张拉力满足要求时，千斤顶持荷，用直尺测量此时千斤顶活塞的行程，并在张拉表格上记录张拉载荷和钢绞线伸长值。

（6）测量完毕后顶压夹片，千斤顶卸载并移出被张拉钢绞线，完成一根钢绞线张拉的全过程。

（7）根据表格记录的数据，计算钢绞线伸长量，与理论伸长值做比较，看是否满足规范允许的偏差要求，如果在偏差范围以内，则继续施工；否则，应停止张拉，检查原因。

（8）张拉其余钢绞线，直至一根斜拉索中所有钢绞线均张拉完毕，完成一级张拉循环。

（9）两侧相同索号的斜拉索同时完成一级张拉循环后，重复上述（2）~（8）工序，进行下一级张拉循环。

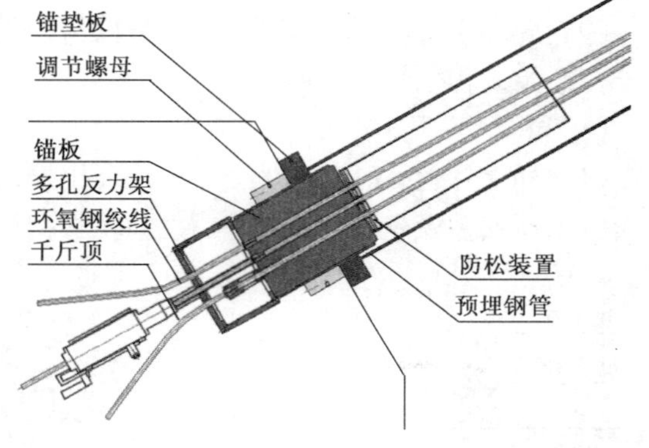

图6　单孔千斤顶及反力架安装

4.3.3　张拉施工控制原理

（1）钢绞线在张拉过程中为了更好地控制索力，单根斜拉索的钢绞线均逐根挂索完成后随即用单根千斤顶进行张拉，斜拉索的单根张拉初始张拉力按10%计算，最大张拉力按100%控制，不允许超张拉。张拉力0→20% σ_{con}（开始计入伸长量，预紧张拉）→40% σ_{con}→80% σ_{con}→100% σ_{con}（持荷三分钟，测量最终伸长量）→卸压2~3MPa（测量回缩值）→锚固。张拉过程中，两侧应同时均匀进行加载，两端伸长值的不均匀值应控制在允许范围之内。由于斜拉索不存在孔道摩阻，倒顶次数较多，张拉过程中梁端变形较大，伸长值的测量误差较大，故拉索的伸长量仅作为一项参考值，索力主要通过已安装在钢绞线上的单根传感器符合。

（2）所有钢绞线张拉完成后，可以对索力进行抽样检查，如满足规范要求，则该束索张拉施工完成，如还有一定偏差，则再进行索力平均调整，根据以往同类桥的施工经验，进行第二次索力平均后，钢绞线的索力应能很好地满足规范要求。

（3）通过分阶段张拉，实现对斜拉索索力的施工控制，但如何去校验单根钢绞线索力的准确性，这就需要在施工过程中根据各根钢绞线的张拉油表压力值，记录单根钢绞线传感器索力递减值，张拉结束后单根钢绞线相互之间，传感器显示的索力误差值应为±1%。

斜拉索的施工是很关键的，必须精心施工，严格按照设计要求和有关规定进行，张拉前机具必须准确检校，钢绞线应实测出各项性能指标。张拉时采用张拉力和伸长量双控，严格控制张拉力，并校核伸

长量。在单根张拉过程中应注意控制,使得两端伸长量的不均匀性必须满足设计要求。斜拉索张拉过程中必须进行墩顶位移的监测,确保施工质量。

4.3.4 现场索力检测

第二级张拉结束后,利用千斤顶随机检测钢绞线索力。将千斤顶安装到多孔反力架上进行张拉,油压表读数指针逐渐上升,当其突然下降或听见夹片响声时(此时夹片脱离锚具,由千斤顶承担钢绞线的拉力),停止张拉并持荷,记录此时油压表读数,并将该读数与设计张拉力比较。若两者相等或十分接近,说明该钢绞线张拉索力准确;若两者偏差较大,则必须再次进行补张拉调索。

4.4 斜拉索调索

斜拉索施工过程索力可能需要调整,调索施工是通过调整钢绞线的延伸量来达到索力增加和减少的目的。索力增加调索是通过单根张拉千斤顶张拉一定延伸量来达到增加索力。

根据南墅大桥工程实际情况,不需采用整体张拉的调索方式;对于鞍式斜拉桥成桥合龙后除非线性调整的需要,一般不需要调索,若实际监控数据需要对少数拉索进行线性或是内力优化,可采用单根张拉的方式进行索力调整。

4.5 附件安装及防腐保护

斜拉索张拉完毕后,可进行附件安装和防腐处理。本项目附件安装和防腐处理工作主要包括:抗滑锚筒安装、索夹安装、减振器安装、锚具和内灌注环氧砂浆、延伸管安装、预埋管内灌注防腐油脂、防水罩安装、保护罩安装和灌注防腐油脂。

5 挂篮施工、箱梁合龙及体系转换的施工工艺

5.1 挂篮施工

挂篮是悬浇箱梁的主要设备,根据梁段分段情况、挂篮承受荷载及施工经验进行详细设计,除满足强度、刚度、稳定性的要求外,还应行走、锚固方便可靠,便于拆装。挂篮一般由主桁架、锚固、平衡系统、行走系统及吊杆、纵横梁等部分组成。本桥主桁架采用三角形结构,挂篮总重约60t。3号块现浇段完成张拉压浆后,在上面进行挂篮的拼装,挂篮总长10m,通过滚轴及手拉葫芦前移施工。

5.1.1 挂篮预压

在挂篮安装好后,应对挂篮进行预压,预压试验可采用分级加载方法。分级加载次数和加载量尽量与梁段实际接近,记录压重的荷载与挂篮前端的变形情况,绘制荷载与挂篮变形曲线。

通过预压,消除支架、挂篮的非弹性变形,并测试支架的弹性变形,为立模高程的确定提供数据支持。

5.1.2 挂篮移动

每段混凝土浇筑完成,达到设计张拉强度后,穿束,张拉,压浆,拆模。

放出行走轨道中心线,以便在挂篮前移时随时观察。

挂篮设计为整体移动,先将底篮后锚松开,各个吊杆位置用千斤顶卸载,底篮下落,将底篮后锚悬挂在外侧模滑梁上,在主桁前支点处设置平滚,主桁后锚位置松开后采用压滚,然后上好后锚筋,使锚固筋与主桁架在接触与不接触的临界状态下行走。

挂篮行走时,用4个10t的手拉葫芦牵引挂篮前移,并带动底模平台和外侧模一同前移就位。在两侧倒链拖拉过程中,必须做好桁架的走向和速度,并保持两侧挂篮同步。挂篮就位后,将后锚锚固好,前支点用钢支点调整好高度,然后用油压千斤顶将底篮升起固定,粗调挂篮位置,再用螺旋千斤顶进行精调,固定吊杆、底篮后锚、侧模滑梁后锚。

5.1.3 挂篮拆除

主桥合龙段施工完成后,挂篮对称就地利用吊车拆除,根据拼装时的顺序,坚持后拼的先拆,先拼的后拆,附属构件先拆、承重构件后拆的原则拆除挂篮。事先要为拆除预留孔洞,做到安全方便无损坏拆除。

5.1.4 挂篮施工监控

要求专职测量员配合专职监控人员对箱梁立模、混凝土浇筑完成、张拉预应力结束、挂篮前移、斜拉索张拉结束等五个工况都需要进行全面挠度测量，以表格的形式提供各特征部位高程、轴线数据，并把数据及时交监理复核，由监理组送交监控组，监控组根据测得的数据及时提供下节段悬臂端立模高程。

根据要求，在施工到5号块混凝土最后工况时应对单个T构桥面测点进行联测，以后每两个块件混凝土施工结束时应对该T构桥面测点进行联测，在边跨合龙前、边跨预应力张拉后、中跨合龙前、中跨预应力张拉后均应对桥面两个T构进行联测，以掌握合拢前后各控制点高程的变化。桥面二期铺装结束后应对全桥桥面进行联测。

5.1.5 悬浇段的施工挠度控制

悬浇箱梁施工控制：其线形控制主要的也是最重要的是挠度控制。

其挠度包括：

①挂篮承载后的弹性变形。

②各分段在悬浇施工中形成静定体系挠度（包括自重以及此过程中的混凝土徐变和预应力施工所产生的挠度）。

③体系转换：静定“T”构形式转变成单跨单悬臂以及中跨合龙后形成连续梁体系后的挠度变化。

④施工荷载在施工过程中所产生的挠度。

在这些因素的综合作用下，形成悬浇控制时的挠度，施工中对于挠度的计算不仅涉及计算图式同时还涉及诸多因素，其精确计算十分复杂，因此在挂篮悬浇段开始施工前，应将挂篮，吊架以及施工过程中的受力情况提供给监控单位，由监控单位通过电算，确定预挠度，每一个悬浇块件按照监控单位要求进行测量并及时报监理工程师抽查，由监理工程师报监控单位进行计算后，按照监控单位提供的数据确定下一节段的立模高程。

5.2 合龙、体系转换施工

箱梁的合龙是控制全桥受力状况和线形的关键工序，因此箱梁的合龙顺序、合龙温度和工艺都必须严格控制。全桥箱梁合龙应由边跨至中跨对称进行，即先两边跨合龙，再中跨合龙。

边跨合龙段拟采用合龙吊架施工，吊架拟利用原挂篮的后横梁直接悬挂在12号块和现浇段底板下，上铺I22b工字钢纵梁（@40cm）及钢板底模。侧模在现场拼装，槽钢制成定型骨架，上铺10cm×10cm木方，竹胶板面板。

5.2.1 边跨合龙段施工控制

边跨合龙段之高程、轴线的控制，同悬浇段的控制。混凝土浇筑顺序由靠近边墩的先浇，逐渐向跨中方向推进。在13′号块边跨合龙段混凝土浇筑前，如需采用压重则应注意对合龙口位置水箱的设置，并在浇筑时注意随混凝土的入模，向水箱内注水。每侧加注水的质量约等于13′号块的质量的1/2。边跨合龙施工过程是由“T”构转变为单跨单悬臂过程的开始。施工前，应对其他各块的标高进行测量；特别是在浇筑混凝土、平衡水箱注水时，要密切注意合龙口高程的变化。边跨合龙施工中，临时支撑体系将承受较大的偏载，还应注意对其顶部箱梁底板混凝土的观察。

5.2.2 体系转换及中跨合龙段施工

5.2.2.1 施工顺序

（1）边跨合龙段施工结束后，锁定主墩永久支座，锁定采用在支座钢板上加焊钢板的方法。

（2）分别进行临时固结柱的拆除，使其形成单跨单悬臂梁。

（3）中跨合龙口的锁定成功后，解除支座的锁定装置，通过合龙段劲性骨架的联结，由单跨悬臂梁向三跨连续梁的转换。

（4）合龙段混凝土施工及完成预应力的张拉后，最终形成三跨连续梁体系。

5.2.2.2 形成单跨单悬臂的转换

这一过程的转换，是通过解除临时固结构造来完成的。为达到转换时平稳、对称、均衡的要求，应同

时对临时支撑立柱进行凿除，在该过程中，应做到统一指挥，两面对称，同步同时进行。最终完成体系转换。

5.3　中跨合龙的施工

中跨合龙段13号块长2.0m。在完成向单跨单悬臂的转换后，进行中跨合龙段的施工。

5.3.1　施工前的准备工作

复查调整两悬臂端部的合龙荷载情况，使其对称相等，如不对称相等，应用压重调整。检查梁内预应力钢束是否完成张拉。

复测了解合龙前的悬臂挠度及两端高差。观测了解合龙前的温度变化与梁端高程及合龙口宽度变化的关系；本项观测关系重大，必须用2~3天的时间来做此项工作，测量为全天候，在观测中了解高程、合龙口宽度对应于温度变化的关系，根据气温预报及观测情况，选择在日气温较低、温度变化幅度较小时锁定合龙口，避免在大幅降温前锁定合龙。中跨吊架安装利用预留孔直接采用$\Phi^{L}32$的精轧螺纹钢作吊筋、悬吊底模，无须主桁架，减轻施工荷载，吊筋利用千斤顶紧固。

5.3.2　合龙口的锁定

合龙口两悬臂端受温度变化的影响可能产生纵向伸缩而使合龙口的间距发生变化，从而导致合龙口混凝土凝固过程中受到拉或压缩应力而产生裂缝或压坏。因此，在浇筑合龙段混凝土前应将两端悬臂临时刚结，锁定其长度。保护合龙段混凝土完整，直到养护到90%强度时并施加预应力与“T”构悬臂形成整体。

(1)本桥的临时锁定装置：

在12号块施工时注意设置合龙段刚接加厚部分钢筋、预埋件，合龙段劲性骨架参照设计图纸，采用8组2根并焊的I25b工字钢组合，使用缀板加强，连接时与预埋角钢、钢板直接焊接，其焊缝强度，应满足设计要求。

(2)锁定步骤：

本桥悬浇箱梁合龙口施工锁定时，须选择在当天最低气温时进行。然后解除主墩支座锁定装置，在这段时间里，复测合龙口的长度及高程，如果不发生变化，则锁定成功。

5.3.3　待锁定成功后绑扎钢筋，设置束道，装模板，合龙口纵向钢筋的焊接也避开高温度焊接。合龙段混凝土入模的同时，把水箱内水大致同重量放出。

5.3.4　按开始进入日低温稳定区时混凝土初凝的原则确定合龙混凝土的开盘时间，及时完成合龙段混凝土的浇筑。合龙段混凝土采用早强、微膨胀的混凝土浇筑，以策早日张拉，在混凝土强度达到90%后开始全桥合龙束的张拉、压浆，完成三跨连续梁。

5.4　施工中几点注意事项

大跨径箱梁的悬臂施工挠度控制直接影响合龙精度及成功与否，通过对箱梁挠度控制，满足施工规范要求的合龙精度，主要取决于注意以下几点：

(1)切实做好挂篮的加载试验，测出挂篮的弹性变形值，为各节梁段设置立模高程提供可靠数值。

(2)施工过程中严密监视模板与挂篮的变形情况，以便及时调整控制挂篮行走以及前支点变形引起的竖向挠度。

(3)加强对施工梁段6个时态的挠度观测，认真分析观测数据，综合设置下一节的施工调整值，及时调整立模高程，确保合龙精度。

6　结语

今年来，公路水运工程中矮塔斜拉桥的设计形式采用得越来越频繁，如何更精细的控制此类桥型的施工质量，抓住工艺控制细节，是每一位桥梁技术工作者必须认真关注的，本文从南墅大桥的施工实践中为阐述了各个关键工序的施工工艺，希望能为技术人员提供一定的参考。

浅析钻孔灌注桩施工控制要点

谢国兵　潘建平

（丹金溧漕河航道整治工程桥梁1标）

摘　要　钻孔灌注桩是桥梁施工中易出现各种事故的一项重要隐蔽工程，为避免给工程带来隐患，应采用合适的方法对灌注桩事故进行预防。

关键词　灌注桩　灌注水下混凝土　封浆处理　事故

1　引言

目前大型桥梁基础大部分设计采用钻孔灌注桩的形式，作为桥梁施工中重要的隐蔽工程，必须全面监控钻孔桩的施工质量，而在钻孔桩施工中，灌注水下混凝土是成桩的关键性工序。灌注过程应分工明确，密切配合，统一指挥，做到快速、连续施工，灌注成高质量的水下混凝土，防止发生质量事故。

若出现事故时，应分析原因，迅速采取合理的施工措施，及时设法补救。对于确实存在缺点的钻孔桩，应尽可能设法补强，不宜轻易废弃，以免造成过多的损失。

2　常见的事故原因分析及处理方法

2.1　导管进水

(1)主要原因

①首批混凝土储量不足，或虽然混凝土储量已够，但导管底口距孔底的间距过大，混凝土下落后不能埋没导管底口，以至泥水从底口进入。

②导管接头不密封，接头间橡皮垫被导管高压气囊挤开，或焊缝破裂，水从接头或焊缝中流入。

③导管提升过猛，或测深出错，到管底口超出原混凝土面，底口涌入泥水。

(2)预防和处理方法

如果是原因①引起导管进水，应立即将导管提出，将散落在孔底的混凝土拌和物用反循环钻机的钻杆通过泥石泵吸出，或者用空气吸泥机、水利吸泥机以及抓斗清出。迫不得已时需要将钢筋笼提出采取复钻清除。然后重新下放骨架、导管并投入足够储量的首批混凝土，重新灌注。

如果是原因②、③引起导管进水，因视具体情况，拔换原管下新管；或用原导管插入续灌，但灌注前应将进入导管内的水和沉淀土用吸泥和抽水的方法吸出。如重新下管，必须用潜水泵将管内的水抽干，才可继续灌注混凝土。为防止抽水后导管外的泥水穿透原混凝土压入上部凝固层导管内，续灌的混凝土配合比应增加水泥量，提高稠度后灌入导管内，灌入前将导管进行小幅度抖动或挂振捣器予以振动片刻，使原混凝土损失的流动性得以弥补。以后灌注的混凝土可恢复正常的配合比。

若混凝土面在水面以下不很深，未初凝时，可于导管底部设置防水塞(应使用混凝土特制)，将导管重新插入混凝土内(导管侧面增加重力，以克服水的浮力)。导管内装灌混凝土后稍提导管，利用新混凝土自重将底塞压出，然后继续灌注。

若混凝土面在上面以下不很深，但已初凝，导管不能插入混凝土时，可在原护筒内加设直径稍小的钢护筒，用重压或锤击方法压入原混凝土面以下适当深度，然后将护筒内的水(泥浆)抽除，并将原混凝土顶面的泥渣和软弱层清除干净，再在护筒内灌注普通混凝土至设计桩顶。

2.2 卡管

在灌注过程中,混凝土在导管中下不去,称为卡管。卡管有以下两种情况。

(1)初灌时隔水栓卡,或由于混凝土本身的原因,如坍落度过小、流动行差、夹有大卵石、拌和不均匀,以及运输中产生离析、导管接缝处漏水、雨天运送混凝土未加遮盖等,使混凝土中的水泥浆被冲走,粗集料集中而造成导管堵塞。

处理办法可用长杆冲捣管内混凝土,用吊绳抖动导管,或在导管上安装附着式振捣器等使隔水栓下落。如人仍不能下落时,则应将导管连同其内的混凝土提出钻孔,进行清理整修,然后重新吊装导管,重新灌注。一旦有混凝土拌和物落入井孔,须将散落在孔底的拌和物粒料等予以清除。

(2)机械发生故障或其他原因使混凝土在导管内停留时间过久,或灌注时间过长,最初灌注的混凝土已经初凝,增大了导管内的混凝土下落的阻力,混凝土堵在导管内。其预防方法是灌注前应仔细检修灌注机械,并准备备用机械,发生故障时立即调换备用机械,同时采用措施,加速混凝土灌注速度,必要时,可在首批混凝土掺入缓凝剂,以延缓混凝土的初凝时间。

当灌注时间已久,孔内首批混凝土已初凝,导管内又堵塞由混凝土,此时应将导管拔出,重新安设钻机,利用较小钻头将钢筋笼以内的混凝土钻挖吸出,用冲抓锥将钢筋骨架逐一拔出。然后以黏土掺沙砾填塞井孔,待沉实后重新钻孔成桩。

2.3 坍孔

在灌注过程中如发现井孔护筒内水(泥浆)位忽然上升益处护筒,随即骤降并冒出气泡,应怀疑是坍孔征象,可用侧探仪探头或侧探锥探测。

坍孔原因:护筒底脚周围漏水,孔内水位降低;在潮汐河流中涨潮时,孔内水位减少,不能保持原有静水压力;由于护筒周围堆放重物或机械振动等。

发生坍孔后,应查明原因,采取相应的措施,如保持水头或加大水头、移开重物或机械振动等。然后用吸泥机吸出坍入孔中的泥土。如不继续坍孔,可恢复正常灌注。如坍孔仍不停止,坍塌部位较深,宜将导管拔出,将混凝土钻开抓出,只求保存孔位,再以黏土掺沙砾回填,待回填土沉实时机成熟后,重新钻孔成桩。

2.4 钢筋笼上升

钢筋笼上升,除了一些显而易见的全套管上升、导管提升钩等原因外,还由于混凝土表面接近钢筋笼底口以下 3 ~ 1m 时,混凝土灌注的速度过快,使混凝土下落冲出导管口向上反冲,其顶托力大于钢筋的重力。

为了防止钢筋笼上升,当导管底口低于钢筋笼 3m 至高于 1m 之间,且混凝土表面在钢筋笼上下 1m 之间时,应放慢混凝土灌注速度,允许的最大灌注速度与桩径有关,当桩长为 50m 以内时可参表 1 处理。

灌注桩的混凝土表面靠近钢筋笼底部时允许最大灌注速度 表 1

桩径(cm)	≥250	220	200	180	150	120	100
灌注速度(m^3/min)	2.5	1.9	1.55	1.25	1.0	0.55	0.4

克服钢筋笼上升,应从钢筋笼自身的结构及定位方式上加以考虑,具体措施如下。

(1)适当减少钢筋笼下端的箍筋数量,可以减少混凝土向上的顶托力;

(2)钢筋笼上端焊固在护筒上,可以承受部分顶托力,具有防止其上升的作用;

(3)在孔底设置直径不小于主筋的 1 ~2 道加强环形筋,并以适当数量牵引钢筋笼底部。

2.5 桩身夹泥断桩

大都是以上各种事故引发的次生结果。此外,由于清孔不彻底,或灌注时间过长,首批混凝土已凝固,流动性降低,而续灌的混凝土冲破顶层而上升,因而也会在两层混凝土中加有泥浆渣土,甚至全桩加有泥浆渣土形成断桩。

对已发生或估计可能发生夹泥断桩的桩，应采用地质专机，钻芯取样，作深入的探查，判明情况。或者用非破损检验混凝土桩质量的方法进行判定。有下列情况之一时，应采取压浆补强方法处理。

(1)对于柱桩，桩底与基岩之间的夹泥大于设计规定值。

(2)桩身混凝土有夹泥断桩或局部混凝土松散。

(3)取芯率小于95%，并有蜂窝、松散、裹浆等情况。

2.6　灌注桩补强方法

(1)对需补强的桩，需要钻两个孔，一个作进浆孔，一个作出浆孔。孔深要求达到补强位置以下1m，柱桩应达到基岩。

(2)用高压水泵向一个孔内压入清水，压力不宜小于0.5～0.7MPa，将夹泥和松散的混凝土水渣从另一个孔冲洗出来，直到排出清水为止。

(3)用压浆泵压浆，第一次压入水灰比为0.8的纯水泥浆(宜用425号水泥)，进浆管应插入钻孔1m以上，用麻絮填塞进浆管周围，防止水泥浆从进浆孔冒出。待孔内原有清水从出浆口压出来后，再用水灰比0.5的浓水泥浆压入。

(4)为使浆液得到充分扩散，应压一阵停一阵。当浓浆从浆口冒出后，停止压浆，用碎石将出浆口封填，并用麻袋堵实。

(5)最后用水灰比为0.4的水泥浆压入，并增大灌浆压力至0.7～0.8MPa关闭进浆闸，稳压闷浆20～25min，压浆工作即可结束。

压浆工作结束，水泥浆硬化以后，应再作一次钻芯，检查补强效果。如断桩夹泥情况已排除，认为合格后，可交付使用，否则，应重钻补桩或会同有关单位研究其他补救措施。

3　结语

钻孔灌注桩质量事故引发的后果相当严重，因此施工单位在施工中应加强管理、协调，制定并监督岗位责任制的落实，采取较好的、科学的施工方案，并制定切实可行的备用方案。人员、机械应有适当的富余，主要机械设备应备双套，以防万一。只有这样，才能避免质量事故或把质量事故降低到最低程度。

浅析南墅大桥主桥箱梁三角挂篮设计计算

潘建平　叶　雷

（丹金溧漕河航道整治工程桥梁1标）

摘　要　本文结合丹金溧漕河（金坛段）航道整治工程DJLC-SG-QL1标南墅大桥主桥箱梁施工用自制三角挂篮的设计计算和现场的施工实践，提出挂篮设备在设计和施工中应注意的控制要点。

关键词　悬浇箱梁　挂篮设计计算

1　编制依据

（1）《公路桥涵施工技术规范》（JTG TF50—2011）；

（2）《公路工程质量检验评定标准》（JTG F80/1—2004）；

（3）丹金溧漕河（金坛段）航道整治工程DJLC-SG-QL1标施工图设计文件；

（4）《公路桥涵钢结构及木结构设计规范》；

（5）《实用土木工程手册》（第三版）。

2　工程概况

南墅大桥是丹金溧漕河（金坛段）航道整治工程改线段中最大的一座桥梁，桥梁位于金坛市西郊340省道上，桥梁与航道夹角115.1°，斜桥正做。航道改建标准为三级，通航净空要求为60×7.0m，设计最高通航水位4.38m。南墅大桥全长350m，桥跨布置为3×20+（65+100+65）+3×20（m），主桥上部结构为三跨双塔单索面预应力混凝土部分斜拉桥，采用悬臂浇筑施工。引桥板梁采用工厂预制、现场汽吊安装施工，下部结构均采用柱式墩，钻孔灌注桩基础。

主要技术指标：荷载等级：公路Ⅰ级，设计车速：80km/h，桥梁宽度27.0m。

主桥上部结构采用挂篮对称悬臂浇筑法施工，0、1（1′）号块（以下简称0、1号）采用支架现浇，施工长度9m。因主塔施工0、1号块平面位置较小，挂篮无法安装，对2（2′）号、3（3′）号块亦采用满堂支架现浇施工，从4（4′）号梁段开始安装挂篮，悬臂浇注施工。2、3、4号梁段长度为3.0m，5号梁段长度为4.0m。6～12号梁段长度均为4.5m。边跨合龙段、中跨合龙段长2.0m，边跨现浇段长14.0m。悬浇最重节段为6号块，梁段混凝土100.2m^3，自重约2505kN。

主梁采用单箱三室大悬臂变截面PC连续箱梁，中支点梁高3.8m，跨中梁高2.4m，从距中支点2.0m起止31.0m范围内梁高按二次抛物线变化；箱梁顶宽27.0m，设双向2%横坡，箱梁单侧悬臂长4.8m，箱梁底宽15.344～16.4m，横桥向保持水平；两外腹板为斜腹板，腹板斜率保持不变，腹板厚根部至合龙段70～50cm；两中腹板为直腹板，腹板厚根部至合龙段60～40cm；边室顶板厚28cm，中室顶板厚55cm；底板厚根部至合龙段50～25cm；顶、底板、腹板厚度在端横梁及主墩横梁附近局部加厚。斜拉索锚固点布置在箱梁的中室内。主梁除支点处设横隔板外，每根拉索锚固点处也设横隔板，有索区横隔板间距4.5m，中室横隔板厚40cm，边室横隔板厚30cm。

主梁采用纵、横、竖三向预应力体系，纵横向预应力采用Φ_j15.2mm高强低松弛钢绞线，标准强度f_{pk}=1860MPa，钢束张拉控制应力取用$\sigma_{con}=0.72f_{pk}$，预应力管道采用金属波纹管。竖向预应力采用

JL32 精轧螺纹钢，标准强度f_{pk}=785MPa，预应力钢筋张拉控制应力为568kN，采用二次张拉工艺。主桥箱梁混凝土设计强度为C50级，共5521.9m^3，其中0、1(1′)号现浇块件392.1m^3，全桥箱梁普通钢筋1310t，钢绞线267t，精轧螺纹钢32.5t。

3 挂篮组成及各部件材料参数

本桥挂篮采用自制的三角形轻型挂篮，共由五个主要部分组成：三角形主桁架、横梁系、悬吊系、模板系及行走系。

(1)承重三角形主桁架为挂篮悬浇主要受力构件，纵向主梁采用双榀40b型工字钢，前后拉杆及立柱采用双榀40b型槽钢。双榀槽钢间间隔1.5m加焊2.0cm厚钢板作缀板，立柱与主梁、拉杆与主梁之间接点采用2.0cm厚钢板焊接加强。主梁前端、支点及后锚等集中受力处加焊1.5cm厚钢板加劲。

(2)横梁系统由前上横梁、前下横梁及后下横梁等组成，挂篮前上横梁固定在主桁架上，前下横梁通过悬吊系吊于前上横梁上，后下横梁浇筑混凝土时固定在上一梁段底板上，行走时悬吊在侧模纵梁上。前下横梁和底横梁共同承托底模及梁段底腹板钢筋混凝土的重量。本挂篮前上横梁设计采用2根I40b工字钢拼组而成，两侧加焊1cm钢板加强，以提高刚度，后下横梁采用2根I40b工字钢组合而成。

(3)悬吊系统是挂篮的升降系统，位于挂篮的前部，其作用是悬吊和升降底模、侧模及工作平台，以适应悬臂梁段高度的变化。本挂篮的悬吊采用螺杆式Φ^L32精轧螺纹钢筋配套扁担梁、手拉葫芦及螺旋式千斤顶，每根吊杆之受力以<54t为准，其刚度及强度均满足要求。挂篮后锚采用Φ^L32精轧螺纹钢筋，中腹板通过连接器与箱梁竖向预应力钢筋连接，边腹板通过箱室倒角处及翼板根部位置的预留孔采用Φ^L32精轧螺纹钢筋配套扁担梁进行锚固。作为后锚的梁内竖向预应力筋在挂篮前移后再行张拉。

(4)模板系统由底模、侧模、端模等组成。挂篮底模平台承受悬浇过程中悬浇块大部分重量，直接影响底板混凝土成形质量，该部分的设计计算也极为重要。

底模平台纵梁纵向布置，通过纵梁与底横梁焊接连接。本桥挂篮底模纵梁在截面上选择I28b工字钢，腹板处采用两排双拼的工字钢，其余部位单根放置，纵梁间距按45cm布置，中间加焊缀板，以提高刚度。对底模纵梁的设计，对其刚度力求保守，除对线形控制有利，从安全方面考虑，也尤为重要。底模纵梁上横向布置8号槽钢作为分配梁，上设5mm厚的优质钢板作为底模面板。

本桥为变截面梁体，采用外模尺寸不变，通过调整底模平台高程来适应梁体高度变化的设计，以加快施工进度。本挂篮外模采用[16b槽钢及[10槽钢制成的定型钢骨架加贴5mm厚钢板组成。外侧模滑梁设置考虑外侧模重心位置及翼缘板重心位置，每侧设置2道，使悬吊体系处于易调整外侧模位置。外侧模在移动过程中悬吊在前上横梁上，随挂篮同步移动。挂篮内模为木模衬型钢骨架制成，直接支撑在底模上，其高度可通过竖撑骨架的上下调进行调节。在移动时，内模拆除，待挂篮移动就位、钢筋绑扎完成后进行拼装。

(5)行走系是挂篮移动的主要装置，本挂篮纵移采用手动牵引、滚轴前移的方式，移动时先上好后锚筋，使后锚压滚与主桁架在接触与不接触的临界状态下行走，挂篮行走时，要安装好两桁间的连接件，以增加挂篮的整体性，并设置好保险系统。挂篮的行走采用4个10t的手拉葫芦牵引挂篮前移，并带动底模平台和外侧模一同前移就位。在两侧倒链拖拉过程中，必须控制好桁架的走向和速度，并保持两侧挂篮同步前移。移动是挂篮施工中的极重要的环节，必须按要求和安全操作规程施工，以确保安全。

(6)三角形挂篮各部件组成及材料参数(表1)。

挂篮各部件材料及有关参数汇总表　　表1

部件名称	材料型号	长度(m)	截面积(cm^2)	截面惯性矩(cm^4)	截面抵抗矩(cm^3)	材质	一套质量(t)
主桁主梁	双榀 40b 工字钢	10	94.1×2	22780×2	1140×2	A3 钢	5.904
主桁立柱	双榀 40b 槽钢	5.32	83.07×2	18600×2	932×2	A3 钢	2.775
前后拉杆	双榀 40b 槽钢	5.85	83.07×2	18600×2	932×2	A3 钢	6.103
联系杆	ϕ32.5 钢管(δ=1)	15.3	98.96	12286	756	A3 钢	1.188
前上横梁	双榀 I 50c 工字钢	24	136×2	50640×2	2080×2	A3 钢	5.232
前下横梁	双榀 I 40b 工字钢	24	94.1×2	22780×2	1140×2	A3 钢	3.542
吊带	ϕ32 精轧螺纹钢	7.5	8.04			冷拉Ⅳ级钢	0.379
后下横梁	双榀 I 40b 工字钢	24	94.1×2	22780×2	1140×2	A3 钢	3.542
后上横梁	双榀 I 32b 工字钢	24	73.45×2	11621×2	726×2	A3 钢	2.27
后锚	ϕ32 精轧螺纹钢	2	8.04			冷拉Ⅳ级钢	0.076
底模纵梁	I 28b 工字钢	5.5	61.05	7480	534	A3 钢	10.01
侧模纵梁	双榀 I 32b 工字钢	12	73.45×2	11621×2	726×2	A3 钢	5.539
底、内模							4.13
侧模							8.28
主桁、悬吊总重 44.87t		模板总重 12.41t			一套挂篮主要部件重		58.95

一套挂篮主要部件重 58.95t,加上其他加强钢板,扁担梁、千斤顶、手拉葫芦等零配件,总重约 60t < 设计控制质量 110t,满足设计和规范要求。

4　挂篮在混凝土施工时结构验算

本桥挂篮悬浇块件中 6(6')号块件自重最大,设计混凝土方量 100.2m^3,节段长 4.5m,其中翼板部分重 9.585m^3×25×2 =479kN。因此以 6 号块作为挂篮结构验算的梁段。根据规范要求,验算结构强度时,采用荷载组合Ⅰ:

(1)钢筋混凝土重力取 25kN/m^3,6(6′)号块自重为:100.2m^3×25 =2505kN,混凝土超载按 1.05 系数考虑;

(2)挂篮自重共取 600kN,各部件自重见上表;

(3)施工人员及机具荷载取 2.0kN/m^2;

(4)振捣混凝土时产生的荷载取 2.0kN/m^2;

(5)其他可能产生的荷载取 1.0kN/m^2,施工荷载总计 5.0kN/m^2。

临时性钢结构在荷载组合Ⅰ情况下,容许应力的提高系数取 1.3。

挂篮锚固施工 6 号块时,单片主桁前端总重 =45%(梁重 + 挂篮自重 + 施工荷载)/4 片 =(2505×1.05 +600 +5×4.5×26)×45%/4 =429.2(kN),受力简图见图 1。

采用清华大学 SM Solver 软件对三角形挂篮各部件进行受力计算,计算结果见图 2 ~ 图 5。

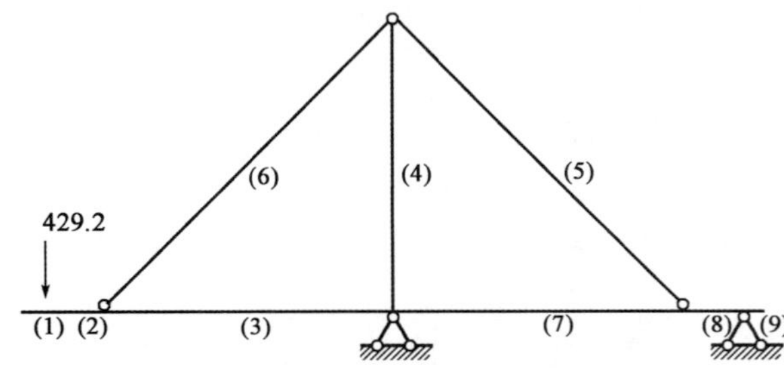

图 1　挂篮各部件受力简图

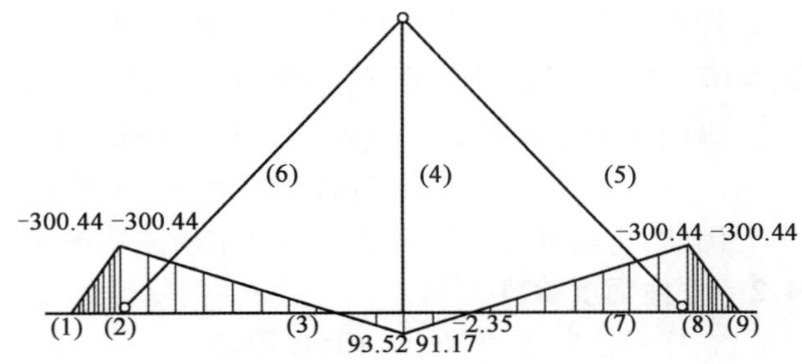

图 2　挂篮各部件弯矩图(kN·m)

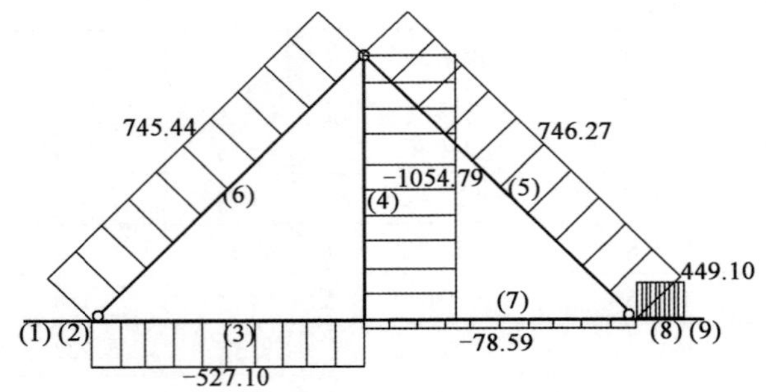

图3 挂篮各部件轴力图(单位:kN)

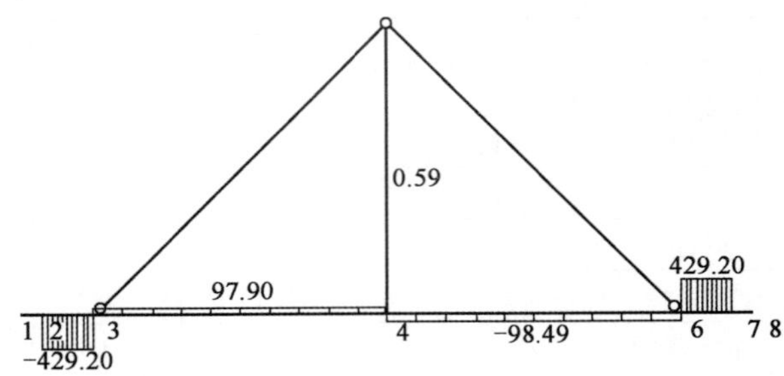

图4 挂篮各部件剪力图(单位:kN)

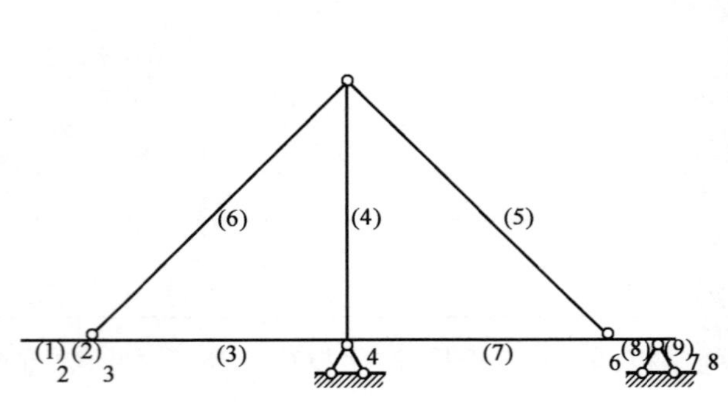

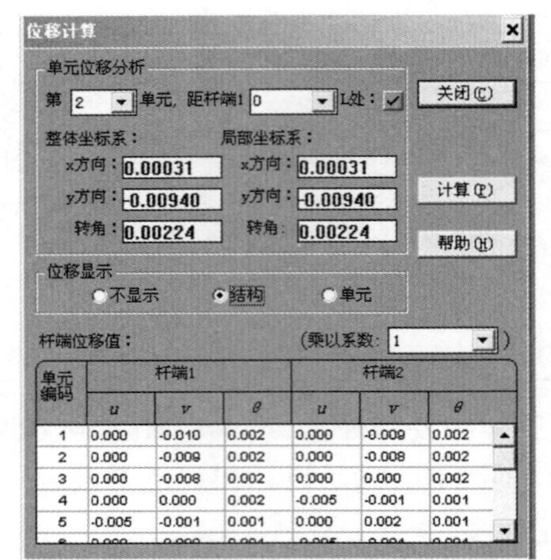

图5 挂篮主桁挠度变形图

三角挂篮主桁各部件内力值详见表2。

三角挂篮主桁各部件内力数值表　　表2

部件编号及名称	最大弯矩(kN·m)	最大轴力(kN)	最大剪力(kN)
纵向主梁	-300.44	-527.10	-429.20
前拉杆		745.44	
后拉杆		746.27	
立柱		-1054.79	

4.1 纵向主梁强度验算

由上面计算结果可知，纵向主梁在主平面内受压并受弯，其法向应力

$$\sigma = N/A + M/W = 527100/(94.1\times 2\times 10^2) + 300440/(1140\times 2)$$
$$= 159.8\text{MPa} < 1.3[\sigma] = 182\text{MPa}$$

主梁前吊点处应力较大，因此对主梁前吊点处主桁工字钢两侧加焊1.5cm钢板加强。

经查，Ⅰ50c工字钢中性轴以上的毛截面对中性轴的面积矩 $S_m = 1209.1\text{cm}^3$，Ⅰ40b工字钢 $S_m = 671.2\text{cm}^3$，Ⅰ32b工字钢 $S_m = 426.1\text{cm}^3$，Ⅰ28b工字钢 $S_m = 312.3\text{cm}^3$。

纵向主梁剪应力 $\tau_{max} = QS_m/I_m\delta = 429200\times 671.2\times 2\times 10^{-6}/(22780\times 2\times 1.25\times 2\times 10^{-4})$

$= 50.6\text{MPa} < [\tau] = 85\text{MPa}$

因此，主梁强度满足要求。挂篮主桁前端弹性挠度变形值 $f_{max} = 9\text{mm}$。

4.2 立柱强度验算

立柱受轴向压力 $N_{max} = 1054.79\text{kN}$，立柱高度 $l = 3.52\text{m}$，一端固定、一端铰支，长度系数 μ 取0.7，立柱截面惯性半径 $i = \sqrt{I/A} = 15.0\text{cm}$。

长细比 $\lambda = \mu l/i = 0.7 \times 352/15.0 = 16.4 < 30$，查表得 $\phi_1 = 0.900$，立柱承受应力 $\sigma = N/A = 1054790/(83.068 \times 2 \times 10^2) = 63.5\text{MPa} < \phi_l[\sigma] = 126\text{MPa}$，因此，立柱满足抗压强度要求。

4.3 拉杆强度验算

挂篮前后拉杆均采用双拼[40b 槽钢，此处仅对受力较大的后拉杆槽钢强度进行验算。

$\sigma = N/A = 746270/(83.068 \times 2 \times 10^2) = 44.9\text{MPa} < [\sigma] = 0.9 \times 140 = 126\text{MPa}$，拉杆强度满足要求。

4.4 后锚抗倾覆验算

由上面剪力图可知，后锚支点拉力最大为 429.2kN。边腹板后锚留孔采用 Φ32 预应力精轧螺纹钢及扁担梁压锚，中腹板后锚利用梁体内竖向 Φ32 预应力精轧螺纹钢，每条主桁下锚固 2 道，由设计图可知 Φ32 精轧螺纹钢设计预拉张拉力为：$2 \times 568\text{kN} = 1136\text{kN}$。因此，后锚抗倾覆安全系数 $= 1136/429.2 = 2.6 > 2$，满足规范要求。

4.5 挂篮前吊带及前上横梁强度验算

前上横梁底板范围吊带承受荷载：底板钢筋混凝土自重 + 挂篮底篮、内模自重 + 施工荷载 + 挂篮前下横梁、吊带自重 $= (2505 - 479) \times 1.05 \times 45\% + (100.1 + 41.3) \times 0.5 + 5 \times 4.5 \times 16 \times 0.5 + 35.42 + 3.79 = 1247.2\text{kN}/8$ 根 $= 155.9\text{kN}/$根

前上横梁翼板处吊带承受荷载：翼板钢筋混凝土自重 + 侧模自重 + 施工荷载 $= 239.6 \times 45\% \times 1.05 + (27.695 + 41.4) \times 0.5 + 5 \times 4.5 \times 5.5 \times 0.5 = 209.6\text{kN}/2 = 104.8\text{kN}$

吊带采用 Φ32 精轧螺纹钢，由上，每根吊带平均承受最大荷载为 155.9kN，考虑到施工时施工人员、材料堆放的荷载以及各吊带可能存在不平衡受力的情况，取安全系数 1.2，则

吊带受拉应力 $\sigma = N/A = 155900 \times 1.2/(8.04 \times 10^2) = 232.7\text{MPa} < [\sigma] = 706.5\text{MPa}$

吊带变形　$\Delta = FL/EA = 155900 \times 1.2 \times 5.5/(2.1 \times 10^{11} \times 0.016^2 \times \pi) = 0.006\text{m} = 6\text{mm}$

因此前吊带强度完全满足需要，吊杆的变形量可通过调节底模的高程来抵消。

前上横梁采用 2 根 I50c 工字钢拼组而成，吊点处、悬臂段加焊 1.5cm 厚钢板加强。其力学特性：$A = 136 \times 2 = 272\text{cm}^2$，$I = 50640 \times 2 = 101280\text{cm}^4$，$W = 2080 \times 2 = 4160\text{cm}^3$，验算时按保守计算，简化前上横梁宽支点为铰接点，按连续多跨梁对横梁进行强度、刚度的验算，受力简图见图 6 ~ 图 9。

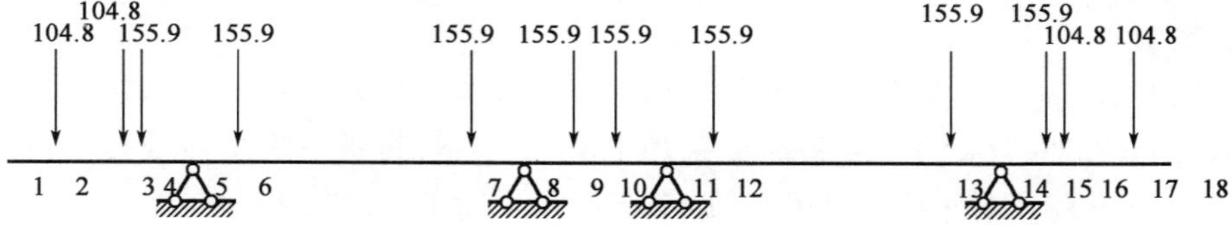

图 6　前上横梁内力及变形见下列计算图

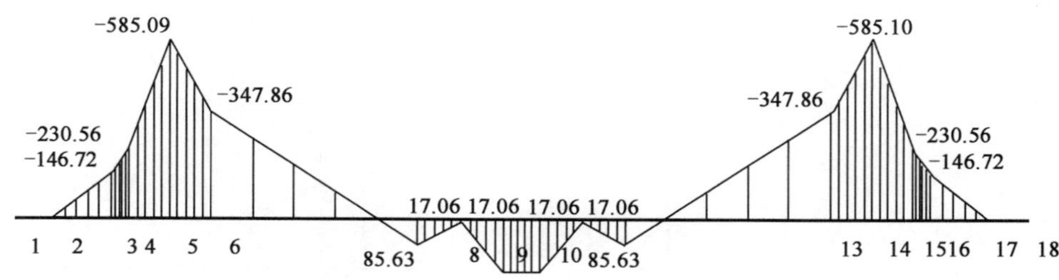

图 7　前上横梁弯矩图(kN · m)

由以上计算可知，前上横梁最大弯矩在两侧边腹板支点处，$M_{max} = 585.10\text{kN} \cdot \text{m}$，则 $\sigma = M_{max}/W = 585100/(2080 \times 2) = 140.6\text{MPa} < 1.3[\sigma_w] = 188.5\text{MPa}$，

最大剪力 $Q_{max} = 365.5\text{kN}$，则 $\tau_{max} = QS_m/I_m\delta = 365500 \times 1209.1 \times 2 \times 10^{-6}/(50640 \times 2 \times 1.6 \times 2 \times 10^{-4}) = 27.3\text{MPa} < [\tau] = 85\text{MPa}$，满足要求。

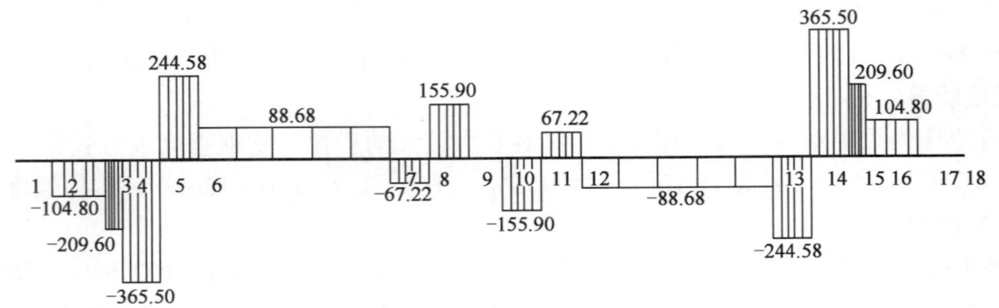

图 8　前上横梁剪力图(kN)

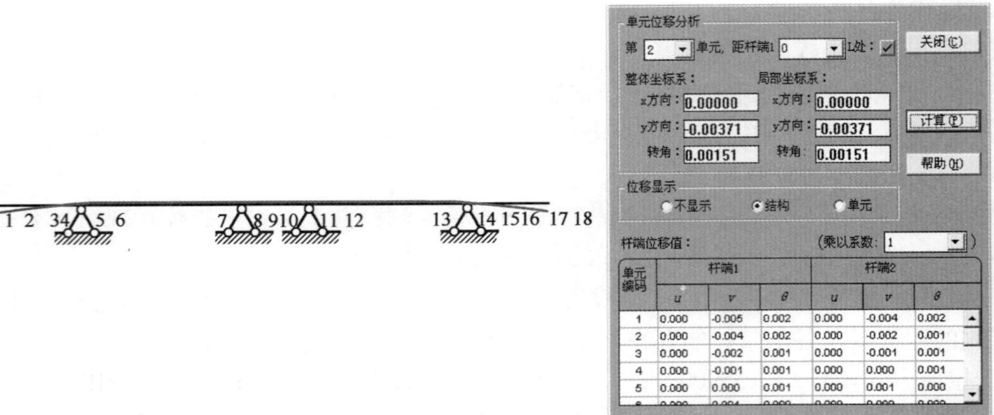

单元编码	杆端1 u	杆端1 v	杆端1 θ	杆端2 u	杆端2 v	杆端2 θ
1	0.000	-0.005	0.002	0.000	-0.004	0.002
2	0.000	-0.004	0.002	0.000	-0.002	0.001
3	0.000	-0.002	0.001	0.000	-0.001	0.001
4	0.000	-0.001	0.001	0.000	0.000	0.001
5	0.000	0.000	0.001	0.000	0.001	0.000

图 9　前上横梁挠度变形计算图

通过软件计算，上横梁变形最大处在 2 号节点处（悬臂最外端），为 4mm。

挂篮总体弹性变形 = 主桁变形 + 上横梁变形 + 吊带变形 = 9 + 4 + 6 = 19mm < 20mm

满足规范要求。

4.6　底板纵梁验算

底板承受荷载 = 底腹板梁自重 + 底板模板、内模自重 + 施工荷载 = (2505 − 479) × 1.05 + 100.1 + 41.3 + 5 × 4.5 × 16 = 2628.7（kN）。底板纵梁采用 I28b 工字钢，腹板下集中荷载较大，进行加密，采用两组工字钢（每组两根），其余底板处纵梁按照 45cm 间距平均布置，共 39 根纵梁。

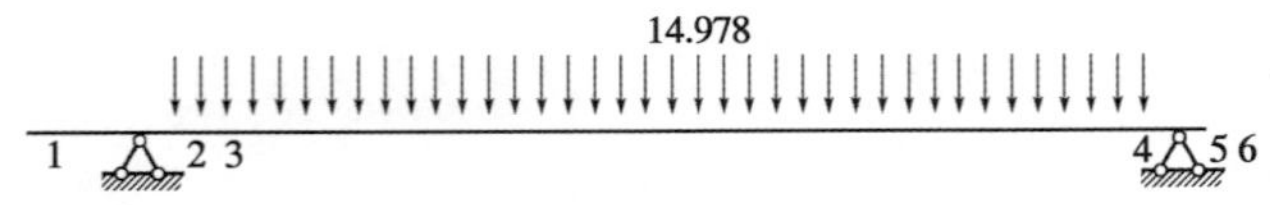

图 10　纵梁受力简图

梁体自重经底模、分配梁分摊荷载后，纵梁验算近似采用单根纵梁平均线荷载 $q = 2628.7/39/4.5 = 14.978$（kN/m），纵梁受力简图见图 10。

纵梁内力图及弹性变形见下列计算图 11 ~ 图 13。

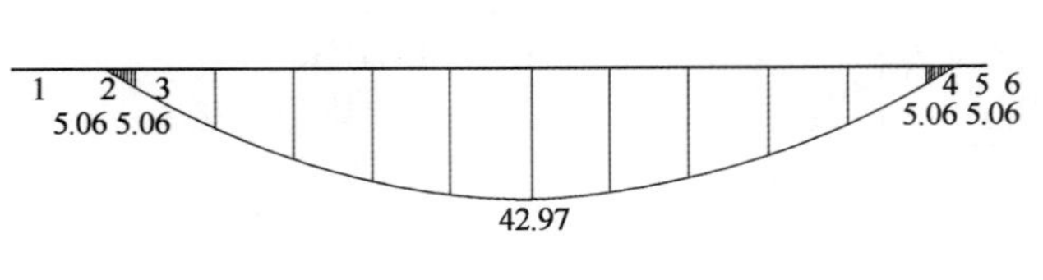

图 11　底板纵梁弯矩图(kN · m)

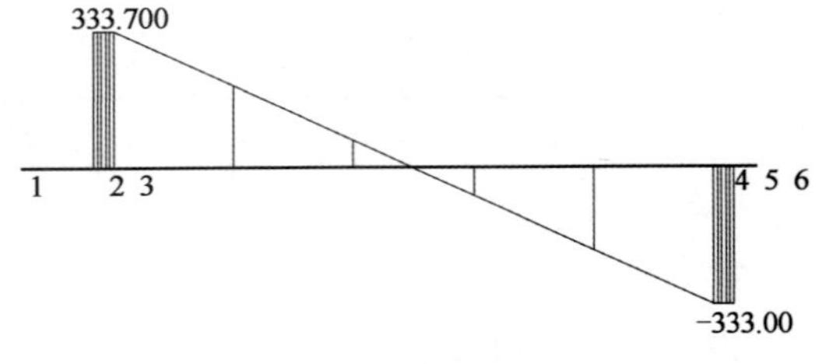

图 12　底板纵梁剪力图(kN)

由以上计算可知，底板纵梁最大弯矩在梁体纵向跨中处，$M_{max} = 42.97\text{kN} \cdot \text{m}$，

则 $\sigma = M_{max}/W = 42970/534 = 80.5\text{MPa} < 1.3[\sigma_w] = 188.5\text{MPa}$，

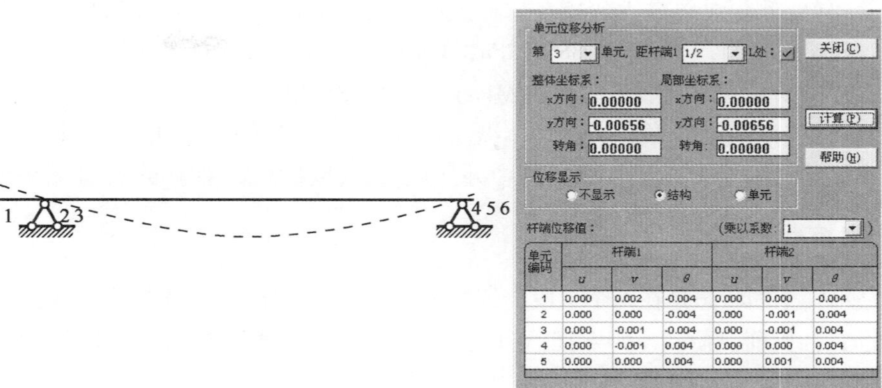

图 13　底板纵梁挠度变形图

最大剪力 $Q_{max}=33.70\text{kN}$，则 $\tau_{max}=QS_m/I_m\delta=33700\times312.3\times10^{-6}/(7480\times1.05\times10^{-4})=13.4(\text{MPa})<[\tau]=85\text{MPa}$

通过软件计算，底板纵梁变形最大在梁体纵向跨中处，为 6.6mm < 1/400mm = 11mm。

因此底板纵梁设计符合要求。在纵梁跨中处加焊缀板，以提高纵梁刚度，保证底板混凝土线形。

4.7　侧模纵向托梁验算

一侧侧模纵梁承受荷载 = 翼板钢筋混凝土自重 + 侧模、纵梁自重 + 施工荷载 = $2.13\times4.5\times25\times1.05+41.4+27.7+5\times4.5\times4.8=428.7\text{kN}$。一侧侧模纵向托梁采用两组工字钢(每组两根 I32b 工字钢双拼)，共 4 根纵梁。

翼板荷载经模板面板、分配梁分摊后，侧模纵梁验算近似采用单根梁平均线荷载 $q=428.7/4/4.5=23.817\text{kN/m}$，侧模纵梁受力简图见图 14 ~ 图 17：

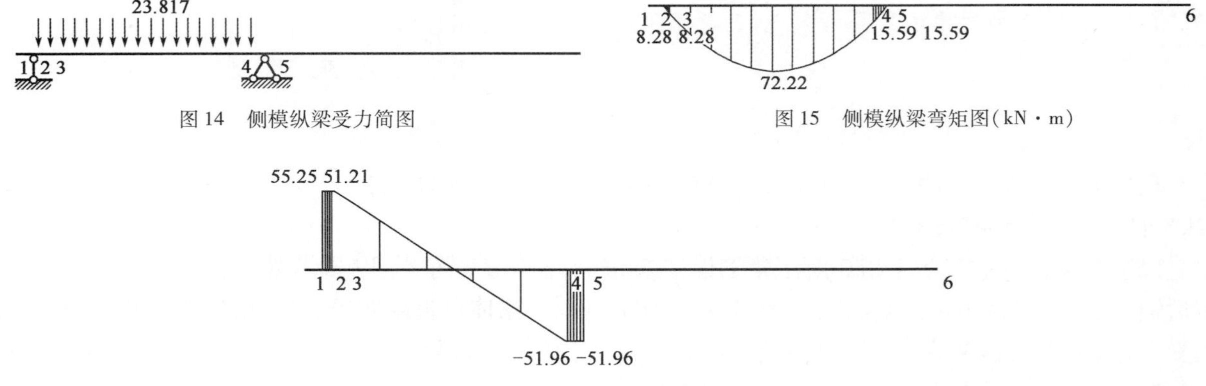

图 14　侧模纵梁受力简图

图 15　侧模纵梁弯矩图(kN · m)

图 16　侧模纵梁剪力图(kN)

位移计算

单元位移分析

第 3 单元，距杆端1 1/2 L处：　关闭(C)

整体坐标系：x方向：0.00000　y方向：-0.00754　转角：-0.00022

局部坐标系：x方向：0.00000　y方向：-0.00754　转角：-0.00022

计算(P)　帮助(H)

位移显示：不显示　结构　单元

杆端位移值：(乘以系数：1)

单元编码	杆端1 u	杆端1 v	杆端1 θ	杆端2 u	杆端2 v	杆端2 θ
1	0.000	0.001	-0.005	0.000	0.000	-0.005
2	0.000	0.000	-0.005	0.000	-0.001	-0.005
3	0.000	-0.001	-0.005	0.000	-0.001	0.005
4	0.000	-0.001	0.005	0.000	0.000	0.005
5	0.000	0.000	0.005	0.000	0.033	0.005

1 2 3　4 5　6

图 17　侧模纵梁挠度变形图

由以上计算可知，侧模纵梁最大弯矩在翼板梁体纵向跨中处，$M_{max}=72.22\text{kN}\cdot\text{m}$，则 $\sigma=M_{max}/W=72220/726=99.5(\text{MPa})<1.3[\sigma_w]=188.5\text{MPa}$，最大剪力 $Q_{max}=55.21\text{kN}$，则 $\tau_{max}=QS_m/I_m\delta=55210\times426.1\times10^{-6}/(11621\times1.32\times10^{-4})=15.3(\text{MPa})<[\tau]=85\text{MPa}$

通过软件计算，侧模纵梁变形最大在梁体纵向跨中处，为 7.5mm < l/400 = 11mm。

因此底板纵梁设计符合要求。在纵梁跨中处加焊缀板，以提高纵梁刚度，保证翼板混凝土线形。

5 挂篮移动时抗倾覆安全验算

挂篮行走最不安全的状态是在一个节段浇筑好后移动至下一节段，后锚未锚固固定，仍处在压滚的时态。见图 18，此时，挂篮前段荷载 = 50% 挂篮自重 + 施工人员、机具荷载 = 600 × 0.5 + 2 × 4.5 × 16 = 444 (kN)。

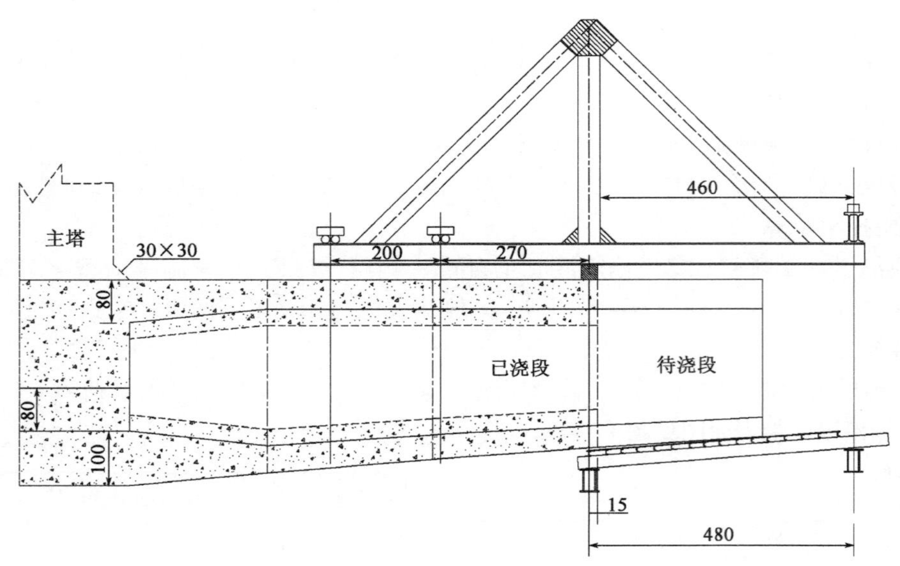

图 18　挂篮行走时最不安全状态受力简图（尺寸单位：cm）

在最不利状态下，后锚力 = 444 × 4.8/[(2.70 + 4.70)/2] = 576kN，每个后锚压滚受拉力 = 576/4/2 = 72kN，此时压滚能够有效工作。

以上计算仅考虑每条主桁 2 对压轮工作，实际施工中边腹板可采用 3 对压轮工作，并可设置一道固定后锚，在行走时将扁担梁上的锚栓稍稍松动，使后锚与主梁脱离接触不受竖向力，但若挂篮前倾，则后锚受力，从而确保挂篮在行走中的抗倾覆安全，抗倾覆安全系数 $k=568\times4\times3.7/(444\times4.8)=3.9>2$，满足规范要求。

6 结语

由于悬浇变截面预应力混凝土箱梁设计无定性，因此挂篮的设计也无定性，必须根据桥梁的结构特点、施工形式及自身的施工经验和能力，从实际出发，设计适应施工和自身特色的挂篮。安全、坚固、快捷和轻巧方便是挂篮设计的宗旨。本文阐述了南墅大桥主桥挂篮的设计计算，希望能为桥梁施工技术人员提供一定的参考。

浅谈钢筋混凝土系杆拱桥中拱肋的现浇支架施工

王　辉　张俊沛

（丹金溧漕河航道整治工程金坛段 QL1 标）

摘　要　钢筋混凝土系杆拱桥跨径一般在 60 ~ 80m，丹金溧漕河航道整治工程 QL1 标沈渎大桥主跨跨径为 81.3m，施工采用现浇工艺，本文主要对此结构的拱肋支架现浇施工作介绍。

关键词　系杆拱　拱肋　现浇支架

1　工程概述

沈渎大桥位于常州金坛市开发区，该桥属于金坛市丹金溧漕河航道整治工程 QL1 标，建成后的沈渎大桥横跨改道后的丹金溧漕河，桥梁中心线与航道中心线的夹角是 82.2°，桥梁全长 307.62m，桥跨布置为 5 × 20m（先张法预应力空心板梁）+ 81.3m（下承式钢筋混凝土系杆拱）+ 6 × 20m（先张法预应力空心板梁）。设计荷载等级为公路—2 级，主桥桥面宽度为 15.0m，引桥桥面宽度为 15.0m。

主桥上部结构采用下承式钢筋混凝土系杆拱，计算跨径 81.3m，矢跨比采用 1/5，矢高为 16.06m，拱轴线为二次抛物线。系梁采用箱型截面，梁高 1.9m，宽 1.2m，拱座处加高至 2.75m，混凝土采用 C50；拱肋采用等截面的工字形截面，高 2.0m，宽 1.2m，为钢筋混凝土构件，混凝土采用 C40；每片拱设间距 5m 的吊杆 14 根，吊杆为柔性吊杆，采用 OVM. GJ15-12 钢绞线成品索；风撑采用 6 根 Φ1100-14mm 钢管；端横梁高度为 1.893 ~ 2.043m，中横梁为 1.5 ~ 1.65m，宽 0.5m，两侧设牛腿以支撑行车道板，混凝土采用 C50；行车道板采用 25cm 高预制 C30 混凝土实心板。

2　施工方法

结合现场实际情况，丹金溧漕河航道在该桥位置为改道段落，根据设计图纸，采用先施工桥梁，后开挖河道的方案，主桥系杆拱为支架施工。

第一步：完成下部结构桩基、承台及立柱的施工，开始搭设系杆和横梁支架，绑扎拱脚和端横梁钢筋，立模浇筑拱脚和端横梁混凝土。

第二步：系杆在支架上现浇施工，根据施工情况分设两段浇筑。

第三步：由于受地形特点及桥址处施工条件的限制，减小安装的风险，中横梁改预制安装为支架现浇施工。

第四步：拱肋采用整体搭设支架，分段浇筑。支架现浇布置如图 1 所示。

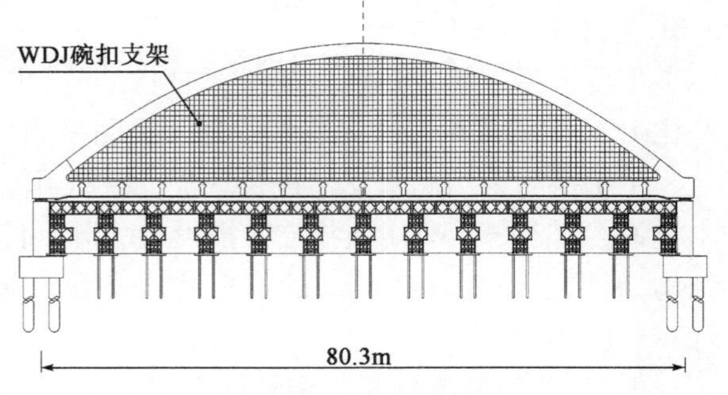

图 1　支架现浇布置图

3　主要施工技术

3.1　总体施工方案

（1）搭设临时墩，架设贝雷梁构成施工平台，端横梁搭设门式支架，对各支架进行堆载预压，预压荷载为自重的 1.2 倍，以消除支架的非弹性变形，对其沉降量进行连续观测，连续 3 天不应超过 3mm，即可卸载，并整理观测数据，取得其弹性变形数据，对支架进行调整，进行下一步施工。

(2)主桥拱脚、端横梁采用支架现浇，并对称张拉端横梁全部预应力束；先施工两侧拱脚，绑扎钢筋，立模板，浇筑拱脚混凝土，拱脚段的系杆浇筑至图纸所示接缝处，即7.2m，拱肋浇筑长度缩短2～6.543m(拱肋中心线处长度)。待拱脚拆除模板后，施工端横梁。

(3)分两段现浇系杆混凝土，施工湿接缝，对称张拉系杆N1、N5预应力束；系杆自跨中分两段现浇，为减小支架浇筑过程中的变形对已浇筑混凝土的影响，浇筑顺序先从分段中间对称向两侧浇筑，合龙处放在湿接缝位置。

(4)中横梁采用支架现浇，全部完成后张拉中横梁第一批预应力；中横梁待系杆完成后，搭设支架，施工顺序为4(12)号→8号→1(15)号→2(14)号→3(13)号→5(11)号→6(10)号→7(9)号，施工时中横梁对称进行。

(5)搭设拱肋支架，拱肋下满堂支架采用WDJ碗口式支架；预压后进行钢筋、模板施工，拱肋分段对称现浇；拱肋分三段两次浇筑，第一次对称浇筑自拱脚到5(11)号吊杆处，第二次浇筑中间段；浇筑拱肋段的模板在顶端采用封闭，浇筑时根据拱肋的吊杆布置，设置振捣孔及排气孔，在浇筑过程中逐步进行封闭；因拱肋支架在风撑处有支架进行加强，故风撑在拱肋施工时结合现场实际情况，立模时即安装风撑，浇筑时整体完成。

(6)拱肋成形后，对称张拉系杆N2、N6预应力束，安装吊杆。

(7)按顺序张拉吊杆后，拆除临时支架；吊杆张拉顺序根据设计提供顺序进行。

(8)安装预制行车道板；利用吊车安装，严格控制对称进行：顺桥向，自端横梁处向跨中对称安装，横桥向，自两侧系杆对称向桥梁中心线安装。

(9)张拉全部中横梁第二批预应力束。

(10)对称张拉系杆N3、N4预应力束。

(11)现浇桥面C40整体化混凝土，完成桥面系施工。

3.2 拱肋现浇支架方案的确定

由于施工现场条件为先施工桥梁，后开挖河道，故在施工系杆、横梁时，均采用支架现浇，其方法较为常规，不再详述。

而本桥主要施工关键在于拱肋支架现浇的方案，在选择支架时，放弃了门式支架搭设的方案，而选择了WDJ碗扣式支架。虽然在类似桥梁施工中，曾有多次在拱肋现浇中采用门式支架施工成功的经验，但结合本桥的实际情况，考虑到拱肋结构特点及自重，通过对支架的布置及验算，最终还是确定采用碗扣式支架搭设拱肋支架。

3.3 拱肋现浇支架方案

主桥采用下承式钢筋混凝土系杆拱结构，主桥跨径81.3m，设计计算跨径80.3m，矢高16.06m，矢跨比1/5，拱肋采用二次抛物线线形。拱肋采用高2.0m、宽1.2m的等截面工字型断面。

主桥拱肋采用满堂支架进行现浇，支撑作用在已完成平面体系的系杆顶面之上，用20cm×20cm方木垫设，支架采用WDJ碗扣支架搭设，底部用可调底座支撑，顶端用上托，设直径4.8cm钢管作为承重结构，然后上设20cm×4cm的木板及竹胶板。主桥待浇筑单侧拱肋混凝土134.9m^3，支架沿桥向搭设计算长度71m。

根据《建筑施工碗扣式钢管脚手架安全技术规范》(JGJ 166—2008)规范要求，作为模板支撑架，底层纵横向水平杆作为扫地杆，距底面高度小于350mm，立杆底部用可调底座，立杆上端可调上托螺杆伸出顶层水平杆的长度不得大于0.7m。立杆纵横向间距设置为0.6m，步距0.6m，按规范要求支架四周从底部到顶连续设置竖向剪刀撑，剪刀撑的斜杆与水平底面夹角按45°控制，斜杆与每步立杆扣接。同时顶部与底部必须设置水平剪刀撑，中间水平剪刀撑设置间距为4.8m。

因支撑架为拱形结构，在受外部条件影响之下，支撑架的高宽比在拱肋中间超出规范要求的应小于或等于2，故为保证该支架的整体稳定性，两侧拱肋支架中间通过六道风撑处的支架形成整体受力，风撑支架采用门式支架搭设，门架垂直于风撑轴线按1.2m间距布置，用交叉支撑连接，设置纵横向水平

杆,与拱肋的碗扣支架连接,在水平杆处用剪刀撑加固,剪刀撑设置从拱肋碗扣支架外侧底部至顶部连续,与水平面夹角设置为45°(图2)。

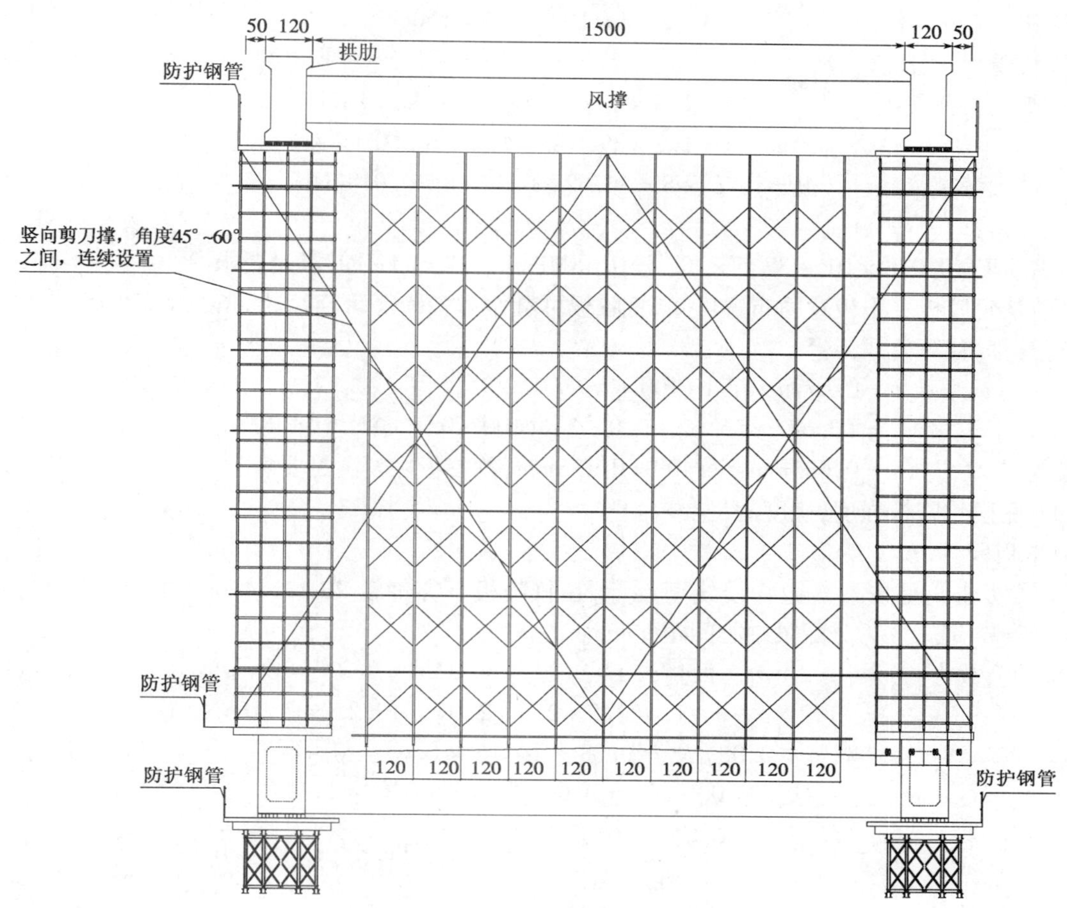

图2　拱肋支架跨中断面(单位:cm)

拱肋支架在超出底模两侧各50cm作为人员上下通行及操作平台,用木板铺设,两侧安装防护钢管,悬挂安全网。

3.4　拱肋现浇支架的计算

(1)荷载的确定。

①恒荷载的确定:

$$q_1 = \frac{134.9 \times 2.5 \times 10}{71 \times 1.2} = 39.6(\mathrm{kN/m^2})$$

②施工活荷载的确定。

施工人员等荷载:　$q_2 = 2.5\mathrm{kN/m^2}$

倾倒混凝土时产生的冲击荷载:　$q_3 = 2.0\mathrm{kN/m^2}$

振捣混凝土时产生的荷载按均布荷载考虑:　$q_4 = 2.0\mathrm{kN/m^2}$

③施工荷载分项系数。

恒荷载按1.2,活荷载按1.4考虑。

(2)模板验算。

底模采用高强度竹胶板,板厚 $t = 15\mathrm{mm}$,竹胶板背肋间距为25cm(中到中),模板受弯、受力是以木板为支点,跨度可以按5cm计,以1m模板为单位进行受力分析,所以验算模板强度采用宽 $b = 100\mathrm{cm}$。

①模板力学性能:

弹性模量:　$E = 0.1 \times 10^5\mathrm{MPa}$

截面惯性矩：$I=b\cdot h^3\div 12=100\times 1.5^3\div 12=28.125\text{cm}^4$

截面抵抗矩：$W=b\cdot h^2\div 6=100\times 1.5^2\div 6=37.5\text{cm}^3$

截面积：$A=b\cdot h=100\times 1.5=150\text{cm}^2$

②模板受力计算：

底模板均布荷载：

$$q_a=[1.2\times q_1+1.4(q_2+q_3+q_4)]\times 1$$
$$=[1.2\times 39.6+1.4(2.5+2.0+2.0)]\times 1=56.62\text{kN/m}$$

跨中最大弯矩：$M=q\cdot L^2\div 8=56.62\times 0.5^2\div 8=0.018\text{kN}\cdot\text{m}$

弯拉应力：

$\sigma=M\div W=0.018\times 10^3\div 37.5\times 10^{-6}=0.48\text{MPa}<[\sigma]=11\text{MPa}$,满足要求。

挠度:从竹胶板下木板背肋布置可知,竹胶板可看作为多跨等跨连续梁,按三等跨均布荷载作用连续梁进行计算,计算公式为:

$$f=0.677q\cdot L^4\div(100\cdot E\cdot I)$$
$$=(0.677\times 56.62\times 0.05^4)\div(100\times 0.1\times 10^6\times 28.125\times 10^{-8})$$
$$=0.085\text{mm}<L/400=0.125\text{mm}$$
,竹胶板挠度满足要求。

综上,底模竹胶板强度、挠度满足要求。

(3)木板验算。

由于拱肋曲线是按二次抛物线线型设计,在竹胶板下方铺设 20cm×4cm 木板,木板下方用直径 48mm×3.5mm 钢管作为分配梁中心间距 60cm。

木板的荷载为：

$$q_b=[1.2\times q_1+1.4(q_2+q_3+q_4)]\times 0.25$$
$$=[1.2\times 39.6+1.4(2.5+2.0+2.0)]\times 0.25=14.16\text{kN/m}$$
$$M_{max}=0.08q_b l_b^2=0.08\times 14.16\times 0.6^2=0.41\text{kN}\cdot\text{m}$$
$$Q_{max}=0.6q_b l_b=0.6\times 14.16\times 0.6=5.1\text{kN}$$
$$\sigma_{max}=\frac{M_{max}}{W}=\frac{0.41\times 10^6}{\frac{1}{6}\times 200\times 40^2}=10.25\text{MPa}<[\sigma]=14.5\text{MPa}$$
$$\tau=\frac{3Q_{max}}{2b_b h_b}=\frac{3\times 5.1\times 10^3}{2\times 200\times 40}=0.96\text{MPa}<[\tau]=2.3\text{MPa}$$
$$f=\frac{0.677\times q_b l_b^4}{100EI}=\frac{0.677\times 14.16\times 600^4}{100\times 11\times 10^3\times\frac{1}{12}\times 200\times 40^3}=1.06\text{mm}<\frac{l_b}{400}=\frac{600}{400}=1.5\text{mm}$$

所以满足要求。

(4)分配梁钢管验算。

采用钢管作为分配梁,钢管下方为碗扣支架,纵横向间距均为 60cm,步距 60cm。(计算时简化为等跨 0.6m 的连续梁)

钢管荷载为：

$$q_c=[1.2\times q_1+1.4(q_2+q_3+q_4)]\times 0.6$$
$$=[1.2\times 39.6+1.4(2.5+2.0+2.0)]\times 0.6=33.97\text{kN/m}$$
$$M_{max}=0.08q_b l_b^2=0.08\times 33.97\times 0.6^2=0.98\text{kN}\cdot\text{m}$$
$$Q_{max}=0.6q_b l_b=0.6\times 33.97\times 0.6=12.23\text{kN}$$
$$\sigma_{max}=\frac{M_{max}}{W}=\frac{0.98\times 10^6}{5.08\times 10^3}=192.9\text{MPa}<[\sigma]=205\text{MPa}$$
$$f=\frac{0.677\times q_b l_b^4}{100EI}=\frac{0.677\times 33.97\times 600^4}{100\times 2.1\times 10^5\times 12.19\times 10^4}=1.16\text{mm}<\frac{l_b}{400}=\frac{600}{400}=1.5\text{mm}$$

(5)WDJ 碗扣支架验算。

验算依据:《建筑施工碗扣式脚手架安全技术规范》(JGJ 166—2008);钢筋混凝土重度取 25kN/m^3。

①施工荷载分项系数。

恒荷载按 1.2,活荷载按 1.4 考虑。

②恒荷载。

a. 拱肋混凝土。

$$q_1 = \frac{134.9 \times 25}{71 \times 1.2} = 39.6(\text{kN/m}^2)$$

b. 杆系自重。

由于本工程支架搭设高度在 10m 以上,需要计算架体自重。

以拱肋中段 13m 高为例,1.2m 立杆单根重量为 7.41kg,3m 立杆单根重量为 16.48kg,0.6m 横杆自重 2.82kg,单位面积其杆系自重为$(7.41\times1+16.48\times4+2.82\times4\times23)\times10\div(0.6\times0.6)=9.2(\text{kN/m}^2)$

c. 配件自重。

脚手板自重标准值取 0.35kN/m^2

栏杆与挡脚板自重取 0.14kN/m^2

③可变荷载。

施工人员等荷载:$q_2 = 2.5\text{kN/m}^2$;

倾倒混凝土时产生的冲击荷载:$q_3 = 2.0\text{kN/m}^2$;

振捣混凝土时产生的荷载按均布荷载考虑:$q_4 = 2.0\text{kN/m}^2$。

作用于模板支撑上的水平风荷载标准值 W_k 为

$$W_k = 0.7\mu_z\mu_s W_0$$

式中:μ_z——风压高度变化系数,按《建筑结构荷载规范》查表得到,取值 1.0;

μ_s——风荷载体型系数,按《建筑结构荷载规范》查表得到,取值 0.8;

W_0——基本风压(kN/m^2),按《建筑结构荷载规范》查表得到,取值 0.55。

$$W_k = 0.7 \times 1 \times 0.8 \times 0.55 = 0.308\text{kN/m}^2$$

单位长度侧模板上的风荷载为

$$W = 0.308 \times 1 \times 2.2 = 0.68\text{kN}(\text{模板按 2.2m 高计算})$$

$$W_V = 600/600 \times W = 0.68\text{kN}$$

$$W_s = (W_v^2 + W^2)^{1/2} = 0.96\text{kN}$$

(6)立杆稳定性验算。

对于高支模,必须组合进风荷载的影响,对立杆轴向力和立杆压弯强度进行验算和斜杆内力验算。

立杆轴向力:

$$N = 1.2(Q_1 + Q_2)L_xL_y + 0.9 \times 1.4[(Q_3 + Q_4)L_xL_y + Q_5]$$

单肢立杆稳定性公式

$$N \leqslant \phi A f$$

式中:Q_1——模板支撑架自重标准值,9.69kN/m^2;

Q_2——混凝土自重,39.6kN/m^2;

Q_3——倾倒、振捣混凝土的荷载,4.5kN/m^2;

Q_4——人员及设备荷载,2.5kN/m^2;

L_x、L_y——单肢立杆纵横向间距,60cm;

A——立杆横截面积 489mm^2;

ϕ——轴心受压杆件稳定系数,根据长细比 $\lambda = l_0/i$ 取值;

i——截面回转半径,取 1.58cm;

l_0——$l_0 = h + 2a$,a 取 15cm,h 为立杆步距;

Q_5——风荷载产生的轴向力(kN),即 W_V(图 3);

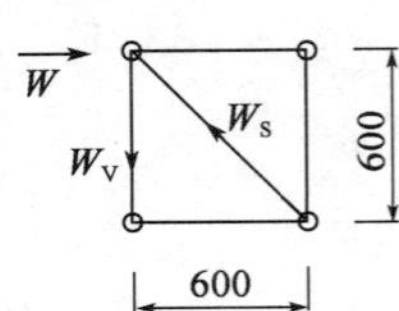

图3 风荷载对跨中支架内力分析简图（尺寸单位：mm）

f——钢材强度设计值，205N/mm^2。

$$l_0 = h + 2a = 60 + 2 \times 15 = 90\text{cm}$$

长细比 $\lambda = 90/1.58 = 57.0$，查表 $\phi = 0.829$。

$$\phi Af = 0.829 \times 489 \times 205 \times 0.86/1000 = 66.5(\text{kN})$$

$$N = 1.2 \times (9.69 + 39.6) \times 0.6 \times 0.6 + 0.9 \times 1.4 \times [(4.5 + 2.5) \times 0.6 \times 0.6 + 0.68] = 25.3(\text{kN})$$

$N < \phi Af$，验算通过。

（7）立杆压弯强度验算。

$$\frac{N_w}{\varphi A} + \frac{0.9\beta M_w}{\gamma W\left(1 - 0.8\frac{N_w}{N_E}\right)} \leqslant f$$

式中：β——有效弯矩系数，采用1.0；

γ——截面塑性发展系数，钢管截面为1.15；

W——立杆截面模量，为5.08cm^3；

N_E——欧拉临界力，$N_E = \pi^2 EA/\lambda^2 = 0.304$kN（$E$为材料弹性模量，$\lambda$为压杆长细比），其中，$E = 2.05 \times 10^5$，$A = 489\text{mm}^2$，$\lambda = 57$。

将 $W_k = 0.308\text{kN/m}^2$，$l_0 = h + 2a = 90\text{cm}$，$a = 0.15$m，$L_x$（立杆纵距）$= 0.6$m 代入下式，得

$$M_w = 1.4 \times L_x \times l_0^2 \times W_k \div 10 = 0.021\text{kN}\cdot\text{m}$$

立杆压弯强度为 $\dfrac{25.3}{0.829 \times 489} + \dfrac{0.9 \times 1.0 \times 0.021}{1.15 \times 5.08 \times \left(1 - 0.8 \times \dfrac{25.3}{N_E}\right)} = 62.4\text{N/mm}^2 < f = 205\text{N/mm}^2$

立杆压弯强度验算通过。

（8）斜杆内力验算（图4）。

当模板支撑架高度大于8m并有风荷载作用时，应对斜杆内力进行验算，并验算连接扣件的抗滑能力。

对架体内力计算时将风荷载化解为每一结点的集中荷载 W；

W在立杆及斜杆中产生的内力 W_v、W_s 按下式计算：

$$W_v = \frac{h}{a}W$$

$$W_s = \frac{\sqrt{h^2 + a^2}}{a}W$$

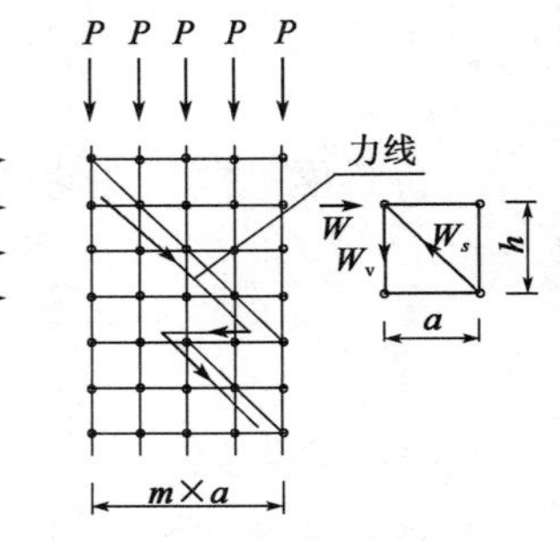

图4 斜杆内力计算简图

自上而下叠加斜杆最大内力为 $\sum_{s=1}^{n} W_s$，验算斜杆两端连接扣件抗滑强度：

$$\sum_{s=1}^{n} W_s \leqslant Q_c$$

式中：Q_c——扣件抗滑强度，取8kN。

查《建筑施工碗扣式脚手架安全技术规范》（JGJ 166—2008）附表D，风荷载计算系数，风压高度变化系数按地面粗糙度 B 查表（表1）。

风压高度变化系数表 表1

离地面高度（m）	风压高度变化系数	离地面高度（m）	风压高度变化系数
5	1	15	1.14
10	1	20	1.25

可以取最上面的斜杆来验算，支架最高离地面高度近似为20m，由此可计算最大斜杆内力；

查表根据插值法可以获得简图中各个节点处的风压高度变化系数 μ_z 分别为1.250、1.237、1.224、

1.210，进而求出各个斜杆内力分别为0.972kN、0.962kN、0.952kN、0.941kN。

因此，$\sum_{s=1}^{n} W_s = 0.972 + 0.962 + 0.952 + 0.941 = 3.827\text{kN} < Q_c = 8(\text{kN})$

斜杆内力验算通过。

3.5 拱肋现浇支架的施工情况

根据所确定的方案施工后，在分段浇筑拱肋时，安排专人对支架进行观测，同时对模板、支架进行专人看护，在浇筑过程中，支架始终处于稳定状态，模板变形也控制在规范之内。拆除模板及支架后，整个拱肋线型及外观均满足要求。

4 总结

（1）本工程施工过程中，各部位的现浇支架承载能力非常重要。初步分析时进行了严格的理论计算，确保满足施工的要求。施工时进行严格测量控制，防止产生偏心受力。

（2）工程受自然气候的影响较大，拱肋施工成功的关键在于支架的整体稳定性，在施工中，利用风撑支架将两侧拱肋支架进行连接，增强了支架的稳定性和刚度。

（3）碗扣支架运用在拱肋现浇支架中，与门式支架相比，还具有拼拆迅速、省力，结构稳定可靠，通用性强，承载力大等优点，大幅提高了工作效率。

参 考 文 献

[1] 中华人民共和国行业标准.JTG/T F50—2011 公路桥涵施工技术规范[S].北京：人民交通出版社，2011.

[2] 周水兴.路桥施工计算手册[M].北京：人民交通出版社，2001.

[3] 中华人民共和国行业标准.JGJ 166—2016 建筑施工碗扣式钢管脚手架安全技术规范[S].北京：中国建筑工业出版社，2017.

[4] 中华人民共和国国家标准.GB 50009—2012 建筑结构荷载规范[S].北京：中国建筑工业出版社，2012.

[5] 中华人民共和国行业标准.JGJ 162—2008 建筑施工模板安全技术规范[S].北京：中国建筑工业出版社，2008.

浅谈冬季混凝土施工质量控制措施在丹金溧漕河航道整治工程中的应用

兰　波

（江苏省无锡市航道工程有限公司）

摘　要　航道护岸在冬季施工时往往会因环境、空气等外在因素的影响导致工程进展缓慢，甚至延长工期，此时混凝土浇筑质量的高低直接会影响护岸的使用性能。因此，冬季航道护岸施工过程中，更加需要保证浇筑的质量。本文就此问题着重阐述了航道护岸在冬季施工过程中的施工措施。

关键词　冬季混凝土　浇筑　养护　施工措施

1　工程概括

丹金溧漕河位于江苏省的西南部，是太湖西部地区的主要水运干线，规划等级为Ⅲ级航道，航道途径丹阳、金坛、溧阳，全线长65.590km，其中金坛段航道整治里程为31.884km。

2010年3月23日江苏省发展及改革委员会主持召开的审查会议通过了“丹金溧漕河金坛段航道整治工程初步设计”。江苏省发改委对初步设计文件的批复要求抓紧实施该项目，考虑到金坛段里程较长，根据轻重缓急，该工程拟采取分段实施。2010年4月丹金溧漕河金坛市河改线段施工图设计文件通过了江苏省交通厅航道局组织的“施设文件”审查，同年7月改线段航道整治工程通过招标先后确定了航道和桥梁的施工中标单位，工程进入实施阶段。

本工程为丹金溧漕河金坛段航道整治工程整治范围为K18+440~K20+208、K32+383~K37+469，全长6.854km，总投标价为9871万元。

2　冬季施工准备工作

冬季施工必须确保工程质量，做到安全生产。冬季施工的措施方案经济合理，使增加的费用最少，并减少能源消耗，缩短工期。

本工程需经历冬季施工，金坛地区的冬季期间按常年的历史资料分析为每年的11月至次年3月之间，因此必须在生产计划中统一安排，提前落实，做到合理搭接，尽量减少冬季施工的作业面。

项目部根据工程的特点分析后，确定进入冬季施工的项目主要是：土方开挖和混凝土浇筑施工作业，在冬季施工材料、设备落实后，保证施工力量，做到连续施工，避免造成浪费。

混凝土外加剂的准备根据计划进度安排视准备情况而定；需要保温、覆盖材料的设备，根据工程任务特点及主要施工方法，确定保温、覆盖材料的用量，编制计划，组织进场存放和保管。

技术培训工作：进入冬季施工前，施工管理人员进行培训考核。施工管理人员的培训主要包括以下内容：学习有关冬季施工规范、规定，学习公司制定的冬季施工原则、主要的冬季施工方法与技术措施；学习冬季施工中采用的新技术；学习冬季施工日常的管理工作和安全消防措施。

施工现场所有准备工作，必须在混凝土浇筑前完成，达到进入冬期施工的条件。现场准备要求：保温围护好；外加剂有储备，保管好，无破裂；供水消防管线、模板的保温措施已完成；现场生活设施做好入冬准备，并符合安全消防要求，未完成工序进入冬期施工前应停在合理部位。

冬季施工计划管理：进入冬期施工前，将冬季施工准备工作项目和用工纳入生产计划和用工计划，

并结合各级施工方案,统一安排生产计划。冬季施工过程中严格按冬期施工技术规定中的要求和冬季施工方案确定的原则、施工方法进行施工。

外加剂的准备:冬季施工使用市场销售的成品外加剂,禁止使用现场无计量临时配制的外加剂。外购的成品复合外加剂,必须有鉴定材料和试验资料。

3 冬季施工主要技术措施

3.1 混凝土工程

当室外日平均气温连续5d稳定低于5℃时,应采取冬季施工的技术措施进行混凝土施工。

混凝土遭受冻结带来的危害,与遭冻的时间早晚、水灰比等有关,遭冻时间越早,水灰比越大,则强度损失越多;反之,则损失少。受冻的混凝土在解冻后,其强度虽仍能继续增长,但已不能再达到原设计的强度等级。

混凝土经过预先养护达到一定强度后再遭冻结,其后期抗压强度损失就会减少。一般把遭冻结其后期抗压强度损失在5%以内的预养强度值定义为“混凝土受冻临界强度”。对使用普通硅酸盐水泥配制的混凝土,受冻临界强度为设计的混凝土强度标准值的30%;对使用矿渣硅酸盐水泥配制的混凝土,受冻临界强度定为设计的混凝土强度标准值的40%。

3.2 混凝土冬季施工方法的选择

混凝土冬季养护期间项目部采用不加热的方法。其方法包括:掺化学外加剂法,具体外加剂为防冻剂等。掺外加剂时,外加剂的性能均符合国家现行标准《混凝土外加剂应用技术规范》和《混凝土防冻剂》的有关规定。

3.3 混凝土冬季施工的一般要求

配制冬季施工的混凝土,选择的是硅酸盐水泥或普通硅酸盐水泥,不宜采用火山灰质硅酸盐水泥。其强度等级不得低于42.5MPa,混凝土水泥用量不得少于340kg/m^3,水灰比不得大于0.5。合理选用外加剂的配合比,并应与标准混凝土配合比进行对比试验;如本工程使用的普通C25强度混凝土,其28d适配强度为32.9MPa,加入防冻型外加剂,其强度为34.0 MPa,则说明加外加剂的配合比符合施工设计要求。

利用蒸汽低压锅炉直接向水箱内通蒸汽加热,水的加热温度一般为50~80℃(以能保证混凝土拌和物温度在10~30℃范围内)或采取钻取深水井,取地下水。水箱四周及顶口用棉被保温。

雨雪天气的集料必须清洁后入仓,不得含有冰、雪等冻结物。

混凝土的拌和以尽可能减少热量损失为原则,避免水泥发生“骤凝”,砂、石料的上料做到随上随用,中间不积压。其投料顺序为:砂石料→水→外加剂和水泥。

混凝土的拌和在不低于10℃的保温拌和站内进行,搅拌前应用热水冲洗搅拌机,搅拌时间应较常温延长50%。其拌制投料顺序:先是集料、热水,然后再投入水泥、外加剂。确保混凝土的出机温度不低于15℃,入模温度不低于5℃。

项目部根据施工点分布特点和实际情况,统筹考虑缩短运输时间,选择最佳运输路线。比如,利用两三辆(艘)运输车(船)相互连续周转运输,保持出料的连续性和正常浇筑。混凝土采用罐车运输,多装快运,少停留,少倒运,混凝土罐采用特制材料包裹保温。确保混凝土的入模温度不低于5℃。

选择适合的运输容器的形式、大小和保温材料。采用混凝土输送车(船),容量根据混凝土施工用量和浇筑时间选择,要求施工班组尽量安排在每天的中午时段浇筑,确保在每天的最高气温时浇筑。项目部每天安排人员对各施工点的混凝土运输进行统一调配,及时掌握当天的天气情况,及时调整配料量和出料量。

混凝土的运输安排考虑尽量缩短运输时间,出料时要对其坍落度进行抽检(图1),满足要求后方可出厂。从出料、运输、浇筑等环节施工连接有序,环环相扣,缩短混凝土到施工现场等候的时间,做到随到随浇筑。

混凝土在浇筑前，安排施工人员及时清除模板和底板上的冰雪及污垢，混凝土在运输、浇筑过程中的温度应与设计的要求相符，若与要求不符，则应采取措施进行调整。

混凝土在浇筑过程中应控制混凝土的均匀性和密实性，不应出现漏筋、空洞、冷缝、夹渣、松顶等现象。混凝土浇筑过程中发现原材料、稠度不符合规定，或有分层离析等异常现象时，应立即查明原因，妥善处理后方可继续浇筑。浇筑混凝土时，要随时检查模板、支架、钢筋、预埋件、预留孔和垫块的固定情况，发现有变形、位移时应立即停止浇筑，并应在已浇筑的混凝土凝结前进行修整。

图1　混凝土拌和站混凝土出厂坍落度检测

混凝土拌和物倾落自由高度不宜超过2m，混凝土应振捣成型。振捣器应根据施工对象和混凝土拌和物性质加以选择，并确定振捣时间，振动器要垂直“直上直下”，操作振动器时要使振动器快插慢拔（消除孔洞），而且插点要分布均匀，逐点移动，顺序进行，严防遗漏，每次移动位置的距离不应大于振捣器分布点半径的1.5倍（在300～400mm之间）。当混凝土需要分层浇筑时，每层混凝土厚度应不超过振动器的1.25倍（不应大于500mm），在振捣上一层时，振动器应插入下一层中50～100mm，使上下两层混凝土结合密实，层层扣搭。振捣时间要以20～30s之间为宜，使混凝土不下沉，不冒气泡，泛浆，表面平坦，达到密实。振动时不能碰到模板。混凝土拌和物运至浇筑地点的温度，最高不宜高于35℃、最低不宜低于5℃。在浇筑混凝土时，应同时制作混凝土，除应预留标准试件外，尚应制取同条件养护的相同数量与结构试件。对应采用蒸汽加热法养护的混凝土结构，除应制取标准养护试件外，尚应同时制取与混凝土结构同条件蒸养后，再在标准条件下养护到28d的试件，用以检查经过蒸养后混凝土28d的强度。冬季施工混凝土的质量评定方法与常温施工混凝土相同。必要时还应制作抗冻、抗渗、抗氯离子渗透或其他性能的试件，试件的取样和制作应符合现行行业标准《水运工程混凝土施工规范》的有关规定。

3.4　混凝土冬季施工养护

在养护过程中，混凝土应处于有利于硬化及强度增长的温度和湿度环境中。混凝土浇筑完毕后应及时加以覆盖，终凝后应保湿养护。养护方法应根据构件外形选定，宜采用洒水、土工布覆盖浇水、包裹塑料薄膜、喷涂养护液进行养护。当日温度平均温度低于5℃时，不宜洒水养护。采用塑料薄膜或养护液薄膜时应覆盖严密，并经常检查塑料薄膜或养护液薄膜的完整情况和混凝土的保湿效果，损坏时应及时修补。检查混凝土温度前，应绘制测温孔布置图并编号。对测温孔的位置，当采用蓄热法养护时，应设置在易冷却部位；当采用加热法养护时，应在离热源不同位置分别设置；厚大结构应在表层及内部分别设置。测温时温度计应与外界温度隔绝，并应在测温孔内留置不少于3min。在本工程中，主要采取土工布覆盖、塑料薄膜覆盖及草帘覆盖等措施。在气温低于或接近0℃时，采用草帘、土工布、塑料薄膜三层覆盖保温措施。在2012年12月2日，K37+109～K37+118右岸墙身浇筑完毕后，气温骤降至最低温度－1℃。为了保护好混凝土不被冻伤，项目部紧急采取了延长混凝土的拆模时间，在混凝土强度达到2.5MPa以上，且其表面及棱角不因拆模而受损时进行拆模。拆除模板后立即在混凝土表面采取覆盖措施，如覆盖草帘、塑料薄膜、土工布，并采用多层覆盖（图2）。

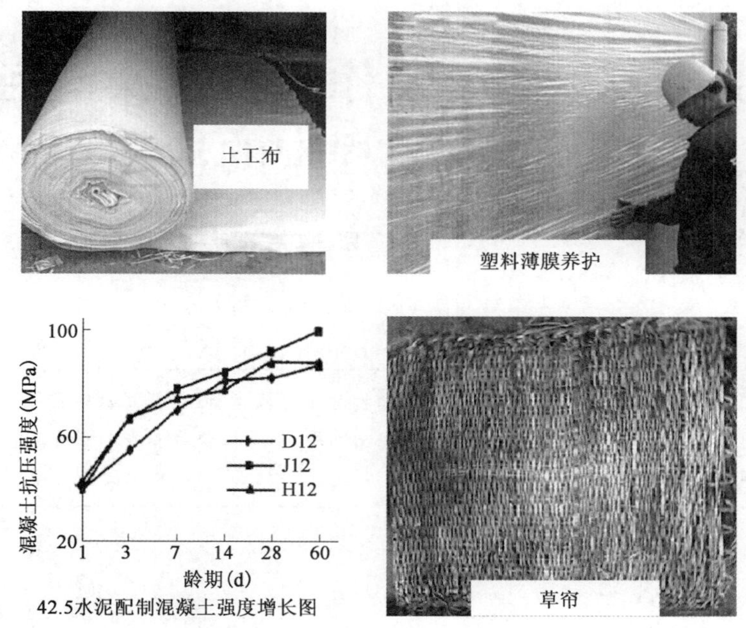

图2 冬季混凝土防护措施及水泥强度曲线

3.5 施工机械的合理使用

在冬季施工中,施工机械设备生产效率严重下降,冷启动性能差。为了保障机械设备在冬季施工中有良好的性能,充分发挥机械的效率,应统筹安排、合理调配、保证重点,根据施工现场和作业环境,选择相应的施工设备。

4 结语

随着国家的"十二五"规划实施,使得航道工程建设不断增加,此时又出现许多新型材料,更要注意提高施工材料的性能。另外,在冬季施工过程中,应注重混凝土材料的使用,使混凝土达到设计要求的质量标准,在满足设计要求的质量指标前提下尽量降低成本,对每个实际施工环境采取相应措施,保证施工的顺利进行,把混凝土的外观及内在质量充分显现出来。

参考文献

[1] 中华人民共和国行业标准.JTS 202-2—2011 水运工程混凝土质量控制标准[S].北京:人民交通出版社,2001.

[2] 中华人民共和国行业标准.JTS 202—2011 水运工程混凝土施工规范[S].北京:人民交通出版社,2011.

浅谈工程测量工作在丹金溧漕河航道整治工程中的应用

张　坤　宗　琪

（无锡市航道工程有限公司）

摘　要　本文结合工程测量在作者参建工程中的主体结构施工阶段控制、护岸工程沉降位移观测的实际应用，浅谈工程测量在航道工程施工中对实体质量控制作用，以及在今后水运工程施工中发展方向。

关键词　测量　航道　工程　应用

1　工程概况

1.1　项目概况

丹金溧漕河位于江苏省的西南部，是太湖西部地区的主要水运干线，规划等级为Ⅲ级航道，航道途经镇江的丹阳、常州的金坛和溧阳，全长65.590km。

本次丹金溧漕河航道整治工程金坛段DJLC－SG－HD3标，整治范围为K18＋440～K20＋208和K32＋383～K37＋469，两段整治里程共计为6.854km。K18＋440～K20＋208航道具体位于从丹金溧漕河丹阳、金坛交界处起至丹金船闸上游终点止，K32＋383～K37＋469航道则位于丹金溧漕河金坛市河改线段终点至西岗镇与洮西镇河汊口处止。

1.2　建设标准与规模

丹金溧漕河金坛段航道建设规模为Ⅲ级通航标准，其基本尺寸为：航道底宽≥45m，航道水深≥3.2m，弯曲半径≥480m。根据丹金溧漕河金坛段整治航道的实际状况，设计确定航道直立式驳岸口宽不小于70m，驳岸前沿水下边坡坡比视土质条件而定，土坡边坡不小于1∶7。鉴于目前丹金溧漕河全线航道尚未贯通，考虑近期金坛段先按Ⅴ级航道标准实施疏浚，航道底宽按35m、航道水深按2.5m控制，未来需要按Ⅲ级航道标准整治时，仅需将航道水下方按底宽45m、航道水深3.2m、水下边坡1∶7进行疏浚即可达标。

1.3　观测控制依据及参考标准

（1）《水运工程测量规范》（JTJ 203—2001）；

（2）《工程测量规范》（GB 50026—2007）；

（3）《水运工程水工建筑物原型观测技术规范》（JTJ 218—2005）；

（4）工程设计文件和技术资料；

（5）招投标文件和合同文件。

2　工程测量对实体质量控制的作用

在主体结构施工阶段，工程测量对于工程质量的影响主要有以下几个方面：基坑开挖前沿线、墙身主题平面放线、主体标高控制、墙顶的平整度控制、压顶前沿线坐标和高程控制等。其中，基坑开挖前沿线放线的精确度，直接影响后续工程的测量工作，模板施工的质量产生严重的影响。所以每次混凝土施工完毕后，第一道工序就是测量放线。通过测量放线不但能够为下一道工序提供依据，并且能及时发现上一道工序所遗留下来的问题，使得其他专业的施工人员及时处理已经发生的质量问题，以避免问题的

累积及质量事故。

在标高测量控制方面,能为模板施工提供准确的基准点,是模板施工平整度的保证。同时为混凝土施工提供标高控制线,保证混凝土后的混凝土平整度。精确的标高控制,是施工人员严格按图施工的前提。对于施工面积较大的工程,如何保证模板施工的总体平整度、混凝土面的平整度,基本的前提就是测定一个准确、详细的标高控制系统面。

水工建筑物的工程测量在施工过程中有着重大的意义。一方面,通过观测取得的第一手资料,可以监测水工建筑物的状态变化和工作情况,在发生不正常现象时,及时分析原因,采取措施,防止重大质量事故的发生。变形观测具体包括:基础边坡的位移观测、建筑物主体的沉降观测、高层建筑物的水平位移观测等。准确的观测成果为施工期间的工程质量、人民财产安全提供了最有效的保证,特别对于深基坑施工。

另一方面,精确、详细的测量成果为专业质量检查人员提供参考和依据,通过现场检查和整改,能把很多质量问题"扼杀在摇篮之中",由被动变为主动,由消极转变为积极,对防治质量通病有着非常重要的意义。

3 工程测量在丹金溧漕河航道整治工程中的实际运用

3.1 丹金溧漕河金坛段沿线地形、地貌及地质概况

根据江苏省水文地质工程地质勘察院2011年4月编制的"丹金溧漕河金坛段整治工程地质详勘报告",本航道地处常州金坛市境内,地貌类行属太湖湖沼平原,区内河流纵横成网,沟塘密布。地面标高变化不大,地势自北向南微缓倾斜,地面标高4~5m,本段河道宽度70~90m,河内水位在1.5~2.0m之间,常年由北向南流动。地表为冲湖积成因的粉土、粉质黏土。航道两岸除城镇附近有石驳护岸外,其余均为陡立的自然坡。

根据区域资料,勘探深度内(50m以浅)地层为第四系全新统湖—沼相、冲击相沉积物、上更新统冲湖积相沉积物。

3.2 工程测量的要求

(1)观测仪器应经常检查和标定,观测点按规定及时埋放,做好标记,加以保护。观测点埋放后及时观测,取三次观测结果的平均值作为初始值,施工期间,定期观测。观测仪器由专人观测和保护。

(2)所有观测项目,按规定按时观测,及时整理分析数据。观测网采用独立坐标和设定高程(对于护岸工程路线比较长,也可采用施工控制网观测)。沉降观测应采用环形或往返闭合的方法进行,使用的仪器满足精度要求。

(3)沉降观测时,前后视距宜相等,视线长度不超过50m,后视使用同一根水准尺,做到"四固定",即观测人固定、水准仪和水准尺固定、观测方法固定、观测措施固定。每次沉降、位移观测的数据,经严格校核无误后,才能填入沉降观测记录表中,已填入的数字,不得任意涂改。

3.3 沉降位移观测点的布置、观测方法和观测周期

3.3.1 观测点的布置

(1)观测点应布设在挡墙基础底板的前沿,伸缩缝两侧30cm左右处,可以用15cm左右长钢筋预埋进底板内,露出1cm左右,喷红漆做标记。重力式挡墙做好后,由于底板上的观测点被覆盖,从而布设在挡墙顶,采用预埋不锈钢钉,规格ϕ10mm,长200mm,顶部车圆,锯上十字,外露10mm。压顶做好后,重力挡墙上的观测点被覆盖,从而将观测点布置在压顶上,规格同挡墙顶。

(2)观测点布设数量。每种结构形式不少于一组,一组不少于两点,以便测出基础沉降,并绘出沉降曲线图。

(3)观测点布设。考虑到护岸路线比较长,地质情况复杂,根据设计图纸,软基处理地段每100m布设一组,无地基处理地段200m一组,每组不少于两个点,如图1所示。对于变形量大的地段,加大点的布设。

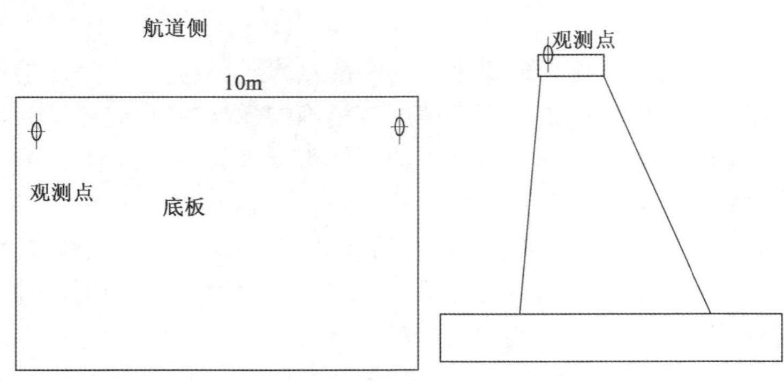

图1 沉降位移观测点布置

3.3.2 观测的方法

根据该标段的结构形式,沉降观测采用满足精度要求的水准仪进行观测,水平位移采用全站仪坐标测定法。对基础底板主要是测沉降,对墙身和压顶主要测沉降和水平位移。

3.3.3 观测的周期

(1)观测点埋放后,及时观测初始值,以后5d观测一次,沉降基本稳定后15d观测一次,直到竣工验收前观测一次后,把观测成果交付给监理工程师和业主。

(2)如果出现特殊情况,缩短观测周期或逐日观测,直到趋于稳定。

3.4 工程测量的精度要求和仪器使用

3.4.1 观测的精度要求

工程测量可分为四个等级,测量点可分为基准点、监测点和变形观测点。工程测量观测点的观测精度和适用范围见表1。

工程测量观测点的观测精度和适用范围 表1

等级	点位中误差(mm)	高程中误差(mm)	适 用 范 围
一等	±1.5	±0.5	对变形特别敏感的水工建筑物
二等	±3.0	±1.0	对变形比较敏感的水工建筑物
三等	±6.0	±2.0	一般性水工建筑物和岸坡
四等	±12.0	±4.0	要求较低的水工建筑物和岸坡

3.4.2 对于护岸工程的沉降、位移观测,宜采用三等观测精度

(1)项目部沉降观测使用的仪器:满足精度要求的DSZ3自动安平水准仪和配套的铟钢尺,能满足三等观测精度要求。

(2)对于位移观测,项目部使用的是能满足测角、测距精度要求的GTS-311S(日本托普康)全站仪,能满足三等精度要求。

3.5 护岸工程沉降位移观测

本次丹金溧漕河航道整治工程的护岸类型主要有N1、N2、N3、N4型,地基处理类型分别为小木桩、方桩、水泥搅拌桩和换填块石等形式。由于金坛地处太湖平原地区,沿线地质变化大,土壤构造分布也不均匀,对地基处理的要求很高,所以,在施工过程中对测量的控制就显得尤为重要。护岸工程的沉降与位移观测是指导安全施工及保证工程质量的重要手段之一,重点对沉降、位移与地下水位等进行观测并做好记录,保证观测资料的连续性、可靠性。护岸施工全过程的沉降观测、水平位移观测和墙身倾斜观测,应按照《水运工程质量检验评定标准》(JTJ 257—2008)的有关规定进行,护岸施工过程中观测点的位置(设置在压顶内,采用预埋不锈钢钉,规格ϕ10mm,长200mm,顶部车圆,外露10mm)及点数根据施工需要设定。原则上200m为观测段落,地基处理观察段落为50~100m。

(1)将对N1、N2、N3、N4型素混凝土重力式护岸基底进行软基处理的地段作为重点,密切观测墙身沉降、位移情况。

(2)墙身后土方回填,注意控制回填速率,对墙身进行沉降和位移观测,沉降速率控制每24h小于5mm,水平位移每24h小于3mm。沉降基本稳定根据沉降速率曲线判别,一般情况下沉降速率平均每24h小于0.1mm。发现异常情况,减缓施工速度,或停止施工,及时报告监理工程师,并会同设计单位处理,确保工程顺利进行。

(3)墙后土方回填至设计标高后,对墙身进行沉降位移观测,待墙身沉降及位移稳定后再浇筑混凝土压顶。

(4)航道疏浚开挖包括墙前施工围堰的拆除,在挖泥过程中加强对墙身位移的观测,一般情况下,在墙后回填土全部完成后且沉降基本稳定时,方可拆除墙前围堰。发现异常,停止挖泥,及时上报监理工程师和业主。

3.6 工程测量的任务及目的

3.6.1 工程测量观测的必要性

对于丹金溧漕河航道整治工程的护岸工程来讲,护岸变形主要有以下原因:工程的地基性质,地下水文性质,软基处理不当,基坑开挖不当,引起基坑周围土体塌陷;护岸工程的结构形式、自重、荷载,回填土的速率和处理方式不当,勘测、设计与实际情况不符,以及不可预见的外力等。

3.6.2 测量观测的任务

变形观测的任务就是周期性地对观测点进行重复观测,求其在两个观测期间的变化量。

3.6.3 测量观测的目的

丹金溧漕河金坛段航道整治工程护岸工程中,由于本项目驳岸基础处地质的复杂性,护岸工程大部分地段需要采用搅拌桩、混凝土方桩、木桩等软基处理,变形观测的工作主要针对软基处理地段进行监测,及时反映护岸的变化情况,发现规律,以便在后续施工前或施工中,根据实际监测情况合理调整施工计划与施工方法,更好地进行下一阶段的施工,确保施工的质量与安全。

4 工程测量在今后水运工程施工中发展方向

展望未来,工程测量学将在以下方面得到显著发展:三维激光扫描仪将集成GPS、GIS技术,成为快速获取被测物体信息的重要仪器。多传感器集成系统及混合测量系统随着技术的发展、精度的提高,其应用范围将进一步扩大,可望在大区域范围内进行无控制网的各种测量工作,对影像、图形的处理能力将进一步增强。

在工程观测数据处理和大型水运工程建设中,将发展基于知识的信息系统,并进一步与大地测量、地球物理、水运工程与水文地质以及土木建筑等学科相结合,解决水运工程建设以及运行期间的安全监测、灾害防治和环境保护方面的问题。工程测量将从土木工程测量、三维工业测量扩展到人体测量,如人体各器官或部位的显微测量和显微图像处理。大型和复杂结构建筑、设备的三维测量、几何重构以及质量控制将是工程测量学发展的热点。数据处理中数学物理模型的建立、分析和辨识将成为工程测量学专业教育的重要内容。

5 结语

通过工程测量在丹金溧漕河航道整治工程中的实际运用,结合护岸主体工程的施工,对测量数据的采集、分析、运用等都提出了更高的要求。

参考文献

[1] 中华人民共和国行业标准.JTJ 203—2001 水运工程测量规范[S].北京:人民交通出版社,2001.

[2] 中华人民共和国国家标准.GB 50026—2007 工程测量规范[S].北京:中国计划出版社,2008.

[3] 中华人民共和国行业标准.JTJ 218—2005 水运工程水工建筑物原型观测技术规范[S].北京:人民交通出版社,2006.

AutoCAD 和 Excel 联合进行计算导线平差法

戴小荣

（金坛市丹金溧漕河航道整治工程建设指挥部办公室）

摘　要　在高等级公路中利用 Excel 软件列表平差导线，往往费时费力且易出错，特别是对特殊“回头导线”以及导线的假闭合现象等均无法处理，而利用 AutoCAD 来平差导线，能有效解决上述问题，且省略中间计算过程，大大缩短计算时间，本文通过实例计算来加以说明。

关键词　导线　近似平差　Excel　AutoCAD

高等级公路路线及航道一般由导线控制，工程开工前技术人员必须对导线进行认真加密和复测，并根据现场测量的结果，进行平差计算。即根据已知导线点的坐标及边的方位角和外业测量的结果，推算各导线点的坐标，并评定测量精度是否满足规范要求。平差可分近似平差和严密平差，《工程测量规范》（GB 50026—2007）规定严密平差适用一级及以上平面控制网的计算，二级及以下平面控制网，可根据需要采用严密或简化方法平差，高等级公路和航道导线一般为二级平面控制网，故公路和航道导线基本采用简化平差也即近似平差。

近似平差的方法目前基本有两种，Excel 列表计算法及利用测量平差软件计算。相对于 Excel 列表计算法，测量平差软件使用成本较高，不同的软件使用方法也不同，且由于编程的限制难以处理特殊导线的平差，相当多的工程技术人员还是采用 Excel 列表计算法。Excel 软件本身虽具有强大的计算功能，但 Excel 列表计算法的缺陷也显而易见。

1　Excel 软件本身处理数据的缺陷

（1）角度显示问题。在 Excel 单元格中需要通过特殊处理才能显示度分秒的格式。

（2）计算方位角的问题。角度计算为 60 进制，而 Excel 中计算一般为 10 进制，很难直接计算，除非采用 Visual Basic 或其他软件进行编制程序。如对计算已知导线方位角，须采用反余弦三角函数，在 Excel 计算三角函数，角度必须为弧度，再由弧度反算角度，然而反算的角度为十进制的角度，不是度分秒的格式，还要进行手工推算或特殊处理。

（3）大地坐标象限处理的问题。对于计算出的导线方位角，需要人为判断方位角处于大地坐标的象限，手工添加“+、-”，稍不留神就会出错，多次出现重复计算问题。

（4）由于需要手工计算的较多，一旦出现手工计算错误，就会导致导线不能附和或闭合，大大增加反复验算和现场复测的工作量。

2　Excel 软件处理特殊导线的缺陷

（1）无法处理附和导线中出现的“回头导线”现象。附合导线在现场布设时，往往会受到地形及通视条件等多方面的因素制约，导线可能会不按照同一方向前进，即可能出现“回头”现象。如图 1 所示导线边 *AB* 走向与其他导线边走向不一致，若此时按照传统公式计算角度闭合差，则得到的结果将大大超出误差允许的范围，就会影响到平差结果的准确性，甚至会得出完全错误的结果（图 1、表 1）。

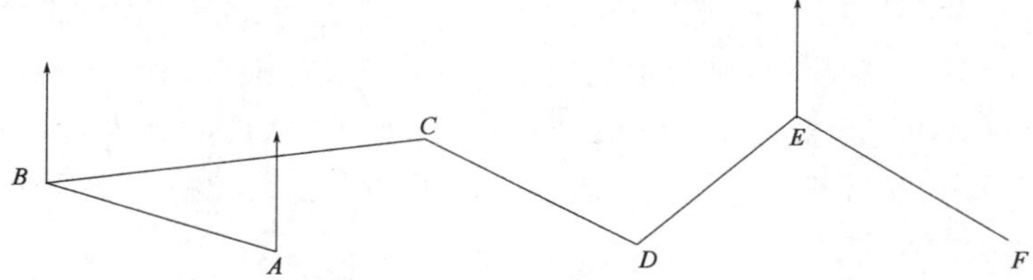

图 1　某高速公路导线示意图

某高速公路导线复测统计表　　表 1

点　　号	左观测角（° ′ ″）	坐标方位角（° ′ ″）	X 坐标	Y 坐标
A		320 00 28	1208.550	2121.001
	329 00 28			
B		115 00 56	1254.602	2089.948
	131 39 33			
C		66 40 30	1231.550	2139.347
	223 37 53			
D		110 18 22	1253.161	2189.468
	126 01 55			
E		56 20 17	1231.914	2246.886
F			1260.729	2290.155

通过上表，由导线点坐标反算可得 AB 导线及 EF 导线的方位角：$\alpha_{AB}=326°00'28''$，$\alpha_{EF}=56°20'17''$，$\sum_{观测}=810°19'51''$，则根据导线角度平差公式，$\alpha'_{EF}=\sum_{观测}-n\times180+\alpha_{AB}=416°20'19''$，误差 $f_\beta=\alpha'_{EF}-\alpha_{EF}=1296002''$，显然误差已经远远超出允许范围，下一步内业计算将无法进行。但是从上不难看出只要将误差结果减去 360°，那么实际误差将为 2″就能满足误差规范要求，而且平差结果通过计算和现场复核也没有错误。但如果我们仅仅局限于 Excel 表中数据，套用规范中的平差公式，而规范中角度平差公式没有对上述问题专门注明，那么往往会导致重新选择起始边进行平差甚至进行外业复测，这无疑增加了内业、外业的工作量。

（2）无法处理闭合导线“假闭合”现象。闭合导线作为导线布设的一种方式已为广大施工测量人员所熟悉，由于地形、通视等多方面的限制，布设导线时只能采用闭合导线布设。在利用 Excel 列表进行闭合导线平差时，有时在根据观测值进行导线点坐标计算时，虽然角度闭合差没有超限，坐标闭合也很好，但是计算的这些导线点坐标并不一定正确，这种情况仅凭导线数据本身的检核发现不了。这就是所谓的闭合导线假闭合现象。它的成因有两类：连接角造成的假闭合现象（图 2），测边造成的假闭合现象（图 3）。

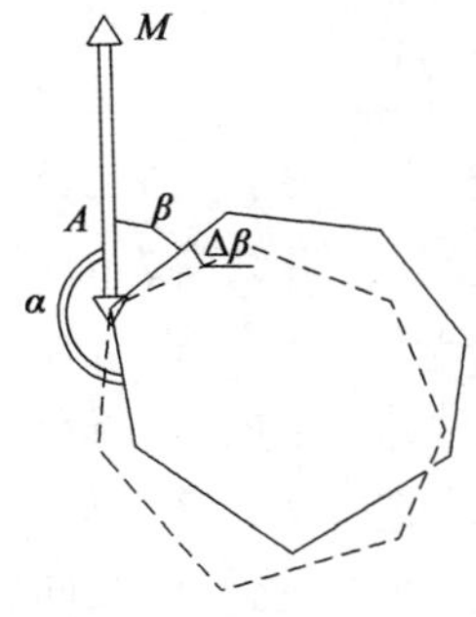

图 2　角度假闭合现象

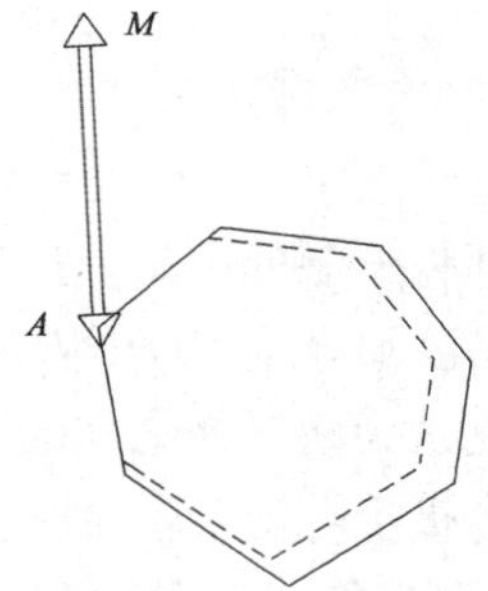

图 3　边长假闭合现象

闭合导线量边时，如果每条边测量时都含有一个常数误差（此误差如果太大时可称为粗差），在 Excel 列表进行闭合导线平差计算时，此常数误差丝毫不影响导线的闭合，但会造成导线点点位误差超限甚至导线点坐标不可信，它的成因主要是仪器测距的误差或错误造成的。

Excel 列表进行导线平差计算中出现的一系列缺陷，对于 Excel 本身软件的问题，我们可采用 Visual Basic 来进行编程处理，但这需较高的计算机软件专业水平。但对于特殊导线的处理，需要我们自身业务水平来判断和处理，靠 Excel 软件并不能处理这些特殊导线平差问题。如何既能方便处理角度平差的问题，又能为特殊导线的平差提供直观可信的图形来避免“误差偏大”和“假闭合”的现象？我们知道在工程常用软件中 AutoCAD 就能直观显示图形，如再结合 Excel 软件的强大计算功能，就能方便、高效解决这一问题，大大缩短内业的计算时间，同时提供直观的图形予以校核。下面举例阐述如何运用 AutoCAD 进行附合导线的近视平差。

3 整理外业测量数据

表 2 为丹金溧漕河（金坛段）航道整治工程某标段的导线外业测量的数据整理后的统计表。

导线数据统计表　　表 2

点　名	观测角度（左角）	边长（m）	坐　标	
			X	*Y*
*Q*1			3512308.474	456417.225
*Q*2	186°55′46″		3512400.482	456412.627
*DX*1	177°24′50″	49.013		
*DX*2	158°40′54″	438.169		
*DX*3	202°32′32″	156.902		
*DX*4	156°53′47″	385.445		
*DX*5	198°39′52″	224.029		
*DX*6	189°04′50″	133.844		
*DX*7	195°20′18″	314.46		
*DX*8	154°13′12″	242.855		
*Q*7	338°20′20″	703.482	3515002.271	456405.873
*Q*8			3514749.370	456522.535

表中观测角度在 Excel 中输入应采用自定义格式输入，输入前对单元格自定义格式：[h]"°"mm"′"ss"″"，角度数据输入时采用时间格式输入，如 186:55:46，则单元格就显示为度分秒的格式，且能进行角度 60 进制的计算。

4 AutoCAD 中处理数据

4.1 根据现场测量数据绘图

打开 AutoCAD 软件，在格式命令中定义图形界限，并在视图命令中中利用缩放功能进行全部缩放，用以居中显示即将绘制的图形。选择绘图命令中的直线命令，分别输入已知导线边的点 *Q*1、*Q*2 和 *Q*7、*Q*8 的坐标，绘出已知导线 *Q*1*Q*2、*Q*7*Q*8，并加粗以区别其他导线。

表 2 中观测角为两导线之间的夹角（左角），我们可以用多种方法来绘出下一条导线，如旋转法或自定义坐标结合极坐标法等。个人建议使用旋转法，选择旋转命令，再选择 *Q*1*Q*2 直线，指定 *Q*2 点为基点，由于观测角为左角，在本图中为逆时针方向，AutoCAD 中默认旋转角度逆时针方向为正，故旋转角度直接填写观测角，填写格式为（英文状态下输入）：186d55′46″，如果观测角为右角即图形中显示为顺时针方向，则旋转角度填写为负角度即可。确定方向后，再选择拉长命令，选增量（*DE*），直线 *Q*2*DX*1 增量为 -43.11，对旋转后的直线自动拉长至上表观测边长，确定 *DX*1′点位。运用上述方法可以一直定出导线 *Q*7′*Q*8′。

4.2 角度附合平差

绘出 *Q*7′*Q*8′后，可以直观看出 *Q*7′*Q*8′与 *Q*7*Q*8 不重合且有一定角度和距离，故要通过平差来使其

与$Q7Q8$重合。首先进行角度平差，在$Q7'$点位处绘制一条水平线段$L1$（与X轴平行），选择标注中的角度命令，选$Q7'Q8'$线段和$L1$，绘出$Q7'Q8'$线段和$L1$之间的夹角，运用同样方法绘出$Q7$和$L2$之间的夹角，注意角度式样选择度分秒格式。如图4所示，图中两角度之差为角度的闭合差，即：$24°45'49.1'' - 24°45'18.3'' = 30.8'' <$ 允许误差（$10\sqrt{n} = 31.6''$），可以进行角度平差。

规范规定近似平差中角度平差为闭合差反向平均分配至每一夹角中，在本例中角度改正数为$-3.08''$。再利用旋转命令和移动命令将每一个夹角旋转$-3.08''$，并将点位平移至相邻点位上。如表2中$Q2DX1'$线段和$DX1'DX2'$线段，先选择旋转命令确定$Q2DX1'$为旋转对象，选择$Q2$为旋转基点，旋转角度为$-3.08''$，将$DX1'$旋转至$DX1'$处，再选择移动命令，选$DX1'DX2'$线段为移动对象，确定$DX1$为基准点，将$DX1'DX2'$线段整体平移至$DX1''$处。运用同样上述办法将所有测量线段及点位旋转移动到位，注意每处旋转角度需要累加，$Q7''$处旋转角度为$30.08''$。最后形成图5。

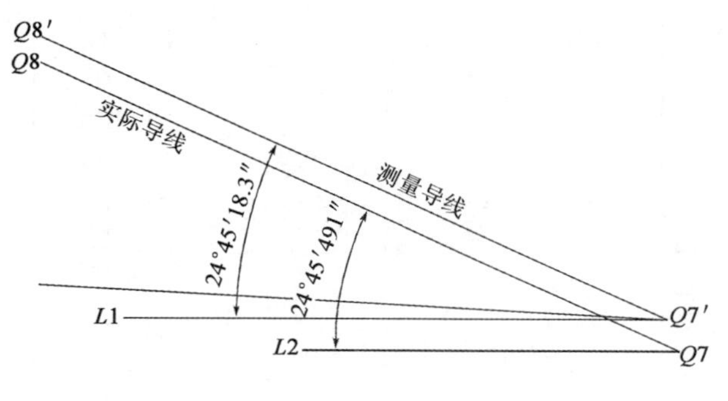

图4　实际导线与测量导线误差

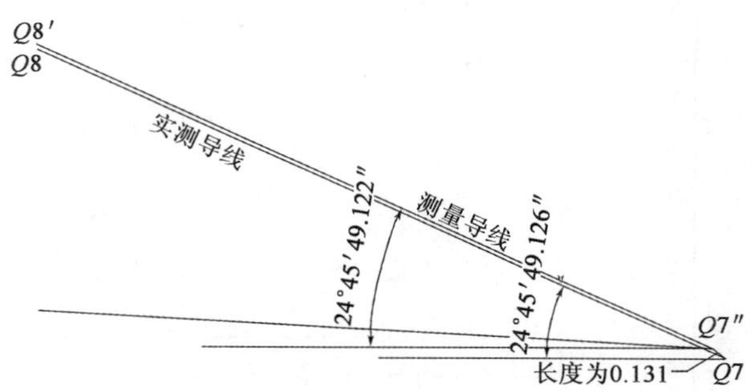

图5　CAD角度平差

4.3　距离附合平差

经角度测量角度闭合差为$0''$，点位$Q7''$与点位$Q7$之间的距离为0.131mm，则距离闭合差为0.131mm，闭合精度＝测量边长之和÷闭合差＝$0.131 \div 2648.199 = 1/20215 <$ 规范允许（1/15000），满足规范要求，可以进行距离平差。

规范规定距离平差为距离附合差根据测量导线边长按比例反向分配，在AutoCAD距离闭合时，不需要像Excel中分别计算处X、Y的坐标增量了，只需要将距离闭合差直接按比例分配，节省了大量的时间。在本例中，利用Excel的计算功能将每一测量点位处移动距离（注意移动距离的累加）计算出，然后利用AutoCAD中的复制、拉长、移动命令直接将点位一次移动到位。对于$DX1''$点位，先将$Q7''Q7$线段带基点$Q7''$复制，粘贴至$DX1''$处，然后利用Excel中计算的结果（$0.131 \div 2648.199 \times 49.013 - 0.131 = -0.129$），选择拉长命令，选增量为$-0.129$，再选择拉长对象为移动该处的$Q7''Q7$线段，将该线段缩短至0.002，最后将$DX1''$点移动至改线段的末端处，这样就确定了$DX1$点位，运用上述办法将其余各观测点移动到位，确定最后平差后的点位。

将每一点位连成线段，成为最后平差结果的导线，再利用查询列表命令将每一点位的坐标加以显示，并复制至Excel中，就此完成所有平差过程。

5　两种计算方法的平差结果比较

表3、表4分别采用Excel列表计算法和AutoCAD计算法，对丹金溧漕河（金坛段）某标段的导线外业测量数据的平差结果。对比表3和表4发现：角度改正数一样；距离改正数表3中的X、Y坐标值，即为表4中距离改正数在X、Y轴投影值；平差后的坐标结果完全一样，则两种办法平差的导线完全一致。

附和导线平差计算表(Excel 列表计算法)　　表 3

点名	观测角度(左角)	改正数	改正角	方位角	观测边长	坐标增量 ΔX	坐标增量 ΔY	ΔX 改正数	改正后 ΔX	ΔY 改正数	改正后 ΔY	坐标 X	坐标 Y
					m	m	m	mm	m	mm	m	m	m
*Q*1												3512308.474	456417.225
*Q*2	186°55′46″	-3	186°55′43″	357°08′20″	49.013	48.890	3.477	1.9	48.891	-1.5	3.475	3512400.482	456412.627
*DX*1	177°24′50″	-3	177°24′47″	4°04′02″	438.169	438.023	11.321	16.8	438.039	-13.4	11.308	3512449.373	456416.102
*DX*2	158°40′54″	-3	158°40′51″	1°28′50″	156.902	147.590	-53.248	6.0	147.596	-4.5	-53.253	3512887.413	456427.410
*DX*3	202°32′32″	-3	202°32′29″	340°09′41″	385.445	385.016	18.176	14.7	385.031	-11.8	18.164	3513035.009	456374.157
*DX*4	156°53′47″	-3	156°53′44″	2°42′10″	224.029	209.976	-78.096	8.6	209.985	-6.4	-78.103	3513420.040	456392.321
*DX*5	198°39′52″	-3	198°39′49″	339°35′35″	133.844	133.782	-4.060	5.1	133.788	-4.1	-4.064	3513630.025	456314.218
*DX*6	189°04′50″	-3	189°04′47″	358°15′43″	314.46	311.882	40.184	12.0	311.894	-9.5	40.174	3513763.812	456310.155
*DX*7	195°20′18″	-3	195°20′15″	7°20′30″	242.855	224.077	93.638	9.3	224.086	-6.8	93.631	3514075.706	456350.329
*DX*8	154°13′12″	-3	154°13′09″	22°40′45″	703.482	702.451	-38.064	26.9	702.478	-21.4	-38.085	3514299.793	456443.960
*Q*7	338°20′20″	-3	338°20′17″	356°53′54″								3515002.271	456405.873
*Q*8				155°14′10″								3514749.370	456522.535

附和导线平差计算表(AutoCAD 结合 Excel 计算法)　　表 4

点名	观测角度(左角)	角度改正数	边长(m)	距离改正数	坐标 X	坐标 Y
*Q*1					3512308.474	456417.225
*Q*2	186°55′46″	-3.08″	49.013	0.002	3512400.482	456412.627
*DX*1	177°24′50″	-3.08″	438.169	0.024	3512449.373	456416.102
*DX*2	158°40′54″	-3.08″	156.902	0.032	3512887.413	456427.411
*DX*3	202°32′32″	-3.08″	385.445	0.051	3513035.010	456374.158
*DX*4	156°53′47″	-3.08″	224.029	0.062	3513420.040	456392.322
*DX*5	198°39′52″	-3.08″	133.844	0.069	3513630.025	456314.219
*DX*6	189°04′50″	-3.08″	314.46	0.084	3513763.812	456310.155
*DX*7	195°20′18″	-3.08″	242.855	0.096	3514075.706	456350.329
*DX*8	154°13′12″	-3.08″	703.482	0.131	3514299.793	456443.959
*Q*7	338°20′20″	-3.08″			3515002.271	456405.873
*Q*8					3514749.370	456522.535

6 结语

从上可以看出，运用 AutoCAD 结合 Excel 近似平差导线，省略了大量的中间计算过程，通过绘制图形直观显示平差过程，解决了 Excel 软件的角度数据处理的不足，同时图形的直观显示也解决了某些特殊导线的平差问题。对于上述图 2 中假闭合现象，不难发现只要现场测一下图 2 中的 α 角和 AutoCAD 绘制图形中的 α' 角进行比较就能发现错误。对于图 3 中的假闭合现象，只要对现场测量已知导线的长度和 AutoCAD 绘制的已知导线的长度进行比较，就可以发现问题。总之运用 AutoCAD 平差导线，比单一 Excel 计算法，直观、简单、易懂、省时，也不易出错，且能及时发现错误，予以纠正。

参 考 文 献

[1] 中华人民共和国国家标准. GB 50026—2007　工程测量规范[S]. 北京：中国建筑工业出版社，2008.
[2] 禚传贵. 对高等级公路附合导线角度平差公式的说明[J]. 山西建筑，2006.

金溧河桥 81.96m 钢桁梁整体吊装施工技术

钱有伟　汤彬伟

（中铁四局集团第二工程有限公司）

摘　要　本文通过金溧河桥 81.96m 钢桁梁整体吊装施工技术研究，钢桁梁在临河面平地拼装成型，500t 和 300t 两台浮吊共同抬吊，整体安装。成功解决了 600 吨级钢桁梁架设难题，为同类桥梁的施工提供了一定的借鉴和参考。

关键词　整体吊装　钢桁梁

1　工程概况

金溧河桥位于丹金溧漕河常州辖区金坛段，由于丹金溧漕河航道由五级整治为三级而新建的一座桥梁。新建桥梁位于老桥下游 14m 处，是一座主跨 81.96m 的下承式钢桁梁。主桁采用带竖杆的华伦式三角形腹杆体系，节间长度 6.75m，主桁高度 11m，高跨比为 1/7.36。两片主桁中心距为 13.2m，宽跨比为 1/6.14，桥面宽度为 12.0m。钢桁梁主要由上下弦杆、斜竖杆、横梁、纵梁、上下平联及横联组成，整个梁体自重 600 余吨。构件名称示意图如图 1 所示。

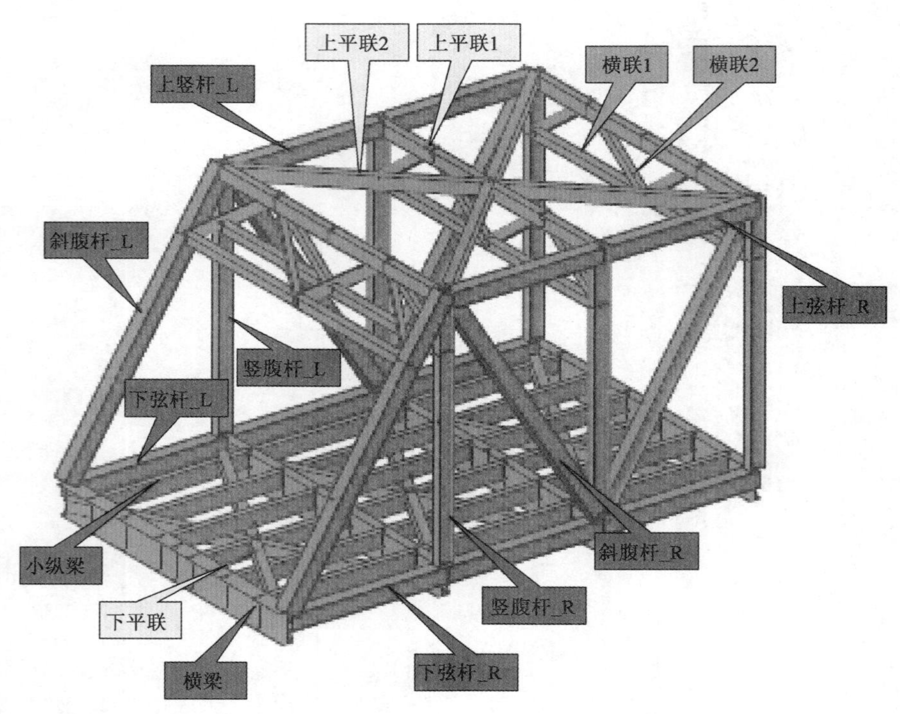

图 1　构件名称示意图

钢桁梁构件采用工厂加工制作，桥位河道边平地拼装，500t 和 300t 两台浮吊共同抬吊，整体安装（图 2、图 3）。

图2 钢桁梁河边整体拼装成型

图3 钢桁梁整体吊装

2 施工方案比选

由于丹金溧漕河水运繁忙，过往船只川流不息，且过千吨级的船舶及拖挂船队很多，施工期间不得断航，按照海事部门要求，航道内若设置支架，其净跨度不得小于45m，通航限高不得小于7m。根据以上现场施工条件，对可行性方案进行比选。

（1）有支架安装

优点是钢桁架在拼装平台上进行拼装，质量易得到保证，无须拼装场地，直接在主跨间拼装合龙；缺点是为了达到通航孔要求，支架跨径较大，水上高空作业空间狭窄，拼装难度较大，且严重影响通航，同时过往船只对支架安全影响较大。

（2）缆索吊装架设

此方案优点不受航道限制，对通航也没影响。缺点是施工速度慢，投入成本也大。

（3）浮拖法

优点是钢桁梁在岸上引道上拼装，将跨河支架变成了在船上可以浮动的托架，对通航的影响非常有限，缺点是方案较复杂，滑道对接、钢桁梁上船、浮拖行进及落梁就位难度较大。

（4）整体吊装法

优点将水上高空作业转化为陆上平地作业，降低了施工风险，施工速度快，封航时间短，缺点要求在临河区域有拼装场地，且需要较大吨位的浮吊。

经过认真论证和比选，最终确定整体吊装架设为本钢桁梁的实施方案。

3 主要施工步骤

钢梁在拼装场地全部拼装，采用500t和300t浮吊整体吊装架设就位，主要施工步骤如下：

步骤一：完成基础、主墩及盖梁施工（图4）。

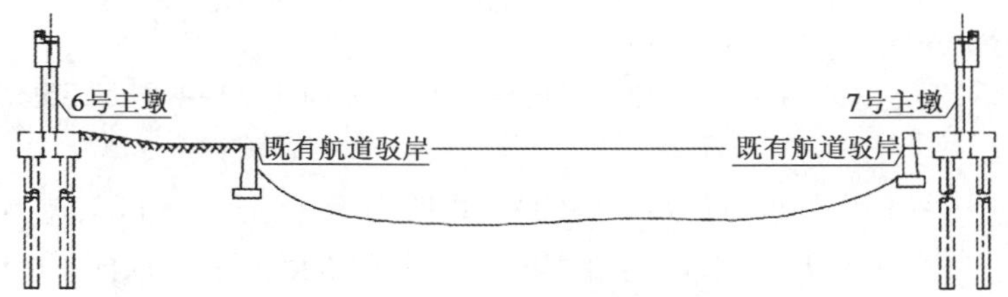

图4 拼装场地与桥位及河道关系

步骤二：搭建拼装脚手架，利用汽车吊在拼装场拼装钢桁梁主桁、上下平联、横梁、纵梁、桥门架及横联（图5）。

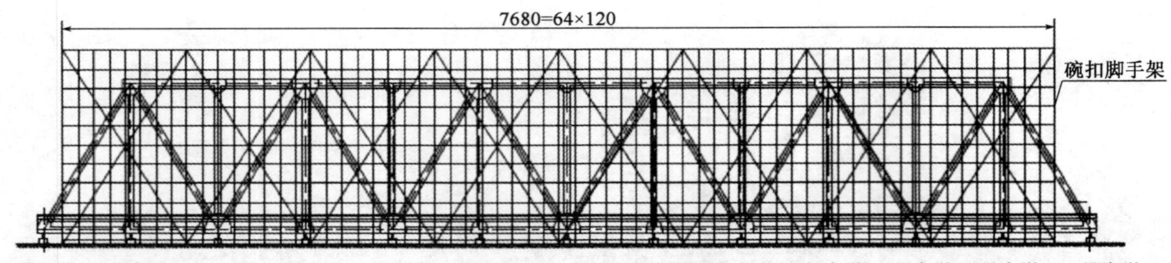

图5　钢桁梁拼装支架立面图(尺寸单位:cm)

步骤三:利用浮吊整体吊装钢桁梁(图6)。

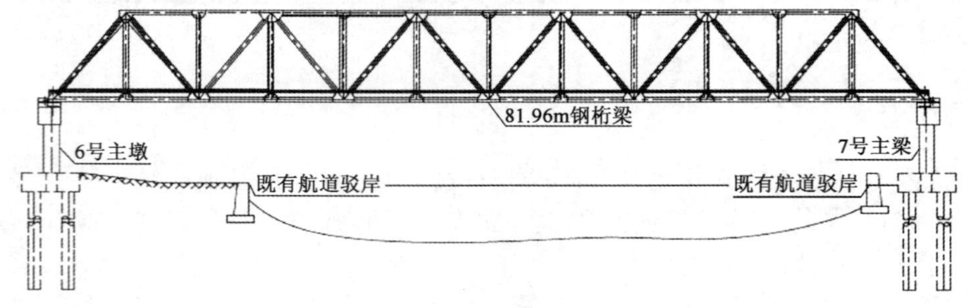

图6　钢桁梁立面图

步骤四:钢梁就位后,从两端向中间分别安装预制桥面板。

步骤五:进行桥面系施工。

4　关键技术研究

4.1　吊点选择

进行市场调研,了解周边区域内河浮吊起重设备状况,根据现有浮吊设备,采取500t和300t的两台浮吊抬吊法进行吊装。两台浮吊设备的起重性能见表1。

300t/500t浮吊起重负荷表(主扒杆长度40m)　　表1

浮吊型号	300t浮吊						500t浮吊					
水平仰角(°)	65	60	55	50	45	40	65	60	55	50	45	40
起吊质量(t)	300	280	255	225	195	150	400	380	355	315	265	200
吊点距艏(t)	9.5	12	15	18	20	22	9.5	12	15	18	20	22
起吊高度(m)	36	34	32	29	27	24	36	34	32	29	27	24

通过计算钢桁梁在吊装过程中不同吊点处的支点反力,合理选择钢梁吊点位置,设置不对称吊点以满足吊装设备不统一的问题,保证不同型号浮吊设备充分发挥性能,完成吊装任务。本钢桁梁通过将吊点设置在上弦节点A2、A4、A3′、A5′处时,通过计算两吊的起重力分别为2400kN和3600kN,满足起重设备的起重性能。

由桁架钢桁梁吊装支反力图(图7)可知:桁架各支点力分别为2399.8kN、3599.6kN。

4.2　吊具设计与施工

钢桁梁吊装,通过利用上弦节点A2、A4、A3′、A5′处既有螺栓孔群(图8),在节点内外侧通过M24螺栓各加贴一块30mm厚的Q370qE钢板,连接钢板均高出钢桁梁上弦杆顶面50cm,并在其上焊接一块720mm×800mm×30mm的Q370qE盖板,将节点内外侧加贴的连接钢板连接起来,并按间距20cm设置16mm厚度加劲板加固内外侧加贴连接板,钢桁梁吊装时,为有效减少吊索对钢桁梁的横向压力,在同节点上平联横杆上安装一根ϕ426×8mm钢管作横撑,将左右两吊点相连,以抵抗吊装过程中产生的横桥向水平力;为便于钢丝绳拴接,在节点处连接盖板顶焊接销轴,销轴采用直径10cm,材质为40Cr,耳板

采用 500mm × 420mm × 30mm 的 Q235 钢板，在销轴位置处开孔，并在开孔处内外侧各加贴一块 16mm 厚，外径 200mm、内径 100mm 的环形钢板。

吊具节点处连接板拴接图如图 9 所示。吊具结构如图 10、图 11 所示。

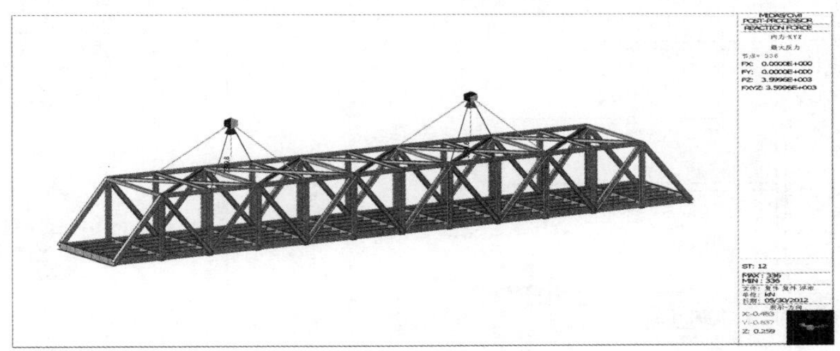

图 7　钢桁梁吊装支反力图

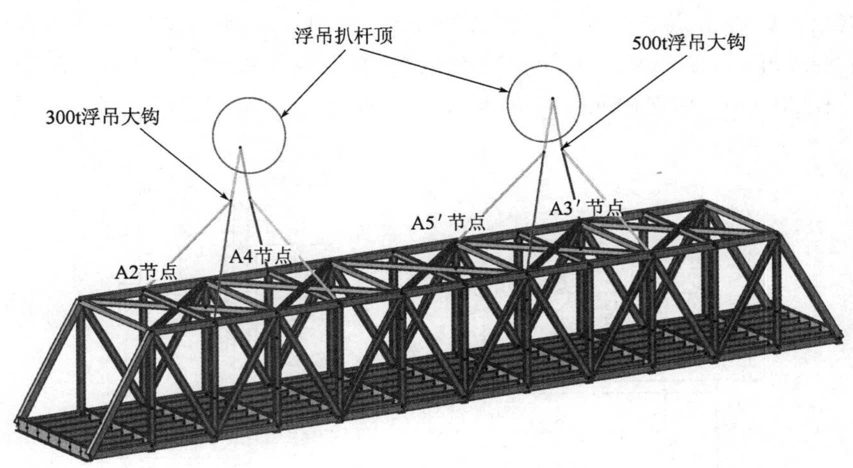

图 8　钢桁梁节段吊点位置布置图

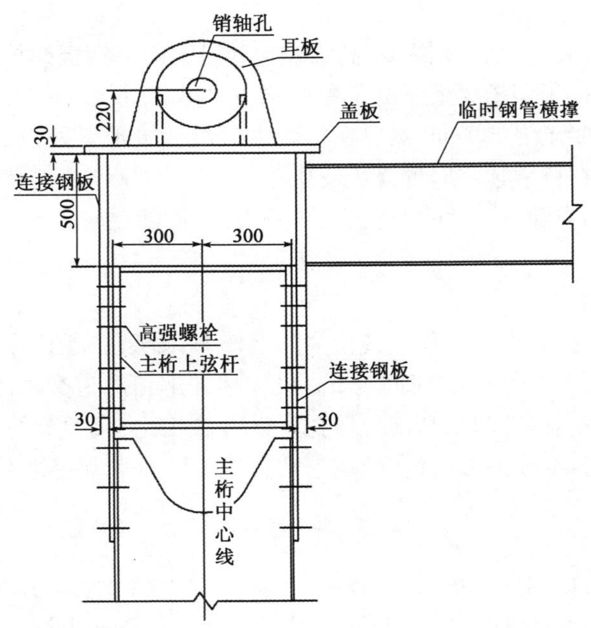

图 9　吊具节点处连接板拴接图(尺寸单位:mm)

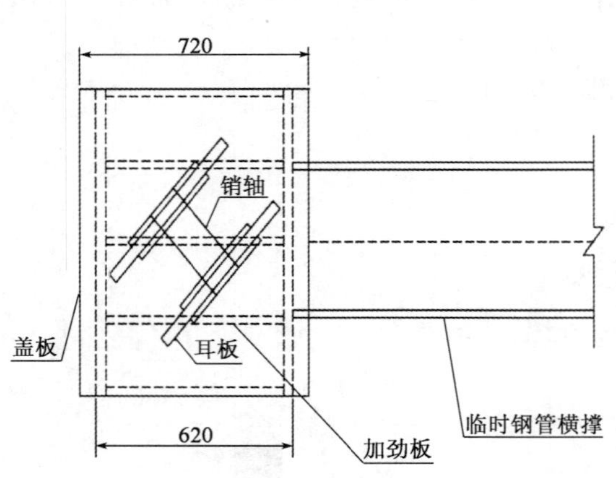

图10 吊具俯视图(尺寸单位:mm)

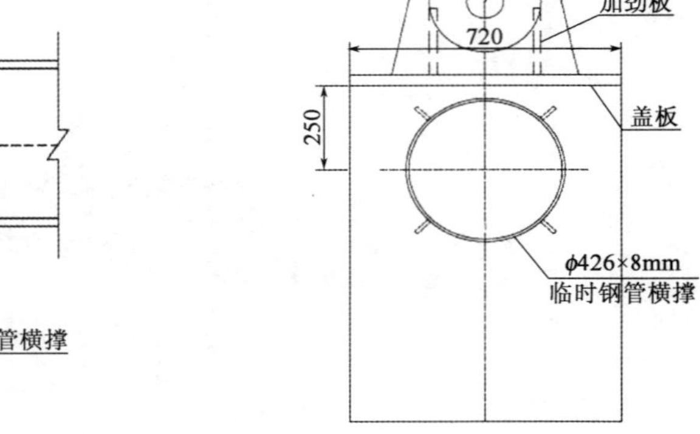

图11 吊具侧立面图(尺寸单位:mm)

为便于钢丝绳拴接,在节点处连接盖板顶焊接吊耳,通过销轴连接。销轴采用直径10cm,材质为40Cr。耳板采用500mm×420mm×30mm的Q235钢板,在销轴位置处开孔,并在开孔处内外侧各加贴一块16mm厚、外径200mm、内径100mm的环形钢板,耳板构造如图12所示。

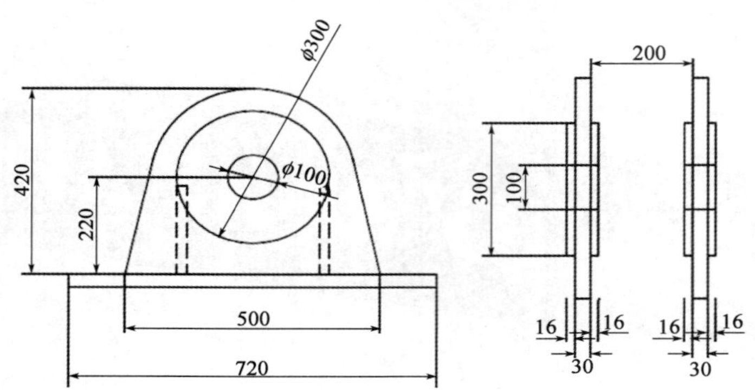

图12 耳板构造图(尺寸单位:mm)

4.3 落架

由于支座是在钢桁梁拼装完成后,用M24高强螺栓通过支座上钢板螺栓孔与钢梁节点螺栓孔将支座与钢梁连接,并将支座悬挂于钢桁梁上。为了保证钢桁梁吊装就位落梁后,钢梁支座与桥墩顶支座垫石接触密实,将支座垫石混凝土浇低2cm,然后在每侧主墩端横梁顶梁处设置两个混凝凝土支墩,钢梁整体吊装就位后,将钢梁落在桥墩顶临时混凝土支墩上,然后沿支座垫石四周支立模板,用灌浆料填满支座垫石与钢梁支座之间的空隙,待灌浆料达到设计强度后,凿除混凝土临时支墩。

5 结语

大跨度钢桁梁整体吊装技术将水上作业转换为陆上作业,降低了施工风险,将封航时间和次数缩短至最少,整个施工期间仅仅需封航1次,时间为3h,极大地缓解了航道交通阻塞的压力,满足了海事部门的要求,具有较好的社会效益。同时,与传统浮托架设方法相比,大大节约了拼装费用和支架搭设费用,取得了良好的经济效益。本施工方法,在航运繁忙且施工期间水位变化不大的河流上是较适用的。

参考文献

[1] 中华人民共和国行业标准.JTJ 041—2000 公路桥涵施工技术规范[S].北京:人民交通出版社,2000.

[2] 中华人民共和国国家标准.GB 50017—2003 钢结构设计规范[S].北京:中国计划出版社,2003.

工业化装配式技术在内河航道重力式护岸中的应用

朱红亮

（江苏省常州市航道管理处）

摘　要　本文针对传统重力式护岸施工周期长和施工中护岸质量难以控制的问题，结合工程实例，分别从工业化装配式护岸的设计、生产和施工等方面对结构尺度、构件链接、工厂化生产和现场吊运、安装等问题进行分析。通过在航道建设中推广装配式护岸结构，可以提高劳动生产率，实现航道工程建设的工业化，从而大幅提高航道工程建设的经济效益和社会效益。

关键词　工业化　装配式　内河航道　护岸

1　引言

水路运输是现代创新型综合运输体系的重要组成部分，对发展国民经济具有举足轻重的作用。航道护岸工程作为航道工程的重要建设内容，具有量大、投资多的特点。随着科学技术的高度发展，当前社会需要在一定时间内获得更多的高品质工程产品，这对整个航道工程建设提出了更高的要求。

重力式护岸结构形式广泛应用于航道工程中，但其传统的结构形式施工周期长，施工基坑开挖作业面大，大体积混凝土浇筑温度难以控制，且由于施工要求相对较低，使得施工队伍鱼龙混杂，护岸施工质量控制难度大。通过结构设计标准化、构配件生产工厂化、施工机械化和组织管理科学化，可使生产方式逐渐从手工业生产过渡到社会化大生产，显著提高工程施工效率和施工质量。

2　传统重力式护岸建设现状分析

现有的航道护岸结构中，素混凝土和钢筋混凝土结构占主导地位。由于当前施工多采用现浇体系，护岸工程的建设工业化程度较低。该体系因其施工的混凝土结构整体性好，刚度大，在工程中应用较广泛，但是该体系在工程实施中也存在着明显的缺陷。

（1）工业化程度低。在护岸结构进行现浇施工时，许多工序需要人工操作，难以进行机械化施工。以模板和钢筋施工为例，这些工序对结构质量影响较大，该工作由于受人为影响较大，工程质量容易波动，难以实现机械化操作。

（2）工程施工周期长。现浇护岸施工时，施工周期受天气条件影响，作业周期偏长；整个施工工序中，从支模、绑扎钢筋、混凝土浇筑到拆模，多数工作需手工作业，与机械化施工相比，生产效率低，建设周期长，不能及时发挥项目的投资效益。而且有时为赶工期易造成违背建设规律的现象，留下质量隐患。

（3）成本控制难度大。由于现浇护岸施工受外界干扰大，施工组织要求高，成本控制因素多。施工周期越长，成本影响因素的变化就多，加剧了控制成本的难度。特别是在寸土寸金的苏南地区，传统的护岸结构实施过程中，征地拆迁成本高、难度大，成为航道建设的“拦路虎”。

（4）工程质量保证率低。由于混凝土结构采用现场浇筑，在振捣过程中，易发生振捣不密实的情况，降低了结构强度和刚度；大体积混凝土受到水化热、养护条件，工期、拆模时机等因素影响，易造成结构开裂等质量通病。施工过程中，生产环节多，材料多样、来源广泛、存放条件差异，生产条件不稳定，控制材料品质难。每道工序质量很大程度上由工人的技术水平、责任心等因素决定，这对工程最终质量产生影响。同时现场施工条件，建设单位很难进行实时监管，这也为个别施工单位偷工减料提供了可乘之机。

3　装配式护岸工业化生产

针对传统重力式护岸施工周期长和施工质量难以保障的问题，采用工业化生产的装配式护岸可较好解决该问题。根据工业化装配式生产的需要，必须针对不同挡土高度的装配式护岸尺寸、护岸构件尺寸、构件的链接和施工现场构件吊运、安装情况，确定合理控制参数范围，提出护岸结构和构件的尺寸范围，并根据不同的构件尺寸搭配不同吊运设备和施工安装工艺。

(1)护岸和构件尺寸设计

根据护岸高度确定相对稳定的装配式护岸尺寸，再根据护岸基本尺寸按照结构受力和满足吊装施工工艺等方面的要求，确定护岸合理的构件尺寸。

(2)构件连接设计

为满足装配式护岸安装后结构整体性，在满足受力的要求下，必须并针对各构件之间的连接提出具体连接形式和要求（可运用锁扣连接或从顶部浇筑混凝土进行接头连接等方式实现）。

(3)构件工厂化生产

为实现构件工厂化生产，需要进行深化设计，生产适合批量作业和现场施工便利的构件；通过确定关键设备，设计和改造现有生产线以适合护岸结构预制构件的生产；根据构件的自身特点，确定合理的生产工艺和混凝土配合比；为满足整体吊装过程结构的平稳性，必须确定合理的吊点布局，主要研究吊点数量、位置选定、吊点及临时构件设计。

(4)护岸施工技术

应合理安排施工方案、减少施工措施投资、降低施工难度，进行起吊设备的选择、吊装就位技术研究，预制件的连接技术研究以及施工阶段的观测。

4　装配式护岸工程应用实例

(1)项目概况

以丹金船闸下游生态岛护岸工程为例，拟建装配式护岸工程距船闸下游航道中心线约125m，护岸工程与丹金船闸下游航道中心线呈67°夹角。航道护岸平面布置如图1所示。

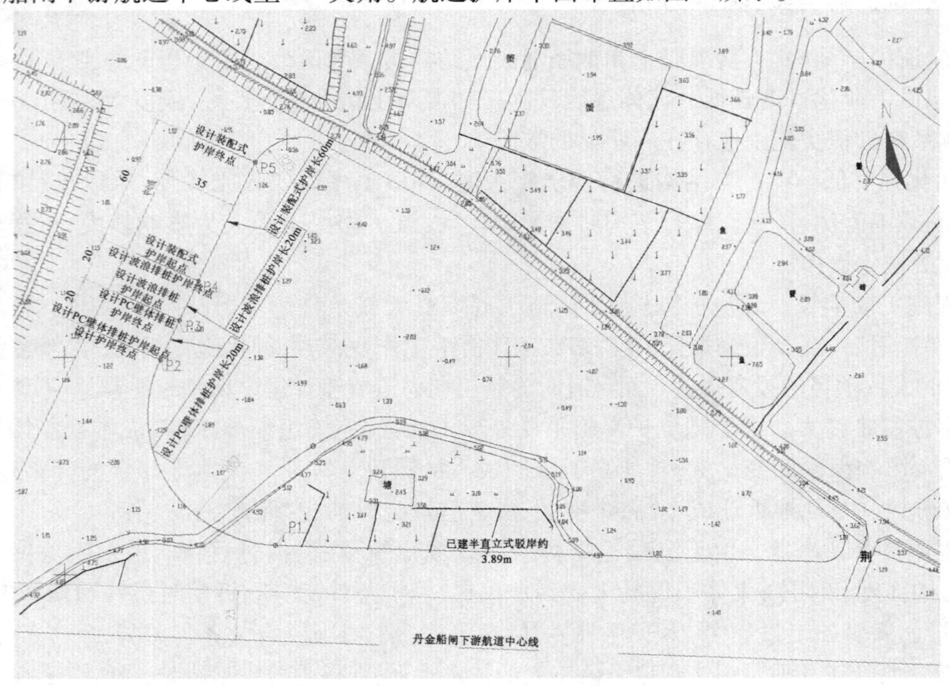

图1　航道护岸平面布置示意图(单位:m)

(2)护岸结构

装配式护岸全长60m,护岸共分5个结构段,总长60m,底板和墙身每结构段长为12.0m,各段之间设置2cm伸缩缝。护岸结构墙高3.5m,自下而上分别采用两种构件预制拼装。底部Ⅱ型构件,采用钢筋混凝土空箱结构,宽1.5m、长2.7m、高1.5m;顶部Ⅰ型构件,宽2m、长1.7m、高2m。构件之间采用榫头和榫眼连接,通过顶部在空箱内浇筑混凝土,提高结构整体性。墙身排水管在预制构件侧板内预埋。装配式护岸结构断面及拼装效果如图2、图3所示。

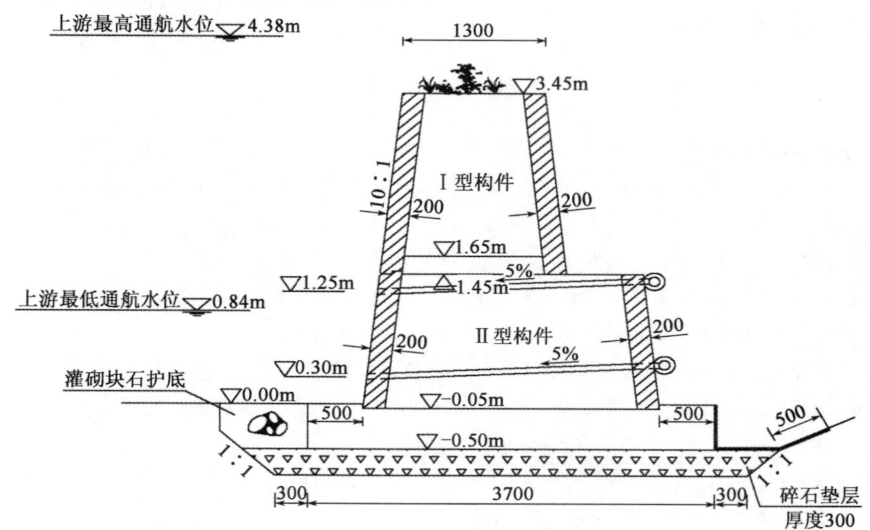

图2 装配式护岸结构断面图(尺寸单位:mm)

图3 装配式护岸拼装效果图

(3)预制构件安装

预制构件采用运输船水运至施工段河道后,利用25t全回转浮吊在航道中将构件吊至设计位置进行安装,预制构件单块最大质量为6.06t,起吊距离10.5m,选用25t全回转浮吊进行吊装施工。构件起吊至设计位置上方后,缓慢下落至底板凹槽边沿线,人工扶正下落构件至设计位置,各块件的榫头和榫眼一一对应安装,确保构件安装完成后线形顺直(图4)。

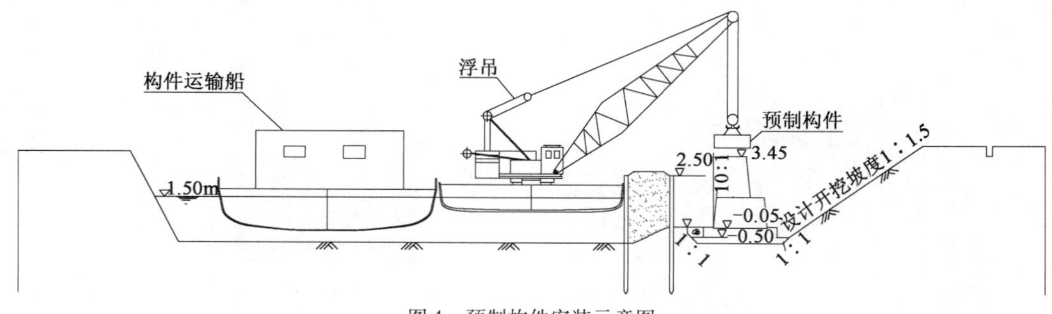

图4 预制构件安装示意图

预制构件先顺序安装Ⅱ型结构块件，再依次安装Ⅰ型结构构件。待构件全部安装完成后，进行填芯混凝土浇筑和空箱内填土。

5 结语

通过产业化的生产构配件，保证构配件的生产质量，通过预制装配式结构体系的发展，不仅可以解决施工中存在的问题，而且可以提高劳动生产率，提高工程质量，最终实现工程建设工业化，从而大幅提高航道工程建设的经济效益和社会效益。

参考文献

[1] 严薇，曹永红，李国荣．装配式结构体系的发展与建筑工业化[J]．重庆建筑大学学报，2004.

[2] 李芬红．论钢结构建筑是新型建筑工业化最重要的代表[J]．中国建筑金属结构，2010(16)：24-26.

[3] 纪颖波．我国住宅新型建筑工业化生产方式研究[J]．住宅产业，2011(06)：7-12.

[4] 钟志强．新型住宅建筑工业化的特点和优点浅析[J]．住宅产业，2011(12)：51-53.

[5] 陈向东．新型模板及脚手架应用技术[J]．科技致富向导，2012(5)：13-15.

[6] 李洁，李正茂．浅析通过建筑工业化技术进步提高装配式建筑经济性[J]．住宅产业，2013 (8)：17-19.

[7] 叶明，武洁青．新型建筑工业化内涵及其发展[J]．中国建设报，2012(2)：1-3.

[8] 刘延，董赛．探索新型建筑工业化的发展之路——高层钢结构住宅产业化技术现场交流会综述[J]．中国建筑金属结构，2012，(11)：1-3.

[9] 纪颖波．我国住宅新型建筑工业化生产方式研究[J]．住宅产业，2011(6)：7-12.

[10] 程都．整浇装配式高桩码头结构设计方法研究[D]．武汉：武汉理工大学，2010.

[11] 杨俊荣．体外预应力装配式桥墩方案设计及有限元分析[D]．武汉：武汉理工大学，2011.

[12] 宗秋果，邢振贤，王青峰．装配式生态混凝土护岸应用现状与试验研究[J]．山西建筑，2014.

钢管混凝土系杆拱桥整体吊装有限元建模及静力分析

朱红亮[1] 崔凤坤[2] 何 磊[2] 徐 岳[2]

（1. 常州市航道管理处；2. 长安大学公路学院）

摘 要 针对钢管混凝土系杆拱桥整体吊装阶段受力复杂的技术状况，基于空间有限元理论，研究了整体吊装结构建模中单元选择、荷载和边界条件的处理方法。采用提出的建模方法，对某下承式钢管混凝土系杆拱桥整体吊装过程中的静力及稳定特性进行了分析。建模方法和分析结果可为同类工程提供参考。

关键词 钢管混凝土系杆拱桥 整体吊装 建模方法 有限元分析

1 引言

钢管混凝土系杆拱桥具有造型优美、施工方便、承载能力高和抗震性能好等诸多优势，在我国公路桥梁建设中得到了广泛应用。当钢管混凝土系杆拱桥跨越既有高等级航道时，施工中长时间封锁交通不仅影响航道通行，同时也造成了大量的经济损失。为了降低桥梁施工对航运的影响，双拱肋—系杆劲性骨架整体吊装施工悄然兴起。

与传统单片拱肋吊装工法相比，双拱肋—系杆劲性骨架整体吊装工法将所有钢构件一次吊装就位，整体化吊装程度更高，极大地简化了钢管混凝土系杆拱桥的施工工序，进一步缩短施工周期。然而，双拱肋—系杆劲性骨架属于三维空间结构，吊装过程中结构受力复杂，内力和线形变化规律不宜掌握，故常采用有限元手段对钢管混凝土系杆拱桥的整体吊装过程进行数值模拟。但在建模过程中，复杂的结构特性导致建模中细微的差别，便会对施工阶段和成桥后的内力、线形计算结果产生较大影响。因此，有必要对钢管混凝土系杆拱桥整体吊装模型的合理建模方法进行探究，以便准确揭示钢管混凝土系杆拱桥整体吊装结构的力学规律，为保证整体吊装过程的安全性提供有效支撑。

2 工程概况

实桥工程为苏南地区某下承式钢管混凝土系杆拱桥，计算跨径为96m，计算矢跨比为1/5，拱轴线采用二次抛物线，主桥立面布置如图1所示。

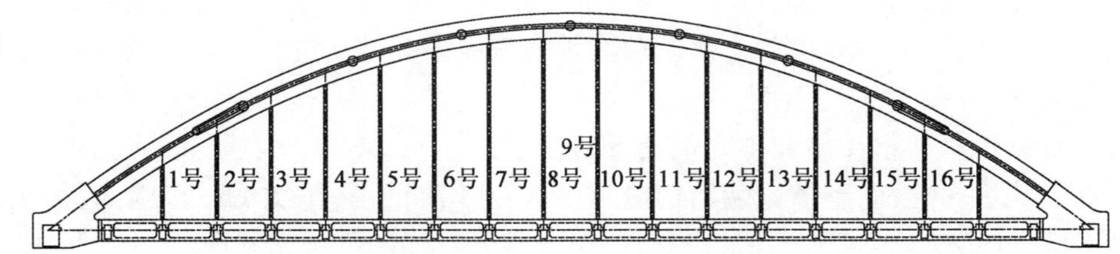

图1 主桥立面布置示意图

系梁采用箱形截面，梁高2.0m，宽1.2m，拱脚处加宽至1.4m，加高至3.3m，内部设有劲性骨架；拱肋采用哑铃形钢管混凝土，每个钢管外径1.0m，钢管及腹板壁厚14mm，钢管内充C40微膨胀混凝土，腹腔中不填充混凝土，拱肋高度为2.4m；每片拱设间距为5.0m的吊杆16根，吊杆为刚性吊杆，采用PESFD7－61新型低应力防腐拉索；风撑采用5道一字形钢管风撑，2道K字形风撑，钢管壁厚为14mm；端横梁高度为2.0m；中横梁高度为1.35m，宽0.6m，两侧设牛腿以支撑行车道板；行车道板采用25cm

高实心板，桥梁横截面及系杆构造分别如图2、图3所示。

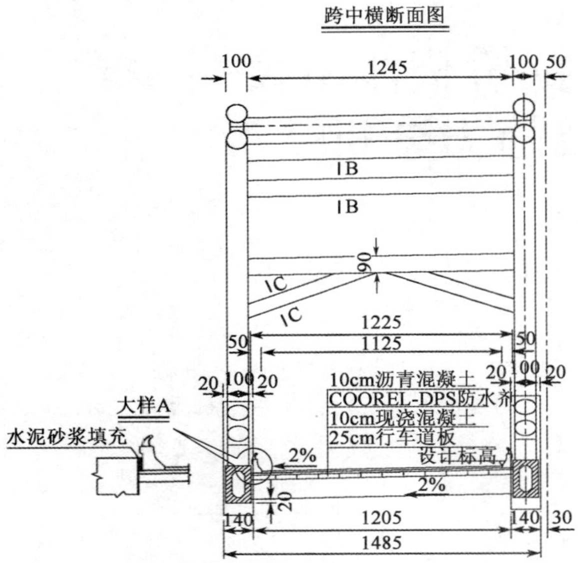

图2　桥梁横断面构造（单位：mm）

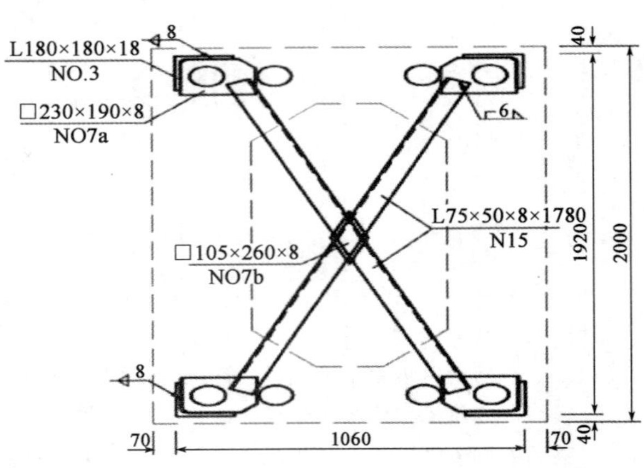

图3　系杆构造（单位：mm）

实桥位于京杭大运河枢纽位置，航运十分繁忙。为了尽可能降低桥梁施工对通航的影响，主桥采用双拱肋—系杆劲性骨架整体吊装工法施工，整体吊装结构在岸边拼装就位后通过2艘浮吊船吊装就位，半幅桥的起吊质量为437.7t，整体吊装结构如图4所示。

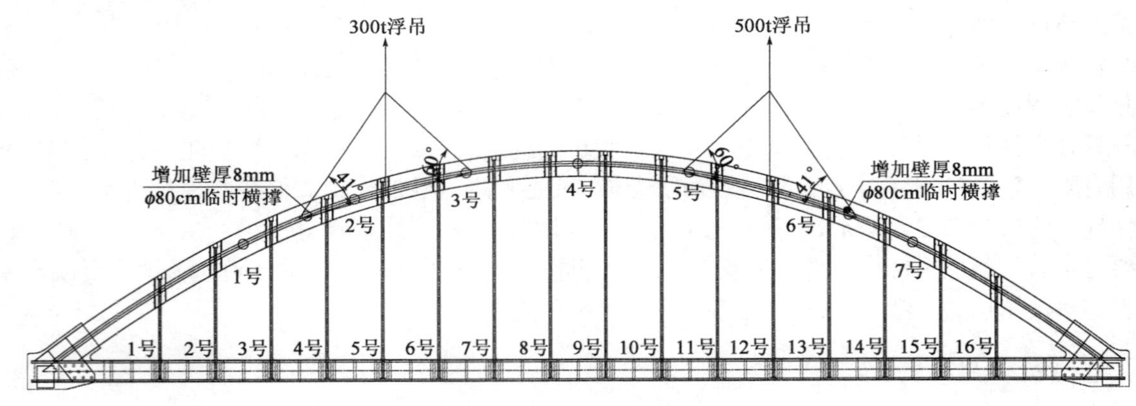

图4　双拱肋—系杆劲性骨架整体吊装结构

由图4可知，整体吊装结构通常由2片拱肋、风撑、吊杆钢套管、系杆劲性骨架和临时横梁组成。为了减少工人空中作业量，在结构拼装过程中，同时进行系杆钢筋绑扎、系杆预应力波纹管、内芯模及底模的安装。在吊装开始前，需要对双拱肋—系杆劲性骨架整体吊装结构进行全面检测，检查结构尺寸及焊接质量是否满足要求。

双拱肋—系杆劲性骨架整体吊装主要包括下列工序：

①试吊。在正式起吊之前，整体吊装结构应至少进行3次试吊，每次试吊步骤为：吊离地面20cm，静置20min，详细监测校核结构变形、焊缝完整性、钢丝绳及浮吊船的技术状况。

②起吊、运输。试吊过程中各项检查指标合格后可进行正式起吊。起吊时，浮吊船主桅杆吊臂角度应控制在55°～65°范围内，通过吊钩缓慢提升整体吊装结构。浮吊船的航行速度不应超过5km/h，以免惯性过大导致船体不利调控。

③安装就位。当浮吊船行驶至桥位指定位置时，指挥浮吊船抛锚减速，停泊稳定后匀速降落整体吊装结构，就位后立即焊接支座和临时钢支撑，再将四个方向的风缆绳全部安装就位，用手拉葫芦收紧风缆绳后方可松开吊钩。

3 建模方法

3.1 单元选择及结构离散

建立整体吊装空间有限元模型时，吊杆钢套管和吊装用钢丝绳采用桁架单元，拱肋、风撑、系杆和临时横梁采用梁单元。结构离散时，先划分各杆件交点，然后划分边界约束点，最后划分关键截面节点，同时将较长的单元适当分割为多个单元，以提高计算精度。整体吊装施工阶段有限元模型建立节点 375 个、桁架单元 32 个、梁单元 499 个。32 个桁架单元为钢套管吊杆单元；499 个梁单元，包括 8 个临时横梁单元、8 个吊装钢丝绳单元、36 个风撑单元、76 个拱肋单元、168 个系杆单元和 203 个临时横向联系单元。整体吊装阶段结构有限元模型如图 5 所示。

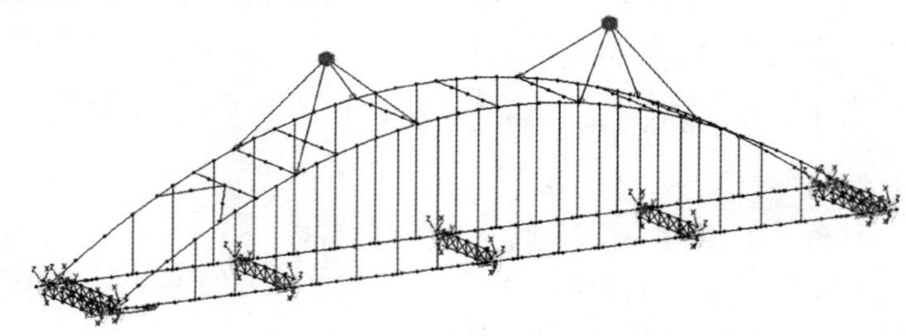

图 5　整体吊装阶段结构离散模型

3.2 边界条件

整体吊装时，通过起吊钢丝绳对拱肋结构进行竖向约束，浮吊挂钩点即为整体起吊点。整体吊装时约束起吊点的 X、Y 和 Z 方向的平动和转动，释放钢丝绳与拱肋连接处的三向转动，系杆与吊杆铰接、系杆与临时横梁之间的约束采用弹性连接中的刚性化处理。整体吊装阶段边界条件如图 5 所示，约束方式见表 1 ~ 表 3。

整体吊装阶段起吊点边界条件　　表 1

节点号	一般连接						节点号	一般连接					
	DX	*DY*	*DZ*	*RX*	*RY*	*RZ*		*DX*	*DY*	*DZ*	*RX*	*RY*	*RZ*
374	1	1	1	1	1	1	375	1	1	1	1	1	1

注：0 表示不约束该方向的自由度，1 表示约束该方向的自由度。

整体吊装阶段释放梁端约束　　表 2

构　件	单　元　号	端　节　点	梁端约束					
			F_x	F_y	F_z	M_x	M_y	M_z
钢丝绳	524、525、526、527	j	0	0	0	1	1	1
	528、529、530、531	j	0	0	0	1	1	1

注：0 表示约束该方向刚度，1 表示释放该方向刚度。

整体吊装阶段临时横梁与系杆链接方式　　表 3

节　点　号				弹性连接中的刚性化处理					
				SD_x	SD_y	SD_z	SR_x	SR_y	SR_z
136、262	53、2	92、223	216、48	1	1	1	1	1	1
136、43	157、264	92、4	218、268	1	1	1	1	1	1
138、263	157、45	197、266	218、49	1	1	1	1	1	1
138、44	72、222	197、47	131、225	1	1	1	1	1	1
51、220	72、3	112、224	131、6	1	1	1	1	1	1
51、1	177、265	112、5	133、226	1	1	1	1	1	1
53、221	177、46	216、267	133、7	1	1	1	1	1	1

注：1 表示耦合节点该方向的自由度。

3.3 作用荷载

在整体吊装过程中，所有荷载均考虑1.1的动载系数，本阶段激活的荷载有：①结构自重；②系杆加劲构造荷载5.14kN/m以及系杆临时荷载1.52kN/m；③拱肋加劲构造荷载1.47kN/m以及拱肋临时荷载0.15kN/m。

4 计算结果及分析

4.1 吊点位置及整体吊装变形

不同的吊点位置对整体吊装结构的内力和线形有较大影响，文献[1]提出了结构变形向量二范数法确定整体吊装结构的合理吊点位置。文献[1]选择钢管拱肋、系杆劲性骨架和吊杆钢套管为主要构件，将主要构件关键截面位置处的变形组成变形向量，并进行二范数运算，数学表达式为：

$$\left\| A \right\|_2 = \left(\sum_{i=1}^{n}\sum_{j=1}^{m} \left| x_{ij} \right|^2 + \sum_{i=1}^{n}\sum_{j=1}^{m} \left| y_{ij} \right|^2 + \sum_{i=1}^{n}\sum_{j=1}^{m} \left| z_{ij} \right|^2 \right)^{1/2} \tag{1}$$

式中：A——结构变形向量；

x_{ij}——第i个构件j号位置的纵桥向位移；

y_{ij}——第i个构件j号位置的横桥向位移；

z_{ij}——第i个构件j号位置的竖向位移。

由式(1)可确定整体吊装结构的合理吊点位置。限于篇幅，本文仅对合理吊点位置下的结构力学特性进行研究。基于“3 建模方法”及理论，通过有限元计算可得，在整体吊装过程中，双拱肋—系杆劲性骨架结构的变形情况如图6所示。

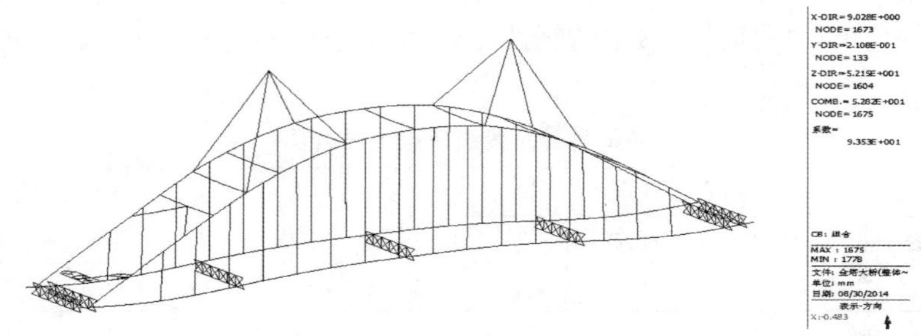

图6　整体吊装阶段结构变形

由图6可知，在整体吊装过程中，结构整体变形比较均匀。其中，拱肋的最大挠度为52.2mm，系杆的最大挠度为52.4mm，均发生在$L/8$处，且小于设计规定$L/800 = 120$ mm的限值，表明结构变形满足设计要求。

4.2 整体吊装内力

通过有限元分析，双拱肋—系杆劲性骨架结构在整体吊装阶段的轴力分布如图7所示。

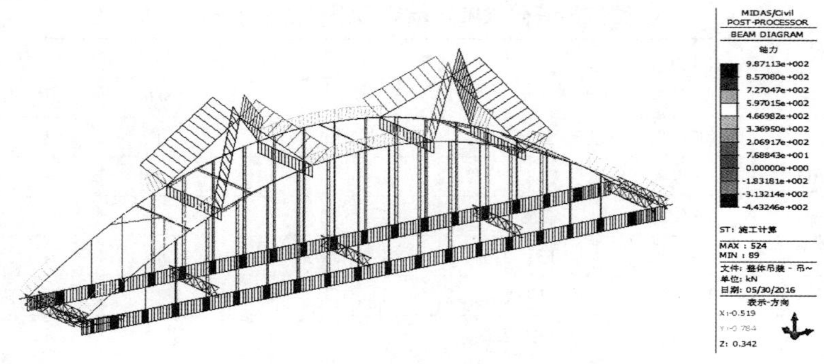

图7　整体吊装阶段结构轴力图

由图 7 可知，在整体吊装过程中，各构件轴力分布比较均匀，其中拱肋、钢丝绳、临时横梁均处于受拉状态，吊杆钢套管和系杆均处于受压状态。轴向拉力的最大值位于钢丝绳上，为 987kN；轴向压力的最大值发生在系杆上，为 443kN。

双拱肋—系杆劲性骨架结构在整体吊装阶段的弯矩分布如图 8 所示。

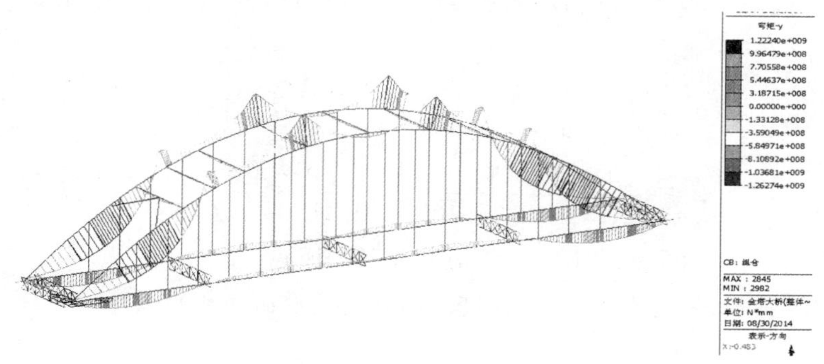

图 8　整体吊装阶段结构弯矩图

由图 8 可知，在整体吊装过程中，空钢管拱肋所承受的弯矩远大于系杆劲性骨架、临时横梁及风撑等构件承受的弯矩。结构最大负弯矩发生在靠近拱顶的吊点位置，为 1263kN・m；结构最大正弯矩发生在 $L/8$ 拱肋处，为 1222kN・m。分析表明，上侧吊点受力相对不利，同时吊点构造作为结构的薄弱环节，采取吊点拱肋处设置加劲钢板，提高吊点处拱肋的刚度，以防止局部变形与破坏发生。吊点处加劲构造如图 9 所示。

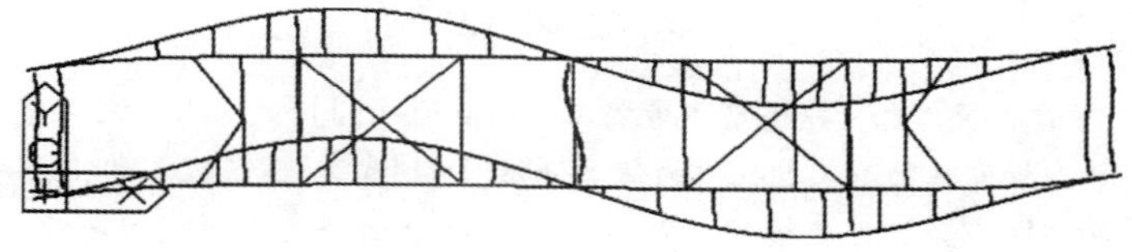

图 9　吊点处拱肋加劲构造

4.3　整体吊装稳定性

双拱肋—系杆劲性骨架结构为复杂的空间结构，在一些情况下有可能发生整体失稳破坏，因此也应对其空间稳定性进行研究。通过有限元计算，结构在整体吊装阶段的一阶失稳模态为面外失稳，如图 10 所示。

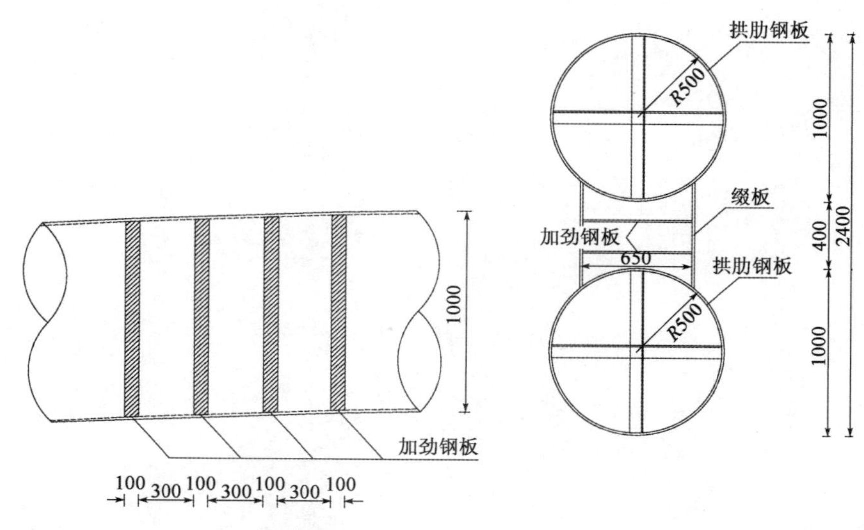

图 10　整体吊装阶段结构一阶失稳模态(尺寸单位：mm)

将钢管拱及劲性骨架系杆以及临时结构的自重(已考虑1.1倍的放大系数)作为可变荷载,由图10可知,此时钢管拱及劲性骨架的一阶失稳模态为面外失稳,稳定安全系数为31.88,小于设计限定值4.0,表明结构吊装阶段整体稳定性满足要求。

双拱肋—系杆劲性骨架结构在整体吊装过程中,系杆构件处于压弯状态,因此应对系杆构件比较突出的面内稳定性进行验算。根据《钢结构设计规范》,对系杆构件在弯矩作用平面内的稳定性进行验算:

$$\begin{aligned}\sigma &= \frac{N}{\phi_1 A_m} + \frac{1}{\mu}\frac{M}{W_m} \\ &= \frac{416.2 \times 10^3}{0.421 \times 2.462 \times 10^{-2}} + \frac{1}{0.846} \cdot \frac{461.3 \times 10^3 \times 0.96}{2.039 \times 10^{-2}} \\ &= 65.82(\text{MPa}) < [\sigma] = 200\text{MPa}\end{aligned} \tag{2}$$

由式(2)可知,在整体吊装过程中,系杆构件的面内稳定性满足规范要求。

5 结语

本文基于空间有限元理论,研究了双拱肋—系杆劲性骨架结构整体吊装阶段的建模方法,明确了建模时结构的单元选择、荷载和边界条件的处理方法,并且对某下承式钢管混凝土系杆拱桥整体吊装过程中的静力及稳定特性进行了研究。计算分析结果表明:在整体吊装过程中,双拱肋—系杆劲性骨架结构整体受力比较合理,具有较高的安全储备,但在拱肋吊点位置处受力相对不利,应采取一定的构造措施,以防止结构发生局部破坏。

参考文献

[1] 崔凤坤,徐岳,董峰辉. 钢管混凝土系杆拱桥整体吊装工法吊点研究[J]. 武汉理工大学学报,2015(2):384-392.

[2] 范剑峰,大跨度钢管混凝土拱桥拱肋吊装过程中的仿真分析[D]. 武汉:武汉理工大学,2002.

[3] 李世清, 黄传胜, 徐剑中. 钢管混凝土拱桥整体吊装法施工的静力分析及稳定性研究[J]. 世界桥梁, 2005(3): 56-59.

[4] 王雪能,刘为. 大跨钢管系杆拱桥半跨骨架拼装成形整体吊装施工方法[J]. 交通科技,2014(8):16-18.

[5] 张治成. 大跨度钢管混凝土拱桥施工控制研究[D]. 杭州:浙江大学, 2004.

[6] 姚昌荣,李亚东. 钢管混凝土拱桥线型控制技术研究[J]. 公路交通科技, 2006(10):55-58.

[7] 罗业凤, 殷朗, 韩玉. 钢管混凝土系杆拱桥稳定性分析[J]. 公路交通技术, 2013(5):67-70.

[8] 孙晓红. 钢管混凝土拱桥施工监控与拱肋吊装计算[D]. 福州:福州大学,2004.

船闸自动化控制系统总体构架设计
——以丹金船闸为例

王　群

（常州市丹金船闸管理所）

摘　要　本文阐述丹金船闸自动化控制系统的结构、运行模式及系统特点。

关键词　PLC　自动控制　集散控制

丹金溧漕河，是太湖西部地区主要水运干线，也是长江三角洲地区高等级航道网“两纵六横”和江苏省干线航道网“两纵四横”中京杭运河的重要组成部分。丹金船闸是丹金溧漕河的重点枢纽工程，是常州交通第一闸。闸室长180m，宽23m，门槛水深4m，设计通航能力1000吨级。

丹金船闸上、下闸室及通航孔闸门均采用升卧式平板钢闸门，单个闸门重约60t，该闸门在目前江苏水运船闸同类型闸门中跨度最大。启闭机采用QH卷扬机，双电机两侧独立驱动，并通过中间同步钢轴进行连接，保证闸门卷扬机转速同步。

1　系统概述

丹金船闸电气控制系统为集散控制系统，由PLC作为主要控制单元。船闸控制系统采用PLC集散控制系统，简化了控制系统回路，可节省大量控制电缆，提高控制系统的可靠性。控制系统分为集中控制系统和现地控制系统两部分。系统控制可由应急控制、单项控制（集控、现地）、程序控制（集控）三种控制方式来完成闸门的启闭。控制系统中还包括水位计、闸门开度仪和行程开关等设备。

2　系统结构

如图1所示，系统网络采用光纤以太网结构。集控室操作台上位机与上闸首现地机房PLC构成Ethernet主控制网络。上闸首现地机房PLC与下闸首现地机房PLC构成RIO网络（即上闸首现地机房PLC为主站，下闸首现地机房为RIO分站）。

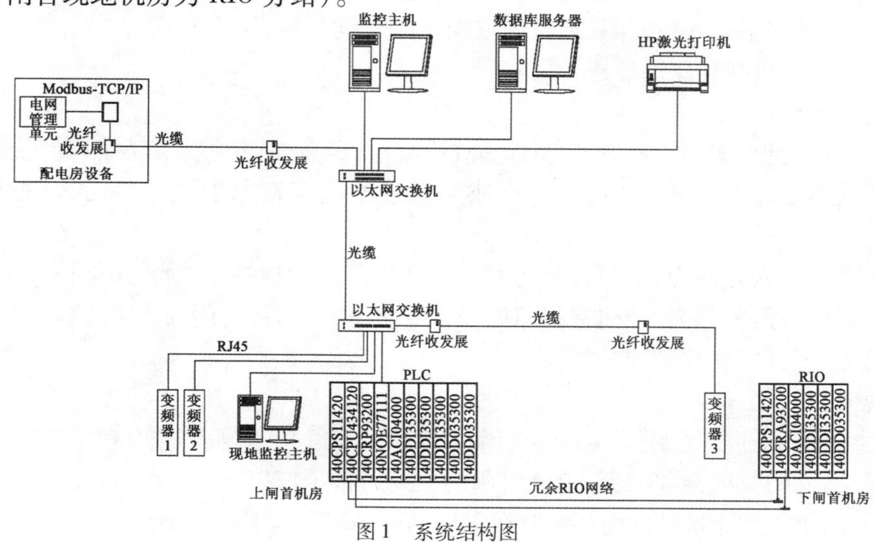

图1　系统结构图

集中控制系统主要设备有一套上位机,以及广播通信系统、打印机等其他辅助设备。上位机完成数据采集和运行管理,以及实现集控操作。集控中心设在船闸综合楼3楼,通过以太网交换机接入控制网络。上闸首现地机房控制柜上的"集控/现地/应急"开关都扳到"集控"位置时,集控操作方能有效。

现地控制系统位于现地机房,主要控制设备有上闸首现地机房有控制柜1台、变频器柜2台、电阻柜1台,操作台1套;下闸首现地机房有控制柜1台、变频器柜1台、电阻柜1台,以及其他辅助设备,如电机电流表、进线电压表、指示灯、按钮、选择开关等,这些设备全部集成在各机房的电机控制柜中。在上闸首现地机房操作台,集成有现地监控计算机、现地广播系统以及UPS等。现地监控计算机和控制柜按钮操作系统,互为备用。特殊的现地控制(参数设定和维修单项控制)需通过监控计算机进行操作。

3 系统功能

3.1 应急系统控制

通过操作控制柜上的操作按钮,直接完成开、关闸门的动作。该控制方式用于安装、设备单机检修及调试阶段。

3.2 现地自动控制

通过PLC在现地监控计算机或控制柜面板按钮对闸门进行操作,并可对整套控制设备实现动态监视、故障报警。

3.3 集中控制

操作人员在集控室对上下游的闸门进行操作,实时监测控制设备的运行状况,同时具有故障报警、数据采集及查询功能。集中控制可分两种操作方式,即:集中程序操作和集中单项操作。

4 操作方式

4.1 应急系统控制

每台现地控制柜上设置一"集控/现地/应急"选择开关。选择"应急"位置系统即处于应急系统控制下。在此状态下,系统脱离主控PLC的控制,转入应急控制系统,操作员通过控制柜上的按钮开、关、停闸门。此方式多用于调试、维修阶段。正常操作情况,将开关扳到"集控"或"现地"(下闸首选择在"程控")位置,即可进行正常操作。

4.2 程序控制

程序控制是指控制系统按照船闸的工艺要求,对上下闸首的闸门以及相应的信号输出按预定的运行程序自动进行控制。程序控制可以通过集控室操作台上的上位机完成。程序控制分上行过闸和下行过闸两种状态。上行过闸是指下游船只通过闸室向上游方向行驶,下行过闸是指上游船只通过闸室向下游方向行驶。上下行过闸程序循环进行。

程序控制过程如下:

当上闸首机房控制柜"集控/现地/应急"开关在"集控"位置时,集控室程序控制有效。

程序控制方式不能随意进入,只有当上行或下行过闸过程符合下述条件后,才能转入程序控制方式。

上行程序控制的进入条件为:下闸首闸门处于打开状态,上闸首闸门处于关终位。

下行程序控制的进入条件为:上闸首闸门处于打开状态,下闸首闸门处于关终位。

程序控制过程见图2及程序控制说明。

程序控制说明:

(1)按下集控上位机中"关闸门"按钮(下游闸门已关到位),上闸首进闸信号灯由绿色转为红色,上游电机同时启动,闸门关闭至关终位,上闸首闸门关到位指示灯亮。

(2)延时10s,下游电机同时自行启动,开启本侧闸门,实现闸门底部输水。

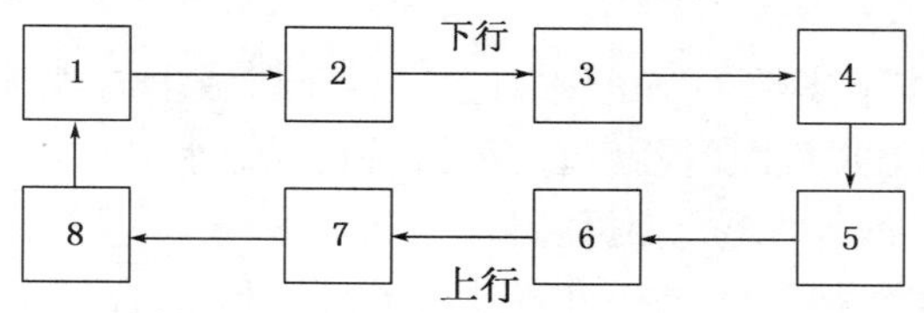

图2 程序控制过程

(3)门开至0.5m位置(输水位)停机。

(4)闸室内水位与下游水位平齐后,延时10s,闸门开启至开终位,下游电机停机。下游出闸信号灯在闸门均开到位后由红色转为绿色。

待闸室内船只出闸完毕,按下上位机或下左现地操作台“进闸允许”按钮,下闸首出闸信号灯由绿色转为红色,下闸首进闸信号灯由红色转为绿色。此时由下行切换至上行。

(5)按下集控上位机中“关闸门”按钮,下闸首进闸信号灯由绿色转为红色,下游电机同时启动,闸门关闭至关终位,下闸首闸门关到位指示灯亮。

(6)延时10s,上游电机同时自行启动,开启本侧闸门,实现闸门底部输水。

(7)门开至约0.5m位置(输水位)停机。

(8)闸室内水位与上游水位平齐后,延时10s,闸门开启至开终位,上游机房电机停机。上游出闸信号灯在闸门开到位后由红色转为绿色。

进行程序控制时可利用上位机“程序暂停”按钮暂时中断程序执行,按钮按下且自保持程序运行断点,按钮恢复后程序接着中断前的步序继续执行。如程序暂停后想彻底终止程序控制的运行,可先按下“停机”按钮或“急停”按钮,转入单项控制方式进行操作。进行程序控制时如发生意外情况,可直接按下“停机”或“急停”按钮,停止闸门的运行。要继续进行操作时手动按下相应操作按钮,用单项控制方式完成本次过闸操作,下次执行“关闸门”操作之后转入“程序控制”进行操作。

4.3 单项控制

单项控制是指操作人员通过上位机、现地监控计算机或控制柜上对应的按钮,完成一次闸门开、关控制。

集控室单项控制对应的上位机按钮有“进闸允许”“上闸首启门”“上闸首闭门”“上闸首停门”“下闸首启门”“下闸首闭门” “下闸首停门”。

现地控制时在现地监控计算机终端和操作台上对应的按钮有“进闸允许”“上闸首启门”“上闸首闭门”“上闸首停门”“下闸首启门”“下闸首闭门”“下闸首停门”。

套闸操作时存在上下闸首闸门间的状态互锁关系,在本闸首要开闸门需对侧闸门关到位。任何违反船闸运行工艺的操作都被禁止,同时蜂鸣器发出声响,提示操作无效,松开按钮后蜂鸣器停止发出声响。例如,在单项控制方式下要进行开上闸首闸门的操作,只能在下闸首闸门关到位的情况下进行,否则按下“开闸门”按钮是无效的,同时蜂鸣器发出声响,提示操作无效,松开按钮后蜂鸣器停止发出声响。

单项控制操作过程描述见图3及单项控制说明。

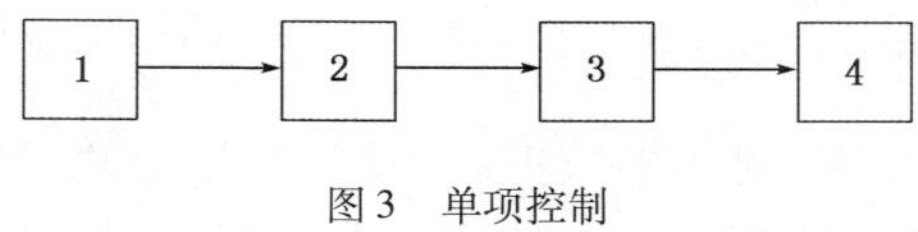

图3 单项控制

单项控制说明:

上行单项控制。

(1)船舶进闸完毕后,按下集控上位机中“下闸首闭门”或上闸首现地控制柜 “下闸首闭门”按钮(上游闸门关到位),下闸首进闸信号灯由绿色转为红色,下游机房电机同时启动,两侧闸门关闭至关终位，下闸首闸门关到位指示灯亮。

（2）下游闸门关到位后，按下集控上位机中“上闸首启门”或上游现地控制柜“上闸首启门”按钮，上游机房电机同时自行启动，上闸首闸门开启，实现闸门底部输水。

（3）门缝开至约0.5m位置（输水位）停机。

（4）闸室内水位与上游水位平齐后，按下集控上位机中“上闸首启门”（或上游现地控制柜“上闸首启门”）按钮，闸门开启至开终位，机房电机停机。上游出闸信号灯在闸门均开到位后由红色转为绿色，船舶出闸。

待闸室内船只出闸完毕，按下上位机或下左现地操作台“进闸允许”按钮，上闸首出闸信号灯由绿色转为红色，进闸信号灯由红色转为绿色。此时由上行切换至下行，船舶进闸。

下行单项动控制。

（1）船舶进闸完毕后，按下集控上位机中“上闸首闭门”或上闸首现地控制柜“上闸首闭门”按钮（下游闸门关到位），上闸首进闸信号灯由绿色转为红色，上游机房电机同时启动，两侧闸门关闭至关终位，上闸首闸门关到位指示灯亮。

（2）上游闸门关到位后，按下集控上位机中“下闸首启门”或上游现地控制柜“下闸首启门”按钮，下游机房电机同时自行启动，下闸首闸门开启，实现闸门底部输水。

（3）门缝开至约0.5m位置（输水位）停机。

（4）闸室内水位与上游水位平齐后，按下集控上位机中“下闸首启门”或上游现地控制柜“下闸首启门”按钮，闸门开启至开终位，机房电机停机。下游出闸信号灯在闸门均开到位后由红色转为绿色，船舶出闸。

待闸室内船只出闸完毕，按下上位机或上游控制柜“进闸允许”按钮，下闸首出闸信号灯由绿色转为红色，进闸信号灯由红色转为绿色。此时由下行切换至上行，船舶进闸。

在单项控制时可按下“停机”按钮或“急停”、暂停按钮，停止闸门的运行。停机后可选择继续操作，也可选择反向操作。例如，进行关闸门过程中按下“停机”按钮，停机后（闸门未到开终位或关终位），可选择关闸门操作也可选择开闸门操作。

4.4 交通信号灯的控制

在程序和单项控制方式下，本闸首闸门开到位后，出闸信号灯由红色转为绿色，操作员按下“进闸允许”按钮后，进闸信号灯由红色转为绿色，出闸信号灯由绿色转为红色。闸门关闭时绿色的进闸信号灯转为红色（此时所有的信号灯都为红色）。

4.5 水位计检修控制

水位计故障时，可通过在上位机或现地现地监控计算机进入“参数设定”画面，按下“上游水位计维修”或“下游水位计维修”按钮屏蔽水位计，此时该闸首水位计退出联锁控制。

4.6 程序/单项控制状态下，以下动作无需人工参与，系统自动完成

①自动停机：闸门运行至终位，电机自动停止运行；变频器故障也会造成自动停机。

②信号灯转换：闸门开到位后，出闸信号灯自动由红色转为绿色，闸门关闭时，进闸信号灯由绿变红。

5 船闸应用软件的功能实现

丹金船闸控制系统为基于PLC控制的集散控制系统，分为现地层和监控层，控制系统采用目前广泛应用并取得良好效果的基于可编程逻辑控制器的控制系统。其中，PLC选用的是Schneider公司的Schneider TSX Quantum系列产品，用以实现对闸门及其相关辅助设备的控制。

现地层：丹金船闸控制系统共有1套PLC实现现地对上、下闸首闸门等机械设备及照明系统的现地控制，系统由一个主站和一个远程站组成，主站采用Schneider TSX Quantum平台PLC，远程站采用Schneider TSX Quantum平台RIO，两者之间通过专用同轴电缆连接。现场控制层实现船闸各单元过程

参数、设备运行状态及电气参数的数据采集、单元过程及设备的控制,并通过以太网向监控层传送数据和接受监控层控制指令。本系统中,PLC 系统主要功能为实现闸门自动开关、采集现地设备运行状态及参数、交通指挥系统以及照明系统控制。

过程监控层:该层的中心是在集控室内,同样包括工业以太网结点的系统数据服务器、工程师/操作员站计算机、打印机、UPS 电源及监视屏等设备,其主要职能是进行系统中的信息交换与信息显示及控制。该层通过上位监控软件实现对主要工艺设备的控制和调度,对船闸运行全过程中的工艺参数进行数据采集、监控,在控制组态上实时数据处理和实时控制。同时,功能强大与稳定的实时和历史数据库亦通过以太网成为上下层间的信息通道。

除实现船闸运行监控功能外,通过电力监控通信管理机,集控室内实现对船闸变电所内配电回路状态、电量采集等功能。

5.1 上位机图形监控及管理软件

上位机图形监控及管理软件是在 Web Access 的基础上组态开发的应用程序。主要功能包括:船闸简介、船闸集控运行操作、船闸运行工况实时显示、控制系统设备在线监视、故障报警显示及报警信息提示、运行操作记录及统计、运行及故障报表的自动生成、管理及打印、船闸相关数据的统计及趋势分析、自动广播等。

(1) 操作员登录画面

启动上位机图形监控及管理软件后首先进入到操作员登录画面,操作员在输入自己的编号和正确的口令之后才能进入运行操作画面。此画面的功能主要是加强对操作员的管理和增强系统的安全性,防止非操作员随意进入操作画面。同时运行统计中将根据登录的操作员编号记录操作过程,以便分析事故责任。要进行维修控制、参数设定等一些特殊操作时,需登录权限较高的操作员代号和口令,方可进入参数设定或维修手动控制画面。

(2)运行监控主画面

操作员登录完毕后即进入运行操作主画面。正常的运行操作都是在此画面中完成。此画面包括船闸运行工况显示和集控程序、单项操作按钮,当前的操作方式、船只过闸方向、闸门的当前位置、实时水位数值、电机电流值、交通信号灯状态等常用的信号值在此画面都能显示。通过上位机进行程序控制、单项控制操作也是在主画面中完成。闸门运行时主画面中还能动态的模拟显示闸门的运行情况和开度(根据闸门运行时间计算显示)情况。

从此画面,操作员还可以选择进入其他画面,单击子画面上相应的按钮即可进入相应的监控画面。

(3)启闭机系统监视画面

通过该画面可监视各启闭机当前的运行情况。启闭机系统的所有状态信号在此画面都有显示,包括启闭机系统载荷、电机电流、开关状态等。

(4)控制系统网络监视画面

此画面显示系统网络结构。

(5)报表管理画面

上位机根据用户提供的格式和内容生成运行报表,报表包括日报表、月报表、年报表和故障报表等,这些报表都存储在数据库服务器中,运行维护人员可随时查询或打印,打印还可设置成每天自动打印或交接班时打印,也可以选择打印。报表管理还可设置定期删除或自动备份等功能。

上位机的报警画面是随时弹出的,不论当前处于什么画面,只要有故障产生,都会立即弹出报警信息并同时发出声光报警,提醒操作员处理故障。报警信息分为“停机故障”报警和“提示故障”报警两类。操作员在确认了故障信息后按确认键关闭报警画面。报警信息自动分类存入故障表报中供以后查询或打印。

上位机还具备自动广播功能,可自动播放事先录制好并存在计算机硬盘中的礼貌和警示用语,在闸门开到位后自动进行礼貌提示广播等。

5.2 现地监控计算机应用软件

现地现地监控计算机应用软件与上位机应用软件一致，它的大部分显示画面与上位机显示画面类似，但根据现地控制的特点也有所区别。现地计算机上的控制显示画面主要有：船闸简介画面、操作员登录画面、操作运行操作主画面、参数设定操作画面、本机房和对侧机房启闭机系统监视画面、水位动态显示画面、报警画面等。

5.3 现地 PLC 应用软件

现地 PLC 应用程序是在施耐德电气公司的 UNITY PRO 软件下编制的，它是船闸控制系统运行的核心。船闸在正常控制系统的运行是靠 PLC 应用程序的执行。完善的应用程序可以最大限度地发挥 PLC 等先进设备的优越性能。

在 UNITY PRO 软件中将梯形图程序分为程序段执行，由段调度程序分配各子程序段的调用执行。根据在 PLC 工程项目和船闸控制领域的经验，将本船闸 PLC 应用程序划分为如下结构：

(1)主程序：程序上电初始化、通信状态检测及数据通信管理、船闸上/下行控制、调用各子程序段。

(2)程序控制子程序段：当选择集控有效和程序控制时从主程序跳转至本子程序段，当程序控制的所有条件和互锁条件满足工艺要求，自动按照船闸工艺执行各步操作，顺序调用闸门控制子程序段。

(3)单项控制子程序段：当选择集控有效和单项控制或现地控制有效时，从主程序跳转至本子程序段。接收到操作员发出的符合运行工艺的单项命令且互锁条件满足时跳转到相应的闸门控制子程序段。

(4)速度控制子程序段：当闸门运行时调用此程序段，通过对现场信号实现闸门变速运行。

(5)交通信号灯控制子程序段：本子程序段为主程序实时无条件调用，根据船闸运行工艺和当前的运行状态本闸首机房交通信号灯进行控制。

(6)水位计整定、自动检测子程序段：本子程序段为主程序实时无条件调用，包括对采集的水位信号值整定及检测，闸室内外水位信号值比较分析及延时滤波。

(7)设备故障检测和处理子程序段：本子程序段为主程序实时无条件调用，对 PLC 中各内部数据故障位进行实时检测，当检测到 PLC 或控制网络出现故障时做出相应的处理。

(8)显示控制子程序段：本子程序段为主程序实时无条件调用，将船闸当前的运行状态输出至控制柜的指示灯和报警、提示蜂鸣器。

PLC 梯形图应用程序在离线编制完成后，首先在计算机中通过 UNITY PRO 软件的模拟仿真器进行模拟仿真调试，通过模拟仿真调试后将程序输入至 PLC 中，在设备出厂调试时进行实际模拟调试，并进行设备联网模拟联调。在现场调试时先进行程序空载调试，运行无误后进行程序带载调试，程序经多次实际带载运行无误后再投入实际运行，确保投入运行的程序正确无误，以保证船闸运行的安全可靠。

6 系统特点

(1)采用分层式结构控制，应急控制、现地控制、集中控制三个层次，每层之间都有严格的互锁机制。

(2)控制网络上的单元都有自身的功能，任一单元的故障不会影响其他单元的正常工作。

(3)操作模式多样，充分考虑了船闸的运调模式、检修和联调等多种情况，使用方便。

(4)大量使用了以太网、现场总线等先进的工控通信手段，且不失传统的控制方式，提高了系统的效率和系统的可靠性。

(5)控制系统的操作有严格的电气和软件互锁机制，有效防止操作人员的误操作。

(6)系统采用友好的人机界面，操作方便，简单、易上手。

7 结语

船闸的先进自动化控制,有效提升了船闸的通航能力,确保船舶安全有序过闸,同时减轻了工作人员的工作压力,无形中增加了经济和社会效益。

参考文献

[1] 陈雷,朱金龙,任杰.新坝船闸自动控制系统[J].水运工程,2008(11):148-151.

[2] 武斌.春天湖船闸自动控制设计[J].山西水利科技,2003(4);40-42.

[3] 朱祥辉.浅述船闸自动化控制系统的设计与应用[J].华东科技(学术版),2013(12):3-3.

丹金船闸船舶感知系统总体架构设计

王 群

（常州市丹金船闸管理所）

摘 要 随着信息技术的日益发展，航运事业的逐渐壮大，船闸对船舶的过闸管控越来越严格，鉴于常规方法耗时耗力，因此本文阐述了基于物联网技术的船舶感知系统的结构、功能及系统特点，这对于船舶监控系统的研究与发展有重要的意义。

关键词 监控系统 图像识别 B/S架构 物联网

随着丹金溧漕河通航能力由过去的五级航道改造为三级航道，通航能力大大提高，通航船舶数量不断增加。据统计，2015年丹金溧漕河金坛段年通行流量约为4400万t，在今后的五年内预计将达到6000万t。丹金船闸作为丹金溧漕河的重要通航建筑，承担着重要的航运保障作用。

随着货运量持续快速增长，运输船舶趋向大型化、专业化、标准化，内河运输进入相对快速的发展时期并呈现出很好的发展前景。以信息技术作支撑，全面提升航道建、管、养的水平，已是航道现代化的必然选择。信息化正在成为提高内河航运发展质量，推进内河航运发展转型，促进内河航运现代化建设的关键因素。

同时船民法律意识的增强，也促使船闸部门在服务和执法的过程更加规范，这就需要航政执法人员能够在船舶过闸时实施监控感知，掌握其基本信息，对不听从航政人员排挡的船舶，做到及时发现、及时控制、及时处理，且执法高效、便捷、有据。

船舶感知系统的建设和实施将对内河航运建设具有里程碑意义。

1 系统概述

根据丹金船闸征收过闸费的业务需求，船舶感知系统是解决该业务需求的极佳手段，该系统由前端船舶感知、抓拍设备和后端船舶自动抓拍集中监控平台组成。

船舶感知系统以红外摄像机采集监控区域昼夜热辐射图像，识别途经船舶，高清抓拍摄像机自动抓拍进入监控区域的船舶整体和局部细节照片，并输出船名船号、进入监控区域信息，报告船舶航向，对符合收费要求的船舶及时告警，提醒其上岸缴费或手机客户端自主缴费。

2 系统结构

船舶感知系统是一套全天候智能图像识别、自动高清抓拍的系统。系统主要由前端船舶感知系统和后端感知平台组成。

前端船舶感知系统主要由三部分组成，即实时视频采集模块、视频智能分析模块和船舶图像抓拍模块。

（1）视频智能采集分析模块：主要功能为通过视频压缩卡实时采集红外热成像视频流，对实时视频图像进行定时截取，每秒截取指定帧数进行处理，并进行一系列的视频变换与分析，将视频中所含的船舶信息分析出来。

（2）船舶图像抓拍模块：根据视频智能分析模块输出的船舶进入信息，启动船舶抓拍流程，并存储和上传抓拍照片。

后端感知平台采用B/S架构，由抓拍图片数据库、船舶驶入报警模块、报警接口、下游联动抓拍控

制模块、用户管理模块、统计查询模块、抓拍图片回放等整合实现。

3　系统功能

前端船舶感知系统主要由高清摄像机、补光灯、工控机和其他附属设备组成。

高清摄像机用于捕捉船舶全景、局部特写;补光灯用于辅助抓拍船舶图像;工控机用于运行船舶自动抓拍控制软件。设备组成如图1所示。

系统安装应用案例如图2所示。

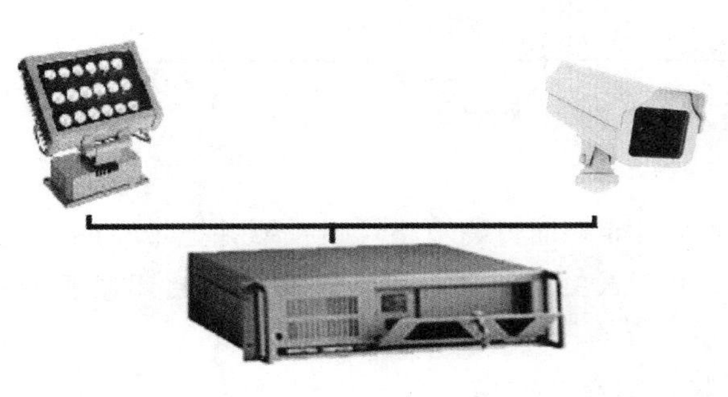

图1　船舶感知设备组成图

图2　船舶感知设备安装实例

后端船舶感知系统具有自动报警、提醒、回放和查询功能。该系统的建设有利于船舶收费自动提醒,降低收费员劳动强度,有利于规范疏忽漏征和防止人情漏征行为,做到应征不漏。

4　网络架构

船舶感知系统总体可划分为“感知层、传输层、数据层、应用层”四个层面,具体如下:

(1)感知层:采用物联网技术通过摄像机、传感器等捕捉船闸的通航情况,对水文、航道设施等进行动态实时的数据采集;

(2)传输层:利用铺设光纤主干网络、无线网络覆盖等基础网络建设,将动态采集的信息进行网络传输;

(3)数据层:将感知信息、业务信息、管理决策信息等基础数据、业务应用数据、管理数据进行数字化转换、存储;

(4)应用层:计算机应用功能的具体表现,主要功能包括:船闸调度、船闸收费和航政管理等。

由于相关信息涉及航行安全,因此要求系统的服务响应速度、服务质量等级、安全等级、信息资源使用效率等作业品质要求极高,本项目的安装应用点和项目组成如图3所示。

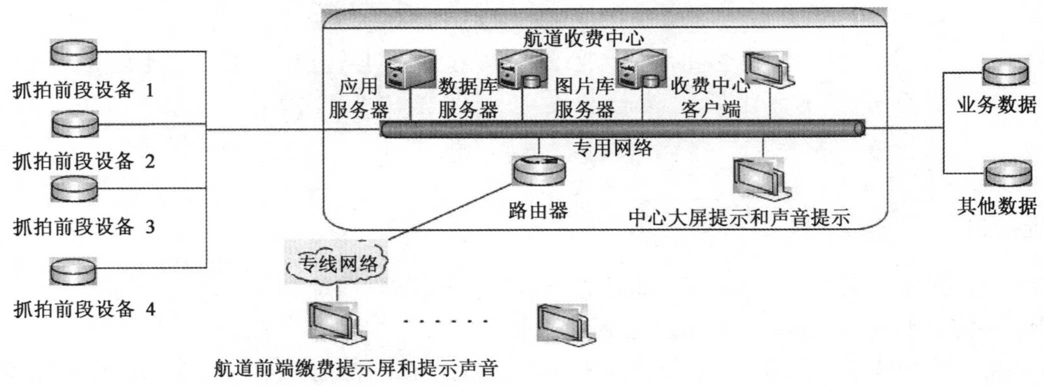

图3　项目网络布局图

5 操作流程

根据业务需求，本次安装点为四个，如图 4 所示。

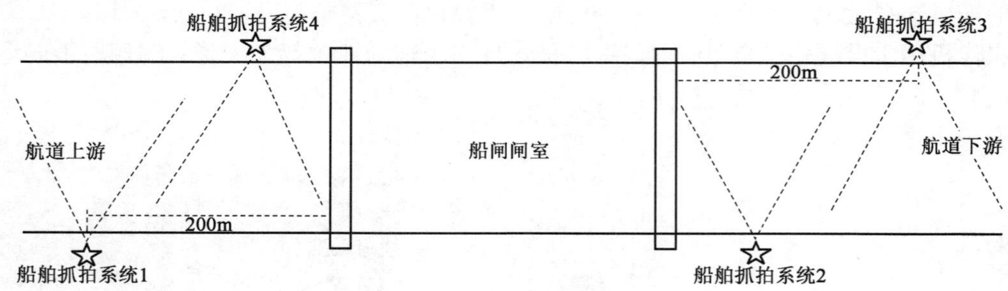

图 4　点位布置图

船舶从上游往下游行驶，当感知系统 1 感应到有来船时能够通过高清摄像机拍照并把带有船名、船号的照片传输至调度站内并提醒调度站工作人员，以便工作人员及时通过情报板和广播通知船舶驶至给其分配的泊位；

感知系统 4 在闸口附近，一旦发生闯闸情况，感应装置触发高清摄像机抓拍船舶照片并实时上传，以便掌握船舶违法行为。

从下游往上游工作流程一样，可以总结归纳为以下流程（图 5）：

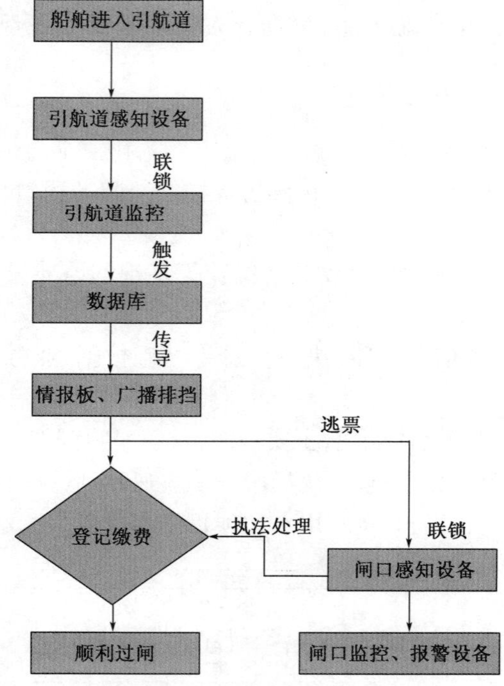

图 5　流程示意图

6 系统特点

（1）系统通过前端采集和后端处理，能及时、有效的传递前方信息。

（2）系统依附船闸监控网络，使用方面，维修简便。

（3）系统具有声光提醒功能，尤其在夜间视线不好的情况下，能有效帮助工作人员提高工作效率。

（4）系统操作界面友好，便于工作人员操作。

系统平台具有后期可开发性,可集成其他功能。

7 结语

通过船舶感知系统的建设降低了工作人员压力,为通闸运行的船闸提供了一种切实有效的管理手段。通过准确、及时的服务信息,有利于进一步服务船民,提高行政管理能力和行政服务水平。

参 考 文 献

[1] 杨虎.基于物联网技术的船舶远程监控系统的研究与实现[D].镇江:江苏科技大学,2013.
[2] 刘富强.数字视频监控系统开发及应用[M].北京:机械工业出版社,2003.

丹金溧漕河航道整治工程项目管理信息化的探讨

陆昊昊　高　峰

（江苏省常州市航道管理处）

摘　要　针对航道工程传统项目管理中，参与部门的众多，如设计、监理、施工、设备、物资、运营等，使沟通和协调工作困难，大量的信息需要有效管理，因此提出一种新型的航道建设工程项目管理系统。该系统涵盖了工程项目管理及项目过程的各项业务管理，并以其完整、规范的信息特色构建信息化管理平台，为项目管理层提供全程监控。从而提高工程建设项目整体管理水平，为决策层准确而及时地提供分析决策所必需的信息。实现对工程建设项目管理全过程、全方位及远程的信息控制与管理，最终达到加快工程进度、降低工程造价、提高工程质量、确保安全文明施工，从而加速航道事业的发展。

关键词　航道　信息化　建设工程　系统

1　引言

计算机网络技术为核心的信息技术的广泛运用，为经济发展提供了强大的动力。内河航运作为综合运输体系的重要组成部分，逐步得到国家和省的重视。但是，与其他运输方式的迅猛发展相比，内河航运的发展还处于相对滞后状态，仍然是综合运输体系中薄弱的环节。因此，作为国民经济和社会发展的基础产业之一，必须着力实现水路交通管理信息化。

常州航道处通过航道信息化建设，积极做好软件系统开发及硬件升级工作，加速建立航道中心数据库和航道信息网络，促进航道信息资源共享，是从根本上克服目前存在的获取信息比较困难，数据缺乏足够的可靠性等弊端的重要措施。航道信息化建设不仅仅是信息技术运用的本身，更重要的是信息技术在航道建设、养护、管理三个环节得到渗透，在渗透中实现资源共享，共享程度越高，信息作为生产要素的价值就越大。因此，通过航道信息化，实现航道管理的规范化和现代化，从而引领航道事业科学发展。

航道建设工程管理是一个复杂、艰巨的系统工程，涉及进度、质量、投资、合同、人员、风险、图纸文档等多方面的工作，参与部门众多，如设计、监理、施工、设备、物资、运营等，使沟通和协调的工作困难，大量的信息需要有效管理。传统的项目管理方法，已经显得越来越吃力，急需寻找新的方法和工具。利用现代信息技术，创造新型管理平台，提升整体管理水平。对于航道建设项目，其信息化建设，拟建立在先进、科学的工程项目管理模式基础上，充分利用计算机技术、网络技术、信息技术等现代化的方法和手段，对工程项目管理信息搜集、储存、加工、传递、发布、统计及动态查询，建成一个涵盖上级职能部门、工程建设管理部门及设计、监理、施工等单位的项目管理信息系统，形成对工程建设项目的计划、进度、质量、财务、工程技术、资料档案、材料设备、安全文明施工及合同管理等的高效统一、规范协调的管理和控制系统。

2　概述

建设工程项目管理信息系统：依据行业标准、规定及 FIDIC 条款，辅助业主、监理工程师对工程施工的全过程进行主动、动态、有效的目标控制，即实现工程建设项目管理的“三控制（质量控制、进度控制、费用控制）、二管理（合同管理、信息管理）、一协调（组织协调）”。

建设工程项目管理信息系统主要涉及工程建设单位(业主或业主代表)、设计单位、监理单位、承包商等,如图1所示。

建设工程项目管理信息系统充分体现"现代工程、互动管理"的思想内涵,它建立了崭新的项目管理理念。对外,以在预算内,按计划、高质量、安全、文明地完成项目的建设作为共同的目标,为经济资源联盟体的新型业务流程提供协同管理,自动串联项目实施链中的上下游信息流程,使业主、监理、供应商(大型配套、设备提供商)、总承包商(设计、施工、安装)、分包商之间紧密互动,及时分享、有效利用在线信息;对内,以企业管理作为支撑体系,支持项目管理的全程监控。强调人的作用,依靠激励机制、体系、规范,去推动项目的过程管理。

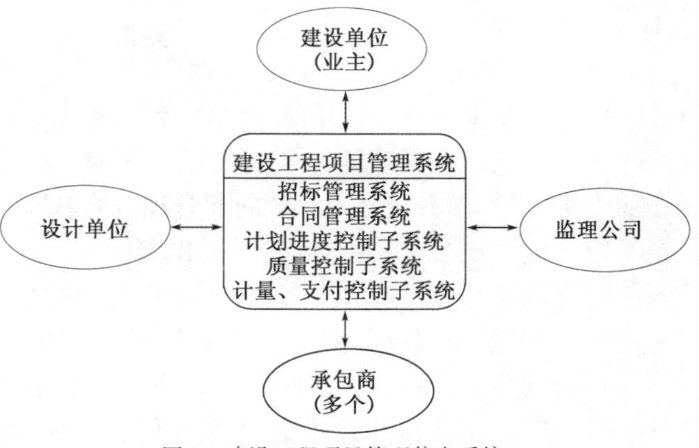

图1　建设工程项目管理信息系统

3　总体设计

软件框架可以用"一个平台、两大板块、统一验证、单点登入"来描述:

(1)一个平台。通过综合应用平台可以快速开发出符合用户应用系统,减少了开发周期和开发成本。

(2)两大板块。即系统部件,主要由门户网站(GOVProt)、建设工程管理系统(JSMis)两个子系统组成,各子系统有平台进行联通,每个子系统也是一个独立的部件,可以单独运行,也可以组合在一起运行。

(3)统一验证、单点登入。系统中的用户可以进行统一权限授权和定义,同时因为各子系统均运行在统一平台上,所以仅需要在一个系统进行登入就可以在不同的系统操作,即实现单点登入。

软件框架(图2)特点:平台化和部件化。

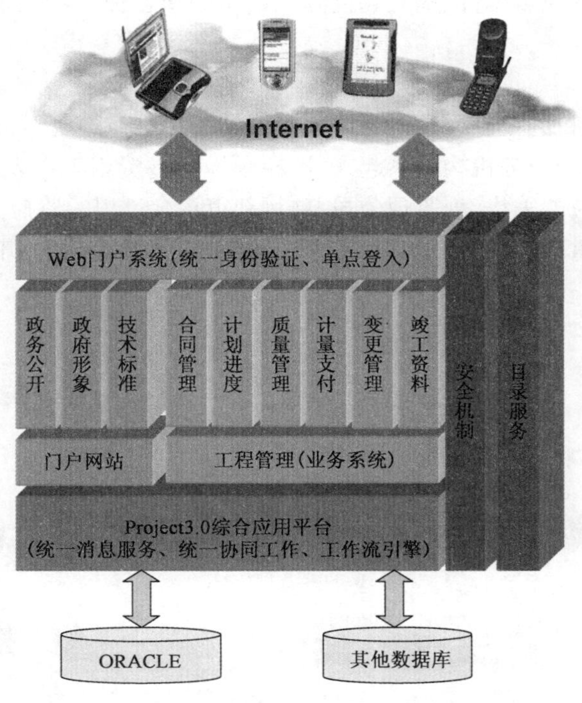

图2　软件框架示意图

4 功能说明

4.1 合同管理

项目合同管理分为工程合同、监理合同、工程量清单等功能模块；严格合同审批流程，规范合同条款的执行；对各类商务合同和其他一般性合同的原始信息（包括评标文件、工程量清单、合同价格信息）、过程信息（如合同变更信息、补充信息、执行状态等）进行统一管理，并对合同计量、支付、计算、变更、索赔进行实时监控。实现合同的全周期管理，加强防范管理风险。

（1）合同登记分类，为合同管理提供方便。

（2）合同拟订、签定、执行、评价等项目合同的全过程管理。

（3）合同履行过程（计量、支付、结算、决算）的自动化处理。

（4）合同变更、签证时，及时跟踪处理及审批控制并关联合同结算。

（5）及时对比项目计划进度、资金支付、合同报表等合同关键数据，全面反映合同执行状况。

4.2 质量管理

工程质量管理信息系统将吸收国际上先进的项目管理思想，以现代信息技术为基础，以工程管理技术规范为标准进行开发设计；在功能结构上主要分为目标控制、组织管理、过程控制、质量监督、文档管理、报表打印。

（1）组织管理。系统提供了建立组织机构图和质量责任矩阵图的功能，可以完善项目组织机构项目质量控制人员的岗位责任制，并对其工作质量进行全面监督和管理。

（2）过程控制。单元工程施工质量过程控制日报、施工准备阶段控制表、单元工程施工质量问题控制、对策表、质量问题因果分析表、单元工程质量控制表、单元工程现场材料质量控制表、单元工程主要材料检验表、单元工程施工设备质量控制表、单元工程进场施工设备申报单、质量事故管理表。

（3）质量监督。工程项目的质量监督反映了质量监督部门行使监督权力的全部过程。通过三个方面，体现质量监督从工程施工准备阶段到工程竣工验收全过程的管理职能。

（4）文档管理。系统提供了全面的质量文档管理功能。管理项目建设过程中的各种质量管理的技术档案、事故档案、各种命令、质量函件、检验和检测原始文档和各种质量记录的图片资料，同时还包括工程设计图纸等。

4.3 计量支付

以费用为主线对工程项目的全过程及所有协同单位的费用信息进行汇总，并通过费用控制中心的费用工作表将所有涉及费用的业务机构联系起来，以便领导通过费用工作表查看工程项目整体费用发生情况，实现数据从施工单位的采集，到监理公司、项目部审核全过程的监控。

计量支付包含：中间计量表、中间计量支付汇总表、月工程计量申报表、申请支付、项目方支付汇总表、月工程计量统计表、变更一览表等内容。

工程项目计量支付流程如图 3 所示。

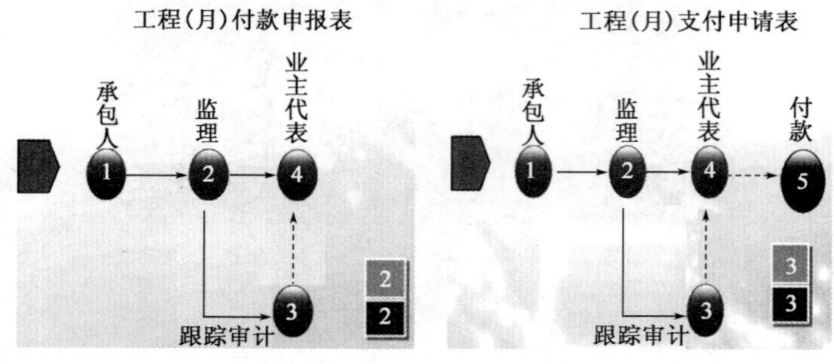

图 3　工程项目计量支付流程

4.4 变更管理

变更管理主要围绕着工程变更进行控制管理,有设计变更、工程量变更等。本模块主要解决工程的计量变更。具体功能有:申请变更、变更通知、工程延期、工程索赔、工程分包。申请变更,即承包人申报表,是指施工方提出的变更,流程有施工单位申请,监理审核,业主审批以及业主单位领导审批等多个环节,系统提供手写签名。变更通知,即变更通知书,是业主方提出的变更,是承包人申报表的反向流程,业主现场工程师拟写变更通知书,经业主领导审批后提交发送给监理和施工单位。

4.5 计划进度

一般计划控制管理信息的内容主要有:全线工程的总体进度计划、总进度目标的分解——年度、月度进度计划及各合同标段进度计划,进度控制与工程进展等有关数据。例如:旬、月度完成量及按月反映自开工全线形象工程量、季度完成工程量、自开工累计完成工程进度完成情况等。计划控制管理系统应用软件由5个过程组成:计划编制(新增、修改)、计划审批、实际进度、计划变更和辅助功能(查询、统计、报表)。

4.6 竣工资料

随着系统的应用,竣工资料文件的编制过程中将不再有原来手工操作的诸多困难和不便,可减轻繁杂、枯燥的人工劳动。工程竣工验收资料管理系统符合江苏省航道局下发的《工程质量管理》统一用表要求。系统实现了竣工文件电子化,科学的索引和组卷便于竣工资料的快速查询,用户可按树状目录形式查阅或按文档编号、文档名称、负责单位、所属卷宗号等查询类别,快速查到所需详细资料。竣工资料与其他模块相挂接,并以树状目录形式提供查阅功能。在质量、计划、支付、变更等文档审批完成后就自动转化到竣工资料中,大大减少人工劳动。另外,系统还提供了文档的补录、调整、整理的功能。

4.7 门户网站

门户网站系统的建设,一方面是政府的形象工程,让政府和百姓了解政府的工程进度情况,提高政府办事的透明度,树立政府良好形象;另一方面,政府各部门也可利用门户网站提供的信息资料,对领导的决策提供支持和政策分析。成功的政府门户网站的关键在于提供、更新、组织知识,使得其易于浏览、检索和管理。同时,易于使用、个性化、高响应速度等特点,可以使政府门户网站更具有吸引力。门户网站系统建设形象示意图如图4所示。

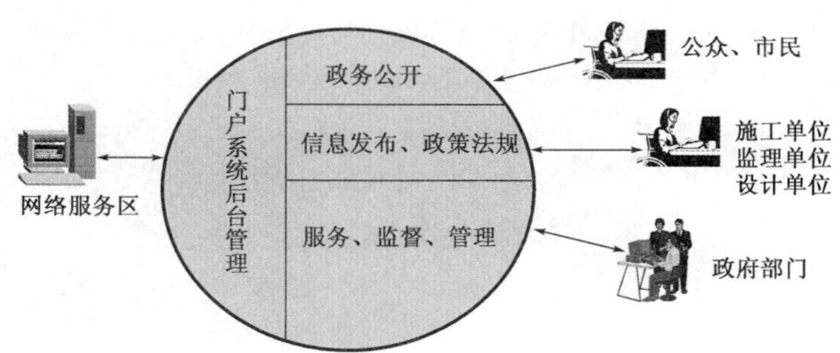

图4 门户网站系统建设形象示意图

5 结论

创造新型的管理平台,提升整体管理。对于航道建设项目,其信息化建设,拟建立在先进、科学的工程项目管理模式基础上,充分利用计算机技术、网络技术、信息技术等现代化的方法和手段,对工程项目管理进行信息搜集、储存、加工、传递、发布、统计及动态查询,建成一个涵盖上级职能部门、工程建设管理部门及设计、监理、施工等单位的项目管理信息系统,形成对工程建设项目的计划、进度、质量、财务、工程技术、资料档案、材料设备、安全文明施工及合同管理等,进行高效统一、规范协调的管理和控制体系。

(1)规范履约。进行规范、完整的合同管理和全面的建设项目的工程事务管理,其包括所涉及的技术、商务、过程函件等。并通过职责关联、跟踪催办、提示预警，实现建设各方的规范履约，减少与避免建设各方的索赔与反索赔等复杂的工程事务纷争。

(2)降低工程造价。系统对各项业务采用联合监控。将合同履约、进度、质量、安全、环境文明与费用紧密联系在一起。通过从进度款支付、工程价款扣款、工程价款结算，到合同最终的工程决算，进行费用全程跟踪，便于决策层在第一时间得到工程发生的最新费用信息，及时作出判断与决策，从而降低工程投资风险。

(3)强调协同管理，确保或缩短工程周期。系统自动串联工程实施链中的上下游信息流，使上级主管、业主、监理、供应商(大型配套、设备提供商)、总承包商(设计、施工、安装)、分包商之间能及时分享、有效地利用在线信息；实时对项目进行全程监控，通过预警机制，提醒管理人员及时处理与优化项目建设过程中出现的异常情况，使工程项目的建设进度能够按照事先的计划，有步骤、健康的执行，达到确保或缩短项目建设周期的目的。

(4)提高项目管理决策的科学性。建立综合查询、WEB 查询、决策支持等多功能的查询。在工程建设的管理过程中，通过查询系统的组合运用，从大量的原始数据中提炼与分析出有用的信息，使上级主管部门与企业领导能及时了解当前项目的进度、费用、质量、合同履约、财务、人事、物资等状况；并生成各种直观的效果图，供领导分析。从而作出准确、科学的管理决策。

(5)采用新型管理技术，提高工作效率，可使项目管理办公效率大大提高，职能部门的管理人员可以从繁重的事务性工作中解脱出来，使他们有更多的精力去考虑项目管理中的优化、协调、组织和决策等问题，对项目人员的工作起到很大的促进作用。同时，对建设管理人员的素质也提出了新的要求。

参考文献

[1] 马智亮. 施工企业相关信息系统发展趋势与对策[C]. 第八届全国建设领域信息化与多媒体辅助工程学术交流会论文集. 2005(7)：7-14.

[2] 裴贞，徐信，于申. 步履艰难的国企信息化之路[C]. 第八届全国建设领域信息化与多媒体辅助工程学术交流会论文集. 2005(7)：45-48.

[3] 马智亮，丘亮新. 施工企业信息化成功秘密[M]. 北京：中国建筑工业出版社，2006.

[4] 杨建堂，赵赟慧. 加强工程建设的施工管理与质量控制[J]. 山西建筑，2001(01)：105-120.

[5] 吴松勤. 建筑工程施工质量验收系列规范标准表格文本及填写说明[M]. 北京：中国建筑工业出版社，2002.

[6] 中华人民共和国国家标准. GB/T 50328—2014 建设工程文件归档整理规范[S]. 北京：中国建筑工业出版社，2014.

[7] 戴彬. 文档数据与建设工程项目管理信息系统集成[J]. 建筑管理现代化，2005(2)：1-4.

[8] 马士华，林鸣. 工程项目管理实务[M]. 北京：电子工业出版社，2003.

微信公众服务平台在船闸的应用与研究

高 峰[1] 陆旻昊[1] 王 群[2]

(1. 常州市航道管理处;2. 常州市丹金船闸管理所)

摘 要 随着“船二代”加入到船民行业,以前凭经验行船的老旧方式逐步被新的信息化方式而取代。新船民已不再满足“等、看”被动的信息来源,急需一个权威、准确、及时的信息来源,而这些信息往往随着客观条件变化而变化,影响船舶航行安全。如果船民对航线不熟悉,将加大事故的发生概率。船闸作为航道交通的枢纽,具有先驱作用,完善对船民的服务是义不容辞的责任;通过开发船闸微信公众服务平台,不仅能为船民发布桥梁通航净宽净高、风力、水深、能见度、船闸运行模式、航道地图和航道通行状况等,还可以提高船闸管理水平,提高过闸效率,同时也可宣传航道法律法规,增强船民法律意识,也促使船闸部门的服务和执法过程更加规范。

关键词 微信 公众平台 服务 船闸

1 引言

内河航运是我国运输综合体系的重要组成部分,伴随着航运技术的快速发展以及航运需求的急速增加,传统的航运信息交互模式也暴露出一些不足。例如,现代信息技术在内河航运管理中的作用未能得到充分发挥,行业信息化建设相对滞后,航道管理部门尚未建立完善的内河航运信息服务和管理平台,不能及时提供过闸通航信息,使船舶待闸时间较长,增加了船舶燃料消耗负担和经营成本,影响了内河航运业的更好发展。因此,提升航运信息交互效率,加快航运信息化建设,对我国内河航运的发展尤为重要。在上述背景下,本文综合分析了内河航运信息资源现状,重点在江苏省过闸收费系统平台基础之上,搭建了一款应用于常州市航道管理处所辖的丹金船闸的微信服务号,加速了航运信息的交互,促进航道信息化事业科学发展。常州市丹金船闸管理所全貌如图 1 所示。

图 1 常州市丹金船闸管理所全貌图

2 概述

针对目前航运信息化建设的需求,内河航运管理部门基本建设成了应用于不同内河航段的船闸调度系统。这些系统在一定程度上简化了过闸申报流程,加快了船舶的调度进程。但是也存在如下一些不足:

（1）过闸信息大多采用人工录入方式，船舶信息核对时间相对较长、差错较高。

（2）过闸用户每次过闸都需要重新登录系统进行申报，对网络状况要求较高，便携性和灵活性小。

（3）过闸用户在多数情况下只能被动接受船闸调度指令，难以和调度员进行实时沟通。

结合船舶调度这一实际情况，利用移动手持端设备和最新的移动应用平台来简化信息交互，将在很大程度上提高船间调度系统的管理水平和执行效率。微信作为目前流行于各种手持设备上的移动应用，具有较好的普及性、灵活性及信息推送能力，而且对网络要求较低，已经成为人与人、人与信息平台、信息平台之间进行信息交换、信息发布、互动交流的重要载体。因此利用微信公共平台来优化过闸系统的信息服务，将会给船民提供更为方便的沟通渠道。

针对航运信息交互的功能需求，在微信公众开发平台的开发框架内，基于传统过闸流程，结合智能手机、平板电脑等移动终端设备的特点，研究开发一款支持航运信息交互的微信公众平台服务号。该微信公众服务号通过微信平台支持船舶过闸申报、信息查询、船闸实时调度等功能，并最终实现通过微信平台进行船舶信息交互。归纳起来，本文的研究主要做了如下工作：

（1）基于微信公众平台接口开发，构建面向航运信息服务的微信公众平台架构，完成了自定义菜单、消息接收与响应等工作。

（2）针对丹金船闸船舶过闸调度业务规程和信息服务的需求，设计了基于微信公众平台的船舶过闸服务流程，实现了船名船号绑定、过闸申报以及信息交互等功能模块，满足了职能部门为船舶提供免停靠过闸申报的基本需求，有助于提高船舶的过闸效率。

（3）基于船舶过闸调度系统及中心数据库的支撑，实现了船舶过闸信息查询功能，对船舶合理安排航程、规避船闸拥堵、缓解过闸压力有一定的参考作用。

3　功能说明

本文研究构建的微信公众平台服务号，需要将与船舶航行相关的各种独立的信息组成一个统一的整体。后台管理者也可对信息数据进行统一管理，从而实现数字化航行，达到提高过闸效率的目的。应用 Java 语言、Oracle 数据库开发等相关技术，开发一款名为“丹金小子”的微信公众服务号，目标是实现船舶过闸申报、调度信息实时查询、信息动态实时交互等功能。

3.1　微信服务号主界面介绍

当微信用户关注本服务号后，方可进入到服务号主界面（图 2）。主界面包含三个一级菜单，即：过闸服务、会员中心、船闸资讯，是提供服务的三个主要功能模块。

图 2　“丹金小子”微信公众服务号界面

(1)过闸服务模块。包括过闸动态和过闸申报两个功能子菜单。

①过闸动态:点击过闸动态菜单后,用户会接收到一则关于本船调度的图文消息,点击图片后系统会调用微信浏览器链接,并显示船舶当前过闸的详细信息。但使用该功能菜单的前提是微信号已经与船舶信息绑定,否则服务号会发送提示绑定会员的信息。正确绑定后,可查看船舶过闸信息。

②过闸申报:该页面包含若干要提交的船舶信息,如船闸名称、航行方向、出发港、目的港、货物类型(包含两个级别的货物菜单)、船舶吃水、载重吨位等,信息的表现形式也不尽相同,主要通过选择菜单、单选按钮、文本输入、滑块等一系列表单进行提交。

(2)会员中心模块。包括会员信息和会员绑定两个功能子菜单。

①会员信息:点击会员信息菜单后,该服务号会以文本形式显示会员信息,使用该功能菜单的前提是微信服务号已经与船舶信息绑定,否则服务号会发送提示绑定会员的信息。正确绑定后,可查看会员信息,包括船舶唯一编号、船舶名称、船舶类型、船舶长度、船舶宽度、船舶吃水、船舶吨位等。此外,如果会员已存在,当点击会员绑定菜单时,系统会提示会员已绑定,并且服务号会以文本形式发送会员信息到微信用户端。会员绑定的解除可以通过回复"关键字"或取消服务号关注来实现,此时会员信息将会从数据库中删除。

②会员绑定:点击会员绑定菜单会弹出服务号所发送的图文消息,点击图片后系统会自动调用微信浏览器进入会员绑定页面,进行微信号绑定工作,这是获取其他关键服务的重要前提。

(3)船闸资讯模块。包括菜单提示和实时调度两个功能子菜单。

①菜单提示:点击菜单提示后,服务号会以文本形式发送主菜单到用户端。菜单内容与关注服务号时所获得的菜单一致。通过回复相关数字可以实现与点击菜单项一样的功能。

②实时调度:点击实时调度菜单,微信用户会收到一个图文消息,用户通过点击省内不同的船闸图片,可以连接并查看对应船闸的实时调度状况,实时调度功能的使用没有限制,即任何关注本微信号的用户都有查看权限。此功能可以基于 AIS 实时数据的整理收发而实现,在船闸收费系统接收到 AIS 所发送的船舶实时信息后,通过微信公众平台对数据库的远程插入和提取操作来完成。

3.2 信息交互

信息交互通过信息交互模块来实现。信息交互模块包括群发消息和动态交互两部分。

①群发消息:微信公众服务平台允许服务号使用公众平台的群发功能向用户发送文字、语音、图片、视频、录音等消息。

②动态交互:微信公众服务平台规定,在开发者获得微信客服接口权限之后,当用户主动向微信号发送消息时,服务号可以通过该接口进行消息回复。在本服务号中,用户船舶必须处于过闸状态,否则用户所发信息将被忽略。

4 结论与展望

4.1 结论

本文基于微信公众平台的开发框架,研究开发一款基于微信公众服务平台的航运信息交互服务号,用户可以通过关注、绑定服务号,实现诸如过闸申报、过闸信息查询等与船舶过闸相关的功能,在一定程度上简便了过闸流程,加速了航运信息的推送进程。

4.2 展望

微信服务号在船闸的应用,对移动终端上的船舶信息交互起到了积极作用。随着微信公众平台接口的开放,服务号可以允许的操作也会越来越多,功能也将进一步完善,将促使航运中的船舶与船公司、港口、航道管理部门紧密联结为一体,保证船舶航行期间拥有便捷畅通的业务交流通道,对保障船舶航行安全,提高运输和物流效率,促进航运服务能力具有重大的现实意义。

参考文献

[1] 熊国炎.为航运信息化铺好路——谈长江航运信息通信网络建设[J].中国水运,2002(10):28-29.

[2] 张澍宁,顾群.船舶一体化在西江航运中的应用[J].中国水运,2008(1):40-43.

[3] 蒋琦琦.微信服务在图书馆应用的探索与实践[J].数字技术与应用,2013(7):201-202.

[4] 陈锦波.基于微信的图书馆信息资源推送研究[J].四川图书馆学报,2013(4):7-10.

[5] 邹俊.基于Oracle数据库系统性能调整与优化研究[D].南昌:江西财经大学,2006.

[6] Computer Standards & Interfaces. 2014,36(3):454-464.

[7] 孙慧.基于纵向联盟的港航物流一体化研究[D].青岛:中国海洋大学,2012.

浅谈航道整治中绿色循环低碳项目的建设

高 峰 陆旻昊 曹玉秋

（常州市航道管理处）

摘 要 航道运输是国民经济和社会发展的大动脉，是国家节能减排和应对气候变化的重点领域之一。加快推进绿色循环低碳航道运输发展，是加快转变发展方式、推进航道运输现代化的一项艰巨而紧迫的战略任务。近年来，航道运输行业认真贯彻落实党中央、国务院的部署要求，不断强化政策引导，健全法规标准，加快科技创新，推进示范试点，注重宣传推广，节能减排与应对气候变化取得了积极成效，有力推进了资源节约型、环境友好型行业建设。

以丹金溧漕河金坛段航道整治工程为例，在建设中应用了水利设施共建、土方综合利用、老航道驳岸改造、预留老桥建新桥、生态护岸建设、绿色廊道建设、“混凝土运泵一体船”研制、钢管混凝土系杆拱桥整体吊装应用等一系列“绿色循环低碳”项目，打造了一条资源节约、环境友好、创新高效的航道。

关键词 航道整治 低碳 工艺

1 项目概况

丹金溧漕河金坛段航道整治中绿色循环低碳项目建设的节能减排主要通过“节约”“环保”和“提效”三方面来体现。所谓“节约”，就是避免重复的作业，如土方不利用，就要压废，而不及时综合利用，也会产生二次开挖和运输的费用；如与沿线水利设施不同步规划建设，后期就会因二次施工而造成浪费；如老航道驳岸不结合现状加以改造利用，推倒和重来均要消耗大量物资和能源；如金塔大桥老桥拆除后，通过优化设计充分利用部分引桥下部结构来建新桥，一举两得；如金坛非改线段紧靠老桥位建设新桥，利用老桥作便桥，建好新桥再拆老桥，交通建设两不误。所谓“环保”，就是保护和营造：如生态岸坡建设，就采取设计保苇、人工造苇和淤泥护苇三管齐下的措施保护芦苇生态系统；如绿色廊道建设，在节点桥梁下营建休闲绿化圈，在航道沿线培植绿化带，营造城乡的“绿肺”，形成高碳汇生态系统。所谓“提效”，就是通过技术改造，提升工具效能及施工效率：如“混凝土运泵一体船”的研制，特别适用于农村航道整治段落，由于航道周边道路条件有限，如何使用新型运输泵送工具进行水上施工十分必要；如金塔大桥采用了航道建设中常用的下承式钢管混凝土系杆拱形式，通过“钢管混凝土系杆拱桥整体吊装”技术应用，利用大型浮吊设备一次安装到位，减少了对航道的干扰、节约了资源。

2 绿色循环低碳技术

1）资源节约项目

（1）土方综合利用

丹金溧漕河金坛市区改线段平地开挖的250万m^3土方全部被综合利用，一是结合交通工程项目综合利用土方：常溧高速公路施工、沿江高速公路施工利用70万m^3；二是结合园区建设综合利用土m^3：金城城区园区建设利用180万m^3。周边交通工程项目通过利用航道开挖土方，避免征地并开挖良田取土，而航道土方也避免征地压费，真正形成“航道出土、多方受益”的大好局面。金坛非改线段综合利用土方70万m^3，主要用于航道驳岸围堤、废塘填筑等。丹金船闸段综合利用土方100万m^3，主要用于船闸下游远调码头预留用地、停泊锚地填筑，特别是孤岛的填筑，消化了大量的航道水下疏浚土方，同时将被河水冲刷带走的泥沙疏浚复原成可利用土地面积。在今后航道运行期间，仍然可以将疏浚土方填筑到孤岛上来，实现土地资源的再生。

填筑前水域如图1所示，填筑后形成孤岛如图2所示。

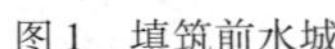
图1　填筑前水城

图2　填筑后形成孤岛

（2）老航道驳岸改造

丹金溧漕河丹金船闸工程上游引航道部分为老航道驳岸改造（图3），整治里程约1.1km，具体桩号为K20+208~K21+308。在建设施工中，在确保工程质量和安全前提下，根据实际情况，保留一侧原航道驳岸，并采取专项方案对其进行加固处理，原防洪大堤也维持不变。单侧1100m老驳岸改造。重力式混凝土灌砌块石护岸，其修建每延米总能耗为26.72GJ，换算标准为34.12kg标准煤/1GJ。减少新建驳岸耗能为：$26.72\times1100\times34.12/1000=1002$t标准煤。

图3　老航道驳岸改造施工现场图

（3）预留老桥建新桥

丹金溧漕河金坛段老航道拓宽整治近20km段落，老桥改造7座。通过总体设计并优化方案，除金塔大桥原址重建外，其他6座桥梁均在离开老桥位附近几米处进行新建，而后拆除老桥。这样做的好处是：确保地方交通不受影响、免除临时便桥的搭设费用、减少水上作业工作量。

2）环境友好项目

（1）生态护岸建设

目前在丹金溧漕河金坛段，利用芦苇生态护坡单侧共计6km。为打造这一芦苇生态"画廊"，采取了以下措施：首先是设计保苇。丹金溧漕河金坛进行设计时，对航道两岸原有的芦苇荡，采取调整航道中心线等措施避开，沿线未破坏一处芦苇湿地，全线最大的白龙荡芦苇生态湿地长1km，宽近100m，完完整整地被保护下来。然后是人工造苇。金坛段航道整治工程建设中，不仅不破坏原有的芦苇生态系统，还千方百计利用航道有利地形，实施人工造苇。在金坛市河改线段，一次性人工栽培了500m长，5m宽的芦苇林，芦苇临水边采用小木桩、竹篱笆等轻型生态护坡进行固土。最后是淤泥护苇。由于芦苇是浅水性水生植物，近几年随着船舶吨位的加大，船行波对两岸的芦苇冲刷很大，芦苇生长的水深加大，不利于芦苇的生长，结合丹金溧漕河航道清淤整治，在不影响通航条件的情况下，将淤泥用来培植芦苇土坡，起到了"双赢"的作用。根据对长江口典型芦苇带湿地植被的碳分布研究，芦苇湿地固碳能力达1.11~2.41kg/($m^2\cdot a$)，如按照2kg/($m^2\cdot a$)计算，在金坛段整治过程中，采用芦苇生态带，总面积约为25万m^2，年可固碳500t，折合二氧化碳1833t。

丹金溧漕河金坛段芦苇生态保护坡如图 4 所示。

图 4 丹金溧漕河金坛段芦苇生态保护坡

(2)生态廊道建设

丹金溧漕河航道十分重视“生态廊道”的绿化建设。根据航道线路走向,重点利用航道整治岸堤侧空间进行绿化标准段落设计,市区改线段采用云南黄馨和垂柳搭配,草籽铺满,非改线段采用水杉,菜籽铺满。生态景观是生态廊道建设的灵魂,金坛城区改线段的指前大桥、南墅大桥、白龙大桥进行了景观节点设计,沈渎大桥和长竹埂大桥进行了强化设计,在这些节点设计上,景观与周边地块紧密结合,并配套建设了广场、景观廊架和观水走道,形成切合当地实际的植物群落及人文景观。绿化带具有生成氧气、蓄水、吸收二氧化碳、调节气温四大生态功能,绿色植物是二氧化碳的消耗者和氧气的生产者,绿色植物在晴天时,通常每天每平方米叶片约需要吸收 5g 二氧化碳进行光合作用。丹金溧金坛段绿化带约 15 万 m^2,年吸收二氧化碳为 273t($0.005\times150000\times365/1000$)。

3)“三新”增效项目

(1)“混凝土运泵一体船”的研制及应用

内河水上混凝土“运泵一体化”专用船在丹金溧漕河金坛段航道整治工程 HD3 标交付使用。该专用船主要由一艘混凝土施工船和两艘辅助船混编而成。其中,混凝土施工船 27m,型宽 8m,泵送距离 25 ~ 30m,两艘混凝土辅助船船长 19m,型宽 7m,专用船总造价仅 350 多万元。水上“混凝土运泵一体船”的应用实现了混凝土岸上生产、水上运输、水上浇筑。特点有:①采用水上运输方式,低碳;②不用像传统项目需修筑沿河施工便道,节省大量建筑资源,节省施工成本,也不需要侵占施工用地;③运输和施工均在水上进行,受天气的影响较小;④不会像陆上运输施工那样,对沿线产生噪声、粉尘污染和交通干扰。

水上混凝土运泵一体船施工现场如图 5 所示。

图 5 水上混凝土运泵一体船施工现场图

(2)“钢管混凝土系杆拱桥整体吊装”技术应用

在通航河道上建设桥梁,传统工艺组织一般采用搭设水中支架、逐段拼装的模式,工期长,支架损耗量大,对航道的通航安全造成较大影响,通过应用“钢管混凝土系杆拱桥整体吊装”技术,化水中高空安装为陆地低空安装,利用大型浮吊设备一次安装到位,缩短了工期,减少了对航道的干扰、节约了资源。

3 结论与展望

通过本文的探讨，建议建设单位在管理工程中要积极作为，一方面扎实做好协调工作，如综合利用土方，水利设施共建等；另一方面精心管理，如仔细研究绿化景观如何结合周边环境而更相得益彰等。规划阶段要考虑“绿色循环低碳”元素在航道中的应用，在设计阶段要把具体的元素在施工图中明确下来，如对适宜保护段落做好保护措施，对适宜采用轻型生态护岸段落明确好结构形式等。招投标阶段要在招标文件中提高节能减排措施的评分比重，如投标单位承诺采用新技术、新工艺和新装备的要优先考虑中标。评标宜采用综合评分法，因采用“三新”可能增加费用的因素要考虑。通过绿色循环低碳项目的建设，打造一条资源节约、环境友好、创新高效的航道。

丹金溧漕河(常州段)打造“绿色、循环、低碳”航道的探索

朱红亮　张　明

(江苏省常州市航道管理处)

摘　要　文章概述了丹金溧漕河(常州段)打造“绿色、循环、低碳”航道的探索,将绿色循环低碳理念贯穿于航道规划、设计、建设、养护和运营管理的全过程。一方面积极探索应用新技术、新材料、新工艺、新产品等节能减排措施,另一方面积极创新管理机制与管理模式。

关键词　丹金溧漕河　“绿色、循环、低碳”航道　探索

1　引言

党的十八大提出打造生态文明、建设美丽中国的美好愿景,为交通运输行业践行国家新的发展阶段提出要求、分担社会责任指出了明确的发展方向。作为交通运输行业绿色发展、生态转型的重要领域,绿色循环低碳航道建设基于全寿命周期思路,将绿色循环低碳理念贯穿于航道规划、设计、建设、养护和运营管理的全过程,通过积极探索应用新技术、新材料、新工艺、新产品等节能减排措施,创新管理机制与管理模式,尽可能降低航道建设与运营期的能源资源利用和生态环境影响,已成为新时期航道发展新的趋势。

2　项目背景

丹金溧漕河(常州段)航道于2013年被纳入江苏省绿色循环低碳交通运输省份试点的总体安排,该项目是全省重点水运基础设施建设项目,按三级航道标准进行整治,全长47.15km,其中金坛境内长31.884km,溧阳境内长15.266km,项目总投资25.66亿元。金坛段项目自2010年9月开工建设,2013年11月18日交工验收,溧阳段项目自2013年10月开工建设,计划于2016年交工。丹金溧漕河(常州段)沿线村庄众多、生态环境敏感。丹金溧漕河(常州段)绿色循环低碳航道建设将实现航道绿色发展、循环发展和低碳发展,力争打造成为全国绿色循环低碳示范航道,推广传播绿色循环低碳航道文化。

丹金溧漕河(金坛段)航道、船闸建成图如图1、图2所示。

图1　丹金溧漕河(金坛段)航道建成图

图2　丹金船闸建成图

3 项目前期探索

3.1 优化航线，合理布局

（1）丹金溧漕河（常州段）航道整治项目在项目立项阶段和工程可行性研究阶段就积极开展多方案比选，详细调查沿线土地类型、房屋类型，以及降低能源资源消耗可能的措施。在航道选线时充分考虑城镇及路网规划、航道现状、沿线的建筑物等，灵活采用技术指标，做到线路与地形、地物等环境相协调，减少不必要的拆迁，保护和提升沿线的生态环境。

（2）丹金溧漕河（常州段）穿越经济发达的苏南地区，城镇化率高，并且所在区域有水资源保护区、垃圾填埋场以及风景名胜等环境敏感区域，设计中尽量避让此类区域，选择最佳线路。如白龙荡路线原设计在垃圾填埋场环境敏感区，为了避开此区域，减少拆迁，路线设计北移，经优化调整后拆迁减少1座垃圾填埋场。

（3）为了给金坛市未来发展留有余地，减少航道对城市居民生活带来的不利影响，避免增加城市建设成本，将K25+480~K32+374约6.894km城区段航道改线至城区之外；白龙荡~金港公路（K32+200~K32+383）约0.183km利用原老河道，以节约用地；在K27+200处为避让金坛垃圾处理厂，减少拆迁量；丹金船闸的闸位通过优选后，确定在丹金闸枢纽工程的上游1km左右处航道偏向西南方向，该闸位涉及拆迁量较小，沿线低洼地多土方量相对少。确保项目方案阶段的低碳要求。

3.2 专项设计，突出节能

（1）强化航道设备设施节能设计

在航道沿线建筑物节能方面，严格贯彻国家《公共建筑节能设计标准》（GB 50189—2005），采用断桥隔热外窗、南向窗户采用可调节外遮阳设施，进行太阳能热水系统改造，打造与“绿色循环低碳航道”相协调的绿色建筑；在电气系统节能方面，照明系统因地制宜采用节能照明灯具，同时在闸管所周边区域采用风光互补发供电方式；对主要能耗单元安装电力计量仪表，以便及时发现用电异常情况。

（2）注重生态环境保护设计

本项目在护岸结构设计中，突破传统的片面追求岸坡的耐久性和稳定性思想，在确保岸坡质量和安全的前提下，优先考虑生态效益好、与自然协调的生态护岸结构，在满足内河航道航运功能的前提下，实现护岸结构耐久性与生态环保要求的有机结合，达到岸坡安全、景观亲水、生态宜人，恢复河道自然生态体系功能。航道因地制宜采用生态芦苇护岸、空心砌块生态湖面的加筋土轻质驳岸挡墙等生态护岸结构。此外加强航道绿化设计，将航道两侧永久征地范围内及防洪大堤内外边坡上设为绿化带，绿化带内种植能吸收粉尘和有害气体的落叶和常绿品种交叉的乔木和灌木，以达到美化环境，防治水土流失。

（3）水利设施共建

结合沿线相关城镇的总体规划、水利设施的布局，科学制定线外水系恢复工程方案，对航道护岸、公路排水和农田水利灌排体系，实施统一规划、统一设计、统一标准，同时实施，避免重复建设、返工和二次施工所造成的资源与资金浪费。在恢复因航道开挖破坏的水系的同时，优化提升周边农田水利设施，在防洪排涝和农田灌溉两方面都得益，保证农业生态。

3.3 开展节能、环评、水保等科学论证

开展工可阶段节能评估专题论证工作，将项目节能效益评估作为决策和方案比选的重要依据。开展环评论证工作，开展航道沿线环境调查、了解拟建航道沿线地区的环境质量以及环境敏感点的环境现状，分析项目建设的污染源排放情况，找出存在和潜在的环境问题，对水运工程施工建设和通航营运对自然和社会环境产生的影响进行评价和分析，提出具体的防治污染、减少破坏的措施和对策。开展水土保持论证工作，研究水土保持方案，分析建设项目工程特性及其所在项目区水土流失特点，明确项目建设单位的水土流失防治责任范围，合理划分水土流失防治分区。通过预测建设项目可能造成的水土流失及其危害，科学布局水土保持措施，建立科学合理、切实可行的水土流失综合防治措施体系。

4 建设期探索

4.1 合理划分标段

结合项目工期安排需求,合理划分标段规模,综合统筹,考虑土石方挖填平衡,减少远距离借方带来的运输耗能和弃方堆放带来的土地占用;标段划分时将相同类型工程尽量放在一个标段,提高机械、模板的周转率和使用效率,减少能源和资源消耗。

4.2 优化施工组织

突出“绿色循环低碳施工管理”理念,把绿色循环低碳管理工作贯穿整个施工期间。合理编制施工组织计划,在施工过程中合理调度、统筹组织,对“人、材、机、料”的使用做到与现场施工相匹配。加强施工组织管理,实施集约化管理,如混凝土拌和、钢筋加工和构建预制件集中生产;所有工程预制件实行标准化、工厂化制作等。

4.3 加强绿色施工管理

建立绿色施工管理体系,制定绿色施工管理制度,设立管理机构,明确各部门责任,定期开展自检、考核和评比。组织绿色施工教育培训,增强施工人员绿色施工意识。定期对施工现场绿色施工实施情况进行检查,做好检查记录。如在施工现场的办公区、生活区应设置明显的有节水、节能、节约材料等具体内容的警示标识。制定施工现场环境保护和人员安全与健康等突发事件的应急预案。

4.4 加强资源集约和综合利用技术应用

在航道建设过程中,遵循资源“减量化、再利用、资源化、集约化”的管理原则,注重对航道废弃土进行综合利用,节约弃土堆积占地;在低强度等级混凝土中掺加了粉煤灰,将火力发电厂的主要废弃物变废为宝,减少环境污染;将老路基护坡毛石及老驳岸拆除毛石用于新桥路基砌筑工程,减少开山取石,节省大量土地资源和石料资源;在护岸结构上试验性应用组合式复合材料支护系统,相比于钢结构或者混凝土结构挡墙,产品本身是低碳产品,重量轻的特性也决定了其运输能耗较低,其具有的耐久性和耐腐蚀性也是钢结构等其他材料不可比拟的;对模板进行保养,增加其周转利用率。

在资源集约化利用方面,在挡墙施工过程中,采用整体式钢滑模板替代传统的胶木组合模板,提高了钢模板的利用率,减少使用胶木模板对生态环境的破坏;在“一”字形混凝土驳岸墙施工过程中采用大模板小龙门移动模架,节省了大量材料设备,避免了模板和支架重复搭设,达到了标准化施工和精细化管理的目标要求。

在集约化利用方面,本着节约成本、更好地节约用地的原则,将项目临时设施用地布设在永久红线内(或废料场或闲置场地),既可减少对农田的占用,又可减少对环境的破坏。

4.5 加强节能型施工工艺应用

本项目在施工过程中,注重施工工艺和措施节能,主要采用了老挡墙加固、建材“路改水”低碳运输、微型井点降排水、桥梁整体拼装吊装、老桥桩利用、利用老桥组织交通、混凝土运泵一体船等技术工艺,既保护了生态环境,又节约了成本。在建设期还建立了施工能耗统计监测系统、建设期项目管理信息系统,提高施工和能耗统计监测的信息化管理水平,通过管理节能,进一步促进航道节能减排目标的实现。

老挡墙加固工程、老桥桩利用工程和利用老桥组织交通工程等工程项目的实施,与拆除后再新建相比,不但利用了老旧资源,能耗也大幅度降低;建材“路改水”低碳运输和混凝土运泵一体船的使用,使航道建设需要的砂、石、混凝土等原材料由陆路运输改为水路运输,降低了运输能耗;桥梁整体拼装吊装工程实现了桥梁拼装好后一次吊装,减少了传统的水中搭建、拆除支架的机械耗能,浮吊船多次吊装及多次进出场的耗能;微型井点降排水技术工程则是因地制宜优化降排水施工工艺,既达到施工质量要求,又降低了排水泵的电力消耗。

5 运营期探索

5.1 加强绿色循环低碳理念宣传与教育

依托绿色循环低碳航道交流推广科普展示平台，定期对施工人员以及相关管理部门的人员进行培训和教育，将绿色循环低碳理念深入人心，落实到航道建设与运营维护的方方面面。同时，还可为兄弟航道提供一个较好的交流和推广平台。

5.2 加强航道运营维护阶段绿色循环低碳管理

制定航道绿色低碳养护管理制度，逐步完善航道养护定额管理制度，建立航道能源管理体系，形成体系完善、制度健全、管理规范的绿色循环低碳航道管理模式，管理节能和技术节能两手抓，努力创建内河航道管理典范。

5.3 强化管理区建筑节能

在航道管理处办公大楼、丹金溧船闸闸管所以及航道沿线服务区等区域，室内照明全部采用节能型照明灯具，室外照明采用金属卤素灯或者 LED 灯；采用风光互补照明系统和太阳能热水系统，提高可再生能源在航道建设和运营维护中的能耗比例；由于南向外窗夏季无任何遮挡，进行外遮阳工程改造，降低太阳直射到室内，减少建筑能源消耗。

5.4 建设信息化服务与管理系统

建设水上 ETC 工程、航道及其设施视频监控系统、运营期丹金船闸电能监测管理系统等信息化系统，提高航道智能化管理水平，让航道维护和管理从劳动密集型转向技术管理型，提升服务效率，减少航道管理部门以及船民的能源消耗，降低温室气体排放。

5.5 建设 LNG 水上加气站

根据全省 LNG 加气站建设规划，在丹金船闸上游 1km 处的服务区建设 LNG 加气站，为 LNG 船舶提供动力能源，促进 LNG 船舶的发展，降低航道范围内的污染物排放，二氧化碳的排放量只有柴油动力船舶的 75% 左右。

5.6 应用航道养护新技术

在航道养护工程测量中，平面控制、航道水深测量、航标定位以及航道清障定位等，采用 GPS 测量技术，提高航道养护管理水平。

加强航道巡航船舶的科学管理。通过远程监控，适时掌握船舶设备的运行参数，科学评估船舶设备的技术状况。定期对船舶进行维护，让船舶保持良好的技术状态。通过强化运行管理，降低船舶的能耗和排放。

6 总体探索框架

按照航道建设全寿命周期，本项目在前期规划、勘察设计、施工建设、运营管理、养护等不同阶段所采用和可能采用的新理念、新技术、新材料和新工艺，按照节能减排、资源节约与循环利用、绿色环保以及管理创新 4 大领域进行探索。具体框架如图 3 所示。

绿色循环低碳发展已经成为事关人类生存发展、影响全球政治经济格局的重大战略因素。我国在绿色循环低碳领域采取了一系列行动措施，推进节能减排工作，倡导绿色经济、循环经济和低碳经济的发展。交通运输作为能耗和排放大户，是各级政府部门节能减排的重点领域。丹金溧漕河（常州段）在相关方面的探索性工作，将进一步推进绿色、循环、低碳交通运输体系建设的不断完善。

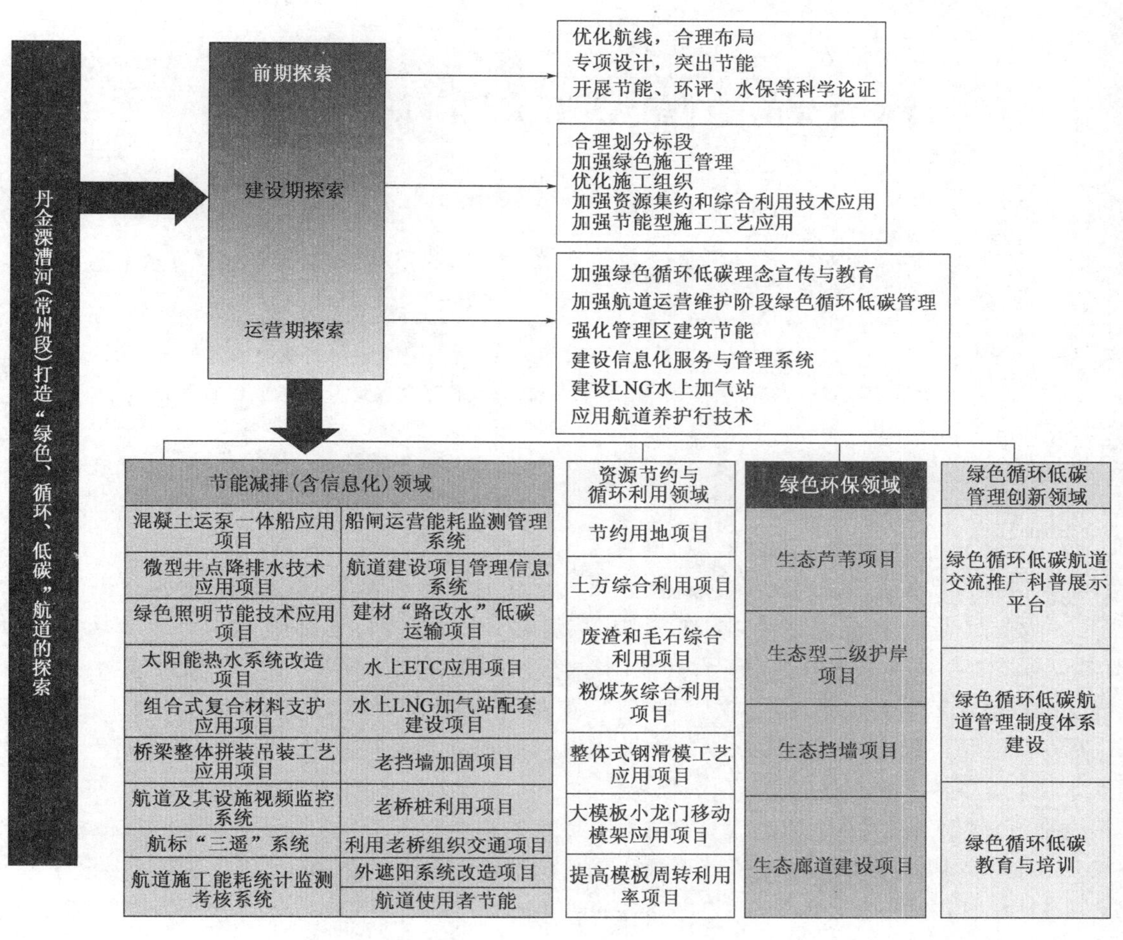

图3　丹金溧漕河(常州段)“绿色、循环、低碳”航道探索框架

浅谈航道疏浚工程的施工监理

邵端三

（江苏中设集团股份有限公司）

摘　要　结合丹金溧漕河三级航道整治工程疏浚工程的实践，总结了丹金溧漕河航道整治疏浚工程施工监理的“质量、进度、投资、安全环保、外部协调”等主要内容，浅谈了疏浚工程施工监理的体会。

关键词　航道　疏浚　施工监理

1　工程概况

丹金溧漕河三级航道整治工程疏浚工程项目位于江苏省的西南部，是太湖西部地区的主要水运干线，规划等级为Ⅲ级航道，航道途经镇江的丹阳、常州的金坛和溧阳，全长65.590km。金坛段（DJL-SG-SJ1标段）里程桩号K18+440～K50+324（船闸段桩号：K20+208～K25+297）段的航道土方疏浚及相关临时工程的施工，其中一般航段均为70m口宽，疏浚底宽为45m，设计最低通航水位及航道水深3.2m，疏浚航道底高程为-2.36m，水下疏浚坡比根据地质条件确定为1∶7。水下平台高程根据设计最低通航水位确定为-1.0m。

根据金坛段船闸段闸室位置的设计要求，闸室段疏浚底高程为-3.16m（闸室段具体桩号：22K+970～23K+150），其他停泊区设计航道水深3.2m，疏浚底高程为-2.36m。DJL-SG-SJ1（金坛段）标于2017年4月19日正式开工，里程长度31.884km，工程量约为1771152m^3，合同金额为43256065元。S1标段疏浚工程平面图如图1所示。

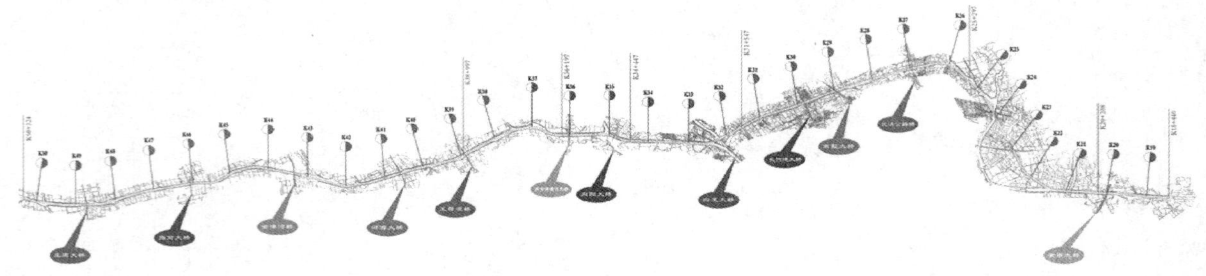

图1　SJ1标段疏浚工程平面图

根据防汛要求，指前镇段落要确保在汛期前完成航道疏浚工作。因本航段现状水域较宽，施工时的施工船舶对航道内航行影响较小，采用不断航施工方法。在航段施工期间必须加强施工组织管理，做好航运安全措施，确保航运船舶（队）和施工船舶等各种船只的安全。工程主要内容为：水下土方疏浚及相关临时工程的施工，计划工期为5个月。

2　设计标准

丹金溧漕河航道建设规模为Ⅲ级通航标准，其基本尺度为：航道底宽不小于45m，航道水深≥3.2m，最小弯曲半径为480m。

两个相反弯曲河段的连接，设直线河段，段长根据两反向弯道弯曲半径和最大设计船长确定，一般取200m。

2017年4月1日，江苏中设集团股份有限公司接受业主委托对本项目进行施工监理，在监理过程

中采取的具体措施有组织措施、技术措施、合同措施、经济措施及信息管理措施等，根据丹金溧漕河三级航道整治工程的实践，谈谈航道疏浚工程中施工监理的体会。

3 加强施工组织管理

在疏浚工程施工监理过程中，监理人员的主要职责就是对项目部的质量保证体系、安全保证体系的运转情况进行检查，发现问题及时纠正。由于航道疏浚工程施工是水上作业，运泥船舶多，抛泥区分散等特点，施工单位必须建立和健全质量保证体系和安全保证体系。

丹金溧漕河三级航道整治工程疏浚工程项目自开工以来，总监办严格按照监理工作程序，规范标准，设计图纸，认真做好监理合同文件及监理规范规定的各项监理工作。从指挥部组织各相关单位进行质量、安全检查的结果，以及工程实体质量与安全的控制情况来看，通过全体监理人员的共同努力，工程的施工质量和安全得到了有效控制，合同确定的质量和安全目标基本上得到实现。

航政部门共同参与疏浚工程的过程监管。航道疏浚过程中可能会出现施工班组违反航道法相关法规的行为，疏浚施工在水上作业范围广，工程管理部门受限于船舶缺乏，为了有效制止野蛮施工的行为，强化疏浚施工项目的日常监管，本次疏浚工程中和航政执法部门、总监办和项目部一起共同进行施工过程管理，有效制止了施工过程中的野蛮施工行为。

4 工程质量管理

为确保本项目工程创优，总监办实行了动态管理，保证按合同、规范和总体目标顺利进行，采用合同管理和信息管理的方法，组织协调了各方面关系，对工程的质量、进度和费用进行管理。

疏浚工程的质量以水深测量数据为评价依据，为确保本标段疏浚质量满足设计文件要求和《水运工程质量检验评定标准》中的相关规定，总监办主要采取了以下管理措施：

4.1 平面控制措施

挖泥船操作人员严格按照测量人员设置的开挖标志进行定位和施工，并经常校核和调整船位，有效控制疏浚的平面位置。项目部通过在挖泥船上安装的中海达 K5 定位定向仪，有效控制了施工放样的精度，提高了挖泥工效和疏浚断面一次合格率，减少浅点，保证疏浚断面质量。

在分条施工时，挖泥船的定位钢桩保持在分条设计的中心线上。

4.2 深度控制措施

测量工程师随时对已经开挖后的断面进行测量，根据测量数据，随时调整挖泥深度。在分层施工时，采取定深施工，确保均匀增深。

4.3 边坡控制措施

边坡施工时，挖泥船平行于边坡布置，有利于边坡的整体形成和控制超宽。边坡采用分层阶梯法开挖。分层阶梯法施工主要控制分层厚度和边坡边线。根据施工土质和边坡要求，边坡开挖时分层厚度按标准控制，防止大面积塌方。

边坡控制采取平面控制和深度控制的技术措施，结合边坡坡比、施工土质，适当调节分层开挖厚度，以达到质量控制目的。

边坡靠岸侧不得超挖，并采取逐级放坡开挖方式，确保护岸安全。为保证形成稳定的设计边坡，水面线以下开挖时采用上欠下超的阶梯开挖方式。超、欠面积比必须控制在 1 ~ 1.5 范围内，避免出现边坡超挖或欠挖现象。

4.4 扫浅控制措施

在扫浅阶段加密测量的次数，正确反映浅点的平面位置和高程，将浅点位置和高程展布到测图上，并下发至各段落施工船舶，要求挖泥船的船长和驾驶员熟读测图，根据浅区的相对位置选择好挖泥上线，并进行记录，以保证工程质量达到要求。

4.5 老护岸加固段水下疏浚控制措施

对老护岸加固段由于原有老护岸建设单位不一,有航道部门建造、有地方政府部门建造、也有厂矿企业和沿线居民自建的,标准不一,由于年代久远,大部分老护岸无法准确探明基础底标高,考虑到老护岸加固部分段落土质为流砂土或淤泥质土,在汛期水流、船行波扰动下,边坡较不稳定,易坍塌,水下混凝土基础应有不小于0.5m的保护层土方。在该段疏浚时边坡做适当调整,在该段施工时护岸墙前平台土方开挖严禁超挖,不得采用浮吊船配合挖掘机吊运上岸作业方式,施工过程中随时注意观察驳岸墙身稳定情况,在开工前对驳岸前沿线的位移、错缝情况进行检查、记录,对有较大变形的部位要及时上报。

5 工程进度管理

5.1 开展劳动竞赛,强化阶段考核

工程开工伊始,为确保2017年8月底前完成本工程,指挥部办公室结合江苏省交通运输厅建设“平安工地”、创建“品牌工程”等有关要求,于2017年5月15日~2017年8月30日组织开展了丹金溧漕河三级航道整治工程疏浚工程项目(金坛段)施工项目劳动竞赛活动,制订了阶段目标考核管理办法。将劳动竞赛考核、奖惩办法结合起来,把阶段目标完成情况作为考核的关键性控制指标,充分调动了施工、监理单位的积极性,掀起大干高潮,加快了工程建设进度,提升了组织管理水平。

5.2 分解施工计划,细化进度目标

指挥部办公室本着适度超前的原则,认真研究分析了项目的具体情况,编制了具有一定超前性的总体实施计划,对工程的施工进行了总体部署。同时,督促各单位把各阶段计划根据现场实际情况进行细化、分解,层层落实,保证计划的可行性,促使各单位充分挖掘内部潜力、优化工作流程、强化规范执行力度、提高劳动效率。

5.3 增加沟通渠道,加快问题反馈

指挥部办公室还建立了参建人员QQ交流群,扩宽了各单位、各部门之间的沟通渠道,保障了信息畅通,施工期间遇到的问题能在第一时间得到解决。

5.4 加强现场管理,实行超前预控

抓住制约工程进度的关键环节,及时采取有力措施,全面协调解决各类难题,确保工程建设按计划有序推进。施工期间采用阶段目标考核及履约考核相结合的方式,及时优化施工资源配置,做到施工进度以日保旬、以旬保月、以月保季度。建立工作日报制度,将每日的日报上传于QQ群中,每月工地例会都要对进度完成情况进行点评,促使全员参与,推动工程稳步推进。

5.5 建立日报制度,进行动态管理

项目部通过施工班组的日报和现场巡查,实时掌握现场实际进展情况,根据每天进展及时调整下一周的施工任务安排,同时调配疏浚船舶,调整进度计划,动态管理施工进度。对处置疏浚土的“挖运抛”施工工艺,编制各工序施工技术方案和作业指导书,在正式施工前先进行试验段的开挖,根据弃土区征用位置、土质情况和施工的实际工效确定最优的施工方案,通过精心组织,周密实施,确保挖运抛设备衔接紧密,运转高效,并在实施过程中对照计划检查落实,实现以周计划保月计划,以月计划保总工期计划,确保按目标进度计划完成。

6 工程费用的控制及设计变更管理

6.1 工程费用控制措施

(1)严格控制合同外工程量的发生,督促施工单位严格按设计文件组织施工,杜绝施工擅自变更设计文件现象的发生;

(2)严格审查图纸和变更,避免因图纸问题造成损失;

(3)及时复核工程量,严格审查完成工程量清单,按实际完成工程量及工程承包合同的规定核定支付款项。

6.2 工程计量的审核、支付情况

总监办对丹金溧漕河(金坛段)三级航道整治工程疏浚工程 SJ1 标项目工程计量进行审查,严格按照建设单位的计量管理规定和合同、规范规定的计量条件进行资料审核,不符合程序和条件的,不予计量。对于工程计量工作,本着实事求是的原则,按照合同文件、设计图纸及工程量清单,对工程计量进行认真审查。做到工程量复核准确、计量资料签字齐全、计量及时。总监办审核完成后,及时签署意见,报建设单位审批。

6.3 合同履行

根据合同文件,结合建设单位的管理规定,认真履行监理的合同管理职能,要求施工单位严格按照合同要求及投标承诺,配备满足合同文件及现场施工需求的人员、机械设备、施工船舶等。施工单位的合同履行情况良好。

6.4 设计变更管理情况

根据指挥部办公室、设计及监理单位对该工程设计变更的管理要求,项目部及时完善设计变更程序,并形成变更闭合管理。总监办在审核设计变更文件时,做到依据充分,变更合理,公正处理每一份设计变更文件。在具体工程量及报审资料审核时,总监办人员到现场实地测量,促进了变更的合理性、真实性、有效性。

7 廉政建设

总监办廉政建设的目标为:清正廉洁、秉公尽责,不以权谋私、遵章守纪,不贪赃枉法,严格遵守《廉政合同》各项内容,做到有令必行、有禁必止,监理人员在日常施工管理中,不以权谋私、不故意刁难施工班组,不搞"吃、拿、卡、要",真正从源头上防止腐败现象发生,并结合民主生活会,检查廉政建设情况,做到自重、自警、自励。

8 监理工作体会

本项目为疏浚工程施工,施工管理难度相对较小,工程需要的设备以水下土方疏浚工程船舶设备为主,机械设备相对较单一,大宗材料以油料为主,投入足量的配套疏浚设备,能够按业主要求,按期完成施工任务。但由于金坛段疏浚土质不一,弃土区位置远近不同,对疏浚施工挖运弃船舶设备的适应性、配套性要求较高,项目部通过试验段的开挖,根据弃土区征用位置、土质情况确定最优的施工方案,确保挖运弃工序相互协调。通过分段分区安排作业船队,尽量使疏浚土方在工段弃土区内就地平衡,并与沿线乡镇的圩堤加固,荒地整治工程相结合,做好弃方的综合利用,提高施工工效并节约施工成本,确保本项目在合同工期内优质、高效、顺利完成。

9 结语

自 2017 年 4 月 19 日开工以来,丹金溧漕河溧阳段三级航道整治工程疏浚工程 DJL－SG－SJ1 标(金坛段)在省厅质监局、常州市、金坛市两级工程建设指挥部、设计等单位关心和支持下,经过各参建单位的共同努力,按期保质完成了工程建设任务,工程的质量、安全、投资、工期得到了较好的控制,我们将在今后的工程施工中不断总结经验,逐步完善和提高。在施工过程中总监办狠抓疏浚工程的质量管理,控制了工程的造价,减少了额外支出,保证了工期,提高了投资效益,对以后监理工作积累了宝贵经验。

参 考 文 献

[1] 中华人民共和国行业标准. JTS 257—2008 水运工程质量检验标准[S]. 北京:人民交通出版社,2008.

[2] 中华人民共和国行业标准. JTJ 319—1999 疏浚工程技术规范[S]. 北京:人民交通出版社,1999.

[3] 曹金. 航道疏浚[M]. 北京:人民交通出版社,1987.

浅谈疏浚工程项目质量管理实例

张建雷

（江苏路航建设工程有限公司）

摘　要　港口在区域经济发展、城市经济发展中具有辐射功能和拉动作用。进入21世纪，经济全球化进程加快，科技革命迅猛发展、产业结构不断优化升级、综合国力竞争日益加剧。为适应国际形势变化和国民经济快速发展的需要，在激烈的竞争中立于不败之地，全国各大港口都投入大量资金进行大型深水化、专业化港口建设，掀起了港口建设的高潮。随着船舶吨位、尺度和吃水日益加大，对航道通航尺度提出更高的要求。疏浚是改善航道通航尺度，提高航道通航保证率最重要的手段之一。航道疏浚工程质量关系到疏浚效率、疏浚成本、工程进度和工程能否顺利交付验收。本文通过实际案例对丹金溧漕河金坛段航道疏浚工程项目的质量管理进行了系统分析。

关键词　项目管理　疏浚工程　项目质量管理

1　工程概况

1.1　主要工程内容

丹金溧漕河三级航道整治工程疏浚工程施工项目（DJL-SG-SJ1标段）施工内容为丹金溧漕河金坛段K18+440～K50+324（船闸段桩号：K20+208～K25+297）段的航道土方疏浚及相关临时工程的施工，其中一般航段均为70m口宽，疏浚底宽为45m，根据设计最低通航水位及航道水深3.2m，确定疏浚航道底高程为−2.36m，水下疏浚坡比根据地质条件确定为1∶7。水下平台高程根据设计最低通航水位确定为−1.0m。

根据本标段船闸段闸室位置的设计要求，闸室段疏浚底高程为−3.16m（闸室段具体桩号：K22+970～K23+150），其他停泊区根据设计航道水深3.2m，确定疏浚底高程为−2.36m。

1.2　合同内容

本标段清单合同工程量为航道挖泥1771152m^3，合同总金额为43256065元，合同工期5个月。

1.3　质量等级

本工程施工质量依据交通部《水运工程质量检验标准》（JTS 257—2008）所要求的技术标准进行检验评定，并满足业主对超深和超宽的要求，工程质量等级达到合格标准。

1.4　验收要求

竣工后施工单位测量自检合格报监理通过预验收后，由第三方有资质的测量单位根据设计要求进行竣工扫海测量。

2　本工程施工质量控制

2.1　工程质量控制依据

根据招标文件对本工程的质量要求及公司质量管理体系的要求，结合本工程的特点进行补充、细化，建立适应本工程的质量保证体系，组合文件达到了本工程所规定的要求，以指导、控制、检查实施情况，从而确保工程施工质量。

工程实施过程中的所有材料、设备和施工质量，均按照下列技术规范的要求执行：

(1)施工合同;

(2)《水运工程质量检验标准》(JTS 257—2008);

(3)《水运工程测量规范》(JTS 131—2012);

(4)《疏浚与吹填工程技术规范》(SL 17—2014);

(5)《全球定位系统(GPS)测量规范》(GB/T 18314—2009);

(6)业主下发的招标文件规定和其他管理要求。

在合同履行期间,若上述标准或规范有修改、重新颁布或正式批准执行的,将按修改、重新颁布或正式批准执行的规范或标准执行。

2.2 确立质量管理目标,制订质量管理方案

针对本项目特点,在内部质量管理会议中确立了以断面检测100%合格为本标段质量管理目标,并根据目标要求制定了以分段、分条、分层开挖为主要技术措施的质量管理方案。

2.3 建立质量管理体系,明确质量管理责任

为落实质量管理目标,提高质量管理实效,项目部根据项目特点成立了以项目经理为第一责任人,以项目总工为技术指导,以测量人员为主要骨干的质量管理体系,明确了岗位职责,将质量责任落实到每艘挖泥船的具体责任人,并签订质量责任书。

2.4 加强质量过程控制

平面控制:根据设计图纸用全球卫星定位系统(GPS)将各施工船舶计划开挖区域的航槽底边线放出并做好样标,从上游往下游开挖,以挖泥船最大挖宽作为分条开挖(图1)的基准,条幅与条幅之间搭接1~2m,防止漏挖、欠挖。

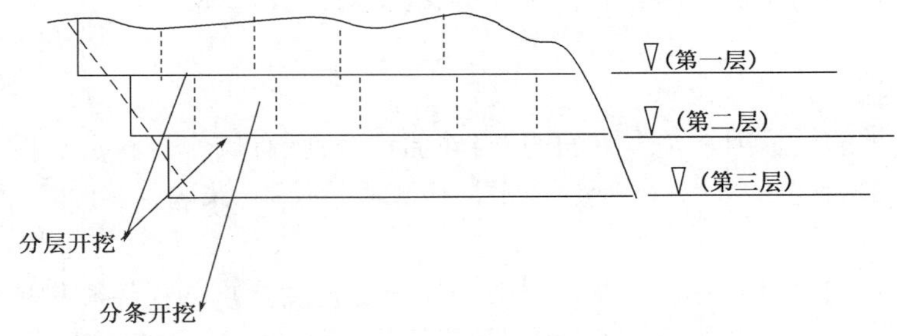

图1 分层开挖示意图

挖深控制:在每一施工段(不大于500m)内设置两组水尺,以相互校验,每班班前班后各观测一次,并做好观测记录,及时调整挖泥深度,用水准点校正水尺,检查水尺读数,以保证底高程的设计要求,防止多挖废方。

边坡开挖控制:边坡施工时,挖泥船平行于边坡布置,以保证边坡的整体形成和超宽控制。边坡按照“上欠下超”的原则采用分层阶梯法开挖,以利于防止大面积塌方和形成边坡。边坡分层开挖如图2所示。

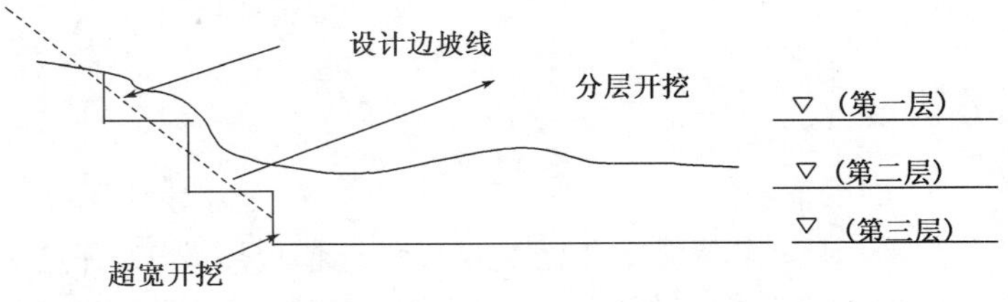

图2 边坡分层开挖示意图

边坡控制采取平面控制和深度控制的技术措施,结合边坡坡比、施工土质,适当调节分层开挖厚度,以达到质量控制的目的。

3 工程后期及扫浅施工

3.1 平面控制措施

挖泥船施工时，通过对挖泥船上的 GPS 测量定位，在电子图上实时显示挖泥船在设计疏浚区的相对位置，进行疏浚平面位置有效控制。

在分条施工时，挖泥船的定位钢桩应保持在分条设计的中心线上。

3.2 深度控制措施

测量组随时对已经开挖后的断面进行测量，根据测量数据，随时调整挖泥深度。在分层施工时，采取定深施工，确保均匀增深。

3.3 边坡控制措施

边坡施工时，挖泥船应平行于边坡布置，以利于边坡的整体形成和控制超宽。边坡采用分层阶梯法开挖。分层阶梯法施工主要控制分层厚度和边坡边线。根据施工土质和边坡要求，边坡开挖时分层厚度按标准控制，以利于防止大面积的塌方和形成边坡。

边坡控制采取平面控制和深度控制的技术措施，结合边坡坡比、施工土质，适当调节分层开挖厚度，以达到质量控制的目的。

采用分层阶梯法开挖边坡时，对驾驶员和操作手的技术要求更高，因此，施工过程中要求当班人员聚精会神，杜绝开小差，尽量选用熟练的操作人员操作。

3.4 扫浅控制措施

在扫浅阶段加密测量次数，正确反映浅点的平面位置和高程，将浅区的坐标输入 GPS 定位系统，要求施工船舶的船长和当班驾驶员熟读测图，根据浅区的相对位置选择好挖泥上线，并进行记录，以保证工程质量达到要求。

3.5 水深检测质量控制

影响水深检测结果的质量因素是多方面的，内外部均有，既有操作过程造成的，也有测量仪器本身造成的，同时，潮位的影响也非常大。必须加强水深检测质量控制，获取真实的测深结果，才能有效控制疏浚施工质量。

(1)测量仪器、设备符合性控制。要求测量方使用满足精度要求的仪器和设备进行水深测量，并由测量方负责提供所使用仪器和设备的效验和鉴定证明，并在每次测量后提供“测量技术总结报告”。

(2)做好测图分析工作。每次测图出来后，进行槽外水深、固定断面对比，分析测量精度是否在误差允许范围内，保证测图的质量。

(3)为及时掌握水深情况、分析施工效果，项目部原则上保证每 3 天安排一次测量，并对重点区段进行加密测量。在加大测量频率的同时，布置“交叉测线”，同时要求船舶在施工过程中根据耙头指示，将测图上反映不出的浅点，及时在相关测深软件中标注，记录其位置，项目部对浅点位置安排小范围测量。

(4)为保证测量及施工潮位控制的准确性，开工前在外段增设验潮站，保证潮位的准确性，从而有效确保测量质量和施工质量。

4 工程验收阶段质量管理

4.1 竣工验收要求

项目部通过水深测量检测，认为本疏浚工程已满足设计挖槽尺度要求，并达到合同规定的竣工质量验收标准后，在 15 天之内向甲方及监理工程师提交工程竣工验收申请报告和工程竣工资料。

若工程达不到竣工验收标准的要求，及时组织返工扫浅，直到测量结果达到验收标准为止；若竣工资料达不到要求，将对竣工资料予以补充，并重新申请验收。

按照交通运输部的有关规定及合同要求编制竣工资料。接受甲方对工程建设各个环节的审查，全

部竣工资料经监理工程师审查同意和工程质量经质监局核定后,由甲方组织竣工验收。

提交的竣工资料包括下列主要内容:

①竣工报告;

②业主、监理工程师的各项书面指令;

③与工程施工有关的各种纪要、记录;

④测量资料,包括施工控制点、测图、施工基线验收记录;

⑤施工录像及图片集;

⑥竣工水深测量图纸。

4.2 验收程序

基建性疏浚工程质量检验和评定,应按下列程序进行:

(1)单位工程完成后,施工单位要组织竣工自检测量和评定,按《水运工程质量检验标准》(JTS 257—2008)相关内容填写表格,在满足合同规定的条件下,向建设单位提出竣工验收申请。

(2)建设单位及时委托具有相应测绘资质的测绘单位进行竣工测量。

(3)监理单位根据所委托测绘单位的竣工测量资料,填写"工程质量检验表"有关内容,提出质量评定意见。

(4)设计单位提出设计符合性意见。

(5)工程质量监督部门对单位工程质量进行核定。

4.3 质量检验标准

本疏浚工程的质量验收按交通运输部《水运工程质量检验标准》(JTS 257—2008)执行,并达到合格等级。

5 结论与展望

疏浚工程项目质量管理与其他项目质量管理既有共性,也有特殊性。最大的不同点在于,疏浚工程是水下工程,属于隐蔽工程范畴,通常的质量检查手段无法直观反映其真实质量状况,只能依靠唯一的检查手段——水深测量予以反映。可以说,测量是疏浚施工的眼睛,是疏浚工程实体质量控制的依据;测图质量控制是影响疏浚工程质量诸多因素中最关键的一个环节。测量的过程、测量的仪器精度及内业处理过程中的潮位改正等均会造成测量结果的失真。因此,严把测图质量关是疏浚工程质量控制的前提条件和首要工作。

加强疏浚工程项目质量管理必须运用现代项目管理的思想和方法,按照国际质量管理标准建立质量管理体系并保持有效运行,覆盖所有工程项目和每个项目施工的全过程,才能保证疏浚工程质量水平不断提高。

参考文献

[1] 中华人民共和国行业标准. JTS 257—2008 水运工程质量检验标准[S]. 北京:人民交通出版社,2008.

[2] 中华人民共和国行业标准. SL 17—2014 疏浚与吹填工程技术规范[S]. 北京:中国水利水电出版社,2014.

[3] 中华人民共和国行业标准. JTS 131—2012 水运工程测量规范[S]. 北京:人民交通出版社,2012.

[4] 中华人民共和国国家标准. GB/T 18314—2009 全球定位系统(GPS)测量规范[S]. 北京:中国标准出版社,2009.

[5] 陆立红. 航道疏浚工程船舶施工工艺[J]. 中国水运,2009,9(102):29-30.

[6] 胡旭跃. 航道整治[M]. 北京:人民交通出版社,2008.

关于丹金溧漕河（金坛段）航道整治工程项目档案管理的几点做法

徐 忱 曹文娟

（江苏省常州市航道管理处）

摘 要 本文介绍了基于丹金溧漕河金坛段航道整治工程项目从立项至竣工验收过程中直接产生的、对工程管理、维护及改扩建具有保存、查考利用价值的各种不同载体形式的历史记录进行收集、整理、立卷归档的管理方法。

关键词 航道工程 项目档案 管理方法

丹金溧漕河上接苏南运河，下连芜申运河，是太湖西部地区一条干线航道，也是长三角高等级航道网和省干线航道网建设的重要组成部分。随着航道基本建设项目档案工作标准化、信息化要求的进一步提高，各级领导、上级主管部门、档案管理部门对工程档案收集、管理、归档、利用也提出了更高的要求，档案工作成为创建优质工程的一个必不可少的重要环节。

1 工程概况

丹金溧漕河常州段全长47.15km，本次金坛段航道整治北起金坛白塔镇丹金闸，途经金城、西岗、洮西、指前等镇至盖板桥，总里程31.884km。根据部省市规划和工程设计，全线按三级航道标准进行整治，航宽60m，底宽不小于45m，水深3.2m，航道最小弯曲半径为480m，桥梁净空7m，设计最大船舶等级为1000吨级。主要建设任务包括新建驳岸51km，新改建桥梁13座，新建船闸、水上服务区各1处，概算总投资16亿元。工程于2010年6月开工，至2013年11月工程进入交工验收。

2 项目依据

2.1 工程建设依据

（1）2008年4月30日，《省发展改革委关于丹金溧漕河航道整治工程项目建议书的批复》（苏发改交通发〔2008〕433号）。

（2）2009年12月23日，《省发展改革委关于丹金溧漕河航道整治工程可行性研究报告的批复》（苏发改交通发〔2009〕1857号）。

（3）2010年6月2日，《省发展改革委关于丹金溧漕河金坛段航道整治工程初步设计的批复》（苏发改基础发〔2010〕689号）。

（4）2011年8月29日，《省交通运输厅关于丹金溧漕河金坛市河改线段航道整治工程及桥梁工程施工图设计的批复》（苏交建〔2011〕38号）。

（5）2012年4月6日，《省交通运输厅关于丹金溧漕河金坛段（金西大桥—庄店大桥）航道及桥梁工程施工图设计的批复》（苏交建〔2012〕18号）。

2.2 项目文件材料收集、整理、归档的依据

（1）《中华人民共和国档案法》；

（2）《国家重大工程建设项目文件归档要求与档案整理规范》（DA/T 28—2002）；

（3）《科学技术档案案卷构成的一般要求》（GB/T 11822—2008）；

(4)《航道工程竣工验收管理办法》(交通部 2008 年 1 号令)；

(5)江苏省交通运输厅《关于印发〈江苏省航道建设项目文件材料立卷归档管理办法〉的通知》(苏交航〔2011〕5 号)；

(6)《关于下发常州市三级航道网整治工程项目档案编制管理规定的通知》(常航指办〔2010〕29 号)。

3 项目档案完成情况

根据工作安排，在工程现场施工基本结束后，立即组织航道、桥梁、船闸的施工、监理单位开展资料的收集整理工作，经过认真组织和积极努力，丹金溧漕河金坛段航道和丹金船闸工程共整理项目归档文件材料 2407 卷，其中航道工程 2019 卷、船闸工程 388 卷。根据江苏省交通运输厅《关于印发〈江苏省航道建设项目文件材料立卷归档管理办法〉的通知》(苏交航〔2011〕5 号)的规定，对已经整理到位的资料，按十大类进行分类立卷，具体情况见表 1。

表 1

<table>
<tr><th>类　别</th><th>名　称</th><th>总工程
（卷）</th><th>航道
（卷）</th><th>桥梁
（卷）</th><th>船闸
（卷）</th></tr>
<tr><td>第一类</td><td>立项审批类</td><td>5</td><td colspan="2">4</td><td>1</td></tr>
<tr><td>第二类</td><td>设计审批类</td><td>80</td><td colspan="2">48</td><td>32</td></tr>
<tr><td>第三类</td><td>工程管理类</td><td>212</td><td colspan="2">195</td><td>17</td></tr>
<tr><td>第四类</td><td>施工文件类</td><td>1840</td><td>1101</td><td>435</td><td>304</td></tr>
<tr><td>第五类</td><td>监理文件类</td><td>134</td><td>83</td><td>42</td><td>9</td></tr>
<tr><td>第六类</td><td>竣工图类</td><td>26</td><td>5</td><td>9</td><td>12</td></tr>
<tr><td>第七类</td><td>交竣工验收类</td><td>18</td><td></td><td>16</td><td>2</td></tr>
<tr><td>第八类</td><td>资金管理类</td><td>76</td><td colspan="2">68</td><td>8</td></tr>
<tr><td>第九类</td><td>科研项目类</td><td></td><td colspan="2"></td><td></td></tr>
<tr><td>第十类</td><td>特殊载体类</td><td>16</td><td colspan="2">13</td><td>3</td></tr>
<tr><td colspan="2">总计</td><td>2407</td><td colspan="2">2019</td><td>388</td></tr>
</table>

4 项目档案管理工作存在问题

档案工作与工程建设没有实现真正的同步进行，部分案卷的质量不高，如部分施工、监理单位到竣工验收时还有资料未整理完成，一些档案资料中的签字手续不齐全，等等。其主要原因：一是，施工、监理单位对档案工作重视不够，表现为配备的档案人员不专业、不稳定，网络不健全，职责不明晰，造成资料收集不及时同步、不完整规范，办理验收时突击补充，致使档案质量较差；二是，部分管理人员对档案管理的相关规定不熟悉，缺少一些必需的签字手续，如竣工图资料必须要有监理单位的审核签字，而工程管理人员坚持有施工单位的签字就行；三是，施工单位管理不善，整改不实，造成部分档案散失、资料污损、图纸模糊不清；四是监理单位对施工单位的档案工作监管不力，把关不严，责任不落实。

5 项目档案管理存在问题的对策

按照"一流工程，一流档案"的工作目标，依据国家和省市相关档案工作法规和文件要求，切实加强领导，采取有效措施，依法规范管理，确保项目档案工作顺利开展。

5.1 建立完善的项目档案管理体制

根据江苏省档案局、江苏省交通运输厅及江苏省航道局有关档案管理工作要求，为确保项目文件材料的收集、整理、立卷归档和移交工作规范有序，坚持做好以下几个方面的基础工作。

（1）工程指挥部成立档案工作领导小组，配置专业档案人员，具体负责施工、监理单位档案业务的培训与教育、现场指导和督查，以及指挥部综合卷资料的收集整理工作，做到职责明确、标准明晰、程序规范。

（2）把档案工作纳入合同管理中，在承包合同中设立专门条款，安排专项经费，并与劳动竞赛及计量支付挂钩，确保工程进度与档案管理双同步；在监理合同中，促进监理单位加强对施工档案的立卷归档进行审核督查，确保与工程建设同步管理。

（3）充分发挥指挥部档案工作的主导作用，以工程第一次工地例会的契机，现场督查各项目部档案管理机构的建立，档案室的设立，以及专、兼职档案员的配备情况，确保档案工作职责得到有效落实。

（4）认真组织施工监理单位的档案管理人员，积极开展对常州市指挥部《关于下发常州市三级航道网整治工程项目档案编制管理规定的通知》、江苏省交通运输厅苏交航〔2011〕5 号文件下发的学习培训和宣传贯彻工作，加强对档案管理重点内容和细节方面的解读和指导，确保认识统一，操作不走样。最后是形成例会制度和督查制度，定期对参建单位的项目文件材料收集、整理和预立卷情况进行检查，发现问题及时整改到位。

5.2 创新创优，努力做好项目档案的日常管理

丹金溧漕河金坛段航道整治工程建设历时 4 年之久，面对工作过程中各种各样的困难，指挥部档案管理人员始终坚持“以我为主”，既大胆创新管理，又注重工作细节，努力开创了档案工作的新局面。首先，在指挥部和施工单位的职责分工上，一改运河改线工程档案工作上大包大揽的方法，对文件收集、整理、汇总、编号、装订等具体工作，指挥部按工程标段统一编排档号，交由施工单位的档案人员按规定标准开展日常工作，指挥部档案人员负责日常巡查和指导，确保施工单位最后提交的每一本档案文本，从档号编排印制、目录汇总，到输入永乐文档一体化软件，都能达到可以直接装盒、上架甚至验收的质量要求。由此，把这种量大而繁琐的档案基础工作，由指挥部少量工作人员艰难应对彻底改变为施工单位档案人员分工负责的新机制，极大地提高了档案管理的工作效率。多年来，我们一直延续着这种顺畅的管理机制，保持了重点工程档案的规范和高效。其次，在巡查和指导施工、监理单位档案工作时，始终注重细节管理，努力把好三个“关口”，确保档案质量工作始终处于受控状态。

（1）把好文件材料的形成关，确保文件的准确性、原始性和规范性。要求施工单位填写施工文件时表式统一、书写清楚、记录数据准确、手续完备，客观真实地反映工程建设情况。

（2）把好文件材料的收集关，确保文件材料的原始性、系统性和完整性。在项目立项时着手前期文件材料积累、整理、审核；在检查工程质量时，同时检查施工文件的形成质量；在检查工程进度时，同时检查施工文件的形成与整理进度；在进行计量支付时，同时检查施工文件的完整与准确情况，确保项目档案工作能够与工程进度、工程质量一样处于受控状态，确保档案归档质量。

（3）督促监理单位对施工单位竣工档案质量审核把关，对施工单位绘制的竣工图认真审查，看内容有无错漏，设计变更是否全面，经审查符合实际情况方可签字盖章，确保竣工图完成质量。

在施工监理单位集中整理阶段，我们更加注重检查和督促一些操作细节，譬如要求案卷题名确保详细、精确地概述案卷内容，文件的组卷厚度、脊背字体和装订格式再提醒，等等；在提交档案的最后阶段，指挥部还专门建立了项目 QQ 群，及时解决整理过程中出现的问题，进一步提高解释、答疑、指导的工作效果，减少了立卷归档时间且保证了归档质量。

5.3 建立项目档案目录数据库，提高查找服务利用功能

为提高项目档案管理水平，参建单位均配备计算机、传真机、复印机、扫描仪、照相机等设备，该项目档案案卷题名全部录入永乐文档一体化软件，建立了案卷级目录数据库；同时，指挥部保存了该项目档案每卷案卷的卷内目录电子表格文件，实施了条目级管理，方便了文件查找、检索；在工程建设过程中，重视对反映工程进展、重要节点影像档案的收集和整理工作，全面提高服务利用功能。

5.4 做好工程缺陷责任期后续文件材料归档工作

工程交工验收后，进入试运行和缺陷责任期，相关档案工作则进入后续工作的资料收集整理，以及

对交工验收专家意见的整改落实阶段。为此，指挥部要求项目部安排专门人员督促施工单位对维修维护工程进行定期检查，确保项目文件材料及时归档。对沉降观测情况相关资料进行及时收集整理，确保资料的连续性和完整性；对交工验收时领导专家提出的整改意见，主要是一些资料的收齐和完善工作全部落实到位。

几年来，在全体档案人员和监理单位的共同努力下，在各参建单位全方位参与下，实现了对项目档案工作的事先介入、事中控制、事后核查、验收把关的全过程控制，确保档案管理责任的落实，实现项目档案的全过程管理。

6 结语

在丹金溧漕河金坛段航道整治工程的档案管理工作中，各参建单位齐心协力，较高质量地完成了项目档案交工验收工作，为今后档案的保管、检索、信息开发、提供利用方面打下坚实基础，使一套完整、准确、齐全的重点工程建设档案发挥出它应有的作用，产生更大的社会效益和经济效益，为现代化建设服务。

参考文献

[1] 石丽楠.张蔷. 浅谈工程档案竣工资料的管理[J]. 建筑与文件,2013(11).
[2] 胡志富.找准水运工程档案管理提质切入点[J].建材与装饰,2016(33).